班史

一个大学班级的日常生活（2018—2022）

黄修志 石榴花 著

长江出版传媒｜崇文书局

图书在版编目（CIP）数据

班史：一个大学班级的日常生活 ：2018-2022 / 黄
修志，石榴花著． -- 武汉：崇文书局，2024.1
ISBN 978-7-5403-7444-0

Ⅰ．①班… Ⅱ．①黄… ②石… Ⅲ．①高等学校—班
级—学校管理 Ⅳ．① G647.34

中国国家版本馆 CIP 数据核字（2023）第 202528 号

责任编辑　王　璇　陈金鑫
责任校对　董　颖
装帧设计　甘淑媛
责任印制　李佳超

班史：一个大学班级的日常生活（2018—2022）

BANSHI:YIGE DAXUE BANJI DE RICHANG SHENGHUO(2018-2022)

出版发行　长江出版传媒｜崇文书局
地　　址　武汉市雄楚大街 268 号 C 座 11 层
电　　话　(027)87677133　邮政编码　430070
印　　刷　湖北新华印务有限公司
开　　本　710 mm×1000 mm　1/16
印　　张　34
字　　数　490 千
版　　次　2024 年 1 月第 1 版
印　　次　2024 年 1 月第 1 次印刷
定　　价　68.00 元

班史：一个大学班级的日常生活（2018—2022）

黄修志　石榴花 著

五月榴花照眼明，枝间时见子初成。

———韩　愈

有天下之史，有一国之史，有一家之史，有一人之史。

———章学诚

序

陈平原

　　三千中国大学，因声誉、经费、师资、学风等差异，不可能一碗水端平。但目前中国大学之两极分化局面，与"211""985""双一流"等工程的积极推进密切相关。世人在庆贺北大、清华等名校高歌猛进的同时，往往就忽略了那些"双非""二本"高校的艰难处境。经费短缺是一大缺憾，更甚者还属社会偏见与就业歧视，由此导致了让无数教育界人士扼腕的"一考定终身"。这不是一个好局面，但暂时找不到比"分数面前人人平等"更合适的制度设计；我们能做的，只是为非名校的大学生加油。

　　我多次提及，名校录取进来的学生大都优秀，快马容易加鞭，当老师的，不难收获鲜花与掌声。而在普通高校任教，需全身心投入，方能有可观的业绩。都说办学宗旨是"教书育人"，衡量标准其实不一样——论科研成果，自然是名校优先；可要说学生的成长空间，普通高校不遑多让。那是因为，除了知识传承与创新，大学更应关注学生心智的成熟。而这需要校园氛围、师生合力，以及同代人的精神陪伴，方能使学识、智力、心灵三合一。

　　在这个意义上，办学成绩高低，不能简单地以出多少成果来衡量。一个班级、一所学校，乃至一代人共同的精神成长，在我看来更值得期待。在一个人的教育经历中，大学时光"恰同学少年，风华正茂"，很容易成为追忆的目标。比如北大中文系毕业生，便有两本班级回忆录，《开花或不开花的日子——北京大学中文系55级纪事》（谢冕、费振刚主编，北京大学出版社，2001），以及《文学七七级的北大岁月》（岑献青主编，新华出版社，2009），以万花筒般纷纭复杂的个体形态，折射大时代的变迁。

　　同样是描述大学生活，迥异于追忆"过去的好时光"，记录当下的《班史：一个大学班级的日常生活（2018—2022）》，另有一番滋味。除了"追忆"与"记录"的差异，更重要的是，写作的主体不是北大中文55级、77级那样的"天

1

之骄子"，而是一所普通高校的普通学生、坐落于山东烟台的鲁东大学汉文本 1801 班的 42 位同学，以及他们的班主任黄修志教授。

该《班史》由"班志""师说""学记""杂志""书目"五个部分组成，真实呈现了新时代大学生的学习状态及精神生活，读来让人兴致盎然。尤其是他们共同创办和运营的班级杂志《石榴花》（季刊），以及黄老师以四年四时为序、风雨不辍地推荐课外阅读书目，引导学生形成跨学科阅读与研究性写作能力，这个班级的学生的眼界、趣味及水平都不低，让你对这个普通班级不能不刮目相看。

受评价体系的牵引，方今名扬天下的巨型大学里，"文史哲"不再是关键学科。反而是那些以师范为根基的大学，往往更支持中文学科的发展。我注意到,鲁东大学的校史可追溯到1930年建立的山东省立第二乡村师范学校，历经胶东师范学校、莱阳师范专科学校、烟台师范学院等历史阶段，后因山东省交通学校并入而更名。这样的大学文风鼎盛，不轻易被SCI或项目制压垮，一点都不令人惊讶。因为，汉语言文学专业的教学与研究，不怎么受制于科研经费，故顶尖名校与普通高校的差距并非天差地别，只要师生肯用心用力，"双非""二本"同样出人才。

眼前的这部《班史》，属于自我陈述的精彩案例，可当"教育小说"或"成长小说"阅读，有心人不难借此窥见年轻一代的心灵历史以及成长印记。更何况，谈论中国教育，普通高校师生的日常生活，以及其阅读、思考、困惑与奋进，是不可或缺的一环，值得你我关心与注目。

2023 年 7 月 3 日于京西圆明园花园

目　录

班志

班志者，全班成员按姓氏音序逐月记述班级行迹及个人思行也，修辞立诚，接续秉笔，但求实录，凡四十三篇。

你的九月如此缤纷

哐当，哐当……火车前行的声音终于消失。

在八月的尾巴，我从山西平遥，跨过太行山，穿过鲁西平原，一路东驰到沧海之滨，抵达烟台。刚出站，入眼便是湛蓝蓝的天空和那胖乎乎几乎堆满整个天空的云朵，真是叫人移不开眼睛。公交车掠过陌生的街道，耳边拂过不同家乡的音调。上坡，下坡，风景随之俯仰……终于到达鲁东大学。正值烈日当空，我和父母提着行李箱下车，夏末的热气喷薄而来。这一刻，我站在大学门口感慨颇多，有遗憾，有心慌，但更多的是喜悦。

站在大学门口，面朝图书馆，看着欢迎新同学的横幅，闭眼，甩甩头发，心中大呼：鲁东，我来了！走进校门，我果断选择走左边，之后便是乱走。走到一个路口，看到一位保安大爷在指路，便连忙飞奔过去，他笑眯眯为我指了方向。

拖箱带包来到篮排球馆，适逢一位叔叔笑着走来，很贴心地告诉我们可以先把东西放宿舍，随后我们按照指示方向拐弯找到天桥，发现这边地理位置绝佳，可以领略很多美景。桥下大道从翠绿山麓延伸到另一座山，周边房顶尖尖的红瓦高楼鳞次栉比，好像童话里的城堡。学校四周环山，郁郁葱葱，赏心悦目。从南区回望北区，钟楼矗立于青翠山峦之中，背靠青空，昂首挺胸，安定从容，就像上面的指针，不紧不慢地走着。右边是一座特别显眼的红顶教学楼，楼身掩映在树丛中，唯有红瓦尖顶露了出来，这是不是崭露头角的气象？

在学姐的耐心引导下,我终于成功入住南苑一号楼107宿舍。回想这一路,无论是吃饭、住宿还是乘车、问路,遇到的每一个人都很友好热情。小时候在山西老家,常听老人说起山东人的直爽,电视上也常见"好客山东"的宣传,今日一见,果然名不虚传呀。舍友之间的印象在几天的交往中日渐丰满,其中一位室友的妈妈令我印象深刻。阿姨衣着讲究,妆容精致,但人很随和,说话幽默,非常勤劳。宿舍里一个暑假没有住人,卫生间很糟糕,阿姨利落地挽起袖子,戴上手套帮我们清理卫生间,把每一块瓷砖都擦得亮闪闪的。我的住宿问题解决了,接下来就解决爸爸妈妈的住宿问题。酒店很远,坐了很长时间公交车才到达。

清晨第一缕阳光,透过窗帘跑到脸上。今天是2018年9月1日,开学报到的日子。而半年前的3月1日,在教室里奋笔疾书的场景依旧清晰。那时是春华,是塑造可能性的日子,如今秋实终到,果香四溢。和我一起去报到的是一位舍友,她带着粉色渔夫帽,穿着灰色格子裙,洋溢着青春的味道。我们随着熙熙攘攘的人群来到北区操场,左手边第一个便是我们的班级,不过这是后话了。我起初并未分清汉文师、汉文本、汉语言的区别,只知道自己是学汉语言文学的,在人群缝隙中看到"汉语言一班",便凑了上去,等到排好队,轮到我时,才发现名单上并没有我的名字。学姐笑指一个方向说:汉文本在那边。我立马红了脸,赶紧道谢,退出队伍。

一番波折,终于找到了我的班级。班主任穿着浅蓝色衬衫,坐在左边,一位叫曹晓宇的学长坐在右边,班助站在后面,曹晓宇学长简单地向我们介绍这是班主任、班助。具体情节和谈话早已忘记,唯一留在脑海的是班主任的儒雅和班助的羞涩。

班主任黄修志老师带着书生气质,温文尔雅,但又侃侃而谈,幽默风趣,听他讲话就好像在听说书。最令我羡慕的,是他的自信,令人如沐春风。我终于体会到一句话,"你的气质里包含着你读过的书"。确实,班主任很爱读书,跟我们分享了很多有意思的书。他给我们推荐的第一本书是《修养》,他说在武汉读研时受一位老师推荐,专门买来阅读,很受启发和激励。

班助李汶洋有一个标配的动作:每当要讲话时总是一只胳膊横放,一只胳膊竖放，搭成直角的样子；作为竖直角边的手变成握拳，抵在鼻尖和下巴上，微低头，作思考状。作为一个过来人，他有许多想提醒我们的地方，但又有些顾忌大一时候的我们"年轻气盛"。有一次他好心想给我们提点建议，在我们下晚自习之前就在教室外徘徊犹豫着要不要进去。虽然他只在入学前 20 天里担任我们的班助，但一直尽心尽力，热情相助。

9 月 1 日晚上，我们举行了第一次班会，40 个同学第一次正式见面。当我们走进教室时，班会 PPT 上展示着几个大字："汉文本 1801 初相逢，2018，遇见更好的自己，拥抱新生的未来。"和我们一起听完歌曲《再见，昨天》后，班主任充满诗意地说："这是汉文本 1801 初相逢，却是命中注定的相逢，就像翻开书本第一页，蝴蝶开始扇动翅膀，花园小径开始分岔。"他引用了博尔赫斯的一段话，暗示我们在未来可能会感悟到它的深意："时间有无数系列，背离的、汇合的和平行的时间织成一张不断增长、错综复杂的网。由互相靠拢、分歧、交错或者永远不干扰的时间织成的网络包含了所有的可能性……因为时间永远分岔，通向无数的将来。"他说"爱在烟台，难以离开"，列举了烟台和鲁大的特色、资源，接着他幽默地说："更重要的是，你们还有我。"他启发我们今年思考两个问题：四年之后，你要怎样离开？真正的快乐是什么？他说："读书即生活，我们应该用阅读照亮灵魂、点亮未来、滋润心灵、开启惊奇；要有人文气，莫有文人气；用心用功，天道酬诚，月映万川，理一分殊；不要着急，古之学者，朴实为己；平心静气地做好自己，等待时间的谋篇布局。"

每位同学先后上台作自我介绍，憧憬着自己的大学时光，加上班主任，41 双眼睛互相交汇在一起，好像盖章确认："今后四年，请多指教。"我们班的同学来自汉、壮、回三个民族，覆盖 14 个省、自治区：山东、山西、河北、辽宁、新疆、海南、广西、云南、四川、黑龙江、河南、青海、内蒙古、吉林。从南到北，自东往西，五湖四海，赴约鲁大，成为一家人。

黄老师又引用史怀哲的一段话激励我们："我们应该达到的成熟，是不断地磨砺自己，使自己变得日益质朴、日益真诚、日益纯洁、日益平和、日益温柔、日益善良和日益富于同情心，这是我们走向成熟的唯一道路。通过这种方式，青年理想主义之铁将被锻炼成不会失落的生命理想主义之钢。"他在PPT上展示了几行字："2018-2022，我们，一起成长；现实，就是实现。"军训期间，他让每一位同学填写一张《初心与理想》的表格，其中一个问题是：你希望咱班是一个怎样的班集体？大多数同学都说喜欢一个团结友爱、勤学苦读且充满人文气息的集体。对，这就是我们心目中的理想班级。

9月17日，班主任召开第二次班会，主题为"新课堂，新方向，新成长"。他说看了大家填写的《初心与理想》表格，可以概括出大家期待的班风是"团结、快乐、阅读、研究、人文"。他问大家："为了形成这样的班风，我们要组建怎样的班委呢？"他说半个多月来，一直在用心思考这个问题，一直在认真观察班内同学。他通过查阅全班同学的档案材料，观察第一次班会大家的自我介绍、考察每个宿舍推选的舍长，阅读每位同学填写的《初心与理想》表格，了解大家的军训表现、走访每个宿舍，观察部分同学在东北亚研究院会务的表现，与个别同学谈话，征求班助意见等，初步拟定出临时班委名单，分别是：团支书陈奉泽、组织委员兼纪律委员马云飞、宣传委员孙雨亭、班长赵婉婷、副班长兼体育委员冶成鑫、学习委员路棣、生活委员甄鑫、卫生委员马鸿岩、宿管委员王筱溦、心理委员杜志敏、女生委员徐波月、文艺委员王璐璐。他说这个临时班委有半年试用期，半年后，全班再进行评议，组建正式班委。

他又问："为了形成这样的班风，我该如何更好地陪伴大家呢？"接着，他在PPT上展示几行大字："分别聊天、两场讲座、推荐书目、年终总结、班级公号、班志撰写。"他解释说，要在大一上学期与班内每位同学进行不少于一个小时的聊天，要给全班同学举行两次讲座帮助大家认识专业、开拓视野，每个季度给大家推荐一批课外阅读书目，要求每位同学每年撰写年终总结，开通班级公众号塑造班级文化，每位同学担任一个月的"历史学家"，轮流撰写班志。当他公布这些新奇的计划时，好像一扇新世界的大门缓缓打开了，我们个个热血澎湃起来：果然大学时光就是不一样！连坐在前排的班助李汶洋都忍不住站起来鼓掌，激动地对大家说："我从来没见过这样的班级计划！"

后来，班里讨论我们应该给班级公众号起个什么名字时，班主任即兴提起一首古诗："五月榴花照眼明，枝间时见子初成。可怜此地无车马，颠倒青苔落绛英。"他说："作者其实更欣赏在寂静的角落里，那些静静绽放的美丽石榴花，这是一种平淡如水的心境。大家看，在枝桠间，石榴果刚刚羞涩冒出头来，如同大家平心静气地读书成长，怀着'管宁割席'的坚心，不会被世间的热闹和喧嚣所打扰，仍然能够成就内心的绚烂。"所以，他说，我们班是"一树榴花照眼明"。

是啊，如今的我们处于人生的五月花季，阳光热情，就像五月火般耀眼的石榴花，相互陪伴成长，一起绽放缤纷；又像石榴籽一样，紧紧抱成一团，共同成长，所有人都为了让汉文本1801班成为颗粒饱满的石榴而努力着。

那天，班主任找我谈话，他说我是他约谈的第四位同学，他说起石榴花应该成为我们班的一个象征或者图腾，以后我们还要举办各种读书会、观影会、讲座等班级活动，都可以把"石榴花"作为前缀符号亮出来，如"石榴花读书会""石榴花观影会"……让大家对石榴花的精神充满认同，是我们共同建设班级文化的第一步。他说，我们的"班花"是石榴花，我们的班歌应该是《那些花儿》。

自从开学，我们经历了很多第一次：第一次离开父母独自生活，第一次掌握财政大权……可是有一件事却是最后一次，它就是军训。军训总是一段让人又爱又恨的时光。我们喜欢在这些日子里一起为了一个目标努力，喜欢休操时光的文娱节目，喜欢幽默的教官。但我们又讨厌烈日下高强度的训练，讨厌教官虎着脸训话，讨厌每天睡眠时间很短。可归根到底，军训是一段关于成长、关于爱的旅程，教官是这旅程中最美的人，是最严厉、也是最温柔的人。他们踏着统一的步伐，用自信雄浑的声音同我们讲话，以身作则。他们强调服装整齐，让我们做一个干净整洁的自己。他们强调大声讲话，让我们做一个自信昂扬的自己。他们说一人犯错集体受罚，让我们成为一个团结友爱的集体。他们强调每个人必带水杯，每一顿必吃饭，让我们做一个健康活泼的自己。

他们总是口是心非，说着要放弃我们，但每次军训仍然认真负责，不允许任何一排出错。印象最深的是教官剃了头发，同学们起哄，他一脸傲娇不给看。离别那一天，教官在方队前讲话告别，明明有那么多煽情的话，他偏偏说了一句："还是让你们笑一下吧！"说罢，他摘下帽子。明明是该笑的一个场景，我心中却湿漉漉的。总之，开心也罢，不舍也好，作为我们班的第一次集体活动，我们人生的最后一次军训结束了。它带给我的是深深的感谢，感谢军训让我们遇到教官，让我们体味烈日下的快乐与忧愁，懂得肩上的责任与担当。

风景眼里掠，鲁大心中留。爬后山的拉练和游览校园的闲逛，让我们领略了鲁大不一样的风景。尤其是爬到山巅上，可以远眺绿树丛中隐隐起伏的海岸线，在明媚阳光的照耀下，蓝晃晃的。陪着我们爬山的班主任兴高采烈地说：没想到吧，我们不仅拥有山林，还拥有沧海。

继军训、巡山、逛校园之后，我们的学习生活也紧锣密鼓地拉开序幕，新课开始了。大学四年之旅的第一节课是中国古代文学。在正式开课之前，班主任对各位授课老师做过一个简短介绍，其中就说教授这门课的孙贵福老师很像《名侦探柯南》里的阿笠博士。因为他们有同样的发型、同样的年纪。孙老师讲课一大特点是抑扬顿挫，讲到动情之处特别喜欢笑，且笑声带着感染力。尤其在讲到深奥之处，即使我们不能在第一时间听懂他的意思，一会儿也会不由自主地跟他笑。但这还不是他最特别的地方，酷爱碳酸饮料才是他最令各届同学印象深刻的地方。班助说，他们亲切地称呼孙老师为"可乐爷爷""雪碧爷爷"。

教我们现代文学的贾小瑞老师，是一位优雅知性的女士，声音温柔可亲，对教学工作认真负责，每节课都会留下丰富多彩的课后作业。如读书笔记，就与班主任的想法不谋而合。开学之初班主任就说："要学会自主探究，多主动地为了解答一个疑问或困惑而去多方面查找资料，提要钩玄，整合思路，最后转化为一篇札记或小文章，以求不断训练自己的研究性思维习惯和探究性写作语感。"

第三节课的老师是最有趣、最幽默、最自恋、最帅气的英语老师林明东。第一次课，林老师并没有开始正规课程，而是进行了一节互动课。首先是请新同学作自我介绍，但后来却成了家乡距离大比拼。当我们班的杨聿艳同学坦言自己来自新疆，旅途经历四天四夜时，林老师对她竖起了大拇指。随后林老师也作了自我介绍，不乏幽默："每当你一开始夸我，我就惴惴不安，因为我怕你夸不到位。"在展示自己的时候，林老师拿出了以往的教学成果——土木系的四级通过率。他是这么描述的：我以前带过土木系，大家通过这个名字可以知道，土木系又土又木，但他们的四级通过率是 90%+。随后他又对我们说：你们能遇到我这么一位男老师教你们英语，而且是一位不娘的男老师教你们英语，是多么幸运。接着他从学校英语老师总数、男女比例、老少比例等数据开始分析……他是一个灵魂有趣的老师。

最后要说一说现代汉语老师，藏族口音使她的普通话别有一番特色。王老师提倡佛系课堂，最近她请同学上台讲课，不仅使课堂丰富多彩，也可让来自不同地方的人讲不同的方言及其文化，更有助于我们对语言学知识的理解和讲课仪态的训练。

相对于高中，大学生活不仅轻松丰富，社团多、活动多，而且允许带手机——当然仅限于拍下老师的课件，但与高中相比，这简直是大赦。总之，一切都很美好，除上课要占座之外。几乎每一堂课我们都在不同的教室上课，由于教室规格不同，座位就无法确定下来。为得到最好的上课效果，我们不得不提前一个小时结束午睡前往教室。

在这期间，学院举行了一场专业见面会，指导我们规划大学四年的生活。老师们从三个方面概述了我们应该怎样度过四年大学：首先，学会学习，学会思考，广泛涉猎，学会研究，学会批判、质疑，找到适合自己的学习方法；其次，学会生活，拥有自己的生活态度，不仅要做到"不以物喜，不以己悲"，也要放眼看看外面，多交朋友，让自己拥有长远眼光和国际视野；还要学会运动健身，管理好自己的身体健康；最后，学会做人，爱国、爱家、爱人民，拥有一颗赤子之心，懂人情世故却不世故。

每一位老师都苦口婆心，嘱咐的话语言犹在耳，他们认真培养每一朵花，对我们寄予厚望。这个九月如此缤纷，且看我们十月又会怎样去努力，去追寻。

（常佳珍）

十月羌笛送秋光

九月的匆忙如同秋日般落叶缤纷，忙完军训，上了两周课后，所有人脸上都挂满期待与欢喜。"还有最后一个晚自习，我就回家找妈妈了。"上完周五最后一节课，在走廊上听到旁边两个小女生开心说着，透出内心的雀跃。对呀，我也早早地就买好了车票，只等假期到来。

"奉泽，走，去把书借了，国庆要闭馆的。"舍友拉着我去了图书馆。人的心情真会跟着未来改变，即使在安静的图书馆，也无法阻挡一个即将回家的游子内心的激动，更何况是此时传来晚自习取消的令人沸腾的消息。不出意料，接下来的几天，QQ空间、朋友圈都将写满"请签收即将回家的小可爱""回家真好"等状态。但也就是在今年"十一"，我们刚忙完"小团圆"，很快又忙着"小别离"。

清晨，睡梦中听见有人推开卧室门："闺女，我去上班了哈。起来吧，我给你做了蛋炒饭。"我朦胧睁开眼，弱弱地回了一句："几点了？我再睡会儿。"

闹钟响了，一觉再醒来，已是七点半，该走了。出门看到桌上放着保温的蛋炒饭，隐隐想起今早爸爸对我说了些什么。再喊一声"爸"，没人回应我。只有妈妈从楼下走上来："你爸上班去了，快吃吧，吃完我送你去坐车，别晚了车。"我推开椅子，拿起勺子，细细品尝，像是在故意拖延时间。回想在家的七天，各种走亲访友，参加聚餐，都没有好好在家里吃顿饭。嚼着蛋炒饭的金黄米粒，我心里五味杂陈：要第一次独自踏上离家求学之路了。

九点一刻，上了车，刚找到一个位子，妈妈紧接着就上来了。

"你上来干嘛，快下去吧，一会儿车就开了。"我故意隐藏着不舍。妈妈没说话，默默下了车，我想她也是不舍的。我靠着窗边，给站在路边的妈妈一个微笑，就这样离别了。客车发动后，我忙着向后看，她的身影越来越小，却屹立不动。从这时起，我懂了：所有的爱都是为了相聚，只有母爱是为了分离。小时候一直不理解，父母为什么可以那么早起床，长大后才明白，叫醒他们的不是闹钟，而是生活和责任。就像有人说，哪有什么岁月静好，只不过有人在替你负重前行。颠簸的路途虽远，却眨眼间就到校了。走在南区操场，看到天边云彩低压，一道余晖从云缝射到偌大操场上，显得格外明亮。我想，它就像家，是心中那片最明亮、最有温度的地方。"南方有嘉木，北方有相思。嘉木风可摧，相思不可断。"此刻的我，明白了那句老话——"离家方知在家好"。就这样，伴着乡愁，忙碌的大学生活又开始了。

"十一"长假结束后，宣传已久的"百团大战"也来了。刚从沉重的高中生活中解放出来的我们，初入大学，对社团活动充满期待，仿佛进入各个社团就像鱼归大海一般，可以尽情遨游，去交友，去锻炼，去成长。周六"百团大战"的校园人头攒动，有些已经加入社团的小可爱们，很早就起床去给自己社团撑场子了。一年一度的大场面，谁都会去凑个热闹嘛。一眼望去，整个北操活力四射，有穿汉服灵动飘逸的小姐姐，有玩嘻哈跳街舞的帅气小哥哥，更有肃穆的国旗护卫队，无不洋溢着浓郁的青春气息。

"谢谢您能选择我们社团，之后会有人通知您来参加面试。"也许这就是我们人生中的第一次面试。数日后，各社团的纳新名单也相继出炉，同学们也开始为自己的社团忙碌奔波，忙着写策划，忙着赶稿子，忙着get（获取）新技能。

"学姐，您能帮我看看我这篇稿子有什么不妥吗？"

"你的电脑有空吗？可以借我做个策划吗？"

"同志们，帮我介绍几个技术流吧。"

……

我们不断碰壁，不断求助，感觉什么都不懂，什么都想学。看着周围同学幸运地获得他人友好支援，我也回想起了自己的幸运之旅。

那天，闺蜜大双发来早安问候。当时正在整理班级资料的我忙得焦头烂额，又有一堆作业等着。每日疲惫，没有交心密友，重重焦虑挤上心头。猛然看到有人来关怀我，而且是相处十年的好闺蜜，眼泪一下子没控制住。像是那日看到的热评："如果这个时候有人抱抱我，我是一定会哭一哭的；如果没有，那我就再坚持一下。"而此刻的我没有坚持，立即在手机上回复了她爱心玫瑰，想把我心中所有的感动全都给她，随后我们便像往常那样热聊了起来。

大双开放却不失羞涩，幽默却不失风度，和她在一起，总让我感觉很舒服。她让我多交朋友，多给自己放放假，照顾好自己；她让我多晒太阳，多努力，别慌，别难过……她告诉我："小时候每天都开心，那是没长大。"所以，我该长大了。我曾每天都在想，我愿遇到一个温暖如阳光的人，晒掉我所有的不开心。我愿永远横冲直撞，哪怕头破血流，也要爱憎分明，哭笑任之，一如年少模样。

回想大学第一个月，班助李汶洋和曹晓宇学长给我许多建议和帮助。他们一个只发文字，一个常发语音。在初来一月的迷茫和无措中，他们和大双一样，似阳光灯塔，给我许多建议，不厌其烦地回答我的各种问题。回想上个月一天晚上他们一齐退出班级QQ群时，我虽然充满感谢，但心里还有些空落落的，像冬天钻进冰冷被窝，像顶着寒风奔跑。村上春树说："你要记得那些黑暗中默默抱紧你的人，逗你笑的人，陪你彻夜聊天的人，坐车来看望你的人，带着你四处游荡的人，说想念你的人。是这些人组成你生命中一点一滴的温暖，是这些温暖使你远离阴霾，是这些温暖使你成为善良的人。"我会记得生命中所有曾有缘相遇的人，因为记忆是相见的一种方式。

俗话说"良师益友"，每次与班主任谈话都是一次心灵升华，我会感觉到一种难以阻挡的人格魅力。班主任在跟我交谈中，提起他曾带过的一个团支书牛学姐，他说她是自己的一位得意门生，每次推荐书目，她都用心细读，心怀理想。这让我印象深刻，我佩服她对待生活平淡如水的态度，她努力做好自己、积极向上生活的人生观，她毕业之时主动捐赠高额奖学金的大爱，以及她心怀理想的那种自信和骄傲。

在之后的书法讲座中，我更深切体会到这一点。汉语言文学是师范专业，为了让我们更好锤炼专业技能，学院专门举办了书法讲座。韦春喜老师讲到书法可以修身养性，亦能使人长寿。听到这里，原本昏昏沉沉的同学们瞬间来了几分兴致。讲座结束后，学院开设了书法课。许多同学都是第一次接触毛笔，我也不例外，正迷茫着呢，助教学长走过来，虽然羞涩，却透露出一种说不出的沉稳。白纸黑字，横平竖直，稳健的笔法，流畅的笔势，为他增添几分魅力。"不要着急，慢下来。"这应该是助教学长说得最多的一句话。慢慢地，我开始觉得写书法的时刻，应该是自己最心无杂念的时候。内心只随着笔尖，在纸上从容挥洒属于自己的作品，感受一次超脱世俗的灵魂之旅。

生命只是如此，不必说给别人听，只在心中最幽微的地方，时时点着一盏灯，灯上写着两行字：今日踽踽独行，他日化蝶飞去。常怀感恩之心，感谢生活中给过你指点、感悟的人。"近朱者赤""无友不如己者"，努力靠近那些比自己优秀的人，去热爱生活，去强大自己，去过平淡人生，不计较得失，只为心灵成长。班主任说："克敌就是克己。"此乃心之所向，吾当素履以往。

不知不觉，开学已一月多，我们在慢慢适应着人生新轨迹，也在不断迎接新朋友。身为团支书，我现在和班长婉婷在工作上磨合得越发默契合拍。

那天我俩一起交完表，走在教学楼，婉婷突然对我说："奉泽，以后我找对象，一定找你这样性格的。"我听完后心里一惊，有些猝不及防，第一反应是问她："为什么呢？"

"因为感觉什么事情你都能帮我想好，都会提醒我，反正有你在，我就会很安心。"

我听到后很开心。回想我和婉婷第一次近距离接触，还是军训期间。那时我们俩就挨在一起，但初入大学，每个人都会有一点小矜持，我们俩互相都没说过话。第一次让我开始真正认识婉婷，是她自告奋勇起立给大家唱歌，虽然音不太准，但当时仿佛军歌嘹亮的画面，真的很震撼，我佩服她的那份勇气。如今，渐渐合拍的我们一起说着初次见面时的场景，一如多年的老友。

不久，学校举办迎新晚会，萧瑟晚风中仍洋溢着青春躁动的气息。夜幕降临，手中的绿色荧光棒格外闪耀。扯着嗓子安顿好同学之后，我和婉婷默默地走到后排。

"来来来，同学，帮我们打个光，奉泽，咱俩拍张照，到现在咱俩还没个合影呢。"婉婷激动地对我说，而我也顺势比了个剪刀手。天越来越黑，同学们手中的灯光也越发明亮，灯光、气氛，一切都刚刚好，看到班长婉婷发的朋友圈"我和我的梦中情支书"，心中再次涌上暖暖的开心和感动。

回想学校里的篮足球比赛，我俩一次次地配合加油："我喊文院，你喊加油！"在十月的尾巴上，万圣节前夜，婉婷说："奉泽，我们搞个班级活动吧！正好借节日气氛增进咱班感情。"我俩一拍即合，婉婷写策划，买糖果，我俩默默祈祷大家能玩得开心。虽是自愿参加，但同学们还是挺捧场的。我俩一甩严肃表情，搞怪地以校歌打头活跃气氛。看着大家开心地玩着游戏，吃着万圣糖果，满满的感动与欣慰涌上我们的心头。

一次次的默契分工，一次次的并肩作战，不仅我和班长，每一个班委都在为班级默默奉献着。班主任常对我们说，班委应"忍辱负重"，因为只有忍辱，才能负重。我会想起，每周准时发放作业的学习委员，每天认真细心检查卫生的卫生委员，每天跑操带队喊口令的体育委员……我们都在共同携手，齐头并进，我们都在为汉文本1801的未来打拼。也许一年后，两年后，乃至四年后，回想那些费力熬夜做表的日子，回想那些共同商议班级事务的日子，回想那些因为开会来不及吃饭的日子，回想那些焦头烂额共同打拼的日子……这将是大学最深刻、最难忘的美好时光。

写到这里，我才忽然发现，这是我的故事；抑或有每个人的影子，也许偏离了班志的路线，但我想截取十月里最感动的这段时光。每个人都有不同的特质，站在你我身边，他们或许就是普通的路人甲乙，但眉目之间一定有许多温柔，不同于其他人。每个人的世界都有不同，但这些故事里的世界，一定是你似曾相识又触摸不到的一面，它就像夜里的酒，早上的花儿，平淡又真实，美好又残酷。

西风乍起，山叶金黄，此心安处即故乡。看青春正好，莫负少年志向，

十月羌笛送秋光

13

十月羌笛送秋光。

真希望当镜头放到 2022 年的时候，我们回想起来的，是美好，是不悔，是想再来一遍的冲动，是我们不愿流失的青春，是心中那份永存的不舍，是成长之后的那抹余温，是那树始终寂静绽放的石榴花。

愿我们永远温暖，并且无所畏惧。

（陈奉泽）

一起奔向更好的远方

黄叶摇荡在枝桠深处，温暖的阳光跳跃着倾泻下来，似一泓明丽的泉水。秋风掠过树梢，拂过面庞，在飘满黄叶的林荫道上回望我们一眼，轻轻喊着告别。

不知不觉，秋去冬来，来到烟台已有三个月了，我与汉文本1801班的小伙伴们也一起走过三个月的光阴。我不是能说会写的人，既不能出口成章，也不能字字珠玑，只能用我笨拙的笔触在初冬的班志上记录所见所感。初冬的回忆千丝万缕，如楼台烟雨般萦于心头，摸不到，听不见，久久不能散去。有人说，生活本就平淡如水，但我们一起奔跑的这个月，应是这个冬日里最暖的阳、最柔的风。它温暖了孤单内心，吹散了漫天迷雾，让平淡的生活有了绚丽的色彩。

本月初，我与小伙伴们相约去后山学术中心听郦波老师的讲座。山风在起起伏伏的路上打着滚，哼着歌，染遍了后山层林，荡漾了乳子湖的碧波。还未到达报告厅，就已远远看到门庭若市的景象。老师、同学们的讨论声不绝于耳，身旁一位女同学激动地说："太好了！郦波老师要来做讲座了，真没想到竟有机会见到他本人！"不少同学拿出手机在郦波老师的讲座海报前拍照留念。我初次知道郦波老师是在《中国诗词大会》上，他渊博的文史知识和温文尔雅的谈吐，令我十分敬佩。郦波老师幽默风趣，讲得通俗易懂，即使对小朋友们提出的问题，他也耐心地一一解答。这次讲座让我对诗词有了更深的认识和思考，特别是在诗词精神方面受益匪浅。

自十月的"百团大战"后，同学们加入各种社团，忙着社团活动和学习新技能。刚入社团时，感觉学长学姐们特别厉害，会用各种软件设计作品，同时也对自己的一无所知感到迷茫焦躁。但学长学姐们耐心教导、不断鼓励我，"没关系，慢慢来""不会我可以教你呀""已经很棒啦，继续加油呀"……在与班主任交谈时，我向他询问这件事情，他提出建议："敬佩别人，看到别人的优秀，这是好事，说明认识到自己尚有许多不足和成长的空间。但是，光感叹别人有多棒，哀叹自己有多矬，有什么用呢？正常的逻辑是通过比较而认识自己，然后坚决地去改造自己，'见贤思齐，见不贤而内自省也'。也就是说，应该看到差距后不断学习，奋起直追，超越自己，而不是迷惘不知所措。"这席话使我豁然开朗，如果只是停留于感叹和迷茫，那么仅仅会原地踏步；应该主动寻找差距，不断学习，才能使自己得到提升。

十一月中旬左右，我们班和汉文本1802班举行了一场与2017级直系学长学姐的新老生见面会。同学们纷纷展示自己的才艺，路棣和陈艺为大家献上歌曲《房间》，大家都非常喜欢，歌中的画面正是我们这个温暖家庭的理想模样：

> 要用多少个晴天，交换多少张相片。还记得锁在抽屉里面的滴滴点点，小而温馨的空间。因为有你在身边，就不再感觉到害怕。大步走向前，一天一月一起一年，像不像永远。我们在同一个屋檐下，写着属于我们未来的诗篇。在这温暖的房间，我于是慢慢发现，相聚其实就是一种缘，多值得纪念。在这温暖的房间，我们都笑得很甜，一切停格在一瞬间。

班长赵婉婷演唱了动感十足的《卡路里》，那句妖娆的"燃烧我的卡路里"，成功带动了全场气氛。我班壮族姑娘王璐璐表演了舞蹈《牵丝戏》，水袖翻飞，翩若惊鸿。二班同学也带来歌曲和小品，非常精彩，现场欢声笑语，其乐融融。在同学们"来一个，来一个"的呼喊声中，2017级的学长学姐们也被拉上台表演节目，就连平时超级严肃的大萍学姐也一改严肃形象，展示出超级可爱的一面。新老生见面会的提问环节，解答了我们以前许多的困惑，也让我们认识了更多的学长学姐。虽说"谁的青春不迷茫"，但学长学姐们的建议能使我们少走很多弯路，更好地在大学中前行。

刚开学的九月，班主任开讲"石榴花讲堂"第一讲"语文是什么"；而这个月的"石榴花讲堂"，在他和袁老师的策划下，面向汉文本、汉文师的四个班举行了三次讲座，都非常有意思，引人入胜，好像为我们打开了一扇窗，看到了更宽广的世界。我想，"石榴花讲堂"中的"石榴花"三个字，大概是代表了班主任对我们那句"五月榴花照眼明，枝间时见子初成"的美好寄望吧。也许，黄老师是想在"石榴花讲堂"上为我们解答疑惑，扩大视野，提升兴趣，望我们能够有所醒悟，如同石榴花一样平静而努力地绽放。

"石榴花讲堂"第二讲是班主任主讲"怎样读经典"，他以自身为例，向我们讲述他阅读经典的体验和方法。他以陈绮贞的《旅行的意义》"你离开我，就是旅行的意义"为引子，说："阅读是一艘帆船，能载着我们前往任何我们想去的远方；阅读是一场旅行，让我们寻找自己的'陌生性'；阅读是一种生活，让我们获得主宰内心的自由和平淡如水的心境，因为这才是真正的快乐；阅读也是一种修行，是一种态度，是关于读书、写作、生活、体悟、成长的综合活动。"看到老师厚厚的中学读书笔记和日记本，还有老师专注读书的照片以及 2017 年在京繁忙工作间隙的读写战绩，我不禁有一种"不积跬步，无以至千里"的感叹。最后，老师提出"读常见书，做本分人，得之于心，行之于身"的建议。我想，这不仅是老师在阅读上，更是在为人处世方面的谆谆叮咛。

"石榴花讲堂"第三讲是知名作家周燊老师主讲"文学创作的精神空间"。周老师从陶渊明《桃花源记》入手，引入"精神空间"这一概念，并以曹雪芹《红楼梦》、塞万提斯《堂吉诃德》、博尔赫斯《环形废墟》、麦克尤恩《水泥花园》、乔伊斯《伊芙琳》等为例详细阐述。她说："精神空间不只可以安放灵魂，也会囚禁灵魂；精神空间可以包容我们，为我们指引方向；人做的一切都是精神空间的反射。"周老师启发大家思考自己的精神空间是什么，同学们踊跃回答。大家听得专注投入，提出自己在写作中遇到的各种问题，她都耐心地一一解答。最后，周老师说，写作要纯粹，不要功利化，功利化

一起奔向更好的远方

会蒙蔽写作的本心，抹杀写作的意义；要敢于写出自己的风格、特色、个性。

袁老师在点评时说了很多，她说："我一直很关注周老师的作品，常常搜索她的小说细心品味。她有大胆奇幻的想象力，我想起她老师王安忆写的《小鲍庄》，其实王安忆老师正是在《小鲍庄》中开始探索创作风格的突破，如浪漫主义和现实主义的结合。"黄老师点评说："通过周老师，我们可以看到，写作如阅读一样，其实是一种态度，是一种品格，写作不是让我们多愁善感，而是让我们爱上一种清醒，爱上一种寂寞。大家阅读写作不应患得患失，瞻前顾后，不应过多考虑应不应该、有用还是无用，更重要的是爱还是不爱。我和她是复旦校友，很认同她提到的那句复旦的非官方校训，做一个'自由而无用的灵魂'。"

"石榴花讲堂"第四讲是詹今慧老师主讲"我在'中研院'的那些年"，主要跟我们聊了她在台湾的求学工作经历和治学心得。黄老师介绍詹老师是"一个有故事的人，与台湾诸多文史哲大师最近的人"。詹老师幽默谦虚地说自己其实是一个给大师们"买便当"的人，她说起自己在政治大学的本硕博经历和在"中研院"的15年工作经历，还聊起她在台北、澎湖等一些高职、中学的任教经历。通过她的展示，我们惊讶发现台湾中文系的课程设置既精且博，如他们会有三门必修课，专门创作古体诗、词、曲，也必修中国思想史等看似是历史系、哲学系的课。她还说起共事或遇到的王汎森、袁国华、黄铭崇、邢义田、柳立言、邓小南、裘锡圭等诸多大师。在做助理时，某位大师对复印装订资料和校对错字要求非常高，可谓吹毛求疵，但詹老师说这其实是大师们对研究一丝不苟的态度，他们的敬业钻研精神让我们十分敬佩。詹老师是同时钻研甲骨文、金文和简帛的学者，她自嘲地说起自己的求学生涯和跑遍大江南北追寻古迹的旅行，这令台下的我们仰望不已。看到台大学生拼命读书，我们却还在为要不要读书、该怎样读书而纠结，这真是差距。詹老师说："读书不要画地自限，文史哲都应贯通，要有问题意识，要主动提出问题，研究问题，才能有所长进。"她还说："读书和学术是需要师生代代传承的，王汎森老师为什么这么厉害？因为他的老师师承钱穆。"最后，她以钱穆先生《关于学问的智慧与功力》作为寄语勉励我们。

十一月不仅有开讲的小惊喜，也有结课的小别离。生命中总有些离别，让人不舍，但没有人会一直陪伴你走下去。他们的出现和离别，就如同你人生旅途单程车中上上下下的旅客。如果离别，不必追，同时生命中也总有些美好的结尾令人难忘。那么就坦然接受离别，将不舍与美好藏于心底。

还记得十月份，同学们上第一节书法课时的期待与欣喜。同学们早早地赶到书法教室，在桌上依次摆好笔墨纸砚，轻展淡黄色的米字格宣纸，将墨汁倒入盘中，饱蘸墨汁，顿几次笔后，抖着手在纸上小心翼翼的写下"点"这一笔画。还记得书法教室里，教我们书法的学长简单而羞赧的自我介绍。同学们兴奋而焦虑地问："这个怎么写？"学长耐心而沉稳地答："慢慢来，不要急，我教你。"每次书法课，大家都安安静静地写着大字，一横一竖，每个人都那么平心静气，似乎在擘画自己的人生般小心翼翼。闻了一个多月的墨香后，十一月到了，是书法课结课的时候了。在最后一课上，我们需要交上一幅书法作业。同学们认真而郑重地写下每一个字，一个多月练习的成果化为宣纸上一个个横平竖直的方块字，一个个凝聚了努力与专注的提笔、顿笔，整齐美观，虽然有的会有些稚嫩，但这就是青春最朴实的那个模样啊。我们可能会不舍书法课的结束，可能会不舍以后很少见到教我们写字的学长，但希望我们能将不舍与美好藏于心底。虽然书法课结束了，但我并不认为这是书法学习的终点，书法学习这条路还很长，期待我们在未来不断奔跑前行。

书法课结束不久，"奔跑课"也在入冬时节结束了。当"本学期跑操结束"的消息一发到班群之后，教室里瞬间传出欢呼声。别了，2018 年料峭清晨的南操；别了，清早凝于草尖的白霜；别了，那掩于晨雾中将升的太阳。更值得高兴的是，在十月到十一月的早操量化评比中，我们班在全级十一个班中获得了第一。这个成绩并非一日而成，也非一人而成，这是两个月汉文本 1801 班每位同学共同努力的结果。也许，让我们一起奔向远方的重点，不在于"奔向远方"，而在于"一起"，这是我们走得更远更好的关键。

"家轶同学，你是咱班我约谈的第 25 位同学。"在班主任办公室里，他笑着对我说。这次谈话没有高中时与老师谈话的那种拘谨，而是给我一种温暖的感受。老师问得最多的是我在大学生活和学习上的问题，他说了很多。

一起奔向更好的远方

我说："老师，我之前感到参加社团活动非常麻烦非常累，曾经一度想过放弃，但最终坚持了下来，现在看到开始有很好的效果了，感到很值得，有成就感。"老师说："有成就感很好，说明开始找到节奏和感觉了。但是人的每个阶段，都在不断遭遇，不断适应，不断学习，不断进步，不断体悟，等自己形成独立而强大的精神力量和信念体系，你就会更有成就感。"我恍然大悟，成就感原来不止于做到，更在于做好，想要做到并不难，但是想要做好才难。所以我们应该做出自己的精致，活出自己的精彩。老师还在学习、阅读和做人方面给我很多建议，他说跟每位同学都是即兴聊天，所以话题都不一样，但也让他受到很多启发。

我感觉到，他在让我们用大学四年的时间不断思考：真正的快乐是什么？虽然我现在还不能完全理解，但通过他的谈话，我懂得生活的快乐不仅在于一种快乐的感觉，而更在于一种充实提升自己的心态。感官上的快乐固然使人愉悦，但是学习、阅读会使人更加充实而有获得感。我认为这种快乐就如同品茶一般，初入口涩，却有回甘，那种回甘，便是真正的快乐。在我与老师的交谈中，我发现老师还在咳嗽，他即便不舒服也要与学生交谈，我想，这对身为师范生的我们来说，无疑是最好的言传身教。

在这个月的尾巴上，《九月火车》作者周朝军老师给我们作了文学创作的讲座，我们在演播厅隆重举行了贝壳文学社颁奖典礼，我班的王筱澈、王晓晴荣获贝壳文学社优秀奖。我在国学知识竞赛中获得优秀奖；张佳怡在"秋叶飘飘暖人心"活动中获得三等奖；于洁、马鸿岩、陈艺在汉字听写大赛中获得团体二等奖；于洁、马鸿岩获得个人三等奖；路棣在"人在鲁大"征文中获得一等奖。每个人都在努力，这一树石榴花已开始扎根汲水，初露锋芒。

早就听闻，烟台是个"雪窝"。但今年烟台的初雪，像个羞涩的女孩儿，迟迟不肯与我们见面。我们都在期待着大学中的第一场雪花飞舞，我在一位同学的"说说"里看到这样一段富有诗意的话："冬日无雪，绿松水泥路，我想沿着它，一路到海，我打个呵欠，吹走了满山云烟。"既然本月无雪，我只好把期待寄予十二月，希望能在岁末与烟台的雪来一场美好的邂逅。

西风，裹挟着潇潇冷雨而来，打湿了满地黄花堆积的校园。望着窗外雨夜，写到这里，猛然发现 2018 年只剩最后一个月了。在十二月的第一天，我看见大家纷纷在 QQ 空间、朋友圈里发表感慨，许是一年将尽，心愿未了，又许是心愿已了，满心欢欣。但无论怎样，你我皆"在这温暖的房间"，四十颗心灵聚在一起围炉夜话，纵有天寒地冻，也阻挡不住一起奔向更好远方的勃勃雄心。此刻，期待一场即将到来的鹅毛大雪，一路奔向童话的故乡和心灵的牧场，看这些花儿，在洁白的时光里逆风飞扬。

（陈家轶）

一起奔向更好的远方

天欲雪，饮一杯？

"雪花，像绽放的礼花，天地间肆意地飘洒，纵情在一刹那……"

盼望着，盼望着，烟台的大雪，虽然姗姗来迟，却毫不吝啬，纷纷扬扬的大雪，一飘就飘了整整一个月。十二月，雪神在空中调遣天兵天将，几乎把所有兵力都投放到这个海滨"雪窝"和山林鲁大。于是，这个月的所有故事和心情，都蒙上浪漫的白色，即便在夜晚，无论是耐寒的花树，还是读书的学子，几乎都在雪光中入梦。十二月，是一首洁白的冬季恋歌，是一列纯白的雪国列车，她轻轻唱着，轰轰开着，似时光滴答滴答，伴着我们走到2018年的尽头。

十二月的第一天，普通但不平凡。作为文学院吟诵队的一员，我为学院举办比赛表演节目已是家常便饭。但这一次的比赛却不一样，在今晚举办的板书与PPT设计大赛中，板书模块进入决赛的四位选手中，有三个是我们汉文本1801的同学，多么值得开心和骄傲。比赛在文学院吟诵队表演的《半壶纱》中拉开帷幕，表演完毕后，我便可以坐在台下观赏黑板板书的独特魅力。孙玥璠同学讲《吃水不忘挖井人》，板书设计简洁美观，富有条理，符合小学生接受认知能力。马鸿岩、王述巍同学则选择了难度较大的高中教材，马鸿岩讲《口技》，王述巍讲《陈情表》，板书设计皆生动活泼，思路清晰。最后，马鸿岩同学得到评委老师青睐，取得第一名。她们在比赛中"初生牛犊不怕虎"的精神状态值得赞扬，无论成绩如何都应成为我们学习的榜样。毕竟，除了语言文字的基本功外，师范技能也应当成为我们的看家本领。十二月的比赛异彩纷呈，除了板书大赛，还有激动人心的越野赛。韩鑫月、冶成鑫、陈奉泽、于洁、徐贝贝、滕子涵、马子梁、李玉同学积极参加预赛，我们班那个自诩从小骑马长大的青海小伙——冶成鑫同学最终闯入决赛。在书法大赛中，吴岐雯同学荣获二等奖。虽是寒冬，但眼前四十朵石榴花姿态万千，有的已芬芳吐艳，独放异彩；有的还蓄势饱蕊，酝酿惊喜。那些娇羞的花苞，借着几朵初绽的石榴花簇生梢头之美，逐渐大胆地绽放自己的风格。

天慢慢变冷，寒风也凌厉起来。接到临时通知，我们要去上现当代文学的实践课——参观鲁东大学文学博物馆。早自习后，我们匆匆赶往后山。

"咱们坐小绿车去吧。"我和舍友商量道。"行啊。"刚到小绿车跟前，就发现有好多同学在等着乘坐。看着小绿车那里排着长长的队，又看着手机上不断跳动的时间，眼一闭，心一横，走过去！话说得果敢，真正走在路上就不是那么英勇豪迈了。烟台的妖风可不只是说说玩的，刮在脸上似刀割一样疼，不一会儿手脚就已全部冻僵。远远就看到贾小瑞老师站在门口引导同学们进入鲁东大学文学博物馆，可就是这样，还是有同学不小心跑到了后面袁行霈先生题写的鲁东大学博物馆。

我们的大学竟然有一座文学博物馆，令人惊奇。走进文学博物馆，首先看到长长的文化长廊，还有各知名校友的作品和墨迹。

"啊，快看，这本书我前几天刚看过，没想到它的手稿是这样的啊！""这个电影《智取威虎山》是当年的贺岁档啊！当时我和爸妈去电影院看的哎！没想到原著作者曲波是咱们的校友啊，快拍下来给我爸妈看看！"小伙伴们都兴高采烈地聊着自己感兴趣的内容，好不热闹。我则继续向前走着，直到走进"张炜的文学世界"。

首先映入眼帘的是一幅大大的地图，上书"张炜的文学世界"，两边则是长长的展台。在《古船》展台上，我惊喜地发现了《古船》手稿。当时我正好在读这本书，看到书本上冷冰冰的文字忽然变成有人情味的手稿，内心的喜悦可想而知。恍惚之中，我仿佛看到河边那座粉丝厂在冒着热气，芦青河生生不息，流向远方……看着手稿上各种颜色的修改，我想：名家写作都需要如此精细的修改，更何况我们呢？其余展台也同样给我们很深的感触。

天欲雪，饮一杯？

张炜耗时 20 余年创作的大河小说《你在高原》，纯净唯美，果然戴得起茅盾文学奖的桂冠；还有奇幻的儿童小说《寻找鱼王》，平淡又令人震撼的《九月寓言》……一个个展台看下来，我不禁深深敬佩张炜先生丰厚的学识和忧患意识。想一想，张炜先生也是我们的直系老学长，他在烟师中文系读书时，创建了贝壳文学社和《贝壳》杂志，如今我们仍在读着《贝壳》，我们班有好几位同学也在贝壳文学社。现在他已是海内外著名文学家，笔耕不辍，不仅创作出充满历史情怀的深沉巨著，还为孩子专门创作儿童文学。大师也都是从我们这样的青涩大学生走过来的，他对我们来说无疑是一个最生动的激励和榜样，这就是一种身在传统和脉络之中的传承和使命，我们有什么理由不好好努力呢？直到参观完全部展台走出博物馆，我还未从张炜的文学世界里抽身出来。听着身旁小伙伴们叽叽喳喳的讨论，各自发表自己的见解，我越发觉得，这次的现当代文学实践课意义非凡，让你穿越时空，寻找到心中真正的偶像，以文学和思想称雄的偶像。

早就听闻烟台是个大雪窝，同学们或是带着对下雪的期盼，或是扫雪的恐惧，等待着初雪的到来。可今年的初雪迟迟不肯露面，足足比去年晚了半个月才初来乍现。我清晰记得，那是 12 月 6 日。那天英语课上，林老师正在讲台上谈笑风生，不知说了一句什么话，惹得全班哄堂大笑。这时，不知是谁惊呼一句："哎呀，外面下雪啦！"透过窗子，我们终于与烟台的初雪邂逅。这雪好像与家乡不同，不似记忆中的雪般缠绵，更添了一丝活力与张扬。那漫天飞舞的雪花，你追我赶，肆意嬉闹，倒还真有谢道韫"未若柳絮因风起"的况味呢。

雪飘了一整天，到了晚上，整个世界已经变成了银晃晃的白，站立其中，有一种遗世独立、超然物外之感。我们班的同学来自全国 14 个省份，我们这些北方的同学面对大雪尚能保持淡定，南方的同学却早已按捺不住内心的狂喜，与雪来了个亲密接触。更有南方同学说："不要说让我扫雪，让我吃雪我都愿意！"下了晚自习，北操场上便挤满了人，大家一起打雪仗。我虽未亲身经历北操场的雪地狂欢，但从同学们的描述和 QQ 空间中的图片便可看出战况之激烈。QQ 空间也早已被初雪给刷屏。

萦绕在耳畔呢喃的雪精灵倏而又欢腾地雀跃在脚底，窸窸窣窣，吱嘎作响，装点了人们安静的梦乡。初雪时节，小伙伴们都选择做温暖的事情；约上好朋友一起去吃个火锅，回来的路上咯吱咯吱地踩会儿雪；和喜欢的人出去走走，悄悄把手塞进他的外衣口袋里；少女心满满的小姐姐，已经在对着雪花许愿了……昏黄路灯下，我看到一对情侣手挽着手，慢慢地走在撒满黄色灯光的路上。突然想起《蓝色大海的传说》中的一句台词："初雪来临时，向心爱的人告白，爱情就会实现。"初雪总是那么美好，男孩女孩们白头到老的愿望，被珍藏在心底。

"同学们，咱们要搞一个双旦晚会，还有包饺子的活动，大家踊跃参与啊！"班长婉婷说了这个消息后，同学们便沸腾起来，讨论着元旦晚会和包饺子的相关事宜。既然是联欢，每个人都要参与其中，所以班长决定每个宿舍至少出一个节目，多者不限。思来想去，我们宿舍为了照顾我这个小音痴，选择了一个经典又好唱的老歌——《月亮惹的祸》。"我承认都是月亮惹的祸，那样的月色太美你太温柔，才会在刹那之间只想和你一直到白头……"一听到这样魔性的旋律，不用说，一定又是我们宿舍在唱歌了。不知不觉，这首歌已经成为我们的舍歌，成为我们之间心照不宣的小暗号。对啊，一直到白头，其实，在飘雪的12月，白头到老只是几步路的时间，只需要从宿舍出门，揣着口袋走啊走，一直走到文学院门口。

转眼间，就到了我们汉文本1801班的双旦晚会了。应学院崔书记要求，吟诵队和贝壳文学社负责各班双旦晚会的开场节目。那一晚，我站在熟悉的舞台，拥有与往日完全不同的心境。台下没有老师，没有观众，有的是朝夕相处的同学，不会紧张，可以真正享受舞台。完成了吟诵队的节目后，便可全心享受我们的双旦晚会啦。第一个节目就是由咱们班里学生会成员精心排练的舞蹈《卡路里》，魔性的音乐加上动感的舞姿，瞬间将现场气氛推向高潮。接着多才多艺的小伙伴们又演唱了《小幸运》《红尘》《遥远的你》《我相信》等歌曲，赢得同学们阵阵掌声。不过，最让我惊艳的还是全体男生的即兴表演。韩鑫月临时换歌，伴奏也不是之前熟悉的那个，但还是凭借深情的歌唱打动了每个人的心。冶成鑫则选择了一首难度较大的粤语歌，之后的男生合唱环

天欲雪，饮一杯？

节，马子梁也展现了不俗的歌唱功底。想不到我们班男生还真都深藏不露呢。

至于包饺子，那就更是有趣了。餐厅为我们准备好饺子馅和饺子皮，剩下的可就由我们自由发挥了。一个宿舍一组，大家热火朝天地开始干活。凭着暑假看教程做饭成功后的满足感，我自认为有着贤妻良母的潜质，没想到包的第一个饺子就让我怀疑下厨能力。饺子包得歪歪扭扭，接缝处还沾着几片菜叶，饺肚部分薄到透光，里面肉馅清晰可见，不用说，这样的饺子下锅一定会为饺子汤添上几抹色彩，再也捞不起来。看看其他同学包的饺子，有的圆润饱满，一看就精通厨艺，有的则俏皮可爱，充满童心，更有厉害的同学，用剩下的面团捏成了一个动漫人物，十分逼真。大家在欢乐中包完了饺子，下锅煮熟后，同学们纷纷寻找盘里那些自己眼熟的饺子，互相分享那些有创意的饺子，其乐融融。最后，每个人都吃得肚儿滚圆，果然自己动手包的饺子就是香啊。

"等不到双子座流星雨洒满天际，先点燃九支仙女棒代替……"在大雪沉睡的那一夜，我们等到了双子座流星雨。早就听说了晚上8点有流星雨，但是由于晚上有晚自习，也没有放在心上。晚自习后听说流星雨还是没有结束，洗漱完躺在床上看手机时，听着外面有一声接一声的惊呼，心里就像有一只小猫一直在抓，总是想出去看看。

"孟凡，我们出去看看吧！"我拉起宿舍小伙伴。

"好啊好啊！"就这样，两个疯狂的人儿在睡衣外面套了个棉服，蹬起拖鞋就往外跑。刚刚出宿舍门，就碰到了班里的同学们，同样的奇怪穿搭，同样的一脸期待。一起走到宿舍楼门口，就被门前的人山人海惊到，不只门前全部站满了人，抬头向上望，每个窗台上都露出好几个期待的脸庞。

"啊！"听到这声惊呼，我马上抬头看，可流星转瞬即逝，即使这样也没有看到流星，但发现了漫天闪烁的繁星。当沉溺于繁星的静谧时，突然眼前一亮，一道流星划过天际，不自觉地惊呼出来。虽然这是一晚上看到的唯一一颗流星，但听同学说这是最大的一颗，顿时心里充满了满足。偷偷藏进暖暖的被窝，屋外的流星雨也悄悄落入梦里。雪花是洁白的，流星是银白的，我们却看到了雪夜里的流星雨，天呐，想想都觉得幸福得要流眼泪。是不是我们注定要在鲁大有这么浪漫的经历？

长街长，烟花繁，你挑灯回看；短亭短，红尘碾，我把箫再叹，何处是吾乡？也许你在为思乡而郁郁寡欢，也许你因为考试而闷闷不乐，但是，相信文学院"文耀年华"迎新晚会将会为你带来最大的惊喜。迎新晚会应该是我目前为止上过的最大的舞台了吧，因为平时只是看到了节目的光鲜亮丽，当在我去深入了解一个晚会的策划、审核、彩排与正式演出之后，方知亮丽背后的艰辛。文艺部同学一次次地深夜讨论，学长学姐和老师的轮番审核，无数次带妆或不带妆的彩排，平时数不胜数的排练，每一个人尽量将自己的工作做到最好，成就最好的舞台、最好的自己。一路上有各种艰辛，也有过无数次崩溃想要放弃，但是当看到聚光灯打到台中，会场掌声雷动后，感觉一切都值得了。我们的迎新晚会，有你追逐的诗和远方，有为你洗涤惆怅的欢声笑语，有戏精小哥哥小姐姐们的年度大戏，还有帅气不羁的民谣乐队和爵士舞团。有平日一本正经的学生会学长学姐们跳的搞笑的《卡路里》，更有讲台上严肃认真的老师深情的《想把我唱给你听》。整整两个小时，充满了欢乐，更多的是感动。每次新的经历都会给我们带来新的成长，这次迎新晚会就教会了我坚持、团结和合作，有一群志同道合的小伙伴们一起努力，一起坚持，一起成长，真的是一件非常幸福的事。"垂杨紫陌洛城东，总是当时携手处"，明年的迎新，我们再见。

记得九月份班主任给我们开讲"石榴花讲堂"第一讲时，还只是汉文本1801和1802两个班聆听。转眼间，"石榴花讲堂"已经到了第五讲，变成18级汉语言文学专业全体同学的一场文化盛宴，在倾听了黄老师、周老师、詹老师的治学心得后，我们又迎来了传说中的彪叔！早就听说李士彪老师在学术方面造诣深厚，为人慷慨幽默，是鲁大的明星教授和考研专家。今日一见，果然名不虚传。

讲座开始前，袁向彤老师专门诵诗一首介绍彪叔，彪叔上台后，先传授了一个热场的妙招——狂背古诗文。他说："好啦！开场热身，我先说段子了！"话音刚落，他滔滔不绝，似乎在绕舌头般地狂背了几篇古文，令人惊叹，赢得同学们阵阵掌声。讲座开始后，和想象中讲《周易》等古典文学不同，

天欲雪，饮一杯？

这次彪叔的讲座题目是"校园小品创作方法漫谈"。他先一本正经地援引康德《判断力批判》、霍布斯《利维坦》、柏格森《笑》，分析如何制作笑点，再给我们播放了一个个他自编、自导、自演、自拍的各种让人捧腹大笑的视频，都是我们文学院诸多老师和学长学姐倾情演出的作品。这不仅让我们了解到一个新的艺术形式——弱剧，也让我们感受到彪叔对艺术和生活的热爱，更让我们对各位老师有了更深入的了解。讲座全程都充满笑声，大家笑得前仰后合，冶成鑫同学坐在前排笑得忘形，这让我们更加欢乐起来。大家难以想象，博古通今、舞文弄墨的彪叔竟然这么好玩儿。有同学说，没想到严肃的外表下隐藏着这么有趣的灵魂。讲座中，彪叔有一句话我特别喜欢，他说："做什么事，都应该先做成，再做好。"是啊，有时候，我们缺的就是这种敢做的勇气，只是一味考虑能不能做好，不承想，在踟蹰中，已经失去了最初的热情。

接下来是烟台的第二场雪、第三场雪、第四场雪……一个月内，大雪小雪，急雪慢雪，昼雪夜雪，太阳雪月亮雪……说下就下，说飘就飘，我记不清这是第几场雪了。雪花漫天肆意飞扬，凌冽的寒风让人只想缩脖子加紧脚步赶路，但系楼却温暖如春。

12月28日中午，汉文本1801班第三次班会在107教室里召开，也算是一个小小的年度总结。首先，班主任宣布他兑现了开学时的承诺，甚至超额完成。他在开学时承诺要给我们举办两次讲座，用半年到一年时间与全班每位同学进行不少于一个小时的谈话聊天。如今，他不仅为我们讲了两次讲座，还和袁老师一起策划了"石榴花讲堂"，邀请了其他三位老师为汉语言文学四个班做了讲座。他说："昨天是标志性的一天。第一，我们班在班委会基础上成立了编委会，初步设想编写世界上第一部《班史》，班是班固的班，史是太史公的史，现在我们全班面临司马迁和班固曾面临的时刻，要为世界第一部为班级写的史书发凡起例。我们不必为了写《班史》而努力，而是只要默默做好自己，四年中变得足够优秀，《班史》自然也会出色。编写《班史》不仅能激励我们四年中的行动，也会为未来留下纪念和鞭策。第二，昨天我与咱班最后一位同学完成了谈话聊天，从滕子涵同学到于佳欣同学，前后用

28

了不到四个月时间。"

他很感慨地说，与40位同学聊天就像读了40本书一样，收获最大的是他自己，因为每位同学都有不同的性格、经历、困惑、闪光点等，每次聊天他都会有新的思考和心得，他不仅把这些思考告诉同学们，也把心得融进了自己的生活。他说："我们无法选择自己的父母、家庭和出身，但我们可以选择读哪些好书，做哪些有意义的事，去追寻过一种什么样的生活，这完全是我们可以通过努力而自主掌控的，但是，这番努力需要一个最佳期限，就是在大学的时候，等以后步入社会，很难再有这么好的时间了。大学本来是不轻松的，是大家把它过轻松了。"他说："我是一个靠史学立身处世的人，人生在世，应该怀有历史精神。但真正的历史精神，不仅是把过去当成历史指导现在，更应该把未来作为历史督促现在。你所熬不过去的现在，终将变成再也回不去的从前。"

写到这里，忽然发现今天已是2018年的最后一天。时光总是这样，在我们不知不觉之中悄悄溜走，等到发现，往事已随风。这一年，我们经历了暗无天日的高考，离开了熟悉的家人，来到了一个完全陌生的城市；但也是在这一年，我们长成了大人，从手足无措到渐渐适应，从小心翼翼到泰然自若，遇到了我爱的人和爱我的人。我很开心遇到你们。就像班主任那天谈起对我们的期望，他说，愿我们汉文本1801"聚是一团火，散作满天星；聚是一树花，散作万颗籽"。

看到学姐刘一琳在QQ空间里写了这样一段话："我这里没有好酒但是有茶，没有火炉但有暖气，外面已是飞雪飘飘，你可否愿意拂去满身风雪，与我共饮此杯？"

当然，君若有邀，我必与君痛饮。一杯敬过往的2018，一杯敬新生的2019；一杯敬奋斗的自己，一杯敬陪伴的师友；一杯敬这滔天的雪花，还有一杯，敬这一树的榴花。

（陈然）

天欲雪，饮一杯？

花儿朵朵飞故乡

"10、9、8、7、6、5、4、3、2、1，元旦快乐！"

随着电视里主持人的齐声宣布，2019年来了。跨年这夜，尽管眼皮直往下耷拉，但我和舍友们仍在一起守着手机看电视直播，硬是撑到12点。此时的我，在心里默念：你好，2019！

QQ空间和朋友圈里已被跨年的动态挤爆，大家都在迫不及待地和2019打着招呼，同时也回忆着自己的2018。总结自己的2018，不免感慨万千，但无论如何，2019来了，我们都应精神饱满地迎接这新的一年，充满挑战与未知的又一年。

虽在元旦假期，但1月2号就开始的考试周让我们不得不奔赴自习室。成沓的复习资料，让人甚是头疼。其实在早就举行的经验交流会上，学长们虽提前告诉我们很多注意事项，但当考试周真正到来，大多数同学还是如临大敌手忙脚乱。作为大一新生，我们刚进入大学半年，才从高中模式中挣脱出来，对大学考试多少有些忐忑和不适应。如何安排复习，如何利用时间，如何调整心态，都成了一个个棘手问题。

还记得第一场考试是英语考试，考场不在南区，要跑到北4和北8教学楼。同学们大都早早赶到考场，生怕迟到。候考过程中，大家虽在门外冻得瑟瑟发抖，却仍在低头拿着英语课本背诵，抓紧最后关头的分分秒秒。入场了，交上手机后，大家都自寻座位，安静等待着。静得可怕的气氛让我既紧张又激动，久久无法平静，闭上眼睛，努力让自己镇定下来。因为可以提前交卷，未及考试结束，同学们就走得差不多了。走出考场后，大家或兴高采烈，或垂头丧气，彼此交流着："哎呀，我就这篇文章没背，偏偏就考了……""我也没背……""我考前看的就是这个题！""你怎么这么幸运？"

进入考试周，许多同学天天待在自习室，时不时找个犄角旮旯背书，夜夜点着台灯狂复习。每天早上六点多起床，我和舍友们匆匆吃完早饭就去自习室，一直到11:40左右，再去吃午饭，下午2:30左右再到自习室，6:00左右吃饭，7:00自习一直到晚上9点多，后几日竟也一度到10点。时间紧，任务重，复习强度大，与高三时备战高考有一拼，大家纷纷在QQ空间、朋友圈转发锦鲤、考试必过、保佑不挂科等动态。每天都需要自寻自习室，那两周，用"熬"字来形容再恰当不过了。当然，从另一个方面看，这也印证了学生中流传的自我调侃的一句话："平日一时爽，期末火葬场。"考试一场接一场，有些平时不大注意积累的同学，只好临到深夜抱佛脚，我们称之为"爆肝"。话虽然糙，却是当代很多大学生的真实写照。

这期间为数不多的乐趣，应该还是飞雪了。12月是一个雪月，飘飘洒洒下个不停，进入新年第一个月，烟台的雪仍然酣战不休，慷慨依旧。一阵急雪，来得快，去得也快，一阵慢雪，会悠悠扬扬地下个大半天。雪花，在风中变得轻盈，自由地上下翻飞。雪花，白亮惹人爱，纯洁令人怜，然而美好的事物总是如此，不可久得，一入手心即化为水。观赏雪景，让人心醉，让人心静。

1月5日是考试周的第一个周六，班主任黄老师特意在学院324室为我们班举行了一次小型签书活动。婉婷、奉泽各抱着一摞书跑上楼，黄老师带着妻儿赶到，我们早已按捺不住好奇、兴奋和激动聚在一起围观了。黄老师郑重地说："《京华望北斗》是我的第一本书，如果说需要一个发布仪式或签书仪式的话，那么就是今天我为大家准备的这个简短仪式。今天特意让你们师母和小师弟同大家一起见证这个时刻，因为在我心目中，大家也是我的家人……我这本书是用一年多时间写成，没什么深刻的内容，只是一个随笔集。大家呢，就随便看看，在厕所里玩儿手机实在无聊的话，可以放在旁边翻翻，实在不行，厕所缺手纸的时候也可以用用……"

"哈哈哈！……"我们被黄老师的温情打动了，也被他的幽默"打败"

花儿朵朵飞故乡

了。我们自觉排起队，等着黄老师的签名，挨个捧着新书与黄老师合照留念。虽然只相处了四个月，但黄老师基本上记住了每位同学的名字。每个人走过来，黄老师看看对方，头微侧，作认真思考状，稍稍斟酌，忽地眼睛明亮起来，提笔，在新书扉页写下两句寄语。寄语或是两句诗，暗含着同学的名字，或是两句话，饱含老师的殷切期望。签书仪式结束时，已近正午，阳光透过窗子洒在书上，新书淡黄色的封面让人感觉更加温馨，阳光亦爬上每个人的脸庞，照得脸上的笑容更加可爱。

两周的考试终于熬过去了。当最后一门考试结束时，很多同学一跨出考场就立马发了说说——"考完了，哈哈哈！""终于结束了！"再配上俏皮可爱的图片，抒发难以言表的喜悦。总算挺过了考试周，同学们便陆陆续续地踏上归途，也意味着要和鲁东大学暂时说再见了。离家近的，当晚便由父母接回；离家远的，有的坐火车或高铁，有的坐飞机，或独自一人，或三两结伴。我们班 40 位同学，来自天南海北，不少来自祖国边疆如新疆、吉林、内蒙古、云南、广西、海南。寒假的号角就像吹来一阵风，瞬间，40 朵花顶着寒风飞向各自的故乡。有的需要跨越万水千山飞到南海，我不知道王海同学从烟台雪窝飞到海南岛上的热带老家，会不会有种终于从外星回到母星的错觉。有的需要坐四天的火车从黄海回到天山，杨聿艳同学的家在新疆巴楚，她要横穿整个中国回家，她说："火车在绵延不断的铁轨上行驶，摸索着驶向更空旷的远方……茫茫无际的戈壁上，见不到一丝生的气息，只有一匹一匹高大的骆驼，与大地成为一道相容的风景线。站台上见过的分别，总是会比礼堂听到的钟声还多。"有的需要来回换车返回雪国，婉婷在回吉林白城的路上说："我走了半年，我走了一天，又依稀抓到了东北的影子，要等我回家啊。"有的乘坐高铁回到草原，张佳怡同学在返回内蒙古的路上说："回家这天，是以雾开始的。列车就像刚刚结束了大一上学期的我，一头扎进一片白茫中。雾里看花花更美，大抵是此刻。"

是的，家是一种向往，是一种心情。于洁同学说："家是人生最美的拥有，我们一年年长大，一年年成熟，一年年体会着相同的幸福和甜蜜。"奉泽同学说："世界上最美的风景，就是回家的路，无论在哪儿，对家的那份钟爱与牵挂，总是那么刻骨铭心。在未来，做个勇敢的人。勇敢不是不害怕，而是内心害怕却依然坚持去做。愿你做个勇敢的人，不畏将来，不念过往。"

40个人，出发的方向各不相同，但目的地有一个相同的名字，那就是家。我离家不算近，没买上早一点的票，便成了宿舍里最后一个回家的。自己一个人的宿舍，虽宽敞，却略显空荡和寂寞。打扫卫生，收拾衣物，整理床铺完毕，检查好水电门窗，带上门，锁好锁，拖着行李箱，我也要和鲁东说再见了。

归乡途中，坐在高铁上，我悠闲地托着脑袋，从窗户向外望着，依旧陌生的景物向着列车的反方向飞速掠过，模糊难辨。列车一次次靠站，列车上的广播一遍遍报站，我尽力分辨着每一个停靠站，生怕自己坐过站。事实上，又怎么会坐过站呢？老家淄博是那么熟悉，那么分明，我对它的名字又是那么敏感，那么在意。我们总是感觉，回家的路程那么远，时间那么长。我想，我们40位同学回家的心情是相似的，是激动又害怕的矛盾心理。激动于即将看到父母、朋友和曾经熟悉的一切，又害怕曾经的一切不再是记忆中的模样。当看着路旁的风景一点一点变得熟悉起来，我们知道，我们日思夜想的家乡近了。

回到家，就回到属于每个人自己的"舒适圈"，每个人都贪婪地享受着这舒适。早上的肆意赖床，老妈一手烹饪的家乡美食，同学朋友的再度相聚，都给自己带来极大的满足感和幸福感。然而，舒适得久了，也开始厌烦。于是，很多人选择去学车，我也不例外。天天冒着寒风去驾校，每次都被教练劈头盖脸一顿骂，倒也练就了"厚脸皮"的"本事"。有的则选择兼职给自己赚点零花钱，有的则去图书馆借书看书，各自安排着自己的小生活。

回家当天，我去了奶奶家。骑着自行车穿过巷子，正是下午两三点，很多老人都在巷口，各自拿着一个小马扎，懒洋洋地倚着墙根晒太阳，断断续续地说着家常，好生舒服。我隔着老远就认出了奶奶，大声叫着"奶奶！"奶奶见到我，应声答应着，眼睛笑得眯成了一道缝。一到家里，奶奶便拿出早就准备好的零食、水果，然后抛出各种问题，也说着自己的琐碎小事，还会回忆他们的往事。我总是很乐意听老人说这些陈芝麻烂谷子的事儿，虽然很多已经不止重复了三两遍。或许我只是简单地应和，或者哈哈一笑，但他们是满足的。我的奶奶，也是无数老人的缩影，他们已经年迈，少有机会能去外边的世界看看，我向奶奶讲述高铁等新事物的时候，她的眼里满是好奇。他们就在自己生活了几十年的小村庄里，看着儿女也为人父母，过着平静得不能再平静的生活，每天过着相似的日子。

然而，不光是老人爱回忆，中年人也爱，我们这些小年轻也爱。因为，回忆中的我们鲜活而多彩，或痛苦，或欢乐，但都是我们的足迹。前几日，初中班主任找到我，让我统计一下班里后来考上一本同学的基本情况。三年过去了，当初建立的QQ群早已不再活跃，上一次发言停留在一年前，还是某某同学发的广告。我这个当年的老班长又要给同学们下通知了，心里竟也有些发怵。一天里，同学们陆陆续续把自己的信息发过来，我一条条接收着，回复着，也多多少少问问他们的近况。三年，很多人发生了变化，但四年的朝夕相处的回忆永藏心底，因为那时的我们单纯，所以那些时光值得珍藏。

临近春节，几乎所有的大学生都放假了，回母校看看，列入了很多同学的计划之中。当我们再次回到母校，教学楼还在，老师还在，只是我们不在。高三生还在认真复习，只是换了一批人，不再是我们。学校大门上的字此刻更加显眼，想穿着校服，推着自行车再进入校园。老师办公桌上的试卷，有些熟悉，想提笔再做，却已没了权利。我们趴在书桌上做题似乎还是昨天的事，而转眼已成事外之人。

寒假到了，高三的同学聚会也提上日程。坐上公交车到县城，一到车站，就碰见一位本来不熟的男同学打招呼："嗨，有人来接你吗？头发扎起来了啊，变化挺大啊！""是吗，哈哈哈……"几句简单的问候散发岁月余温，足已驱散车站门前的寒风。还未进入宴会大厅，我在门口就看到同桌正走出来，跑过去和她来了个拥抱。进入大厅，我扫视着，找到好朋友之后赶紧坐下，与她们聊天。我们60个同学，分布在16个省市，同学们热火朝天地议论着自己所在城市的新鲜事儿。我开始打量每个人，男生们变化不大，仍在互相开着玩笑，女生们则变化比较大。一会儿，几位老师到场，我们起身欢迎。他们入座后，照例对我们进行谆谆教导："学习上……生活上……"感觉又回到了高三——难忘的奋斗时光：在题海中我们寻找更好的解题思路，在一次次考试中我们磨练着心态。如今，大家分布在五湖四海，相聚只会越来越难，但也正因为越来越难，才会珍惜眼前人。

进入小年，才觉出时间过得真快，不知不觉，春节就要到了，"忙年"也要开始了。到年底，我们要把被子全部拆洗一遍，打扫屋顶，清理门窗，彻底扫除这一年来的所有不快、晦气和霉运。家里也开始蒸年糕，寓意年年高升，还要炸丸子、炸豆腐、炖鸡炖鱼，挂灯笼贴对联，年味渐渐浓起来。过大年，赶个年集是必不可少的。集上可真是热闹！卖蔬菜的，卖猪肉的，卖年画的，卖瓜子糖果的，卖衣服的，应有尽有，赶集的人来人往，尽是攒动的人头。"大娘，你看俺家的猪肉，多么新鲜啊！""给我来这一块大的！""芹菜一块钱一斤。""九毛吧，俺多要点！""行！"人们都大包小包地提着，互相拥挤着。我很喜欢赶集，喜欢听集市上人们叫卖声、讲价声，喜欢吃着集上卖的廉价蛋糕，感觉只有这样，才更能感受到一些人间烟火气和故乡的年味。

这几天，到处在"集五福"，大家都渴望拼个好手气，抢个大红包。和爸妈包着饺子，听着窗外起起伏伏的鞭炮声越来越近了。我望望天空，是蓝的，低首看看土地，是黄的，还是原来的样子，看看自己，也还是老样子，是青春的模样。夕阳西下残留的光，点染了半边天空。不知哪一家的腊肠飘香，从远处巷口传来渐近的年味，久违的熟悉感涌上味蕾。农历新年即将如约而至，愿一切平安顺遂，愿来年与更好的自己相遇，愿天南海北的同学们齐心同所愿，一同达成新年目标。一树榴花由海滨的风送上归途，如今花儿朵朵飞故乡，散作夜空中照眼明的烟花瓣。虽然烟火的美转瞬即逝，然而我们无惧漆黑一路前行。

（陈艺）

花儿朵朵飞故乡

辞岁烟花，春日芳华

"高高的灯笼它红哟喂，照得人们心里暖哟喂，大家脸上笑得甜哟喂，幸福年年岁岁……"要过年了，喜庆的歌声传遍大街小巷。村庄中缕缕炊烟升起，微闭双眸，轻嗅这风中的炊烟，仿佛混杂了檀香、麦香、泥土香和鞭炮火药味，有些呛鼻，却沁人心脾，也许这就是草木乡村之中过年的味道。

进入二月，也就进入倒计时。还有三天，就要迎来一个崭新的己亥猪年，家家户户都张罗忙活起来了。胶东民谣中有"二十七，宰公鸡；二十八，白面发；二十九，蒸馒头；三十晚上熬一宿；大年初一，姐姐拉着弟弟扭一扭"的说法。在我老家招远，村子里的集市人山人海，格外热闹，人们纷纷出门疯狂大采购。对联窗花，新鲜菜蔬，各类鱼肉，各色糖果，瓜子花生小果子，炸年糕，一应俱全，琳琅满目。集市上多了欢声笑语和熟人间的互相寒暄，大家都图个和气，红红火火过大年。

除了买年货，家家户户也在准备主食，大枣饽饽可是胶东过年时的一大特色面食。提前与姥姥约定好一起动手做枣饽饽，但她"放了我鸽子"，等我回到家时，白花花的枣饽饽早已摆放在院子簸箕里了。幸好还有一块面团没做，我便兴冲冲地跑到面板前撸起袖子就抟起来，可惜已经将近十年没有碰过面团，手法早已生疏了，便找来姥姥帮忙。看着她在面板上抟面的场景，我仿佛想起十年前，当时也是这样，仿佛一切都没有变过。跟那时一样，在姥姥的帮助下，我用最后剩下的一小块面团做成了一个小枣饽饽。看着掌心里的这个小枣饽饽，就像抚摸当初那个稚嫩的孩子，鼻子不禁一酸。只有我自己知道，那揉进面团里的，有姥姥对我十年未变的疼爱和我这十年成长的点滴。

当然，面食可不只有枣饽饽，我们胶东还有过年必备的面鱼。它可不是鱼，而是将面团做成鱼的形状，放在油锅里炸。这可是妈妈的拿手面食，她负责发面，抟面，我负责捞锅，不一会儿，就炸好了。贪吃的我可抵不住它金黄酥脆的诱惑，得闲便要偷拿一块品尝，"啊呜"一大口，太美味了。趁着天气晴朗，爷爷早早打好浆糊准备贴对联，加上妈妈和我的完美配合，不一会儿，春联和福字就都粘好了，转眼间，整个家都变得红艳艳了，"春满乾坤福满门"。

盼望着，盼望着，在欢声笑语里，年三十这一天终于到来。爷爷早早起床，捞好圣饭，放了鞭炮，就等着我们一起回家包饺子。年夜饭并没有那么丰盛，只是一顿普通的饺子，但因全家人聚在一起，所以多了许多平日里未有的温暖，一家人说起村里的新闻、今年的喜事和来年的打算，个个喜气盈盈，红光满面。吃完后，我们围坐在电视机前，目不转睛地等待八点的春节联欢晚会。没想到刚看完开场舞，上下眼皮就开始打架了，全然忘了守岁这回事。勉强对抗着倦意支撑着，时针悄悄划过十二点，新年的钟声敲响了。

趁天还未亮，我们全家在街口路灯的微亮和家家门前的大红灯笼光下，挨家挨户拜年，互问新年好，除去旧年的疲惫，爽朗的笑声萦绕耳边，久久未散。"年年岁岁花相似，岁岁年年人不同"，崭新的己亥年号角已经吹响，在走亲访友之后的归家途中，我向那远在天边的一角张望，回想着2018年的所遇，不论欣喜还是挫折，都融入那满天烟火之中，化作点点星光，在夜深更阑时分，完成最美的绽放。

大年初一开始，不少小伙伴们就开始讨论一些荧屏银幕上的精彩作品。有人聊起口碑炸裂的《流浪地球》，有人说起春晚上的各种槽点，而我则像往年一样，坐在电视机旁观看第四季《中国诗词大会》，今年它陪伴我度过了初一到初十。每晚八点，我就和家人一起坐在电视机前看诗词大会，大会云集了各行各业的诗词爱好者，他们虽然有不同的年龄、出身、经历、思想，但都对诗词心灵有着执着的追寻。这是一顿精神上的饕餮盛宴，最终北大博士陈更夺得冠军。想想人家作为一个理工科博士，都尚且有如此深厚的诗词

辞岁烟花，春日芳华

修养，而我们这些正儿八经的汉语言文学专业大学生，岂能自甘落后呢？

过年期间，翻开大家的朋友圈，感到天南海北的同学们的过年风俗简直是异彩纷呈。一方水土养一方人，徐波月同学来自云南昭通，年时盛行荡秋千、唱山歌、赛马、耍灯会等活动，正月里很多人家都会杀猪来准备年食，家中女主人会准备几份烧纸，在屠户放血之时沾上猪血后在桌子前烧掉，用来祭祀，祈求来年牲口能平安健壮。赵婉婷同学家在吉林白城，吃年夜饭前一般人家都要祭祖，长辈将代表祖宗的牌匾安放在供桌上，放上一碗饭和几样菜，然后焚香祷祝，请祖宗用餐。席间，老少互相祝愿，兄弟推杯换盏，尽情享受天伦之乐。杨聿艳同家加在新疆，穆斯林传统节日古尔邦节相当于当地的春节。是日，万人空巷，人们皆盛装参加会礼，然后宰牲宴请亲友宾客，并与前来庆祝节日的其他各族人民一道举行丰富多彩的文艺联欢，欢庆歌舞延续数日。

来到鲁大的小半年，我与烟台的秋与冬初次相遇，它给了我莫名的熟悉感，我们萍水相逢却一见如故，鲁大校园里洋溢着浓浓的青春味道，氤氲着来自异乡人的温情，散发着鲁大独有的人文气息。同时，我也有丝丝遗憾，遗憾自己错过了那相隔百里的小城的秋冬变换，模糊了那一个个深深烙印而又挥之不去的身影。我站在高台上，远望村子里的一砖一瓦，它们经过岁月的侵蚀和风雨的销磨露出些许颓败的神情，而那从烟囱里窜出的缕缕炊烟，携着我的思绪飘向了远方。三毛说："岁月的流失固然是无可奈何，而人的逐渐蜕变，却又脱不出时光的力量。"我们需要在留不住的时光中好好地体味生活。

入春后的一场小雪，引来了期待已久的元宵节。"天寒难锁新春意，炉暖宜烹白玉丸。"不得不承认，元宵节是我最爱的节日之一。每逢此时，集市上就提前摆满各式各样的汤圆，什么思念汤圆、三全汤圆、大家乐汤圆，什么黑芝麻馅儿、花生馅儿的，令人眼花缭乱。翻了翻朋友圈，同学们都在晒美丽的烟花，分享元宵节的祝福与喜悦，仿佛又多了些余味悠长的年味。夜幕降临，全家人将爷爷亲手做的红色小蜡烛点着，放在各个门口的两边，放在窗台上，放在各个柜子上，摆满整个院子，顿时家里红红火火。放了鞭炮，吃了饺子，我听着邻居家放烟花的声音，按捺不住兴奋跑出门外，大声喊着："爸爸妈妈出来看烟花！"爸爸将准备好的大烟花搬到爷爷家的平房上点着，"砰砰砰"三束烟花齐发，在一阵巨响后散开，有的像个大火球，有的像椰树，有的像仙女衣裙，眨眼间，又像流星雨坠下。烟花绽放打破了夜的宁静，夜空也被点缀得格外美丽。此时的大街已是灯火通明，不论老人还是妇孺，都走上街头欣赏那刹那间的绚丽，人人的脸上都绽放欢乐的笑容。

正月十五了，年也算过完了，唯有空气中飘荡的年味儿还恋恋不散，让经年往事历历在目。离开学没剩几天，是时候准备收拾行囊了。一提起开学，鼻尖会一下子有点酸，因为又要离开却不知何时能回来。多想时间一直停留在假期，停留在最快乐的时刻，可这是不可能的事，有些路只能一个人走。

开学了，又到了和家挥手说再见的时候，朋友圈、空间里不乏同学们分享的开学说说"我舍不得我的被窝""即将踏上归程的我，不想回学校啊""所以，夏天再见咯""第一次单独送走一个人，希望以后不送你走，只迎你来""新学期要早睡早起"……我们怀着伤感，也有对新学期的期待，各自踏上了新征程。我在父母的陪伴下，大包小包地，向百里之外的学校出发了。只一个多小时的车程就来到了宿舍楼，一走进去，宿管阿姨便同我热情地打着招呼，我不禁心里一暖，回到宿舍，那久违的笑声又在耳边萦绕。送走父母后空落落的心情也在此刻得到些许安慰，透过窗子的缕缕阳光，我的心温暖了起来。我们像从前那样，小板凳围好排排坐，一起分享各自家乡的美食特产，一起聊着寒假回家的趣事，不知不觉，新一年缤纷多彩的校园生活又开始了。

新学期开始了，走进学院大门，就看见展板上写着"新学期，新起点，新希望"。我们的课表又增加了许多新的课程，也迎来了一些新的老师。开学的第一堂课同上学期一样，还是古代文学，没有了"可乐爷爷"的陪伴，内心还是有点小失落，但我们又迎来了充满诗书气质的崔晓新老师，她讲课同样抑扬顿挫，生动有趣。她在开讲前的两个问题"为什么要学习古代文学"和"怎样学习古代文学"，为我们新一轮古代文学的学习做好了铺垫。我惊叹于崔老师出口成章的文学功底和她对诗句的潜心钻研，我想这就是"气质美如兰，才华馥比仙"吧，在她的课堂上，时间总是过得很快。新开的计算

辞岁烟花，春日芳华

机课由刘启明老师负责，在我看来他是比较随性的，他的话里带着一股胶东味儿，让我顿觉亲切几分。

像是约定好了一样，贾小瑞老师在开讲前也提出了三个问题，先是抛砖引玉，让我们对汉语言文学和大学有更深的了解，原来汉语言文学不仅仅包含语言以及文学，更是囊括了很多语言学和文学概论，而大学则是一个让我们成长成人的地方，怎样学好更是离不开读书与写作。英语课林明东老师还是同以前一样幽默风趣，整个课堂在他的带动下变得十分有活力。现代汉语的李海英老师经验丰富，认真负责，对我们提出了更高的要求。诗词鉴赏选修课黄洽老师的课堂座无虚席，一句句典雅的诗句如汩汩清泉，滋润人心。心理课常松老师讲得生动有趣，书法鉴赏课依旧是亲切的张文峰老师讲授。

挑了一个初春放晴的日子，和111宿舍小伙伴们走进后山温暖的春色中。这是希望之春，这是光明的季节。枝条生嫩芽，乳子湖面泛起粼粼波光，校友广场孔子像毅然挺立，校友们捐出的每一笔钱，每一砖，每一瓦都在这里留下印记。走在这长长的校史台阶上，好像我与鲁大一起走过这段光辉岁月。料峭春寒还未散尽，登山远眺满眼皆是辽阔，心中对未来的勾勒也随之渐渐明朗。我们一齐唱着属于我们的歌儿，虽然相识只短短的一个学期，彼此间却像多年的老友般默契，或许这就是相见恨晚吧。回想上学期发生的点点滴滴，我们怀揣着相似的目标，一同奋斗和进步，相互督促和激励，结交下了深厚的"革命友谊"。上学期的考试成绩下来后，班主任说我们宿舍好样的，每人排名几乎都在全班前列。未来的每一天，我们都将珍惜在这些笑容灿烂的日子里踏过的风景，采撷的阳光，留下的感动。

大学时光已过八分之一，新学期新气象，我们应忘却前日的遗憾，珍惜和把握今朝，《京华望北斗》提到的"用心用功，天道酬诚"令人感悟颇深。在初春鲁大的山林之巅，和舍友们望着不远处的蓝色海岸线，嘴角上扬，共同期待在未来的日子里，静得沉潜，动得洒脱，不负这美好的韶华、壮丽的沧海和一树的明花！

（杜志敏）

浅绿嫩黄初绽春

可能还沉浸在寒假散漫的模式里无法自拔，开学后第一天上晚自习，来到熟悉的 108 教室，看到久违的面孔，安静坐下来自习还有点不适应。和同桌简单打个招呼，坐到自己的位子上，明显感到班里学习的氛围比上学期浓厚很多，整个教室里都是齐刷刷低头奋笔疾书的脑袋，感觉一个寒假没见，大家都成长了很多。

想必大多数同学寒假里都忽视了锻炼，以至于新学期第一次跑早操让我们纷纷"元气大伤"，一个个像蔫儿了的小马驹，回到宿舍就听见大家七嘴八舌地说全身上下哪都酸痛。恰巧那天有排球课，大家正为全身酸痛发愁，幸运的是，这节体育课被安排去南区后山游览。我和舍友李美毓就差拍手叫好了！跟着大队伍一路走一路看，本以为没什么看头儿，一座古朴典雅的亭子却吸引了我们的目光。映入眼帘的是白色石砖砌成的层层台阶，直接通向高处的红色亭子。远远看上去，庄严肃穆。与众不同的是，它的顶部是由三个平行的呈几何美的圆形构成，引人注目。亭子建在高处，在此俯视，四周的房子和人都显得那么渺小。这次出游，给了我一些新的启发。也许，端坐桌前学习是我们大学生的主要生活，但闲暇之余，去这大千世界走一走，领略课堂里没有的风景，享受内心短暂的宁静，也让紧张的灵魂歇一歇，或许会产生新的人生感悟。

前几次"石榴花讲堂"的情景还历历在目。在班主任和袁老师的盛情邀请下，我们有机会可以听到周老师、詹老师、李老师各自在文学、学术方面的独到见解，给我留下很深的印象，也打开了我的视野。而这次的"石榴花讲堂"第六讲则更加芳香。3 月 10 日，黄老师邀请到在东亚学界声名远扬的丁晨楠博士。因广大同学们踊跃参加，不光有汉文本和汉文师 4 个班，还有姜娜老师率领的传播本，还有其他专业如外国语学院的部分学长学姐，甚至一些研究生都闻风而来，所以，我们的场地也从原来的 108 教室临时换到了更大的演播厅，可谓座无虚席，人头攒动，有点像过节一样。演播厅巨大的屏幕上是石榴花讲堂第六讲的海报，背景图片是我班杜志敏在寒假画的一朵娇艳的石榴花。

黄老师介绍丁博士时，幽默风趣地说，丁博士刚刚从延世大学博士毕业回国，就被他"半路截胡"，这次讲座就是我们为她回国举行的第一场粉丝见面会。他说一直以为丁博士的笔名是"重忆小纱窗"，后来才确认是"重忆小窗纱"，我们顿时哄笑起来。这次讲堂的主题是"穿越韩国的读书和旅行"，丁博士先以韩剧《Kingdom》吸引大家的注意力，再巧妙地从韩剧、古迹中的历史信息和她发现的一些珍贵史料出发，大致讲述了朝鲜王朝历史及清代中韩关系的脉络。她侃侃而谈，语速很快却思路清晰，逻辑严密，不时在解说中自然流露出对韩语、英语、日语和满文的掌握能力，轻轻松松把严肃古板的历史事实呈现得如此自然而不僵硬。当她一气呵成演讲完毕时，全场响起热烈的掌声，我们都还有点意犹未尽，如同音乐会到了最高潮却戛然而止。所以到了提问环节，不少同学都纷纷提问，韩语系的两位学长学姐还用韩文提问。针对每个提问，她不仅能一针见血指出问题的关键，还不厌其烦地根据扎实的专业知识和多年留学经验提出相应的建议。黄老师即兴感慨"每依北斗望京华，今朝重忆小窗纱"，评论丁博士的演讲和回应都如"密雨紧雪"，他希望我们能记住这个美好的夜晚，启发我们看到别人的优秀时应多想想自己应该如何去做，因为"只有让自己变得足够优秀，才能知道什么是真正的快乐"。是啊，当前这个时期，我们读的书还远远不够，对自己专业也只是一知半解，所以面对年纪轻轻却学识渊博的丁博士，内心充满了崇拜。虽然前方的路还很远，但因缘际会，她从海上来，激励我们踏踏实实走下去，让心灵跋涉到更好的远方。

这个月让我们欣喜的是，一树榴花又增加了两朵，汉文本 1801 迎来两位新的家人。两位转专业的同学还没来，学习委员就在班群里公布了名字，秘若琳、姜锦琳，分别从农学院和资环学院转专业而来，大家顿时兴奋起来，有同学说"是两位小姐姐诶"。3月15日开班会时，黄老师简单介绍了两位同学，说从名字上看，两位同学是两块美玉，希望大家互帮互助，让两位新同学顺利适应过渡期。介绍完两位同学后，班主任兑现当初的承诺，专门制作了一叠《汉文本1801临时班委评议表》，让全班有充分自由的评议权，根据自己的观察对12位临时班委做出认可、替换和弃权的评价，并写出对班委工作的建议。无论他们的工作做得好还是不好，相信每个人都会体谅。我宿舍就有一位宣传委员孙雨亭，经常看着她为班里的宣传工作努力，尤其是在班级公众号上用力颇勤，做出不少贡献，所以我能理解其他班委背后同样辛勤的付出。填完表后，黄老师语重心长地说："再过三四个月，大学就过去四分之一了。大一是适应期，但不要把适应期拖得太长。有的同学已经有了明确的目标和坚定的步伐。有的同学却还在被动地拖拉做事，不知道是该齐步走、跑步走还是原地踏步走。我们班的每朵花儿，绽放时间有早有晚，但无论早晚，只要努力，最终都会绽放自己的美丽。"

他提到，前六篇班志写得都很好，但后面的班志只会越来越好。他说看了大家的年终总结和假期读书报告，对大家的写作水平有信心，因为随着我们对汉语言文学专业的学习，越往后，大家的读书写作能力越高，个人越优秀，班志自然就越精彩，文如其人，人越来越好，越来越懂得，文章也会越来越有滋味。他说班志的意义在于两方面，一是只要我们每个人做好自己，班级面貌就昂扬向上，班志自然异彩纷呈，二是班志对每位同学来说是种催促，每个人负责一个月的班志，对班级的观察，既能让我们找到自己与他人间的差距，也能给我们自身进步提供一些启示。他也告诫我们坚定信念，改掉恶习，分清"本性"和"习性"之间的不同。班主任还趣讲了前几天在自家楼下的垃圾桶前捡到南派三叔的《盗墓笔记》，提到后记里作者的逆袭故事，并说了一句令我印象最深刻的话："正是因为有你，整个宇宙才有意义！你做得不好，认识不够，整个宇宙就会黯然失色，陷入幻灭。"我们行走于大千世界，虽然只是宇宙中渺小无比的存在，终其一生却也将宇宙万事包揽于怀，入目

浅绿嫩黄初绽春

的宇宙烙下了每个人不同的印记，与其将自己置于宇宙的边缘，不如就让自己成为中心和主宰。说实在的，每次听班主任的讲话，都有种心灵被洗涤的感觉，好比心里的嫩芽得到了浇灌，更加茁壮成长。

恰风华正茂之时，南区运动会恰好提供了一个展示青春面貌的平台。虽然要周末早早起来观看，可是丝毫不减少我们欣赏运动员风姿的热情。在北操看台上整齐有序地坐好，听见裁判员老师喊道："各就各位，预备——"运动员们身体倾斜，前腿弓，后腿绷，抬眼直视前方。"砰！"发令枪一响，运动健儿就像一支支离弦之箭冲出起跑线。"加油，加油！"同学们的呐喊声像涌动的浪涛此起彼伏。我们都为运动员捏了把汗，都希望自己班的运动员争得第一，尤其是班里的冶成鑫、吴岐雯等同学上场时，我们更是瞪大眼睛，屏住呼吸，不愿错过赛情一丝一毫的变化。这个赛场上有荣耀也有挫折，有的同学不幸在跑道上摔倒，但是很快热心的同学们就围过去扶起她，我看到了同学们之间无需言语的温暖。虽然运动会终有结束的一刻，但赛场上一幕幕还在我眼前浮现：有不顾一切的奋勇拼搏，有排山倒海的阵阵呐喊，有同学之间的互帮互助，这可能就是运动会的意义所在。运动会上有看得见的努力，看得见的爱与友谊。

这学期英语老师安排我们汉文本一二两个班分成小组分别在英语课上表演英语小短剧，很快在班里掀起一阵讨论热潮。我既有点害怕又有点期待，害怕自己到时候表演不好拖大家后腿，同时也期待其他同学精彩的表现。很快，第一组同学准备的英语小短剧就呈现在我们面前了。在大家齐刷刷的注目和雷鸣般的掌声中，第一组同学郝晓甜、魏琰燚、郭雅馨、武晓琳、王沛柠、刘艺潇站到讲台上。她们表演的是经典童话《灰姑娘》的片段。作为旁白，播放PPT的同学用她流利顺畅的口语简单介绍了几位表演人员。能看得出来，她们是精心准备过的，每位演员对自己的台词都烂熟于心，还花了心思创新设计了台词，穿插了歌曲，融合了现代元素。短短的表演结束后，老师作了一番简短的总结，点出一组精彩的地方和不足之处，还鼓励大家向一组学习。第二组同学陈奉泽、王海、王晓晴、马子梁、李玉、滕子涵、于洁表演的是一部很受欢迎的动画电影《疯狂动物城》，这组的特色是几位主演头上戴着小动物的头饰，方便观众辨认每个角色。尽管这是一方小小的表演舞台，这是一间不大不小的教室，但我们欢声笑语不断，其乐融融，相聚一堂，这就够了。

3月26日下午，学院在演播室举办了第四期"名师工作坊"，邀请山东省特级教师牛麦燕老师主讲。第一阶段，牛老师作了题为《如何设计和实施一堂好的语文课》的主旨报告，结合自己的教学实践和大量教学课例进行了细致具体的讲解。第二阶段，2017级的三位同学展示了各自设计的《故乡》一文的教案，牛老师一一详细点评，指出各自问题，提出优化建议，让台下的我们近距离感受到教学名师的风采和技巧。

三月末柳树浅绿，嫩黄的迎春花初绽，四月春意盎然，是新生，是希望，是对未来的向往。带着这种向往之情，有的同学决心将精力投入到学习，奋起直追；有的同学利用闲暇时间参加课外活动，丰富兴趣爱好；有的同学计划来几次说走就走的旅行，世界那么大，还没有去好好看看。就像路棋同学在诗歌《约春》后半段中写的那样：

沾了暖的心事 / 扰动附着在茎根的枯脊 / 迸发的新生绿意 / 已够我捕捉惊喜 / 自持的急迫不再端着 / 给慢放的枝条一个长镜头 / 一切奔突与蓄势 / 都将成为新的缓存 / 我深知 / 不足和有余都不会太过长久 / 且让不甘埋没在三月天 / 成为一个诗行 / 篱笆下簌簌涌动的虫 / 站成了诗行的一排排。

（高凌霄）

人间草木四月天

柳枝绿了，杨叶肥了，榆钱爬上树梢，桃花照红脸颊，四月到了。我们一起感受时间的流淌，见证万物的生长，即便是春风沉醉的深夜，我们似乎都能听到人间草木舒展盛开的声音。这个四月，到处都是美好。

清明假期，有的同学踏上归途，有的选择外出游玩舒畅身心。无论在哪儿，在阳光明媚的清明，来一场踏青必不可少。摇过几缕风，吹面不寒，水面初平，燕子衔泥。这个清明并没有雨纷纷，我们换上轻薄的衣裳，迎面是和煦的春风，去湖泊诸畔看波纹轻皱，望小舟轻荡，去山林看盛放的杏花簇在欢闹的枝头，在夕阳的暮色里等待清朗的月色，最后在声声虫鸣中梦见安生的白昼。

"不是所有的东西都会被时间摧毁，牵挂是爱最痛的部分。"清明小长假，我选择了回家，即使每次回家都要在路上耗费半天，我也不愿放过任何一个回家的机会。火车站人并不多，票也很好买，一路顺畅，归家的心也如往常。每次回家都感觉时间不够用，有很多家人需要陪伴，有一堆朋友需要见面。上了大学，第一次离家这么远，最想念奶奶，从小到大，似乎我的每一段记忆里都有奶奶的身影。儿时夏日夜晚的庭院里，小扇轻摇，虫声鸣鸣，那时的夜空还能看见闪烁的星星，奶奶喜欢讲牛郎织女的故事。上学后，更多的是她一日三餐在厨房忙碌的身影和饭菜的香气。回到家，大爷家的店新装修好了，我去拜访，大爷拉着我的手说："这个时代变化太快了，我都快五十了还和你娘娘整天出去学习别人的经验，学习是不能停下的啊！"大爷刚从南通回来，旅途中一大半的时间花在了路上，他说深刻感受了"读万卷书，行万里路"，到外面看看，在路上遇到的事，遇到的人，会让你见识到书本上没有的东西。是啊，不要总是待在一处地方留恋让人堕落的舒适，而是要不断接纳美好、希望、勇气和力量，多出去看看，携一位挚友，背一个行囊，来一场说走就走的旅行吧。

跟随四月的脚步，我带着牵挂又踏上返校的火车。烟台的四月与家乡的四月相比更为冷冽，气温也是起起伏伏，忽高忽低，羽绒服和衬衫也随着换来换去。我每天几乎要看三遍天气预报，宿舍里总是传来这样的哀号声"啊啊啊，明天怎么又降温了？我又要穿羽绒服了！"同学们不断数着问着："这是烟台第几次入春失败了？"事实上，一直到立夏前一天，冷风还在吹，我们还穿着厚外套。即便如此，校园里的草木却是按时绽放，似乎在摇旗呐喊，宣告春神的君临。不知哪天，宿舍窗外的花突然就开了，空气中飘荡着不知来源的柳絮；让人清晰地意识到春天真的到了，是操场上空各式各样的风筝和追赶风筝时的孩子们的欢声笑语。每次与舍友结伴出门看到开得正盛的花，赵玉倩同学总会指着说："那是什么花？还怪好看的。"真是"百问不厌"，我往往说不出来这花的名字，却总是能被那花的美丽吸引。其实，花儿不仅开在枝头，还绽放在操场上。为了迎接下个月的运动会，每个学院都早早开始准备，太极扇、方队、健美操、拉拉队，班里一大半的同学都报名参加了，这就让早晨的操场变得格外热闹。围着操场跑一圈，每一步都有不同的精彩，大家迈着整齐步伐的方队，整齐划一，全是女生也一样能走出气势；挥舞着红色太极扇的队伍，远远看去只能看到一道道红色的剪影；健美操与拉拉队最有活力，虽然动作不是很标准，却因同学们的激情而让人赞赏。

这个四月，我们的生活丰富多彩。先是大学生英语竞赛，在四月的第一个周末悄悄来了，参加的同学都拿到一张"参与"证书。从考场出来时，我们捧着册子哈哈大笑，甄鑫同学开玩笑地说："这题不用做就能有证书，真好！"这一小插曲又可以被常佳珍记录到 107 小剧场中了。接着是最受同学们欢迎的石榴花讲堂，姜娜老师给我们做第七讲：《人类学的邀请：在日本做田野调查》。

姜老师是中山大学人类学博士，曾赴日本国立民族学博物馆留学，讲座主要介绍了她在日本留学期间做田野调查的经历，从在恐山上看萨满仪式到在酒作坊里酿酒饮琼浆，给我们打开了一扇新世界的大门。大家听得尤为认真，气氛格外活跃。姜老师时不时与同学们互动，语言幽默，平易近人，她用亲身经历让我们了解"人类学"这一陌生名词。我一边羡慕姜老师的日本留学之旅，一边心想：为何他们能有这些我们想都不敢去想的经历，为何他们的生活这么丰富多彩？每个人的生活不同，我们在迷茫的时候，若从优秀的人身上找一找方向，在他们的激励下回望初心，也许会豁然开朗些。在提问环节，同学们异常热情，争着请姜老师解答自己的疑惑，许多同学问到如何对待国外文化等有关"民族精神"的问题，姜老师回答："每个国家的文化是不同的，各有各的优势，我们没法评判一种文化的优劣，就如今的中国来说，国际影响力是之前没有的，我们应该为之骄傲，为自己身为中国人骄傲。"

在这么多次讲座后，我发现几乎每次提问环节都有同学会请老师推荐一些书来读，不管是我们自己主动去读一本书抑或是被动地要求读书，我始终觉得，看一本书不在于要对书本身的内容理解得多么深刻，而在于我们能在书中看到不一样的世界，从而对自己的生活产生良性影响。讲座中，姜老师提到马林诺夫斯基的《西太平洋的航海者》，她说这本书是她入门"田野调查"的书，至今对她的影响依然很大。

讲座结束后，我去图书馆借了这本书，虽然还没读完，但我更加深刻地理解了姜老师在讲座上用开玩笑和讲故事的方式说起田野调查的那些困境。就像书中所说："我清楚地记得开头几周我耗在那些村落里的漫长探访；记得多次执着然而徒劳的尝试总是不能真正地与土著人接触，也得不到任何材料；我记得在这之后的失望无助。很多时候我沮丧至极，就像一个人在热带的抑郁和无聊袭来之时借酒浇愁一样。"

那晚讲座结束后，班主任黄老师与班长婉婷来各宿舍看望大家，解答我们生活中的问题，叮嘱我们应该早睡早起，注意用电安全。来到每个宿舍，黄老师似乎着重留意了一下我们的书架，感觉是在看谁的课外读物比较多。这给我心里默默敲了一下警钟，读书不是"当春乃发生"，而是应该时时处处都要有对读书的自觉。

在男女比例 3:7 的鲁东大学，4 月 27 号的女生节可以说是一个很盛大的节日了。"窈窕淑女谁人见，疏疏帘幕映娉婷""浅笑伊人醉，终为伊红妆"，一场美丽的邂逅就此展开。这是我们第一次参加女生节，女生们忙着准备心愿卡，在小小的卡片上写满简单的愿望，渴望着"南瓜马车"的降临，男生们更是准备了小礼物。女生节当天，学校各条道上熙熙攘攘，女孩们化上美美的妆，带着期待与雀跃走进文化广场。各个学院的白色小棚下人潮涌动，五颜六色的气球在棚上飘着，就像青春一般多彩，微风吹过，飘动的气球就像初恋时小鹿乱撞的心情。要说热闹，莫过于文学院女生节小站了，游戏各式各样，奖品精致有趣，游戏设置也富有文学气息。印象最深的是一个拼成语的游戏，在玩了游戏之后，我幸运地抽到三等奖——一根棒棒糖和一个小挂件（即使我更喜欢参与奖），之后我又站着旁边一起围观常佳珍选手与一群人玩激烈的抢瓶子游戏，看着她一路过关斩将，先后淘汰三男两女，最后赢得了三等奖——一个皮卡丘玩偶。

在这个温暖的四月，愿我们在时光匆匆中仍然心意如一，世间的所有美好都藏于内心，即使有过灰暗和躲避，也不要放弃那属于我们的倔强。每一个女生都是美丽的，请永远记住，你是爱，是暖，是希望，你是人间四月天。

女生节第二天，复旦大学中文系梁永安教授应周燊老师邀请来到我们学院，为我们做了一场情深意长的讲座：《多元时代的爱情选择》。一开始他没有直接切入爱情，而是从更广阔的视角来开阔我们的视野。他首先说，一个人的价值不在于你拥有什么，而在于你做了什么。他提到复旦毕业生放弃公务员职位创办农民工子女学校，招募大学生志愿者义教，自己虽然清贫，但生活确实有价值。说完这个例子后，他说城市化的本质即自由，现在人们应当对富饶的世界充满感情，否则他们对爱情也是淡漠的。他认为，人们应当改变生活方式，不去追求刚性的东西，在过去，贫穷使我们没有展开生命，而现在经济发展了，我们应当打开生命，展开爱情。在提到爱情话题时，他从多部影视作品中入手，启发我们有关爱情的真谛："爱情不止有激情，而是要共同面对命运的""男女真正的爱情是站在一个高度上，而不是一方单

人间草木四月天

纯地仰慕另一方"，频出的金句令我们获益匪浅。让我们印象深刻的还有梁老师引用的《走出非洲》的一段话："当我回首在非洲的最后岁月，我依稀感到那些没有生命的东西都远远先于我感知到我的离别。那一座座山峦，那一片片森林，那一处处草原，那一道道河流，以及旷野里的风，都知道我们即将分手……我一直是其中的一部分：大地干旱，我就感到自己发烧；草原鲜花怒放，我就感到自己披上了新的盛装。而这会儿，大地从我这里分开，往后退着，以便我能看得更清晰，看到它的全貌。山峦在下雨前的一周里，会作出同样的表情……"

这个月的第二场石榴花讲堂，也就是第八讲，抓住了四月的尾巴，在"五一"放假的前一天晚上举办。袁老师和黄老师请来了有长期留美经历的傅宁老师，来给我们讲述《熟视无睹的经验：我在哈佛大学的见闻与研究》。袁老师重点介绍了傅老师的求学和研究经历，当听到傅老师曾在哈佛大学访学两年时，我们都不约而同的发出了一声"哇哦"，是惊讶、赞叹、羡慕。傅老师谈到了哈佛大学给学生提供最优质的学习保障，她提到了哈佛有71座图书馆，格外说明了哈佛对女学生的政策保护和人性化服务，她翻译了哈佛《怀孕在哈佛》的手册，很认真地逐字逐句地念给我们听。接着她开始讲授一直从事的研究，以"性别与传播"为题娓娓道来。她谈及女性从父姓、从夫居及在职场中的劣势地位，认为看似性别平等的海面平静无浪，实有不平等的潜流暗涌。她说到畸形的出生性别比，隐藏着残酷的性别歧视真相。从傅宁老师的讲座中，我们更直面认识了不少事情，既然很难改变社会和他人，那就让自己变得更优秀，让世人看到女性的优秀。

黄老师最后总结说："傅老师这次讲座信息量很大，是跨学科的一次报告，运用了社会学、人类学、传播学、心理学等各学科的理论和方法，这就是以问题为导向的读书研究态度。她开头提到一直坚持的信念，我现在终于明白了她对在座广大女同学的良苦用心。作为在座少数的男性之一，我感觉也受到了教育。想起100年前，也就是五四运动那一年，鲁迅先生曾写过一篇《我们现在怎样做父亲》，想想看，鲁迅的焦虑在今天消除了吗？'人生而自由，却无处不在枷锁中。'虽然我们面对各种无奈，但重要的是，如果你想追寻一种别样的生活，就不要太在乎世俗之见，而且，为了理想的生活，你是否在今天已经在做准备？"

这个月的学生活动格外多，不只是娱乐活动，更多的是学知识的活动。4月23日是世界读书日，图书馆和各学院都在忙着启动读书季活动，我们学院也开展了"文林嘤鸣"读书季活动，黄老师也受邀到新华书店举行《京华望北斗》新书分享会和签售会。孙玥璠在教师教育学院举办的书法比赛中获得软笔组三等奖。院里举办第二届诗词大会，我们有幸去当了观众，看到我们身边的同学站在台上流利背诵古诗词，我心里的赞叹全化为一句话："腹有诗书气自华。"陈家轶也参加了这场比赛，看到她在台上镇定自若地答题，我们为她鼓掌，无论成绩如何，我们都深感骄傲。

或许大一的我们，对未来要做什么、喜欢做什么还感到迷茫，但院里连续两个星期给我们安排了职业生涯规划讲座。在第二次讲座中，胡晓清院长就五大思维方式来谈职业生涯规划，也让我们获益匪浅。

四月枝头春意闹，也许是温暖的阳光冲散了我们心头的阴霾，也许是满园的春色撩起了我们内心的渴望。不管怎样，趁着阳光明媚，年纪正好，享受我们的大学生活，在这最适合努力的年纪，读一些书，关心政治和家人，学几项体育运动，联系几位知心的朋友。

"四月的天空如果不肯裂帛，五月的裕衣如何起头？"每一天都有每一天的美好，每一天都适合我们去看见美好。

在三四月，夜阑听雨，马不停蹄；六月，便能追寻彼岸，信步康桥；九月，便能闲坐梧桐树下，静赏一米阳光。大抵那时，我们便可如愿卸下内心重负，拾起云淡风轻的意气与自得，为倔强青春和人间草木，描绘云蒸霞蔚的底色。

（高龙菲）

人间草木四月天

51

五月榴花照眼明

又一次踏上返校之路，在不眠的列车上出神，回味"五一"在家短暂而美好的假期，各种滋味涌上心头。半梦半醒中，列车抵达初晨阳光照耀的烟台站。

南风沉醉的五月，花开的季节，大自然赠予的美丽时令。春天初长的嫩芽，现在大都伸展成翠绿的新叶，好像被诗人歌唱的少男少女们，"那些属于未来的事物""那些正在生长的力量"。丛丛翠绿中，朵朵开放的石榴花，好像一个个剥开的橘子，鼓鼓的，喷射出耀眼的火红色。它们高高挂在枝头上，像一个个红铃铛，在夏风的抚摸中摇晃着，似乎发出"叮叮当当"的悦耳响声。我们刚过完劳动节，又迎来五四青年节，"我们是五月的花海，用青春拥抱时代"。虽然过去整整一百年了，但这场青年爱国运动仍会带来热血沸腾般的勇气和畅想。

青年节后，石榴花讲堂第9讲如期在演播厅举行，黄老师邀请到文学院戴宗杰、李连伟两位老师合讲"中国语言资源保护和英国语言政策规划"。戴老师、李老师是中国语言大学、中国传媒大学的博士，皆是国家语委汉语辞书研究中心的研究人员。戴老师的演讲题目是"从语保工程到岳麓宣言：中国语言资源保护事业的理念与发展"，主要介绍了中国语言资源保护工作的必要性和中国语言资源保护工程的进展情况。李老师主要介绍了他在英国谢菲尔大学访学期间多姿多彩的经历和对英国语言政策的观察，他在英伦三岛和牛津剑桥的游历令人艳羡。

黄老师笑称这两位老师不光是语言学领域的青年学者，还是鲁东大学有名的段子手。果然从开始到结束，两位老师在幽默风趣的调侃中展现了语言学方面的知识、理论和实践，不时令人捧腹。说实话，我们很多人第一次听到语言资源保护，以前也从未意识到语言学对日常生活和国家战略的重要性。所以讲座结束后，大家纷纷向两位老师提问。最后，黄老师搞了个突然袭击，说戴老师的歌唱得好，鼓动他唱首歌，大家顿时兴奋起来，很期待地鼓掌。果然黄老师所言不虚，戴老师泰然自若地为我们清唱了一首《小幸运》，歌声婉转细腻，在偌大讲堂中盘旋不已。总是在歌声中看到时光，"青春是段跌跌撞撞的旅行，拥有着后知后觉的美丽"。我们也正是在这些懵懂的青春时光中看到纯真的爱与幸运。作为石榴花中的一朵，我是幸运的，幸运与你们相遇，幸运与诸位一起盛开。

关于语言资源保护，我想起夏曼·蓝波安，他来自台湾兰屿一个只剩下两千多人的达悟族，可族人都在说闽南话、普通话，就是不会说达悟语。他开始寻找文化的根，用达悟语书写自身独特的民族文化、风俗习惯，慰藉缺失母语的孤独。在中国和世界，有很多语言和文化正在渐渐消亡，但我们很高兴能看到语保工程和那么多人在用心做了那么多事，为我们"记住乡音，留下乡愁"。

在平平淡淡的学习和生活中，日子就这样悄无声息地流淌着。在每天的课堂中，在每晚的自习中，在每周的闲暇中，在宿舍的笑声中，在食堂的饭菜中，大多数人都按照自己的方式默默生活着，这应该就是生活的常态吧，琐碎而平静。如果说，在这平静的湖面上能有一丝波澜让大家充满期待的话，那就还是石榴花讲堂。第二周，石榴花讲堂第10讲紧随而来，这次由历史文化学院的魏凤莲教授主讲"遥想雅典：漫谈雅典的过去和现在"。魏老师是国内研究希腊史和全球史的知名专家，她翻译的《新全球史》和《简明新全球史》曾获国家级的大奖。本次讲堂，她从雅典的历史一直讲到她在雅典留学的经历。

一提古希腊，我不由得想到了苏格拉底、柏拉图、亚里士多德这三位巨人。魏老师透过一扇窗，给我们照进来希腊的光和世界史的魅力。她说现代

五月榴花照眼明

希腊随处可见的都是石头和古迹，在温带海洋性气候的滋润下，阳光、海洋和石头成了当地的旅游支柱。文化遗产在那里得到很好的保护，可能居民楼旁边的一个大坑就是千年遗迹，但政府没有去主动开发或破坏。许多地铁轨道两侧就是一座大型博物馆，人们透过车窗玻璃可以观赏古老的雕刻和塑像。当地不少人信奉东正教，享受着慢生活，有人坐在咖啡馆里只要一杯水，就可以静静坐在那里发呆一下午。魏老师谈到，希腊的建筑比较亲民，很少有宏伟高大的建筑，比一般的民居大不了太多，且浮雕和神像也多呈现出普通人的生活和面貌。对比之下，埃及金字塔，作为茫茫沙漠中矗立的大型建筑，重在表现专制王权的威慑力。

　　紧接着，5月16日至17日，学校隆重举行了一年一度的运动会。无论是参赛的运动员，还是提振气氛的健美操和太极扇队员，都在苦练几个月后一展风采。大清早我们就跟着学院排队入场，紧密有序地坐在观众台上等待。第一天太阳很大，骄阳似火，树荫、楼影也被侵蚀得不留余地。主持人慷慨激昂，校领导的讲话掷地有声。手持彩球的拉拉队员涌入操场正中间，她们清一色身着漂亮的红衣，在草地上摆出变化的字母，随着音乐舞动着。一群可爱的小孩欢快跑进场地，跟着节奏拍打篮球，引起阵阵欢呼。青春舞动的健美操方队抖擞着多彩的舞姿，两侧的白色太极方队冲向对方，犹如千军万马冲杀后仍能排出整齐的方阵，在音乐的节点处挥开火红的扇子，声势震天，白色的海洋里绽放出万朵红花。在美丽的举牌女孩带领下，各学院身着不同特色服装入场，有西服整齐的男子方队，也有青春貌美的女子方队，中间也有显眼的外国留学生方队。运动员们摩拳擦掌等待比赛的开始，发令枪响，观众席的呐喊助威响彻全校。

　　运动会刚一结束的周六，我们18级汉文本、汉文师共4个班乘车开赴威海荣成进行写作实习。在祖国七十岁华诞之际，本次写作实习是让我们体会革命与奋斗，感受青春与奉献。集体乘坐大巴一个小时左右后，我们到达荣成圣水观风景区和郭永怀纪念馆。

　　圣水观是中国道教全真派的发祥地之一，因观内有圣泉而得名，距今已有八百多年历史。大巴车穿过乡村小道，沿着密林上坡，视野渐渐开阔，一面古代城楼赫然矗立在前，上面排列着三个大字，那便是圣水观了。好在天公作美，让一片白云遮住了太阳，使我们不用牢骚太阳的暴晒，好好欣赏沿途的景致。大家排队登入山林，但越往上爬，人越稀少，这时透过山中人声的嘈杂，才可听见自然的声音，窸窸窣窣的树叶被一阵风带过，叽叽喳喳的鸟儿欢叫乱啼，分不清谁才是游客。绿树交错在层级的台阶间，或远远地相称在山坡，屋檐下定格的画布，点缀着红的白的颜料成花，澄澈的露水逗留在翠挺的竹子上，竹林幽翠，千竿迎客。登山渐高，走到崖边，景色不再只是眼前，俯瞰遥望，无限风光在远方，远处云雾缭绕，仿佛置身于仙境，羽化而登仙。"凌霄宝殿"前，千年银杏绕着红锁，凛冽圣泉外，仙风道骨超然脱俗。

我们来到绵延直上的红色长廊，这里是"荣成伟德将军碑廊"。廊随山势而曲折升高，青石台阶，黑瓦筑顶，两排红柱牵引着长廊，与青山碧空交相辉映。这里庄重矗立着荣成籍130多位将军或担任过副军级以上职务者的手迹传碑，无论在抗日战争、解放战争、抗美援朝的战争岁月中，还是在社会主义建设的和平年代里，他们披荆斩棘，前仆后继，殚精竭虑，屡立新功。开门碑赫然直立在最前端，上面写着："沧海横流方显英雄本色，生死关头始见忠肝义胆。"在整个二十世纪，为了祖国的独立和昌盛，人民的解放和幸福，荣成的优秀儿女和战士先后献出了宝贵的生命，逝者永垂不朽，生者功勋显著。浩然之气不愧为世人之楷模，辉煌业绩实属荣成之骄傲。为教育当代，昭示后人，特于圣水观风景区建将军手书碑廊，刻上部分将军之手迹，作为爱国教育基地，迟浩田上将在此亲题"人杰地灵，英雄辈出"。读之者无不慨叹，热血涌上心头，眼前仿佛出现革命战士英勇无畏的画面。

短暂的休息与奔波之后，我们来到郭永怀纪念馆。郭永怀是我国著名科学家，在"两弹一星"工程中做出巨大贡献。他毅然决然地放弃了美国的优越条件，携妻女归国报效人民。那时中国的科研和生活条件都极其艰苦，苏联单方面撕毁协定和合同，使刚刚起步的中国核工业雪上加霜。但郭永怀临危受命，与王淦昌、彭桓武共同成为了中国核武器研究最初的"三大支柱"，在西北过着隐姓埋名的生活。中国第一颗原子弹试验成功后不久，郭永怀连

五月榴花照眼明

夜乘机寻找重要线索，但飞机意外失事了。当人们从机身残骸中寻找到郭永怀时，吃惊地发现他同警卫员紧紧抱在一起。烧焦的两具遗体被吃力地分开后，中间掉出一个装着绝密文件的公文包，竟完好无损！在生命的最后关头，他仍未忘记祖国的需要和自己的使命。

写作实习结束后的第二天，5月20日，我们又马不停蹄地分赴烟台各中学，因为2018级和2017级的汉语言文学专业同学要分别进行一天和一周的教育见习。我们班被分成了两批，24人由黄老师带领前往开发区高级中学，18人由袁向彤老师带领前往烟台三中。从高考走出校门的那天起，没想到我还能再来高中上一堂课，不过不是作为一名学生，而是以实习生的身份来听课，就像当年回顾教室后面坐着的陌生人那样，我们成了自己曾疑惑注视的人。

本想一大早乘33路和526路公交车前往开发区，怎奈等了半小时，33路始终未来，我们只好拼车前往。七点半左右我们陆续到达开发区高级中学，黄老师和杨帆老师也来了。随着授牌仪式的成功举行，孙忠华老师带着我们进入办公楼，一天的见习行程也就此展开。稀里糊涂的我只会跟着小组走，又稀里糊涂地找到了被安排听课的班。终于有一天，我再次走进高中教室听课，只是身份一变，从学生变成了老师。这次不再是摇头晃脑地听啰里啰嗦的知识点，而是从一个老师的角度看她如何完成一门课程的讲述。

从听众到演讲者的转换，使我感到有点不适应，以前我们总是被老师牵着走，却从没想过为什么会这样，现在我明白了，上好一堂课处处需要老师的技巧和能力。控场能力是一名优秀的老师所必需的东西，一堂课的内容进行全都要靠老师的掌控，步入讲堂就好像走向了舞台，她仿佛是聚光灯下的魔术师，而学生们则成了她手中的鸽子，任由把握。我们这些台下的见习生们，却张大了嘴巴，惊讶又惊喜，看不出她是怎么做到的。好在我是看出了一些"端倪"，在讲题时，她没有一味地给学生念题，直接就公布答案，而是进行各种引导，让大家自己思考回答问题，或者进行类比推理，试图从别的视角唤醒学生的记忆以深化认识。黄老师陪着大家听了几次课后也深有感触："课堂是师生的课堂，老师就应该是个引导学生八仙过海的主持人，设计互动环节让学生在试错中开动脑筋，才能真正心有所得。"

几乎没怎么休息，连着听了好几节课，我们匆匆忙忙地搬着凳子跑来跑去，有时候运气好碰上了讲课精彩的老师，我们听得入神；可有时误打误撞，撞见了人家的复习课，结果一堂课下来学生只是自行背诵，我们也没有什么收获。午休的时间用来整理见习报告，没有丝毫困意的我精神无比。看着影子渐渐倾斜，灼热的阳光也变得温暖起来，太阳慢慢走着，给一层层楼铺上了金黄色的滤镜。我站在教学楼的窗前，看着整洁有致的开发区，远山、高架、镜中的太阳，一切都那么清晰。层次分明的山坡，山坡上直立的高楼——烟台的风景，给人一种澄澈的感觉。往往你站在高坡台阶的最上面，或者是过街天桥的栏杆旁，那青翠的起伏的山峦，那依偎着山峦的高层，都逃不过你的眼睛。有时苍穹湛蓝，就像清澈的海洋，有时夜里灰云快速飘动，映衬出黑蓝色的大天空，在自然的画布上，撒下星星点点的钻石。一天的实习眨眼就结束了，我们收拾好东西，原路返回鲁大。透过车窗的倒影，猛然回首发现粉蓝云幕。我感觉烟台人真有福气，向出租车司机感叹："烟台真好！"

好像所有活动都集中在这几天，快要把人拆散了。见习后的第二天晚上，王述巍同学闯进了"新时代，法治与我同行"演讲比赛的决赛，我们班受邀去交院礼堂观看，并给参赛的同学加油助威。回想一个月前，思修老师要求班级的每一个同学准备并拍摄关于法治主题的演讲视频，我想起了当时备稿的艰难记忆以及第一次演讲的紧张不安，即便是身处宿舍，也克服不了面对镜头的恐惧，何况是站在舞台上，万众瞩目地去演讲呢？当然，述巍同学的表现是出色的，她以坚定的语气和气场打动了所有观众，并获得二等奖的优异成绩。其他参赛选手也给我带来了深刻的印象，其中一名来自马院的女生在我看来堪称全场最佳，她镇定有力的声音，生动激荡的言辞，无不令人信服。透过法治的演讲主题，我看见了作为一名讲说者真正需要的东西，那种张力，那种渲染力和那种掌控全场的能力。

在五月即将接近尾声的 27 号，我们迎来了石榴花讲堂第 11 讲，听李景华老师讲述"职业·梦想：忆俄罗斯"。感觉真像一场环球旅行一样，本学期石榴花讲堂的各位老师带着我们见识了韩国、日本、美国、英国的风景后，李老师又带我们走进俄罗斯和中亚。她是中国政法大学刑法学博士，曾在俄罗斯留学，在最高人民检察院工作，获得检察系统个人三等功，精通俄语翻译并研究刑法学、犯罪学、心理学等多门学科，从事毒品戒除与预防、反腐败、身心健康公益服务。她追溯时间，从 18 岁开始讲起，讲到在俄罗斯、乌克兰、吉尔吉斯斯坦到哈萨克斯坦以及检查院工作的各种经历，从黑龙江、北京到重庆、厦门，从老师到同声传译、检察官的职业转换，以及面对死亡时坚定的信念。我没有面对过巨大的危险和困境，更没有濒临过死亡，但我看到她可以波澜不惊地讲述自己经历的"复活"，淡淡地说起那些从天上到地上的故事，想必这就是经历过大风大浪之后的宠辱不惊和万事看淡。

讲座结束后，很多同学热烈提问，很明显李老师的心路历程引发了大家强烈的震撼和共鸣。面对同学们的困惑和提问，李老师总是面带微笑，循循善诱，娓娓道来。她很赞赏石榴花讲堂的口号"打开一扇窗，照进一道光"，她说："爱就是那一道光，我们要追随着那一道光，但爱又是什么呢？爱是给予，爱是付出。"黄老师忍不住感慨："这是最令我们动容的一次讲座，李老师为了这次讲座，认真地做了笔记，深情地回忆往事，真诚地现身说法，讲起那些我们前所未闻的故事。正如李老师所说，爱是给予和付出。确实如此，爱就是助人为乐，爱是向内心寻求，爱是心灵复活，爱是'人不知而不愠'，爱就是爱上爱，爱上内心的孤独，因为孤独是真正的快乐。"

5 月 31 日，文学院"舌战烽火，才辩无双"辩论赛决赛在演播厅举行，这次决赛由我们汉文本 1801 班对战传播本 1802 班，很巧的是，两个班的班主任分别是黄老师、姜娜老师。我班不少同学前往加油助威，黄老师也悄悄坐在我们中间观战。决赛之前是一场辩论表演赛，辩题十分有趣——"假如九九八十一难的最后一难是吃肉，唐僧该不该吃？"正反两方举行了一场亦庄亦谐的"舌战"，可谓针尖对麦芒。

表演赛之后，最激动人心的决赛就正式开始了。我们班的路棣、赵婉婷、王述巍、张佳怡担任辩手，她们身着正装，成竹在胸，不卑不亢，信心满怀地手捧一大叠资料，整齐地坐在位置上。在双方一辩开篇立论陈词后，攻辩和自由辩环节最为精彩。对方辩友从容自若，口若悬河，我方却也气定神闲，优雅从容，滔滔不绝。双方各据一势，时有语惊四座，掌声此起彼伏。智慧与灵光在思维火花的碰撞之中源源涌现，三寸之舌见真功，看似口才的较量，实为思维的比拼。最终，我班获得亚军，张佳怡同学荣获全场最佳辩手。

"五月榴花照眼明，枝间时见子初成。"石榴花生长在偏僻静谧的地方，安静地绽放美丽，孕育果实。我想，这些美好的花朵可以看成我们收获的知识，在这个月里，我们马不停蹄，奔腾不息，参与了许多有意义的活动：劳动节、青年节、石榴花讲堂、学校运动会、写作实习、教育见习、演讲赛、辩论赛……可以说，从入学开始到现在，我们从来没有像五月这么充实过。为什么会感觉充实？是因为经过接近一年的学习，我们逐渐破解了当初的困惑，已经调好了自己的频道并享受其中的乐趣。恰如花儿在阳光雨露的照耀滋润下，已经绽放娇艳一般。

路遥在《平凡的世界》中说过："在一个人的思想还没有强大到自己能完全把握自己的时候，就需要在精神上依托另一个比自己更强的人。也许有一天学生会变成自己老师的老师——这是常常有的——但在壮大过程中的每一个阶段，都需要求得当时比自己的认识更高明的指教。"年少的我们在成长的道路上不可或缺地需要老师的指导，就像石榴花讲堂诸多老师带给我们的那样。

但听说，石榴花讲堂只剩下最后一讲了，我们都有一丝怅惘。似乎石榴花讲堂就像一个陪伴我们许多岁月的老朋友，他陪我们哭泣，陪我们发呆，陪我们大笑，陪我们惊奇，陪我们感动，等到我们真正迷上对方并感觉成为日常的时候，他却挥挥手说："就到这里，再见吧！"不是么？其实不光是石榴花讲堂，就连我们的大一，还有一个多月就结束了。"时光已逝永不回，往事只能回味。"

（韩鑫月）

五月榴花照眼明

我们都是好孩子

"窗间梅熟落蒂，墙下笋成出林。连雨不知春去，一晴方觉夏深。"花开半夏，才用勺子吃第一口西瓜，深绿草木之间，石榴花、月亮、海岸、日光都变得飒爽分明，这都是夏天的功劳。

"小朋友就要有小朋友的'亚子'（样子）！"儿童节是六月的开始，朋友圈里晒满了父母给我们这些大学生"小朋友"的红包，似乎我们还是父母的好孩子。六月，"开到荼蘼花事了"，草木繁盛，绿意滋深。六月，阳光正好，微风不燥，婵娟皎皎。六月，也是我最爱的樱桃悄然上市的时节，烟台的大街小巷随处可见红灿灿、黄澄澄的樱桃堆在路边售卖，有水晶黄、玫瑰红，颗颗大如枣，口口甜似蜜。晚自习下课以后，听着悦耳的音乐，迎着夜风去水果店买上十块钱的樱桃，是一天最幸福的时刻了。在闪闪发光的六月，满眼都是怡红快绿，天长夜短，多么希望初夏的白昼永不停歇。

"微雨过，小荷翻，榴花开欲燃。"尽管有再多不舍，最后一期石榴花讲堂如约而至，它代表了一段时光即将翩然逝去。但令我们有些伤感的是，6月3日晚上这最后一期石榴花讲堂，过去11期从未缺席的黄老师却因身体不适未能前来，好像是一个每天都能见到的朋友骤然缺席，让我们有些不习惯。开讲前，袁老师首先带领我们回顾了过去的11期，还设计了关于过去11期主讲人报告的几个有趣问题，作为有奖问答的环节，如詹今慧老师没去过哪个博物馆？姜娜老师在日本做田野调查的是什么专业？魏凤莲老师翻译的《简明新全球史》获了什么奖？李景华老师去过的俄罗斯城市有哪些？傅宁老师提到哈佛大学有多少座图书馆？答对的同学获得袁老师提供的《红楼诗帖》描红册页，我班获得石榴花讲堂最佳班级称号和奖金。

本期讲堂由历史文化学院的李炳泉教授与我们一起漫谈读书与治学。作为国内的秦汉史和简牍研究专家，他认为人文社会科学是时代火车的司机，并结合自己的读书治学经历，重点讲述了朱子读书法和苏东坡的"八面受敌"读书法，告诉我们读书要循序渐进，熟读精思，学贵有疑。他推崇钱大昕、王国维的治学方法，也提到黄一农教授的"E考据"。他还现身说法，让我们传阅他用十年时间编纂的两册《中华大典·秦汉政治分典》，令我们颇受震撼。

石榴花讲堂就这样在大家的眷恋和不舍中结束了。黄老师后来说起，石榴花讲堂是"新文科"教育的新探索，从一开始就引导大家阅读写作，启蒙和唤醒大家思考应成为怎样的自己以及过一种怎样的生活，在带领大家环游世界、遍览各学科风景后重新回到读书治学的原点，可谓画了一个完美的圆圈。他总结石榴花讲堂的特点是"亲身经历与方法经验""学科融合与通识教育""国际视野与文明互鉴""问题导向和解疑答惑"，所以12期讲堂时刻充满笑声、掌声、敬意、暖意。

从2018年9月到2019年6月，石榴花讲堂开阔了我们的眼界，让我们从稚嫩懵懂走向成熟明朗。它的结束不是终点，而是重新上路的新起点，当我们把在不同学科中遍览的各式风景放回行囊时，会惊喜地发现踊跃思考、主动涉猎已不知不觉成为习惯。我们读世间万物的一切，获得一种深刻而愉悦的体验，是因为其中蕴藏着未来和那个你更加期待的自己。

"再见了相互嫌弃的老同学，再见了来不及说出的谢谢。"一晃两三年，匆匆又夏天。六月越是花树繁盛，越能勾起各种回忆和伤感，因为六月既是高考季，也是毕业季。不知不觉，高考已经过去一年了，那一年的快乐与汗水仿佛还在昨天。高三那年，我们有在晚自习带领全班看红月亮的可爱班主任，有每天中午睡醒后一起宣誓不负青春、努力奋斗的同学们，有每天一起吃饭、背书、讲题的好朋友。但转眼间，我竟然马上要上大二了。入学时总想着毕业，毕业了却因为友谊而失眠。六月总是在微博上刷到从《请回答

我们都是好孩子

1988》中借鉴来的一句话："从来不是让你把一次考试，当成人生成败的赌注，只是想让你在足够年轻的时候，体会一次全力以赴。"是啊，高考只是把原本就该属于我们的生活还给了我们，那些我曾以为熬过高考就能获得的足以照亮我整个生命的自由，也不过就是生命中普普通通的自由；反倒是那些自己曾拼了命想要逃离的束缚，那些从压顶的乌云间隙偶然泄出的隐秘而微妙的快乐，不再常新常有。

高考，错的每一道题都是为了遇见对的人，而对的每一道题，是为了遇见更好的自己。走在校园的角落里，经常看到大四的学长学姐们在拍毕业照，他们笑靥如花，恋恋不舍。其实，我们早晚也会变成他们。黄老师不断让我们想想毕业那天的画面，就是让我们把握好当下，免得那时后悔。回首整个大一，我认识了很多志趣相投的小伙伴，参加了好多锻炼自己的活动，读了一些喜欢的书，算是没有虚度。希望在大二的时候，能更多把握住课堂上的时间，有更多时间做一些自己喜欢的事，在成为井井有条的大人之前，拥有很多开心得一塌糊涂的回忆。

未来能否有这么多开心的回忆，取决于自己的努力。这个月我作为工作人员参加了烟台高校联合摄影大赛决赛暨颁奖典礼，有幸认识了很多摄影大佬，学到了不少知识。更重要的是，六月中旬，我见到了那么多的大作家和大学者。

要说六月里学校最重大的事，当然是首届"贝壳儿童文学周"啦！6月11日，简直是个欢乐的节日，贝壳儿童文学周在乳子湖畔的学术中心开幕。仿佛我们刚过完六一儿童节没多久，又要重温儿童文学经典，再做一次好孩子。开幕前我们就知道这次儿童文学周邀请了好多大作家和大学者参加，如张炜、曹文轩、汤素兰、方卫平、朱自强、张之路等等，还有国际插画展和王超导演的电影展播，所以我们都非常激动和期待，甚至提前准备了老师们的作品索要签名。我非常骄傲学校可以承办这一个大活动，特意去听了好多讲座。

盛大的开幕式令人赞不绝口，张炜老师不愧是大作家，谈吐不凡，文质彬彬。汉文师的万春梅同学参与了这次礼仪服务，她在朋友圈里感慨道："真的是觉得越有学问的人越谦卑。无论是给诸位作家倒水还是为他们解说博物馆，随时可以听见他们的感谢，看到他们的笑容。这是一种从骨子里散发出的文雅气质。"第一次看见张炜老师的面容，听见张炜老师的声音，实在令人激动。他说："首届贝壳儿童文学周活动的开幕是教育界、文学界的一件盛事，是大家共同搭建的一个五彩平台、一个斑斓的节日……一个民族的力量来自强大的心灵，而文学是心灵的事业，诗心和童心是文学的核心。可以说儿童文学是整个文学的基础和入口，还是整座文学大厦的开关，只有打开这个开关，它才能变得灯火辉煌。我们今天要做的，就是伸出自己的手指，按下这个开关。"

开幕式上既有学者报告，也穿插着艺术表演，罗马尼亚的鲁博安老师介绍了罗马尼亚文化，刘洋老师演奏了美妙的排箫，其他老师也演奏了萨克斯、长笛、单簧管、大提琴等，偌大的报告厅流淌着令人心静的音乐。无形之中，我们的灵魂在音乐和文学力量相交融的殿堂得以升华，陶醉在崇高的艺术世界里，不禁陷入美而忘了其他。开幕式之后，国际儿童读物联盟主席张明舟老师作了题为"相信阅读的力量"的报告，分享了他走上儿童文学事业并走向国际的经历。他从小生活在东北小山村，图画书《小种子旅行记》是他儿时文学梦的启蒙读物。从那本书里他得知有一个地方叫地角天边，有一粒柳树的种子，打着小白伞在天上飞，到地角天边去旅行。如今他通过不懈努力，正致力于将千千万万的种子播撒在世界的每一个角落，在儿童们的心中扎根、发芽、开花、结果，就像当初的自己。

6月12日下午，我们去听了张之路老师的《想象的力量——文学思维、影视思维与科学思维漫谈》。他认为，想象力是儿童文学大厦的根基，若要提升想象力，就要在写作时怀有感恩之心、善良之心、悲悯之心，有了情怀的支撑，才能赋予写作非凡的生命力，而情怀是提高想象力和探索力的一把金钥匙。6月13日，我们又去听了朱自强教授的讲座《儿童文学的思想和教育智慧》，这场讲座是我在贝壳儿童文学周有幸听到的最喜欢的讲座。朱老师带着我们一起读了好几本儿童文学经典，让我们仿佛置身纯真孩童的世界，其中有一个故事《活了一百万次的猫》把我感动得快稀里哗啦了。

6月15日，是我们最期待的曹文轩老师的讲座，初中时就特别喜欢看他

63

的书，现在终于见到真人了！没想到，起了一个大早，兴高采烈地准备好了要签名和合影，到了图书馆却被告知讲座位置已满，果然曹老师名声在外，台上台下都站满了人，还有些烟台市民抱着孩子前来聆听。我们当然不死心，偷偷溜了进去，报告厅人满为患，我们只好坐在台阶上认真听曹老师的发言。曹老师说"未经凝视的世界是毫无意义的"，他以"艺术辩证法"思想为线索，以正常与异常、轻与重、大与小、断言与悬置为提纲，结合他的阅读写作经验，引用陀思妥耶夫斯基、米兰·昆德拉、契诃夫等作家的观点及作品，论证了写作的关键在于发现新视角。

六月的时间被切成一片片，每片都像花瓣一样沁人心脾。6月13日晚，石榴花读书堂阅读分享会在学院108教室举办，汉文本1801和汉文师1801两个班全体同学参与。这次阅读分享会是石榴花读书堂的第一期读书会，我感觉这个"石榴花读书堂"有点横空出世，但又感觉有些熟悉，好像是石榴花讲堂的另外一种延续。黄老师并未出席，但很明显，这应该是他为我们策划的。听了主持人的介绍，我才知道"读书堂"取自唐诗"闲门向山路，深柳读书堂"。我班10位同学分享了一些人文经典，如《兄弟》《目送》《这些人，那些事》《修养》《解忧杂货店》《乡土中国》《美学散步》等，而汉文师班8位同学分享了魏晋南北朝的文史经典，如《世说新语》《颜氏家训》《魏晋南北朝文学史研究入门》《波峰与波谷》《八代诗史》等。分享会结束后，两个班进行班级QQ群线上投票，推选出讲得最出色的同学，我班推选出路棣、王述巍、于洁，汉文师班推选出庄琦、宋扬、颜德悦、陈欣悦，每人获赠黄老师提供的50元读书奖金或签赠新书。

6月20日是我们宿舍的重大日子——演员初体验日，106宿舍筹备了一周的英语短剧《海的女儿》终于录完了，吴岐雯作为主角饰演小美人鱼，陈然饰演人鱼祖母，李孟凡饰演巫师，王璐璐饰演王子，我饰演被王子误认为救命恩人的姑娘，王述巍导演策划了整部短剧。这是我们宿舍第一次齐心协力演话剧，过程中有汗水，但更多的是大家在一起反复排练的欢笑与甜蜜。

6月28日中午，刚喜得千金的黄老师专门在108教室开了一次期末班会，班会的主题是"新变革、新平台、新超越"。他首先启发我们思考当前中国和全球发生的变化对我们意味着什么，事实上，巨大的变革已经开始。他说，跨学科成为必然趋势，新文科、新理科、新工科、新医科、新农科等概念纷纷出现就说明我们面临着巨大的挑战和机遇。他回顾过去，说我们与以前各级的学长学姐相比，赶上了好时候，因为我们有"最好的大一"，在专业课学习基础上有石榴花讲堂、名师工作坊、写作工作坊、文学博物馆、儿童文学周、教育实习、写作实习、班志撰写，还聆听了郦波、曹文轩等不少名家的报告。

他问：我们有这么好的大一，大二如何巩固、充实、提高，进一步锤炼阅读、写作和实践能力？令我们惊喜的是，他说今后班级要搭建三个新平台，一是成立石榴花读书堂，建立一个新型社团，构建"新文科师生阅读研究共同体"；二是创立《石榴花》读书杂志，专注阅读评论和思想交流，"墙里开花墙外香"，拓展到全校，使之与专注文学创作的《贝壳》文学杂志成为文学院奉献给学校的"双子星座"；三是建立石榴花团支部，让团支部发挥作用，利用班费为全班订阅几种报刊，发到宿舍每个人手上，营造阅读型、研究型班团。展望未来，他说："暑假是一个大浪淘沙的时期，有的人开始奔跑了，有的人还在踟蹰。大家应该改变习气，重塑自我，对自己实行严格的时间管理，要相信，进一寸有一寸的欢喜，珍惜自己实现转机的'历史时刻'，多去想想自己作为学生，更应该关注什么，沉溺于什么，成为一个怎样的自己？"

6月29日，第六期"名师工作坊"举行，青岛市实验高级中学语文教师马冬勤老师作了"核心素养下的语文阅读教学与思考"的主旨报告，她结合三十年来对阅读教学的研究与实践，阐释了高中语文老师的责任与困惑，解读了语文核心素养的内涵与实施，结合诸多阅读教学的案例对语文核心素养的贯彻情况进行了细致分析对教学做了独特设计。她强调：语文教师应当在喧嚣中学会思考，回归语文教学的原点；应当以经典篇目带动群文的阅读，更加关注学生自主探究、合作学习的方式；应当分析文章细小事件中的"我"和细微之处的精神；应当在作品与时代、文章与文化、作者与读者之间建立一种"多重对话"的联系，并以"读写结合"的方式最终落实到学生的写作能力和人文素养上。黄老师主持和点评了马老师的报告，他说对马老师的一

我们都是好孩子

些观点特别有共鸣，如"不要怕基础不好，日积月累总会有变化""我们的语文课应该关注孩子的一生，为他们的一生奠基"。

尽管不想进入考试周，大家也得开始复习啦；尽管不想进入七月，六月也要结束了。六月是电闪雷鸣暴雨洗过，是此起彼伏黏腻升温，是树荫满地散射日落，是不疾不徐往来奔波。夏天把时间当成西瓜一样切成一块一块，每一块的第一口都是温柔甜润。六月的最后一天，夕阳西下，粉色的晚霞像一件华美的长袍覆盖了校园的天空，这大概是六月给我们这群好孩子的赞赏。

是啊，六月里，我们都是好孩子，无论是儿童节的礼物，贝壳儿童文学周的滋润，老师们的谆谆教导，还是绿木中青春的告别和回忆，就像那首歌：

那时我们什么都不怕，看咖啡色夕阳又要落下。你说要一直爱一直好，就这样永远不分开。我们都是好孩子，最最天真的孩子，灿烂的，孤单的，变遥远的啊。我们都是好孩子，最最可爱的孩子，在一起为幸福落泪啊。我们都是好孩子，异想天开的孩子，相信爱可以永远啊……

（李龙飞）

时光中的后继者

六月末在微博上看到这样一个话题："用一句话形容你的考试周"，回答可谓五花八门："这是我一个学期以来学识最丰富的一个星期""说初恋是兵荒马乱的一定没经历过考试周""书到用时方恨少，书到找时方恨多"……于我而言，面对考试周，也许会"怂"一些，有一种担惊受怕的感觉。为什么这样说呢？因为上大学之后我把更多时间花在课外活动上，对学习却没那么上心，所以等到考试时就特别慌张。老师提醒该背的书还没有背，上课的时候也总是开小差，虽然考前集中做了好多套卷子，但仍心如火灼。

但当我踏进教学楼的那一刻，纷繁杂乱的思绪奇迹般地被抚平了，眼前也更加清明。教学楼里无论是自习室内还是自习室外，随处可见的是同学们奋笔疾书的身影和清冽标准的朗读声。当我自认为很早进入教室后，已经有许多同学在那里埋头苦读了。其中有一位同学使我感到羞愧，她是今年刚刚转系过来的，但她的学习热情却并不低，每天她都很早就到，每天很晚才离开。她记笔记十分细致，背诵时也心无旁骛。

忙碌的考试周结束了，坐在候机厅里，我仍不敢相信，暑假已经开始了。耳机里放着任然的《后继者》，那句歌词在此情此景触动我心："好像那时我们都在，当时的事都记了起来。时间真的像是长了脚的妖怪，跑的飞快。好像后来我们都离开，各自生活在喧嚣未来。"

上一次站在机场的画面仿佛就在昨天：我拖着行李箱走进机场，告别父母，远离家乡……而这一学期，仿佛蝴蝶扇动一次翅膀般悄然而逝。我皱眉沉思，这一学期都发生了什么？可除了几次石榴花讲堂外，我能想到的寥寥无几，甚至连一些老师的样貌都有些模糊。我此刻清醒地意识到：我这一学期什么都没做。这个时候，我被一阵清脆的声音拉回现实，一位穿着鹅黄色蓬蓬裙的小女孩拉着她的妈妈问："妈妈，为什么这个姐姐没有家人陪着呢？"孩子的妈妈注意到我的目光，以为孩子的言语打扰到我了，便有些抱歉地笑了笑，转而对小孩子说："姐姐是大学生，大学生已经成年了，很厉害的，就不需要妈妈了呀！"是啊，我已经成年了，但是我却对自己未来的路毫无规划，甚至茫然于现在所做的事情到底值不值得，想到孩子妈妈说的话，顿时觉得面上火烧火燎地热，羞愧得无地自容。

回到阜新已是凌晨，开门那一刻，母亲温柔的笑意与关心的话语扑面而来，我一路的不安与难过都被抚平了，但我仍不禁在心里懊恼："怎么还像个长不大的孩子！"

与以往假期有些不同的是，在今年暑假里开展了三笔、演讲等活动，是学院借师范认证的机会让我们在假期里提升教师基本技能。活动刚开始时，免不了有不少同学一阵埋怨，毕竟谁都不愿在假期里"被迫"参与这种活动。在指导老师的督促下，我们"勉强"完成了几次任务，将三笔或演讲视频传给指导老师，听取老师的改进建议。但随着活动的深入练习三笔的同学发现她们的字迹都在向好的方向发展，演讲的同学也逐渐克服了人前讲话的拘谨，从刚"赶鸭子上架"到现在的"全神贯注"，再没有听见同学们抱怨的声音了。

"打开一扇窗，照进一道光。"在暑假前的主题班会中，黄老师就承诺为我们搭建三个新平台，其中两个就是创立《石榴花》杂志和石榴花读书堂，所以在暑假中，黄老师和班长、团支书、学委等同学及其他班级的代表同学一直在紧锣密鼓地筹备。很多人在慢悠悠地过着自己的暑假，而他们则细心规划着各项事宜，好像在精心谋划跟所有人有关的历史，别人却浑然不知，这样高的效率令人叹服。"石榴花"的创立并非一帆风顺，因为它是鲁大的一个新生事物，从来没有这种杂志，也从来没有这种社团，一切都需要开创和摸索。但经过各种精心讨论和不懈努力，"石榴花"聚集了文学院十二位优秀同学，他们精诚协作，干劲十足，暑期发布新奇的宣传文案，在朋友圈里一阵疯传。黄老师为《石榴花》杂志约稿函撰写的《起风了，等你来》，在酷暑之中刮起一阵凉凉的旋风，且恰逢台风"利奇马"登陆山东半岛，真是应景啊，可谓天时地利人和。学期即将开始，我们相信，这棵从我们班长出的石榴花一定会蔓出墙外，墙里开花墙外香，吸引更多优秀的学弟学妹加入其中，悄无声息地改变着某些东西。

在东北老家的日子即使惬意且美好，但也不免有些无聊，所以当我姐姐提议一起去其他大学转转的时候，我毫不犹豫地就答应了。

第一站是位于吉林长春的吉林大学。作为东三省最好的综合性大学，吉大是许多人的向往。长春有这样一句话："吉大在哪儿，长春就在哪儿。"长春的夏天也是一样炎热，但校园里的杨树、松树、柳树却长得非常高大浓密，坐在像伞一样的大树底下既舒适又凉快。浓密的大树下，随处可见那些在阅读学习的学生。一路走到中心校区的李四光楼，看到吉大美丽的西湖，湖水澄清，微风吹过，水面波光粼粼，倒映着蓝天、白云、绿树、芳草。

第二站是辽宁沈阳的"东北大学"，东北大学校园风景秀美，氛围活泼，同学们或在明媚的夏日里结伴去图书馆，或在阴凉的树荫下认真读书……一说起"青春"，人们总会想到"不疯狂不青春""就应该趁青春来一场说走就走的旅行"，然而，青春真正的"疯狂"在于，在最合适的年纪做最适合的事并且做到最好。

暑期小游回到家后，躺在床上，对近在咫尺的手机突然失去了兴趣，对自己的踟蹰不前和安于现状好像突然有了决心改变，这次看似不起眼的出游确实拓宽了我的眼界，以前我总是把自己圈在一个小圈子里，自我催眠又自我逃避，殊不知外面有许多人在默默努力……想到这里，看到好友微博上更新了一句非常符合此刻我的心情的话："从来都没有所谓的弯路，每一步在你那里都算数。"

这条微博是我们班的小李同学发出来的。小李今天去登山了，但是登山远没有想象中的那么容易，她还没有爬到半山腰就气喘吁吁，肌肉发麻，同伴无数次劝她下山，但是她不知哪里来的力气与勇气，真的在太阳落山之前到达了山顶。诗人郭小川说："生活真像这杯浓酒，不经三番五次的提炼呵，

时光中的后继者

就不会这样可口！"后来小李对我说："我只是不想被人看轻而已。"

小宋同学在放假前就计划着在暑假找点事情做，一是不想在无聊中浪费这宝贵的假期，二是想到社会上锻炼一下自己。所以在7月13号回到家的次日早上，她就开始了"求职"之路。她几乎跑遍了区里每个地方，但是结果都不尽人意。有的地方听说是"暑期工"就不要了，有的听说还是大学生也不要。小宋不禁感慨了一句"生活不易"。最后，她在奶奶家那边的镇子里找到了一份带小孩子学语文的工作。直到现在，小宋还记得那天早上刚推开教室的门，本来乱哄哄的教室突然就安静了下来，一双双明亮的眼睛望着她，她本来准备好的自我介绍突然就不知道该怎样说了，但是小孩子很高兴，也很活泼，瞬间就凑到小宋面前叽叽喳喳地表达着对新老师的欢迎。这是她的第一份工作，第一次给孩子们上课，第一次被孩子们喊老师，第一次批改试卷，第一次布置作业，第一次和学生家长交流……小宋回忆暑假的这份体验说："小孩子是世界上最单纯的生物，他们天真乖巧，他们信任老师，那种被全心全意依赖的感觉真是很奇妙。"

"准备好了吗？让我们一起体验一次难忘的云南之旅！"当小高和小孙结伴去过云南之后，就真正从心底里爱上了这个地方，因为它呈现的东西都太美了，不管是古典的小镇，还是美丽的水乡，或是一望无际的草原、河川或是雪山，都给人们一种七彩的圣洁之美。走进这里，感受到的是红土、蓝天、绿木、碧水，还有那清新无比的空气。当云南之旅结束，姐妹俩坐在北去的火车上，内心的激荡还没有完全平复，仿佛她们的心仍被拴在那片美丽文静的土地。当她们到宿舍，说起云南之旅时，我是真羡慕她俩，也羡慕我们班的云南姑娘徐波月。

假期是很美好，但是开学的脚步声却越来越近，就像是每晚十二点的钟声，不疾不徐，可它还是来了。在机场拥抱父母，告别他们时，心情却出乎意料地平静。来到候机厅坐下，好巧的是，我遇到了鲁大新生。我看到家长手中拿着《鲁东大学录取通知书》，便主动开始交谈，他们了解情况后也十分欢喜。我们聊了很多事情，家长和小同学迫不及待地向我了解鲁东大学的情况，我也十分乐意解答。此外，我还向他们推荐了烟台旅游攻略，希望他们可以在这个可爱的海滨城市玩得开心。飞机昂首直上云端，好像一场午觉的时间，我已从东北来到烟台。回到宿舍后发现，大家差不多都回来了，一个暑假没见，大家都很激动，各自分享着自己暑假的见闻，窗外的阳光透过轻薄的窗帘洒在每个人的脸上，我不禁想着，这样轻松惬意没有烦恼的日子真的是过一天少一天了。

开学后的日子过得飞快，好像有什么东西变了，又好像什么东西都没变。同学们对自己的新身份已经做好了从容的准备，没有太多激动，只是当看到文学院门口挂着"欢迎 2019 级新同学"的标语时，总觉得有些酸溜溜的，这么喜新厌旧的学院啊！开学第一周，黄老师在教研室里问我："美毓，知道今天为什么找你聊天吗？"我有点忐忑地说："是因为学习成绩吗？"黄老师那天中午对我说了很多，但核心要点是，他希望我能认清一个道理：一个人的启蒙就是认识自己存在的各种问题，所谓成长就是逐步解决这些问题的过程。就像去年他找班内每个同学聊天，问我最近是否有学习和生活方面的问题，我说没有。今天他说，当时听了我的回答后就比较担心，因为认识不到自己有问题，恰恰是最大的问题。看着我惭愧的神情，他又给了我一些激励，在解答我问的一个问题后，他把暑假刚读完的一本《汉字与中华文化十讲》借给我读。事实上，班内许多同学都知道，这个暑假，为了激励我们读书，他以身作则读了二十多本书。

9 月 1 日那天，我怀着对新生的好奇走进北区的操场，校园又重归蓬勃与激情，新生们充满对未来的憧憬和对自由的渴望，他们清澈的眼睛中怀着对梦想即将起航的热忱，那种生机勃勃、奋勇向前的光芒一如去年此时的我们。给几名新生指路之后，我便往回走了，有些闷热的风仿佛变得温和，随即脚步也轻快起来。

我们都曾是无忧无虑的孩子，都曾是深海中的孤帆；我们都曾怀稚气，都曾走出孤独。现在的我们即使不曾历经风雨，也能有一颗坚强明亮的心。大二，我们来了！

（李美毓）

半江瑟瑟半江红

夏天就这样走了，像一只气球，我来不及告白，它就被"风吹到对街，微笑在天上飞"。9月的第一个清晨，我像往常一样翻看朋友圈，发现大家都在发"再见八月，你好九月"。我们乘上开向未来的小火车，迎接大学时光的第二个九月。

9月1日是新生报到的日子，我和岐雯路过操场，看到一张张稚嫩的面孔，不禁回想起去年此时拿着通知书报到的场景，一切仿佛历历在目。一眨眼，大学生活已经过去一年了，曾经懵懵懂懂对大学充满好奇的我们已成了小萌新们口中的学长学姐了。看着食堂一排排的"小绿人"军训大军，也只好"认命"地打包饭菜回宿舍吃啦。晚上看着曾经"属于"我们的自习室已经物是人非，竟然涌上一丝惆怅，唉，从前抱怨晚自习剥夺了自由，吐槽"鲁东高中"，现在自由了，却想方设法地找空教室上自习，还真应了那句"失去了才知道珍惜"。

开学没几天，忽然接到学院通知，要求每位同学选一位学业指导老师，这让我们有些措手不及。我急忙分析自己对哪些学科更感兴趣和今后发展方向，因为在此之前我看过一些北大公开课和网易公开课，对民俗学产生了浓厚的兴趣，所以我决定选兰玲老师为指导老师，跟老师学习更多民俗学知识。

大二开学后明显感受到的变化便是课程增多，或许是因为经过大一的沉淀和石榴花讲堂的洗礼，我们更善于挖掘文学的趣味性了，又或是我们被各科老师独特的人格魅力所吸引，听起课来也觉得津津有味、渐入佳境了。教我们《古代汉语》的詹今慧老师，是位台湾老师，她颠覆了我对整理笔记的刻板印象，激发了我研究古文字和参观全国各地博物馆的兴趣。上完詹老师的课，我懊恼地发现：来烟台一年多，竟然从没去过烟台博物馆。于是，我专门在周末抽出一天参观了烟台市博物馆，仔细观察文物，上面的一个小部件可能就蕴藏着一段风云激荡的历史。回到宿舍后，我又在网络上找出《国家宝藏》《如果国宝会说话》从头看起，每一件文物都封印着亿万人的血脉记忆，我们需要做的就是观察它、记录它、开启它并毫不吝啬地分享它。

教《中国古代文学（二）》的张传东老师，在课堂上忘情吟诵"莫听穿林打叶声，何妨吟啸且徐行。竹杖芒鞋轻胜马，谁怕？一蓑烟雨任平生……"我被深深地打动了，也跟着他吟诵哼唱，第一次感觉到强烈的音韵美，像是风吹树叶沙沙作响，像是丛林鸟鸣宛转悠扬，像是月影湖上波光粼粼，像是似水流年顷刻化为袅袅云烟。回归本源，找到本味，诗歌的美不言而喻。

为增加课堂的趣味性，提高学生自主探讨能力，为师范生认证做准备，张传东老师将双周周四下午第二节课作为小组分享课，每组都安排了两个研讨问题，有一周的准备时间，之后在课堂上展示学习成果。我们105宿舍和106宿舍作为第一组，分到的问题是"如何解释欧阳修词作中大量的艳词现象"和"故事讲述与艺术分析：《错斩崔宁》"。我们小组进行了任务分工，就资料收集、课件制作、回答问题、摄像等进行了细致讨论，最终由高凌矗、宋姝颖、谢婉滢三位同学进行课堂分享。明确的分工和所有人高度的配合使我们高效地完成了这次任务，并取得了不错的课堂效果。相较于大一面对小组探讨和课堂分享这类作业时的不知所措，现在的我们已经褪去了稚嫩和青涩，开始走向成熟。

新学期有许多新挑战，我们需要迅速适应大二的生活节奏。9月5日中午，黄老师召开了新学期第一次班会。首先是班委成员轮流述职，介绍总结各自在大一的工作职责和完成的任务，我作为上学期新任的文艺委员也上台述职。虽然分工不同，但班委们都在背后默默为班级和同学们服务。我们这个班就像钟表一样，班里的每个人都是钟表内的零件，一个都不能少。在黄老师带领下，汉文本1801班就像一团火，在大一燃烧出许多绚丽的火花。接着，

半江瑟瑟半江红

黄老师给我们提了几项要求：为大一新生做好榜样，传播正能量；早作准备，备战 12 月份的英语四级考试；在学好专业课基础上提升阅读写作水平，培养找资料和解决问题的能力；学习若有余暇，尽量参加一些社团，进一步增长才干。

说起英语四级考试，虽然从大一我们就知道早晚会"摊上"这个大事儿，黄老师也多次提醒我们争取一次通过，但因为对自己的英语水平不是特别自信，且大二再也没有英语课了，所以一提起四级考试，我就感觉如临大敌，有些惧怕。学院十分重视这次考试，特意在 9 月 6 日安排了一场英语四级交流会，邀请了 2017 级高分通过四级考试的几位学姐为我们分享经验。大到做题顺序，小到每题分值，学姐们都做了细致分析，毫无保留地分享了备考过程和考试经验，让我们知己知彼，不忧亦不惧。正如学姐们说："天上不会掉馅饼；不是你够幸运，而是你够努力。"

从 2018 年的石榴花讲堂到 2019 年的石榴花读书堂，那棵生根于汉文本1801 班的小石榴树快速生长着，如今已然枝繁叶茂，亭亭如盖，硕果满枝，越过墙头，向更大的花园蔓延伸展。新的学期，新的纪元，9 月 9 日晚，石榴花大讲堂第 18 讲在文学院演播厅举行。什么？石榴花大讲堂第 18 讲？暑假前不是明明要宣布石榴花讲堂到 12 讲就结束了吗？原来，暑假期间，借着创立《石榴花》杂志和石榴花读书堂的契机，在黄老师和姜娜老师的合作下，12 讲的石榴花讲堂与 5 讲的传播大讲堂合并成了崭新的"石榴花大讲堂"。

在第 18 讲中，日本国立民族学博物馆全球现象研究部河合洋尚博士作了《环太平洋的"旅行者"》的主题报告，袁向彤、姜娜、黄修志、王起几位老师都参加了，姜老师担任主持和即席翻译。这次讲堂可谓座无虚席，掌声迭起，盛况空前，因为除文学院老生和部分大一新生外，本次讲堂还吸引了全校其他学院的本科生和研究生前来聆听，所以石榴花读书堂的很多同学为了让更多同学有座位，都在后面站了两个多小时。

河合老师长期致力于景观人类学、环太平洋区域的客家跨境民族志研究，他主要讲述了从本科到博士后的求学、治学和环游世界的经历，以客家研究为线索介绍了自己在华南地区和环太平洋区域的"多地点田野考察"。他在本科阶段初次接触文化人类学并由此产生兴趣，尝试研究神户的城市空间，后因在欧洲读书的契机开始学习景观人类学，并运用该理论与方法到中国广州、云南等地进行田野考察，学习当地方言，研究民俗文化。进入广东嘉应学院客家研究院工作后，他正式进行客家研究，并突破国别限制，亲赴环太平洋各地区进行多地点调查，验证客家文化融入全球网络中的历史与现实。整场报告，河合老师用汉语讲述，现身说法，风趣幽默，为同学们尤其是大一新生做了一场成功的跨学科、跨文化、文明互鉴的通识教育。他一方面介绍了环太平洋地区各国文化的异同，激起了同学们的好奇和震撼，启发大家寻找自己的兴趣；另一方面也回忆了在文化碰撞、语言学习、田野调查中的诸多甘苦，引导大家形成敢于吃苦的精神。

提问环节气氛高涨，同学们踊跃发言，围绕"西藏田野调查的语言冲突""景观人类学和其他人类学的区别""怎样看待环太平地区文化交流的历史因素""如何看待民俗文化中的语言遗失问题""如何结合他者眼光研究中国"等诸多问题进行提问，在姜老师的即席翻译下，河合博士都做了认真回答。

最后，黄老师做了总结发言。他结合河合博士的报告和同学们的提问，引导大家思考：书籍和语言是发现新世界和创造新自己的窗户和钥匙，应勇于走出自我；应认识我国从司马迁《史记》到毛泽东《湖南农民运动考察报告》的田野调查传统，读万卷书，行万里路；应从全球视野看历史、国家和个人，实现与世界和他者之间的有效交流。

9月13日，我们迎来第二个中秋节。其实早在9月8日，我就去璜山书院参加了兰玲老师的中秋节专题讲座，听到许多和印象中不一样的中秋节习俗，第一次知道原来广寒宫的蟾蜍其实是美丽的嫦娥姐姐，民间的兔儿爷原来是骑老虎的，玉兔捣药和吴刚伐桂都是人们对长寿的渴盼。"万里无云镜九州，最团圆夜是中秋。"虽然大多数同学离家都不算远，但短短的三天假期还是让大多数同学放弃了回家的想法。虽然无法和父母团聚，但还可以在宿舍这个小家里过一个小团圆，或是选择集体出游，或是六个小姐妹一起看一场电影再吃个小团圆饭，最后坐在操场上听着歌打打闹闹，仰望一轮明月，享受中秋之夜的安逸。就像兰玲老师说的那样，节日的重要意义就是让人们在辛苦的生活中找到幸福感和归属感。

9月23日晚，筹谋已久的石榴花读书堂走班宣传活动终于要开始了，作为石榴花读书堂和《石榴花》杂志的一分子，我也参加了。13名石榴花的"骨干力量"手持由张佳怡、周鑫两位同学制作的报名表进入教室，会长赵婉婷首先介绍社团总况，编辑部部长路棣详述编辑部及杂志情况。悠扬典雅的背景音乐响起，报名表封面中的几只蝴蝶欲从纸上舞跃，翩然翻飞，活灵活现，几朵石榴花点缀其间，自成清新雅致的风格。有几位2019级的小萌新主动索要报名表，询问社团报名问题，相信有了新一级"小石榴们"的加入，我们前进的脚步将更加坚实。

"我和我的祖国，一刻也不能分割。无论我走到哪里，都流出一首赞歌……"在新中国成立70周年之际，校园里随处可见五星红旗迎风飘扬，北区一号办公楼更是悬挂出巨幅国旗，十分耀眼。为庆祝这一节日，激励同学们在新学年奋发有为，黄老师特意在9月27日中午召开了"我和祖国共成长"主题班会，以国庆为中心，紧密结合阅读交流、社团活动、个人成长、国庆记忆等，既富有特色又振奋人心。班会上黄老师向全班发布了"国庆书单"，一一阐述每本书的价值。

团支书陈奉泽介绍了本班同学在学院和学校各种社团的留任情况，表示班内不少同学已成为各特色社团的主要负责人和顶梁柱，她希望同学们借助社团互帮互助、共同进步。确实，我们惊奇地发现，《贝壳》文学社、翰墨缘书法社、国学社、《人在鲁大》团刊、石榴花读书堂、啦啦队、辩论队、春雨志愿者协会、朔风剧社、摄影协会、帝舞军团等许多社团的总负责人或部门负责人都有我们班的同学！真可谓是全面开花，万紫千红！经过大一的磕磕绊绊和上下求索，我们现在已经可以独当一面了。班长赵婉婷介绍了从汉文本1801班生根而出的新型学生社团石榴花读书堂，回顾了读书堂从暑假到现在的筹备和成立过程，预报了"十一"之后即将举行的各种特色活动。学习委员路棣介绍了《石榴花》杂志创刊号的特色栏目和编辑情况，表示创刊号的主题即是庆祝新中国成立七十周年，"十一"之后将在校内发行，鼓励同学们博读精思，勤奋写作，踊跃投稿。

在以"我记忆里的国庆节"为主题的即兴演讲环节中，冶成鑫、王述巍、秘若琳、于洁和杨聿艳五位同学先后主动演讲，分享了自己在以往国庆节中印象深刻的小事。冶成鑫分享了自己在国庆节假期中和堂哥骑摩托车兜风的趣事，新手上路摔惨了的窘迫和说谎被妈妈教训的情节引得全班捧腹大笑，一下子活跃了班会的气氛。述巍分享了自己参观毛主席纪念堂的经历，因为我在 2011 年暑假和爸爸也去过毛主席纪念堂，所以她的描述一下子使我产生强烈的共鸣。最让我动容的是秘若琳讲述她外婆在抗战时期的故事，她讲起外婆因躲避敌人而留下的伤疤，哽咽地说起外婆告诉她："我生了你妈妈，你妈妈生了你，我们是一样的，我什么都不怕，你也什么都不要怕。"这让许多同学都热泪盈眶。

演讲结束后，黄老师说："很羡慕你们生在 2000 年，你们是不可抵挡的一代！祖国是一面镜子，不仅能照亮我们前进的道路和成长的方向，还能激励我们和祖国的成长保持同步；爱国可以崇高，也可以平淡，从一定程度上说，爱国就是珍爱自己的成长，关爱他人的幸福，热爱当下的生活。"他讲述了自己在 1999、2009、2019 年共三个十年的家国记忆，鼓励同学们抓住新时代祖国发展和民族复兴的空前良机，乘势而上，勤奋努力，和祖国共同成长。

班会之后，全班同学和黄老师一起在文学院大门前拍了全班第二张大合影，黄老师开玩笑地说可能下一次拍合影就是我们毕业的时候了。拍完后，我们就匆匆回宿舍了，我回望门口的那个阶梯，心想：刚刚还站在一起笑个不停，怎么现在就空了呢？我想，当那最后一天到来时，我们是不是也会同样淡然地匆匆离开彼此刚刚靠近的肩膀呢？

9 月 29 日，黄老师带着班内七八个小伙伴一起去烟台大剧院观看了艺术学院排演的大型组歌《红色胶东》。组歌全程高潮迭起，一幕幕表演震撼人心，尤其是当我看到胶东公学的老师和学生英勇就义的画面时，眼泪不由自主地流了下来，理琪、赵登禹……这些英雄的名字印在了千千万万百姓的心中，那一句"哪有天生的坚强"警醒我不能忘记那些用鲜血换来我们幸福生活的英雄，不能忘记时代赋予我们的责任和使命。落幕时，观众的掌声一浪高过一浪，全场都挥舞着五星红旗，导演携演员在台上鞠躬致谢，观众挥动着国旗久久不愿离场，叫好声此起彼伏，参演人员都出来挥动双手致谢。出来剧院，几位同学都红了眼眶，黄老师有些雀跃地告诉我们："《石榴花》杂志创刊号封面和目录发布了！"大家都欢呼起来，这段时间的辛苦没有白费，据说编辑部的同学经常熬到凌晨，精心校对，不知已改了多少遍，如今终于要出炉了！坐上回校的大巴，我们在夜色中纷纷在朋友圈转发这个喜事。

9月30日，这天晚上大家不约而同地没有早早上床睡觉，而是等待着在零点第一时间为我们的"阿中哥哥"庆生，一时间，QQ空间、微信朋友圈和微博里大家都在用自己的方式表达对祖国的祝愿。10月1日上午九点四十五分，还没有回家的同学们聚集在文学院演播厅观看阅兵仪式。五十六门礼炮齐鸣的场景震撼了演播厅内的每一个人，"此生无悔入华夏，来世还在中华家"。

九月，石榴熟了，墨绿的枝叶映着红红的石榴果，煞是好看。校园里也有这两种颜色，穿着绿色军装的大一新生在接受军训的洗礼，随处可见一面面鲜艳的五星红旗迎风飘扬，这红绿参半的景象，让我不禁想起白居易那句"半江瑟瑟半江红"。

九月，秋风起，天气凉，丰收在望。亲爱的兄弟姐妹，不忘当年的纯真梦想，我们的初心便永远滚烫。

（李孟凡）

金秋石榴果，落叶满霜天

金秋十月，举国欢腾，我们迎来新中国成立七十周年。趁着这国庆小长假，我踏上返回河南老家的火车。很久没回过老家了，旅途漫漫，赶路的我，是赶不上看阅兵直播了。舟车劳顿下来，我一进家门就来个"葛优躺"倒在沙发上。打开电视机，阅兵礼炮声伴随着窗外稻香，充斥着神经末梢，天安门城楼前的金色太阳，鲜红的国旗迎风飘扬……盛大震撼的阅兵和红色的喜悦一扫秋天草木摇落之气。

在老家，我在收获的气息中睡去，又被丰收的欢愉惊醒。粮仓中储存着一袋袋颗粒饱满的大米，稻包一个个圆滚扎实，有规律地晾晒、装包。我还在睡梦中，农户们早就把稻包从自家粮仓拖到门口台阶下晾晒了，晒稻时免不了唠起话茬，彼此关心稻子的收成和价格。对面的大婶冲着我姑姑说："咦，您家今年得发财嘞！"姑姑笑了笑说道："天公作美，收了个利索稻。"

于我而言，每一次假期都需要留给自己在"静处体悟"的时间，是反思、沉淀、再上路的大好时机。七天假期结束了，我也要继续去"事上磨练"了。临近离别，心情总是沉静而敏感，我一遍遍想还有什么没有做的，可别为自己留下遗憾。走的时候，我偷偷强忍着泪水，怕失落的心情被家人看出来。表姐把我送到车站说："到时候有空就回来啊！""嗯，知道了，你回去吧，我走了。"

归途依然漫长，火车内吵吵嚷嚷，充斥着泡面的味道和聊天的声音。我抱着家人给我买的吃的，呆呆地望向窗外，刚刚下过雨，景色有些湿凉，我心里也一阵落寞。烟台站到了，天雾蒙蒙的，不时飘起小雨点。提前一天到校，校园人还是比较少，大家还未回来。刚到校，我们就收到要参加"应知应会"考试的消息。听说本月末我们专业就要接受师范认证了，教育部委派的专家也会进校考察。一年来，学院一直在为这个事做准备，算起来，我们也赶上了好时候，因为学院的各项准备工作和配置的新资源、新活动都让我们受益了。

大学时光已快过去八分之三了，相比大一，我们已很熟悉校园环境，自由支配的时间也更多了，这就需要自己合理安排时间，增强自控力。这学期有外国文学课程，需要看的书也是蛮多的，我和子涵有时相约图书馆，也会碰见班里的同学，相视一笑："好巧啊，你们也来借书。"这个月，我们也在准备英语四级考试，从九月到考前，全班会在周日晚上举行几次英语四级模拟考试。当石榴花娇艳如火之时，我们还在憧憬和成长，但到了金秋十月，我们已汲取营养，最终结成颗粒饱满的石榴果。汉文本1801对我来说是一个温暖的存在，"十一"小长假结束，有的同学会从家里带些应季的特产，像东北腊肠、新疆大枣、云南酥饼等，香甜入心，让我们大饱口福。

十月秋意渐浓，薄裘天寒，黄叶飘落。气温变化太快，不少同学感冒了，搐着鼻涕，我们说："有空一起锻炼或跑步吧！"10月13日，阳光明媚不忧伤，大家相约来到北操，观看文学院与生科院一场足球赛。我们摇旗呐喊"文院加油"，球员们恣意奔跑，小草混着足球一起冲向天空，秋风温柔地吹拂着衣角，太阳暖暖地照耀着我们的脸庞。一片叶子从树上跌落，我拾起落叶，想起黛玉葬花，突有一问："有人葬落花，可为何没有人葬落叶呢？"也许大家爱拾枫林叶，无人理秋杨。

10月15日下午，我们再次来到名师工作坊第七期，莱阳市第九中学姚红梅老师分享"如何做一名智慧、从容、幸福的班主任"。姚老师将她几年来积攒的经验——分享给我们，比如：如何去和学生做朋友；如何去管理班级，建立班级体系；如何发挥学生的优点，更好地为班级做贡献等。姚老师认为：人是学习的核心，所以班主任应当唤醒心灵，让同学们进行自我教育，先学会生活，再学会学习。她认为：每一个孩子都是一粒种子，教师应当坚持不放弃任何一个学生的底线，要以一名严父或慈母的形象去扮演好一名班主任，善于站在学生的角度设身处地考虑问题，与学生进行多方面交流，同时要对学生立规矩、设底线，使学生产生敬畏感。在她看来，班主任工作需要经历三个阶段：构建班级网络、相亲相爱如一家、肩并肩一起战斗。

姚老师还向我们展示了自己的班级管理日记，她每一天都为自己的班级整理日记，不仅记录自己的教学成长经历，也记录了过去和学生发生的点点滴滴。几千篇日记，几十万字，姚老师说她出版的一些书全靠日记，把日记整理总结再出版后便成了自己的书。她对教师这个职业的热爱，深深地打动了我。在互动环节，两位同学展示了关于"校园欺凌事件"的课件，姚老师做了精准的评论，也回答了其他同学的提问。

听完姚老师讲授如何做班主任，我就想到了我们的班主任黄老师，想到他发起创立的"石榴花系列"——石榴花大讲堂、石榴花读书堂、《石榴花》杂志等等。经历了整整一年，石榴花已经变成了沉甸红艳的石榴果。这个月，我们期待已久的《石榴花》杂志终于出版了！

10月17日，印刷厂把杂志送到学院的那个下午，许多小伙伴都在朋友圈或QQ空间转发这个喜讯。我们班的路棣说："她终于来了！带着淡淡的榴红。你们即将看到的，字句间的每一帧移动，都是我们的痕迹。被无数夜晚星星的眼睛，久久地注视着。"是啊，她和志敏等几位同学那段时间一直在熬夜，反复地校对和排版。黄老师的感慨更长，他说："按说，应该激动得难以自已，然而，我却平静得心如止水。仿佛，坚信这一天终将到来，是的，已经适应了梦想照进现实。看着同学们的欢呼雀跃，听着老师们的真诚祝贺，我知道，我们在做对的事情。忘不了长达三个多月的摸索，从一无所有到晨曦绽露，几乎每天梦里都在奋斗。为了这个新生的杂志，我们风云际会地相遇，创办了前所未有的社团，学会了专业的排版软件，熬了许多无眠之夜，校对修改了十几遍，拉起了一支好学深思、坚韧不拔的队伍。这是一份珍贵的历史文献，即将投放到校内、校外、北京、上海。深秋既是迎来丰收时刻，也是骑马扬旗出征之时。己亥年，石榴花感谢您的支持；未来，石榴花和您永远在一起。"

　　杂志封皮淡雅、简洁、大方，刊名由李士彪老师题写，徽标由艺术学院李文杰老师设计。杂志封二详细介绍了徽标，封三是石榴花大讲堂的几张照片，封四是我们班杜志敏画的彩色工笔画《一树榴花照眼明》，栩栩如生，娇艳如火。杂志扉页是黄老师代表编辑部撰写的创刊词《起风了，等你来》，简短却又振奋人心："在这里，我们有一批关心人类、远方、思想的朋友，有一个来自各文科学院的精英教师指导团，为了让阅读照亮心灵、点燃梦想，我们围炉而坐，仰望星辰。让我们背上书囊，擎着火把，携手在山中披荆斩棘、且歌且行，在书中思接千载、视通万里。"

　　杂志创刊号分成书山有路、长安时辰、人文风景、影海探珍、讲堂菁华、书香校园等六个栏目，共22篇文章，其中书评就占了一半，这也凸显出杂志的特色和方向。黄老师、姜娜老师是执行主编，大三学姐闫晓涵和我班路棣是副主编，大三学姐刘英琪带着几位大二同学担任编辑，同时，杂志还邀请全校相关文科学院的老师担任编委，真正体现以学生为办刊主体，以跨学科为重要特色。创刊号的作者来源很广泛，从本科生、研究生、博士后到讲师、副教授、教授，当然主要还是以本科生为主。大家翻着一篇篇生动而有深度的文章，感叹这确实是一个前所未有的杂志。听说，杂志刚送到的当天晚上，文学院每位老师、大一大二的每个宿舍、石榴花读书堂的每位成员都分到了《石榴花》杂志，简直像过节一样。还有一部分留在新华书店售卖，一方面能让校内更多同学读到，另一方面还能为以后社团开展活动筹集一些经费。杂志就像一场及时雨，给石榴花读书堂在10月19日北操举行的"百团大战"中增添了许多吸引力，不少读书爱好者纷纷驻足翻阅。很可能，这会让一些初入校园的同学一见钟情；很可能，这会让一些精致敏感的心灵怦然跃动。一本平凡的杂志，在这个平凡的日子里，会牵动怎样的命运链条呢？

　　在国庆放假返校的第二个周末，学校安排了劳动课。这次劳动课，我们负责打扫教学区的卫生，虽然人少任务重，但总体来说配合默契，互帮互助。我们三人成组，由保洁阿姨带领两个人负责每个区域，而我们负责的就是后楼楼梯一到五楼，这个楼梯需要擦扶手、窗户，打扫拖净楼梯。劳动课结束之际，一边擦汗一边看着教室和走廊在我们手中焕然一新，心里也是美滋滋的。

经过黄老师和姜娜、詹今慧老师的酝酿筹备，10 月 20 号晚上，石榴花小讲坛在演播厅开讲啦！第一讲和我们的古代汉语课堂实现了完美结合。这次报告的主题为《九州琳琅：穿越时空的凝视》，主持人是教师教育学院的王雅雯，汉文本、汉文师四个班的 11 位同学先后登台，分享展示各自在全国知名博物馆的文化体验和调查思考，如国家博物馆、上海博物馆、上海中国馆、南京江宁制造博物馆、齐文化博物馆、东营历史博物馆、山东省博物馆、嘉祥武氏祠、孔子博物馆、连云港博物馆等，让我们领略了九州华夏文化遗产的古朴典韵。我们班的路棣、陈然、李孟凡、赵婉婷就是其中展示的四位。11 位同学演讲完毕后，大四学姐赵梦飞又介绍了法国卢浮宫博物馆，为这个"博物馆奇妙夜"注入异域风情，开阔了我们的国际视野，增强了对东西文明的互学互鉴意识。

黄老师在开讲致辞中鼓励我们和全校同学登上讲坛侃侃而谈，分享读书思考，展示研究心得，锻炼表达能力，提升人文素养。詹老师对 11 位同学的演讲进行了深入点评和总结，通过互动环节的提问，进一步提升了全场气氛，同学们纷纷分享印象最深刻的报告。姜老师从文化人类学的角度解读博物馆，指出 11 位同学的博物馆介绍是一个整体，暗含的主题是"土地"，并用"两点感想，四个感谢，一个表扬"对本次讲坛进行了总结。每一位同学讲完，大家都现场进行在线投票。最后，沈键、路棣、颜纯、冯永浩、李孟凡当选为这次讲坛的优秀主讲人，袁向彤老师为五位同学颁赠《石榴花》杂志创刊号一本。

10 月 22 日下午，石榴花大讲堂迎来第 19 讲，艺术学院的王淼老师为我们讲授《漫谈西欧音乐与文化》，黄老师主持，姜娜老师点评。王淼老师多才多艺，毕业于意大利国立威尼斯音乐学院，是世界三大男高音歌唱家之一卡雷拉斯的弟子。她刚开场就唱了一首新疆民歌，高亢悠扬，我一时感慨叹息，牵动了内心深藏的思乡之情，也许正印证了苏轼《前赤壁赋》中的"余音袅袅，不绝如缕，舞幽壑之潜蛟，泣孤舟之嫠妇"。之后王淼老师从文化遗产保护和传承的角度讲述了在西欧各国的旅行见识，分享了她对欧洲城市文化和人

金秋石榴果，落叶满霜天

文风情的精彩解读，并用一段段富有情感的歌声让大家充分领略欧洲古典音乐的变迁和浪漫。我们感受到意大利的迷人风景和艺术气息，亚平宁半岛的海边天际挂满了随风闪烁的浪漫星星。这个音乐之国如在画图中，就像被上帝遗忘的天堂，她孕育出各种音乐天才，如舒伯特、莫扎特等。

王淼老师风趣幽默，落落大方，她在求学经历和读博心得的讲述中介绍了蜚声世界的音乐殿堂，表达对恩师敬业品质的感激与敬佩；回忆出国前后的外语学习经历，启示大家打好理论知识基础，跳出舒适圈，破除语言障碍。姜娜老师归纳出本次报告的三条线索，她结合王淼老师的报告和同学们的提问引导大家思考：在不同文化体系中，面对语言的压力我们应当勇于尝试与实践；音乐艺术与其他学科对学生的人文素养要求是一致的，我们应多多参与到跨学科的交流中去拓宽自己的边界。这次讲堂真是绚丽多姿，有艺术的熏陶、智慧的火花、新奇的想法、思想的碰撞、知识的交流、经验的传授……

10月24日中午，黄老师召开班会，着重提醒大家认真对待28日到31日的师范认证考察工作，鼓励大家齐心协力，积极准备。他说如果这次师范认证通过，每个人都是功臣，也都会从中受益，今后我们考教师资格证就不用那么麻烦了。他说自己这几天也要一直陪着专家，之后他又说不必紧张，相信我们同学们的素质，自然而然最好。事实上，这次师范认证，全校只有汉语言文学专业接受专家考察，好像我们还是全山东第一家接受师范认证的中文专业。所以学院和学校这次也进行了精心筹备，专家进校前几天，学院清除了走廊楼道里的私人桌椅，添置了公共课桌，在大厅设置了展示三笔作品的展台，还对大部分墙面做了精心装饰，凸显出我院的文化气息和师范传统。我们学院的特色在于三个方面：文学创作文脉绵延、国学素养潜细入深、语文教育薪火相传。

10月29日是专家进校听课的第一天，我们在107教室上《古代汉语》课，这节课大家打着十二分的精神，认真地跟老师的思路上课，突然有同学被抽到要去和专家会谈，我们都很紧张，害怕被抽去谈话。我悄悄地对奉泽说："还好没抽到我。"奉泽回我："也没抽到我。"我们笑笑，为自己躲过谈话感到庆幸。其实不是怕被找到谈话，只是觉得责任重大，怕自己这么"傻白甜"，无意说得不到位。第二天，专家旁听《文学概论》课，黄老师和另外一位老师陪着，他们西装革履坐在教室最后，我们小心翼翼地回答问题，上得似乎有点不自然，仿佛过了半个世纪。虽然大家都绷着根弦，但三天的考察转眼也就结束了，我们都在静静地等待着消息传来，起初以为要等很久才能出结果，没想到那天中午我们在宿舍闲聊时，奉泽突然进来说："师范认证过了！""真的吗？""太好了！"据说还是"圆满通过"，随即大家都在朋友圈中转载这个喜讯，文学院上下就像过节一样，沉浸在欢乐之中，在餐厅里吃饭都能听见大家眉飞色舞地议论这个消息。师范认证的成功，一方面证明了我们文学院汉语言文学师范专业的实力和特色，一方面也证明了学院师生上下团结一心、众志成城的力量。

10月29日中午，全班汇聚在107教室开展奖学金评定工作。在班长、团支书、学习委员的组织下，同学们根据大一一年的专业排名和综合测评成绩进行了不记名投票，最终经过班委会的讨论及与班主任的商议，综合各方意见，共选出七位优秀同学：陈奉泽、路棣获得一等奖学金，马鸿岩获得二等奖学金，陈艺、杜志敏获得三等奖学金，赵玉倩、秘若琳获得四等奖学金。这次评选奖学金，基本是由班委组织的，班主任给予班委充分信任，所以有意没有出席。他认为经过一年的磨练和磨合，全班应该形成这样一种"自我启蒙"的状态：班委能够自立，即使班主任不在场，班委也能成为一个坚强的团队主持大局，服务大家，即缺了谁都不会影响这支队伍继续前进；同学们能够相信班委，依赖班委，相信班级的评选工作是完全公正和透明的；班主任转变角色，从管理者变为引导者、陪伴者。

除了奖学金评定，我们班在全国大学生英语竞赛中获奖的同学也陆续拿到了证书：马鸿岩、陈艺、杜志敏获得全国二等奖，吴岐雯、王述巍获得全国三等奖，赵玉倩、赵婉婷获得校级二等奖。功不唐捐，玉汝于成，回顾一年好景，一些同学不忘辛勤浇灌，终于在金秋十月"橙黄橘绿时"等到这一番丰收的喜悦。我也只好将羡慕化作动力，趁着收获的余热继续我脚下的每一步耕耘。

秋风越来越萧瑟了，我俯拾一片杨叶，在秋光中默读着它四季的叶脉，

金秋石榴果，落叶满霜天

85

触摸着它的悄无声息。秋意渐浓，秋风渐紧，捎带着冬天的西风消息。落叶纷纷的日子里，虫子都躲了起来，植物也都闭目养神，似乎一切凋零，但这种衰败肃杀都是假象，它们于不知不觉中积蓄力量，厚积而薄发。想起月初想到的那句"葬落叶"，于是，我将杨叶放置原地，期待它融入大地，化作春泥。

（李玉）

莫道人间秋已尽

即将进入十一月的那天晚上，我潜行在寒意笼罩的天桥上打颤。就在几个小时之后，夜幕拉开、日光一现，一个大二学生就要进入秉笔直书的"史官"角色，除了沧颓的容颜和时常观云望星记录闲情逸致的习惯外，我与那位视角超然的史官也有一点相似了。

只因有些机会一次就用完，经不起糟蹋，于是更觉得这根接力棒分量之重。身边的一位朋友突然问我，如果这一个月内没发生任何重大事情该如何记录？我笑了笑没说别的，心里已经有了答案。班志是心灵志，班史就是心灵史，外在事物意义的大与小因心而定，正如王国维所言"以我观物，故物皆着我之色彩"。今天比昨天多些新的滋长，自己的孤岛上又添些飞鸟的脚印，许多看见的和看不见的都在因你悄然改变，这些已经足够。即便是最隆重的一天也没有事无巨细的意义，即便在最平凡的日子里天边也有美景值得你去关怀。

11月5日下午，石榴花读书堂全体会员在新华书店举行了读书交流会。"小石榴"们被分成了三组，在三张方桌前就话题"苦难的意义"轮流发言，展开思想的交流碰撞，也算为正式的"石榴花读书分享会"来一次预热和演习。书店内温暖的橙光渲染气氛，同学们娓娓而谈，画面已经很接近梦中的理想场景。在暮色苍茫的空闲时刻，冬风瑟瑟的寒气和屋内围炉而坐的暖意撞在一起产生奇妙的化学反应，人人心中都带着几分期许，目光在字里行间反复涵泳，忘却了时间和空间，只记得彼此之间欣然会意而纯粹的笑容。

等回过神来，下一个该轮到我发言，每个人的分享是对别人的启发，更是对自己的梳理。记起高中一位爱读书的朋友向我讲述《钢铁是怎样炼成的》，面露一种仿佛已经跟随主人公历经苦难最终大彻大悟的微妙神情，很让我动容。再结合多年来的阅读体验，从读者的角度来解读它，或许在某种程度上已经与作者达成了无声的共鸣。"诗穷而后工"，在纯粹光明中就像在纯粹黑暗中，其实一样看不清任何东西。只有光明隐藏着黑暗，幸福蕴藏着苦难才能让价值涌现，并能加深对世界认知的全面性，多一些苦难的经历以避免因对苦难无知而伤害身处苦难中的人们。

"你来人间一趟，你要看看太阳。"秋阳是看不够的，纵使春有万般复苏也难掩秋的澄澈。可时间不待人，一年中的四季流变已经进入最末环节，无奈之下劝说自己不必再钟无用之情。立冬时分正是上午，体育课上，太阳出现在久未放晴的空中，光从脸颊倾泻而下，跌落怀中，顿时产生一种秋日短暂回归的错觉。当所有器官充满无限的热情和感受力，举首抬头间好似马上触及那些属于上一季的记忆。念念不忘，必有回响，秋其实一直未散，只是无声地化作脑海中那些美好画面的底色背景，隐隐地令人难以察觉。

还未从王淼老师清亮悠扬的歌声中回过神来，石榴花第二十讲、二十一讲便如约而至，两场讲座仅隔一天，可谓"双喜临门"。11 月 15 日晚，先由北京大学历史学系博士、山东大学历史文化学院孙成旭老师带来一场学术讲座，名为"走向中国的'愉快先生'"。孙博士讲起自己开始从事历史学研究的契机，源于对马德里"311"连环爆炸游行事件的深入思考。他从广场嘈乱的声音中抽离出来，真正听见了内心的呐喊，想要弄清广场每一个声音背后的历史。在这个不寻常的夜晚，一道光隐隐地从窗外照进来，让观风的视野变得更加通透，眼慧者已逐步从支离破碎的现象中看出线索，思考未来的命运安排及个人与世界的关联。

一天后的周日晚上，天公不作美，与讲座同时到来的还有烟台的"冷雨"和"妖风"。半路撑起的伞被大风吹折，无奈收起伞索性冒雨快步赶路。到了新华书店，许多同学早已提前抵达，我便欣慰地对身旁的同伴说："今天大老远跑来听讲座的都是真爱呀！"就在即将入座时，我看到身后的一位学者面容白皙，眉目清秀，举手投足间气质非凡。当他移步到屏幕前面，更加证实了我的猜想，他就是本次的主讲人、加拿大著名学者许南麟教授。在孙成旭老师的即席翻译下，许教授以"在日本的高丽茶碗"为线索，从多个角度讲述了高丽茶碗的前世今生，探寻小物件背后隐藏的东亚文化交流与历史事件，归纳出朝鲜、日本两国对"茶碗"的审美文化差异，引发大家多角度的思考。黄老师和姜老师点评许教授的这次报告实在"迷人"，令人心醉。

茶碗是了解日本文化的重要通道，饮茶室从金阁寺移至草庵这一变化，引发我的好奇，不得不重新看待雅与俗的界定标准。所谓大道至简，境界愈高者往往更加追求朴素的品茶方式。许教授给大家展示了千利休创建的古拙质朴的饮茶室，我眼前便有了画面。寂寞的千利休，是行于风雪中的虔诚香客，为抵达心中最理想的庙宇而艰难地跋涉。古今的"千利休们"是"瀑布的孤魂""一首离群索居的诗"，即使在破旧褪色中也永远光芒不减。他们身负"时代的巨石"，驱散了轻佻与浮夸，填平了无底欲壑，以此唤醒我们对平淡生活的珍惜。

常常在恍然间涌上一份忧伤的清醒：讲座的意义是什么？追问此类问题答案的意义又是什么？一年多大大小小的讲堂填补了不少人"孤陋寡闻"的感官需求，它的审美性和各取所需的开放性当然无可非议；可拾起孤立无援的知识碎片，与以往的和即将获取的知识很少产生有机关联。每个人问一问自己，我们真正想要的是碎片化的谈资，还是一份厚重的平淡？

或许应该试着开启一种视角，用源源汲取的知识编织一根连缀碎片的线，让所听所见、所思所感不再是突如其来孤立的存在。这是一种奇妙的感受，美好的体验，当拥有它时，自己已然踏入更广阔的天地。大浪淘沙，沉者为金，看客越来越少，真正的有缘人却越聚越多。脚下不再空空荡荡，围城不再水泄不通，这或许就是我苦寻答案的意义吧。

临近月末，四级考试等各项繁忙工作接踵而至，作为学习委员，我也继续组织班里的四级模拟考试。11 月 20 日中午，黄老师在老地方——107 教室举行了班会。因为博学深思，他总在讲话的不经意间涌现新想法，萌发新概念给我们惊喜。他针对班级实际情况，提出"对表"和"对标"，劝大家惜时，争取实现今年未完成之愿。"对表"即对照四级考试时间表和年末倒计时表，"对标"即与每学期、每月、每天设立目标对照，与更优秀的人对照，与昨天的自己对照。"路棣宿舍的六位同学就是咱班同学的标兵"，听到他对我们宿舍的表扬，我们几个人低着头互望了下，有些甜滋滋的羞涩。他讲到班级有两个"三体"，其一是他和班委发起创立的三个平台：石榴花读书堂、《石榴花》读书杂志、石榴花团支部，三者相辅相成，共同为大家服务，我认为这是他的"三大发明"；其二是以人为架构，即三个角色的人：个体、班委、班主任，在个体的自律和班委的自觉下，班主任这一角色将渐渐淡出视线。我想起中国申奥代表之一的何振梁，在现场留下的铿锵之音："无论你们做出什么选择，都将被载入史册，但是只有一个决定，将会创造历史。"我们在为世界上第一部"班史"的诞生而垒砖，历史的一隅将由我们建造，这历史虽小，却是值得薪火相继。

十一月末本应寒冷，而这几天却迎来一股暖流。11 月 23 日，"第二届东北亚学术合作国际研讨会"就随着暖流而来。大会以"中韩关系发展现状及展望：山东与朝鲜半岛的交流合作"为主题，从历史、政治、经济、文化等多角度探讨了东亚地区尤其是山东半岛和朝鲜半岛在文明史上的交流互鉴，据说这次东北亚研究请来了许多大牌教授，机会难得。上午，全班同学来到图书馆学术报告厅聆听讲座。韩国统一部前长官李钟奭、延边大学前校长金柄珉、韩国学中央研究院研究处处长韩道铉分别进行大会演讲。

金校长对民族主体性进行了深入探索，令人思考颇深。一直以来都是习惯性地从中国视角出发，对日本侵华战争的认识局限于高中历史课本上短短几行描述。金校长以同处东亚地域的异邦人身份看待侵华历史，一下子拓宽了我们的问题视野。当时韩国沦为日本殖民地，申圭植、申采浩等一批流亡中国的爱国志士创办杂志，参与中国革命，中韩两国逐渐形成命运共同体。韩国流亡志士在构建以本民族主体性为内涵的知识话语的同时，其主体性内涵不断扩展，发展为双重主体性，后扩展至整个东亚，探索多重主体性，这是共同抗日的前提。民族主体性始终处于奠基地位，是形成双重或多重主体性的基础。不难想到此观点对个人同样适用。我们首先需要建构个人主体性，在这个过程中不断丰富自我，打好基础，之后便会与其他同样优秀的个体形成关系，扩展为多重主体性。在与他者相处时，他者就是一面镜子，认清别人为的是更好地看清自己的优劣之处。由自我到他者再回归自我，这是一个不断塑造和升华的过程，值得我们关注。

下午的圆桌讨论就更精彩了。冷雨如寒烟，我们宿舍几个人作为黄老师安排的机动志愿者，携行至乳子湖畔的学术中心，帮着研究生师姐摆了茶歇点心。圆桌讨论共分三个厅同时进行，我们进入笃行厅，会议由文学院秦跃宇老师主持。来自本校和外校共六位专家老师轮流分享了研究成果，从取题可见成果内容十分丰富，有中日韩三国的社会经济发展与人口老龄化的对比研究、五代双冀创立高丽科举与朝鲜"小中华"思想的根基、韩国犯罪电影中的中国朝鲜族形象等等。

一次好的聆听应当从所讲内容出发，触发持久、有效的思考，进而产生探索的兴趣。林春田老师以韩国东国寺和烟台朝阳街举例，揭开景观化背后的殖民记忆，给予我巨大的惊喜。记得卡尔维诺曾在《看不见的城市》里写到："区分城市为两类：一类是经历岁月沧桑，而继续让欲望决定自己形态的城市；另一类是要么被欲望抹杀掉，要么将欲望抹杀掉的城市。"历史上的烟台朝阳街是洋人生活区，它见证了光荣与耻辱，繁华与衰落。可如今朝阳街历史的张力和内在丰富性被破灭，遗迹活化成一种城市美容术，成为以历史为名向闲逛者炫耀资本的功绩，灵魂既失所又失语，唯有身体和欲望在这片精心装扮的历史废墟上狂欢，让人叹惋。林老师以我曾未听闻的概念——"异托邦"来揭露这种现象。异托邦似闹铃一般将观赏者从乌托邦的迷梦中叫醒，返回到混乱无序的世界。韩国东国寺院内和平少女像就用扰乱人心的物件提示游览者逃离表面的虚假，不断返回历史与现实。短短十几分钟的讲说充满了理趣，其中暗含了一条隐线：认识历史是为了更好地服务于现实，启示所有人反思面对景观时应当持有的国民心态。

会议在淅沥沥的暮山冬雨中结束了，不少同学回到宿舍后回味着一整天韩语和汉语随时切换的会议氛围，而另一些同学此时已在蓬莱国际机场准备起飞。班里的陈奉泽、于洁、滕子涵报名参加了烟台民航的免费"体验飞"活动，三人一起在夜色中飞往冰城哈尔滨。后来奉泽回忆说："因为没机会出远门，我们都是第一次坐飞机，刚起飞的时候还有点紧张，坐在窗边的同学兴奋地往外看。看到空姐端庄的仪态，会想起国庆期间看《中国机长》的情景。到达哈尔滨已经晚上十一点多了，民航为我们在机场附近安排了宾馆，十分钟的车程，我们从房间里就可以看到机场的全貌。第二天的哈尔滨特别冷，却晴空万里，飞机起飞之后可以俯瞰大地结冰的河流，渐渐地可以看到云层，太阳出来后，阳光散落在机翼上，同学们纷纷拍照记录下这一刻的美景。十点半左右，我们到达蓬莱国际机场，才发现烟台仍然濛濛细雨。短暂的飞行，感觉像做了场梦。"

　　大学四年里，黄老师承诺要与每位同学谈话，并请每位同学吃饭。11月26日中午，黄老师邀请我们宿舍六人和大三的刘英琪学姐去南招聚餐。每次在有我和黄老师的饭桌上总会添些新的面孔，增些新的美味，讲些新的故事。英琪姐开朗地打开话匣子，引得我们回忆高中往事；黄老师讲起和几位同窗好友年轻时的趣事，引来大家阵阵欢笑；询问并细心聆听着我们今后的的考研方向。初冬的暖阳透过窗钻入房间，映上他的侧脸，似一层温柔的纱。阳光带入一抹明媚的忧伤，似乎一切可以归结为"缘"的东西总是美好地不太真切，像指尖流沙易聚更易散，让人一眼望穿离别之景。初听不识曲中意，再听已是曲中人。二十岁的我们面颊浮上微醺的笑意，沉浸在彼此的绵绵细语里；三十岁的我们各奔东西，飘向远方，日后是否也会为自己的学生讲起，并像他一样回忆类似的往事，成为对方故事里的主人公？

　　大二课业虽繁忙，但细细听来也充满了趣味。外国文学课讲到《哈姆雷特》，其中的精华完全浓缩在那一句"to be or not to be"，这句话可以译作"做或者不做""生存还是毁灭"。今后很少再有对与错的区分，有的只是选择罢了。自石榴花小讲坛之后，越来越多的同学参与了古代汉语的课堂展示。二班的一位同学分享了她去北京的游学经历，令我钦羡不已。照片上是繁华中的古老建筑，是图书馆内浓郁的学习氛围。记得《北大师说》里有位教授让人印象深刻，他讲到一个很新鲜的概念——心灵的自然生态。我们人格的塑造是由内在心灵的生态所养成的。所读所写，所思所念，所期所盼，像阳光、雨水般一点一滴地滋养着它。他期望同学们把人格的养成就放在每天的读书、写作、交朋友、社会实践当中去，构筑自己心灵的生态，让心灵变得更开阔，去理解大千世界的秘密。或许在这实现过后，我就能真正体会到"已识乾坤大，犹怜草木青"的含义，明白了世界之庞大与复杂，却仍然不抛弃对细微之处的天然喜欢。

十一月之歌曲终奏雅，石榴花读书堂社团成立大会的举行终于能让我安心地在结尾处画上圆满的休止符。本月最后一天，文学院206会议室喜气洋洋，文学院领导、各文科学院相关老师、校内各文学类及读书类社团代表、社会相关机构负责人、石榴花读书堂会员共计50余人前来参加成立大会。在一周之前，黄老师、姜老师就带领几位同学开始筹备大会议程。我作为大会主持人，早早地拟写好主持稿，仔细推敲每一处细节。周六上午进行了彩排，"小石榴"们来到会议室布置场地，搬桌子、吹气球、调设备，协作之中见真情。

下午两点半大会正式开始。会议分为三个部分——石榴花读书堂成立仪式、《石榴花》杂志创刊仪式、第一届书评大赛颁奖仪式，共二十五项议程。首先投票选出了社团理事会成员、会长、副会长及各部门负责人，全体会员投票审议并通过《石榴花读书堂社团章程》，标志着石榴花读书堂社团正式成立。黄老师说这次全校共有14个文学类及读书类社团聚集一堂，堪称鲁大的"文林大会"，标志着鲁大师生阅读共同体初步形成。而后的创刊仪式上，老师们发言致辞，表达了对社团的感谢，期望大家多读书、勤练笔，姜娜老师冀望大家成为具有自由之思想、独立之灵魂的"石榴花人"。胡院长温暖恳切，彪叔真率可爱，赵老师严谨思辨……我站在一侧，望着每一位发言者激动地来去，用心听着他们的心里话，频频共鸣，回忆起一年来筚路蓝缕的创立过程，目中已有些泪光。

大会的最后环节是第一届石榴花书评大赛颁奖仪式，一批以书为友、好学深思的同学拿到了证书和奖品，随后一等奖获得者周鑫同学发表了获奖感言。很快，我的目光定格在提词卡最后一页的最后一行："我宣布，石榴花读书堂社团成立大会取得圆满成功！请全体与会人员到文学院大楼前合影留念。"台下掌声雷动，今日的结束不是结局，它意味着全新的开始，我们的未来与石榴花读书堂的明天定将紧系。"这一切有一天都会变成故事，我们的合影会变成老照片。但是现在，这个时刻正在发生着，而我就在这里。"会后，我在朋友圈写下这样一段话，以此纪念合照的瞬间，纪念灿烂的笑容，纪念无悔的选择，纪念年轻的我们。

一叶秋深渐入冬。在枕头和被子间，留出来一道容冬的尾巴钻进来的缝，愈感寒意渐深。"冷艳孤光照眼明，只欠些儿雪。"这些天窗外都如同即将降雪，仿若儿时每一个兜着降雪谎言的清晨，让人醒来后望着晦暗的天色怅然若失。昼短苦夜长，何不秉烛书中游？班内订的《读书》《南方周末》《中华读书报》等杂志已陆续送到各个宿舍，睡前怀一颗"闲心"依偎床头暖气，在文字里不断找寻陌生的自己，思绪和屋内的尘粒一同沉淀，融入夜色。偶尔抬头望向窗外，在临近岁末的这段时间或张望来年，或忙碌奔波，或安静独处，都有一种令人满怀期待的喜悦。偶尔整理备忘录，里面积攒了太多一瞬之思无处消解，继而沉甸甸地凝滞在我的行囊当中，时间一久便成了一笔古旧的宝藏。突然翻到半年前的一句有感而发的话："愿永不丧失对某些精神价值的信仰，愿能一直思考世间的声色犬马及生而为人的迷惘与意义。"愿我能一直铭记，以此自勉。

即将迈上二十一世纪第二个十年的坐标刻线，望着大学的指针又将摆过一秋一冬，时针走动的声音变得越发清晰。"在世间所有虚妄的追求都过去以后，文学依旧是一片灵魂的净土。"抓住乘兴夜思、无暇旁顾的奢侈时光，或心领神会一幅画境，一幕戏景，或在一番孤韵独赏的小天地中悠游自在，都是不可多得的事。在此，作《十七行诗》为此篇模糊结尾，为下一个刻度的故事埋下伏笔，给未来的我们留下永不褪色的期待：

将醒未醒的刹那间

闲敲笔杆，灯花绽落

暮光的笔触勾勒着

斑驳零落，影影绰绰

揉进薄雾和树木的呼吸

吟无用之诗，醉无用之酒

走无用之路，观无用之云

丰富的安静填满昨之遗憾

看不见色彩的人，嘲谑挥笔的人疯了

是开怀的放肆，还是放肆的开怀

焚诗取暖的火炉

残留灰烬深处的余温

深藏眸中的冰冻

融化后依旧晴暖如春

捱过万千声浪的笔杆

割舍那道最浓烈的色彩

为第一片雪花留白

（路棣）

莫道人间秋已尽

冬雪有梦初长成

从前，没有文字、声音或是其它形式的记录，让我们与时光的每一次遇见都有些仓促和苍白，擦肩而过之后并未留下多少痕迹与回忆，一切也都成了捞不起来的清波幻影。而现在，我们用"班志"记录清浅流年，与时光一起，编写一部属于我们的"青春之书"，待到三年后、十年后、二十年后……蓦然回首，惊喜地发现我们随时可以拥抱似水年华，青春仍在，记忆未淡。

在这部"青春之书"中，我负责书写的是 2019 年 12 月。"仓颉的灵感不灭，美丽的中文不老"，我想我是幸运的，可以用永不断流的汉字记录 21 世纪前 10 年的最后一个月，见证 20 年代的到来。若这部"青春之书"穿越时光，无论回到古代还是跃至未来，人们应该都看得懂，想象出这是一个怎样的时代和一群怎样的学子。

12 月 1 日下午，108 教室漆黑一片，窗帘将我们与外界隔开。一个屏幕，两位老师，九位来自三个不同班级的同学共同观看了《我的父亲母亲》这部电影。《我的父亲母亲》是张艺谋执导，章子怡、郑昊、孙红雷主演的一部老电影。观看过程中整个教室都很安静，只有影片中的音乐和对白在这偌大的教室里飘荡。影片结束，黄老师重新打开教室的灯，但我们的心还在电影中不能自拔，泪流满面。黄老师并未让大家立即分享感受，而是轻轻地说了一句："大家先缓一缓，平复一下。"我第一次体会到电影还可以这样看。从前，我们很多人只是将目光聚集在一部作品的表面，寻求一种观影快感，却很少思考每一个镜头设置和细节安排的用意，这样想来，过去的我们又错过了多少次成长的机会。我们宿舍六个人和滕子涵以及闫晓涵、刘英琪两位师姐争相分享这部电影带来的触动，越说越激动，仿佛从来没看过电影似的，因为这是一种新的观影体验和心灵对话。

姜娜老师从更专业的角度解读了这部电影，她说明了电影创作和文学写作之间的相通之处。我总感觉"跨学科"教育是我们的幸运，终于领悟到黄老师和姜老师倡导的"打开一扇窗，照进一道光"的石榴花精神，不仅体现在阅读、写作、评论上，其实也可以扩展到许多日常生活的观察上。最后，黄老师笑着说："我们第一期石榴花观影会圆满成功。"

这不是一次简单的观影，这句话也不是一句简单的总结语，它证明了我们最初的想法不只是一个梦，那一树的榴花已经绽放，而且今天之后的她又有了更加绚丽的色彩。这是新的栏目，是新的"花骨朵"，不久后，属于"石榴花"的芳香将飘向远方，飘进更多人的心中。这是充满思考和希望的一天。

凛冬已至，虽然天寒，人心却暖。12月1日，在由翰墨缘书法协会和鲁东大学青年志愿者协会合作举办的"善行100"募捐活动中，我校学子为山区孩子募集善款，我班王述巍、吴岐雯同学作为翰墨缘书法协会的主要负责人组织此次募捐活动，阴冷的一天因为她们为他人奔走的身影而变得温暖。这是充满爱与善的一天。

当夜，当来自远方的风停下脚步来，缓一缓一路奔波的疲倦，当空中的落叶也不再飞舞，文学院的演播厅正举办"鲁东大学文学院国学社五周年庆"。国学社让我们学院的文化底蕴更加深厚，她与其他社团为我们这些学子浇灌出这片沃土，让我们茁壮成长。黄老师有次说，国学社的创始人董津如是跟着他写毕业论文的学生，人虽然毕业了，却留下了绵延至今的国学社。值得骄傲的是，我们班的陈家轶同学已留任国学社，并在五周年庆晚会上出演了"汉服走秀"这一节目。她们的每一个动作都能把我们带回千年之前。这是充满奇遇与美好的一天。

今年的雪，比往年来得都晚些。十二月的第二天，她轻轻地来了，没有鹅毛压枝，却胜似飞花，她在朝阳里绽放，为大地披上白裳。寂静时无声，铅华已洗尽，鲁大因雪而灵动，雪，惊艳了时光，留住了岁月。今年的冬雪让班里的同学都想到了去年冬天的"扫雪大战"，相比之下，今年的雪温柔得有点"不像话"。尽管去年的她对我们很"残忍"，但当她今年来到我们身边时，我们还是愿意为她停住脚步，听雪落下的声音。后来在学长学姐们考研初试的前两天，又有一场雪来到我们身边。她依旧是温柔宁静的，她来这一遭的目的好像是让考研的学长学姐们静下心来，为他们加油打气。或许是因为大家都在抱怨今年的"雪姑娘"，怪她不够"慷慨"。终于，十二月末尾，一场大雪纷纷而至，也算是为 2019 年画上了一个圆满的句号。

12 月 8 日，著名人类学家罗红光教授受鲁东大学东北亚研究院邀请，与夫人蒋岩研究员一起莅临我院，参加"罗红光教授赠书仪式"。虽然这天下午有些阴沉，但因为罗红光教授和蒋岩研究员的到来，每个人的心都暖了起来。罗教授穿着传统朴素的唐装，系着一条鲜红的围巾，一头白发更突出了他的智者光芒。姜娜老师主持赠书仪式，说起罗教授将毕生藏书捐献给研究院的来龙去脉，一度哽咽。崔新广书记、朴银姬老师致谢后，罗教授致辞。

赠书仪式结束，石榴花大讲堂第 22 讲即刻开启，简直无缝衔接，罗红光教授和蒋岩研究员对谈"快乐地做学问"。这次讲座是所有的石榴花讲堂中最特别的，恐怕在国内也少见，不仅因为两位对谈的老师分别是著名的人类学家和艾滋病防治权威，一文一理，还因为他们是一对恩爱幸福的伉俪。黄老师感叹："总有一种情怀，让我们泪流满面；总有一种陪伴，让我们感慨万千。"在他俩心中，这不过是两人最平常的一场对话，就像在家聊天一样，但在我们这些倾听者眼中，却是一次跨学科、直击心灵的思想交流与碰撞。这场讲座的信息量很大，两位老师讲到了"问题意识""跨学科""生活与学术""他者观""自我的他性""艾滋病防治""校园安全"等问题，不管是哪一个问题，也不论是谁提出的，他们二人都能将自己的看法娓娓道来。两位老师之间完美默契的互动让每一位到场者都不舍得将自己的目光和心放到讲座之外的事情上。讲座结束后，许多老师、研究生师姐和同学们竞相提问，足见两位老师带给大家的震撼。

罗老师和蒋老师给了我们一个契机，让我们学会了看待自己和他人的方式，懂得了将自己与他人、自己与社会联系起来的重要性。他们虽有不同的学习经历和工作方向，但他们相互影响、相互促进。讲座前我看了有关罗老师的一些资料，罗红光教授曾经发表过一篇题为"公共卫生系统的社会化建设——从社会科学角度考虑谈综合干预和预防艾滋病传播"的论文，罗老师的社会学研究与蒋老师的艾滋病 HIV 病毒免疫学研究完美地结合在一起，这正是"跨学科"思维迸发出的力量，也正是"石榴花读书堂"一直以来对"扩大跨学科视野，实现不同学院优势学科的交流和融合"理念的坚持。黄老师在点评时说道："两位老师的对谈将我们石榴花的跨学科、跨文化的特色发挥到极致，他们启发我们对待自己和世界，应该引入一种'时间维度'，希望各位同学能久久凝视，渐渐体悟。"从 2018 年 9 月 20 日由黄老师主讲的"石榴花大讲堂"第 1 讲，再到 2019 年 12 月 8 日由罗红光教授和蒋岩研究员主讲的"石榴花大讲堂"第 22 讲，老师初心中的那一个"梦"已然绚丽绽放，还有什么比梦想成真更值得开心的？

听一场讲座的体验应该是怎样的？黄老师在总结这场讲座时给出了答案：痛苦。看到这两个字同学们或许会想，既然这样，那我们为什么要去听讲座？为什么要让自己痛苦？但听讲座后的那种痛苦或许就是我们成长的一个契机。感到痛苦，是因为我们意识到他人勇敢的心灵、崇高的境界与当下我们的苟且懒散形成鲜明对比，这是一个反思自我的过程。反思过后我们才能知道下一个脚印应该朝向何方，又该落在何处。也许这就是黄老师不断提醒我们反思"什么才是真正的快乐"的原因，首先我们要感觉到痛苦，才有可能追寻真正的快乐。痛苦过后、努力过后将会是更加通透、明朗的人生。我不敢说自己已经完全找到了自己，但我可以很肯定地说，石榴花大讲堂是一个让我不断看清自己的地方。所以，我很幸运，幸运地遇见了"石榴花"，幸运地与"她"一起成长。每一次讲座中，教授、专家们都是在讲自己的经历和感悟，这些独属于他们自己的回忆，对于这些，我们不是亲睹者，更不是亲历者，那坐在台下的我们是在做什么？其实，很多时候，我们都是在"照镜子"。通过"他者"这面镜子来观照自我，认清自我，找到真正的自我、真正的快乐。

这已是我在烟台度过的第二个十二月。较之去年，我内心似乎是少了一份浮躁，多了一些安宁。或许能用"习惯"二字来解释，习惯了在他乡独立生活，习惯了大学的学业课程……但我认为，用罗老师讲到的"找到真正的自己"能够更好地阐释这一变化。从最初进入大学时的茫然无措，到现在对自己的未来有了初步的规划，这总算是能给自己一丝安慰。但"安宁"之外，内心仍有很多矛盾。是理想和现实之间的冲突，是自己的自制力和执行力仍达不到想要的那种状态……这些矛盾似乎是一层雾，当我们想将自己的未来看得更加清晰时，它总是阻碍着我们。写到这，我更加期待寒假里即将要写的"2019 年度总结报告"，那是一个分析自我、找到自我、塑造自我的小天地，希望在那里自己的矛盾可以得到一些疏解。在前进道路上，怀揣对理想的信念，多些努力，那层雾终将会散去，我们与"未来规划书"下的自己也终会相遇。

这个学期，备受重视的当属全国大学生英语四级考试了。为了四级，我们班级共组织了六次四级模拟考试，考试前的一个周，班主任黄老师还在107 教室为我们全班同学召开了英语四级考试动员班会。终于，在 12 月 14 日这一天，真正的英语四级考试来到了我们的身边。那一天有些阴冷，同学们脚步匆匆，却不忘和身边的同学一起"卜一卦"。我们讨论着今年的作文和翻译会考什么题，是垃圾分类，是传统文化？不知不觉中我们已走到考场，搓搓早已被冻得冰冷的双手，相互说了一声"加油"后各自走进了考场。时间过得很快，短短两个多小时就将我们那么多天的努力烙在了那份试卷上。今年的四级题目中让我们费尽脑细胞的应该就是翻译题了。大家在考试后晒出了自己的"大作"。就拿翻译题中"四世同堂"这个词来说吧，大家绞尽脑汁，很多同学就像是将自己脑中所有的有关亲属称谓的英语单词全都写了上去，好不容易将这"四世"的人给凑齐了，大家的答案绝对会让改卷老师乐上几天了。

或许是因为十二月是一年中最后出场的那个月，它比其它的月份有更多的准备时间，所以它以一场绝美的压轴表演摘得"2019 年度月份"的桂冠。在这场压轴表演中有一个美丽的巧合。我们幸运地经历了这场美妙的遇见。四级考试后的晚上，烟台夜晚的天空中有双子座流星雨划过。翻一翻之前的班志，还记得吗？恰巧在去年的十二月，四级考试前一天晚上的流星雨也惊艳了我们的世界。《心愿便利贴》提到"等不到双子座流星雨洒满天际"，而我们等到了。流星雨的出现或许是因为十二月想以最美的姿态为2019年收尾，但我认为，这场流星雨更是在提醒我们，去年那场流星雨中我们许下的愿望实现了多少？2019年即将结束，新的一年里的目标你是否已经定下？

十二月的课堂有点不一样，这个月里，我们不只是一位聆听者，还是一位主讲人。十二月的古代汉语课总共有四节，每一节课的讲台上都有我们班的同学向大家分享自己眼里的世界。奉泽讲了与"人"这个字相关的甲骨文，李玉介绍了清代的服饰文化，我讲的是与中国古代乐器相关的甲骨文和文物，志敏介绍的是古人的过冬方式，家轶为我们介绍了青州博物馆。从选择报告的主题到找素材，再到做出PPT，最后再根据老师的建议更改、定稿，这是一个说长也长、说短也短的过程。短，是时间短，在讲台上只讲不到二十分钟的时间；长，是说因为这个报告，我们在成长之路上走得更长更坚定了。幸运的是，我有贴心又优秀的同学们，尤其是我的舍友们，是她们陪着我一遍遍做调整，是她们给了我宝贵的意见。更幸运的是有詹今慧老师这样贴心、耐心的老师，报告前一晚已经快十一点的时候詹老师还在帮我找图片。那个时候我在想，良师益友皆备，这是我们的幸运，而要想守住这份幸运，我们自己也要变得更加优秀，一起同行。五位同学，每一个人都有自己的主题，每一个人都有自己的体悟，每个人都有属于自己的回忆，但我们有一个共同的名字，那就是"石榴花"，我们都是汉文本1801班这棵石榴树上的一朵小花。我们所做的虽然只是一个简短的报告，但当我们决定报名时，就已经证明我们主动选择跳出自己的"舒适圈"，实现了从"我本不敢"到"我定能行"的转变。所以，很多时候我们都可以把自己当成一位"大冒险家"，去探寻一份奇遇，收获更丰富的人生。

"天时人事日相催，冬至阳生春又来。"12月22日，又是一年冬至。这天，南方人多是吃汤圆，而我们北方人多习惯吃饺子。早在几天前，我和我的舍友们就商量好要在冬至这一天吃饺子。后来我们把这个约定戏称为"寻饺历险记"，且听我将这其中的"险"一一道来。我们行走在冷冽的寒风中，找

冬雪有梦初长成

了一家又一家小店，却都被其他前来"寻饺"的人们堵在了门外。我们几个人站在天桥下，左看看，右找找。本以为与饺子"无缘"了，可就在这一刻我们突然想起来南招这个"宝藏"餐厅，便快马加鞭赶向南招，还好饺子在那儿乖乖地等着我们。其实，一家又一家地找，找的并不仅仅是饺子，更是一份情感。饺子包住的是满满的思乡情，满满的团圆意。

临近十二月末，在12月26日这一天，独属于我们汉文本1801班的"十二月关键词"新鲜出炉了。我们以宿舍为单位选出一个能总结大家的十二月的关键词，这是我在吃饭时的一个突发奇想，或许这能让大家在忙碌中给自己留一个放空和回忆思考的小空间，想一想自己的初心和计划，从而让我们每一个人的逐梦步伐更加坚定。整整31天的经历，接近一个周的回顾与思考，我们选出了"惊喜""头秃""迟到""暖阳/暖冬""新生""安宁""忧·闲"作为十二月的关键词。十二月，是一个"大考小考来聚会"的月份，我们难免会有些忧虑的情绪，在整日的复习中，"头秃"成了我们不想拥有却又无法躲避的"期末标志"。十二月，是一个喧嚣渐停的月份，很多课都结课了，我们也可以"闲"下来，过属于自己的时光，享受内心中的那一份安宁。十二月的末尾，一场大雪并不能将前些日子里的暖意抹杀掉，今年的十二月也称得上是一个难得的暖冬了。先有暖阳，再来一场大雪，这个十二月够"惊喜"，带着这份惊喜，带着对未来的期许去迎接2020年的到来，迎接"新生"的到来。

十二月以期末考试的开始而结束。十二月的自习室里总有我们班同学的身影，经过一段时间的复习，相信大家已是信心满满，只要在考试中冷静从容、认真仔细地答题，定能取得一个好成绩。

十二月的最后一个下午，我走在校园中，看西边的夕阳将一天的忙碌燃尽，又将自己的光辉慢慢收回，白昼在转身的那一刻流下了一滴透红的"告别之泪"。此刻，我站在昼与夜的边缘，站在2019年与2020年的边缘，站在20世纪10年代与20年代的边缘。此刻，我将结束对汉文本1801班的十二月的记录，即将放下那支写满我们的青春的笔。时光易逝，但我们很幸运，因为我们有"班志"。我们选择用笔尖来描摹我们走过的路，用笔尖来倾诉内心的跌宕起伏，用笔尖来记住每一次凝眸，每一缕记忆。将过去写下来，只是选择了"写"这种形式，而在写下内容的过程是一种凝视，对自己、对他者、对过去的凝视，更要在凝视之后形成对未来的展望。不要只顾匆匆前行，而忘了停下来去凝视这个世界，"凝视"应是我们每天生活的姿态。

嘉平月的记录已经完结，但汉文本1801班的故事永不落幕。夜晚，掬一捧似水月色，与身边的朋友互道一声"新年好"，静静听着习主席的新年贺词："让我们只争朝夕，不负韶华，共同迎接2020年的到来。"

（马鸿岩）

冬雪有梦初长成

仰望最亮星火，穿越生命之河

2020 年承前启后，结束了上一个十年，开启了一个崭新的 20 年代。胖胖的猪走了，可爱的鼠轻轻地来。突然想起一句话："银河系第三旋臂边缘，一颗蓝色行星上，碳基生物正在庆祝他们所在的行星又在该恒星系里完成了一次公转。"2020 年的开场，过得并不平静，我一一细数从元旦到春节的琐事：期末考试的紧张，新春过年的喜庆，疫情冲击的忧虑……不论好坏，它们不约而同构成一个红色的网状格，撰写着新年华章。

今年元旦没赶上周末，正是周三，但马上就期末考试了，我们不得不埋头苦战，放弃跨年。课停了，考试周安排得密密麻麻，有甚者一天考两门，此刻的我们直接按下加速键，忙着复习和背书。和以往一样，我和舍友制定了去图书馆学习的计划。遥想上个考试周正是炎炎夏日，我们还是系楼那批拿着小马扎、摆着复习资料、配上冰奶茶的复习者之一。但如今学院规定，不能在走廊里安营扎寨，以免影响环境的整洁。于是我们决定转战图书馆。一进图书馆，等电梯的人一直排到楼梯口外面。这年头，别说在图书馆找座了，电梯都人满为患。不过无所谓，"闭门即是深山，读书随处净土"，即便图书馆一个空位没有，我们也能在大厅里背得津津有味。

2020 年的第一场雪，比以往时候来得更晚一些。1 月 7 日那天中午下起了这个冬天最大的一场雪，但似乎没有去年那么狂烈，实在对不起烟台这个"雪窝"的称呼。看着今年的大一同学只扫了两次小雪，我们都为他们感到遗憾，有点怀念去年那种天黑黑踏着冰雪连铲加扫的感觉，即使又困又冻，内心却有点兴冲冲，当时面对雪花不断飘下又无能为力，想努力铲除冰却又被层层覆盖。我想，这种感觉确是记忆里罕有的，它让烟台在我们心里留下足迹，让雪花在头发上停留几许，让凌晨五点的路灯笼罩雪地，前面还有几声严冬里的鸣啼。

这次的雪，从中午到晚上，纷纷扬扬下个不停，我坐在大厅里背书，眼看着门口的雨伞堆了一地。图书馆的人仍然很多，背书之声沸沸扬扬，水果摊旁的斜坡上也有人打着滑经过。晚上回宿舍的路上，雪停了，风把地上软绵绵的积雪吹起，打在我们脸上，冰冷生疼，但我还是忍不住找了个没人踩过的地方，深深地留下自己的脚印，正像在某个角落偷偷留下自己的痕迹，雪化了，便无人知晓。

1月8日，我们突然收到通知，寒假留校同学要住在南一宿舍楼。班里的39个女生都很慌乱，又要复习期末考试，又要抽空收拾东西，自己的床铺怎么办？桌子上零零散散的东西怎么办？虽说贵重东西不是很多，我们还是会怕不认识的人乱用。于是，这个宿舍打电话，那个宿舍搬箱子，呼啦啦地开始了不得已的"宿舍大整改"。忙活半天，留校同学转住南二宿舍楼的消息又传来，我们尖叫迭迭，欢呼声在本就空荡荡的宿舍楼里此起彼伏。

考试周一直持续到1月10日，我们一边背书，一边考试，一边心慌意乱地讨论答案，一边在朋友圈或QQ空间转发高分必过的说说。开考前传试卷时的眼神交流心照不宣地掩饰住内心的兵荒马乱，试卷翻动的呼啦声也随时间逐渐消停。图书馆的人越来越少了，晚上门卫大爷关门的时间越来越早了，而我们专业的同学们依然奋战在前线，备考最后一门古代文学课。考试结束之日，便是我们回家之时。班主任推荐了大二之冬的阅读书目，布置了每人写一篇年终总结和读书报告的任务，预祝大家新年快乐。他还专门应孙玥璠、路棣同学的要求，制作了她们感兴趣的语文教学、文艺学的阅读书目，并分享给全班同学，并说如果我们对任何领域感兴趣，都可以告诉他，他会专门为我们撰写一个书单。

1月10日下午，每个宿舍都忙着收阳台上的衣服，整理回家的行李，我们细心地在衣橱、鞋柜、床边放上除湿袋和樟脑球。1月11日早上，我拖着

仰望最亮星火，穿越生命之河

105

行李箱，与春节返乡的人们一起涌入"春运"大潮中。今年是动车电子客票实施的第一年，不需要取纸质票，直接刷身份证即可，但我们买的是学生票，需要优惠资质认证，所以还是取了纸质车票。从大一起，我就开始保留所有车票，到现在已经十几张了，它们承载着旅途的重量，描绘着时光的轨迹。

火车站还是一如既往地人多，我和朋友一起打车到火车站，她的行李箱比较大，上楼梯时有点吃力。一个农民工打扮的叔叔见状一把提起她的箱子，"噔噔噔"上了楼梯，然后摆摆手，拖着他的破旧大箱子匆匆走了。那天火车站的海风吹得很冷，他却给我们带来了温暖。我幸运地买到了"复兴号"的高铁票，内部环境比普通动车要好一些。我拿出U形枕，打算一觉睡到家，却无意中发现窗外喷薄的日出，赶忙用手机记录下这个画面，给它命名为"希望"。慢慢阖上眼睛，期待在这朝阳的沐浴下，我能洗去一身的疲惫。我睡一会儿醒一会儿，车厢里有小孩啼哭声，有浓浓乡音的打电话声、聊天声，有放行李的吭吭声，嘈嘈切切一股脑灌入耳朵。我没有因为被吵醒而烦躁，反倒觉得一片热闹祥和，春节火红的气氛蒸蒸燃起，回家的欲望也格外强烈。中午我便踏上了阔别已久的故土，表哥来车站接我，我们一起回家吃了顿热饭。很多同学还在路上，有的没抢上火车票而坐了客车，有的没抢上飞机票而坐了火车，路途遥远，行程缓慢。而烟台在这天晚上又下了一场雪，我想这雪是想送我们这些远离家乡读书的孩子归家一程吧，"他的路在西风的袍袖中，在夕阳的咽喉里"。

1月15日，石榴花读书堂第二届书评大赛开启。1月19日，婉婷在班级群里公布了我们班这个学期的大事记，即大二上学期的"学记"。我仔细看了看，这么短的时间，也发生了蛮多的事，也正是班级的这些事点缀了我们的生活，为平淡的日子增添了几许彩色。

回家休息了两三天，我便开始了这个假期最重要的环节——学车。从大一寒假开始学车，科目二、科目三都学了，但一直以来被考生视为最难考过的科目二我也不例外地挂了，正所谓"有一种难过，叫科目二"。每一个倒车时单手打方向盘的司机都不会忘记，那个在考场里一次又一次听到考试不合格后崩溃的自己。于是这个假期我重整旗鼓，打算一鼓作气拿下驾驶证。

连着五天，每天都往返在学车的路上，脚由于控制离合器的缘故会经常发抖，大腿肌肉紧绷到酸痛。教练重复一遍又一遍的扣分项目，各种奇葩考生也被频频提及。就算成功走完了五项，但是只要还没下车，你就永远不知道自己会挂在哪个地方。教练讲到去年一名考生在考完科目二最后一项时过于兴奋，还没等机器提醒"考试通过"就提前为自己鼓了鼓掌。这一鼓不要紧，被坐在监控室里的监考老师发现，判定为"驾驶过程中双手脱离方向盘"而不合格，令人哭笑不得。

1月20日，是我考科目二的日子。预约的是下午场，我中午便早早来到考场外候着，为的是能早点考试。没想到我阴差阳错地排了科目三的队，导致我赶上科目二考试时需要等二百个人。新政策又规定不能带手机，我两手空空，心里忐忑，一直注视着大屏幕，也看着来来往往的考完试的人们。大部分都是大学生，有的眉飞色舞，一看就是顺利通过，有的满脸都写着"挂"字，沮丧至极。快到我时，候考厅只剩十来个人，我坐在座位上，心跳突然加快，甚至在扶手上能感受到自己"咚咚"的心跳。四点半的时候大屏幕出现了我的名字，我飞快地跑进考场，突然走到室外，冷风吹得一阵寒颤。我紧张地上了19号考试车，刷脸打火，考试开始。由于上次考试挂在了陡坡上，这次倒完库上陡坡时格外战战兢兢，连眼皮都在抖动。我边开车边叨叨着需要注意的点，像极了啰啰嗦嗦的老太婆。所幸这些努力都没有白费，在听到"祝贺您，考试成功"时，瞬间觉得今天下午的夕阳如此美好，风也似乎变得温柔了，一抹笑不由地在脸上晕开。

在我学车时，班上有些同学选择通过旅游开启新的一年。秘若琳同学去了西安，游览了庞大而震撼的兵马俑，爬上了沧桑厚重的城墙，参观了陕西历史博物馆，还赶上西安灯会前的试灯环节，她形容道："灯一下子全亮了，我知道那都是人造的，没什么重要意义，但在那一刻，光线交织在我的面前，我俯瞰城楼南门前那一条街，心里是无法抑制的兴奋。"李龙飞同学去长沙参观了湖南大学和湖南省博物馆，看了岳麓山和橘子洲头，听了流浪歌手哀愁沙哑的歌声。

这时候，我们不知道，这是我们大学期间最后一次说走就走的旅行了。

这时候，我们不知道，自由自在的大学青春即将一去不复返了。

1月17日小年那天是我们这边年前最后一个大集。上次赶集已经不记得是什么时候了，但放眼望去人挤人、车挤车的景象与童年时别无二致。我和妈妈上午九点多出门，正赶上人最多的时候。我们艰难地"挪动"在街道上，身边各种吆喝声不绝于耳。男声、女声、车声、走路声混合在一起，好一片喜气洋洋。我走在满是年货的地摊间，忍不住随便尝尝，品品这年味。快到年关，集上摆着很多春联和"福"字，密密麻麻的红色仿佛要点燃一年的喜悦。

我们买了一些糖瓜，关于糖瓜，有一个"糖瓜粘嘴纳吉言，辞灶迎新祭祖先"的习俗。小年这一天是灶王爷上天汇报这一家一年功过的日子，每家都要端坐在厨房的灶王爷前，摆点又甜又粘的糖瓜给他吃，让他多帮着美言几句，若是不能，就粘住他的牙，不让他乱说话，寓意灶神嘴巴要甜一点，"上天言好事，下界降吉祥"。糖瓜是我们鲁中地区过年特有的甜食，在《舌尖上的中国》纪录片中出现过，是用麦芽糖做成的，外壳硬中间空，最后拉扯成瓜的样子，白白胖胖，甜到牙缝里去，特别粘牙。用力咬的话可能会留下一排排牙印，但瓜的形状却丝毫不受影响。所以我们一般是砸碎了吃，但也不能在手上停留太久，手上的温热会让糖瓜很快融化，粘在手上。

小年过了，春节也就近了。除夕，我们聚在奶奶家，全家一起行动，包水饺，打油饼和火烧，做各种肉和海鲜。我也一展身手，和奶奶一起包了七八十个水饺，有幸第一次吃到闽南名菜——佛跳墙。我也向班里五湖四海的同学们征集了一些年夜饭，大闸蟹、猪蹄、炖鸡、火锅……应有尽有。

虽然我们对2020年的春节充满各种憧憬，但是，全国人民的喜气洋洋都被一种突如其来的新型冠状病毒打破了。我第一次听到这个消息时，和许多人一样，并没有感觉有那么厉害，但还没等到除夕，国家、地方、学校都开始部署疫情防护工作。形势越发严峻，传播速度已超过2003年"非典"疫情，国内人心惶惶，口罩供不应求，春节电影撤档，商场和街道门可罗雀，教育部通知推迟开学时间。我们都响应号召，在家居家过年，取消了拜年、聚餐活动。

疫情出现短短几天，党中央、国务院高度重视，各地方部门积极响应跟进防疫，武汉政府声明："武汉是一座勇于面对困难、不断战胜困难的城市……我们坚信，万众一心，认真做好各项防控防护工作，就一定能够打赢这场疫情防控战。"2003 年抗击非典的领军人物钟南山院士如今 84 岁，再赴武汉，重新披甲上阵，大家都在认真听钟院士怎么说。每个单位，每个群体，每个人都快速行动起来，我们班级群里每天都收到各种有关抗击疫情的文件和日常生活防控指南，填着有无症状的汇总表格。

在央视春晚上，白岩松、水均益、康辉、贺红梅、海霞、欧阳夏丹等著名主持人进行了抗击新冠肺炎的诗歌朗诵《爱是桥梁》。这个疫情节目很及时，给医护人员拜年，慰问替我们负重前行的白衣天使们；给全国人拜年，安抚正在经历疫情的中国，激励我们 14 亿人众志成城，打赢这场看不见硝烟的战争。最暖心的是给离开武汉的人拜年，没有责怪，而是对他们进行善意的提醒和安慰。这个节目是临时加进去的，但每个主持人仍然卓越地完成了。白岩松说："隔离病毒，但不隔离爱，因为爱是桥梁。我们爱你们，不止在今天，还在未来生命中的每一天。"世界各国也纷纷对中国抗击疫情表示关注和关心，就像主持人水均益说："病毒不需要护照，我们是人类命运共同体，爱自己，也爱世界每一个角落的人。同一个世界，同样互佑健康。"

每当灾难来临，人们总希望有一位超级英雄能够拯救我们，可哪有什么超级英雄，只不过是有人在替我们负重前行。而他们也只是一群普通的人，穿着白大褂，拿起手术刀，划破一切黑暗。白衣是他们的引以为傲的责任，手术刀则是他们击垮危难的武器。"我们在过年，他们却在帮我们过关。"正是他们站在抗击疫情的第一线守护着我们，黎明的曙光才慢慢降临。

这个月的朋友圈里不仅有疫情，还有巨星陨落。1 月 27 日，一代篮球传奇巨星科比·布莱恩特因坠机意外去世，一同坠机的还有科比最有篮球天赋的二女儿吉安娜，机上九人全部罹难。同学们在朋友圈纷纷表示对科比的哀悼："你见过洛杉矶凌晨四点的太阳吗，即使有任何困难，我们也会利用它来让自己变强。别关注你做了什么，而是要看你是如何做的，这就是曼巴精神。"凌晨四点是属于科比的时间，24 号球衣是永远的城市之光，曼巴精神

仰望最亮星火，穿越生命之河

永存。生活本是一场磨难，虽说明月仍在斯人不复，但科比永远在我们的青春中，不悔梦归处，只恨太匆匆。

有人说 2020 年开场怪事太多，多想让它重启；有人说人生没有彩排，每天都是现场直播，应当珍惜眼前。2020 有个不太好的开头，它也无法重新来过，但我们始终相信希望会从逆境中诞生，每一次的困难都是为崭新的日子举行的洗礼。民族复兴需要百折不挠的努力，我们个人的奋斗也是如此。虽然 2020 年的十二分之一已经过去，但我们还有十一倍的努力，让这一年变得岁月静好，风景独好。无论何时，我们都不能放弃爱和希望，峥嵘过后，必是新生。正如今年央视春晚里的一首歌《生命之河》所唱的那样："因为我来过，泪与笑都是获得。别害怕坠落，灰的天总会清澈。用微笑面对蹉跎，看我光明和磊落。仰望着夜空最亮的星火，所以我爱过，在角落天空海阔。不害怕折磨，因为热爱才值得，风雨过后的洒脱，如出一辙的你我，穿越过生命之河。"

（马云飞）

风月同天共战"疫"

家里熄了灯，我躺坐在床上，慢慢将头脑放空，准备睡下时，翻了翻手机上的消息才得知，轮到我了。该我去做克洛托，去纺织二月班志的生命之线了。随后，我拉上被子，静静地入睡了。就这样，随着太阳的直射纬度逐渐北移到 17° 33′ S 时，二月，便来临了。

2020 年是一个闰年，所以这个二月也就有了 29 天。在古罗马传说中，罗马每年 2 月都要处死一批犯人，所以 2 月被认为是不吉利的月份。这个冬寒春暖相互交锋的月份，的确如这个传说一样，不怎么安定。

2 月 1 日是大年初八，按说春节时独有的闲适、欢愉及些微的放纵，应该都结束了，平日里的生活该逐渐恢复了，可是，春节前后的余殃却仍存续下来，令人不胜担忧。从年前一月底开始出现的新型冠状肺炎以极快的速度蔓延，让全国都陷入紧张氛围中。在国家的强大动员和命令下，大量人力物力火速前往湖北，每个省帮扶湖北一个地级市，全国人民纪律严明地居家，企业停工停产，学校延期开学。自此起，战"疫"成为 2 月份的主题。虽然这次疫情让我们学生和上班族的假期延长了，却让医护人员、科技人员、管控人员担起沉重的责任。当战斗在一线的白衣天使面对记者采访，不讲出自己姓名的原因是不想让父母担心自己时，我生出万分敬仰和无限羡意。

虽然"新冠肺炎"的确诊病例和死亡病例持续上升，但好消息也不断传来，2 月 2 日，治愈出院的捷报开始频频传来，按照小汤山模式仅用 10 天就建成的火神山医院交付使用，这样风驰电掣的中国速度令全世界都感到不可思议，带给我们许多安心与宽慰。

其实，在这场疫情的冲击还没有来到身边时，我并没有感觉到有多复杂和严峻，好像一切还都是原来的样子。虽然每天在朋友圈和班级群里看到疫情报告和公告通知，也每天都按照学院要求填写自己的健康状况，但感觉这场疫情还只是生活的添加剂，毕竟，没有波及到自身的事物，人们永远也不会对它有深切的体会。当得知老家禁止一切车辆行人出入的消息后，我实在是没有想到，在这极为不发达的农村里，抗击疫情的动作居然也会这样快，甚至快过了自家的社区。不解当我因为缺乏通行证而被挡在社区门口时，我才发觉这场疫情的冲击来到了我的身边。出行被严格限制，工期被一直推迟，我和父母只得每日待在家中，一旦做完每天应该完成的事情，无聊的感觉同时涌向了三人的心中。每日简略的交谈后，打牌消遣、轮流做饭品评便成了一家三口的日常。也许是很久没有和父母一起像这样有时间亲密而自然地玩耍和聊天了，所以感觉童年的快乐陪伴好像又回到三个成人的普通生活中。不过，在时间的冲噬和打磨之后，对这种快乐的感受也不再敏感，最后我们仨还是投入各自的玩乐中。

"二月不吉利"传说的魔力不仅影响着中国，还蔓延到任何一个使用公历的国家和地区之中。2019 年 9 月的那场爇天炽地的澳大利亚山火一直持续到了 2020 年 1 月初，可这场熊熊烈焰中的星火却又蹦进了 2 月，让澳大利亚再次受到烈焰的炙烤。在堪培拉的上空被烟尘笼罩之际，一场几十年难得一见的蝗灾席卷了东非，现在又向印巴蔓延。当看到视频中那遮天盖日的虫群飞舞时，看到不少企鹅在不断升温的南极饿死时，我感到很震惊，仿佛世界在人类手中真的就要毁于一旦。

特殊情况下延长的假期，给了我一个良好的借口，原本规律正常的作息在这借口之下消失得无影无踪，浑噩与堕落成为主要的日常状态。对每天中午时分才起床感到舒适满足，却在每晚入睡前又感到后悔和遗憾，每一天，都在这欲望和堕落的漩涡之中苦苦挣扎。2 月 8 日，元宵节来了，这段的发生了许多事，光看朋友圈的新闻就感觉每天都是人间大戏。

走出社区，冷清的街道和极为稀疏的人群打破了我的猜想。顺着马路，来到家乡的母亲河——沂河之畔。空无一人的河畔和冬天衰败的枯树让我顿感萧瑟，我凝望着起伏的水波，慢慢蹲下来，河水撞击着河堤的声音虽然不大，却冲进耳中，占据内心。此刻，世界只剩下我和这周围的事物，仿佛其他所有东西都统统消匿无形，只有那远处随波逐流的不知是野鸭还是什么的鸟类飞离河面，告诉着我，世界还没有被毁灭。晚上，我步行在广场中，想看看到了夜晚大家有没有改变。然而等待我的，只有冰冷的灯光和空旷的场地。在空无一人的场地上勤劳工作的柱灯并不像由人开启了，反而让我觉得更像是没有人去关闭它，所以它才会在这无人的地方散发着无用的光亮。这时，一束突然在空中绽放的烟花打断了我的想象，果然，在节日里大家总归是要有所表示的。我仰望着这不知为谁而放的烟花，又转眼看了看无人的空地，一种古怪的感觉涌了上来。烟花"嘭嘭嘭"地如心脏跳动一样发出声响，这是企望的心跳，还是求生的呼唤？这次的元宵节和以往的相同之处，大概就只有吃了些汤圆吧。

但元宵节像是一个节点，一个状态转换的节点。元宵节后，大家的状态就换回了平常，春节时的放松状态渐渐变成了回忆。尽管学期和工期都推迟了，但是多年来的习惯仍会让人们不自觉地转变状态。国内疫情似乎也有了转折，2月12日，精神矍铄的抗疫国士钟南山再次回应了社会的关切，预测了疫情的发展态势，为全国人民提供了精神宽慰。2月14日，我们班还自发组织了五湖四海的同学一起制作了"隔离病毒，不隔离爱"的视频，为武汉加油，为中国加油。

就这样，时针一圈圈转啊转，我们作为普通人，只能耐心地等待、等待。2月24日，全国多地下调了新冠肺炎疫情的应急响应等级。慢慢地，战"疫"捷报频频传来，规模以上的工业企业也大半开始复工了，这也意味着我父母的假期马上就要结束了。说实话，回望这一个月的长假，三人由亲密慢慢变得疏远，矛盾和摩擦也随着时间增长而滋生。果然，人和人之间还是保持着些许的距离会更好一点，当亲密到一定程度后，问题与冲突便会接连不断地赶来。但现在一想到假期马上结束，反而又希望父母能在家多留我两天。

当"复工复产"四字在新闻中频频出现时，我才反应过来，疫情不仅仅只是得病治病那样简单，除了医院里的病人和医护人员，企业和工厂也不断承受着疫情的冲击。在医院里，患者饱受病痛折磨，随时可能家破人亡，在医院外，多少产业或手工业者又承受着破产的突袭。病毒的恶魔不只降临在医院，它也催生了一些人心中的恶魔。疫情时期作为日常必需品的口罩，被一些投机分子囤积居奇，成为了他们大发国难财的工具。幸好国家及时管控，打击了恶意抬价的投机者，让人民惊慌而又焦急的内心又趋于平静。

元宵节的转折似乎没有在世界其他地方发生，二月的魔力在全球继续发酵着。自一月初便开始的美伊冲突，在 2 月的中旬再次升温，不知战争到底能不能避免。2 月下旬，韩国上调预警级别至最高级"严重"，日本首相安倍晋三迅速提出停学要求；欧美多国也出现不少确诊病例；先前的蝗灾在肯尼亚和巴基斯坦也愈发严重。战"疫"有所好转的我国转身又向他们送去援助，这不就是休戚与共的人类命运共同体吗？

2 月尾声渐近，在欲望和堕落的漩涡之中的挣扎必须要结束了。尽管这次的疫情为放纵提供了一个好借口，但是在假期中，阅读和创作还是要继续下去。《石榴花》杂志在全院和全校开启了书评影评大赛，我在逸豫之中随手抽出一本《罪与罚》来读，陀思妥耶夫斯基在同情怜悯中下层人民的困苦之际对拉斯柯尔尼科夫杀人前后心理的准确描写令我心惊肉跳，在感慨尚有回味之际，我及时将它记录了下来，算作在这漩涡中挣扎的印痕之一。2 月 21 日，英语四级的成绩发布了，两个多月以来悸动的心终于安定下来，班级的四级通过率是 80%，大家基本上都取得了理想的成绩。自己每日背诵单词、班委隔周组织模拟考试的情景又浮现在脑海中，看着我的成绩，我十分庆幸自己没有让班委的无偿奉献付诸东流。

2 月 24 日，寒假结束，新学期开始。但学校明令禁止提前返校，真正开学日期只有天知道，所以新学期之初的学习便在网络上进行了。这样大规模的网络教学可能是第一次，很多同学都难免对此产生些许的好奇和期待。不过，这对教师和学生而言都是一次挑战。授课应该在什么平台上进行便成为第一个大问题，学校所指定的雨课堂因为无法承受如此之大的访问量而频频崩溃，QQ 直播、屏幕分享、腾讯会议等等成为网络学习的候选项。

第一堂课是詹今慧老师的古代汉语，我们因雨课堂程序崩溃而选择了QQ直播，由于事先有了准备和演习，所以全部过程都相当顺利流畅。第二堂课则是卞梦薇老师的外国文学课，采用的则是腾讯会议，期间虽然有些意外的杂音，其他的可以说是毫无缺点。这一次课应该是我们第一次接触腾讯会议这个平台，就我来说，我觉得还是腾讯会议用起来最为便利舒适，同学们也都一致好评，在其他老师直播授课出现问题时，我们也会建议使用它。赵阳老师是这个学期的新面孔之一，第一周的首日下午便被赵老师的古代文学排满，尽管赵老师授课的网络条件可能因为信号问题稍微不好，但他的幽默风趣让这一下午顺利而又愉快地进行了下来。

虽然网络授课有些许瑕疵，偶尔会传来一些令气氛变得微妙的杂音，不同的平台和大量的课群让人头脑有些混乱，但它依旧稳步运行着，大家也正逐渐走向适应。毕竟，有老师讲授和辅导的网络教学总比个人自学要好得多。上课时，我坐在椅子上，面对着电脑，聆听着老师的声音，对学校的思念多多少少在心头萦绕，脑中不自觉浮现的校园风景和宿舍楼让我心生对返校的期盼。

2月29日，二月的最后一天，话说是四年一次的闰日，好多人都在网上晒这个纪念日。更让我们担心是仍是疫情，这一天，世卫组织将疫情风险级别调至"非常高"，全球已有近60个国家确诊感染病例。这一天上午，班主任黄老师在QQ群里为大家开了一次网络班会。他用屏幕分享的方式跟我们聊了二十分钟，这次班会的主题是"近在咫尺的生存与毁灭"，这让在逸豫中纠缠的我心中一震。黄老师提出很多反问，他在PPT上用白纸黑字打上去的每个字都在叩击我的心。我们没有受到疫情的巨大损害，身处安稳舒适的学习环境，比起苦难中砥砺勤学的同龄人，我们幸福太多，却也落后太多。我不禁在想：大学的一半居然就快过去了，而我都做了些什么呢？

黄老师在PPT上说："我们都是幸存者。生死就在眼前，灾难随时降临，现代世界的危险比古代世界更不确定。这次疫情能否成为人生的重大记忆，取决于我们从疫情中体悟到什么。当下个危机来临时，你如何保护自己和家人？2020年过完六分之一，大学将过完二分之一，我们现在虽然是大二下

风月同天共战「疫」

学期，但是，明年不是大三，而是大四了。所以，此刻就要抉择和行动了。'生存还是毁灭，这是一个问题'，如果你还在家饱食终日，无所事事，不妨今天下午拿出一张纸、一支笔，写下来，然后去做。就是这么简单。现在大家是在读书期间，是回报率最高的时候，努力就有收获。对大部分人来说，这种机会一辈子不会再有了。我们要做什么？我们要做的东西其实很多很多，对比一下，别人已经做了许多了，而你却一直都没有开始做。别人已经开始了创作，而你却放弃了阅读；别人已经开始社会调查，而你却还醉生梦死。如果你说自己对阅读和写作不感兴趣，在我看来，这是可耻的，因为阅读和写作是我们汉语言文学专业的生命线。现在大家都20岁了，是'奔三'的阶段，我们努力得还远远不够。在下个激变时刻，拯救家人之前，先让自己变得更加强大，但必须做事，才能让内心强大起来。世界是一个战场，人生是一场战斗，我们要对自己有期许，对众生有责任。其实，时间很快，没过多久，大家就快毕业了，真心为大家着急。我们可以做得更好一点。我们都会成为父母或老师，想想你未来的孩子或学生吧，你想不想'救救孩子'，要看你现在能不能救救自己。我们会一直在内心深处陪伴彼此，我们就是一支战斗队伍，守望相助，同舟共济。"

最后，他把我班同学参与制作的《一树榴花照眼明》纪录片留给我们下载看，还点名让冶成鑫、我、王晓晴分别朗诵了一首短诗：

来自远方，

来自黄昏和清晨，

来自十二重高天的好风轻扬，

吹来生命的气息，

吹在我身上。

快，趁生命气息逗留，

盘桓未去，

拉住我的手，

快告诉我你的心声。

就是现在，

说出来，让我回应，

该如何帮助你。

说出来，

在十二重高天的风起处，

我将踏上漫漫长途。

    夜晚，我拉上窗帘，在就寝之际，凝视着床上的被褥，回忆这一周的网络学习，心想：所有的浑噩与堕落都已结束，今日，所有的生活都已恢复原样，规律和严格仍是生活的标志。

（马子梁）

风月同天共战「疫」

春天与希望一起苏醒

三月伊始，"所有的浑噩与堕落都已结束，今日，所有的生活都已恢复原样，规律和严格仍是生活的标志"。如果二月里的居家生活用"浑噩"来形容的话，那么三月的代言词一定就是"希望"了。

在一个看似平淡无奇的周末清晨，我与三月一起睁开眼睛。3 月 1 日，阴霾仍笼罩各地，但云层中已隐隐约约透出光亮：这一天，全国目前年龄最大（98 岁）的新冠肺炎危重症患者治愈出院；武汉市客厅方舱医院迎来目前为止单日出院人数最多的一天，132 名新冠肺炎治愈者集体出院，而武汉另一家方舱医院宣布"休舱"。据央视新闻 2 日消息，武汉市定点医院、方舱医院、隔离治疗点已全部实现"床等人"。这无疑是战"疫"途中的一块重要里程碑。

前线的战斗有条不紊，后方的我们也并没有荒废掉学业。学校谨遵教育部工作部署，要求学生无特殊情况不可提前返校，但"延期不停教，延期不停学"，学校按照学期计划在二月底就开启了"空中课堂"模式。第一周的网课跌跌撞撞地进行下来，第二周的网课就已经得心应手了。同学们的生活也进入了按部就班的状态：课前十分钟打开网课 APP，听詹老师讲解古代汉语的奥义，感受甲骨文字的奇妙；走进卞老师讲解的外国文学，体验不同于中国文化的另一风格；在赵老师幽默风趣的介绍下重回明代，一同见证经典名著的诞生；韩老师娓娓道来的毛泽东思想，带领同学们重新认识中国特色社会主义；体育课也没有因为无专业运动场地而耽搁，同学们各自在体育老

118

师的指导下居家锻炼起来，每天都会上传一段十五秒小视频来展示自己的锻炼成果，这也有效督促了同学们每日进行足够的锻炼来提升自身免疫力。

当然，除了日常的网课学习外，在零零散散的课间之余，很多同学都在为"考证"或"考级"而努力。因为疫情，原定于三月的诸多考试一概推迟，这让同学们有了更加充足的准备时间，大家在书页空白做了密密麻麻的重点标记，题库被反反复复刷了许多次，每一页笔记都写满了必胜的信念。或是去年考场抱憾而归，故而今年励志从头再来；又或是战场初相见，所以跃跃欲试准备大展宏图。没有准备考试的同学也不缺少精神食粮，石榴花读书堂和贝壳文学社先后发布了最新一期的《石榴花》杂志电子版和《贝壳》杂志电子版，班委和老师们都发到各自班级群里供同学们阅读。

当太阳到达黄经345°，春雷乍动，雨水增多，阳气上升，气温回暖，是谓惊蛰。惊蛰的雷声带来了春意的萌动，料峭的春风中渐渐夹杂了一些暖意。已经到了棉服可以下岗的季节了，可是同学们的春衣大多都留在学校。好在疫情得到了有效控制，快递已经可以恢复运作来满足大众的基本生活需求。这也刚好迎合了即将到来的"女王节"，趁着节日的促销活动，我购入了几本新书。虽然进入大学后也逐渐融入了"电纸书"时代，但带有纸墨香气的文字其实更能深入我心。其中有一本是卞老师课上推荐的夏目漱石《后来的事》。故事不长，却值得细细品味，反复揣摩，拜读之后，我对主人公长井代助生出一丝敬意。早年间仗着家境优渥而浪荡悠闲的公子哥，竟也能为了爱情与家庭决裂，为所爱之人四处奔走讨工作。在读到代助的亲情和友情时，我有无数次在他身上看到了我的影子，我怕自己会步入代助的后尘，又感觉我曾一度与他相似。这也许就是读书的好处吧，也许我们无法预知的未来，但已经有人用笔描摹下来，这将是一部分人的真实写照，也可能是另一些人的警示灯。

3月9日，为将高校思想政治理论课教学优势转化为支持防疫斗争的巨大力量，教育部社科司与人民网决定联合组织"全国大学生同上一堂疫情防控思政大课"。艾四林、秦宣、王炳林、冯秀军四位专家与高校学子分享疫情大考的启示、青年一代的责任和担当等，引起师生的强烈共鸣，使我们深受鼓舞和启发。一个国家是否强大，就要看当国家面临困难时是否雷霆万钧和团结一心。多难兴邦的中华民族这次依旧顶住了各方压力，与时代同呼吸共命运的青年们成为此次疫情中扶危渡厄的"追光者"，当年坐在课堂里读书的孩子换上了另一身衣服，呈上带有鲜红手印的"请战书"，展现青春的蓬勃力量，绽放绚丽之花，学着前辈的样子，替更多人负重前行。正如艾四林教授所说，这次抗击疫情的斗争，"是一堂现实的思政课，一堂鲜活的思政课，一堂深刻的思政课，一堂难忘的思政课"，同时也是一堂厚重隽永的爱国主义教育大课。虽然因为与正常教学课程的冲突导致班里同学没能收看直播，但大家仍在空闲时间看了回放，我班徐波月、杨聿艳、冶成鑫三位同学提交了观后感。

转眼间就到了 3 月 12 日植树节。这天的天气格外好，天空是久不曾见的蔚蓝色，也没有厚重的积云笼罩，家乡小镇上人们的心情似乎也格外好。宽敞的街道上已有了些许人影，虽仍不及往日热闹，可相比一月之前已算是生气勃勃了。带着口罩也没有影响人们正常的交易活动，我想路上那些扛着树苗的农民伯伯扛着的不仅仅是树苗吧，应还有一份对未来的期许，以及对天地造化自然的敬畏。此刻我的心中除了敬畏，却又生出了另一层忧虑的情愫：假如澳洲的山火被及时制止，那么会有上亿的动物可以免于灾祸，我情愿看不见那只侥幸存活后的小考拉的笑脸，而希望它可以有一个安稳的家；假如没有人为那一点私利而捕杀野生动物并将它们送上餐桌，那么这场疫情或许完全可以避免。这便是自然的回馈了吧，敬畏自然，也是敬畏生命。

自 3 月 6 日起，已有省份陆陆续续开始进入新冠肺炎零增长模式了，截至 14 日，西藏、新疆、青海、云南、福建、山西、安徽、湖南、江西等地均进入零感染状态。18 日，湖北武汉也首次实现了新增确诊、新增疑似、现有疑似病例三清零。国内疫情正在逐步向好发展，然而，国外的疫情在三月中旬迅速蔓延开来。为了更好地帮助世界各国共同抗击疫情，我国沿用了"一省包一市"的方法对多国进行了"一省包一国"的支援。截止到 26 日，中国已对 83 个国家提供紧急援助。

漫长的居家生活里当然不仅仅只有学习，还有与百花竞相绽放的活动。我班同学真是好样的，滕子涵同学参加了学院新媒体运营部的"照片里的光阴故事"专题推文活动，用一张原创且富有意义的照片传递内心的温暖与感受；陈奉泽同学参加了"争做最美巾帼奋斗者　助力疫情防控阻击战"艺术作品征集评选活动，用一首原创诗作歌颂并致敬最美巾帼天使；王璐璐、李孟凡、杜志敏同学参与了手绘设计活动；孙雨亭、王述巍、马鸿岩等十位同学参与了学院的书法作品评选活动；路棣、马鸿岩、赵婉婷、王述巍、杨聿艳在书评影评大赛中斩获诸多奖项；赵婉婷、路棣、马鸿岩、陈艺、孙玥璠、秘若琳、陈然、滕子涵又获批"石榴花"学术调研课题资助。除此之外，有些同学在家展示真功夫：路棣同学在家提笔作起了水粉画，用婉约的线条和层次相间的色彩一同勾勒出一幅又一幅精美的画作，颇具大师风范；王海同学在海南还居家练起了厨艺，制作家乡特色小吃韭菜饼，色泽鲜艳，香气四溢，蘸着醋食用，格外受人欢迎；谢婉滢同学在贵州做起了烧烤，新鲜肉质在烧起的油面上滋滋作响，配上自家特制的佐料，丝毫不输专业的烧烤大师。

还没来得及慨叹冬日里最后一片雪花的离去，春天却已悄然而至。"日月忽其不淹兮，春与秋其代序。"果然时间才是最大的革新家，最公正也最无情，总是令人叹惋着。春分日时，朋友说山上的花开了，特邀请我们去赏花。但是疫情尚未完全结束，于是一支只有三人组成的小队集结了起来。家乡的山并不陡峭，只能称得上是连绵的小山丘，地形却是出现在高中地理课本上的"岱崮地貌"。上山的路经过一片又一片农田，里面的沟沟壑壑种着正在萌芽的作物与耕作者的希望。太阳的光温和而不炙烈，徐徐的山风里裹挟的也是春日温暖的气息，拂在脸上是很舒服的感觉。山丘顶部零零散散地种着些松树，没有参天高也没有很粗壮，但弯曲的身形却体现着它曾历经过的风雨洗礼的沧桑。小队三人坐在一块磐石上休憩，一边嬉笑着调侃对方一边畅言着自己对未来的美好规划。

我望着远远的村落和渐生新意的土地，还有零散地分布在山野间独自开花的树，兀地发觉自己已经很久没有如此贴近自然了，而这个时节的家乡也已经很久没有接触过了。我想起初中教学楼下的那棵玉兰树，三月的它应该已经开的很繁盛了吧，整座校园也就只有它开得最早也最好了，硕大的花开满整棵树，掉落的花瓣刚好飘过衣肩，带着淡淡的清香和斑驳的阳光。那是

春天与希望一起苏醒

最好的一段时光了，即使我们除了梦想与热情一无所有。我也想起多年前与亲友一起爬过的山路和见过的风景，那多是新年开始的那几天，大人们没有复工，小孩子们没有开学，偶有积雪堆砌在鲜少人问津的地方，山野还是一片肃杀的景象，但寂静中又隐藏着一丝生机，幸运的话可以看见野兔在山岭间跳跃，一眨眼却又不见了踪影。回首间，竟也是十余载岁月过去了。

窗外日光弹指过，席间花影坐前移。"盼望着，盼望着，春来了。"然而不仅仅是春来了，热干面也来了。据《人民日报》3月25日新闻，被按下暂停键的湖北开始重启！我们的热干面醒了！2.1万援鄂医务人员分批撤离，他们在最冷的冬天出征，在最美的春天归来，他们是最美的天使，也是当之无愧的英雄。"谢谢你们为我们拼过命！"湖北不少地方以最高规格的礼仪欢送援鄂医务人员，各省也热烈迎接英雄的凯旋。得知这一系列令人振奋的消息和令人感动的画面，我不由得长舒了一口气，浮躁的内心渐渐平息下来。这场战"疫"已经持续了很久了，虽然2003年"非典"发生时我还没有记忆，但我想全民的齐心奋战也大抵如此吧。在这场持久战"疫"中，我同14亿同胞共同见证了中国人民的团结，虽然56个民族各有各的特色与文化，但在危难关头没有一个退缩，56个民族团结一心，充分诠释了什么是"中华民族一家亲"。

虽然国内疫情得到了有效管控，各地也已开始了小规模复工，但是开学日期仍未明确。据央视新闻31日报道，开学条件除了最初的"三不原则"，也要特别强调严防境外输入可能带来的风险。与此同时，另一件"见证历史"的事情发生了：2020年全国高考延期一个月举行，考试时间为7月7日至8日。这是我国自恢复高考以来，高考时间首次因外力被推迟一个月。有人说，这届学生"生于非典，考于新冠"，真是"太难了"。一时间，有人为多一个月时间备考而高兴，也有人为多一个月的煎熬而沮丧。想起高考，我的思绪又回到了2018年的夏天，6月7号那天的凌晨下着雨，我带着一份忐忑睡去，醒来时雨已经停了，天却还阴着。进考场前的那段路格外的长，长到好像走过的是我十八年的人生。我怀着一份期许踏进考场，从那里带出一份释然，那时我不晓得结果是怎样的，但我知道那四份答卷是我对自己十八年来努力的交代。此刻我无比怀念那个夏天，虽一无所有，却仍然抱着满腔热血去战斗，像极了一个勇士。

　　暮色四合时分，这一天就要结束了，三月的故事也就要结束了。我坐在窗前，一边查看着贴心的黄老师为大家准备的春季课外阅读书目 12 本，一边回望着整个三月。在这个平淡却不寻常的三月，春天与希望一起苏醒。"事情总会向好的方向发展，如果感觉不好，那一定是还没到最后。"希望四月会带来更多的好消息，山野的花会尽情绽放，还有那"来自远方，来自黄昏和清晨，来自十二重高天的好风轻扬"，它会带着春的气息，抚慰每一寸尚未苏醒的土地。

（宋姝颖）

春天与希望一起苏醒

因为我们在一起

　　时间飞快，当初军训后，班主任让我创建班级公众号并推送第一篇班志时的场景还历历在目，如今，这本记录同学们美好大学生活的书已经颇有厚度了。何其有幸，作为宣传委员和班级公众号的维护人，我运送着一颗颗真诚的心灵走进阳光风雨中，见证着这本青春之书在同学们手中欢快传递，如今，接力笔传到我的手中，将由我来描绘这个普通却不平凡的四月。

　　时间紧随着四季的脚步，一朝一夕皆已是春的气息，四月伴着微风和花草香。每年的 4 月 1 日，除了一年一度的愚人节，朋友圈里开始纪念一位英雄，他叫王伟，19 年前的那个声音依然在天空盘旋："81192 收到，我已无法返航，你们继续前进！" 2 日，西昌林火终于扑灭，消防官兵被烟熏得黑乎乎的脸上终于露出了笑容，大声唱着："我还是从前那个少年，没有一丝丝改变……"9 日，消防救援局组织了大学生消防安全在线公开课，我们收看直播，学习到很多消防知识。

　　四月的第一个周末，我们迎来了一个特殊的清明节。这天，是山河同悲的一天，中国举行了全国性哀悼活动，全国和驻外使馆下半旗志哀，全国停止公共娱乐活动。10 点起，全国人民默哀三分钟，汽车火车等鸣笛，防空警报鸣响，来表达全国各族人民对在抗击新冠肺炎疫情斗争中牺牲烈士和逝世同胞的深切哀悼，告别那些没能来得及告别的同胞。看着换成灰色头像的官博发布的实时消息，心中不免十分悲痛。其中，西安的 1.4 万辆出租车同时鸣笛，在鸣笛声响起时有外卖小哥下车默哀流泪；上海第一批援鄂医疗队隔离点的队员们面朝武汉方向默哀，致敬那些永远困在这个冬天的人们，在远方送他们最后一程……全国各地，各行各业的人们都在用自己的方式来悼念逝者，致敬英雄。学校也组织了同学们参与网上祭奠英烈活动，学习英烈故事，表达敬仰与哀思。我班很多同学也在朋友圈、QQ空间内发布动态，"英雄们一路走好""逝者安息""铭记英雄，缅怀同胞"……为停留在寒冬与烈火里的人默哀。这个冬天，格外漫长，有些人永远离开了，他们是用生命守护生命的白衣战士，是以生命践行使命的公安干警，是用生命书写担当的社区工作者……他们是寒夜的逆行者，是挺身而出的普通人，希望我们都能永远记住这个时刻，记住在这个冬天舍生忘死的英雄。

春天终将来到，生活的画卷正重新展开。四月，春光正盛，学校的玉兰花开正好，家乡的美景也不可辜负。因为疫情，我们有机会在这个人间最美的四月天中观赏家乡的春景，看新芽覆盖枝条，看新绿爬上山峦，看花开迎燕归来。周末，我来到大舅家的果园，园里的樱桃花开正盛，"不赌妖媚只赌多"，樱桃花开得锦簇，也开得纯粹，放眼望去，满眼都是一簇簇洁白的花朵，在湛蓝的天空下衬得格外美丽。当我掏出手机准备记录下这片美丽时，忽然发现许多小蜜蜂跳着优美的舞姿，嗡嗡地穿梭在花海中，在这醉人的春色中采撷蜂蜜、酝酿幸福。远处，又有几只蝴蝶，姿态轻盈，迎风飞舞，在花丛的呼唤中穿梭往来。许多同学也踏出家门，欣赏这盈盈春色。高凌羲去公园里划了小船，重温儿时的天真快乐；王璐璐约上两三好友，穿着美美的裙子在春树葱茏的湖边拍写真；陈奉泽跟朋友去爬了山，欣赏春光的同时也锻炼了身体；甄鑫与朋友带着食在草地上野餐，在芬芳馥郁中畅谈人生……

4月8号零时，随着汉江关的钟声敲响，湖北武汉正式恢复了交通和生产生活，这座被按下暂停键的美丽江城，终于恢复了重启，与外界再次相连。76个日夜，我们紧随着一篇篇新闻报道，时刻关注着疫情动态，这一消息让所有人都激动不已。在这个春暖花开、桃红柳绿的时刻，我们终于迎来了国内疫情防控的阶段性胜利。4月15日，雷神山医院关闭备用，大家热烈祝贺"关门大吉"，山东的高三学子也重新踏进校园，在校园中挥洒汗水，为七月份的高考拼搏努力！26日，好消息传来，在武汉和全国援鄂医疗人员的共同

因为我们在一起

努力下，武汉在院新冠肺炎患者清零。28日，北京小汤山医院新冠状肺炎患者全部清零，29日关闭备用。在全国人民的积极配合下，疫情防控阻击战取得重大胜利，相信不久的明天，我们就能重逢在学校南区师专路的林荫路口，伴着斑驳的阳光和徐徐的清风，一起踏入文学的殿堂。

关注着外界消息的同时，我们的学习也不能落下。团支书定期发送着"青年大学习"的通知，我们在家中上了一个多月的网课后，对直播课堂越来越得心应手了，每当看到"邀请您进入语音通话，邀请您参加腾讯会议，会议ID……"等字眼时，我们就熟练地打开腾讯会议或直播课堂，积极地开麦回答老师的问题。我们跟着幽默风趣的古代文学老师一起学习经典名著《西游记》与《水浒传》；跟着知识渊博的外国文学老师一起了解《其后》《我是猫》等国外经典文学作品；跟着古代汉语老师一起走进古文的世界，感受孔子等先哲的伟大思想；体育课时，同学们也及时地将一周内自己居家锻炼的视频传到群里。虽然无法开学，但学校仍组织了各种活动来丰富我们的学习生活。我班几位同学参加了"心向往，爱享受"线上心理健康教育主题活动，杜志敏朗诵了《伫伫》，用婉转悠扬的声音表达对明天的美好祝愿；于佳欣写了一篇文章，用文字告诉我们怎样去调节心理；王晓晴则通过"云撸猫"的形式来疏解压力、缓解焦虑。李孟凡参加了美食推荐官视频征集活动，分享了妈妈包水饺的过程，并完成"光盘行动"。滕子涵、秘若琳等同学也积极参加了文学院第六届汉字书写艺术大赛，挥洒笔墨，书写青春。除此之外，我们还在线上进行了五四评优活动，通过匿名投票，评选路棣为"优秀学生干部"，马鸿岩、王述巍、陈艺、吴岐雯四位同学为"优秀共青团员"，陈奉泽同学为"优秀团干部"。

更让我们欣喜的是，我班还荣获了"先进团支部"称号，是全院唯一入选的汉语言文学班级，这是我班全体师生共同努力的结果，为此，团支书陈奉泽写了一篇班级工作总结，里面提到："努力将我班打造成一个充满人文气息的阅读型、创作型、研究型班级……总结过去一年多的大学时光，汉文本1801班团支部全体同学互相砥砺，携手奋斗，每位同学不仅在学习和实践上有进步成长，还在思想和情操上有所提升，筑牢了阅读创作意识、责任担当精神、服务奉献精神和人文大爱情怀。"我相信在未来两年多的大学生活中，我班定会再创佳绩，实现共同成长。

"没有任何快艇像一本书，把我们带到遥远的地方；也没有任何骏马，能像一页欢悦的诗篇，最贫穷的人也可在书里旅行。"就像埃米莉·迪金森诗中说的这样，一本书籍，一页诗扉，将我们带到浩瀚的天地，品味人生的真谛。这个最美人间四月天，如约而至的不仅仅是草长莺飞的美丽，还有书香满满的世界读书日。为迎接读书节的到来，在黄老师提议下，我班也开展了线上荐书活动，将每位同学的推荐书目及阅读心得推送至班级公众号"书卷多情"栏目，截至四月底，书卷"多情栏目"已推送三期。其中，马云飞、吴岐雯、杜志敏三位同学推荐了《房思琪的初恋乐园》，于洁、王心慧、徐波月推荐了《我是猫》，韩鑫月、路棣推荐了《美丽新世界》，高凌骞、李玉推荐了《月亮与六便士》，甄鑫、李龙飞推荐了《解忧杂货店》，孙玥璠推荐了《语文教育心理学》，于佳欣推荐了《人间词话》，马鸿岩推荐了《瘟疫与人》，滕子涵、徐贝贝、高龙菲分别推荐了《社会学的想象力》《钝感力》《拿破仑传》。推荐活动仍在继续，同学们也从未停止读书的步伐，期待"书卷多情"栏目会给大家带来更多的精彩的书籍。

4月8日，《中国教育报》报道了石榴花读书堂和《石榴花》杂志在疫情期间举办的一系列特色活动，这对于同学们来说是极大的鼓舞。四月末，石榴花读书堂与翰墨缘书法协会联袂举办了雅致的书签设计大赛。石榴花官方QQ开启了每日打卡活动以及定昏时记活动，我班王心慧、杜志敏同学积极投稿，用温暖而有力量的文字，陪伴大家度过清晨与黄昏。

在此期间，受朋友推荐，我观看了《青春诗会》直播，以青春之诗，咏青春之志，跟随电影人致敬这个不平凡的春天。其中让我感触很深的是一位笔名为阿念的姑娘，为照顾重症却抗拒治疗的外婆，患者阿念主动请缨从方舱医院搬去了火神山医院，想握住外婆的手，从死神的镣铐中替妈妈抢回妈妈，遗憾的是，她没有完成这个最初的心愿。"孩子，昨夜我梦见了你，梦见我们在两个站台，中间连着生命的铁轨，你要出发，而我要远行，我们似乎要就此错过，去往不同的方向。可人生，不就如此吗？一边流泪，一边欢笑；

一边逝去，一边成长……"听着演员们含泪朗诵着诗歌，眼泪就不自觉地落了下来，相信在这个逝去的冬天里，会有千千万万个阿念在不断的离别中成长。

"儿领国命，赴国难，纵死国，亦无憾……"在赵春光医生写给父母的家书中，我们一起回看疫情爆发期间，六万多名白衣战士主动请缨，离开他们最亲爱的家人，勇敢逆行，戎马奔赴战役前线，与病毒厮杀。"时时戎马未歇肩，不惧坎坷不惧难。为有牺牲多壮志，不破楼兰终不还。"他们与死神争夺时间，用生命点燃生命，防护服下，我们不知道他们是谁，但我们知道他们是为了谁，也正是他们这种在危难时刻挺身而出，牺牲小我成就大我的精神，我们才能取得如今的伟大成果。现如今，虽然中国取得了疫情防控的重大进展，但国际情况仍十分严峻，我国防范疫情输入压力也不断增大。其中，一些刚从湖北凯旋的白衣战士在短暂休整后，再次逆行北上支援黑龙江绥芬河，为守护国境斗争到底。在做好自身防护的同时，中国在国际上的支援行动也从未停止步伐：4月9日，伊拉克用国际民航最高礼仪"过水门"迎接中国捐赠的第二批援助物资；13日，中国政府援助克罗地亚的抗疫医疗物资抵达，包装箱上的两国国旗和"患难见真情"字句；16日，中国援助埃及抗疫物资抵达；19日，中国援塞尔维亚专家组再次延长援助计划；24日，中国人民解放军派空军飞机向巴基斯坦军队紧急援助疫情防控物资，并派出军队抗疫专家组赴巴基斯坦开展防疫工作。在这场全球疫情攻坚战中，中国充分展现了大国风范，风雨同担，共克时艰！没有人是一座孤岛，也没有一个国家是一座孤岛，大道不孤，德必有邻。

世界仿佛很大，但又似乎很小，我们每个人看似渺小，却能凝结成强大的力量，战胜一切困难。身处在疫情的暴风劲雨中，我们看到很多发光发热的普通人，他们是坚持日夜奋战的公安干警，是研制疫苗的科研工作者，是提供最新消息的媒体工作者，是积极保障前线物资支援的后勤人员，是加班加点制造医疗物资的工人们，是基层干部和志愿者……各行各业的普通人，都在以自己的方式为防控疫情做贡献，奉献着自己的爱心。我们身处在大大的世界里，有遥远的距离和博大的胸怀，而面对疫情，是来自亲人、友人的支持陪伴，与跨越地域、跨越人群、跨越国界的人间大爱将"我"变成了"我们"。正是因为我们在一起，我们的爱又可以跨越距离，迅速凝聚，爱又让世界变小。

和着春潮，伴着夏韵，四月的故事要讲完了。五月轻叩着大门，带着夏日的风从远方徐徐而来，这个跌宕起伏的 2020，已经过去了三分之一，虽然我们散落在天涯海角，但我们从来都不是一个人，因为我们的心紧紧相依，因为我们在一起。相信四月的风会带给我们彼此的思念，我们只管努力向前奔跑，期待见面时，我们都是更好的自己。

第一抹夏已渐露林间枝头。你听，夏天的风起了，五月的故事会怎样呢？

（孙雨亭）

夏木秀繁盼归期

海波荡漾，晨曦升起，站在山东半岛最东端的海岸上，远眺雾霭深处的太平洋，海风吹拂着额前的发丝和岸上的夏木，让人心旷神怡又微微战栗。阳光温柔地抚摸着海面，蓝天映在其间，明净、柔和、宁静，就如梭罗的瓦尔登湖般"没有任何石头可以打碎的镜子，没有任何风雨和尘埃可以模糊它常新的镜面"。我漫步在金黄色的沙滩上，感受着海风吹来的五月气息。"芳菲歇去何须恨，夏木阴阴正可人"，如果说，四月是一场荼蘼的花开，那五月便是一抹葱茏的绿意。云淡风轻，吹走了春日的懒意；杨柳依依，迎来了夏日的清凉。

五月在劳动节中如期而至。说到"劳动成果"，就不得不提我班同学在"宅家网络学习"期间在各项线上比赛中取得的优异成绩。秘若琳、滕子涵、王心慧三位同学顺利通过了鲁东大学2020年创新课题申报的初选环节。在石榴花读书堂举办的"阳和启蛰，纸落云烟"书签设计大赛中，张佳怡获二等奖，吴岐雯获三等奖，王述巍、杜志敏获优秀奖。她们在方寸世界描绘世间浮沉，寻找人间归途。如今，石榴花读书堂的活动越发多姿多彩，树上的小石榴花们尽情绽放，遒劲的枝条已开始伸出文学院，伸向鲁大的山林校园，伸向广阔的未来时空。

榴花灿烂的日子里，青年心怀希冀，英气浩荡。"那些口口声声，一代不如一代的人，应该看着你们，像我一样。我看着你们，满怀羡慕……你们所热爱的就是你们的生活，你们有幸遇见这样的时代；但是时代更有幸，遇见这样的你们。"五四青年节当天，哔哩哔哩网站献给新一代青年的演讲——《后浪》在朋友圈里刷了屏，是的，今天的中国青年，比以往任何时候更应在全球化和民族复兴中担当使命。2020年的车轮虽然行驶还不到一半，但已经注定这是非凡的一年，中国青年成为最闪耀的新星，在这场没有硝烟的战"疫"中，到处都是他们飞奔的身影：他们是医务人员，在4.2万多名援鄂医务人员中，有三分之一的"90后""95后"甚至"00后"；他们是科研人员，夜以继日在疫苗、药品、治疗等方面加快实验、合作攻关；他们是社区工作人员，高负荷运转，默默承担最繁琐的工作……"因为一个国家最好看的风景，就是这个国家的年轻人。因为你们，这世上的小说、音乐、电影所表现的青春，就不再是忧伤迷茫，而是善良、勇敢、无私、无所畏惧。是心里有火，眼里有光。"愿我们这群新青年们永远步履不停，永远奔涌不止，永远热爱人生。

虽然疫情让我们散作满天星，同学们已快五个月没见了，但在石榴花大讲堂上，我们远程相约，又聚成一团火。五四青年节当晚，石榴花大讲堂第23讲第一次在线上举行。本期的主讲人是班主任黄修志老师，他分享的主题为"作为日常生活的写作"。讲座伊始，黄老师那熟悉而亲切的声音瞬间将我们拉到了一起。回想他陪伴我们的两年里，他一直惦念着班内每个人的成长，每次跟他聊天总有如沐春风的感觉，这已是他专门为我们主讲的第三次讲座了。

黄老师结合自己的求学和写作经历，详细介绍了"日常写作"的含义及其"求真"的本质，列举了日常写作的多种形式和代表书籍，分享了求学和工作过程中对"人生史"的文字记录，通过一张张图片诉说了书写生活和追寻心灵的故事，引导我们思考日常写作与历史精神之间的关系，阐释了写作的真正目的，并讲解了书评、影评的写法。他认为："不同于专门的文学创作和学术写作，更繁多更持久的写作渗透在日常生活中。人人都是一个写作者，人人都在书写心灵与生活，创作自己。雨滴多了，是一场暴风雨；写作多了，是一部人生史……写作是为了更好地认识自己和世界、更好地具备格局和境界、更好地体悟真正的快乐、更加清醒地疼痛和战斗、更加安宁地陪

夏木秀繁盼归期

伴和休息。"的确，写作应该融入生活，成为生活的一部分，我们要用生活写作，用写作生活，用写作记录人生，人生也会因写作而更加充实。岁月匆匆，生命中有很多难忘的时刻值得珍藏，这些时光都犹如散落的珍珠，不及时捡起，就会不知遗落何处，再回头，却发现它已不在。不过还好，我们可以写作，写下这些美好与难忘，定格记忆，让无痕的过去常年如新，让难忘的时光永不老去，让理想的未来触手可及。

"斗指东南，维为立夏，万物至此皆长大，故名立夏也。"立夏，走过了春的惺忪，迎来了夏的蓬勃。行走在时光中，面对这个草木葳蕤、麦浪滚滚的季节，万物肆意生长，目光所及都是热烈的生命气息。

"没交书法作品的同学要抓紧了哦。"生活委员甄鑫在班级群里发的一则消息把我从睡梦中唤醒，糟糕，已经八点半了，我把书法比赛的事儿给忘记了！我的五月从五一假期的最后一天开始忙碌起来。经过一天的临摹练习，我终于写出了一幅比较满意的作品。端详着一天下来写的所有字，有种久违的熟悉与平静，回想起中学时期饱蘸浓墨挥毫宣纸的日子，如在昨日，我怀念那时可以每天临摹的时光，怀念每次参加比赛而努力的经历，一帧帧的画面犹如电影般晃现在前。此时的我为多日不练而惭愧万分，也为曾经的坚持而倍感欣慰。功夫不负有心人，几天后，我、杜志敏、王述巍、吴岐雯、陈艺、路棣、秘若琳共七位同学皆进入决赛。愿我们能把书法作为一生的陪伴，既写好汉字，也写好人生。

虽居家学习，但同学们的功课并未落下，大家仍然按部就班地自主预习、复习，上好每一节网课，认真完成每一份作业。马鸿岩的笔记内容详实，条理清晰，字迹工整；吴岐雯、秘若琳两位同学的古代汉语作业规模惊人，令人钦佩；陈艺在学好专业课的同时，已着手备战英语六级了……

周末，忙里偷闲的我想图个清静，只身来到荣成的城市书房，寻一阵安宁。进去后，找了几本心仪的书，挑一个位置坐下。沉浸在书里，时间好像也放慢了节奏，放轻了脚步，我们享受着自我、阳光与别人写下的故事。我喜欢这样的时光，避开车马喧嚣，远离市井繁华，在清浅的时光里，一个人，一卷书，与文字对话，与自我对话，慢享时光。假如我们不再拥有书籍，世界将变得浑浊迷蒙。风暖花开日，阅读正当时。由黄老师提议的班内线上荐书活动还在继续。在五月份推送的四期"书卷多情"栏目中，有 24 位同学参与其中，共推荐了 22 本好书。截至 5 月 8 日，"书卷多情"栏目共推送七期，我班 42 名同学已全部分享完各自的推荐书目及阅读心得，涵盖了文学、教育学、社会学、历史学等类别。

冶成鑫、杨聿艳、谢婉滢一致推荐了福楼拜的《包法利夫人》，孙雨亭推荐了曹文轩的《青铜葵花》，李美毓推荐了奥尔科特的《小妇人》，宋姝颖推荐了麦克福尔《摆渡人》，李孟凡推荐了沈从文的《沈从文小说选》，陈然推荐了林海音的《城南旧事》，王璐璐推荐了岩井俊二的《情书》，王述巍推荐了太宰治的《人间失格》，常佳珍推荐了海莲·汉芙的《查令十字街 84 号》，王筱漱推荐了巴克曼的《一个叫欧维的男人决定去死》，陈奉泽推荐了三毛的《稻草人手记》，赵婉婷推荐了池莉的《烦恼人生》，王海推荐了赵园的《独语》，王晓晴推荐了汪曾祺的《生活是很好玩的》，辛奇推荐了钱钟书的《围城》，赵玉倩推荐了菲茨杰拉德的《了不起的盖茨比》，陈家轶推荐了东野圭吾的《白夜行》，张佳怡推荐了《新闻晨报》周刊部的《弄堂风流记》，陈艺推荐了夏目漱石的《从此以后》，马子梁推荐了陀思妥耶夫斯基的《罪与罚》，秘若琳推荐了毕淑敏的《美洲小宇宙》，姜锦琳推荐了保罗·柯艾略的《牧羊少年奇幻之旅》。

目前国内的疫情形势持续向好，但国外的疫情数据仍在上升，所以现在国家重点防护的是新增境外输入病例和无症状感染者。面对疫情防护，面对杳杳无期的开学，面对学业压力，班内同学不免出现了焦虑情绪。为了帮助同学们疏解，迎接"5·25"心理健康节的到来，我班和石榴花读书堂在 5 月 17 日晚 7 点共同举办了心理健康线上交流会。

"亲爱的，你现在走在哪儿，我有些悄悄话，想穿过夜色抱你啊……"伴着《朋友请听好》的歌声，一场在初夏晚风中的谈心让我们的心灵不再孤单。此次线上交流会经过精心设计，别出心裁，以"朋友，我在"为主题，采用电台节目的形式邀请毕业生代表和心理咨询专家答疑解惑，她们是在北京从事编剧工作的文学院 2017 届毕业生牛贺萱，山东大学历史文化学院在读博

夏木秀繁盼归期

士生、烟台二中教师李笑笑，北京信息科技大学心理健康教育中心主任、北京师范大学发展与教育心理学博士郭芳芳老师。三位嘉宾解答了同学们在亲子（父母关系、亲子沟通）、情绪（疫情焦虑、心理调节）、学习（考研规划、阅读学习）、社交（社交障碍、异性交往）、求职（教学焦虑、择业焦虑）等方面的困惑和问题，并结合自身经历，分享了丰富宝贵的经验，使我们获益匪浅，倍感振奋。

班会伊始，杜志敏、吴岐雯、李孟凡三位主持人以暖场聊天的方式引入第一环节即连线互动环节。李笑笑学姐结合自身考研经历，从确定学校、选择专业、着手准备等三方面为我们做了详细说明，建议我们从自身情况出发，对照这几方面进行综合考虑，结合考题难易等因素进行综合筛查，并多向经验丰富的老师们请教。针对同学们在读书方面的种种疑问，牛贺萱学姐建议我们在阅读的过程中要学会做笔记和写读后感，记录自己的问题，让大脑保持弹性，寻求比较和共鸣，同时针对书籍本身或作者等展开多方面的思考。她还建议我们在求学过程中不要攀比，学会拒绝一些聚餐或活动，可以尝试做一些感兴趣的兼职，缓解经济负担，在体验生活中成长。

连线互动环节结束后，黄老师针对两位学姐的解答进行了小结，他建议大家不跟着标签走，要跟着内心走，无论是就业或是考研，都要勇于尝试，明确个人追寻的方向。他回忆了对两位学姐大学时期的印象及与郭芳芳老师在大学时的同窗趣事，接着引出了郭老师的主题报告。

郭老师根据同学们提出的问题，在情绪、社交、亲子方面作了详细的分享解答，提供了专业的调整方法。她建议大家正视正面情绪和负面情绪的积极意义，先接纳，再理解，后改善；她将社交恐惧分为缺乏技巧和没有意愿两个方面，建议同学们珍惜人与人之间的联结，同时也要接纳孤独；面对开学后的疫情焦虑，她建议同学首先接纳自己的这些情绪反应，并适当地控制信息的获取，尽量转移注意力，保持心情放松；对于异性交往存在的心理障碍问题，老师从进化心理学角度介绍了男女间的差异，建议可以参照人际交往解决；她建议接纳学习负担引起的紧张焦虑心理，并思考其积极意义，可以通过放松活动来缓解焦虑。

黄老师作最终总结，他建议我们应根据郭老师的报告学习一种看待和分析问题的思路方法，对于心里的疙瘩，我们需要的是慢慢化解它，而不是消灭它。他说：今天的主题是"朋友，我在"，朋友的意义在于从内心深处激励和帮助自己，"君子以文会友，以友辅仁"，希望大家能勇于表达和交流。最后，我们在一首《明天，你好》的歌声中结束了这个难忘的线上交流会。

　　通过这次交流会，我不仅积累了有关考研、阅读的经验，还学会了如何管理情绪、如何社交、如何沟通等。陈奉泽感慨说："两位学姐给我的感受就是很真实，就是我们这个年纪的所有的想法她们都会讲到自己心坎里……最后的歌曲，看到芳芳老师在对话框上打的字，我其实自己会猜想，觉得那些话里，那些芳芳老师一天听 20 遍的日子里，她曾经也会有现在我们的一些焦虑或者难熬的日子，艰苦的日子。但是都慢慢找对方法克服了。"

　　又是新的清晨，我坐在海边石凳上，吹着海风，置身于人们的欢声笑语中，望着远处美丽的景色，不知怎的，心中生发出些许愁思。张爱玲曾说："回忆这东西若是有气味的话，那就是樟脑的香。甜而稳妥，像记得分明的快乐；甜而惆怅，像忘却了的忧愁。"而我的回忆，似一杯加了糖的咖啡，入口苦涩，回味起来，却又有几分甜。指缝太宽，光阴太瘦，或许是因为我想起了12 年前的今天。2008 年 5 月 12 日，撕裂的大地让城市变成废墟，吞噬了无数的生命，许多生命永远定格在 2008 年 5 月 12 日 14 时 28 分。十二年了，我们从未忘记，那一地的残垣断壁掩埋了书声琅琅的校园和饭菜飘香的小家；从未忘记，瓦砾上的寻找和等待，那饱含悲伤、绝望的哭喊声，痛彻国人的心扉；从未忘记，废墟之下那些渴盼的眼神，他们用生的意志去战胜对死亡的恐惧，等待新的生机。如今，废墟上的家园已经重建，新的希望慢慢升起。今天是第 12 个全国防灾减灾日，恰好也是国际护士节。那些过去从全国各地驰援汶川的人们，今天从全国各地驰援武汉的人们，那些让我们眼前这幅暖阳赏景图重现的人们，正是因为你们，才有山河无恙，人间皆安。这一天我们除了缅怀过去，更要感激今日勇敢逆行的你们——医护人员、人民子弟兵、志愿者、城市的建设者们……

　　从冬盼到夏，各地高校终于陆续公布了开学时间，鲁大也趁着小满之时，发布了关于学生返校时间的通知："自 2020 年 5 月 26 日起，安排学生分期分批、错时错峰、有序自愿返校。"看到这条消息时，我第一反应想到一句歌词："终于等到你，还好我没放弃。"但不知同学们的感受是否和我一样呢，我借秉笔班志之便采访了几位同学此时的心情：高龙菲怀念大学的自由生活，希望能尽早开学；王心慧收到返校的通知后，和我一样有着紧张的心情；赵玉倩则用八个字形容她的心情："始于期待，终于通知"……看来大家都在期盼着开学重逢，五个月的分离或许令人措手不及，但我相信终会相聚。虽然行李很多、太阳很大，但情谊永远真挚。同一条路再走一遍已时隔多月，迎接我们的校园应已焕然一新，我期待几个人用同一把钥匙打开同一扇门，用同样的目光诉说重逢的喜悦。"欢迎回家"的横幅、熟悉的校园、久违的舍友、食堂美味的饭菜……一切的一切，定会如期而至！

时值小满，丰收在望，在这春光明媚的五月，"两会"于 5 月 21 号隆重召开。迈入 2020 年，摆在面前的是决胜全面小康、决战脱贫攻坚的历史任务，是百年目标的实现时刻。在突如其来的疫情巨大考验面前，全国人民上下一心、众志成城，坚决打好疫情防控的人民战、总体战、阻击战，取得了来之不易的成果。5 月 5 号长征五号 B 运载火箭首飞，5 月 27 号珠峰高程测量登山队成功登顶，祖国正在用实力向世界证明自己，不断赢得世界的尊重与认可。

疫情束缚住了人们的脚步，但不能减少我们对诗与远方的无限憧憬，而这份憧憬也终于可以在《航拍中国》中寻找慰藉与满足。错过了前两季的电视直播，我终于可以同父母一起观看第三季了。这部纪录片无论是片子本身的精致制作之美，还是其中呈现的自然风光之美、历史人文之美，都让人惊艳。人生很短，我们没有办法走遍这个星球的每一个角落。不妨现在，大家跟随着我的镜头，来一次"云旅行"，从南到北，横贯东西，去看看我班五湖四海的同学们家乡的样貌，一同分享五月的趣闻轶事吧！

祖国最南边的海南，这是王海的家乡，她说最惬意的时光就是黄昏在海边喝着椰子看落日熔金，晚上就吹着海风听街头歌手唱歌。具有"彩云之南"美称的云南到底有多美？徐波月用"随手一拍便是美景"的照片来告诉你。镜头一转，跨越50度的纬度，我们到了东北，浓浓乡情的东北话老接地气了，

"此花不卖，不行摸"，这是赵婉婷在路边看到的一句话，意思是：这花不卖，不让摸。我想方言不应成为一种回忆，而应成为一种生活。接着我们来到青海牧场，步入五月，"草绿了，冰化了，我家牛卖了"，这在冶成鑫眼中可能是再平常不过的琐事了，但我们却对这些变化感到无比新鲜。镜头再次飞跃，跨越东西，到了我的家乡石岛——山东省最东端。"石岛是个小岛吗？"大家看到这个名字可能第一反应会觉得石岛是个岛，但其实石岛是一个港口城镇，因"背山靠海，遍地皆石"而得名。这里冬无严寒，夏无酷暑，空气温润，是休闲度假的不二选择。五月，正是樱桃开始成熟的月份，不知大家有没有被杜志敏拍的照片里那红彤彤的烟台大樱桃诱惑到？陈奉泽家乡的沂源大樱桃也"不甘落后"，争相成熟，压弯了枝头，让人难以抗拒啊！这次旅行告一段落，从浩瀚的海洋到肥沃的黑土地，从巍峨的雪山到硕果累累的果园，我不禁感慨中国之大。中国并不缺少震撼人心的风景，也不缺少深入人心的故事，只不过需要一双善于发现的眼睛。我班42位同学来自天南地北，各地风土民情绚烂多姿，竞相怒放，一个班级就是半个中国。

时光匆匆，转眼五月就要和我们挥手告别。30号，黄老师应图书馆之邀，做客第40期"镜心苑读书沙龙"，在线上主讲"《琅琊榜》里的风景、历史与心灵"。抓住五月的尾巴，31号晚七点，我们又与石榴花大讲堂第24讲在线上相遇，赵同友老师主讲"阶层的旅行者：惯习与经验的改造之旅"。

赵老师是东北师范大学教育学硕士、韩国国立江原大学教育学博士、华南师范大学教育学博士后，现执教于鲁东大学教育科学学院。他长期致力于教育社会学研究，关注家长教育参与、文化与社会再生产、中韩教育比较等问题，发起创立了"习明"读书会。这场讲座中的信息量很大，赵老师分享了自己"如鱼在水""如鱼离水""如鱼入水""如鱼在岸（案）"的求学历程，讲到了"宗族溯源""惯习差异""异域文化""读书会运行规范""个人研究"等方面的问题。不管是哪一方面的问题，赵老师都能将自己的看法温雅讲述，娓娓道来。随后，黄老师分享了与赵老师相识的经历以及对此次讲堂的感受，着重强调了改造惯习和读书交流的重要意义，阐释了此次讲堂与"打开一扇窗，照进一道光"理念的相契之处。最后，姜娜老师作了总结发言,点明了此次讲座的两个重点——"读书"和"明礼",概括出两条线索——"多元文化观及实现方法"和"个人境遇与社会变迁",同时分享了自己对多元文化冲击的感受,并引导我们学会阅读与共情。讲座结束后,从校外博士生到校内本科生,大家围绕"差序格局与整体格局""中韩文化异同""个体存在意识的影响""家庭教育问题"等方面竞相提问,我也请教了关于两会提案中的"减少家长陪作业"问题,赵老师详细耐心地一一解答。

赵老师给了我们一个契机,让我们学会了认识自己与感受世界的方式,懂得了将自己与社会、个体、历史联系起来的重要性。"我为什么是今天的样子？""我怎么在这里？"赵老师在讲座中提到的这两个问题,正是人们在一生中应该思考的。人的一生总要遇到许多问题,当这个世界变得不是你想象的样子,抑或当你面对的社会是陌生的,你会怎样做？赵老师给了我们一个很好的答案：要改变现状,就得改变自己的惯习,通过自我去感受世界,通过世界来丰富自我。

春去夏来芳菲尽,流年弹指一挥间。就让五月的风,携鸟鸣声声,永远啼唱着岁月的静好。不求水月在手,不求花香满衣,只愿时光清浅从容,光阴宁静安然。虽然"君问归期未有期",但阴阴夏木已啭响黄鹂衔来的消息,祈愿：所有美好不期而至,所有努力未来可期！

（孙玥璠）

燃烧，绵延，向远方

早上还是晴朗的天气，下午 3 点，天色却开始阴沉，大约 4 点，黑暗带着令人窒息的压迫感降临。我独自在家，窗外风雨交加，声势浩大，水珠混着冰碴扑向玻璃，巨大的风声将厚重的窗帘吹开，悬浮在空中的水汽像海水一样灌进来又溢出门缝，浪潮不间断地翻涌，带着整个世界在我面前咣当作响。有什么东西从身体里滚烫流出，掺杂着泥土中混浊的草木气息，好像要把我扯成两半，一半是喧闹的未经开垦的土地，一半是漂泊的不肯停歇的灵魂。

我守在潮湿的阳台上，望向远方阴沉的天空，突然意识到似乎人生总会遇到一些孤独脆弱的时刻，"When you're falling in a forest and there's nobody around，do you ever really crash or even make a sound?" "Did I even make a sound？" 我正经历着无法见证的存在："It's like I never made a sound." 那些眼泪打进地板，钻进缝隙，烙在我 20 岁的皮肤里。压抑已久的负面情绪把人推向一个即将崩溃的边缘，生活被挤压、嘲弄，塞满无力和失落。这场突如其来的大雨，像一簇急切的闪电，在我的小盒子里划出一道出口，嘶喊的声音被吞进风里，刺激着我打开所有紧闭的门，向所有路途进发——乖孩子的路，疯子的路，五彩的路，浪荡子的路。任何的路，永远在路上，永远年轻，永远热泪盈眶。五月末忙碌的疲惫感和六月初未知的新鲜感在这场雨水的浇灌下一同破土而出。

六月初的我们仍旧忙于各项任务，创新创业课进入收尾阶段，通过上个

139

月创新创业课程的学习，大家对如何创新创业有了更为具体准确的认知，打卡、观看视频、直播、撰写策划书、考试，一步步走来，更多的是课余收获实践知识的充足感。班长赵婉婷负责任地检查各位同学在疫情期间的打卡记录，督促各位同学完成任务，各宿舍长收集同学们的地址信息以便邮寄创新创业课本。所有人都在为即将到来的期末考试紧张准备着，为迟迟未开启的返校之旅疑惑担心。

6月9日晚上，班主任黄老师围绕返校事宜召开线上班会，告知大家要在保证自身安全的前提下自愿返校，通知大家按照学校要求打印好承诺书和返校意愿书后拍照上交。他还提醒我们在学业方面不要松懈，虽然期末考试、四六级考试都被延迟到下学期开学时，但还是要抓住机会及时复习。于是在接下来的时间里，同学们认真整理笔记，合理安排复习计划，但拥有这么长时间可以查漏补缺，也意味着需要更强大的自制力与专注力。但最终，盼了这么久的开学基本变成了一场空，全班没有一位同学返校，在平静的心情中，我们意识到自己永远缺失了大二下学期的校园时光。

六月是丰富而充满乐趣的，同学们积极踊跃地参加各项活动，我、秘若琳、王心慧的国创立项通过校赛，三位负责人完成网上申报填写，继续在老师带领下潜心钻研；赵婉婷、赵玉倩、甄鑫参加文学院吉祥物形象设计活动，用画笔和跃动的思想展现文院特色；秘若琳、姜锦琳参加第二届"悦读之星"读书演讲风采展示活动，书香战"疫"，用视频录制的形式传递阅读的力量；第六届"互联网+"大学生创新创业大赛开始，陈奉泽、陈家轶、陈然、陈艺、杜志敏、高凌矗等报名参加，认真准备；我、秘若琳报名参与我校2020年度"校县结对"帮扶工作，立志在暑期发光发热；一学期的拼搏收获满满，学校将于七月向王述巍、我、路棣、马鸿岩、杜志敏、陈奉泽等获奖同学的毕业中学、家乡寄发喜报；班内积极报名参加全国大学生广告艺术大赛，发挥自己的奇思妙想；班委组织同学观看《齐鲁大讲坛——开学第一讲》，了解全民抗疫中涌现的先进典型和感人事迹，解读伟大的"抗疫精神"；组织收看《同心防溺水特别节目》，普及暑期安全知识；学校召开省双创比赛推进会暨"青年红色筑梦之旅"活动启动仪式，北京新产教科技有限公司董事长马德富提供了详细指导；四六级检查报名信息流程开启，考试虽延迟已久却没有消减我们的热情，许多同学早已着手练习；赵婉婷在上好网课之余已经在吉林老家的中学提前开始了教育实习。

6月中旬，北京地区疫情形势突然严峻，为确保同学们的安全，班委统计居住地变化情况和身体健康状况；鲁东大学文学院抖音视频征稿开始，同学们踊跃参与；面对高考，同学们在诚信考试承诺书签名，用实际行动为高考创造良好环境；文学院举办硕士研究生招生线上宣讲咨询会，为大家提供一个了解本院校招生的平台；班内同学积极配合和参与学校开展的为秋季学期返校复学而准备的心理普查活动；大家在团支书陈奉泽的提醒下，坚持观看"青年大学习"。6月27日，班主任推荐的夏季书单来了，他把春夏书单合成大二上学期书单，算是给我们的暑假阅读参考书目。他说大家马上快大三了，这是最后一个能平心静气自由读书的暑假了，大家的心智和思想更加成熟和深沉了，应自觉挖掘思想深度，挑战读书层次，尽力向上攀登。

星星在数以亿计的光年里转动，时间的缝隙向下裂开，蔓延出拥有思想的人类，他们把手掌向上，撷取大自然的馈赠，把头颅也向上，仰望星空的神秘与规则。在生命的原野上，宇宙间流浪的诗人拥有最浪漫的思想和最坚定的步伐，睿智的先锋日复一日滚着石头推下山又送上去，昆虫的一生和星星的一世，火种降临和敲击木头的声音，人类在这片土地上片刻不息地开拓思索，才得以创造出存在的痕迹。2020年的新冠肺炎分割出人与人之间的物理距离，但无法阻止思想的激烈碰撞与生长。6月14日晚，石榴花大讲堂第25讲在线上成功举办，在我们沉寂已久的内心震荡出新鲜的活力。中山大学人类学博士、北京外国语大学亚非学院博士后苏世天老师以"社会主义老挝的田野反思"为主题作了精彩报告。本次讲堂内容丰富，涵盖身体参与与情感介入、能指游走与符号嬉戏、情感程度（地缘关系的姻亲类比）三方面，还补充了一些扩展的个案研究，横纵向拓宽了同学们的国际化视野，增强了社会学、人类学的思维训练。苏世天老师立足田野调查的细节和方法，示范了从一个社会体系向另一个社会体系的融合跨越。

苏老师向我们介绍了切入、观察、对话交流这三个循序渐进的研究步骤，尤其是在全球化经济迅速发展，各国各区域政治联系愈发紧密的今天，更要从个人生命变化、代际变化和新事物的出现三个层面切入，时刻关注贯穿其中的、在全球化背景下不断变动的地区概念，观察地方性概念的差异性定义所促成的交流平台。他建议大家要多关注学者书写的全球与区域史、局内人书写的区域与地方史、作为文本与话语的田野过程和作为实践的研究等四个层面的研究问题。

随后，姜娜老师串讲总结，讲述了有关中国海外民族志的发展历史，系统梳理了社会学、人类学田野调查从观察到研究的过程，提出要在比照中开拓中国模式，坚定文化自信与制度自信。本次讲堂还邀请到了长期从事民族学、人类学和社会学研究的中央民族大学区缵老师和云南大学何海狮老师，两位分别就田野调查的节奏感、学理及伦理等问题进行了讲解，结合自身的相关经历幽默点评，并为同学们的进一步学习推荐相关书籍。在最后的互动环节，同学们积极踊跃地提出问题，在体育人文、佛教文化、调查规划等方面与苏老师进行了深入探讨，一时间整个讲堂都活跃着求知的氛围。

6月21日晚，石榴花小讲坛第2讲"乘风破浪，创梦青春"在线上举行，2017级的丁睿学姐为大家讲述参加大学生创新创业大赛的经验。丁睿学姐曾斩获"创青春"全国大学生创业大赛金奖、"挑战杯"山东省大学生课外学术科技作品竞赛特等奖、"互联网+"山东省大学生创新创业大赛银奖等国家级及省级奖项十余种。她用清晰流畅的语言向我们介绍了自己的实践经历，从大一开始的目标明确激情澎湃，积极参加各种比赛，努力充实大学生活，到勇敢抓住机遇，凭借出色的谈吐与见识获得老师关注，加入科研项目，每一步都走得都勤勤恳恳，脚踏实地。她提醒大家，无论是在进行项目课题的哪一步，自主学习能力的培养都极为重要，独立思索、搜集相关资料、与同伴协作商议，这个过程虽然艰辛却能极大地充实青年的生命。

随后，她向大家详细介绍了"'兰桂枝'言语矫治与语言康复服务基地"团队项目，回忆起2018年参与项目培训的经历，她坦言当时的自己面对着孤注一掷的未知前途，依旧选择了"但行好事，莫问前程"，牺牲掉许多玩乐的时间，日复一日忙碌到凌晨，但现在那些辛苦难熬的日子都成为了最珍贵的经历，奋斗过后收获成功的喜悦是对整个青春最惊喜的回馈。她强调项目研究一定要警惕功利心，学会取舍，沉住气来做好每件事，具体介绍了"挑战杯""创青春""互联网+"三大主要赛事，还对面对创新创业大赛的畏难心理进行了剖析与解释，鼓励学弟学妹们积极报名锻炼自己，在最富创造力的年纪挥洒热血，不忘初心，负重前行，依据自身兴趣抓住机遇迅速成长，向更高更广的平台进击。

"兰桂枝"团队项目指导教师李海英老师分享了自己的聆听感受，将这场讲述总结为"四真"：真实、真切、真详尽、真发人深省，表扬了她突出的专业素养、流畅清晰的表达、强大的自我调控和组织协调能力等综合素质，指出在创新创业比赛中要注意的方式方法，呼吁大家在研究项目时要以其作为榜样，逐步培养创新能力。团总支于佳楠老师细致阐释了科创项目与组队方法，建议从专业兴趣点、日常社会热点、老师课题项目等方面入手进行选题，为同学们寻找项目和参加大赛提供了具体的方法指导。在互动交流环节中，同学们围绕创业课题的价值判断、资料获取、心态调整等问题与丁睿同学进行了互动交流。"以讲会友，以友辅仁"，本次讲坛对于正在准备项目的各位同学具有很大的启发，无论是科创项目的研究，还是学业的学习，都是青年们在孜孜不倦地挖掘着生存的意义。在理想之路上追寻，我们总有一天会拨开晨雾和泥土，证明自己在这里、在此时，勇敢地、自信地活过。

青年，是站在时代前端的弄潮儿，是鲁迅笔下"摆脱冷气，只是向上走，不必听自暴自弃者流的话，能做事的做事，能发声的发声，有一分热，发一分光"的勇者，是陈独秀眼里"自觉新鲜活泼之价值与责任，而自视不可卑也""奋其智能，力排陈腐朽败"的志士，是橘子洲头挥斥方遒的意气风发，是奔涌的后浪，是在黑暗里甘愿发一点光的萤火。青年们有着最明亮的眼眸，在混沌的黑暗里，望向燃烧着的玫瑰色黎明。在疫情泛滥的大半年里，"青年"成为最具力度的热词，无论是抗击疫情的第一线，还是坚守后方的志愿支援，青年们振臂高呼，前赴后继，用尚显稚嫩的肩膀分担保家卫国的责任。身为大学生，我们停课不停学，始终坚守学业，认真听讲，大胆实践，不因到了最后关头而有所松懈。6月，所有课程都进入了紧张的结尾阶段，社会语言学、

燃烧，绵延，向远方

对外汉语教育、学与教的心理学、比较文学等课程纷纷布置论文作为期末考核的关键内容，同学们仔细整合所学知识，挖掘新颖选题，利用知网查阅资料，深入思考分析，一遍遍地修改提交，完成了一项又一项任务，为整个学期的学习画上了圆满的句号。

其中最令我印象深刻的是社会语言学这门课，李海英老师指导同学们积极实践，依据疫情期间出现的即时语言景观展开调查研究。我们小组由我、秘若琳、常佳珍、赵玉倩、高龙菲、甄鑫、辛奇7人构成，大家齐心协力，从年初到现在，从街头到线上，仔细观察、时刻留心身边的语言景观，根据语料收集的情况划分为四个任务，虽然相隔千里，但我们借助网络会议多次汇报讨论，综合所学知识和阅读过的文献敲定选题，通过分类比较和数据统计的方法，定性与定量相结合，多角度扩展分析，尝试由描写层面不断深入。在合作过程中，我们小组的成员友好交流、严肃对待，第一次从建设者与接受者的双重角度审视我国的疫情即时语言景观建设，共同探索完成了最终调查报告的撰写和PPT的制作，团结、协作、实践、责任，我们对一切新的机遇和危机做出了属于青年人的思考和改变。这其中有疑问，有遗憾，也有崩溃，但更多的是成长的欣慰与惊喜。在PPT分享过后，我作为组长接受老师的指导意见并进行后续修改，李老师告诉我们，为纪念同学们的刻苦钻研，她将促成论文集的规范出版，各小组需要在暑期继续完善论文，迎接新一轮的挑战，我们班的马子梁、徐贝贝、冶成鑫等同学也参加了本次活动。

通过这门课程，我们不仅系统学习了许多语言学的应用知识和研究方法，还真正体验到了这门学科的魅力，在四处走访调查中深入了解到我国各地现阶段的语言景观发展状况和各地的语言政策，为下一阶段语言学的继续学习奠定了坚实的基础。经老师推荐，我还参加了山东大学外国语学院举办的第二十九期鹿鸣讲坛，讲座邀请到了专攻语言景观、多语现象研究和语言动机的姜仁风博士，以虚拟语言景观研究前景为主题做了相关报告。姜老师用精炼准确的语言向大家介绍了语言景观的定义、特征、性质、分布，这与其背后所蕴含的身份认同和意识形态有着紧密的联系，而虚拟语言景观作为其新兴的衍生物，现在仍旧处于描述性阶段，研究语言景观的动态变化，尤其关注其中语言的选择和权势的体现，尚有很大的发展空间。姜老师还介绍了自己正在进行的一项研究，讲解了 fast text、python 等相关软件的使用，并积极解答同学们的踊跃提问，推荐了许多文献和学者，整场讲座充实而严谨，令人受益匪浅。

虽然我们不是毕业生，但作为学弟学妹，我们不少人在六月末围观了文学院"青春作伴，不说再见"2020 届毕业生云毕业典礼。学院借鉴了我班上次线上心理班会所采用的电台形式，由陈奉泽、路棣、杜志敏三位同学各自提前录好音频，询问毕业生们对四年大学生活的遗憾，对毕业的感受和考研的经验，对即将转入职场、面对身份转换的心态调整等问题。四年来的欢笑和苦累在这一刻宣泄坠落，毕业生们怀抱着对未来所有美好的憧憬和期待，踏上更坦荡也更艰险的路途。会议上颁发了优秀毕业生荣誉，毕业生代表总结发言，班主任代表送出寄语。天空很蓝，也很晴朗，每个人脸上都是朝气蓬勃的笑，每个人的眼睛里都泛着真实的水光，等待着所有在自己青春里匆匆路过的人留下他们的印记。这届毕业典礼如此特别而温暖，真心祝福学长学姐们，期待我们毕业说再见时，会有不一样的感动而无悔的泪水。

6 月是降落也是起飞，在毕业生们纷纷挥手告别四年青葱时，一些优秀的代表们选择停一停脚步，将这份永远燃烧着的炽热传递向下一代的接力者。文学院先后举办了两次考研经验分享会，李士彪老师和各位学长学姐们立足于文学院相关学科专业倾囊相授，分享了报考学校的选择、专业课与公共课的复习、心态调整、资源获取、合理利用二次调剂、现阶段的准备工作等大量经验。

2016 级的胡永正学长考取了南开大学，他认为考研方法因人而异，需根据自己的学习特点合理安排进度、分配时间。他提倡专业课复习以课本为主，对各种笔记资料要有所选择，后期还要配合真题的定期模拟和钻研，掌握"原理＋例子"的作答技巧；政治选择题要多做、反复做，整理好自己的题库，主观题要学会分析、利用材料；英语复习要牢牢抓住单词、语法两大关键点，切忌盲目刷题，在保证基础知识达标的同时还要注意书写的练习。他还提醒大家警惕考研中的误区，详细梳理了名校心理、复习进度、学习习惯、沉没

燃烧，绵延，向远方

成本等四个方面的问题。

考取上海外国语大学的张奉强学长讲述了自己从选择考研到成功被录取这段难忘的心路历程，通过如何面对压力、面对失败、面对结束、面对"世界"的作品四部分的分享，告知我们在漫长备考中应该保持读书写作，保持汹涌的思想力和清晰的头脑认知，保持现下的刻苦奋斗与不可磨灭的对未来的憧憬向往，这种精神品质将支撑着我们走向更坦阔的人生。

其后，还有其他学长学姐分享了跨考、考取本校研究生、合理调剂上岸的有关经验，具体解答了同学们在资源获取、时间安排、答题技巧等方面的问题，提醒大家注重基础知识的复习，在熟练的基础上力争全面，合理有效利用李士彪老师在 QQ 群中整理的资源；无论是否跨考，都要拥有清晰的自我认知，根据个人兴趣、专业难度和未来规划等方面综合考量；在顺利进入复试后，运用一些面试技巧沉着应答；鼓励现在仍处在准备阶段的大二大三级积极参与科研项目，多尝试多发表论文，认真学习英语，掌握听说读写的基本技能。最后，每位学长学姐都表达了对于准考研生的衷心祝愿，期盼有更多的同学能够通过考研改写命运，实现人生理想。考研彰显着一种鲜明的人生态度，以有涯之生乘风破浪，在喧闹嘈杂的世界里为一个理想不断奔波。

书籍、电影、音乐剧，夏天的白日总是漫长，连空中飘浮的尘埃都在这个季节放缓了动作，一点点落上书桌，飘进张开的书页里。细碎的时间像干透的墨水被揉进草纸，又化作淅淅沥沥落下的小雨，电扇刮起的风卷动书角，扬起烟雾，穿过飞扬的发尾。笔下的一撇一捺向上牵得很长，像是一双扬起的翅膀，想要脱离纸张，飞向天外。

下午 2 点半，正是日头强劲的时候，天气热得像是把水从身体里榨出去再粘到皮肤上，连肺里呼出的气体都带着滚烫的温度。我从小城的南端出发向北端，穿过蒸腾的热浪去练车。从倒车入库到侧方位停车，从曲线弯到上下坡，还有直角转弯，一条斑马线摇向另一条，白花花的街道反射着光，晃得人直眯着眼睛。我在教练的指导下一遍遍查找不足，休息时分躲进树荫里和于洁、陈奉泽等好友交流练习心得，分享驾驶证考试的经验和感受。日光从车窗外倾斜到人胳膊上，在这夏日的午后，我收集杂草、路面和砂石，收集车上的风和风中的车，汗滴落下去，燃烧着一个青年的激情。

"碧艾香蒲处处忙。谁家儿共女，庆端阳。"粽叶飘香，端午是回老家的日子，热情的人们插艾草、赛龙舟、泼水、吃粽子，庆祝这充盈的生活。奶奶家有一方院子，生长着黄瓜、豆角、茄子、秋葵等绿油油的一切，金灿灿的向日葵长在田埂上，那是我在清明节播下的种子。我常常想，如果做不成太阳，那便成为一株向日葵，在高高的枝头仰着脸，不停歇不疲惫地追逐那一束炙热的光，太阳温暖刺眼，可我不怕灼伤。午餐过后，我陪着爷爷奶奶聊天，爷爷兴奋地从箱子里拿出老照片，冲着我们讲了又讲小时候的故事，岁月在他们的身体上留下了太多不可逆转的痕迹，他们变得迟钝又缓慢，像是一颗迷失在太空中的小行星，与这个逐渐被遗落的小村庄一起悄无声息地衰老。下午父亲带着我去田间散步，阳光因抖动的枝叶而扬扬洒洒，剪成细碎的光点落在我们湿漉漉的脸上，我们一路向南，穿过破旧的老房子，穿过发育着的土地，穿进父亲年少时的古早岁月里，许许多多的虫子从我们脚边爬过，叫不出名字的鸟叽叽喳喳，生命的潮汐渐渐平静，我捕捉到这片原始田野所哺育出的灵魂的野性。

在这片西伯利亚寒风与温带海洋气息交汇的土地上，酝酿着夏季火辣的阳光和不断蒸腾又降落的水汽。太阳直射点悄悄向北移动，转眼到了一年中白昼最长的日子。6月21号是夏至日，也是金边日食出现的日期，太阳的光边圈住月亮，远远望去像是一枚闪亮的指环。中国古代一直流传着"天狗食日"的传说，当光源一点点被吞噬，天地间漆黑一片，仿佛黎明的震颤，古人的生命里就只剩下神秘和敬畏；当阴影慢慢离开，世界就又会恢复它的节奏，重获新生的人们会战栗，在明亮的光线里忏悔。

长期居家的我决心出去走走，于是前往好友家赴一个约。我们相谈甚欢，即便隔了一段时间没有相见，也可以从学习谈到生活的琐碎，谈到新鲜的事物和未知的理想，我十分享受坦诚地随意交谈，这简直可以算作一种外在的精神释放。我欣赏凯鲁亚克笔下那种真正的疯疯癫癫的人，他们热爱生活，爱聊天，不露锋芒，希望拥有一切；他们从不疲倦，从不讲些平凡的东西，会像奇妙的黄色罗马烟花筒那样不停地喷发火球、火花，在星空下像蜘蛛那样拖着八条腿，中心点蓝光"砰"地一声爆裂，于是人们都发出惊叹。他们骚动不安，他们的脚永远朝向前方。

6月是盛夏的前奏，舒缓而又炽烈地流淌，延伸向郁郁葱葱的更深处。家里的无花果熟了，沉甸甸地缀了一树，于是闲暇时刻摘果子成了消遣的娱乐方式，爬树，爬进浓浓的绿叶里，树上的人探出身子，伸长手臂，用灵活的手指扭下一颗颗鲜活饱满的果子，树下的人指挥打趣，手捧着接下摘取的果实，于是紫色或是金黄色的果子滚进白色的塑料袋里，咬进嘴里溢出清甜的香气。傍晚时分，阳光被磨去了棱角，暖洋洋地洒了人一身，我骑着车子，去往舅舅和姥姥家送些无花果。清风拂过行人匆匆的神色，我看见擦身而过的蓝白色相间校服像一张张高扬的帆，帆下是乘风的少年和他们脸上肆意的笑，我看见一个个自由奔放的灵魂，沾着青春稚嫩的鲜活气息，这让我想起穿着球鞋奔跑在操场上的时光。

从初中到高中再到大学，我们褪去一身身校服，青春是一个过程，长大，意味着跃入一片未知的海域，自由的灵魂跌跌撞撞，也许会被海底的暗礁割破，但从未忘记理想的形状。埋头在一摞摞书本后的日子里，白花花的卷子，大考小考一场接着一场，但那是最纯粹最炽热的岁月，我们会在清晨高举手臂宣誓呐喊，会挤在教室前排查看考号，会为小小的问题争吵不休。那年我18岁，夏天漫长得好像永远也不会结束，永远炽热，闪闪发光，地球不知疲倦地转动，有人相遇，有人分离，有人迫不及待奔向下一个起点，有人留在原地张望。后来的我不断期待夏天，经历夏天，消耗夏天，但那个炽热的夏天早就消失无踪。高考在即，6月属于奋笔疾书、斗志昂扬的莘莘学子，一代代人经历高考，一代代人走向高考，生命不断轮回循环往复，完成了这场信念的接力。我的弟弟今年即将接受高考的检验，看着他每天从清晨忙碌到深夜，像是看着多年前的自己，稚嫩、天真、热忱、不谙世事，拥有不可磨灭的锐气，向往着门外尚未触碰过的世界，所以在那些见过、走过、碰过的时光里，我永远诚挚地祝福他们，祝福他们走过独木桥，祝福他们在碰撞里依然保持前进的热烈。

愿你我的胸膛永远充满无穷无尽的动力，愿你我永远莽撞又赤诚，在这个风雨交织的世界里，跃入人海，成为一朵奔涌的浪花。正如 6 月出炉的《石榴花》杂志（2020 年第 2 期）"卷首语"中所讲："时代正在发生剧烈变迁，塑造和完善这个社会的责任最终掌握在我们手中，我们需要正视自己的思想、行为与观念。"

所以，青年，行动起来！燃烧，绵延，向远方。

（滕子涵）

燃烧，绵延，向远方

只因山就在那儿

"四顾山光接水光，凭栏十里芰荷香。清风明月无人管，并作南楼一味凉。"又是一个寻常、寂寥的夜晚，我搬出家里的靠椅，慵懒地倚在一侧，任由海南岛的夏风微微吹拂着，抬眼便望见一轮皎洁而丰满的月亮，"今晚的月色真美"，我心想。仔细品味一阵又一阵凉风，它不仅温柔地挑逗着榕树上密密麻麻的绿叶，也撩拨着田野间动物们的情绪。蛙叫、蝉鸣、风响相互配合，共同交织成一曲关于七、八月的天籁之音。

7月10日，因为我从海南跨省来到了广东潮州，需要报备，且因许久未联系的原因，班主任跟我通了十几分钟的电话，在询问了我身体状况、学习生活之余，也向我分享了一些班里的情况。我了解到，我班的赵玉倩为参加李海英老师指导的"互联网+"创新创业大赛的项目，成功向学院申请提前返校，成为我班第一个在疫情期间返校的同学。

7月16日，新疆乌鲁木齐紧急按下"暂停键"。一夜之间，原本繁华不息、车流不止的乌鲁木齐静默如夜。面对这突如其来的情况，我点开QQ询问家在乌鲁木齐的同学李玉，我问她怎么买菜吃饭，她说小区内会有专门人员送菜上门，但因弟弟前阵子从乌鲁木齐市区回到家，现在只能和弟弟在家隔离。此刻我想起巴金《海的梦》，其中写道："过去的阴影死了，一切的苦难都跟着死了。我还活着，活着来翻开我的生命的新的一页，来达到那最后的胜利!"乌鲁木齐的停歇，为的是更好地翻开它生命里崭新的篇章，我坚信中国将越来越好，全国各地都会翻开新的一页，到那时，我们欢呼，鸟儿笙歌，迎接最后的胜利！

　　三毛曾言："生命的乐趣是靠自己去创造的，小小挫折正是柳暗花明的最好解释。"七月，就好似一个个行者求经的时刻，在这个值得创造的时节，我的同窗们悄然地独自去经历，竭力找寻生命的乐趣。7月13日，我班徐贝贝、徐波月参加网络创新作品的征集活动。7月20日，常佳珍、于洁、杨聿艳报名参加山东省"挑战杯"竞赛。孙玥璠、马子梁、于洁、滕子涵、李龙飞积极努力地去驾校练车，争取早日拿到驾照。石榴花读书堂在7月26日公布了16项暑期学术调研课题，来自全校六七个学院的同学获得资助，我和我班的常佳珍、杨聿艳、冶成鑫、陈艺、杜志敏、于洁、辛奇申报的课题也名列其中。这批课题以"空间与日常"为主题，号召同学们扎根大地，关注疫情期间的家乡和后疫情时期的乡村振兴建设，利用暑期在家学习、兼职之余观察和调研家乡村庄或小区的日常，也尝试分析疫情期间大学生在虚拟空间上的活动。第一次获得这样的课题资助，我们在暗自欣喜的同时，也勉励自己踏实走好每一步，认真做好调研课题，定要在这个假期有一份光发一份热。

　　7月28日晚上，班主任在线上主持召开大二暑期班会，黄老师就开学、暑假安排、考研以及阅读等方面同我们开了半小时的班会。黄老师告诉我们，现在的开学时间都是暂定的，路途遥远的同学也不要着急抢票买票，没有收到学校的官方通知不要返校。在家呆了大半年，如今迎来了这个"珍贵的暑假"，在面对一件又一件接踵而来的暑期任务时，黄老师叮嘱我们要及时进行自我分析，做个大致的规划，进行任务分解。此外，他建议同学们要保持阅读，多读多写，挑战自己的阅读层次，不断向上攀登。转眼我们也要步入大三学长学姐的行列，他还与我们分享了关于考研的相关问题，他建议我们力所能及尝试一下考研，通过拼搏追寻自己的命运，考研不为学历，只为体验"生命的深"，换一个宇宙充沛自己的内心，但并不建议现在就着手考研备战，大三上学期仍然以锤炼专业课、阅读写作和英语为主。

　　班会最后，黄老师分享了一些最新消息，如我班在下学期有可能举行的班级活动，又如学院受石榴花读书堂的启发准备规划构建"新文科师生阅读研究共同体"，将在下一级学生中设立3个"创新基地班"，每班按照十五人左右的人数分配。他还把黄睿学姐、孙成旭老师关于求学之路的文章发给我们读。我坐在电脑桌前，听着黄老师熟悉的声音穿过电流从听筒处缓缓传出，不禁暗暗惊讶于我们班和学院一直在攀登属于它的那座山，不知不觉我们已经攀登到高处了，也恍然发现，每个人都在登山的路途中，有的稳步前行，有的极速前进，有的已在云层之中，有的还在山麓犹豫。

7月29日，为了确保获得立项资助的同学们能顺利进行田野调查，黄老师专门邀请姜娜老师为我们举办了石榴花学术调研课题在线培训会。主讲人姜娜老师分别从田野调查、荐读与参考、撰写注意事项三个部分为我们进行讲解。首先，姜老师与我们简要地介绍了田野调查方法，详细地跟我们解释了参与观察、深度访谈、概率抽样三大调查方法。她说要想更好地深度调查，就应该参与当地人的生产生活活动，对他们的各种文化现象与社会问题进行直接观察，体验当地人的实际生活。在调查过程中，应该详细记录各种事件、想法和处理情况，利用录音照相和摄像等方式作为辅助的调查手段。其次，在无法参与观察时，碰到有关神话、宗教信仰、历史知识和谱系资料等，要对能提供情况的人进行正式或非正式的访谈。此外，姜老师还介绍了调查时应考虑三层关系，分别是人与自然、人与社会和人与自身心理。她围绕申报同学的选题挨个举例，从文化观的角度进行了解释。在她与我们讲完田野步骤与田野伦理等方面的知识之后，姜老师还针对每个申报的同学推荐了指定书目，供同学们参考。她提醒我们道："研究不能散，全文要有一条线，记录重点事件、人物等。研究资料最好分日记、笔记，将心得体会与采访资料记在相应的位置。"

会议最后，黄老师做了简要总结，他说，研究调查最关键的是讲好故事，要学会以小见大，叙事时既要微观细小，又要善于想象联系，他还说："研究对象处在一个网络之中，所以我们要善于从纠缠的关系中梳理问题。"本次的调研培训在学习与收获交替中结束，而我们的调研之路，正在路上预备启程……

八月来了，一天一天的日子又这般消逝了。8月6日晚上读完《你当像鸟飞往你的山》，我躺在床上发呆，忽然想起爸爸和我几个小时前的一段对话："今天已经是 8 月 6 号了吗？""对的，怎么了？""马上就要立秋了。"爸爸记下今日的账，一边放下账本一边拿起手机。"立秋，怎么了？"我一时没反应过来，疑惑地问道。"秋天来了。"

我没再接话。十二点后的夜没有那么静，窗外的公路上依旧传来稀稀疏疏的鸣笛声，透过窗户不太严实的帘子缝里，迎来一处光亮，它暗暗的光辉有些蓝又夹着淡白色。已经过了零点，秋天的第一个晚上就这样来到人间和我的身边。"秋天来了"，我对自已说。此刻，我突然想念校园里秋日的风景，怀念满目的秋黄，在北区图书馆前那一处被秋季围绕的浪漫，我思念着秋日的鲁大，也眷恋在秋季校园里刮过耳畔的风。"昨夜闲潭梦落花，可怜春半不还家"，秋天来了，南四系楼前的盛夏绿叶最终没有等到我们，已经叹息飘落了吧……

随着开学的临近，班级 QQ 群的通知陆续多了起来。陈奉泽通知大家恢复晨午晚打卡报告身体状况；赵婉婷发布了 2020 年山东省大学生创新创业训练计划最终立项名单，我班秘若琳的课题获批；路棣发布了开学后的期末考试安排。一切都让我们开始相信：这次是真的要开学了。

八月的时节，如诗句所言，"金风玉露一相逢，便胜人间无数"，我和众多同学有幸在此时节，共赴三场关于美学、语言学、民族学的石榴花盛筵。

8 月 7 日，石榴花大讲堂第 26 讲在腾讯会议平台上举办，东华大学马欣老师以"莱比锡纪事"为主题作了精彩报告。马老师以自己在莱比锡的访学生活为主线，以普鲁斯特的《追忆似水年华》为切入点，讲述了"意愿记忆"与"非意愿记忆"及其意义、德国法兰克福学派的学说、莱比锡的大学教育和城市艺术、德国的纪念遗迹等。在讲述"非意愿记忆"时，马老师提到"体验久，记忆短"与"体验短，记忆久"两种情况，阐释了瓦尔特·本雅明的学说。随后，马老师阐述了自己对莱比锡城市生活、莱比锡大会战纪念碑、柏林博物馆岛、二战集中营等地方的观感，揭示出东西方文化的碰撞及德国特有的集体记忆。

黄老师在点评中提醒大家从记忆的视角理解个人记忆、集体记忆、国家记忆、历史记忆等多个复杂而交错的结构层次，引导同学们从作为民族国家的德国、作为文化共同体的欧洲两个方面去理解德国人在莱比锡大会战纪念碑中对拿破仑的历史记忆。姜娜老师概括出记忆的选择性、变动性、传承性等特点，并以自身经历为例，号召同学们通过写日记、拍照片等简单却有效的方法传承记忆。马老师解答了我班路棣和传播班张涛的提问，最后，黄老师总结本次讲座蕴含的深意和"灵韵"远远超出了题目本身，报告人、点评人、提问人共同构建了一个激励人心的"场域"。

8月19日，石榴花大讲堂邀请到北京语言大学王莉宁教授讲述语言资源保护。下午三点，一首孙燕姿的《遇见》钢琴曲缓缓鸣奏着，赵婉婷同学作为主持人首先简要介绍了石榴花讲堂，黄老师开始向我们介绍王莉宁老师的超强学术能力和榜样力量。

讲座伊始，王莉宁老师分别以"做不做学问""做什么学问"和"怎么做学问"三个问题引入今天的报告内容。莉宁老师从第二个问题"做什么学问"着手，借胡适先生与当代学者关于"问题型"与"主义型"的争论，介绍自己是如何走上语言保护资源工作的。她结合自身的工作内容，介绍了语言资源的两大特点。第一，语言资源具有丰富性。她通过PPT展示了全国的汉语方言分布图、广西的汉语方言分布图，还引出汉语方言里的"爸爸、妈妈"的称呼有多少种的问题，更深入地介绍语言资源的丰富性。听到这里，我发现，"爸爸"在汉语方言中存在75种称呼，"妈妈"则有84种，不禁感叹语言资源真的满是宝藏。每当莉宁老师翻开新的一页PPT，我就尤为惊喜。第二，语言资源面临濒危。她介绍了农村空心化，运用数字说明了中国城镇率大幅度上升和中国自然村数大幅减少的现状，这一现状也导致乡音传承和方言学习的人越来越少。此外，莉宁老师还通过木佬语、满语两个例子，深刻分析了语言濒危的现实，她说语言濒危是世界性问题，为此我们也应该树立起语言保护的意识，进一步阐释了"语言资源"的独特性及"语言资源保护"的迫切性。她梳理了建国以来的语言资源保护情况及"中国语言资源保护工程"启动以来的累累硕果，展示了当前从"政府语保"到"全民语保"从"语言资源保护"到"语言资源开发与应用"的转变。

临近尾声时，莉宁老师解释了报告题目"编舟记"，她说《编舟记》是日本的一部电影，讲述了一批学者在枯燥的工作和冷板凳上花了十五年编著了一部词典《大渡海》，虽然描述得很浪漫，但事实上却相反。莉宁老师最后以"如果爱一个人，就让他去鲁东大学汉语辞书研究中心编词典吧"的幽默为本次报告画上句号。

黄老师高度评价了王老师的本次报告，通过回顾他对语言资源保护的体悟让同学们感受到一代代语保人的热忱不息，通过介绍三浦紫苑小说《编舟记》增进了大家对"编舟记"的理解，他建议同学们学习王老师的学术品格，不断挑战自己的阅读研究层次，让自己的思想既飞上云端，又扎根大地，从而感受读书之乐和学术之美。在莉宁老师的报告中，我校亢世勇副校长、戴宗杰、姜娜等多位老师也都坐在电脑桌前默默地和我们一同认真听莉宁老师的报告，几位老师不仅各自结合自己的思考与感悟和我们分享了听完讲座的心得，还和莉宁老师一同讨论交流，使我们又收获了更为珍贵的感悟与思考。老师们一一发言结束后，同学们紧接着积极地向莉宁老师提出问题，使得本次讲座再一次达到高潮，大家穷追不舍地问着一个又一个问题，也开心地与莉宁老师分享"和同学们讲方言，分享自己家乡话是一件自豪和骄傲的事情"的经历。三个小时的讲座在大家的掌声与不舍里画上圆满的句号，但我坚信，那些未曾谋面的也终将会相遇。这一次讲座不是落幕，莉宁老师说"攀登珠峰的人常说，我攀登，只因山就在那儿"，是的，这只是我们的一个开始……

听完这堂讲座，我的脑海里反复出现了自己在家说方言及潮汕人讲潮汕话的画面。在我居住的小镇里，越来越多和我一样的青年人，早已经习惯了用普通话交流，他们很少能和老一辈人用方言谈论些什么，甚至于老一辈不得不学上几句通用的普通话，只为了孙子孙女来探望时能和他们说上几句话。而在潮州，讲本地潮汕方言，成了这儿的一种深深印在骨子里的习惯，他们将方言作为沟通的重要桥梁，不管来的客人是否是本地人，都会先用方言问候一声，再用那磕磕绊绊的普通话进行交流。不管对方是否听得懂本地方言，在喝茶时都会先用方言喊上一句"吃"再端起茶杯。刹那间，我心中倾注入满腔欣赏之情，我喜欢潮州人地道而朴素的交流，也为世界上千万同它一样坚守讲好本地方言的地区感到由衷地钦佩。"留下乡音，记住乡愁"，想到

只因山就在那儿

155

这里，我忍不住珍视故乡所带给我的温存。

倘若生命的重量不加以衡量，那不息的灵魂又要如何安放？我想，它该回到故乡的怀抱，也当承载奔跑的力量。作为一个在海岛生活和长大的孩子，大海便是故乡。蔚蓝海岸与湛蓝的天空相互交映，形成一幅幅美不胜收的画卷。我喜爱海南的天空，也热爱看海。每年都习惯约上一位好友，一同奔赴海边。我始终认为，一个人的寂静撞不进那片海浪的胸膛，一群人的搭档多数只能享受人类的俗趣。于是要想真正品味海的滋味，两个人就显得刚刚好，恰好你追我赶，恰好心照不宣，共聆声声潮汐。

海的故事是热烈的，一阵又一阵浪花击打着金灿灿的沙滩与叠延起伏的石块，它热情而奔放地迎接人们投入它的怀抱。一日，我走到海边，看着更迭不止的人流，禁不住感慨，总有人来赴海之约，人不断在变，但这一片海仍然在那里呼唤。暑期在海南大学遇见了一位同系的研究生学长，我怀着激动的心情同他攀谈，其中我问起他的家乡，他告诉我，他来自四川成都，之所以想考到这儿，无非是想看一看海，圆一场在海边漫步的美梦。我不知道这片海的深处，究竟暗藏着什么诱人的宝藏，但我明白，在这小小的岛上，夜晚的海边风姿依旧，歌声婉转，海风习习，民风敦厚。海南的四季亦如海浪一样，是热烈而温煦的，喧闹的街市，本该是紧凑着急的生活姿态，在这儿却显得这般慢悠悠：闲来无事地约上三五好友，慢悠悠地洗个凉水澡，慢悠悠地走进一家饮品店，慢悠悠地点上一碗清补凉，慢悠悠地一坐就是一个夜晚……风的温柔，捎带起岛民的笑声与海边哼起的音律，此时快要浸染专属于这里的整片天空。街头浪子的低吟在人潮中穿梭，我闭眼打开双耳，他哼唱着莫文蔚的歌："慢慢喜欢你，慢慢地回忆，慢慢地陪你慢慢地老去，因为慢慢是个最好的原因。"大海终有枯竭，但我愿意且永远坚信，我美丽的故乡无法老去，这儿声声慢，生生慢……

七月从海南来到广东潮州后，我发现当地市民的生活尤其强调慢节奏，但也许是因为不临海的缘故，它的慢又与海南的大不相同。谈起潮州，"功夫茶人"是我对潮州人的第一印象标签。功夫茶文化从小就刻入潮州人的骨髓，他们将茶代替可乐、雪碧、凉白开，天冷了泡上一盏茶，天热了也要泡壶茶，喝茶是潮州人接待客人的首项重要礼仪，无论男女老幼，都先递上一小杯热茶，这与海南居民的杀鸡宰羊的待客方式不同，显得分外有趣。不得不承认，潮州人在选择茶叶的品种上尤为讲究，有的茶叶泡出来泡沫多，难免会影响茶的味道，有的茶叶泡起来浓度稠些，品味干涩却也耐饿。相比而言，潮州市民大多都会选择凤凰茶叶，味道甘润，色泽清新。7月17日，我和爸爸到他的朋友雄叔叔家中做客，我总是万般推辞叔叔热情的品茶之邀，生怕喝上一口就要睁着眼睛孤独熬到天亮。雄叔叔注视着我不曾端起的茶杯，立马慌里慌张地捣鼓出其余不同品味的茶叶，笑着拿出一暗绿色的茶具，对我说道："小妹啊，这里面是茉莉茶，我泡出来你尝尝看啊，味道还是不错的嘞。"爸爸坐在我身旁点了点头替我应允。我抬头扫视了一眼右侧的墙角，上面贴着一副茶具与红花雕刻的扇子相配的图画，在其一侧有配文道："人生恰似茶中味，苦涩香甘品自明。"我盯着墙上"人生如茶"几个大字，缓了缓飞走的思绪。潮州城恍然如同一个茶馆，在这儿的小家小户成了小茶社，家中茶友是自己的妻儿、孙子孙女。走出茶社之外，也能寻得馆内因一盏热茶围炉而坐的场景。

　　我，一个在这座城市停歇了七八年的"过路人"，时常在融入与割裂的矛盾里挣扎，当我渐渐习惯每日只喝功夫茶，闲暇走走牌坊街时，我感到灵魂开始与此城归一，但当我换上跑鞋、运动装经过这城市的树木时，我又尤其空虚，仿佛这座城在和我分离。八点的夜，皎月依然高挂，楼下街边路灯已燃起它的火，准备释放属于它的万丈光芒。我走向起始点准备，起步之前，都习惯抬眼注视一会儿靠近榕树的一盏路灯，这一场短暂的注目仪式，预示着我在接下来三十分钟的过程中，要果断抗击自己身上产生的一切渴求的希望，这是我感到最为疲惫最想丢弃躯体的时刻。我埋怨躯体的沉重，为源于生理心理的痛苦感到痛苦。我为什么决定坚持一个月的跑步计划？在跑步的过程中，余眼瞄瞄正在进行的故事，是一场极具浪漫色彩的"小偷之旅"。在此期间，我可以不负责任地当个跑步过客，理所当然地听论人们的聊天内容，毫不顾忌地看沿途的树影与小孩嬉闹，噢，对了，最好把今天开得繁盛的那朵花偷偷用手机拍下来。如此，获得的快乐就是双倍的。

157

村上春树在作品《当我谈跑步时我谈些什么》里说道："因为痛苦，正因为刻意经历这痛苦，我才从这过程中发现自己活着的感觉，至少是发现一部分。我现在认识到：生命的质量并非成绩、数字、名次之类固定的东西，而是含于行为之中的流动性的东西。"我爱上这种状态：汗水游走于身体的皮肤表面；休息时低头，等待汗水凝结成珠顺着发梢沿着下颚线注入土壤的一瞬间；迎着风再看一眼这小城里的风景。身体内部的涌动与现实中人们生活的行动交织成网，构筑了我在枯燥生活里结实而绚烂的精神世界，为我添得一剂精神食粮。

但八月的精神食粮，一直少不了石榴花的持续清香。8月25日，石榴花大讲堂第28讲邀请到华南师范大学博士后谢林轩老师为我们分享关于越南的田野调查经验和华族认同研究。首先，他从日本动漫引入田野调查，介绍了民族志与田野调查、"写文化"、海外民族志的变动性和相对性等问题，并向同学们推荐阅读人类学名著《写文化》，指出将来民族志写作与文化研究具有多种可能性。其次，谢老师讲述了博士论文关注的越南华族问题，介绍了越南胡志明市"堤岸"的基本情况，以越南华族会馆、华族宗亲会、华族的信仰文化、华语教育四个方面为切入视角，重点阐释越南华族的身份认同。我们学院的姜娜、杨帆、黄修志，红河学院叶少飞，广西民族大学韩周敬，暨南大学平兆龙共六位老师参与点评和讨论，老师们还推荐了不少关于民族志、越南研究等方面的书籍，如黄老师一边点评一边推荐了《帝国之眼》《元史学》《从"异域"到"旧疆"》等书。

八月是个值得回"家"看看的日子，我们所期待的，所惊喜的，都在这时候悄然发生着。8月27日，是学校通知的第一天返校的日子，我们收拾行囊，预备走向想念已久的校园。这天我将需要购买的物资罗列成一个清单，带着小纸条如期走去小商店购买所需物品，那一条走了很多遍的小巷子，今晚对我来说显得尤其特别。我心想，今晚之后，我再也不会走到这儿只为了买瓶豆奶喝了，之前经过遇见的猫猫狗狗，也许一年之后还会在，也许那时早已不知身在何处。我打开行李箱，将所有搬过来的衣物和课本、复习资料等东西全都抛到床上，一个又一个把它们摆放进行李箱。想着大半年未回过的宿舍，心里充满了担忧，巴不得将所有能带上的物品都带上，以防棉被枕头等发霉无法使用。

8月28日，早上九点半吃过饭，收拾零碎的小东西之后，十点半被爸爸送到楼下的马路口等待滴滴的到来，在等车时爸爸叮嘱我好好吃饭，在学校好好和同学相处，要宽容大度些……我看着爸爸的脸暗暗点了点头回答："嗯，我会的。"好似那一刻，我看见爸爸头上添了许多白发，脸上的皱纹更加深重。滴滴车来后，我和他拥抱了一下，便踏上了返校的路途。

不知是因为疫情有所好转还是各大高校开学的缘故，机场里每一处都是人山人海，我将脸上的口罩仔细检查了一番，挤进人海，经过一个小时的排队和行李托运，终于在相应的登机口处坐了下来。我找了个偏僻的角落坐下，等待工作人员的通知。静下心扫视了几眼拥挤的潮汕机场，这里有拎着大包小包的工人，也有坐下办公的人，还有大部分坐着看手机的人，但几乎能看得出来，多数都是像我一样返校的学生。在上海浦东中转时，航班延误导致原本计划八点落地烟台的打算泡汤了，几经周折，终于再一次安检完毕，却早已饿得前胸贴后背。我急忙跑去寻找可以填饱肚子的商店，逛了许久，走进商店询问店员是否有泡面，她默默往里指了指，我便扭头往里走。正当我在货架上犹豫要吃酸辣牛肉面还是红烧牛肉面时，身后过来两位同样寻找泡面的叔叔，他们二话不说地拿走两桶泡面，我低下头看了看地板，拿起了红烧牛肉面径直走去付款。这一碗泡面在这一刻，显得尤其美味，想到还有两位叔叔和我吃着同一款，心里更是开心了几分。道不同，却曾和陌生人一起，在同一时刻吃着同一牌的食物。

终于到了七点半，机场人员用嗓子喊着："七点半前往烟台的旅客，请过来排队登机了……"我起身走向五六号登机口。因航班的延误，再经过几番周折之下，等我抵达校园门口已临近深夜十一点，我看见校门外四个警卫大叔两两对站着，一队负责检查健康码，一队负责在机子旁给我们效验身份证信息。

来到那熟悉的宿舍大厅，宿管阿姨急忙打开门，用那烟台口音亲切地问候道："回来啦？"

只因山就在那儿

159

"嗯，回来了，阿姨好，好久不见啦！"我回答道。

阔别八个多月，我们经历了激变，见证了生死，那时我们揪心不已，那时我们泪眼朦胧，那时我们团结一心，那时我们默默等待。但当魂牵梦绕的相逢终于到来时，我倒没有过多的激动，更多的是共同经历、心知其意后的平静和微笑，如同故园风雨后的一泓湖水微微荡漾。

隔天一早，舍友陈奉泽便已到了宿舍，我和她商量着如何将八个多月的被子床单拿出去晒，在阿姨的帮助下，我和奉泽有幸能有一席之地晒上自己的被子。在晒被子的过程中，我们看见了许久未见的同学王璐璐、吴岐雯也出来找位置晒被子，我们简单地打了招呼，和璐璐聊了几句，便回宿舍接着收拾了。临近下午，舍友于洁、滕子涵也陆续到了宿舍，我和于洁走进对面107宿舍，与龙菲、佳珍、辛奇和甄鑫热情地问候后继而玩闹了一会儿。30号中午，李玉、王晓晴也都回到了宿舍，我们有的坐着，有的手上收拾着，有的站着，激动地闲聊起来……通过闲聊，我才知道大家在家有那么多趣事，也知道了班级最近的动态。赵玉倩前几天跟随李海英老师指导的"兰桂枝"团队去日照参加省赛了，拿到了省赛金奖！杨聿艳因为从喀什飞来，现在正被学校安排在校内最好的宾馆里免费吃住，隔离一周。

晚上躺在床上时，我不禁陷入了返校那一天奔波的回忆。每一次回"家"的路都很艰难，但我们四十二颗小石榴彼时的目的地都是一样的，因为它在那，可爱的人儿在那，山在那儿……新的征程就这样在八月末静悄悄开始，我们不断地攀爬着属于自己的高峰。八个月的离别，终于迎来了今日的重逢。如今我们已经身在校园，已然成为大三学长学姐，请允许我借用刘瑜的《愿你慢慢长大》，寄予我内心深处最诚挚的祝愿："愿你们有好运气，如果没有，愿你们在不幸中学会慈悲；愿你们被更多人爱，如果没有，愿你们在寂寞中学会宽容。"

慢慢长大吧，勇敢去追逐、去攀登那一座属于我们共同的山，那里有美景别致的乳子湖，有书韵飘香的后山礼堂，有花红柳绿陪衬的江亭。我们寻找啊，奔跑啊，只因山就在那儿……

（王海）

160

归来少年，好久不见

睁开双眼，天还没亮，我打开灯，看到靠在门口的行李箱，想到马上要离开家中温暖了七八个月的床褥，回到阔别已久的教室，惆怅激动，欣喜不舍，说不出什么滋味。拖着行李箱坐上离开家的车，窗外的天阴沉得像快要下雨，天际即将破晓的白，将车内的气氛压低，分别叮嘱的话一时间都哽在喉头，不知从何说起。

广西百色的白雾黛山被甩在车后逐渐远去，离家的愁绪才逐渐汇拢。窗口的风吹打在脸上，再次独自踏上旅途的事实在我耳边呼呼作响，索性关窗。飞机起飞，恰逢下雨，雨点打在舷窗上滴成曲折的线，我最后看了一眼窗外，离开故乡。昏昏沉沉醒来，飞机些许倾斜，我知道旅途已结束一半，再望向舷窗外时，高低起伏的西南边陲已切换成平坦辽阔的华北大地，在夜色的衬托中，宁静而浑厚。

九月随着轰鸣声而来，凉爽潮湿又紧张忙碌。台风"巴威"先我一步抵达北方，虽然直奔东三省，但沿海之滨也被"殃及"，下几场大雨，刮几阵大风，从尚且燠热的南城来到沁凉的北国滨海，这场台风及时吹走我的不适，我也当成这是九月的欢迎仪式。

8月27日，我提着行李站在防护严密的校门口前，陌生又亲切的感觉在我心里徘徊。我有想过会是怎么样的防护场景，但是现实依旧刷新了我的想象。拦门查看身份证、学生证、健康码，再通过专人看守的层层关卡，核验身份证入校，口罩、手套、测温枪一应俱全。一系列检查工作后，我才真正

161

踏进校园。通往宿舍的路在这八个多月的间隔下，似乎变得更远，迈开脚步的那一刻，感官突然被放大几倍，风吹树叶的声音，行李箱滚动的声音，稀稀疏疏的交谈声，阳光好像因此变得更为强烈，明晃晃地在我眼前摇晃，眼前熟悉的校园似乎变得不真实起来。今天已经陆陆续续有同学返校了，走到宿舍楼下，晾衣架上、树上、墙上、地上、草上、栏杆上、花坛上，全是回校同学们晾晒的被子、褥子，让这安静得有点萧瑟的校园一下子多了许多人气。宿舍楼门口贴上了很多类似"排队处""废弃口罩收集箱""体温检测处""留置观察点"等红字，还摆上了一个有专人值班的登记测温的桌子。我拎着行李，在宿舍楼大厅检测处登记后，走进阔别八个多月的宿舍。宿舍比想象的要干净一些，虽有发霉的味道，但是还算不错。扫地、拖地、换床单、收拾宿舍，把被子抱出去晒的时候，太阳已经快要落山了，想想昨天这个时候我还在家里和爸爸妈妈弟弟吃晚饭，恍如隔世。

8月28日，舍友吴岐雯抵达学校，我帮着岐雯搬行李收拾东西后，述巍、孟凡、龙飞、然然也陆续回校，忙前忙后帮着大家晒被子收拾东西，在微微起风的初秋里沁出一层薄汗，却有满心说不出的欢喜。看着宿舍里慢慢被各种东西摆满，大家笑着谈论这几个月的见闻经历，又突然觉得八个月前的生活仿佛就在昨天。

"我驾照考出来了，激动死我了，以后我也是有本本的的人了！"

"我也考出来了！我本来也想选你这个粉色的驾照本本来着！"

"今天中午吃什么？！"

"二餐米线走不走？！"

"走！我想吃可久了！"

"走！！等等我，等等我穿个鞋。"

大家一如从前，熠熠生辉，疫情或许可以改变很多东西，但是情谊永比金坚。阳光照进来，宿舍里的霉味好像淡了很多很多，暖洋洋亮堂堂的，让整个人都好像轻盈不少，心突然被填得满满的。看着班级 QQ 群里的消息，大家好像都陆陆续续地返校了，杨聿艳同学从新疆赶来，虽然被学校暂时隔离，但毕竟迈过万水千山回到鲁大，和我们在一起了。一切好像和八个月前没什么两样，多出了一些经历见闻和心情体验，也多出了疫情后大家不约而同的默契，但欣喜愉悦的眼眸依旧清亮，拂在脸上带着潮意的风都是如此熟悉。当然，大家在为开学重返校园感到愉悦的同时，也在为即将到来的考试周而忐忑。

9月1日，考试周在我恍恍惚惚的错觉中开始了，谁能想到新学期开学第一天就是期末考试呢？但白纸黑字的考试安排表瞬间把我拉回现实，想想上一个学期的网课，说实话现在想来还是十分不适应，但可能这也是一生仅有的体会了吧，也是我们这一代人特有的时代印记。一个暑假的时间，网课吸收的知识显然已被"遗忘"得差不多了，我们收拾完宿舍后就迅速进入了考试周的"抱佛脚"复习时刻，通宵达旦，眼花缭乱。《文学概论2》《古代汉语2》《中国古代文学4》《毛概》《外国文学2》……为期十天的考试周让我们甚至没有时间去感受疫情给我们学习生活带来的变化，就迅速地适应着特殊环境下的校园生活，这或许也是考试周给予的最大安慰罢。一下子从暑假悠闲而又轻松的生活节奏转到忙碌紧张的考试氛围中来，倒也过得很充实。七点多起床看书，十点多上床睡觉的日子，仿佛回到高中岁月，那时忙碌枯燥，却纯粹充实，而现在的目标变成了期末考试成绩，变成简历、绩点。回头看看，大学也已经过去两年了，弹指一挥间就即将面临真正为了生计和梦想而奔波的日子，我也到了可以缅怀的年纪了，虽然也才20出头。

9月2日上午，金风送秋来，在忙碌紧张的考试周的第二天，我们在南四教学楼106教室迎来了大三的第一次班会——"归来少年，好久不见"，由好久不见的班主任黄修志老师主持。班会开始，伴随着我们的班歌《那些花儿》，班长婉婷展示着以往四个学期的"学记"，里面记录着我们一起成长和经历的点点滴滴。看着这桩桩件件的回忆，我才真正地意识到，我已经大三了，我已经和大家共同度过了两年的时光，离挥手告别的时刻不远了。"人生天地之间，若白驹过隙，忽然而已"，我没有一个时刻比现在更能体会这句话的含义。团支书奉泽介绍大二大三这两年用班费订阅的六种报刊，规定了以后报刊流动、传递的办法，使之尽量发挥其最大作用。紧接着是我们期待已久的表演节目的环节，欢声笑语里，少年人依旧，七个宿舍全员出动，以宿舍合唱的形式抒发阔别许久的思念，《小幸运》《老男孩》《遥远的你》《世界上的另一个我》《幸福拍手歌》《你笑起来真好看》《夜空中最亮的星》《遇见》……马云飞还弹了吉他为宿舍同学的合唱伴奏，李孟凡、韩鑫月、马子梁、杜志敏几位同学也即兴上台独唱，婉婷和家轶，我和述巍也两两上台合唱了一首歌。歌曲诠释不了重逢的喜悦，把对大家的思念，留给最后的两年时间。大家唱完后，齐声说："黄老师，来一个！"黄老师笑着说："难道大家想把这么和谐欢快的班会变成一个大型翻车现场吗？"

接着是分享假期心得的时刻，辛奇、王心慧、李美毓、马子梁、李玉、李龙飞、徐贝贝、姜锦琳、秘若琳分别分享了自己在假期的见闻经历心得体会，开学考试周紧张忐忑的感受，暑假兼职当小老师的经历，学车考驾照曲折坎坷的经验，疫情期间对各种温暖和感动瞬间的体会，生病求医经历和对于病痛的个人感悟等等。我听着，看着，和大家一样在大笑中思考，在思考中感慨。42位同学，42份经历，听着大家分享的经历，感觉我也和大家一起经历着，开心的不开心的，难过的不难过的，仿佛那个看着小朋友开心玩着秋千的人是我，那个教小朋友读"How are you?"的人是我，那个受着病痛折磨的人也是我。我们感受彼此悲欢，陪着彼此流泪，我从未像此刻这样感受到大家是可以如此亲近地体会彼此的喜怒哀乐，也是在这一刻，群体的意义被诠释得完美又温暖。相比疫情下的足不出户，我深刻地明白人被定性为群居动物的原因。

大家分享完后，黄老师拿出一沓厚厚的纸，一边展示一边问我们："大家看看这是什么？"大家懵懵的，个别同学"呀"地一声惊呼。原来这是两年前刚入大学时他让我们每个人填写的表格《初心与理想》，他说要给我们一场"回忆杀"。他念起每位同学在表格中填写的关于大学规划和职业理想部分的内容，大家都竖耳聆听当初自己写的什么。"'初心'之'初'并非'最初'或者'当初'，而是'本初'，即在你立足本来的基础上想成为一个怎样的人的问题。"班主任的这句话让我印象深刻，特别在听完自己的

《初心与理想》内容之后，不禁思考，我的"本初"是否依旧，我还想不想成为我当初想成为的人。可能很多东西变了，比如现在对职业、梦想的思考，对未来生活的期待，对生活方式的要求，两年的见闻经历确实改变很多，但是想来想去，本质不变的还是希望自己在生活开心舒心的前提下多做一些让别人也开心舒心的事，安身立命，本初便以此为愿。时光飞逝，这四个字的意义似乎也变得越来越重，幸而仍是少年，尚还可与时间博弈。之后，班主任结合"后疫情时代的自由"这一主题做了一番演讲，他希望大家能抓住初心、抓住日常、抓住阅读、抓住写作，来获取内心的自由和真正的快乐。最后，他又在"防疫""考研""恋爱"等方面对同学们进行疏导和解惑，他劝大家正视感情问题，好的感情是势均力敌和相互成就的，若有就珍惜，若没有就学会等待，做好了自己，未来自然会有更好的安排。

两个小时的大脑风暴像是坐了一趟过山车，心情和思考起起伏伏，"听君一席话，胜读十年书"，我考试周的紧张和忐忑一下子被这场班会冲淡了不少。好像我们从另外一个世界穿越到这里相逢，彼此相望，眉眼含笑中都是暖意和真心，就像李龙飞分享假期心得后说："有些事情，我一辈子都忘不了，就像今天一样。"这场班会让我想起了刚上大学参加第一次班会时的自己，用黄老师的话说，我们初次相逢就是两年前的昨天。那时我青涩、懵懂、天真，充满期待，面对大家陌生的面孔以及传说中的大学生活满怀好奇和热情，五湖四海的同学汇聚一堂，注定要一起携手走过人生最美好的年华，这是怎样的缘分！我至今还记得当时做完自我介绍后，黄老师听说我是壮族姑娘，就请我在大家面前唱首山歌，我唱道："朋友啊，今天相见心相印，今天相见笑开怀，朋友啊，把酒对酌，这杯酒下肚，我们坦诚相待……"每一天都与昨天的自己剥离开来，一天褪一层脾性，一天换一张面孔，但最初的美好越酿越醇，到时，把酒话少年。

9月10日，考试周正式结束，大家都松了口气，紧张忐忑的情绪被考完的喜悦所取代，但也清楚地意识到，大二生活彻底随着考试周的结束离我们远去了。稀里糊涂，秋色爬上了叶梢，吹过的风也一天天地添上凉意。伴着

165

丝丝渗透的秋意，我们又开始准备英语四六级考试。几天后，班主任又给我们发来了心理学入门书目。

考试结束，忙碌的生活并没有随之离去，大三的学习生活并没有想象中轻松闲适，反而是更加对口专业，更与未来职业相接轨，因此听课的心情也由大一大二的兴趣向职业目标倾斜。大家或许都已经过了那种像大一大二上新课见到新老师的激动和好奇，只是一如往常，打开笔记本，翻开屏幕盖，记下 PPT 上承载知识的文字。我私下认为不应对新事物习以为常，而应始终保持热情和激情，因为这不仅仅是一种尊重和礼貌，更是一种生活的状态。但确实并不可能每一天都是晴天，我也开始有点麻木地面对新的学习生活。我突然想到暑假在家带小侄女时的经历，她对待各种新鲜的事物总会抱有极大的热情和兴趣，圆圆大大的眼睛里溢满好奇，拉着我的手问我这是什么，那是怎么回事。成长的代价暴露无遗，我们不会再有孩童般的疑惑，同时也失去了孩子的好奇和热情，一想到大眼睛的侄女有一天也会放开我的手，我就开始难过。

时间越长，大家对回归正常生活的渴望越强烈："什么时候去吃火锅吧？""螺蛳粉必须支棱起来！"此类话题在"宿舍谈话会"中出场率极高。

9 月 18 日，下午的课程《国学研读与诵读》的课改为收看中山大学彭玉平教授关于《梅兰芳与况周颐：民国沪上艺文风雅》的线上讲座，我们班以及院里的同学们在线上全程收看了彭老师的精彩报告。跟随彭老师的脚步，我仿佛置身梅兰芳演出的戏院中听他唱戏；亲身经历《香兰雅集》的制作过程，听大家对句提词；现身上海街头体会人们对梅兰芳的极度喜爱与痴迷……报告结尾，彭老师解答了同学们的提问，结合自己多年来对王国维的研究做了另一场小报告，提倡做有灵性的学术，提出了十条治学建议，令我们受益匪浅。

9 月 19 日是周六，天晴风轻，本该六月份考的四六级被推延到了今天，上午四级，下午六级。看着乌泱泱涌入教学楼应考的人群，心中又多了些考试前的焦虑，而当我真正坐在考场里，手中拿着答题卡，听着广播播放听力时，我才觉得脑子里的单词语法真的像老师一直絮叨的"把知识都还给老师了"一样变得模糊，即使复习了看了书、练了题，但是考卷在手的那一瞬间，大脑依旧是空白的。答题、涂卡、结束考试，四六级考试在一阵阵铃声中结束，走出考场的那一瞬间脑子里想的不是哪道题如何，而是在想怎么在吸收新的知识的同时把即将遗忘的东西留得更久。知识忘了可以再学，但让我怅然若失的是，这知识来源于高中时代，是那个挑灯夜读，勤勤恳恳的自己一点点去背诵、记忆换来的，我在为当时的自己感到难过的同时，也在思考，是什么让自己连最初的那份努力和坚持都给淡忘了。或许是风，是时间，是车水马龙的繁华，我找不出答案，但这对我而言，十分重要。九月份最后一场重要考试，在忐忑不安、紧张焦虑以及迷茫懊悔中随着太阳没到地底。

9月21日，尚在睡梦中，行李箱滑动的声音一阵一阵把我从梦中拉回现实。奋拉着眼皮打开手机，"2020年9月21日8:12，晴"，噢，新生入校的日子。翻了个身打算再贪恋几分钟梦乡的温柔，但脑子却逐渐地清明起来，不由得想到了当年刚进大学的自己，一样的夏秋之际，一样的碧空如洗，一样熙熙攘攘的人群，一样不舍又向往、紧张又期待的心情。我突然很后悔那天没有和爸爸正正经经地拍一张照片，看一次海，给他一个临别的拥抱或是拍他的肩膀和他说别担心。或许是羞于表达，或许是好奇大于不舍，当下听着行李滚动的声音才会觉得如此后悔和怀念。对于已经在外求学很多年的我来说，当时作为新生入学更多的是新的开始，离家越久才越发意识到这更多的是新的离别，和家人，和过去，和自己。班里的同学们看到新生入学也不禁感叹岁月，回忆往昔，"我们竟然大三了"这句话在摩肩擦踵的食堂里显得特别有说服力，身边的同学看着忙碌懵懂的小学弟学妹们也会和我回忆当时大一的自己；找不到上课的教室，在教学楼转到迟到后下定决心早起跟舍友来上课；害怕军训服洗不干，在洗衣机前傻傻站着等排队；在校园中迷路后红着脸和学姐学长问路……这些回忆在忙碌充实的生活中有时候或许只是一闪而过的瞬间，但每每新生入学，都能让这些回忆再次泛起，重现过去的自己以及一步一步成长的足迹。风变大了，秋天快到了，不知道学弟学妹们是不是像当初的我一样没带秋冬的外套。揉了揉睡意惺忪的眼，我翻身下床洗漱，迎接新的美好。

9月22日是新生开学典礼，班主任作为全校教师代表发言演讲，秋意送

167

爽，真挚恳切的话语如春风吹进大家的心中，给新生们种下思考和阅读的种子。晚上，他把演讲稿《奔腾似海，璀璨如光》复印了42份，让奉泽一一发给每个人，每张上面写着："汉文本1801，加油！"我在宿舍细细读着，"养成阅读习惯、形成研究思维、学会做人本分、树立生活信念。如果做到了，那么，你就会在几年之后最终无怨无悔地笑着流着眼泪离开大学，最终体悟到真正的快乐"。这是班主任对新生提出的如何度过大学四年的建议，我突然觉得有点可惜，我在开学典礼上没能有幸听班主任的发言，一度在这两年的学习和生活中困惑于快乐的真谛，但所幸如今仍是少年。平淡如水的心境要如何平静？主宰内心的自由要如何主宰？年少如我们，在迷茫的青春和挣扎的探索中定能找到快乐的真谛。我最喜欢的是这句话："我们应在困顿中飞升，在忧患中自强，最终走出寂寞，享受孤独。"孤独寂寞是人生常态，困惑忧患是生活常态，我们阻止不了它的到来，就只有面对、适应，最后认可这些常态。

9月27日，我们整个宿舍一起拜访久违了八个多月的烟台的海。海还是那个海，不会因为人们的变化起起伏伏，不会因为疫情而对人类的悲伤感同身受，对着海起兴吟咏的，永远是心情复杂、思绪万千的人类。双脚踩到沙滩上的那一刻，触感变得真实，我下意识抬头望去，海的远处深处依旧是浓得看不清的蓝，日光打到海面上，被海浪打散，散出粼粼波光，透到我的眼睛里。打在沙滩上的海水变成了白色，一浪一浪，在蓝色的大海上开出白色的花，碰撞迸发出爆炸美学，和宁静深蓝的海一张一弛，把我们带入她的怀抱。我们六个人在沙滩上跑着笑着，用相机记录下当下的美好，六双静置在沙滩上的鞋子离我们越来越远，最后笑声飘远，被海浪淹没，年轻的身体在夕阳的照耀下被海水的反光越拉越远，最后沉静在变黑的海滩上。这是记忆中最美好的青春模样，海一般沉静而热情。

9月29日中午，石榴花读书堂学术部召开了学术调研课题见面交流会，来自全校六个学院共27个课题组聚在一起，我们班的同学是一大主力，我们宿舍的岐雯、陈然也前去交流了。下午，文学院在系楼门前的露天排球场上举行了学院新生开学典礼，郁郁葱葱的军训新生煞是好看。9月30日，为庆祝鲁东大学90岁诞辰，"薪传九秩，筑梦鲁大"90周年校庆演出在我校的文化广场举办，师生同台，欢祝校庆，嘹亮悠扬的乐曲，激情飞扬的舞蹈，大家都在用自己的方式庆贺她的生日，见证她的荣光。

秋意悄然而至，凉风凛凛，九月在欢声笑语中结束，十月在满怀期待中开始。欢腾庆贺的晚上，月亮又圆又亮，走在回宿舍的路上，我想着远在千里外的家人是否添衣，想着往事种种是否善始善终，想着成长至今是否快乐如意。今天是中秋了啊，黄老师给全班每个宿舍发了稻香村月饼，我们早已吃完。月圆平安，美好相伴。不知不觉走到宿舍，躺下，一夜好眠。

我一直觉得，成长的反义词是回忆，虽然这两个词并不相干，但就好比背道而驰的列车，向前奔跑，身后便是跑过的路。来时的路总会教会你怎样跑得更快更稳，所以成长的同时尽情回忆，回忆里的你少年依旧，奔跑时的你仍是少年。跑得足够快的时候，时间会为你停留，耳畔只有风，眼前只有光。

（王璐璐）

归来少年，好久不见

169

你当乘着风去追云

这个十月，又一轮枯叶汲尽了一世的看头，再涤清了灵魂去另一层重天，许许多多曾在视角暗处未能注意的、存在已久的人间像素点，当眼前的雾散了，便如积久的群叶乘风袭进了眼。

站在接近新季度的交界处回头看，感念于自己又经历了一场无比精彩的人间剧场，起承转合，人物形色，带着极为浓烈鲜艳的亮色闯入我的时间线。接过上一位伙伴的镜头，以我的双眼去看，去记录"当下"身边的人与世界，最终毕业时展现四十二个完全不同的、持续发展中的视角线性图，个体生命力的成长与鲜活得以完全具象展现，这或许就是汉文本1801班这部前所未有的班史极具魅力的地方。敲打键盘时，我亦无数次任由思绪蔓延，幻想抢到属于未来的一份独特珍贵的回忆感。

曾恐慌过当自己面对传递过来的笔时该如何接过，时间混乱时恐慌于逼仄的手拾不起记录的气力，然而当真正坐在待启的新章前，奋力想要追回许多已经消失的表达欲望，涌上来的却是一股茫然的空荡荡。我这才意识到自己并不想像攥一只枯涸的海绵一样去挤压过去，它们已经变回天上的云，不该再被打扰落成人间的浊雨。于是点着手机备忘录的屏光，我开始以当下意追先前事，力图找到每一个过去的自己，一起透过镜片与玻璃窗看天光。

2020年从各个意义上讲大概都是意味极其独特的一年。时间的流速仿佛被一个任性的休止符肆意打乱了，具象反映到脑子里，便是深刻的印象鲜明却更加无序。而记忆的线走到十月，点的疏密程度落在我的来路上与所见的视野好像颇为极端地割裂。那一处开端便极为显著的墨点并没有落在离我很近的地方，却仍吸引我的目光。国庆、中秋、校庆，固定的节假日将情绪填充得更为满满当当，庆典与盛宴不再空嚼无味，这份光亮的暖色仿佛也驱散了烟台已经开始显出肆虐本性的寒风。出于疫情和安全的考虑，这次的假期并没有像往年一样，宿舍楼行李箱滚轮的划声、车站里攒动的少年人的面庞、异乡与故土之间飞掠的景象，都隐落在人声仍喧嚣的校园里。

节日团圆的意义从另一个角度拥抱了每一个人，使固有惯常的庆祝方式褪去了许多不生动的麻木。黄老师为班里的每一位同学都准备了月饼，味道很甜，一如节日当晚在宿舍突然收到的惊喜。或许是属于人的温度随着心意增长，节日的意义不再困缚在蒸锅上的螃蟹里、屏幕中的笑语娱乐里、镜头上许多张单薄的圆月照片里，不知多久了，"团圆"的形式化日益严重，满月的自然美感也被消磨了。但是久违地，在2020年的十月，与去年一人留守宿舍相比，相聚的意义从淡薄重归丰厚，节日的欢欣仿佛融在了每一寸日常的时光里，开心的情绪在持续性的关怀中不再成为紧俏的奢侈品。我该感谢环绕在身旁的这许多温暖，助我重拾起曾失落的一部分自己。

而"三庆"中的校庆，如一场万人瞩目的烟火晚会，在这片属于她的土地上给予了学子们花火繁复、余温许久的热烈。从鲁大九十华诞定制月饼、校庆用餐代餐券，到庆祝鲁东大学九十华诞师生文艺汇演、校庆文化表演周、鲁大九十周年校庆书画摄影展……什么是校庆？只有当庆祝的对象和组成都是学校自己的成员，一场庆典才能脱离表面，真正走向深处，欢乐才能成为大家拥簇一堂的磁场，我想九十岁的鲁大已经带给了我们一个值得回忆的生日派对。合唱活动那天，站在天桥北操入口处的我，缓缓收回了下阶梯的脚，驻足在光影与微风下，耳边是嘹亮深情的歌声，我为不远处涌动着的灵魂温度欣喜，虽未走进他们的热烈与笑语中，但这份同乐与共喜是兼容的，并进的。细观自身，不由得迸发出疑问，是否进入大三后习惯性地忽略了许多生动的存在？我想到与岐雯一起投递的校庆书法作品，回身望向远处人影重重的舞台，祝福的心意同，而清亮的歌声和人语在那一霎好似敲响了名为"少年"的门。

　　如果普遍认同的欢庆之光点燃了整个校园的十月，那么接下来我的寻景镜头大概是在零零散散中为自己安置的如星如豆的点点微光吧。生活总也是如此，不是吗，情绪的起伏随着所遇的人事总是极度无序的，而感官与思考成为撑起前路的骨架，所幸喜与乐的行处存在清晰的印痕。时间管理从来都不怎么明晰的我遇上了一群同类的伙伴，于是婉婷、佳怡、家轶和我在共享单车上与时间赛跑，风驰电掣，街道灯火化为余光里星星排着队走过的线，稍稍弥补了错过《姜子牙》2D 开场的遗憾。与班里其他很多同学一样，后来的我们发现疾驰的紧张成功为《姜子牙》首日票房破纪录做出了贡献，请让我们一起为难以计数的追梦人高喊："国漫万岁！"少年人的热血总是习惯性地突然来到，就像云可以暂时盖住太阳，但是它就在那儿，当云飘走或者落成雨，你总能看到。

　　于是少年人呐喊过后还是要回到现实的生活。教资考试将近，节日狂欢的余温在消退，在备考的压力下，日常在缝隙里缓缓流动。婉婷、奉泽有条不紊地带着大家进行了奖学金助学金的说明班会；路棣和鸿岩同时也在为入党考试做着许多努力和准备；许多或许并不熟识的深夜灯火长明……关怀与互助的温度仍环绕着我们。平淡中偶掀一点波澜，唯有天与云值得留存在内存时常卡在红线警告的手机里，甚至于面对体育测试时几乎浸在了骨子里的畏缩和恐惧，都能够以一种意料之外的平和被光与云都极美的天气稍稍抚慰。体测落定于午后最暖的时候，紧张到发冷的指尖甚至触不发手机屏幕上的摄像头，但好在高度数的眼睛没有离开厚底的镜片，能将环绕周身的光彩和人言笑语的弧度与热烈都刻在脑子里。

　　或许是接连多日的寒凉潮湿都被干燥柔和的新气象驱赶了，与大家紧挨着肩膀站定在起跑线前时，脚步也随着喝令开始的声音不由自主地追着光影而去。两整圈的一旅，途中有来自或陌生人或友人的声音推动，目的地是紧张急切之外的松弛在等，尽管幻渺的血气已经在喉头绽开，脑袋昏沉充血，只能随着眼前颠簸的人世色块而动，经历着这样成环闭合的始终，想来仍然是一件非常奇妙的事。结局的数字像某个不可说的默契约定，三年来一起组成一个非传统意义上的等差数列，当然，整体结果和体重一样，呈现出一种悲伤的递增态势。当然这些都是后话了，当时蹲在台阶上的家伙还不能以一种笑闹的方式调侃自己每跑一次八百都好似打通了任督二脉一般，和宿舍的姑娘们一起笑称自己是当世的练武奇才，掌门预定。当时的我在干什么呢？接过孟凡递来的救命水，喉咙都发不出"谢谢"的声母，用完了口袋里大半卫生纸去按捺急见天光的胃液和涕泪，再和龙飞互相靠在石阶和泥土前分享剩下的半截。阳光借由树的群叶落在我身上许久，这时的我面对陈艺和鸿岩递来的纸巾终于能讲出完完整整的谢意，并和身边身体素质强健、已然差不多恢复的路棣笑称要去买冰激凌压惊。天桥上的阳光好到有点刺眼，好在泪眼下的天幕是绝佳的画板，能容留人间的我去描摹和期待。比如那当下，与龙飞达成"剧烈运动后吃冰激凌搞不好会短命"的共识后，只需抬头看看天空，天桥上掠过唇齿的风都少了几分汽车尾气的浑浊，而多了几分以假乱真的甜凉。

大概总有不少人和我一样，讲好听一点是追求生活的"仪式感"，但是结合自身并没有那么认真生活的劲儿来看，我大概只是在为满足自己的口腹之欲而寻一个正经体面的借口罢了。得幸于遇见了五个在此方面深有追求的姑娘，于是我便得以跟着宿舍蹭来蹭去。排除开打广告的嫌疑，学校东门的川菜馆、麻辣烫、螺蛳粉、前不久发现竟已倒闭的烤鱼店，寄托了我们许多的快乐。孟凡深知我们这些家伙的秉性，贴心地与即将来到烟台的爸妈定好了餐馆。进玉、五百斤两家餐馆在口味上的不同不能成为比较优劣的标准，前者吃的是朋友互相陪伴共度的青春，后者是与孟凡的父母和大家共坐一席时，口中却泛起的时空错位的味道。多么弥足珍贵的存在，二者都是，二十岁的我有幸遇见而感到欣悦。

当 10 号在 QQ 群内突见黄老师为我们精心准备的大三之秋季书单，点开文件后在亮白的底色与分明详尽的字节里，深觉一种对时光的辜负。关于课程的求知与自我意识的滋养，已成为一种惯常以来老生常谈但其实并不该成为老生常谈的认知。我们常说"起点"从来不算太晚，现今我越来越感到这是一种过来人折断了羽翼、淌过泥淖之后对后来者殷切的慰藉和期待，更多的是前者吧，一种共情其困顿与挣扎的安慰，毕竟能聊到这个代表了求解者应正陷在那处曾走过的潭子里，所以知道有温度的包容与援手比抽打陀螺的

你当乘着风去追云

鞭子更有效和可贵。但往往他人好意的慰藉总能被片面吸收变成断面的借口，套上一个好看得没那么不堪的皮，也称得上是一种曲解了的"自我和解"，然后和解着和解着就没什么东西好攒在一起了，珍贵的自我大抵也磨损得差不多了。"很多人总是觉得遇上什么事情只想等想明白了再开始做，但是现实往往是只有做着做着，才能想明白。"这句话黄老师从大一开始便以各种不同的措辞方式告知我们，或谆谆温言，或显明犀利，我惭愧于自身并不能稳定在这样良性的身心状态里，只紧紧地不敢放松缰绳，能够努力做到及时勒回自己已是汗颜。

每天穿梭在系楼的各个楼层里，沉浸在持续性蔓延的"教资"考试紧张氛围中，不知不觉的考研时限已经从三位数折到两位数，抬头所见的每一张脸庞，甚至能够从眉眼粗略分辨出是否是奔赴同一个彼岸的同行者。真正迈入大三的生活后，才真正脱离上一个考试周时肤浅地看向学长学姐的欣羡目光。所谓的考试周时科目数量极少得以早早回家的表象，只体现在步入考试周的专业课数量上，而实际进入课堂的我，体会最多，感慨最深的，是一种切实的残忍感。钝刀子磨人皮肉会有相当一段时间不痛不痒的真实"错觉"，我想两年的时光可能并没有教会我于此方面变得具有行动力和敏锐。在完成培养计划的学分要求后，我翻出一张纸开始做一张额外的课表，美学、外语、文论研究……指向已有岔口的前路，又该通往哪里呢？专业课从文史理论转向了师范针对性更强的课程，曾经的主体变为需要自己去探寻接触的选修，并散落在这张格子纸里。我总有一种自认为寻宝者的错觉，而这个身份角色最大的特点是，注重尝试与体验。于是笔记本开始学会褪去曾经的浮华形式，双眼和手每每都在为自己的浅薄无知羞愧颤抖，耻于自大与怠惰，幸于我还站在时间的流动中。在阅读与思考之外，我们也随着主修的节奏开始尝试学习如何成为一个中学课堂的引导者。在舍友们彼此帮助点评寻解与课堂实践之余，思绪总不知不觉窜到同一个终点——师者与教资。或许是沉疴难根除，时下众人跨越专业纷纷赶考教资的实质性意义，排除开现实颇为功利的因素，究竟在哪里呢？我深知这种主观性极强的问题除了自寻烦恼、浪费精力简直毫无意义，但或许真的是出于个人能力的局限吧，连续的高强度与高压力的氛围对我来说着实是一种难以言喻的恐怖，落不到透彻明晰的实处去。所以干脆痛快一点，光行动而后意义吧。

行动的那天恰好又是一次月与月的交接处了，真是感慨于这种宿命般的时间安排。许多有能力的同学们组织包车服务为大家提供便利，讲实话真的非常感谢，在进考场前的备考工作中，对于我来说伙伴的陪伴确实是重要的一环。阴霾的天色，晃荡的车厢，我听到了或熟悉或不熟悉的人控制不住晕车反应的呕吐，自己下车时也是一脸菜色。一整天行程下来，极煎熬漫长又遛得飞快，只记得无法落脚的书包存放地，逼仄到被迫挺直了背的桌椅间距以及酸痛的指关节和手臂。下车后，考完的痛快还未来得及舒展，沉重书包背带下僵麻的肩膀和中午直至现在仍在胃里翻滚的肯德基直接打懵了我，但所幸，周边的朋友回程时没再有强烈的晕车反应，或许快乐的生活可以容忍我当晚稍加放肆？

回忆起之前的同学在班志中写道，石榴花大讲堂不知不觉已经走到了 12 讲，只觉心中怅惘，如今石榴花越加蓬勃的生命力与朝气竟然已绽放到了第 30 讲，讲堂也进化成了小工作坊了，深深感怀于黄老师、姜老师等老师们坚持与热爱，还有石榴花读书堂大家的同心并进。三年来"讲座"这一求知与交流平台可以说是逐渐打碎了我的无知，让我不再一味拱手推拒到己身以外的天地，每一次涵盖丰富的碰撞总能为思想的星海增添更多光亮。而基于这些簇动的星点之上诞生的《石榴花》杂志，行至这个秋日，已经迫不及待与众人第三次相见。作为杂志的一名小小编辑，遗憾于没有为它的成长做出更多的努力，但有幸参与到第三次审稿校稿的工作中，也算是一路看着 2020 的它向我们走近。从假期中的书评和随笔大赛开始，一直到十月底大家进行最后的确认，坐在电脑前看到文件显示发送成功，路棣表示已经接收到消息，心头涌上来一股难以言明的情绪。校对时遇见郑嘉琳稿件的惊喜、与作者们交流合作的顺利、得到的支持和认可、夜半时分截屏出问题后拍照标画细节、与翰墨缘书法协会的小干事范乐琪确认好封底的配图……太多太多，一路追溯到大二时接任翰墨缘与加入石榴花的那个十月，彼时此时，同一个秋末冬初，翰墨缘换届大会上紧握与递出会史和印玺的双手、两届宣传部姑娘的镜

你当乘着风去追云

头下我一如既往傻笑的脸、聚餐时相碰却无言的杯壁，许多曾经不懂的、自以为懂的、只知皮毛的，连同我整个人一起，几乎经历了一场置之死地而后生的撕扯与坠落，局中人曾以为即将落往无间之地，其实她是更踏实地踩在了人间。一如前辈们所说的，截然不同却又紧密相连的心境上已经开出了独属于十九岁和二十岁的王述巍的花。

2020 的十月份几乎带来了与 2019 别无二致甚至更胜一筹的窒息感，石榴花无疑带给了我们一隅理想国的天地，得以暂时逃离越发喘不动气的深潭。这个月听了三次讲座，华东师范大学法学院副教授任海涛、陕西师范大学历史文化学院副教授胡耀飞、北京大学教授陆俭明分别以"校园欺凌与教育法治研究""历史文献的辑佚与研究""现代汉语语法研究"为主题，从法学、心理学、教育学、文献学、历史学、民族学、语言学等方面为大家探索了深远广博的前路。

三位老师让我看到了气质不同但根本同源的学术与研究热忱，同时，聆听老师们回忆自己本科期间为学求知经历，再观及自身，在仰望这种断层式的落差之外，一簇新生的火苗或已点燃。任海涛老师在讲堂上先以"学术联想力"为关键词做引入，从"本科的跨学科读书学习经历""跨学科科研工作""社会服务工作""法史、校园欺凌和教育法学研究工作"等四个方面进行详细讲解。任老师以本科期间第一篇论文《论自然物的法律主体资格》的修改为例阐述了自己的学术关怀和研究起点，分享了求学期间参加的文学创作和主办的"三报两刊"等文化活动，详细介绍了专著《校园欺凌法治研究》及近年来从事教育法治的一系列高水平成果和社会服务工作。有关"校园欺凌"这一社会公共性问题，无论是关注自身的现实，还是近年来无数聚焦现实的艺术创作，往往我们看到的都只是显像的表面，纵使有心深究，但难得其法。或许与老师法学学科的研究特质有关，任海涛老师以通俗易懂的直接对此进行了一针见血的引导和解释。黄老师拣选出任老师"石头缝里长西瓜"这一画面，与东北亚研究院姜娜老师、法学院李景华老师、聊城大学陈国华老师、上海儿童医学中心王广海老师的点评讨论又织成一张密集的电网，输送来滚滚电流，使这一问题更加立体化。记得讲座期间伴随老师们清晰有力的声音的是我几乎不间断的敲击键盘记录简讯的信息声，不由惭愧于自己每次过细的整理与难以割舍的坏习惯给校对的路棣带去了许多额外工作量。

而"太史政"胡耀飞老师的讲座，正弥补了这学期选课时我的一大遗憾。因课程时间相撞，导致不得不割爱一方，使我相当一段时间难以把对古典文献学朦胧的兴趣落到实处，而胡耀飞老师的讲解为我展现了文献学别样的风采。在本次讲堂上，胡耀飞老师以自己辑佚和研究历史文献的心得和实践为线索，讲述了辑佚的重要性及相关书目、知识、方法。在介绍辑佚的方法时，胡老师详细分享了自己对"地志""杂史""文集""实录"等不同类型的历史文献进行的辑佚和研究，以《钱惟寅集》《九国志》为例生动展示了历史文献辑佚与研究的具体过程。胡老师指出文学研究者整理的文献对历史研究的帮助，强调文献之于文史研究的首要价值，引导同学们重视文献辑佚。最后，胡老师表示文献辑佚"即使不成功，但求在经历中有所得"，展现了纯粹朴实的读书精神和治学风格。而黄老师又邀请复旦大学张雯、丁晨楠和鲁大朱娜、姜娜老师参与讨论，又加深了我们对文献学的认识。我想起假期中跟随赵阳老师进行的一次古籍校对工作，尽管与实际的文献学研究与实践有很大落差和出入，但在尝试的过程中，能切身体会到文献文本的重要性以及从事其中需要持有怎样的治学与探知的态度。

现代汉语，现代的划分与治学细则从何而来？我想它并不能与文学划分同步，也不能一概观之，而其具体的发展脉络，我汲尽了脑袋中仅存的知识残余，也不能给自己一个明确的答案。学院邀请北大陆俭明教授的讲座便以此开始，详尽细致地聊起何为"现代汉语语法研究"。研究什么？怎样研究？其发展的线索如何明晰？无数晦涩的专业用语被陆教授辅以生动确切的语言实例一点一点铺开。老先生精神矍铄，谈吐儒雅有力，学问在他的身上积淀成丰厚的底蕴，渊博的知识储备具有灵动的生命力而全无枯燥感，我不由想到去年罗红光教授与蒋岩研究员为我们做的一场报告——"快乐地做学问"，我想聆听师者言的当下，求学探知不再是一种常伴痛苦的存在。

关于活动和讲座，这里只是鄙陋的视角一隅，不能带你全知全能地重温，如果你吃下的是灵魂共鸣的甜美，我心里枝上这一季的花会迎着风开得快些。自然而然，当黄老师在新华书店讲《你当像鸟飞过你的山》时，那句"越过山丘的自由"也许更带来一种内心成长的召唤和印证。然而，当徐波月捧着黄老师赠阅的一摞《我的二本学生》走进每个宿舍时，我也会像睡莲突然睁开了眼，好奇心晃皱了一池春水：这是什么？

如果说乘着前人的风能够成为独行时永可为志的力量，那么来自于生活的所有值得记录的存在总也在提醒我，该以一种鲜活生动的生命状态去感知这个世界，所以我经常随手划开手机记下一些后日看来可能会有些奇怪的文字。而手机备忘录确也总是让我处在一种持续弥漫的惊叹当中，惊叹于我的寸语曾如此像个智者，也惊叹于彼时粗劣的愚蠢可爱得让人发笑。

发笑引来皱纹，流泪太费纸浆，但是这代表我行在天与云之下，人间灯火里，于是珍惜平常微小的快乐。恰巧遇上一餐前的书窝儿活动、二餐一楼冬日也买得到的冰激凌、海边偶遇的懵懂猫咪被用心不良的人类抓进摄像头、某日突发奇想不戴手套的一人骑行……身边的朋友喜欢云，无论是云气，云朵，还是云彩，没有想到能和她一起拍到升月的云海。记得深秋的傍晚，路上的我从未想过从万达回来的路这么长，一人一车，许久得听一声车鸣，呼啸的风撕裂偶尔驰近的车灯，我大概在和各种颜色的星星背道相行。突然放松了车闸和右手的手把，脑袋和灵魂好似被风席卷到了更上层的空气，是否有苹果和南瓜顺着妇人破洞的购物袋和我一起奔向这片坡道不知名的前路？我又是否骑行在烟花大典的坡道上呢？风声之外是否又有许多人和我一样在为这场孤独的盛大狂欢？坡道长得好像能这样不费一力地抓住风一辈子，直到学校东门的出现意味着它即将溜走，停车时满脑子都是：新买的外套挡风效果直接实际检测，欣慰的是除了冻红的手指，它很不错。

记得佳怡曾和我讲过内蒙古草原上那神奇的云，我想我们都应该留一朵云的时间给少年的自己，站在光里，和影子一起。

送给尚是少年人的你我，就乘风跑吧，就随云去吧，不做自闭早衰的"大哲学家"，那顿悟不真，感叹也假，明明满是少年人的意气还没用完哪。

（王述巍）

178

冬日可爱，你也可爱

车窗外雾气弥散，路灯渐渐迷离，幽暗的车厢里杂叱着大大小小的声音，操着一口家乡话和爸爸打电话，热烈讨论十几分钟前刚结束的教资考试。谁的耳机外溢出的朦胧音乐声，还有女孩子们一串儿的笑声？车窗外的火锅店热气腾腾，车窗外的行人步履匆匆，不知从哪儿飘来的橘子味儿透过口罩渗入头脑。

终于结束了啊，忙碌的十月和忙碌的教资。几近没电的手机突然弹出一条消息，大一的小学妹对我说："姐，今天万圣节，你吃糖了么？"再忙碌的日子也总要吃点甜。车平稳停在了鲁大东南门，下了车仿佛一脚踏上了生活，热闹的天桥鸡叉骨香飘四溢，烤冷面哥哥热情叫卖到高歌，家常大饼哥哥的嗓门也毫不逊色，炒饼哥哥帅气颠勺，火焰直窜，听说这叫"锅气"，而我觉得这个天桥边最是充满了烟火气。大家竟也是鱼贯而入，刹那间到处都是"嗷嗷待哺"的教资人，吃顿热乎的，抚平一整天啃面包的委屈。化用最近"打工人"的梗，应该说"教资人，教资魂，考过教资人上人"。正午的阳光倾洒，我从床板上酸痛地醒来，原来这竟是我十一月的第一场梦。

多巧的缘分，十月与十一月是以考试过渡的，从教资考试一夜间切换到普通话考试，踩着昨夜的梦踏上去北十教学楼的大坡路，又很快结束考试踏回了坡路。考试真的结束了，十一月真的开始了。

不好意思，十一月仍是从备考开始的。因为"语文学科课程标准与教材分析"这门必修课已经结课了，同学们正紧张准备期末考试。尚未从教资的

179

背诵中脱离出来，又陷入了记忆背诵中。"双十一"的"养猫"大队很快袭来，各种群里都是互相助力的消息，每日背得头昏脑胀回到宿舍，打开淘宝一看队伍比拼，立马大喊一声："大家快帮我助个力！我们队又要输了！"而往往会得到这样的回应："快快快，也帮我点一下。""来来来，互助互助！"能在枯燥的背书中做一点浪费时间的事，莫名让人开心，尤其队伍赢了后赢得几块钱的红包，更是开心。就这样，10号这门课的期末考试来了。凭着残存的教资记忆，结合老师上课所讲的知识，同学们答题很快，合笔交卷的那一刻意味着考试周又少了一门必修考试，就好像看到了寒假般令人愉悦。当然了，其实不然，鲁大尚未初雪，冬天仍未来临。

虽然已过立冬，但海风吹拂的鲁东仍是一片深秋景象，那些夏天未完成的事，仍可以温柔在这个秋天。柳树仍绿，因疫情延迟印刷的《石榴花》也花开三期。11月11日，新杂志分发到我们手中，迫不及待翻开来，闻着清新的墨香，拜读大家的作品，我们班的陈奉泽、陈然、杜志敏、路棣、马鸿岩、孙雨亭、高凌鬻、王述巍、王晓晴、赵婉婷同学都发表了文章。经过漫长假期的沉淀、思索、品味成就的文章，读起来也是让人醍醐灌顶，启迪颇多。有人读《母与子》挖掘温情下的冰封世界，有人背起行囊去青海体验心灵的自由，无论是旅行还是读书，都是人放松精神、心灵漫步的旅程，好在大家都在好好享受着。

在杨帆老师的带领下，我们班几名同学在杂志"人间笔谈"专栏中集体发言，将一学期的品读成果做了次简单汇报，看到"主持人词"时，便又想起了那个温和的午后，我们围坐在一起，畅言自己的想法、感受，杨老师的温柔话语犹在耳畔，耐心指点我们存在的问题，同我们一起交流心得感想；同学间也是互帮互助，主编路棣同学更是尽职尽责为我们一一做了批注并提出修改建议。一个写不出什么优秀书评的我能在这个过程中得到老师、同学的帮助，真是幸运极了。王国维先生说："有境界则自成高格，自有名句。"通过师生共读，我们不仅体会到了诗文中的境界，更感受到了先生的境界，一个人的所读所见也会造就此人之魅力，先生的"境界说"不仅能用来评析诗文，也可以评价人。正如杨老师所说："'境界'二字不只在诗文中，也在我们的人生中，正如诗人诗句中体现出作者的境界一样，我们在为学、做事、做人中也体现了我们各自内心的境界。"

将《石榴花》杂志毕恭毕敬摆放在书架上，眼光又落在了隔壁一厚摞的《贝壳》上，说来也是奇怪，在贝壳文学社待了两年多，虽不是期期发文，至少留下过大名，但在《石榴花》看到自己文章发表时仍有按捺不住的欣喜。我想这是种敬意吧，敬佩专心致志搞创作、搞文学、搞学术的编辑者，动容于认真踏实的品读者、钻研者，能留下一篇文章，这是多大的肯定。

刷到了黄老师的朋友圈："三季三期三千册杂志，准备大规模精准投放。"配图是屋子里堆满的一摞摞杂志。看着那未拆封的牛皮纸，我仿佛能感受到那份骄傲。因为在《贝壳》也做过编辑的工作，更能体会到《石榴花》的同学们在每一期杂志出版背后所付出的心血。想起在《贝壳》与小伙伴审稿、校稿、跑报社的日子，那时候的《贝壳》杂志社定然是满满当当，热闹非凡的，大家一分几篇文章，拿着彩色的笔校对修改，有拿不准的便同身边的伙伴商量，便也时常从一个标点讨论到文章的内容、主旨、立意，更是频频与伙伴们一个个数字以衡量标题是否居中。而我最中意的，是那把沙发椅，歪歪扭扭地躺在里面，再放个音乐，看个稿子，好不惬意。33 路车坐两站，过马路一直往前走，穿过烈日下斑驳的树荫，推开报社的门，黑白极简的装修风格，时钟的表针安静流淌，刘编辑的鼠标光标穿梭在两个电脑屏幕间，键盘一串噼里啪啦响；修改后，打印机开始工作，纸还是热乎乎的便被我们抽走，核对无误后再根据页码塞进正确位置。贝壳、报社间要来回跑好几次，因为三校后才能最终定稿，所以审稿、送稿的流程至少要走两三次。一来二去间我便知道，坐 33 路车需要碰运气，有缘时能恰好赶上，无缘时只能经历漫长的等待，还有最好是稍早点去，否则遇上傍晚放学，是跑不过活泼好动的小学生而只能拥挤一路回校的。

定稿之后就剩满心的期待了。最想看见的其实是杂志的封面，虽然见过黑白的，但毕竟与彩色的不同，每年的封面风格都不一样，每期图案也会更换，所以最是期待。印刷完成后，一千册杂志被打包送到系楼，再由我们搬到贝壳，一捆捆也能摞得很高，搬运完后先拆一捆，一睹封面的"真容"，然后

冬日可爱，你也可爱

欢喜雀跃地拿到书架上摆上一排，再拍一张"全家福"。再然后就是分发了，我习惯按班级数好份数，整理好，然后理直气壮地攻占贝壳的大桌子，几十本几十本排满，也是小小壮观了一把。但我被主编大大练就的最纯熟的技能，却是往信箱里塞杂志。怎么在满满当当的信箱里再塞进一本杂志，确实需要些许技巧。总而言之，手里拿到新杂志时，是满足的，校稿的过程就像与它建立某种亲密的联系，参与它的一路成长，见证了它从一堆电子文字，到打印的初稿，再到成册的杂志，像是梦想结成了果实，同学们对文学创作的热爱，经由我们，变成了实体的杂志。

而《石榴花》连内容都是同学们自己排版的，付出的时间定然是更多的，加之因疫情延迟印刷的三期杂志一口气全部印发，多畅快啊。看着书柜上排排站的《石榴花》和《贝壳》，就是并肩齐行的两个社团，它们承载着同学们的热爱，表达着它们的态度。胡院长说："我们既有著名作家张炜开创的纯文学杂志《贝壳》，培养一代代作家，又有促进多学科交融的书评杂志《石榴花》，培养一批批学者。"山花望海贝，石榴花读书堂作为新锐社团，以极快的速度举办了一系列特色活动，影响着同学们的思维方式，塑造着鲁大的校园文化，敦促学生加深思考，启迪思想；贝壳作为文学社团，也为爱好文学、喜欢写作的同学们提供了天马行空的平台，在这里他们可以挥洒笔墨，尽情构造他们的文学世界。花开两朵，各表一枝，齐头协进，何不谓我们文院学生之福呢？而我竟更有幸能在贝壳工作，又在汉文本 1801 班同石榴花一起共同成长。

11 月 14 日，在入冬后的晚秋景色里，经过黄老师的精心策划组织，我们汉文本 1801 班同 2020 级研究生的哥哥姐姐以及文史哲融通创新基地班的小伙伴一起乘坐两辆大巴，前往昆嵛山展开一次创作实习之旅。很遗憾黄老师未能前来，但有姜娜老师和周海宁老师陪着，我们也是挺开心的。虽说是带着任务去的，但爬山途中便被景色吸引，全然置身大山中了，也与两千多年来的来访者撞个满怀——秦皇汉武为我们打过前站，王重阳在此创立全真教。大家一路欢快，有人赞叹昆嵛山层林尽染、五彩斑斓的秋色美景，有人对千年银杏树感到心悸，尝试着与古树对话，还有的人沉醉于山中的一片宁静。

　　虽然逛的是石门里景区，并未亲眼见到烟霞洞，但山间潺潺流水声也拂得心中宁静。循着流水声一路爬，可以看见一个小水库，见到了《小石潭记》中所写的"皆若空游无所依"，清晰可见小鱼苗簇拥成群地游动着。水库那边是倾斜的水流，这边却是一片宁静，鱼儿水中游荡，击不起任何涟漪，水面平如镜。穿过"水帘洞"还有一片锦鲤，正午时分的阳光洒在水面上，鱼鳍划过优美的弧线，一层层水波闪着金光折映在我眼中，温暖得让人睁不开眼，水中时时传来锦鲤吃食的"啵啵"声，也只能听到"啵啵"声。我和于洁很"大方"地把自己的面包同锦鲤们分享，这才看清"啵啵"声的来源，锦鲤们没有办法准确找到面包屑的位置，只能游在大概的方向，然后张大嘴，一张一合在水面"扫荡"，稍大力便会与水撞出"啵啵"声。撒一大把面包屑下去，几秒后就响起了好一阵的"啵啵啵""啵啵啵"。晒着水面倾洒的阳光，听着水中清晰的声响，还有乌鸦时不时的叫唤，宁静至此，倒也难怪能悟出些道理来。

　　也有同学流连于千年银杏树旁，抚摸着树干，凝视着树纹，只听她感慨道："天呢，我那一瞬间真的有种心悸的感觉，仿佛撞上了它的眼睛，能与它对话似的。"万物皆有灵，出于对银杏树的尊重，我也没有摘它漂亮的叶子，而是在掉落的叶子中挑挑拣拣；正埋头捡拾银杏叶子的我听了这段表白，就小心翼翼地放好捡到的叶子，悄然离去，莫要打扰她们的交流才是，也不知后来那个姐姐同银杏树通心交流得如何，不过我想，千年孕育的树木，见证了沧海桑田，自然有许多感悟可说吧。

　　或许景色历年历代相差无几，但我们的伙伴却是独一无二的。下山路上遇到对面宿舍的姐妹们，她们有人负责摄像，举着自拍杆找寻合适角度；有人则是解说员，站在标牌前一本正经介绍："我们来到了最后一站……"有人则是气氛小组，负责鼓掌、呐喊。一路上遇到好多乘小绿车下山的同学，大老远就能听见她们稍带炫耀语气地说"嗨"，回身就能看见她们大展手臂挥舞着，嘴角都要咧开了。下山途中遇到了不少小绿，听到了不少加油声。原以为我们下山的脚程挺快的，不曾想到山脚下同学们已经在草地上铺了布，

冬日可爱，你也可爱

围了好些人在一起打牌呢。后来才听说当我们在半山腰时，已经有爬得快的同学登顶后玩起了狼人杀。同学们大多是宿舍结伴行，感受自然也不同，回来刷空间看大家的成图，粉雾海梦幻的照片还有许多创意合照。岁月极美，漫山粉雾，你们最可爱。

几日内，天气骤寒，18 日这天气温急剧下降，烟台也是一叶知"冬"，换上厚衣服出门去，金黄的叶子落了满地，雨水又在其上刷了透明一层，愈发金黄。冬风肆虐的一夜间，枝干光秃，全都化成了脚下的"唰唰"声，水杉也换上了金色的衣衫，北区的柳树也褪去了青绿。晴时，总觉得秋日尚未过去，降温后，更让人留恋暖和的被窝了。好多人与我的想法不谋而合，瑟缩在被窝里，倒一杯热茶，看一两集电视剧，最是惬意不过了。《请回答1988》第一集就赚足了我的眼泪，果然寒冷冬日里善良的人会给人爱的温暖，日常生活中的点点滴滴令人感动。

小雪节气，正是孟冬时节。此时，天地闭藏，万物归根，反本复静。小雪节气与烟台的初雪相遇，随着小雪飘落，百团大战也在北操如期举办。缩减了规模的百团热闹依旧，帐篷前围满了学弟学妹，没有摊位帐篷的社团也找好了位置，花样百出宣传自己的社团，吸引同学前来。想起去年和贝壳的伙伴们在这里纳新，突然意识到我们班那么多同学执掌或支撑院内外诸多社团的光辉岁月已经宣告结束了。

11 月 28 日，烟台又下雪了。不像初雪时只是一小会儿的雪碴子，这次终于是漫天飞雪了，鲁大又被裹挟在了一片白茫茫中，只可惜地面温度高，雪尚未积起就已化成水沁入泥土中了。纷纷扬扬的雪，为大地上的人们带来久违的欢愉，内心的积郁仿佛也与雪一同降落、融化了。此时，感知才倏忽转入冬天。冬天，如同一个长途跋涉后好容易安顿下来的旅人，迟缓而阴冷，失去了光泽与生气，令人难以与之平和相处。而正因天气严寒，万物闭藏，人们能做的事实在不多，便转而深入内心，给自己添一把柴火，制造出一些温热、平静、期待或是想念来，亦是极好的。

11 月的最后一天中午，黄老师请我们宿舍和冶成鑫在南招吃了顿饭，有种隐隐约约的感觉，他在抓紧时间跟我们"在一起"。大一时，他跟我们班每个人都聊了天，现在大三了，他要请我们班每个宿舍吃顿饭。空调温度在20℃以上，隔绝了屋外的冷气，显得异常温暖。冶成鑫说起他阅读黄灯《我的二本学生》后的震撼和困惑，激起大家对今后考研还是就业的思索。黄老师不急不徐的语调总是给我沉稳又有智慧的力量，在了解我们的近日生活后，他又分享了读书的趣事。老师说他体悟的读书和自由有三层楼：第一层是通过日常的阅读写作让你沉静忘我，纯粹求索，这便是自由；第二层是通过跨学科的阅读写作，让你体会到万物一体、万事一理，这也是自由；第三层是通过创作不仅寻找到自己的命运，还能照亮他人，帮助他们追寻自由和找到自己的命运，从而改变历史，改变世界，这更是自由。他说他正在努力从第二层楼向第三层楼攀爬，但至于有没有第四层、第五层楼，他目前还不知道。因为在第二层只能看到通往第三层的台阶，却不知是否还有第四层、第五层，但定然是有的，定然是无限地直通云那端的。老师告诉了我们读书和自由的意义，鼓励我们多读书多写作，并学会在不同的应用文体中自由穿梭，他说写作跟文采没有直接关系，主要是为了让自己脑子更清楚，无论今后从事任何工作都能主宰自己的心灵和命运，而不是任由他人奴役和控制。我自知自己努力得还不够，只能从现下开始了，但也好在冬天是个极适合读书的季节。

春耕、夏耘、秋收、冬藏。冬天，当自然界收敛了锋芒，也让人在向内寻找的过程中，建造起精神的家园。在这个冬天里，我们班好些同学也在"闷声干大事"。秘若琳、陈奉泽、王述巍同学经过一个多星期的党员集中培训，顺利通过党考，发展为第82期预备党员；秘若琳、陈艺、杜志敏、路棣、滕子涵等同学积极参加文学院大学生社会实践及哲学社会科学类成果挑战赛。还有许多同学参加了各样的考研讲座，初步了解考研，为日后做准备。我班李玉同学还成为"幸运选手"，被抽中随机获赠一本刘晓燕老师的书。有一词叫"冬日可爱"，意思是人如同冬天里的太阳那样使人感到温暖、亲切，值得人们去喜爱。善良温暖，有目标、肯努力的大家，更可爱。

冬日宜在书香中沉淀自我。扫去心中的烦杂，减去身体的辛苦，拥有独属冬天的平静。汪曾祺也是喜欢冬天的，他说阴天下雪，就要喝咸菜汤；早上起来去后园折蜡梅、天竺果插瓶，可经半个月，"家人闲坐，灯火可亲"。

冬日可爱，你也可爱

在冬天，一些小事也能生出许多幸福感。比如热气腾腾的烤红薯，刚出锅的糖炒板栗；柚子弥漫在空中的香气，吸一口满是 Q 弹珍珠的奶茶；开一盏小灯静心翻翻书，桌角香薰喷雾细腻的水雾有淡淡的橙花香。冬天是最能让人感受生活、喜欢生活的。作家巴克莱有言："幸福的生活有三个不可缺的因素：一是有希望，二是有事做，三是能爱人。"如此，即使天寒地冻，我们依然拥有温热可爱的日子。

（王晓晴）

凛冬已至，就此别过

2020年的尾声是以一场小雪开幕的。烟台素有"雪窝"之称，落点雪也没什么可稀奇的，但当那些素净、轻薄的白色花瓣打着转落到身上、手上甚至鼻尖上时，整个校园都被温柔地披上了羽衣，忽然觉得：我等得太久了。望着雪景，好像透过雪望见了去年今日——这一年过得太不容易了。

一切似乎过得太快，细细想来又好像举步维艰，我们每个人都经历了疫情的重击，在恍惚中被推到了年末的结局。这是注定要被载入史册的一年，现实的戏剧性足以击败任何鸿篇巨制的电影，作为主角的我们在上一场雪里开始跌跌撞撞前行，终在这一场雪中脚步不再磕绊，有信心过好这个冬天。我想重新拥抱这伤痕累累的一年，让雪为其裹妆，以美好的姿态两相挥别。

风雪之中，有一朵坚强的石榴花正开放着，缀在雪中，傲然独立。12月5日，石榴花读书堂在初雪之中迎来成立一周年大会，纵然疫情之下环境恶劣，但每朵石榴花都如期绽放，现在要由社团的"新鲜血液"来浇灌它们了。

在一周年大会上，《石榴花》杂志总编、文学院院长胡晓清教授致辞。她回望了石榴花读书堂成立的初衷和落实立德树人根本任务的宗旨，表示"石榴花阅读推广服务基地"的成立，旨在厚植同学们的家国情怀，从校园走向社会，从小我走向大我。通过观看石榴花读书堂去年成立大会的视频，我们发现这一年如此倏忽，但我们又何其坚韧。换届大会上，2018级理事会将火炬交给了 2019 级的学弟学妹们。作为首任会长，班长赵婉婷述职，汇报了社团一年来的工作成果：免费向学校和社会公开四期《石榴花》杂志电子文本，助力疫情期间师生的线上教学与学习；举办书评、影评、随笔、书签设计大赛等活动共六次，收到投稿作品 1000 多篇；邀请诸多海内外专家学者举办 30 期石榴花大讲堂，邀请优秀学生举行两期石榴花小讲坛；面向全校资助两批共 27 项学术调研课题，乘势而上成立学术部，激励同学们将书籍读到社会中，把论文写在大地上；疫情期间举办一系列服务师生、助力抗疫的活动，获得《中国教育报》等媒体的报道。

来自汉文师 1901 班的新任会长张琳童表示新一届理事会将继承上一届开拓进取、乘风破浪的精神，秉持石榴花读书堂的宗旨，怀抱初心与理想，全面发挥内在活力，与校内外诸多社团共同致力于"新文科师生阅读研究共同体"建设。

石榴花读书堂 2020 年成果展示环节中，《石榴花》杂志副主编路棣、郭晓慧介绍了杂志的主要栏目、组稿和排版印刷过程，表示今后杂志将继续引领跨学科阅读和研究性写作。每一本杂志都是社团成员心血的结晶，我想起当《石榴花》杂志创刊号发到手里时，每个见到它的人心中的雀跃与欣喜，虽是一本书的重量，却承载了许多人的浓浓心血。随后，学术部郑嘉琳、外联部唐叶婷、宣传部于景慧、编辑部王兆祺、交流部侯宝露等都介绍了各部门的特色成果及未来规划，如"石榴花新文科研究丛书""石榴花阅读推广服务基地"等。烟台大学文经学院《晨曦》杂志社和山东工商学院《沐风》文学社作为校外社团代表也对石榴花读书堂成立一周年表示热烈祝贺。

在嘉宾老师致辞环节中，黄老师作为社团及杂志发起人说这次是鲁大第二届文林大会，相聚石榴花，共话新文科，目的就要把校内外志同道合的读书种子汇聚在一起，让诸多阅读写作类社团在棋盘上秣马厉兵，排兵布阵，共同成长。他引用《西游记》里的一首诗"棋盘为地子为天，色按阴阳造化全。下到玄微通妙处，笑夸当日烂柯仙"，并说我们就需要下一盘"玄微通妙"的棋，推动大家"以文会友，以友辅仁"。他希望社团新一届理事会继续秉承"打开一扇窗，照进一道光"的石榴花精神，坚守"跨学科、跨文化、跨层次"的社团定位，保持"闻风而动、观风而变、鼓风而行"的工作方法，珍惜自己"在其位，谋其政"的历史时刻，为后来者栽好树、铺好路，系统谋划，主动作为，持续构建"新文科师生阅读研究共同体"。他发布了社团在 2021 年的工作计划：联合三方力量，由石榴花读书堂、文学院研究生会、文史哲融通创新基地班共同创办以学术论文为主要内容的《岭云学刊》，与《贝壳》《石榴花》共同构建文学院海陆空杂志方队；启动"石榴花新文科丛书"，打造社团标志性成果，将"新文科师生阅读研究共同体"引向纵深；发挥"石榴花阅读服务推广基地"的功能，开展公益实践活动，助力中学教育改革和乡村振兴；启动国内外访学计划，面向全校遴选优秀学生赴高水平大学访学交流；联合国内外优秀青年学者，创立"明清东亚研究青年学者工作坊"与"全球文明互鉴青年学者工作坊"；继续举行书评、影评、随笔等大赛，同时探索新型活动比赛。最后，他启发同学们通过阅读写作追寻安宁和自由，在跨学科阅读研究中体认万物一体、万事一理，通过创作来照亮他人和世界。

《石榴花》杂志执行主编姜娜老师回忆了社团发展的两个时间节点，启发大家思索自身的来向与去向，思考疫情对阅读生活的冲击，鼓励大家通过阅读走向社会，体验自身的发展。《石榴花》杂志美术设计、艺术学院李文杰老师祝愿社团乘着新文科的东风，绽放出更加绚烂的色彩，也希望艺术学院相关学科能乘着新文科、新工科的风帆有所斩获。鲁东大学新华书店杨登辉经理讲述了新华书店与文学院的密切关系，希望今后加强合作交流，共同致力于书香校园和新文科建设，全心全意服务于师生教学学习。

"小学堂"团队项目指导教师、国际教育学院刘昕老师认为鲁大"南有石榴花，北有小学堂"，小学堂"为古籍事业留人，为传统文化点灯"的理念与石榴花"打开一扇窗，照进一道光"的理念是相通的，一盏灯和一道光共同为学生开辟了一条道路；希望青年学者实现"科研、教学、育人"三位一体的有机结合。"兰桂枝"团队项目指导教师、文学院李海英老师通过回忆求学时光，提出养成阅读习惯的重要性，启发同学们思考语言学专业能为社会做什么，以及如何在当下建设读书精神的栖息地。《贝壳》杂志主编、文学院贾小瑞老师在致辞中深情朗诵了李海英老师的一首诗歌《老等》，寄

凛冬已至，就此别过

189

托深厚情怀，将大会气氛推向高潮。《石榴花》杂志编委袁向彤老师介绍了文学院为适应"后疫情时代"的教学变革和新文科的建设需求，成立了文史哲融通、创意写作卓越人才、文理交叉语言信息处理等三个创新基地班；她说石榴花读书堂作为省内外新文科建设的社团先行者，丰富了新文科建设的内涵。文学院文史哲融通基地班导师詹今慧老师通过讲述面试遴选文史哲融通创新基地班成员的经历感受，提出跨学科阅读写作和通识教育的重要性。

最后，石榴花读书堂举行 2020 年书评、影评、随笔、书签设计大赛颁奖典礼，李士彪、周海宁、贾小瑞、顾林、李文杰等老师为全校获奖同学颁奖。社团 2020 级"后浪"代表吕致远携社团全体成员上台合唱《小幸运》后，全体与会人员上台合影留念。

不知不觉，长达三个小时的大会令人叹为观止地结束了。我们知道这次大会标志着汉文本 1801 班作为创团主干力量的谢幕退场，虽然是一次校内150 多人在演播厅参加的振奋庆典，但对我们班来说，这是一场依依不舍但又必须深情挥手的告别。那么多师生看到的是庆典上耀眼的光芒、老师们的祝福和绚丽动听的文艺节目，如吉他弹唱《恋爱 ing》、乐器演奏《赤伶》、吉他弹唱《安河桥》、诗歌朗诵《老等》、合唱《小幸运》等，教育科学学院佳琦同学的主持也令人惊艳。可班内同学和黄老师在内心深处感受到的却是一种淡淡的离别惆怅，是的，想想当初，从石榴花这个名字、大讲堂、杂志、社团到各种比赛、活动、服务基地，好像只是一瞬间，但谁也没想到会有这么多一连串的事情。如今，我们这一届的使命已经完成，即将离开，放心地期待着下一届学弟学妹会有更精彩的绽放。

距离上一次四六级考试还没过多久，12 月的我们便要再一次重振旗鼓踏上考场。由于疫情，许多考试都被积压在下半年，回首望去，几乎是每月一"大考"，各类考证考得人都有些麻木了，不过也正是如此层层历练下，我们的心态也日益平和稳定，这一次的四六级显然没有上次那么紧张，宿舍一众人相互鼓励，虽然大家在考试出发前口头上调侃着"我们这次是真的要去做一套真题体验一下"，但实际上都在彼此祝愿都能顺利攻克这座"山峰"。

人在冬日总易倦怠，甚至在购物这件事上也不例外。"双 11"的号角似乎还在耳边回荡，"双 12"的预热就已席卷各大购物频道，学校的快递点似乎就没停过，取快递的脚步亦然。消费也是一场海啸，折扣的文字游戏让我这中文系的人有时都汗颜，规则的新奇复杂也使我这曾经的理科生败下阵来，只好听着身边的人热烈讨论趁着"双 12"置办些什么，我却因为算不懂那些满多少减多少而决定"不买立省百分百"。平心而论，电商平台的高速发展于大学生究竟是好是坏呢？在大家足不出户就能买到东西的背后，是否促使超前消费的可能性增高也引人思考。在购物的狂欢之下，满多少减多少的诱惑促使人为了凑单而买下许多自己并不需要的东西。

月中晚上，我收到黄老师赠送的顾林老师的新书《救赎的可能——走进史铁生》，他在班群里说还有两本，谁要呢？路棣、陈然各抢到一本。很显然，这是明天石榴花大讲堂第 31 讲要讲的书。过去我也参加过大讲堂，但去新华书店听大讲堂实属第一次。书香中，我跟随顾林老师"遇见"了史铁生。这次讲堂是为了纪念史铁生逝世十周年，也是顾老师的新书分享会，李士彪、路翠江、姜娜、周海宁等四位老师也参与了讨论。我捧着黄老师赠送的书，窗外还是一片雪景，而我们屋内却有一群人围坐一起，享受思想的碰撞和心灵的私语。想到这里，从南区到北区路上刺骨的寒冷似乎都不算什么了。

在我看来，"遇见"这一主题实在妙绝，顾林老师研究史铁生并非一开始就决定了的，她从大学期间就随性阅读，学习美学知识，最终将博士论文选题指向史铁生，这实际上都是冥冥之中的邂逅，是由无数巧合构筑的注定。如果说我之前对史铁生的印象仅仅是《我与地坛》一文，那么在顾老师引领下，我也再次"遇见"了史铁生。

她结合人生经历中的亲情告别、疾病侵袭、精神抉择，讲述了"存在与死亡"这一根本话题，令全场师生为之动容；结合自己撰写硕士论文和博士论文的经历，分享了关于存在主义哲学、陀思妥耶夫斯基、别尔嘉耶夫、何怀宏等流派或学者作品的阅读体验；结合参加"史铁生的精神世界与文学创作"研讨会和实地调研史铁生插队所在地的经历，阐释了实地调研对研究作家、作品及其思想世界的重要性；结合一张张合影照片，介绍了史铁生身边

凛冬已至，就此别过

诸多志同道合的朋友，其顽强精神都令人肃然起敬。她认为"幸遇史铁生"，启发我们追寻存在的勇气，即"救赎的可能"：在面对暂时无法解决的生命难题时，通过与天地、前人的思想沟通，从而与生命达成一种和解。

我全程听得不由有些出神，雪落和店内书页翻动的声音都模糊不清了，好似这里只剩下我们，只听见她饱含感情地说："一个人最重要的美德是真实。"讲到情浓处，顾老师的声音有些颤抖，我在一旁也不由得鼻子有些酸楚。我似乎是第一次对生命陷入如此深刻的思考，对顾老师更增添了敬意。听了这场讲座，我对死亡似乎多了几分新的感受，在过去我始终认为那是可怖的，注定要到来的黑暗像是无尽的深渊边缘，我既恐惧自己的死亡，又恐惧着身边人的离去。当然，通过这场讲座，我已然有所改观，对于这些生命的难题，恐惧与焦虑也不过是无用功，不如去尝试用前人的思想去沟通，最终与生命达成和解。

如果说月初的雪是凛冬到来拉起的序幕，那么这场寒潮才是正戏。或许是天气觉得那点小雪不过瘾吧，在雪消融得七七八八后，一场大雪呼啸而来。鲁东大学再次陷入冬雪的怀抱，无论是校园的哪个角落都被银装裹住了，松枝被雪压弯，仿佛垂下了手，夹道的法桐披上了白纱，整座校园变得熟悉又陌生。仍记得大一那年冬天，初到烟台的我对这么大的雪感到惊奇，纵然身为北方人，但也许多年没见雪花纷飞、天地一夜白头的盛况。时光易逝，不知不觉这已是我在鲁大的第三个年头，雪也数不清见了多少了，但奇怪的是，看着那些轻盈的花朵落到手心缓缓消融的时候，内心仍不住地感到雀跃，无数个往昔的时刻都伴着这片雪花在我身上重叠起来，置身于纷飞的雪中，我忘却了时间。

12月也是有遗憾的。由于冬至那日我上午有课，等我下课后到超市，买饺子的窗口早已排起长队，还有不少人是早有预约，我犹豫半晌，还是放弃吃饺子了。买饺子的不乏南方同学，前来一试北方神奇的咒语"冬至吃饺子，冬天不冻耳朵"。至于我，为弥补这份"遗憾"，选择了在冬至后一天恶补了一顿，并且许愿：我这只是昨天没吃上，希望后补的饺子也能"保佑"我不冻耳朵。

为保证下学期的顶岗实习能够顺利进行，学院特意安排的校内试讲活动也在这个月断断续续结束了，我们宿舍成员在不同导师指导下先后完成了试讲。在这段日子里，往往是早上七点多就有人抱着电脑跑去系楼找空教室练习，或是在宿舍里一遍遍修改自己的教案和PPT。"终于结束了！"这句话留给了宿舍最后一个结束试讲的舍友来说。她回到宿舍后，收获了全宿舍的掌声庆祝，以及一大片"老师好！""老师辛苦了！"试讲期间，大家在相互点评时还在戏称对方是"某某老师"，不过等到年后，大家就真的要赶赴各中小学，走上讲台给孩子们讲课了。

实习学校的选择来得太猝不及防，本以为要等这学期结束才开始选择实习学校，但没想到校内试讲刚一结束就要做出决定。我们班要被分到烟台、威海各个县区的中小学，该去哪个地方，初中还是小学？一时间班级QQ群里也炸开了锅。三四个月的实习并不是件小事，突然要做出选择对于我们每个同学而言都是一种挑战。好像黄老师觉察到大家的焦虑，他专门在班群里发了一段话："各位小伙伴，关于实习学校的选择，请大家保持平常心，不要着急焦虑和患得患失。下学期三个月的顶岗实习，应该是大学四年最难忘最持久的外出实践和生命体验。其实无论选择哪所学校，本质上都是一样的，只要你相信黄老师说的'用心用功，天道酬诚'，就会更加依靠自己的努力和体悟，而不是客观环境。市区县城学校的条件固然不错，交通也便利，但其实锻炼和上课的机会却并不多。乡镇中小学虽然偏远一些，却能让你心无旁骛统筹自己的实习和学习，当地学校对你们的依赖也更多，孩子们对你们期待的眼睛也更明亮，你对当下中国和自身使命的思考也更深刻。万水千山总是情，人生何处不相逢？我们都长大了，应该让自己在大学期间锤炼下吃苦的韧劲，对大家在未来抵挡风浪只有好处。你是选择便捷安适还是选择磨练挑战，无论你选择或被分到哪个学校，只要怀抱初心与理想，都会收获别样风景和心灵。"

在知晓要选择实习学校消息的次日中午，我们按照综合成绩排名次序，在班群里接力选择学校。第一位同学秘若琳在表格里填写好"烟台大学附中"和自己的信息后，就在班群里"@"第二位同学填写选择学校。一时班级群

凛冬已至，就此别过

里多了一份紧张与郑重，或是惴惴不安着想去的学校是否被填了，或是仍在迷茫该去哪里。我的决定似乎没有费劲，看到可以去威海后几乎是毫不犹豫选择了，原因也并不复杂，在烟台也呆了两年有余，是时候换个地方看看了，既然是挑战，那便迎战这场"刺激"到底吧。只是向来习惯呆在集体的我们被一个一个分开了，应学校安排，几乎每个学校只会去班内的一位同学，对于这件事，还是有些许的不安与孤独混杂着要去实习的激动喷涌而来。尽管是明年才要开始，但我已经觉得这场实习肯定会成为我们大学生涯中一段难忘的记忆。

南四教学楼走廊上的诵读声在十二月末的某一天小了下来，东侧大厅的桌椅也忽然空了，整个学期都垂头学习的身影们在那日已经去奔赴战场——那是考研倒计时变成零的一天。每次早起去上课的时候，就能看见走廊上已经有不少学姐学长在背诵，神情专注，纵然寒冬已至，走廊上温度确实有些低了，但他们的学习的热度依旧不减。路过他们身旁时，总会不由得有些自惭形秽，对他们努力的样子由衷地钦佩，只得轻手轻脚走过。那天，对着有些空荡荡的教学楼，看着学院大厅孔子塑像前摆的水果和墙上考研计时器上的"1天"，我竟然觉得有些不适应，待到明年今日，也就该轮到我们这一届了，暗叹一句光阴无情。愿各位前辈们顺利上岸，和理想学府一"研"为定。

谈及考研，其实我自己也迷茫了许久，提升学历和直接就业都是一种选择。对于还想再让自己变得更有价值一些的我，考研的方向又成了一大问题。我思来想去，虽然我很喜欢目前的专业，但并没有特别偏好哪个方向，又有点担心自己的选择是错误的，在一头雾水之下，刚好黄老师有空闲，我便去他办公室跟他聊了这个话题。

但行好事，莫问前程，这是我在那天中午谈话之后抱着黄老师借给我的汪晖的《反抗绝望》和送给我的一个大苹果时的想法。我们总要面临各种各样的选择，过早将自己陷入焦虑中并没有什么意义，不如做些小事充盈自己，不一定要得出那么是非分明的答案，只要一直行在路上，便会从风中得知自己该去的方向。乘着大三之冬的书单，翻阅过各专业的论著，我想……我应该会在这个寒假感受到属于我自己的那阵风。

年岁终章蹑手蹑脚地上演了，2020 年算是真正要画上句号。在考试周来临前，12 月 28 日晚上，班里开了一次别开生面的主题班会，包括《我的二本学生》读书分享会、考研动员会、全班同学新年祝福。每个宿舍都派出代表分享了宿舍成员的读书感悟，许多同学都表示有强烈共鸣："读到黄灯老师的学生，就像是看到了自己。"滕子涵说《我的二本学生》其实是一部以 80 后、90 后大学生为线索的社会变迁史，路棣认为年轻人都应该去写诗，应该感受到这种痛苦，因为这是自我觉醒的标志。的确如此，黄灯老师笔下学生们鲜活、挣扎又奋斗的样子，就映照在我们每个人的身上，那些对于未来的焦虑，努力过却只能走到这一步的过去，无言且沉重地敲在我们的心上。大家不仅在分享阅读感悟，也是在推心置腹地说些心里话。有些同学如赵婉婷也热情分享了自己来鲁东大学前后的想法，普通又平凡的我们正在以自己独特的形式努力燃烧出自己的光亮。

　　黄老师在各位同学结束分享后，讲述了他的种种大学经历，谈起昔日的一些大学同窗。他说自己也是二本学生，当年在聊城大学经历的各种挣扎困惑不亚于书中所写，但是他从未觉得出身于二本院校有什么不光荣，反而一直引以为傲，视为财富。因为二本学生的经历让他在痛苦中有了勇敢向上生长、向前奔跑的动力，也结识了诸多在泥泞中携手前行的朋友，熟悉中国最广大的大学生群体的基本诉求，更让他永远铭记自己的出身并不忘关怀和理解有着类似经历的人们。他引用《布鲁克林有棵树》一段话说："一个通过艰苦奋斗走出了社会底层的人，通常有两个选择。脱离当初环境之后，他可以忘本；他也可以在超出这个环境之后，永不忘记自己的出身，对残酷拼搏中不幸落下来的人充满同情，充满理解。"

　　生活确实残酷，有人说学校是象牙塔，但在信息化发展的今天，学生其实已经不是象牙塔中只管念书的人，种种焦虑感卷着我们前行，但在车轮滚滚之下，可坚守的只有那颗赤子之心。我想起李孟凡读完《我的二本学生》后的感悟，她说想在毕业后留在家乡小城工作："你可以说我不勇敢，但是不能说我不幸福。"我想，每个怀揣赤子之心的人并没有不幸福的道理，在岔路口上无论做出何种抉择，即使要遭受不解和冷眼，但理性思考后仍遵从

凛冬已至，就此别过

内心的声音一定是幸福且快乐的。我曾以为，人生中仅仅会经历一次规模那么宏大的考试——高考，但现在又要面临一场似乎不输于高考之惨烈的考研，不觉有些茫然。

但黄老师的讲述还没结束，接下来就为了缓解我们的这些茫然而分享了一位上一级学姐刚刚结束的考研经历。他把这位学姐考研两天的复杂心绪都复述了下来，并不是为了增加我们的焦虑，是想让我们认识到考研也是一场人生的洗礼和修行。这位学姐曾在大三——跟此时的我们一样——记录了一件事："碰见何静了，考研有压力，但更是一个享受的过程。可信可不信。"在她乘坐大巴前往牟平考研的路上，与她朝夕备战考研的同学给她写了一张卡片，上面说：

> 很高兴认识你，让我在后半阶段觉得很温暖，也给了我很多复习的建议，正如我们英语作文中所说："大家都说要帮助他人，但言行一致的人很少，而你用实际行动证明了你是真的乐于助人。"虽然你经常说复习任务太重了，但是我心中一直都觉得你肯定能考上，不是夸赞。考研，除了知识外，一颗努力的诚心也倍加重要，况且你是知识＋诚心！一起加油，一起上岸！

虽然很可惜学姐没有到场，但从黄老师的分享中，我仿佛能看到那是一位可爱而努力的前辈，她与同伴一起相互鼓励的积极心态使我备受感动和鼓舞。考研这条路上或许布满荆棘，然而尽心尽力去准备，完成自己从来没有的体验，便是一种勇敢的冒险与尝试了。

黄老师说很多同学找不到自己的考研方向，主要是因为大学期间除了读教材就是读小说，而没有大量读论著，更没有围绕一些书或问题而展开写作。他说从大学到现在，每个寒假或暑假，他都会逼着自己至少读十本书，自然会一直保持着对写作和思考的鲜活劲儿。所以他发布并解读了费了一下午工夫为我们拟定的冬季书单，并布置了寒假写两篇书评和一篇年度总结的任务。同时，他也推荐了两部电视剧，一个是他上大学时上映的《士兵突击》，一个是我们上大学的此时正热播的《大江大河》。

最后，陈奉泽播放了她和路棣制作的全班新年祝福视频，每个人和每个宿舍都对 2021 年表达了祝福和愿望。看着屏幕上每位同学真挚的祝福，一股暖意涌上心头，共同经历过疫情的我们，在金秋九月一个不缺席地聚首中又走过了许多日日夜夜，能相聚在这里彼此祝愿既是一种幸运，又是一种无法言喻的幸福。我们既是一个时代的见证，也是一群心灵的见证。

《南方周末》在新年献词中写道："是的，2020 年，整个世界仿佛进入到历史的三峡中漂流，前方仍可能是凛冽的冰河，是汹涌的怒海，你我同在这一艘船上，无处可退，无人例外。你我的命运从未如此与国家命运生死相连，你我的历史从未如此与世界历史紧密相绕……岁末寒冬，伦敦溃散，日本封国，巨星不断陨落，疫苗尚未普及，病毒却多处变异，世界仍不太平。但万物始终运行，大地终将苏醒，世间流传着厚义与深情，时光滚滚向前绝不停息，新年终将到来。我在，就是不幸中的万幸；我在，就是绝望中的天籁；我在，就是破釜沉舟，是披荆斩棘，是一诺千金，是虽九死其犹未悔，是越千山万壑也要与你共一个更美的春天。"

2020 年最后一晚，临近 0 点的时候宿舍一如既往地迎来了停电，在宿舍叽叽喳喳有些对跨年夜还要熄灯这件事不满的议论后，大家陷入一阵短暂的安静。那种不真实感再一次袭了上来，就在这样一片黑暗中，有播放着元旦晚会的声音，大家窝在自己的被窝里倒数，在 0 点时相互祝贺 2021 年好。这一切似乎很是平淡，像是宿舍每天的晚上，只不过是为了新年共同熬夜了而已，但当听到那声"新年快乐"的时候又觉得倍受感动。在这一时刻，与这群可爱的舍友共同度过，就足以让它难忘且珍贵。

雪还未消去，新年的钟声已悄然敲响，难忘又不平凡的一年就这样与我们渐行渐远了。再坚硬的旧雪也会融化，时间的车轮亦会向前转动，春天已经在路上了，而疫情的严冬想必也会迎来冰雪消融、春暖花开的那一天。"征途漫漫，惟有奋斗。"

2020 年，执手于风雪中，凛冬已至，我们就此别过。

（王筱溦）

冲天在哪里

　　元旦静悄悄地来临，在各卫视跨年晚会的欢快歌声中，在烟台不知第几场大雪纷飞中，我们告别了注定一生都难以忘记的 2020 年，迎来了寄托希望与自由的崭新的 2021 年，但愿这跨年的歌声能带走过去一年的忧愁，这几场肆意的大雪能覆盖过去一年的病痛。今年的元旦似乎多了几分紧张，也许是未退尽的疫情令人仍不敢太放肆，也许是元旦正值考试周，我们都被今年格外紧迫的考试弄晕了头脑。但是这都不妨碍学校到处洋溢着新年气息，宿舍楼里充满了同学们的欢声笑语。是啊，新的年岁是新的起点，也是新的心情，在青春的时光里，仿佛一切都可以从头再来。夜幕降临，身边有不少同学去观看新上映的电影《送你一朵小红花》，在昏暗的影院里庆祝新一年的到来。教学楼也仍旧灯火通明，教室、走廊、大厅仍然坐满了埋头背书的人。

　　大三的第一场考试在 1 月 4 日正式开始，与往年紧凑的考试日程不同，今年的考试安排略显轻松，虽只有语文教学理论与教学设计、国学研读与诵读两门必修课，但也仍不容轻视，QQ 空间里随处可见刷屏的"求保过"表情图。1 月 5 日上午，大三上学期的最后一场考试终于在纷扬无声的大雪中悄然结束，"考点回回无穷已，吐槽次次总相似"，打破大家中规中矩预期的试题似乎冲淡了刚考完的喜悦，"啊，又考到了没有背过的知识点……""我考前看的就是这个知识点，今天刚好考了……"。刚踏出考场的我来不及闲聊便急忙赶回宿舍，尽可能地多收拾些回家的行李，因为一会儿就要开会了。

　　在一片混乱与焦急中，我们汉语言文学四个班级的春季实习动员大会在系楼 101 阶梯教室举行，大会由袁向彤老师主持。首先，贾小瑞老师针对下学期的顶岗实习对我们说了番衷肠之言，可归结为"喊""背""思"三字真言："喊"即在上课时要大声地喊出，让所有学生听到老师的声音，更好地集中学生的注意力；"背"即背教案、背教学过程，这样能缓解初次上课的紧张，避免很多事故；"思"即思考教学问题，加深教学内容，让课堂更有深度。

之后刘海润老师细致讲述了在实习学校需要注意的一些问题，方方面面让我们受益良多。她说应提前打好思想准备战，正视不同实习学校的客观条件，尽力克服食宿等困难，注意安全，尽量避免请假；第一堂课一定要充分准备，争取旗开得胜，这样才能镇得住学生，立得住脚跟，在讲课之前可以请指导老师指导教案，在备课时可与同组同学一起练习、查缺补漏；若担任班主任，一定要做好班主任笔记，尽量参与班级活动；与指导老师保持良好关系，要做到吃苦、勤快、谦虚，尽量争取多讲课；学会应对课堂突发事件，要预测课堂上可能会发生什么，要提前备好课后作业以防在讲授过程中因语速过快而提前下课；在与学生的相处上，应摆正自己教师的角色和身份，不要和学生走得过近；实习之前，应提前准备好调查内容，结合自己的毕业论文，带着问题去观察学生和调研交流。

袁向彤老师提醒我们注意《教育实习手册》的参考标准及调研任务，例如参与优秀班主任访谈及调研活动至少两次，做好与学生、家长访谈的计划；教学工作中要注意课前准备以及课后活动中评课；讲课时可采取教学实录录音，观察指导教师如何进行内容的讲授、评价、互动，在小组活动中如何分配师生所占的时间；注意衣冠整洁和自身形象，符合教师仪态要求。张成良老师则叮嘱我们在实习过程中端正态度，努力完善、成就自我，同时强调安全的重要性，督促大家注意疫情防范，确保人身安全。

班主任黄老师则让我们思考在实习前后和过程当中如何处理好考研与实习、课内与课外、做人与做事之间的关系。他说"养兵千日，用在一时"，从高考填报师范专业到下学期差不多已经千日，就是为了能在顶岗实习中有所锻炼，但很多同学却误认为顶岗实习会耽误自己考研、考编、考证、考公等。他说寒假、实习、考研这三个阶段是连贯的训练步骤，什么时间就该做什么事，

冲天在哪里

"若你想三想四，很可能最后变得不三不四"。欢笑之余，他又引导我们静静体会其中的真意。在学习方面，黄老师希望大家在寒假中能够围绕论著保持多读、多写的学习劲头，勤勉之中考研方向自然会渐渐明晰；实习期间认真锤炼教学技能，在晚上和周末的课余时间统筹好实习与学习，也有助于备考的统筹安排和面试的从容不迫；实习归来后，心智和能力受到磨砺，便可心无旁骛地专心征战考研。针对实习，他建议大家应该多去想想自己能在实习学校学到什么，收获什么，在那里改变了什么，留下了什么。最后他说："我们有幸生逢通过努力可以改变命运的时代，祖国的每一个人都在努力和付出，我希望大家也都是其中的一份子。"

听着老师们的教导，我们内心关于实习的疑问逐渐得到了解答，焦虑的情绪也逐渐得以疏解。虽然实习的一切都是未知数，但是在老师们的教导下，在座的每一位同学们都燃起了些许对实习生活的向往，并激起了内心中潜藏着对于教师职业的责任感。

会议结束后，来不及欣赏楼外的鹅毛大雪，我便再次急匆匆赶回宿舍。看着楼里其他同学进进出出，冒着风雪赶往快递点发送行李，我也不禁加快了收拾行李的速度，生怕雪越下越大，虽爱在烟台，但也害怕被困住而无法离开，甚至在心中还隐隐痛恨，这场大雪为何总是下在归途中。不出所料，这场送行的雪果然愈发大了起来，莹莹的雪花伴着凛冽的寒风拍打在车厢上、马路上，整个芝罘已是冰雪王国。斜坡上都是小心翼翼地拖着行李箱、慢慢走下去的身影，目光所及之处的都是被车尾气融化了的略显泥泞的道路，归途中的人总是无心欣赏飘雪的风光。值得庆幸的是离开芝罘区后，回家的方向上天气逐渐晴朗，一路阳光明媚，这也让我们一家人缓缓放下了紧张的心情，开始聊起我这学期的生活以及家里的一些琐事。而不同于我们一家人轻松的车程，朝着反方向行驶的玥璠一家却遭到了更强烈的风雪的袭击，被风雪以及几起车祸暂时困在了高速上，甚至险些遭遇车祸，她在车上只听见"轰"的一声，就看到一辆小轿车撞向了高速路上的隔离带，且险些撞向他们。单从玥璠的线上描述中就能感受到这种惊恐的心悸，所幸后面没有再发生什么，最终也平安到家。

1月7日，为防控疫情，寒假开始了，比以往提前十多天，买好票的同学们踏上归途时又赶上烟台的另一场大雪。烟台的雪好像总是在离校时下得格外大，大概是在代替学校为我们送行吧。好在这次学校提前开通了烟台公交鲁大专线，贴心地为返乡同学安排了校内大巴车，负责接送同学们前往各个车站，让大家得以免除在风雪中等车的酷寒。雪洋洋洒洒地扎进城市的每一个角落，整座城都被温柔地素裹着。即使远离学校，也仍能从同学们的动态里感受到大雪飞扬的姿态。猜想校园里应该都是同学们脚步蹒跚的背影，通往大门的马路上，铺满了因校工来不及清扫而存留的积雪，而积雪上，也应存留着一串接一串同学们落脚时小心翼翼的痕迹，这些脚印连起的是归家的路，通向祖国四方；翻看以往的班志，又是"花儿朵朵归故乡"。

　　当然，仍有不少同学还未归家，比如婉婷和路棣留下参加学校组织的创新创业大赛冬令营；班里还有10位同学选择了继续留校，在没有热水和暖气的宿舍里为教资面试而紧张复习。我们111宿舍在这期间发生了一个小小的插曲，阳台水管因为停暖再加上严寒的天气终于不堪重负地炸裂了，当时谁都没有注意，而发现时却为时已晚，整个宿舍地面遍布水迹，甚至还有一些轻一点的物品在水上漂浮，随着流水缓缓浮动。地上收拾好的行李也微微湿润，床底未拿出的书籍、衣物也尽数被浸湿了。正在教学楼学习的同学被紧急地叫回，抢救宿舍里的物品，舍长路棣无奈地发文调侃："盖是日为凶，管道乍破水浆进，屋内狼藉，积水与门槛试比高。吾友一履浮其上，见状惊之欲去。时逢鲁地寒日，冻风时作，作则漫雪似沙，局促一室之内，欲出不得……"这次大水导致一楼近一半的宿舍都遭了殃。好在同学们紧急救援，下午便止住了水，经宿管阿姨协调，暖气管道也被修理完好。1月9日，教资面试正式开始了，有不少同学的面试地点在开发区并且面试场次比较靠前，因此大多数人都选择提前一晚到考点附近的酒店入住，在激动与紧张的心情中迎来了考试。

　　最后一场教资面试的结束也预示着同学们的假期正式开始了，QQ空间里尽是聚餐、游玩的照片。黄老师也在假期初始向全班同学提供了关于各个考研方向的探索书目，以来提高我们阅读论著的能力，仔细想来这大概是最

冲天在哪里

201

后一个能够自由支配的假期了。1月14日，新一轮的教资报名开始了，我怀着复杂的心情打开网站，上一次查成绩时那种忐忑的心情仿佛还能确切地感受到。几分钟后报名成功，打开手机，果然看到的也尽是同学们为报名费而心痛的"哭嚎"，我猜这背后也都暗藏着对这次考试的决心吧。

不知不觉中1月已度过一半，年关将近，天气也逐渐严寒。石榴花读书堂举行了第四届"品读经典，理解世界"书评大赛。而新冠疫情又有了反复的征兆，多起聚集性、大规模跨省流动的感染病例出现，河北疫情突然告急，北京临近地区也严峻起来，一些本该月底回家的同学在1月中旬便临时放假，小学生们也被安排了提前放假，家门前的花园里全充斥着"神兽"们玩闹的声音。

1月18日，卞梦薇老师为给大二学弟学妹们补上因提前放假而延迟的课程，特地在假期中上了一节网课。在这堂课里，卞老师从喜剧的起源讲到莎士比亚喜剧，讲述了文艺复兴时期喜剧的表演形式例如单身汉角色、女扮男装的故事情节在当时的内涵意义，还播放了电影《无事生非》。虽然只剩下了模糊的记忆，但是听着老师的讲解，还是有一种恍惚间回到当初4楼那个拥挤又昏暗的教室里拼命记笔记的错觉。

腊八前后，天南海北的同学们也在家中忙着充实假期生活。转眼间一月已接近尾声，石榴花读书堂发布了第三批学术调研课题申报公告。在这半个月里，我陪妈妈看完了《大江大河》以及新上映的《山海情》，对《山海情》的感受尤为深刻。曾经的我对扶贫主题的影视作品不屑一顾，始终觉得他们在唱高调，响应主旋律而已，但《山海情》却让我在沉迷剧情中感动不已，豆瓣评分也高达9.4！

这是根据真实历史事件改编的电视剧，我从这部剧中看到干部们复杂的人性、朴实无华的西海固人民以及他们生生不息的精神，看到历代扶贫工作者的艰辛坚定，看到白校长对山区孩子教育的坚守。最令我印象深刻的是白校长甘冒被处分的风险，为全校孩子们购买了统一的校服，修了操场，带领他们参加县里的歌唱比赛。上台前，白校长告诉孩子们："闭上眼睛，想象我们在戈壁滩，在操场，在教室里，这首歌是唱给我们自己听的。"当年龄不一的孩子们站在台上合唱那首《春天在哪里》，虽然歌声不如前一组的学生齐整，还夹杂着方言："冲天在哪里呀，冲天在哪里……"但是质朴的歌声中流露出大山里的孩子们对美好生活和广阔天地的向往，一幕幕，一帧帧，一声声，都是淳朴的心声，让人泪崩。我也看到厦门大学的支教高材生受到白校长精神的鼓舞，最终选择留在西戈壁小学工作，不禁为之前慌张填报实习学校的患得患失而羞愧汗颜。我想自己大概是做不到像他一样去贫困区支教并扎根，但还是有自信能在下学期的实习中像他一样热爱学生吧。

月末近年关，到处都可听闻订婚、结婚的消息。哥哥也要订婚了，他是家里第一个要结婚的孩子，这场订婚在所有人的期盼中终于到来，这也是我第一次近距离感受到一场婚礼背后所包含的复杂意义。这场订婚仪式虽不像古代那么繁琐，但也极其讲究礼节。双方家庭提前半个多月便开始准备，采办各种物品、预定酒席、联系宾客、规定进门时间等等，无一不详尽。虽很遗憾没能现场见证，但从照片中还是能看出双方父母在儿女敬茶时脸上幸福的笑容，也许繁琐的礼俗背后也是为了让一对新人及两个家庭更快地融合。

2021 年的第一个月即将结束，雨亭发布了大三上学期的学记，读着学记，忽然发现我们在被所有人称为"一眨眼便过去"的 2020 年里也做了不少事。农历新年即将到来，干支扭转，庚子也即将转变为辛丑，街头小巷里也逐渐开始出现卖福字和对联的商户，支付宝等各 APP 的集福活动仍也在火热进行，年味悄然升起。期待农历新年的到来将拂去 2020 年里所有的病与痛，也翻开新的篇章，我们将怀着蓬勃朝气去迎接 2021 年的每一个黎明与黄昏。

（王心慧）

春风引

　　我曾在大一时就按照花名册计算到我负责 2021 年 2 月的班志，但当这支笔真的传入我的手中时，我才恍然惊悟：我们的大学生活已经走到大三下学期了，四分之三的大学时光转瞬即逝，我站在这样一个节点回首往昔，在这样一个寒假中畅想未来。这个二月，是我们每一个人真正选择人生方向的节点，也是我们告别课堂、走向实习岗位前的准备月，亦是我们辞旧迎新、展望未来的一个月。汉文本 1801 班的我们在寒假中迎来了二月，我们并未相聚，却在各自的世界成长，待到羽翼丰满，再一齐在山中校园相约，展翅飞翔天际。

　　2 月 3 日，立春时节。随着春风而来的不仅仅是我们对新春的期盼，还有卷土重来的新冠疫情。佳珍在阅读了意大利粒子物理学博士保罗·乔尔达诺的作品，他说："我并不害怕生病。但我害怕病毒可能造成的改变。我害怕一切归零，但我更害怕这一切到头来只是枉然，没有带来任何改变。"新冠带给我们的改变，不仅是空前的长假，这份沾染着残酷的经历，也让人性的光辉在灾难中熠熠生辉。在这样的激变时刻，我们每个人都是历史的见证者与参与者，一举一动都在改变着这个世界。

　　纵然世界是如此的艰难，石榴花却依然那么骄傲地绽放。2 月 6 日，由文学院石榴花读书堂和《石榴花》杂志主办的石榴花小讲坛第 3 讲在线上成功举办。本次讲坛邀请文学院 2020 届毕业生、德国哥廷根大学东亚系硕士研究生赵梦飞分享跨越中德文化的求学经历与读书经验，同时邀请文学院姜娜、黄修志老师作为点评嘉宾，吸引校内外不少同学热烈参与。汉文本1801班的同学们也都踊跃参与在其中，我们聆听学姐的求学经历，在她的讲述中亦感悟良多。

赵梦飞同学首先解读了陶渊明的"勤靡余劳，心有常闲"，并阐释了三种由浅入深的境界，倡导通过读书学习来实现内心精神世界的满足自得与从容自在。讲坛的第一部分，她回顾了远赴德国学习汉学的心路历程及在哥廷根大学进行跨学科学习的成长体验，讲述了自己在读书研究方面由关注"What"向探寻求索"Why"的蜕变，介绍了在哥廷根课堂中的见闻，与日常的读书学习相结合，区分了读书过程中这种关注点转变的原因。她格外强调了见贤思齐、扩大交流对于读书的益处，也强调在日常生活与学习中建设积极的心态的重要性。讲坛的第二部分，她介绍了自己在鲁大本科学习期间忙碌、勤奋又精彩纷呈的大学生活，建议大家不仅要认真对待本专业学习，更要努力跳出舒适圈，探寻更多未知的领域以丰富自己的见闻，同时在阅读过程中注重思考与交流，不要被固定的思维模式桎梏，应该努力构建自己的思想体系。她鼓励大家始终把"善"作为自己的行为准则，"勿以善小而不为"，在异文化撞击下要依然坚守"精神中国人"的品格，保持自己的原则、坚定自己的立场。我对学姐分享的读书心得感悟颇深，文学的阅读本就应是读者与作者、心灵与心灵之间的碰撞与沟通，我们作为读者，若只一味地全盘接收而不加思考，不寻根问源，那便会只局限于文字的框中，无法感受到更广阔的精神世界。而我们每个人都习惯于蜗居在自己熟悉的领域，舒适圈之外的范围便意味着不舒适。每逢这样的时刻，我都会想起黄老师所说的："当我们在经历痛苦的时候，恰是自己处于马上要进步和飞升的节骨眼儿上。"未知的神秘总会令人惶恐，而未知的收获也总是带给我们想不到的成长。

在点评环节中，姜娜老师从阅读文献这一问题牵引出在读书过程中寻找学术脉络与构建逻辑思维的重要性，引导同学们思考"我们现在所学是在超越自己还是加深已有印象"这一问题。这时我仔细思考这三年我们的学习生活是否真正使我们成长，答案是肯定的，书中的万千世界不仅带给我们知识，更在潜移默化中改变了我们的思维模式，让我们更有韧性地在现实生活中立足。黄老师进一步阐释了"勤靡余劳，心有常闲"，即做事拼尽全力却始终悠闲自在，希望大家能以赵学姐为榜样，由关注知识话语的内容到审视知识话语的生产过程，不断挑战阅读层次。我想到黄老师曾分享给我们的张五常关于读书技巧的一句话："读书要贯通——理论上不同重点的连带关系要明白；要彻底——概念或原则的演变要清楚。"

2月8号是腊月二十八，除夕将近，年味也越来越重了。我在家中写了新年的对联，其中的横批我格外喜欢——"牛牛大顺"。新的一年，我们应该牛气冲天，同时保持可爱。因为疫情，国家倡导在外务工的人们就地过年，人们虽然无法回家过年，可是亲情的联系依然可以通过快递传达，在外的子女们都收到父母寄来的家乡特产，子女们也将对家乡的思念与眷恋通过讯息温暖家人的心。王海同学今年便没有回海南老家过年，留在了潮汕过年，虽然年味好像淡了很多，但是人间温情不减。同样也是在这一天，《石榴花》2020年第4期（冬季卷）封面、卷首语、目录也上线了。读完赵婉婷同学的《窥见的另一个世界》，我也回想起我读《天才在左，疯子在右》时的震撼。我们得以借助作者的笔窥见精神病人的奇幻世界。在读这本书时，我时常会困惑我们大多数"正常人"眼中的世界是否真实，所谓的"精神病人"眼中的世界又是否真的是虚假病态的呢？"精神病人"又是否有可能是少数的清醒者呢？我们得不到答案，但是必须去尊重，尊重这些看似病态的"精神病人"，尊重那个我们或许永远走不进的世界。而马鸿岩同学的《〈低吟的荒野〉与生命之声》中对于荒野与生命之间关系的理解，也让我想到，我们与自然其实是一个整体，每棵树、每朵花，甚至是吹过窗边的那缕清风，都与我们的生命相互关联，甚至可能成为我们生命的组成部分。想象整个自然界都融入到我们的灵魂之内，仿佛有一种无形的温暖的力量将我们包裹，就如同荒野中生灵的低吟，这是沁人心脾的感动。路棣同学的《触摸昆嵛之脉》则又将我们带回了2020年的11月，他以优美的笔触缓缓记下这段旅程，将历史、时空与我们的出行相连，透过文章我仿佛又走进那片山水，遇见早已逝去的文人墨客、僧家道客……

自此，《石榴花》杂志2020年春夏秋冬四期的绿蓝红黄全部集齐，摆放在一起煞是好看，仿佛四颗斑斓的水晶。正如刘英琪学姐在第 4 期卷首语中所言："铺一张纸，转动笔尖便可以书写一段似水年华。一本书即是一段静止的时光，亦或是一段人生的精彩剪影，那些悲欢交织的往事沉睡其中，包裹着我们的热爱和无畏的心，也让相隔总是那么遥远的理想和现实融为一体。"

"人生如逆旅，我亦是行人。"人生就是自己的往事和他人的序章。时代的洪流推着每个人做出各自的选择。这是一个蛮荒的时代，结束的尚未结束，开始的尚未开始。而我们都应笃信内心的一个梦想，不被尘事所累，无论尘世喧嚣，内心自存净土。

2 月 11 日，是庚子鼠年的除夕夜。2020 年我们过得坎坷，见证了无数伟大的事迹，也知晓了生命的脆弱。我们感叹英雄的伟大，自叹自身的微小。这个二月，我们分散在全国各地，点点星光，等待相聚汇成太阳。与往年一样，今年的春晚节目种类繁多，歌舞、语言、杂技等各类节目组成了一场美妙的视听盛宴，烘托出喜庆热闹的节日气氛。而与往年不同的是，今年春晚的科技味更足，5G 技术的运用为全球观众带来超高清直播，5G+AR+裸眼 3D 技术带来沉浸式的视觉体验，甚至有 AI 机器人带来激情热舞……我不禁感叹：5G 真的改变了我们的生活。刘德华、周杰伦的表演都是云录制，这场春晚真正实现了科技与现实的互联。今年同样"出圈"的还有河南春晚。尤其是《唐宫夜宴》，节目组借助 5G+AR 技术，把大唐风华搬到了舞台，14 位"唐朝胖妞儿"真情演绎了古代女官去给皇上办宴路上的心理过程。在看《唐宫夜宴》的过程中，令我印象深刻的是，河南博物院的镇馆之宝莲鹤方壶、妇好鸮尊、贾湖骨笛等浮现在眼前，此外还有《千里江山图》《簪花仕女图》《捣练图》，富丽堂皇的唐朝宫殿，宫殿上方会飞的金鱼，让人似乎是走进博物馆，享受着"博物馆奇妙夜"。

这个除夕之夜，身处全国各地的我们也拥有着不同的跨年夜。王璐璐同学每年的除夕都会守夜，守着灵台的烟火长明。汉文本 1801 班的小伙伴们也都纷纷晒出了年夜饭，远在新疆的李玉同学的年夜饭着实让我眼馋！丰盛的鱼、油焖大虾、酱猪肘……孟凡也给我们分享了她的春节，每年过年她们

春风引

家都会提前准备好猪头，送到爷爷奶奶家中。璐璐则晒出了传统的壮家粽子，与我们平常所见的粽子不同的是，壮族的粽子原料糯米不会拌上带色素的调味料，而是加上粳糯的稻穗干草灰，这样的灰水粽才久存不坏。

2月12日，牛年的大年初一，天气暖了起来，我们期盼已久的各个电影也终于如期上映。去年因为疫情而延期上映的《唐人街探案3》在今年大年初一终于上映了，我也迫不及待地和朋友们赶到电影院。期待越高，便越容易感到失望，我和孟凡都觉得《唐探3》的确高开低走，镜头和布景愈渐宏大，但是电影的剧情走向乏味俗套，经不起长期的推敲，结局的反转也过于生硬，有些强行催泪的意味。而《你好，李焕英》这部我之前并未抱有很高期待值的电影，却在大片云集的春节档脱颖而出，这部由贾玲导演、献给已故母亲的电影，不仅剧情欢脱新颖，而且真情满满，赚足了观众的泪水。也许在我们的记忆中，妈妈就是一个周旋于家务之中的中年妇女的样子，我们总会忘记，妈妈也曾经是个花季少女。她不仅仅是我们的妈妈，她还是她自己。但是人生不能像电影一般穿越时空，我们永远没有再来一次的机会。我们是爸爸妈妈偏爱的孩子，那么也让我们时刻记得要多偏爱他们一些。

2021年的春风也拂过了我们的书页。大家都抓紧最后的悠闲时光游览无垠书海。李孟凡同学在2月读了《小姨多鹤》，述巍读完了加缪的代表作《局外人》，而我则随着王鼎钧先生的回忆走向了他的少年时光。《昨天的云》是王鼎钧先生回忆录四部曲的第一部，作者用极淡的笔锋将民国战争时期的风云往事娓娓道来。每个人的一生都应该是一篇长长的散文，而王老的这篇散文恰如一杯好茶，清澈而浓醇，初尝时微苦，细品方能感悟其中甘甜。文中的这样几句话我感悟颇深：

> 一个人不可能完全洞察他自己的历史，每个人都依靠别人做他的史官，那人一定是他最亲近的人，也是最关心他的人。

自我们还并未有记忆时，我们的每一个小举动便被父母亲人牢牢记住，牙牙学语、蹒跚学步，到如今我们长大成人，又成为亲人的史官。我们的大小事迹相融，就如同这大学四年，我们又成为彼此的史官。事实上，我们就是彼此的史官，一月接着一月地轮流写着班志，观察着彼此的成长，品味着内心的酸甜。亲爱的汉文本1801班的同窗，如果这样的亲近和关心不属于我们彼此，还会属于谁呢？在这个星球上，还会有哪个班级在这样的风雪之夜，以史官的名义在一篇篇班志里长途跋涉、围炉而坐、抱团取暖呢？

"文章不是坐在屋子里挖空心思产生，要走出去看，走出去听，从天地间找文章。天下这么多人你不看，这么多声音你不听，一个人穷思冥索，想来想去都是别人的文章，只能拼凑别人的文句成为自己的文章，这是下乘。"王鼎钧先生的文章简洁，没有繁杂的词缀修饰，却真正体现了语言原本的魅力。文章是无法闭门造车的，"读万卷书不如行万里路"，王老的回忆录也都得益于他这奔波人生的所见所闻。今日的我们，总透过电脑屏幕去观察这个世界，视野仿佛变得宽阔了起来，但其实却又局限在这四方的显示屏之内了。

2月23日，石榴花观书会第一期如期举行，黄老师说观书会的理念是"观书体察，会通超胜"，分别化用于朱熹和徐光启的名句，他说一直在思考"我们大学应该需要怎样的读书会"，观书会便是以一种全新的面貌进行的探索。这次观书会以"历史、记忆、人生"为主题，参与分享的小伙伴虽然都是我们的学弟学妹了，但他们都选择了贴合这次交流会主题的书籍，结合社会调研与生活经历，以独特的视角剖析了书籍的脉络、逻辑。郑嘉琳、王芳华、唐叶婷、侯宝露、生佳琦、孔紫薇、于景慧、吕致远、郭晓慧、张琳童等10位同学依次分享了《孙村的路》《西南联大行思录》《创业史》《和唯一知道星星为什么会发光的人一起散步》《我的二本学生》《巴黎圣母院》《基督山伯爵》《容忍与自由》《斑斓志》《芳华》等书。

其中令我印象深刻的是教科院生佳琦同学对《我的二本学生》的分享，她说："来路不由己，前路尚可期。"我们班的每位同学都读过这本书，回想起当时我们的交流与这位同学再次分享的内容，我又获得了新的思维碰撞。站在2月份这样的节点上，我们分不清脚下的土地是坚实的堡垒，还是海市蜃楼中光鲜的玻璃桥，我们对自己忽高忽低的定位就是焦虑的源头。时间会

春风引

209

给予我们一个又一个选择，我们在选择中徘徊纠结，而《我的二本学生》中每位学生的人生经历都在启示我们：及时着手去做，脚踏实地的努力，果敢选择并坚守梦想与初心，时间会告诉我们答案。

2月26日，元宵节终于到来了。彩灯亮起，圆月当空，新年也临近尾声。离我们的返校日愈来愈近，我期盼而忐忑，夹杂着几分不舍地望着正月十五的月亮。我们分隔异地，却共赏一轮明月，这月光皎洁清冷，沾染了雾气，也变得缠绵起来。月光是淡淡的，冲散了年味的喧闹，径自保留着一份清冷，好似少年人褪去青涩的热血冲头，在成熟地回想往事。沐浴在这样的月光中，我们所有人的情思也总有一刻会相通。新一年我们又长了一岁，述巍在学车三年之后终于如愿拿到了驾照，我也在假期中做兼职辅导学生学习，黄老师在2月的朋友圈里连续更新了他读完10本论著的豆瓣短评，石榴花的伙伴们也争分夺秒地利用假期时间继续调研，我们的步履不停，走在人潮汹涌的独木桥上。

二月末又是一次多向奔赴，我们的归途永远是激动灿烂的。璐璐从广西乘飞机飞往烟台，在28号晚与烟台的夜雨撞了个满怀。我和述巍27号便兴冲冲地回到宿舍，又将宿舍的书柜塞得满满当当。陈然连夜坐了十个半小时的火车硬座，终于千辛万苦回到了学校。而婉婷更是利用在飞机上的时间，展开了一场关于"大学生为什么喜欢打游戏胜过学习"的头脑风暴，写完后就把这篇文章贴在QQ空间，十分有趣，为我们的归途增添了不少欢乐和思考。

春寒料峭，温情不减。愿我们相聚的每一天，都是新的再次遇见的过程。于是，我似乎望见，班里的每一个可爱的人儿，走进书卷中，冲到春风里，告诉自己：无论你是谁，你不必成为谁，就算世界荒枯，我也静如春水。

（吴岐雯）

单枪匹马的实习

阳春三月，鸟儿在枝头歌唱，微风轻轻吹拂，虽然积雪仍在，但树木开始慢慢伸出嫩绿的发丝，鲁大山峦开始晕染出浅浅的绿云。春天向来被歌颂赞美，无论是崭新的希望和理想，还是重新出发的勇气和信心，都在这个时节随着青春的脚步而喷涌。是的，二月已在节日气氛中悄然而逝，三月带着忙碌的气息走来。

新的学期有新的目标与计划。这学期我们最大的任务就是去烟台、威海各县区的中小学进行顶岗实习，从3月2日到7月2日，整整四个月，漫漫一学期，如同花的种子洒向半岛各地。3月1日，在我们出发前，文学院召开了考研动员大会，汉文师的同学们早都到山东各地去实习了，所以只有我们汉文本3个班来到演播厅参加。这次大会的主要目的是要让大家摆正实习与考研之间的关系，督促大家在实习的课余时间不要放松读书学习。崔新广书记、林春田老师和黄修志老师先后讲话，强调了考研的重要性，谈及实习中需要注意的事项。我印象比较深刻的是林老师的一句话："考研不是自己的事情吗，还需要说什么吗？"

黄老师并没有讲一些说教性的东西，他只是娓娓讲述了一个关于射箭的故事，叫《不射之射》。说有一个叫纪昌的射手拜飞卫为师，苦练很久终于成为神射手，但想成为天下第一，便对老师飞卫动了杀心，后来飞卫制止并原谅了他，告诉他真正的高手是隐居在山上的一位老人。纪昌又去寻访老人，老人竟然不用弓箭就可射中任何目标，这叫"不射之射"，纪昌大受震撼，苦心修炼。多年以后，等他再回到邯郸城时，人们纷纷来围观天下第一神射手，但惊讶地发现，昔日纪昌争强好胜的神情已经消失不见，取而代之的是平淡温和、与世无争的微笑，也从不在人面前炫耀射技。后来，当纪昌很老的时候，他去一个朋友家做客，问了好几遍墙上挂的是什么东西，朋友很惊讶：您是天下第一神射手，怎么连弓箭都不认识了？最后，纪昌像烟霞般平静去世后，琴师挑断了琴弦，工匠弄断了绳墨，邯郸城的武士也耻于张弓舞剑了，因为他们都羞愧于自己的境界比不上纪昌。

黄老师平平淡淡地讲完这个故事后，他说："这是我很小的时候看的一个动画片，前几年在一本《山月记》里重新读到这个故事，很感动，体悟更深了。我讲给大家听，只是想让大家明白：学无止境，只有让自己变得不断优秀，才能明白真正的境界是什么，山外有山，若能通过读书、考研来到一个更高的平台，见到更优秀的同学和更优秀的老师后，或许你们就会明白自己内心真正的向往是什么，而当下的一种习气和快意又是多么不堪。也许很多人不会一直把读书当成自己的生活，也不能让自己拥有这种境界，但能了解世间有这种境界并尊重有这种境界的人，就不枉自己上过大学，学过中文。我最怕大家的一点是，因为自己没有这个境界，就嘲笑并怀疑别人也不会达到这个境界，以为别人是在装。想想真是可悲。大路上热闹平坦，不费力气，挤满了拥挤的众生，小路上偏僻幽静，人迹罕至，却能通向奇美的桃花源和登高望远的山峰。"

考研动员大会结束后，傍晚，我们在 106 教室开了班会。空气中弥漫着莫名的情愫，此时的班主任于我们而言，更像是儿女临行前的慈父，话语虽唠叨却都是藏不住的关心与期待："实习这段时间做好实习的工作，不要考虑太多其他的事情，实习的时候就把实习的工作做好，尤其是在刚去的第一个月，要勤快一点，谦虚一点。"为了让我们的实习更加顺利，黄老师为我们每个人准备了"绿叶红花"：赠给我们每人一本苏霍姆林斯基《给教师的建议》绿宝书，启发我们实习期间的教学；赠给每人三期《石榴花》杂志，让我们到达实习学校后送给实习指导老师，把石榴花的种子播满烟台、威海的中小学。也许是我们要分开四个月之久，也许是他觉察到四个月后我们很难再常见面了，今晚的黄老师有些伤感。他说起一位大学好友，在考研路上屡败屡战，如今已成为一个青年学者，年龄跟他差不多，他顿了顿，说："你们知道吗，今天是我生日，虽然从早到晚一直在忙碌，但最珍惜的就是今天这场班会……明年你们毕业后，我在鲁东大学再也不会当班主任了，真的很累心耗神……我真的很希望，你们作为黄老师的学生，跟别人就是不一样的！无论你们毕业后去向如何，今后过一种怎样的生活，但至少不要陷入庸俗和市侩，内心坚定而平淡，真诚而努力。"我们听得出来，看得出来，他的声音已经哽咽了，他的眼泪随时会掉下来，他简单说了几句祝福的话，"我走啦！"说完，黄老师就疾步冲出教室回开发区了。辛奇同学说："这一路走来，1801班的每一个同学都不曾猜疑过黄老师的真心，我们相信黄老师，依靠黄老师，听着那哽咽却又铿锵有力的声音，望着那疾步冲出教室的背影，1801班的每一位同学都沉默着，日常发生的多数事情原本都不带有色彩，我们的表达造就了丰富多彩的世界，那一刻我们心中有千万语言想要咆哮，但话到嘴边又难以言表。"

在匆匆到校的两天后，3月2日，我们终于要下去实习了。起床后，望着晨光照耀的阳台，可以看见灰尘在静静飘扬。我把厚厚的实习手册装进包里，推开窗户，迎接的是暖风，今天是不一样的一天。上车地点在北区图书馆南侧，同学们早早起来开始装行李，出宿舍楼时少不了同学的相互问候，互相提醒着不要忘记带东西，一边喊着累，一边又主动帮小伙伴提行李。去图书馆的路上，柔和的阳光洒在每一个去实习的同学身上，明亮又温暖，仿佛也给每个实习的人送去祝福。同学们两个人一起，几个人一伙，有说有笑，大家互相问起彼此的实习学校，试图不要让自己落单，温暖的阳光与欢声笑语融在一起，让这个早晨变得格外不同，我们这些提着大包小包、被子褥子的同学引来了其他同学的频频回头。同学们很快到了北区图书馆南侧要上车的地方，每当一辆车开过来，学校的负责老师就把车号牌给司机师傅，方便同学们尽快找到自己相应的车牌号，大巴一辆一辆地开过来了，载满学生后又一辆一辆地开走了。载我的那辆车呢？当我目送一辆辆车开走后，终于等到了我的那辆车。司机师傅真的很好，他们停好了车以后，帮我们把行李一

单枪匹马的实习

件一件摆放在车厢里。终于，我们上了车，大巴出发了，向着我们实习的地方出发了！

像电影中的画面，大巴开出了学校，积雪还未融化，覆盖在树枝上、草地上、马路上，窗外的风景慢慢淡出了我的视线。望着窗外，我开始了思考与回忆。我只知道实习的地方是威海乳山市，但是具体哪所学校还不清楚，会是哪所学校呢？会遇到怎样的老师和学生呢？威海是位于祖国东端的一个城市，而当年我从祖国西端走来，从新疆最西部的喀什的一个县里出发，跨江河、穿隧道、过平原，横穿整个祖国，观祖国之大好河山，领各地之人文风情，从西到东近万里，来到我的大学，遇见我的同窗和老师，而今又要再往东走到陆地与沧海相接的尽头，想想真是一种幸福的宿命。我不禁开始对实习生活向往起来。

随着大巴车的减速，我的思绪被慢慢拉回，很快，目的地到了。还未等下车，就看到车窗外黑压压的人群以及拿着实习生花名册的老师们，我又开始期待且不安起来。下了车，眼睁睁看着同学们一个个被实习学校的负责老师叫到名字，行李被老师拿走，只剩下我一个人孤零零呆站在那儿，怎么还没老师认领我呢？我漫无目的地向着楼前未被认领的同学堆里走，哪成想正与一位步履匆匆的老师撞了个正着："你是杨聿艳吗？"我点点头，一颗失望的心又恢复过来，激动的心情直到坐在实习学校的会议室才渐渐平复下来。

3月3日，我在乳山市第一实验小学开始了正式的实习生活。可以说，汉文本1801班的小伙伴们，除了个别省外同学和因腿伤而在家休养的谢婉滢同学，其余同学全部到岗，开启新的篇章。想起昨天晚上指导老师给我布置的任务，早上特意起了个大早，迎接新的一天。上午一来就赶紧和另一个老师一起完成任务。第一次听课是在下午，站在门外即将开门进入的那种害怕、担忧一直持续到我站在讲台的最左面、最右面、最前面、最后面，无论我站在教室讲台的哪个地方心里总感觉不适合。即便是再怎么努力掩饰自己的紧张，心脏跳动的声音却仍然那么清晰。因为还不到上课时间，孩子们还在练字，我局促地站在讲台的最边上。后来，指导老师对我说："你可以下去走走，看看她们的写字笔顺以及写字姿势，有不对的给她们提醒一下。"听了老师的话，我在班上转转走走、停停看看，看他们有握笔姿势不对的，给她们说一下，紧张渐渐平缓了。一年级的小朋友很小，满满的可爱写在他们脸上，他们笔直坐着，桌子摆好了语文课本，桌子旁边的地上摆着大大的书包，有的立在桌子边上，有的横躺在地上，有的书露出来半截……真想帮她们收拾好。上课了，我拿着凳子坐在教室的最后一排，打开本子开始聆听第一堂课的内容。

时间真快，转眼之间已经来学校四天了，每天的安排忙碌而紧张，如同真的在上班一样。今天是周五了，学校为庆祝三八妇女节，举行了趣味运动游戏，我也参与其中。第一个游戏是"珠行万里"：每一个人手里都拿着一个凹槽形状的塑料半圆管，用这个东西接着球，每个人顺次接龙，不让球落地，最后顺利到达终点的杯子里就算是成功。另一个游戏是"搭桥过河"：有两个垫子，老师们第一次全部站在一个垫子上，由最后一个人把垫子递给第一个人，第一个人把垫子在地上把垫子铺好，大家全部转移到新铺好的垫子上，这样依次交替往前，直到到达终点。通过这个游戏，瞬间拉近了我这个初来乍到的实习生和老师们之间的感情，觉得老师也不是我们想象得那么严厉，相信在以后的相处中也会变得越来越好。手机又传来学校的群消息，让我们女教师选花。原来是快要过三八妇女节了，学校今年给每位女老师送上一盆花，女老师们都在办公室里讨论要几号花好，"要2号花吧，2号牡丹花俊"……我小心在心底想着：不会有我的花吧？我只是个刚来的实习生罢了。没想到第二天我醒来看手机的时候，就发现有老师在一年级的群里问我：小杨美女选几号花？我看到消息之后立即兴奋起来，原来刚来的我们居然也有花。我连忙回复老师："老师，昨天回来以为没有我的花就休息了，我选1号花，谢谢老师，麻烦您了。"周一领到了花，是一盆蟹爪兰，我把花搬到桌子上，从此以后这盆花就见证我的实习生活，和我一起成长。

3月8日，第一次中午值班。有些小朋友不回家，吃完午饭后在班里休息。小朋友的精力还真是充沛，都不睡午觉，有的在教室里画画，有的在看书，

215

还有一些调皮的孩子在教室里乱跑。见到我，他们问："老师今天该你值班吗？""是的。""那老师你看看我的画，画得好看吗？"我拿起画来，仔细看了看，这是一个多彩的蛋糕，蛋糕上有各种各样的图形，上面还写着"生日快乐"几个字，我说："好看，这个蛋糕真漂亮！"又说："画一会儿就休息一会儿吧，下午还要上课呢，小心下午上课睡着了呦。"我出了教室，又站在楼道里继续看着小朋友。

我记得有一天在课堂上，因为有几个同学上课不认真听讲，老师严厉批评了他们，之后在上课过程中，他们就保持注意力高度集中。下课时，我跟指导老师一起回办公室，在路上，指导老师语重心长地说：对待一年级的同学，一方面要给他们讲好课，另一方面还要学会如何管理好学生、如何控制好课堂秩序，如何让他们高效地听课，不让跑神也是非常重要的。我点了点头，以前在学校时，从来没有考虑过这个问题，因为没有亲自面对过学生，觉得老师就是把相应的知识传授给学生就可以了，没有考虑到管理学生、维持课堂纪律也是非常重要的一方面。我们过来实习，不仅仅是对书本理论知识的一个扩展，也让我们学习到了书本理论知识之外的一些管理技能，在今后遇到困难也能从容面对。

3月20日，经过激烈角逐，第四届石榴花"品读经典，理解世界"书评大赛获奖名单揭晓，我班路棣《〈"新诗集"与中国新诗的发生〉读后》和杜志敏《无处不在的失重感》荣获三等奖。至此，汉文本1801已有十几位同学在《石榴花》杂志上面发表文章，人文型、阅读型、研究型的班集体已初步形成。石榴花从1801班发芽、扎根、生长，但她已然不仅仅只属于汉文本1801和文学院，现在的她枝叶葳蕤，引起越来越多人的关注与好奇。

转眼到了这个月的最后一天了，全校举办开学以来的第一次月考。由于一年级八班的监考老师语文考试的时候需要开会，因此由我来替这位老师监考。早上走进班，八班的班主任已经把考试注意事项告诉了同学们，我进去后，老师把试卷交给我。按照考试指令，我把试卷分发下去，考试正式开始了。本来以为一年级的小朋友会很难管，因为中午值班时，一部分小朋友就不听话，一眼不看他们，他们就么说起话来，要么下座位聚在一起；也许他们进入小学还不到一年，有些难管教也是正常的。可是这个月考还挺出乎我的意料，他们安安静静地写自己的卷子，除了极个别同学有小动作和东张西望，其他人都在认真做自己的题。卷子写完检查好的同学，把卷子翻过来扣在桌子上，最后同学们把卷子交上来，我送到老师办公室，语文的第一次月考就结束了。

总而言之，我下来实习的这一个月是很忙碌的，每天都去听课，记录上课的内容，空课时会帮指导老师写一些材料、批改学生作业、批改学生试卷等。我询问了其他同学实习的情况，滕子涵同学是顶岗实习，下去以后就直接带初中学生的语文课了，她说："来到这实习的一个月忙碌充实，虽然刚开始手忙脚乱磕磕绊绊，但是得到了锻炼，逐步和学生们建立了默契，是和平时在学校学习不一样的转变，在学生称呼我老师的时候特别有成就感。"同从新疆来的阿迪拉同学去的也是初中，她对这次实习也有很深的感悟："除了让我对教师这份职业有了必要的了解，充分体会到教师在课堂上说的每句话都要负责，我觉得自我在其他方面的收获也是挺大的。作为一名一向生活在单纯的大学学校的我，这次的实习无疑成为了我踏入社会前的一个平台，为我今后踏入社会奠定了基础。'小迪老师好！'竟是一群小家伙看到我们一行人的到来激动地大声打招呼，脸上的欢喜溢于言表，或许是因为终于可以名正言顺地暂且摆脱让人昏昏欲睡的文章了吧。"杜志敏同学去的是小学，她说："我花费大概一个周左右的时间，记二年级二班的大部分同学的名字，到现在我已经能够非常熟练地叫出每个学生的姓名，这对我来说有着很深的意义，这也代表我已经对他们有了一定的认识和了解。"记住每个学生的名字，了解学生，与学生建立良好的师生关系是非常重要的。

我跟几个汉文师的同学是一个宿舍，所以我比较了解汉文师的同学跟我们汉文本同学的实习时间不一样。她们作为定向师范生，先于我们好几天就实习了，所以开学时她们没有来学校，而是直接从老家去了实习地。汉文师的邵橙橙同学是我知道最早下去实习的同学，她2月27日就到实习地了。她自己旁听五年级的语文课，但同时又带二年级的道德与法治课，在我跟她聊天时，她认为："每个孩子后面都是一个家庭，我们当老师的面对四五十个孩子有时候不能都照顾到，但是我会尽力的。"正是她这样谦虚谨慎的态度才换来了家长的肯定，她带的班级里一位家长给她发私信提到孩子回家后对她的评价："邵老师讲课很清晰，又幽默风趣。"我想能得到家长和孩子的肯定，是做老师最大的成就吧。汉文师的赵魏杰同学，在实习前她的母亲对她做出叮嘱，她经过一段时间的实习对自己的专业给予了高度的评价："'以前去学校是做学生，现在去学校是做老师。唯一不变的是不断学习，不断进步。'这是实习出发前妈妈对我说的话。还记得来实习学校的那天，天空下着小雨，虽已立春一个多月，但风吹来时，依旧带着刺骨的寒意。而今窗外柳絮飞舞，花团锦簇，我也渐渐熟悉了这所小学，同时，也与这里的师生熟络起来。经过一段时间的实习，我了解了学校的工作流程，明白了教师的工作不仅仅是教书，丰富学生的学习生活、对学生进行思想引领等同样是教师的工作。投身教师队伍中，我并没有感到不安或沮丧，反而更加热爱这个职业，认为报考师范专业是我所做过的为数不多的正确选择。"

也有其他的一部分同学，指导教师没有安排什么任务，基本忙于自己的事情，也有一些同学认为实习很累，感觉坚持不下去。写到这里，我想起班群里黄老师在3月的最后一天给我们说的一段话："现在大家的实习已经过了一个月了，大家应该尽快适应实习学校的节奏，在白天尽量提高工作效率，统筹安排好时间，当日事当日毕，明日事，提前做好准备。晚上和周末最好抓紧利用好时间学习。实习本身就需要你自己克服困难，奉劝大家：吃不了实习的苦，就不要再指望能吃考研的苦，更别指望能吃人生的苦！"也许这种忙碌让我们忘却自己的烦恼，让我们的内心变得更见坚定，让我们遇事变得更加从容，无论是那些觉得实习很累的同学还是那些觉得轻松的同学，愿我们在今后的日子里即使单枪匹马，也能勇敢无畏。

因为一个美丽的误会，辛奇同学和我同时写了三月的班志，她和我都提到了"单枪匹马"，她说："实习对于我们来说绝对不是一件无足轻重的小事情，它将占据我们大学时光的八分之一，在这段不长不短的时间里，我们遇到的人，发生的事，都将深深地烙刻在我们的记忆深处，无法抹去。一个真正有力量的人，是对已知之事充满感恩、对未知之事充满敬畏的人，一生中总会迎来这样的时刻，你的内心已经兵荒马乱天翻地覆了，可是在别人看来你只是比平时沉默了一些，并不会有人觉得奇怪。这样单枪匹马的战斗才能显现一个人的能量，面对第一次工作的机会，我们应该展现出前所未有的能量。”

（杨聿艳）

乘流而上，欢喜人间

　　随着大巴快速行驶，雨滴不停地拍打在车窗上，"咚咚、咚咚"，奏出一首低沉悲怆的交响乐安抚着车内的旅人。抬起昏昏沉沉的脑袋，透过车窗上纵横交错的缝隙望向窗外只有一片白茫茫的雾气，一时间我竟分不清自己身处何处，记得来时车窗外也是这样白茫茫的一片，若不是实习同学在我耳边轻轻呼唤，我的思绪可能已经穿越了时空。到达烟台已经是傍晚七点多，淅淅沥沥的小雨搭配凛冽的寒风展现着这个城市一贯的风格。时隔一个月，我重新踏入了这个熟悉的城市，想想阔别已久的舍友和同学，我迫不及待地赶回学校，脑子里面浮现的都是重逢的喜悦画面，然而，推开宿舍门的一刹那是前所未有的安静，想象中的画面瞬间崩塌。站在门口愣了几秒钟，习惯性地抬头看了看号码牌，慢慢地往里走，贴着"福"字的橱柜，沾满泥点的墙面，坑坑洼洼的桌面，熟悉的味道，熟悉的陈设，仿佛昨天还在这里生活，只是空空的桌面和床铺提醒着我离开的痕迹，过去被吐槽的狭小空间仿佛在一个月之内扩建了一般，空旷且冷清。

　　没过多久，一阵欢声笑语穿透单薄的门板传到我的耳朵里，我知道，我等的人回来了。看着一张张熟悉的面容，我强忍住眼泪，此刻感觉自己像一个归家的游子，只不过一个月的时间，再见仿佛已经过了一年。见面的第一件事当然是分享零食，填饱肚子才有力气互诉衷肠是我们共同的默契，也是我们独特的风格。不出所料，甄鑫的生活还是一如既往地精彩，我笃定如果没有她的滔滔不绝，107宿舍的生活将索然无味。最令我意外的是倩倩，一向温润的她也开始了"长篇大论"："我们班有一名同学超级可爱,有一名同学非常调皮,还有一名同学是一个小演员,出演过很多网剧呢……"初为人师,虽然只是一名默默无闻的实习老师,面对学生我们也保持着须臾的浪漫、平凡的热烈和理想的喧嚣,尽量把这短暂的时光过得光辉灿烂、万里星光。面对久违的左右夹击,我真的非常想念并且十分享受,一个月的独居生活,让我体验了上班族的寂寞,喋喋不休的样子才应该是生活原本的模样,这一夜注定是无眠的狂欢。

"清明时节雨纷纷,路上行人欲断魂。借问酒家何处有?牧童遥指杏花村。"假期之前小朋友们就在学习杜牧的《清明》,经过学习,他们都知道了清明节是纪念先祖、缅怀革命先辈的节日,这一天有踏青郊游、修墓祭祖等习俗。每当清晨走进教室,朗朗的读书声便会钻进耳朵,但是稚嫩的声音难免让人怀疑他们到底是否能够真正明白清明节的含义。每到清明时节,最先到来的都是淅淅沥沥的小雨,或许因为天空也有思念的云朵,才会如此悲伤吧。在这样一个严肃的节日,大部分同学都选择返乡祭祖,而像我一样远离家乡的同学只能独自吟唱"独在异乡为异客,每逢佳节倍思亲",正好也能借此机会策划一个校园一日游,好好感受温柔的春风、和煦的阳光,酣春、暖意,散落在大地上的每一寸阳光都弥足珍贵。

漫步在暮春的校园里,春风穿过树梢,掠过草坪,扑面而来的却是一阵沁人心脾的花香,偶尔遇到三两好友,闲谈几句,或许还能遇到许久未见的老师吧,他肯定会说"感觉过了一个星期再看见大家,像是一年没见了",这样的日子就连裙摆吹出的褶皱都在闪闪发光。其实每个周末实习在外的同学都想回到校园,奈何迫于各种条件的限制难以实现,只能通过手机和同学们联系感情。有的同学分享校园趣事,有的同学诉说工作苦恼,有的同学感叹时光易逝,其中最令我惊喜的是王海同学,她发给了我一篇长长的文章,里面记录着实习的点点滴滴,最有趣的是她把实习的地方叫做"土方世界",她说那个地方时常尘土飞扬,充满朦胧的美感,方圆几里都没有什么烟火气息,孩子们更是是天性自然,纯真憨厚。"'土方世界'的'方'是画地为牢,也是独自美丽。"独自美丽,在这样的环境里面,还能认真地记录生活,发出如此的感慨,着实令人佩服。每个人都会有一段艰难的时光，面对各种无形的压力，但换一个角度，人生或许就能够豁然开朗，从此兴致盎然地与世界交手。

三分春色二分愁，短暂的假期过后，又是打工人的生活。在过去一个月的时间里，我们已经慢慢适应了作为教师的生活，并能从中寻找到各种乐趣，比如说我们的共同乐趣之一就是批改作业。看到马子梁、陈奉泽、甄鑫等同学在朋友圈晒出的歪七扭八的错别字、稀奇古怪的词组和句子，再看看眼前的作业本，果然是同一个世界同一本书造就不同的命运，想着想着不禁在办公室里笑出了声，老师们纷纷投来疑惑的目光。看着眼前可爱的老师们，我笑得更加放肆，回想起初到办公室时，她们面对学生严厉的眼神，就算是毕业十几年的我都害怕地打着冷颤，但现在越发觉得她们可爱得过分。每天清晨放在办公桌上的零食、课余时间家长里短的故事、下午强身健体的锻炼活动，每一帧都历历在目，在不知不觉中我们逐渐褪去了初来乍到的拘谨和担忧，更何况还有"家里人"作为后盾。

4月15日，鲁东大学负责招远地区实习学生的指导教师卜庆梅老师到达招远，卜老师要在一天之内看望分布在农村、乡镇13所学校的实习学生，尽管时间非常紧张，卜老师还是逐个询问我们的工作生活状况，不放过任何一方面的问题，积极地和校方沟通，学校的领导们都非常重视我们的感受，倾尽所有照顾我们，一点点风吹草动都让他们担惊受怕。正如他们所说，虽然表面上我们是同事关系，但我们更像是他们的孩子，初入人世，怎能不让人心生怜惜。这个世界上可能没有超级英雄，没有百变魔法，但值得庆幸的是，在成长的路上能够遇到很多良师益友，无论是阳春白雪，还是青菜豆腐，他们都能言出其中的滋味，避免我们重蹈覆辙。

每年的4月都是怒放的春天，意味着美好的播种时节，但对于考研人来说，他们刚刚在这个4月完成了一场重要的秋收，而我们也即将踏上征途。对于大部分同学来说，在忙碌的工作之余，我们的主要任务还是进行备考。为了强化同学们对考研的了解，化解在专业备考、院校选择等方面的疑问，4月18日文学院举办了"石榴花小讲坛"线上考研交流会，本次讲坛邀请到了文学院2017级汉语言专业本科生闫晓涵、文学院2017级汉语言文学专业本科生刘英琪、外国语学院 2017 级朝鲜语专业本科生韩雪分享自己考研上岸的经验与心得，并由我班路棣同学担任主持人。三位学姐是石榴花读书堂 2017 级的创会成员，她们仨均考入 985 高校，可以说创下了 100% 的 985 考研率。

闫晓涵学姐分享的主题是"所思在远道"，从四大方面讲述自己的考研历程。首先她提出了考研择校的相关注意事项，建议在择校、选专业的时候一定要认清自身优劣势，不好高骛远，更不要妄自菲薄。她认为可以将备考历程分为基础、巩固、冲刺三大阶段，分享了因人而异、统筹兼顾、规律作息等多方面备考方法和心得体会。再回首，面对曾经未知的答案，面对来时的路，内心始终坚定着一个信念："尽吾志也，可以无悔矣。"最后，她寄语同学们："知道自己想要什么，来路坦荡，去路明亮，真诚、自由、勇敢。人生如海，祝你有帆有岸。"

刘英琪学姐分享了自己是如何从备考科目出发，经过获取学习资源并进行时间规划从而登上考研这颗快乐星球的详细过程。她对英语、政治、专业课三方面的学习方法和计划进行了详细地讲解，强调文史哲融通阅读的重要性，建议寻找志同道合的朋友互相学习，相互鼓励。她认为，面对焦虑要认清自己最适合什么、最喜欢什么、最需要什么，避免想得太多，做得太少，要放平心态、舒缓压力。最后，她期待大家通过考研让生活变得有意义，最终让我们"相逢在更高处"。

韩雪学姐则一开始就调侃自己的主题酷似营销号的风格："双非三个月一战三跨 985 不是梦"。看似是夸大事实吸引眼球，其实是说最后三个月冲刺的心得体会。她希望大家能够先清醒地认识自己，通过广泛阅读在专业选择上实现"选你所爱，然后爱你所选"。针对可能出现的心理问题和身体健康问题，她幽默风趣地提出了各种实用的缓解治疗的方法和养生小贴士。她随后分享了自己在最后三个月的学习计划，并针对考研期间的动力源、效率、时间安排、宿舍学习环境等一系列问题提出建议。讲坛尾声，主持人路棣以《你是人间的四月天》小诗做结，她激励大家："不负春光不负己，漫漫考研路，要相信，你是爱，是暖，是希望，你是人间的四月天。"

在整个过程中，让我印象最深刻的一句话就是"每个人都有自己的选择，

乘流而上，欢喜人间

应该尊重别人的学习和职业规划"，面对质疑和挑战，我们无需多言，眼中有路，心中有光，奔赴自己的人生。我们都说"他山之石，可以攻玉"，三位同学在苦尽甘来之时慷慨解囊，为我们讲述了考研历程中的苦与乐，提供了宝贵的方法指导，各有千秋，我们也受益匪浅。考研的道路注定是苦涩的、孤独的，即便如此也不要轻易放弃，就像余光中所言"在逆风中把握方向，做暴风雨中的海燕，做不改颜色的孤星"，乾坤未定，你我皆为黑马。

2021 年，喜迎"中国共产党成立 100 周年"之际，合唱比赛、朗诵比赛、运动会、艺术节等各种活动接踵而来，每个人在实习学校都忙得不亦乐乎。马鸿岩参与了运动会的组织策划，曾经的参赛者如今转变为裁判，看着阳光下那些小小的身影，奔跑着、跳跃着，掌声喝彩声弥漫整个操场，这些场景肯定比冲过 800 米终点线更加难忘。常佳珍所在的实习学校还组织了教职工趣味运动会，她参加了"集体持竿跑""蒙眼过障碍"等比赛项目，经过这场耐力与协作的比拼，佳珍卸掉了生活和工作的压力，与老师们的感情也迅速升温。在"铭记党史，诵读经典"为主题的"世界读书日"活动中，她按捺不住激动，用一首毛主席的《七律·长征》感染了所有人，大放异彩。赵玉倩带领同学们排练合唱比赛的歌曲，李孟凡带领学生参加古诗大赛和运动会，纷纷取得了很好的成绩，据孟凡说最有特色的是"首届值园竞标活动"，不仅形式新颖，也促进了学生德智体美劳全面发展。而我所在的学校承办了大型现场会活动，所有教师全部参与其中，各尽其职，现场会举办的那一天，书法社团、国画社团、剪纸工作坊、千人排笛等各项活动尽展风采，偌大的屏幕上播放着教师们的青葱岁月，岁月不饶人，有位老师说支撑他们一路走来的是"你们远走高飞，我原路返回"的奉献精神，我不知道未来我是否能成为一名人民教师，但我一定会记住这段时光。听着耳边庄严的宣誓词："我宣誓：教师是我光荣的选择！我深知'学高为师，身正是范'，因此为孩子们付出所有，是我最高的准则。即使面对误解和委屈，我仍将恪守崇高的职业道德。忠诚人民的教育事业，是我庄严的承诺！"这一刻，我明白了，或许支撑我们不停向前的往往不是什么强大的信念，而是那些埋藏在记忆深处的美好时光，那些值得学习的楷模榜样，所以这些回忆和人都值得被珍藏。

除了参加学校组织的各种活动，闲暇时间我们也在自娱自乐。王璐璐同老师们一起过上了种菜养花陶冶情操的安逸生活，更令人羡慕的是她还养了几条可爱的金鱼，真是好生快活，从她的语气中我都能感受到返璞归真的快乐。或许和同学们相处久了容易受到童心童趣的感染，孙雨亭和她的小伙伴们相约到荣成樱花湖放风筝，听起来是很正常的活动，但当我看到飞翔在天空中的奥特曼，一切都有了合理的解释。"你相信光吗？世界上真的有奥特曼。""我相信，一直都信。"只是奥特曼始终不属于中国，在我心中只有那些战斗在一线救死扶伤、逆向而行的战士们才是守护中国、守护世界的超级英雄。

2020 年，一场骇人听闻的浩劫席卷全球，无数人们被笼罩在震惊、唏嘘与恐惧之中，在新冠病毒肆虐的日子里，我们像期待春天一样期待着好消息，我们期待到四月武汉樱花烂漫时，能够像往年那样，千千万万的人在树下看樱花，樱花在树上看千千万万的人。没有一个春天不会到来，大雁衔着充满爱与希望的四月缓缓飞来，如今去武汉看樱花的人比花还多。经过中国和世界各国的守望相助，疫情终于得到了控制，2021 年中国政府批准新冠疫苗上市，大规模疫苗接种逐步展开。可谁能想到，国外疫情突然反复不可控制，使中国不得不加快疫苗接种的速度，扩大疫苗接种的范围。于是，四月中旬，鲁东大学开始了疫苗接种工作。班级群内，接种疫苗的通知一条接着一条，在校同学第一时间进行接种。"只要身体条件允许的都可以打，明天是周末，在外实习的学生也可以提前联系班委报名返校注射疫苗。虽然疫情防控形势目前平稳，一旦紧张起来，疫苗肯定供不应求，居安思危，应该做好自身防护，自身保护好了才能保护别人，目前我国接种大约 2 亿的疫苗了，出口多国，质量方面没有问题，这个大家放心，疫苗时宽裕时紧张，请大家提醒学生，珍惜机会，做好自身防护。请班主任发动班级学生，提高学院接种率。"看着班主任转发到群里的通知，我突然意识到事态的严重，出于安全考虑，我和王筱薇等同学都在实习学校接种了疫苗，响应国家号召，我们身体力行。

"各位，这是春季书目，希望大家能在实习、学习之余抽空读些书。读书是日常，不需要正襟危坐和郑重其事地拿出一段时间来读，只需要在日常琐碎片段中读一读。半个小时能读上几十页书，换来一些宁静、好奇和振奋；半个小时也能无所事事地刷手机，徒增空虚烦恼。比一比，又是何必呢？"四月最后一天的午后，黄老师从班群传来春季书目与这段谆谆寄语，情溢乎辞，隔屏传来，抚去了我们半天的疲惫。读书日那天，石榴花读书堂成员也捧起书来，在公众号分享了每个人私藏的句子。于我们而言，这四个月"打工人"的步伐注定更迭不息，心灵的触角虽无法深入到大学的课堂，却在那些令人渴盼的文字当中扎下来，期待能像春天的种子般扎得更深些。在书中逃避这个世界并不算一种懦弱，疲乏的心灵需要这一处避难所。

气温慢慢上升，春天即将完美落幕，或许春风会带走每一片叶子的绿、每一朵小花的香，但它带不走希望，带不走勇气，我们一直在路上。回顾这个春天，期盼、感动、惊喜、忙碌，伴随着春的脚步一股脑地涌上来，何其精彩。面对未来，愿我们"各自乘流而上，互为欢喜人间"，当回首来时路，定不辜负这个春天的努力和付出。

（辛奇）

枝夏、榴花、星辰、锋芒

尚未好好亲吻四月的雨，就已开始贪恋五月的风，告别陌上花开缓缓归的春天，迎来一树榴花照眼明的夏日。

五月从盼望已久的五一假期开始。喜欢每一次放假就归家的感觉，虽然少去了很多地方，但沿途的风景也算不错。告别忙碌的两个月，实习的进程也过去了一半，在悠闲的归家途中却又生出些许忧愁。车窗外的绿色，让忧愁的心意得到缓和。最喜这春夏的绿色，每次看到，心中便涌现出无限的可能。

今年的青年节是在看过《觉醒年代》后度过的，而这似乎也为其赋予了特殊的意义，使我真正意识到这个节日的重要性，从前在课本上读到的人物都鲜活了起来，如今，在屏幕上真正看到这一幕，才觉其沉重。"你在历史书上匆匆翻过的一页，就是他们赤血的一生。"那个时候，他们在找中国的路该往何处走，在找何为中国的药方，在一切不确定和危机重重下，毅然决然地在革命道路上砥砺前行。看了《觉醒年代》，又想起鲁迅先生在《热风》中写给中国青年的话语，至今仍有震撼人心的启蒙力量：

愿中国青年都摆脱冷气，只是向上走，不必听自暴自弃者流的话。能做事的做事，能发声的发声。有一分热，发一分光，就令萤火一般，也可以在黑暗里发一点光，不必等候炬火。

此后如竟没有炬火：我便是唯一的光。倘若有了炬火，出了太阳，我们自然心悦诚服的消失。不但毫无不平，而且还要随喜赞美这炬火或太阳；

227

因为他照了人类，连我都在内。

　　我又愿中国青年都只是向上走，不必理会这冷笑和暗箭……纵令不过一洼浅水，也可以学学大海；横竖都是水，可以相通。几粒石子，任他们暗地里掷来；几滴秽水，任他们从背后泼来就是了。

"却是石榴知立夏，年年此日一花开"，五月绽放的石榴花，此时正是绿肥红瘦。石榴枝上点点绯红，若隐若现，如火似霞，煞是好看。微风吹过，几片花瓣飘然落下，偶尔会发现枝间结有很小的青色果实。经历春的萌发，夏的成长，期待秋天的成熟。这也是同学们的写照，如今，实习已过半程，两个月的实习生活带来了新的体验，总会看到彼此在 QQ 空间、朋友圈分享的精彩日常，大家也从中获得成长，不由也让人期待着秋天的成熟。

青年节后不久，《石榴花》杂志今年第一期春之卷封面、卷首语、目录也与大家见面了，路棣书评《〈"新诗集"与中国新诗的发生〉读后》刊登在册。同时，书中还记录了我班于寒假之前举办的《我的二本学生》读书分享会，已记不清当时听同学们分享时的感受了，如今再从纸上阅读这些文字，又一次被这本书、被同学们的感受所触动，在书中能看到许多自己的影子，也似乎能类比出自己的未来。我们看似已经聚在一起，分享着相同的生活，但我们来路不同，各自背负的东西也不同，也终将走向不同的人生。

想起我喜欢的徐均朔唱过的《枝夏》："当书海漫过盛夏，笔尖下开出枝芽，分离留下的是错过的年华。我看着前路彷徨，愿不忘追逐梦想，回头看，驻足望，是你呀。剥落人潮的匆忙，驱散起伏的慌张，谁说成长必须隐藏着光亮，花开花落自己赏，不同的轨迹都有锋芒，过往在回荡，交错炙热篇章。"他曾说："不同的轨迹，都各有锋芒。可能对于演艺界的人来说，他们的光芒是装在玻璃盒子里的，很轻易就会被人看见；但不透明的盒子里面装着的光芒，一样非常耀眼。"我们就是那不透明的盒子里的光芒，在这所二本院校生活的四年，痛苦与压力反而会使我们更能清醒地认清现实，在时代的浪潮中学会与自己和解，当盒子被打开的那一霎，将会照亮山河。

临行前匆匆一面，像是隔了数年。所幸，还有很多活动会使我们再相聚。

5月11日，学院举办了题为《基于核心素养发展的教学设计》的讲座，大家在阔别了寒假与两个月的实习之后再次聚在了一起，或是共同坐在教室里，或是相约于线上，共同聆听法洪雪老师的报告。其实从3月到5月，学院先后邀请了多位齐鲁名师做客"名师工作坊"，如山东师大潘庆玉老师、烟台开发区高级中学孙忠华老师等，为我们在中学语文教学方面指点迷津。法老师详细阐述了教学设计在整个教学过程中的重要性，以《秋天的怀念》这篇课文为例，展示了与教学设计相关的方法与技巧。特别是朗读这一环节，就反复揣摩，我们仿佛又回到了中学课堂，跟随着老师一起朗读，在朗读中去体味作者的情感。老师通过指导同学的朗读，不仅提高了同学的阅读水平，我们也从中得以窥探到朗读教学的技巧与方法。随后，法老师介绍了教学设计的前提：一是基于文体，在这里法老师为我们推荐了王荣生教授的《教学设计要诀》这本书，里面写道"把小说当小说读，把诗歌当诗歌读，把散文当散文读，不仅是阅读取向，而且也预示着各自不同的阅读方法"。二是基于学情，"教师为主导，学生为主体"是现在教学所提倡的理念，在这里法老师引用了钱梦龙先生的一句话："因为我首先看着的不是学生将会怎样配合我的教，而是自己的教学怎样配合学生的学。"在教学设计时我们应当充分考虑学情，充分尊重学生的主体地位，使学生在自主学习和合作学习中获取知识。最后袁向彤老师作了总结，再次强调了阅读指导的重要性，更重要的是如何找到教学设计的切入点。

　　5月12日，黄老师就关于如何写书评或读书报告的问题，整理了一部分回复同学们的邮件内容发给我们，近一万字左右。他在回复中写道："写读书报告或书评不是目的，真正的目的是通过写书评而去了解更多的书，了解更深的思想，从而锤炼自己的思考和表达能力……写书评其实就是一场思想交战，在知己知彼（理解原书思路、结构、观点）的基础上，广泛搜集其他情报（相关书、相关书评、作者的学术信息等），然后调兵遣将，排兵布阵（自己的视角和写法），向作者发起进攻（不是攻击，而是对话）。"黄老师每季度都会为我们推荐阅读书目，鼓励我们阅读的同时不忘思考，而仅仅思考其实是不够的。写的过程就是不断思考的过程，更深入了解这本书，才能更好地与作者对话，进行思想的碰撞。他说："人文科学不同于理工科，更加注重的是在积累多种材料的过程中培养多元理解视角和内心的体验，通常并不需要有太多的聪明和才气，有时只需要像老农一般勤恳安分种田即可，待到时令，自然就迎来麦熟谷丰，瓜果飘香。"婉婷后来在 QQ 空间也谈到类似的问题，她提到石榴花大讲堂某一期的一位老师关于理科研究与文科研究的问题，最终又回到意义的问题上，忘了"老黄"是怎么回答了。黄老师看到婉婷的这条状态后再一次回答道："那次讲堂加上我对你的诸多问题的回答是一个逻辑，概括来说是这样的：理科追求的是唯一的答案，文科追求的是多元的理解和内在的体验。因此，劳作本身就是生命的目标和意义，万事一理、万物一体，外部事物之间是一样的，内部和外部也是一样的，何必要割裂或取舍呢？"

也是在今天，学院评选 2020 年度共青团工作先进集体和先进个人，根据投票结果，我班优秀学生干部为马鸿岩、路棣，优秀团员为甄鑫、秘若琳、王述巍、陈艺。"广大青年要肩负历史使命，坚定前进信心，立大志、明大德、成大才、担大任，努力成为堪当民族复兴重任的时代新人，让青春在为祖国、为民族、为人民、为人类的不懈奋斗中绽放绚丽之花。"习近平总书记对青年人的寄语铿锵有力。今天的新青年们，脚下依然有千山万水，前路也依然有艰难险阻。我们班的每一朵石榴花，也自会担负着使命，在这葳蕤夏日，肆意生长。

5 月 15 日，是教资面试的日子，见到了久别的同学，我和马云飞、王筱潋、宋姝颖在同一时间段的同一考区。我们面对面诉说着实习期间的点点滴滴，激动又欣喜。吸取上次面试毫无准备的教训，这次面试前，我把部编版高中教材语文课文的内容全部整理下来，自我试讲，不能说全都掌握，起码不像上次那样措手不及。我考的文章是《归去来兮辞》，询问班里其他人，有的考到《廉颇蔺相如列传》，有的是《定风波》，还有《中国人失掉自信了吗》等等。作为实习生去考试，我们带着在课堂上积累下来的教学经验和面对学生提问时随机应变解决问题的能力，坦然应考。

就在面试这天，"天问一号"着陆巡视器成功着陆于火星乌托邦平原南部预选着陆区，中国首次火星探测任务着陆火星取得圆满成功。早上一醒来便看到该条新闻占据热搜首位，只是匆忙赶去考试，无暇过多关注。晚上回到宿舍，才再次打开新闻来看。

五月是匆忙的，今年的五月同以往还不太一样。研究生考试备考已经进入了状态，在保证实习工作完成之余，生活无不是被充实的学习填满了。在过去，学院大大小小办了很多场考研交流会了，那时候尚未开始备考，对于那些经验仅仅是听在耳中罢了。5 月 16 日，学院为我们组织了考研线上交流会，由 17 级的学长学姐向我们分享经验。本次交流会邀请到了很多学长学姐，有传播专业本科生公雅君、张文欣，汉语言专业本科生王诗羽、张雨梦、段晓琪、张武展，编导专业本科生于晓彤、宋靖怡，汉语言文学专业本科生程子悦、赵健伊、张浩锋。他们分享了自己考研上岸的经验与心得，大都是从择校、备考、心态三个方面来进行分享，最应该注意的其实是心态问题，很多人到最后心态崩溃。其中，公雅君学姐提到考研心态问题时说："一定要坚持下去，只管一步一个脚印去做，最后的结果是不会太差的。"

在这匆忙的实习生活中，也有着很多趣事发生。五月，种种时令水果已经上市，5 月 18 日这一天，我的实习学校威海乳山光明街小学举办了水果拼盘大赛，为一次具有特色的劳动教育活动，也为这清新夏日带来一抹颜色。这次活动中，我们实习生担任评委，细致地观察着每一个小选手的精心准备，黄澄澄的橘子，鲜红多汁的西瓜，饱满可口的荔枝，晶莹剔透的桂圆……无不令人垂涎欲滴；再配合着他们细心的制作过程，让人心觉可爱之时也不免为他们的创意而眼前一亮。这样的活动，既让小学生们获得有意义的劳动成果，也为他们的生活带来很多乐趣。

每年的"520"这一天，都会在各个社交软件上收获一堆狗粮，不过偶尔尝尝这狗粮，感受人们之间的温情与爱意，也挺不错。今年我们的"520"是同儿童们一起度过的。共青团山东省委、山东省青少年发展基金会发起"希望小屋关爱行动"，今年是为山东省贫困儿童捐款购买学习用品，开展募捐活动。募捐款也许是之前攒下的些许钱，也许是刚刚到手的"520"红包，

枝夏、榴花、星辰、锋芒

231

无论金额多少，每个人尽力而为，世界就会改变很多，就会为需要帮助的人带去更多。我也略尽绵薄之力，希望能为他们做些什么。

五月是繁忙的一月，我们在实习学校里习惯了日常教学的忙碌，黄老师也在 5 月上旬和下旬分别带领"石榴花阅读推广服务基地"的同学们赶赴威海荣成三中和滨州阳信二中开展阅读推广公益实践活动；同时，五月也是不太平的一月，苏州龙卷风、青海云南地震、两位院士去世、甘肃山地马拉松遭遇极端天气……每一件事情都让人扼腕叹息。

5 月 22 日，是颇不平静的一天，先是"中国杂交水稻之父"袁隆平院士辞世的消息传来，当时我大脑一片空白，不知道该说些什么表达自己此刻的心情，嘴唇翕动几下，最后都化为一声沉沉的叹息，从没想过神一样的人也会离开。经袁老秘书辟谣，证实此消息只是造谣，袁老正在医院接受治疗，我在心中只祈祷袁老能够早日康复。然而，下午 1 点 07 分，噩耗再次传来，这次袁老是真真切切地离我们而去了。他是在试验田里摔倒的，他一辈子都在他所热爱的土地里，现在也要回到土地中去了。虽未有幸蒙面，却日日在餐桌上相见，一想到今后再也不能看见袁老在田地间、在大街小巷、在你我她的生活中出现，忍不住就红了眼眶。袁老千古，一路走好。几乎在同时，我们又得到"中国肝胆外科之父"吴孟超院士逝世的噩耗。

中央电视台《感动中国》给袁隆平的颁奖词曾写道："他是一位真正的耕耘者。当他还是一个乡村教师的时候，已经具有颠覆世界权威的胆识；当他名满天下的时候，却仍然只是专注于田畴，淡泊名利，一介农夫，播撒智慧，收获富足。他毕生的梦想，就是让所有的人远离饥饿。"在国家面前，他是有突出贡献的社会功臣，在国民面前，他是专注于杂交水稻事业的科学家，是会因为博士生发愁挠头，又拉得一手好琴的可爱的老先生。网络上流传着长沙市民自主送别袁老的画面，我在一声声"袁老一路走好"中泪流满面，突然明白了祖辈们当年十里长街送别周总理的心情。即使在今日，再提到周总理时，爷爷奶奶也会不自觉红了眼眶。我想我们是时代的一粒尘埃，他们则是高挂的星辰，永远闪耀。

"那些与我们同时代的光芒熠熠的人物，其实和伴随我们的日月星辰没什么区别，平时你不大会总时常想起他们，你总觉得他们永远会在。然而他们却又和日月星辰不同，西沉了就不再升起，划过天幕就不再回来。他的光芒照耀到的地方越多，你越会感到随着他们的离去，时代的一部分也随之定稿，后人翻阅时代的书页时，会清晰地看到这个天体陨落的注脚。"我们这一代人是幸运的，有人在困境中力挽狂澜，让我们端稳了饭碗，直起了腰杆，让我们有饭可吃，有书可念，有梦可追。这是独属于我们这代人的记忆。然而未竟的事业，也将由我们接棒，前仆后继，永不止息。也许这才是对前人最好的告慰，希望有一天，我们也能对他们说一句："这盛世如您所愿。"

5月26日，今年第一次月全食在夜空上演，我们虽飘散在各地，至少我们看到的是同一个月亮。可惜的是，我所在的威海乳山下雨了，无法得以亲眼看到今年最壮观的红月。不过隔着屏幕仍然感受到了红月亮的美丽，希望大家都能被这个月亮照耀，幸运伴身，一往无前。

五月，何其不幸，28日又有两位大师离开了我们，历史学家何兆武、章开沅两位先生逝世。"人生来自由，却无往不在枷锁之中"，是我自高中便很喜欢的一句，如今才得知是出自何老的精妙翻译。章老对学术界的贡献在国内也可谓大师级别。路棣在去年偶然读到何老所著《上学记》，写下一篇名为《写在水上的名字》的书评。已经再也无法看到何老的身影了，更别提书中所写上学之时的场景，如今只能在他的文字中得以窥见何老的一生。

也是在今天，《石榴花》春之卷已经印发完毕，送到了文学院，我们在外地实习甚是遗憾无法第一时间翻阅杂志，还望下次归去之时能够看到它的身姿。郭晓慧学妹在卷首语中写道："纵使春光留不住，也要把绿意与书香这两个春天的标志物刻在心中。当手中捻有春光赠予的信物时，春的脚步就不曾离我们远去。"在这生机勃勃的夏日，封面的绿色与这茵茵夏日也甚是契合，正适合在骄阳、绿荫、清风里披卷阅读。翻开书页的那一刻，自屏气静心，获得片刻愉悦。

转眼到了五月末尾，我一路晕晕晃晃地回到鲁大，终于又再见到可爱的舍友，路途的不愉快也由此散去。在学校的两天时间，再次感受到学生的生活，回归了久别的身份。去吃了部队火锅，一餐的石锅饭，是久违的、想念的味道。

枝夏、榴花、星辰、锋芒

紧赶慢赶，在五月的最后一天到来之前，又回到了实习学校。

学校周围的围栏上蔷薇花开得正盛，让人想到的却是初春的那种细碎繁花的小清新和俏丽，仿佛春天从未走远，一直都在。而我们也从未走远，一直都在。"微雨过，小荷翻，榴花开欲然"，每一朵可爱的石榴花都在悄然绽放，渐露赤红的锋芒，如森林中的耀眼红灯，仿佛瞬间就能燃遍整个夏日，还有青春、大海、白帆、高山、星辰、梦乡。

可不，是石榴花呀！

（徐贝贝）

时间的神灵

　　"薰风殿阁樱桃节，碧纱窗下沈檀热。小扇引微凉，悠悠夏日长。"我实习所在镇子上的樱桃上市了，果农们将成熟的果实铺在摊上，颗颗饱满，又圆又大，鲜红欲滴。拿起一颗放进嘴里，稍有韧性的果皮经受不住唇齿的碾压，果肉和汁水迸溅在舌喉间，爽口多汁。这里是龙口市石良镇，盛产樱桃，只需花十来块钱，就可以在集市上买一堆樱桃当饭吃好几顿了。天色尚早，摊贩们也不着急收拾回家，我每天下班后都到集市逛一逛再回宿舍。是啊，是夏天来了。

　　"六月的明亮里，我们能感受到四处流动的光芒。"六一为六月开了个好头，因为儿童总是象征着新生，像一张纯净的白纸，拥有着无限浓墨重彩的可能。在六月，仿佛一切又重新开始了。六一的第一份礼物来自黄老师，他在班级微信群准备了一个大红包："祝各位小朋友节日快乐！"红包像一颗炸弹，微信群里留下一串长长的我们抢红包的足迹和回赠给他的祝福。虽然我们和黄老师都早已不是小孩，但年龄大了就不能过节了吗？我想只要保持一颗童心，便到七老八十也能过节，最难得的是守住自己心中的那个小孩。一位和我一同实习的朋友今天一早开开心心地向大家表示祝福，却只得到"你都多大了还过节"这样的揶揄，我也只好笑笑不语。班里有几位在小学实习的同学，倒是拥有一个精彩的六一。大家在朋友圈晒着小孩们排练节目的日常，于洁、马云飞同学都收到了孩子们的礼物，虽然是一些被包装成精美花样的常吃零食，却代表着孩子们真挚的心意，足慰人心了。我只能在朋友圈狠狠

235

地点赞表示羡慕嫉妒恨。"大人者，不失赤子之心也。"各自在异地实习的110舍友们，也在宿舍群发了红包，祝其他五位小朋友节日快乐。感谢黄老师的红包，让大家无论身处何地、何种境遇，都能聚在微信群里做回片刻的小孩。

当黄老师发红包时，我们不知道，其实他正在赶赴临沂检查实习的高铁上，到临沂后他驾车穿越沂蒙山，往返于沂河、沭河间，马不停蹄走遍5个县共20多所学校，看望了30多个在临沂实习的鲁大各专业的公费师范生。六一晚上他在朋友圈贴出《观沂手记（一）》，此后每天深夜都贴出一篇长长的手记，一直更新到《观沂手记（五）》，有同学说，看黄老师的《观沂手记》简直像追剧一样。

点开微信公众号和QQ空间，石榴花读书堂也为大家送上六一祝福。跟随石榴花畅想当年，仿佛又回到了那个扎着羊角辫吹着风车奔跑在街头巷尾的年纪。石榴花还推送了王兆祺学妹精心设计的画作，画中，一个女孩儿在窗明几净的书房里安静读书，窗外，石榴烂漫，一切都是那么岁月静好，微风不燥。

6月5日迎来芒种，仲夏时节开始。梅子黄，杏子肥，桃子香，荔枝甜，芒种一到，农民开始在田间忙碌起来。这个月份，正值榴花开得热烈，火红的花瓣下，青涩果实已开始忽忽长大。六月是我们实习的最后一个月，路棣同学早早就在班群里提醒大家本学期需要完成的任务，任务繁重，于是六月我们也一样忙碌起来了。枝头明艳艳的石榴花们，是否迫不及待期望丰收了呢？

石榴花盛放，石榴花大讲堂也如约而至。6月8日下午，石榴花大讲堂第33讲在南4教学楼106举行，王飞燕老师就"中韩古代文学的'和而不同'"主题，结合自身在韩国学习研究的经历为大家作了精彩报告，袁老师和黄老师参与点评和讨论，吸引了各院同学们前来聆听。我们都在外地实习，没法过去听，但仍然心向往之，路棣建议石榴花读书堂今后可以开通线上直播，这样线上线下同时互动。

借着接种疫苗、四六级考试和端午假期，异地实习的同学们得以回校短暂相聚。数月不见，甚是想念，连吵闹的万向轮的声音都变成了喜出望外的信号。我实在是太过于想念110宿舍的各位了，再见到大家时，确实已经要落泪了，只顾得拉着彼此的手喋喋不休地诉说实习的见闻。在外实习虽有新的收获，但是和舍友们相处三年，藏在点滴中的舒适、自由和熟悉感却是不可替代的。在新朋友面前总是保持着客气和礼貌，端着一分拘谨，只有回到宿舍，我才真正回到本来的我，竟生出种"久旱逢甘露"的感觉。110的家伙们像是我的充电宝，和大家说说话，笑一笑，我就觉得又充满能量了。在实习学校时，有次收到马云飞用淄博土话发来的语音，我笑称："浔阳地僻无音乐，终岁不闻丝竹声，今日听君歌一曲，暂凭杯酒长精神。"她笑话我是"痴狗"，身为云南人的我有些懵了，这是山东特有的骂人词汇吗？这次回校还有一个任务就是六级考试，作为顽强的四六考级人，虽然早有思想准备，但临近考试还是忧心忡忡，我愿称之为四六级考试PTSD（创伤后应激障碍）。6月12日，四六级考试如期举行，我们像往常一样去考场，考场还是一样人群拥挤，我们也还是一样……嘿，算了，还是别说了。

几月不见，鲁大也变好看了许多。我们离开时穿着厚重的棉袄，拖着沉重的行李，顶着寒风，在积雪中狼狈上车。中途一身轻地回来，发现光秃秃的树木变得葱绿了，空气变得嘈杂起来，路上的行人也多了，一切都是生机勃勃的样子，是夏天来了。相信我们经过这几个月的实习，也像草木一样成长了。夜晚和贝贝同学乘着凉风去北操走走，持续了大半个月的跳蚤市场还没结束，即将毕业的学长学姐们沿路出摊，把操场围了一圈，叫卖着："给钱就卖！给钱就卖！"人声鼎沸，每个摊都扎满了人，有询问的，有议价的。人群络绎不绝，或走或停，有说有笑。我和贝贝随便找了块空地坐下，在灯光下，常驻北操的校园歌手们又为这个夜晚增添了无数美好。今夜是属于周杰伦的，似乎他可以代表每一代人的青春，也属于每一代人的青春。在背景音乐中，观众席的同学们随意盘腿而坐，或是三五好友聊聊天，或是情侣们嬉笑着享受夏夜。被小摊占满的塑胶跑道明明热闹非凡，却能和草地内的恬静融为一体，互不打扰，成就了这个美好的夏夜。偶尔还能听到对面体育馆传来热烈的欢呼声，我们听着也跟着高兴。夏夜的美好总是说不完的，大家能够在忙碌之余，甩掉白日里的浮躁和风尘，偷空乐在其中一会儿就很好了。

"躺在你学校的操场看星空，教室里的灯还亮着你没走……"说起来好笑，我常常觉得自己老了，但在这个夜里，耳畔又吹起了十八岁的微风。

实习学校单调的饮食让我对美食馋得不行，早在放假前，我就计划着要吃什么了。不趁着这个假期好好地吃一顿，实在对不起我吃货的本质。和云飞、贝贝去大悦城吃了那家"澳门味道"，菜入口的一瞬间，我忍不住感叹：能随时吃到美食，实在是一件太过幸福的事了！其实只要稍一回想，我好像每次回校都光想着吃了……唉，脸红了。端午假期，我们宿舍已经好几个月没有集体出动了，商量之后决定一起去KTV好好唱它一下午！我已经憋了很久，这就去大展歌喉，唱个酣畅淋漓！

结束后，我和马云飞又去参加了社团组织的大四告别宴。我始终感谢着这个小小的舞蹈社团带给我的一切，从低着头脸红不敢说话到自信地与人交谈，从害羞自卑地站在最后一排悄悄排练，到站在第一排登台表演，甚至参加比赛。是大四的学长小卢和康康，在周遭的人都走得那么快的时候，停下来等了等我。我在这里可以清晰地感受到我的成长，关于信心，关于责任，关于坚持。见了面，大家还如往日一般说笑打闹着，心境却不一样了，虽有不舍，但天下没有不散的宴席，只要大家在这个集体中有过收获和感动，就足够了，大家就都勇敢地奔赴各自的人生吧。在回宿舍的路上，我们遇到了同样参加社团活动的王述巍、吴岐雯同学，她俩请我为她们的翰墨缘书法协会拍照留念。我想这又是另一个值得记录的故事了。我和徐波月对六月的分别是这样一种理解，而述巍和岐雯的心中肯定又是另一种波澜吧。山高水远，若是有缘，大家定会再相见。

这次回学校，大多数同学都完成了新冠疫苗第二针的接种。距离疫情爆发已过去一年半，疫情却仍未结束。六月伊始，广州又出现了疫情，牵动着全国人民的心。专家也提示，在未来的日子里，新冠肺炎的存在可能会常态化。

端午节比较可惜的是没有吃到粽子。在我家云南昭通那边，每年端午节都会提前几天包好粽子，放凉水储藏。儿时的记忆里，粽子还不像现在一样口味众多，馅料丰富，只包纯糯米馅的。奶奶手法娴熟，将两条箬叶束成斗升状，往浸泡的糯米里一淘，折叠后再抽取一根撕成细条的棕树叶，手腕翻转几下，一个玲珑小巧的粽子就包好了。我蹲在一旁看得眼花缭乱，几次照葫芦画瓢去包，煮出来就都"露馅"了，后来我就只负责洗干净手，在水桶里淘米玩了。粽子包好煮过，放凉之后就可以吃了。剥开黏黏糯糯，晶莹剔透，入嘴清甜。喜爱吃糖的还可以沾上白糖，米香中和了白糖的甜腻，恰到好处，是我小时候的最爱。到端午那天，大人们会早早起床煮上鸡蛋和大蒜，在门窗插上艾叶，在家里角落涂上雄黄酒，以求驱魔辟邪，防治蚊虫。小孩们起床洗漱后，会被大人在脸上、手臂上涂抹雄黄酒，还得喝上一点点，早餐只能吃水煮蛋，这曾是我最讨厌的节日习俗了。中午通常吃得丰盛，饭后，各家各户就会邀上亲朋好友，拿上准备好的吃食外出游玩，我记忆里爬山野餐的次数居多。自从上了高中，便很少在家过节了，总觉得少了点仪式感。端午假期结束后，大家也都返回实习学校了。

6月15日一早，教资面试的成绩就出了，我们宿舍参加面试的同学都合格了！我面试时太过紧张，表现不佳，一直担心会过不了，如今心里的这块石头总算落下了。

回到石良中学，我帮忙准备着学生会考的工作，然后就是完成课业任务，掰着指头数实习结束的日子，还剩最后两个周。《国学研读与诵读》实践课要求我们给孩子们上两堂国学课，我思忖良久，如何在临近期末考试时给孩子们上国学课又不影响他们期末复习呢？想来想去，我决定给他们上诗词鉴赏课，引导他们认识和把握诗词意象。我以王国维先生所说"一切景语皆情语""以我观物，故物皆著我之色彩"为切入点，帮助同学们认识意象，大家大都能理解这两句话的意思，但运用到诗歌里时，却又卡顿住了。我只好在课上简单粗暴地告诉他们：凡是诗人描写自然鲜活美丽之景，都表达了作者对于该景物或是该季节大自然的赞美和热爱！但几天后他们做的单元测试题告诉我，孩子的思维和老师的想法是有参差的，试卷古诗鉴赏的部分是一首描写乡村悠闲惬意生活的诗，考题是这首诗表达了作者对乡村生活的什么感情？我批改到有学生赫然写着"悲伤"二字！实在是让我哭笑不得。我想还是得让他们多读诗，多感悟诗情，速成的办法是行不通的。

6月17日，学院举行2017级学生毕业典礼，黄老师受邀担任教师代表发表演讲。在这篇《策马扬鞭，仗剑天涯》的演讲稿中，黄老师对毕业诸君寄以殷切期望，清新隽永，启人深思。他认为鲁东大学文学院培养了一代又

时间的神灵

一代的教师、作家、学者、媒体人，这四类人才在本质上都是要通过发声和讲述来传递信念，所以有一个共同的本分：直面现实，勇于发声，不断创作，照亮心灵。他说："如果有一天，你不够勇敢，不能发光、发声，那么请尊重那些独立的人格和脱俗的心灵，请包容那些真诚的净言和不同的声音，这样你也就无愧于自己是文学院的人。因为文科没有标准答案，注重的是多元的理解方式和独特的内心体验。"他对毕业生提了四点希望：心系中华，心怀天下；关注乡村，关心弱势群体；成为一个好人，平淡质朴，勤奋努力，又能明辨是非，懂得保护自己；保持阅读、写作、调研的热情，主宰自己的内心。他祝福大家"怀抱初心与理想，坚定心灵与目光，莫失莫忘，不离不弃。理想不灭，我们永生不死"。毕业典礼结束后，黄老师感叹道："但愿从今夜起，我也毕业了，也告别了过去，重新开始。"人生本就是迎来送往的过程，转眼实习就要结束了，大三也随之结束，我们告别了一个阶段，又要迎来下个阶段，结束亦是开始，我们又该准备扬起帆再次起航。

话虽如此，但剩下的日子在日复一日地作业批改和恶补实习手册中很快过去了，节奏有点兵荒马乱。我们终于在一片火红的氛围中等到了实习结束的日子。

"只要还有一口气，我就要站在讲台上，倾尽全力、奉献所有，九死亦无悔！"6月29日，张桂梅老师在获得"七一勋章"时说。这是一位我们云南女子中学校长，听得我们这些教育实习生心潮澎湃。

"请党放心，强国有我！请党放心，强国有我！"7月1日，建党100周年这天，四位朝气蓬勃的领诵员率领一千多名少先队员和共青团员在天安门广场上喊道。看着他们的俊秀面孔，听着他们铿锵表白，感觉真好，这就是青春应该有的模样和声音吧！

"同志们，朋友们：今天，在中国共产党历史上，在中华民族历史上，都是一个十分重大而庄严的日子。"习近平总书记在天安门上庄严宣告。谁能想到呢，我们这一代大学生竟能亲自见证未来教科书中浓墨重彩书写的一个历史时刻，好像我们自己也成了传奇。

7月2日，在烟台各市区的同学们实习结束了，我们对这一天期待已久。

240

四个月的实习生活，实习学校的宿舍已然变成了另一个小家。东西很多又十分零碎，我们花了整整一个下午总算是收拾得七七八八了。接下来的事，是去向照顾了我们一学期的各位老师们告别。我和一个办公室的伙伴一起挑选了一个大西瓜，运到办公室和老师们一起分享，当作是感谢他们这段时间的照顾。只轻轻切一刀，整个西瓜便等不及了似地自动裂开了，西瓜清甜的香气扑面而来，沁入心脾，缓解了难耐的暑热，正如四个月来这里所有老师对我的指导、关心和包容，像一缕清泉始终萦绕在我的心间。和其他老师相比，我的指导老师更关心我来这是否适应，将来想干什么。我始终觉得，人与人之间的珍贵情感是相互的。来实习后，我才知道这边是没有午休的，下午的课也排得很紧。我们实习生可以吃完午饭后回宿舍小睡一会，但在职老师们得守着学生吃饭和午自习，所以每天下午一点我去办公室的时候，总能看到办公室的老师们趴在桌上睡觉。他们把头深深地埋进臂弯里，正如同他们把身子深深地扎进稻田里，只为等到孩子们的丰收一样。

我的指导老师是一位有二十几年教龄的老教师，后来听说，他不过四十多岁罢了，但他鬓边已经有了许多白发，看起来像是五十多岁了。我的父亲也是一位人民教师，看到这一幕，我被深深地刺痛了。于是，我买了一个午睡枕送给他，希望老师能睡得舒服一些。自那以后，我的桌子上总能隔三差五地收到这位老师给我送的水果，最后，我的老师送了我一个水杯做实习礼物。

我一直认为我十分幸运，从小到大遇到的同学、朋友、老师都是温暖和蔼的。四个月来，我常常听着朋友们的吐槽，或是一起实习的伙伴难以相处，或是遇到的老师无法理解。每当这时，我总是暗暗偷乐，我在实习中结识了七位新朋友，大家都很友好，帮助了我不少。有一个大收获，是更加了解了汉文本1803班的阿迪拉同学。她是一位来自新疆的漂亮女生，以前在校园里常常看到她独来独往，我暗暗以为她大概是个十分高冷的人。经过四个月的相处，我才发现她是个看起来内向，其实十分可爱活泼的女孩子。她就是我开头提到的那位和我一起实习并表达儿童节祝福的女生。在告别的最后，我向办公室所有老师都深深鞠了一躬，至此，我在龙口石良中学的实习结束

时间的神灵

241

了。总之，带走的东西比来的时候多，无论是手里的还是心里的。我在来接我们回校的大巴车上想着这些，沉沉睡去。

回到宿舍后又是忙着收拾，晚上累倒在床，再无心想其他了。7月3日，威海实习的同学们也都陆续回来了。可惜天公不作美，下起了暴雨，我们宿舍的马云飞、徐贝贝同学变成了落汤鸡。狭小的宿舍一时也容纳不了大家那么多行李，只好都堆在门外了。据说王璐璐的行李还被莫名其妙地拉到东区了，所幸她第二天又去东区找了回来。

7月4日上午，黄老师召集大家在104教室开了实习归来后的主题班会，我们和黄老师都没想到，这场主题班会竟然开了四个小时，是的，四个小时！从九点一直开到一点！但正如婉婷说的，重要的不是开了什么，而是我们大家分别四个月又重新聚在一起。黄老师一开口说"各位老师"，就把我们都逗笑了。各宿舍都推荐一位代表分享了自己的实习经历，王筱澂、王述巍、李玉、赵婉婷、李美毓、马鸿岩、杨聿艳、冶成鑫作了发言，几乎每个人都滔滔不绝说了很多，或是吐槽不满，或是分享收获，或是反思教育。其中述巍和鸿岩同学分享的经历让我内心深受触动。

述巍来我们宿舍串门时，就欣喜地讲起她的实习经历。我在一旁静静听着，她讲到一个一开始抵触语文的孩子，经过她的引导鼓励甚至是"强迫"完成任务，逐渐喜欢上了语文这个学科，甚至在分别之际，这个平常酷酷的男孩子，在大家面前哇哇大哭起来，表达着对述巍这个实习老师的不舍和感谢。我在心底为述巍感到欣慰和自豪，她在班会上激动地挥洒自己的各种见闻和感悟，简直都是一个演讲家了。鸿岩也动容地分享她的故事，她带着在其他老师眼里最差的班级，让人头疼到什么地步呢？在刚开始实习时，鸿岩的指导老师对她唯一的要求就是让她课间去管好该班的纪律。然而，就是这样一群表面顽皮的孩子们，却隐藏着一颗颗纯净的心灵。在某一节课上，鸿岩同学吃力地管理着班级纪律时，有一个孩子突然说道："老师您都站这么久了，嗓子都哑了，坐坐吧。"也就是从这一刻，她相信，这个班的孩子一定不会是最差的。在她看来，孩子们拥有一颗天使般纯净的心灵，是最可贵的品质。怀着这样的心情，鸿岩同学圆满完成了实习，孩子们也和她建立了难以割舍的情谊。她在即将离校时既期盼回到鲁大，但又舍不得离开这里的孩子，黄老师回复她说："你从未离开，已经把四个月的磨砺和孩子们的目光储存在心里。"

听完她们的故事，我不由得想到黄老师在实习前送给大家的《给教师的建议》，书中有这么一段话："当发现孩子在某一个领域产生兴趣，哪怕是一星微弱的兴趣，教师也要像对待珍宝一样对待这一丝萌芽，这一星火苗，因为这就是孩子发展智慧的希望。我们要去寻找那个未被发现的领域，坚信可以找到它；然后浇灌这一丝萌芽，使之长大；鼓舞这一星火苗，让它猛烈地燃烧。这就是教师在这个过程中应该做的事情。"出于自身的经历和共鸣，当时看到这一段话时，我几乎要落下泪来。有很多孩子，如果他们不曾被放弃，也许就会是另外一种处境。正如电影《弱点》里被白人家庭所收养的黑人大个子迈克，在爱和温暖的沐浴下，最终成为最著名的橄榄球星。所以我很佩服述巍和鸿岩同学，她们用自己的力量，帮助了那些孩子们。黄老师给毕业学长学姐们的建议"给绝望者一点希望，给无光者一点微光"，此刻却由我们践行着，也许教育事业就是这样薪火相传、生生不息吧。

每一所实习学校，都是中国教育现状的缩影，也有如婉婷那样辛苦的实习。婉婷任教于一个落后偏远的村子，那里的教室没有钢筋水泥的屋顶，却有比我们年龄还大的受赠于1998年的桌椅，更令人瞠目结舌的是那里诸如"读书不如卖甜瓜"的落后教育观念和人们普遍对女性的刻板束缚，婉婷在这样一群人里显得格格不入。婉婷像说单口相声似地说起实习学校的老师们看着她流眼泪而开心大声地聊天，说起一位老师一边看着她哭一边继续布置任务，虽然我们听着也笑个不停，但心里都对她心疼得不轻。这是我们的班长、石榴花的创会会长，多么刚强有傲骨的东北女孩，竟然受了这么多委屈，真是岂有此理？！

我任教的也是一所乡镇中学，虽不像婉婷的那样令人咋舌，但那里的学生父母大多外出务工，无暇顾及孩子，有很多孩子早早就沾染了许多社会不良风气，放学和校外人员厮混，公然顶撞老师，出口成"脏"等等。我每每感叹，却深感无能为力。偶然看到黄老师的《观沂手记（二）》，解答了我

时间的神灵

的困惑。他对一位在沂南县乡镇中学的实习同学说："教师的一辈子是信念和现实不断抗争的一辈子，我们在内心深处不愿意放弃任何一位学生，但不要执念于尽善尽美，尽心尽力就好了。曾经，我想即便多年以后有一两个学生还记得此时用心的我就行了，现在，我想即便没有任何一个学生记得，只要未来的自己记得此时的自己就行了。"是啊，我们个人的力量是微小的，但正如冶成鑫同学说的那样，今后无论我们从事什么职业，都努力做好就好。他说他很感谢实习学校里那些请他吃饭、为他买药的老师们，还有那些叫他"冶哥"、与他一起踢球的学生们。李玉同学也谈起她在实习学校遇到的一位心怀理想、多才多艺却也不得不忍受现实压榨的老师，离别时，那位老师对她说："你要活得像你自己，发出自己的光，让别人能记住你。"是的，我们有一份力就尽一份力，有一点光就发一点光，将来我们步入社会，或许成为一名教师，再久一点，或许我们成为了父母，但只要尽自己所能地在岗位上发光发热，那么就算是再微弱的光，薪火相传，也会汇成熠熠光辉。

大家分享得那么热烈真切，竟然接连讲了两个小时。黄老师说，我们在实习学校碰到那么多"落后"的人和事，不要惊讶，因为这就是一个真实的中国，一个仍需要大家去努力改变的中国，即使你将来不能直接到乡村去改变现状，但其实在每个职业中都可以通过努力，间接地去改变乡村，影响他们。他说起自己从小在乡村中小学成长的清苦经历，建议大家不要混淆了理想和欲望。他认为真正的理想应该包含两种东西，一是追求内在（心灵）的成长而非外在的累积，二是关注外部（社会）的问题而非内心的得失，如果你追求的东西中包含其中一种，那这就是理想，激励你奋进，如果都不包含，那这就是欲望，让你陷入无底的泥淖中。他说完这些，我忽地明白了他在毕业演讲中说的那句话："欲望会让人觉得'内卷'厉害，不如'躺平'，那么，理想则会让人时刻保持修行和担当。"

关于接下来的考研，黄老师说："考研当然是一个有压力的过程，但我希望大家不要把考研当成一个沉重的记忆负担，而应将之视为一场令自己激动兴奋到颤抖的战斗，你需要知己知彼、调兵遣将、排兵布阵、枕戈待旦，享受其中的酣畅淋漓和越挫越勇，就像老鹰从山谷起飞，拼尽全力，无畏风暴，向上仰冲，最终飞到山峰和云端。人生关键要紧的时刻不多，只有拼尽全力，用尽全心，尽可能考个压倒性和绝对性优势的分数，才不枉我们为追寻自己的命运搏一回，因为考研的目的不是满足欲望，而是一个到更广阔辽远世界中寻找自我的理想。如果准备考研还像高考那样死记硬背，说明你真是白上了大学。我们应当学会在分析层次、疏通脉络、提要钩玄的基础上建立扎实的知识结构和理论体系，归根到底要以掌握要点和结构为主。要点和结构就像骨头，骨髓造血，骨缝长肉，只有建立骨架，才能有血有肉，而不是关注皮毛。考研需要力气、灵气、运气：力气看你能否把该做的都做了，坚持到底，'挺住意味着一切'；灵气需要你在把握要旨中善于勾连和想象，这其实就是我们反复提的跨学科阅读与研究性写作的目标；运气好坏取决于力气和灵气是否到家。"

班会最后，黄老师为我们放了《世界奇妙物语》中的两个小视频，一是《Air医生》，一是《从过去开始的日记》，不断反转的故事，直击人心的音乐，看得我们眼睛湿润。看完后，黄老师即兴表达了一番感触："人类所有的痛苦，其实就是被困在时间里，要么是被困在过去的创伤中，要么是被困在现在的煎熬中，要么是被困在对未来的恐惧中。那么，我们应当做什么呢？那就是做时间的神灵，让自己可以自由穿行于任何时间中，让所有时间属于我，让我拥抱任何时间。时间、人生、历史、宇宙，本就是混沌一片的，本无意义可言，只因心灵不忧不惧，才使之可以理解，可以把握，但时间不是线性凝定的，而是跳跃往复的。做时间的神灵，享受现在战斗的自己，自然就会治愈过去，哺育未来，再痛苦的往事也能令人回味，再畏惧的未来也会美若黎明。"

我常常惊叹于黄老师像一位魔法师，每每困惑懈怠之际，听他一席话，就能多几分坚定和从容。当我们遇到任何苦难，最后支撑我们走下去的必定是内心始终坚定的理想，我们不应囿于当下的困惑，也不要习惯于感叹他人的青春，我们可是正值青春啊！愿我们通过努力都能心想事成。

下午，学院在演播厅举行了2018级实习总结大会，张成良、冯海霞、袁向彤、李连伟、孙鹏、姜娜、王杰飞等老师出席，汉文本、汉文师、汉语言、

时间的神灵

245

传播学、广告学、广播电视编导等专业二百多位同学参加。我班马鸿岩同学作为实习生代表之一上台分享了她的故事。会上还公布了优秀实习生名单，我班秘若琳、陈艺、杜志敏、马鸿岩、滕子涵、路棣、王筱薇、孙玥璠光荣上榜。

　　本学期到这里就告一段落了，假期里有一多半同学选择了留校考研，也有同学选择了回家。"蘧蘧生红露滴珠，薰风凉幌晓妆初。折来戴杂频拈看，应讶罗裙色不如。"看，外面石榴花正开着呢！石榴花花期长，就让我们在结出果实之前，把根扎得更深一些，让我们的芳华在时间里更令人回味吧。

（徐波月）

川流八方

　　时光荏苒，转眼间，我已来高中实习4个月了。因为身体原因，我没有在二月底回到鲁大与同学们在烟台、威海实习，而是养好腿伤后在家乡遵义的一所高中实习。回想实习经历，我认为自己是幸运的，在实习班级里遇到一位负责任的班主任，还遇到一群有意思的学生。可能也是因为年龄相差不大的原因吧，看到他们，我总想起高中时期的自己。那时候的我，还没意识到高考如此重要，只是孜孜不倦地读书学习，虽然辛苦，但毕竟大家每天的生活都是如此。那时候，快乐也很简单，是体育课后喝冰水，自习课中看电影，傍晚坐在操场上看山峦中的晚霞。只记得晚霞是粉红淡紫色的，总出现在那个燥热的晚自习。三年前高考过后，教室的门一关，今天我再打开这扇门，已经是别人的故事了。

　　这段经历对我来说，无疑是难忘的，也是特别的。透过办公室窗户看向依然明亮的教室，我又想起了第一次见到这群小孩的画面，班主任将我介绍给班级同学时，讲台下充满了鼓掌与欢呼声，这出乎意料的热情让我把事先心里默念了几十遍的开场白忘得一干二净，脑子瞬间一片空白，紧张到不知道说什么，最后只好以有些结巴的语气，灰溜溜地结束了尴尬的自我介绍。第一次以老师的身份进入校园，让我多少有些惶恐，高中的孩子与我们年龄相仿，让我不自觉地就容易把他们当朋友，也正是因为这样，进校后第一个让我发愁的问题就是怎么与学生相处。那次在我们鲁大宿舍QQ群的聊天中，也在高中实习的孙雨亭同学谈到这个问题，一番讨论后，我们一致觉得应该把握好与学生相处的距离，但同时也要关心爱护学生，随时关注他们的状态。

来到新学校实习，一切对于我来说都是新的尝试。我第一次做了监考老师，第一次知道原来考试东张西望，老师真的会"盯"上你。因为班主任去外地学习了，我还有了第一次全程带班参加运动会的经历，当班主任真的是一个很琐碎的工作，既要管好班上同学的纪律，还要调动起比赛时加油助威的气氛，甚至活动结束后还要安排好卫生工作，照顾好运动员，那也是我第一次意识到一个班集体最重要、最可贵的东西就是凝聚力。我还第一次开了月考后的班会，和成绩起伏较大的学生进行谈话，充分了解他们近期的学习情况，分析他们存在的问题，同时又让成绩优异的同学上台分享学习经验……实习生活虽然辛苦，但也乐在其中。实习班级的班主任还经常"取笑"我，问我"实习之后还想当老师吗？"我想说是，我很坚定，我想成为一名优秀的人民教师。因为我很享受和学生一起与时间赛跑的状态，陪伴他们的成长，创造更好的未来。

随着实习的结束，我的大学时光第一次没有考试周就迎来了暑假，这也意味着我的大三结束了。我们汉文本1801班有16位同学留在学校备战考研，学院提供了演播厅方便同学们复习，准备好空调和饮用水。鉴于前段时间实习太辛苦了，我准备出去放松一下，感受一下建党节的氛围。为了庆祝中国共产党成立100周年，贵州省的庆祝活动在我的家乡——遵义举行。在遵义会议会址，许多遵义市民和省内外游客专程赶来，只为在这伟大的"转折之地"一起观看庆祝大会直播。

这一天真是热闹极了，大街小巷都插上了五星红旗和党旗，街上许多人手里都拿着小红旗，还有许多小朋友脸上贴了小红旗。在遵义会议会址内外，高歌声、鼓掌声此起彼伏，党旗、国旗高高飘扬，现场气氛十分热烈。遵义纪念广场鲜花簇簇、红旗飘飘，数百位群众早早地就守候在广场大屏幕前观看直播。遵义大剧院首演的是以毛泽东、周恩来、朱德为主要人物的大型主题情景剧《伟大转折》，用艺术手段生动完成了宏大的历史叙事，气势磅礴、柔美动情、绚丽多彩，也让党的这段重大历史更加鲜活起来。

一回到家后，妈妈就意味深长地朝我笑了笑："你还没去过镇远吧？"

我说："嗯嗯，一直想去看看镇远的夜景，但没机会。"妈妈说："太好了，明天我们就去吧！"次日一早，我们匆匆忙忙收拾了包就坐上了去镇远的汽车。说来有些惭愧，作为本地人，贵州好多旅游点我都没去过。镇远是一个隶属于贵州省黔东南苗族侗族自治州的县，是贵州省的东大门，有"滇楚锁钥、黔东门户"之称，正因战略位置重要，故有"镇远"之称。几个小时车程后，我们到达镇远。映入眼前的，是各种精美商品与美味小吃，熙熙攘攘的市井气息甚是浓厚。街道两旁楼阁建筑鳞次栉比，老旧而又不失古朴，古朴而又不失美丽。离开街道中心，走进古镇小巷，古巷尽是铺着石板路的小巷，踩在石板上，脚底下似乎传来历史的声响，随处可见从楼上窗沿垂下的吊兰，有时转角便是一湾河溪，有时转角便是一堵砖墙。巷子幽深曲折，游玩于其中，淡淡的乐趣从心底升腾。夕阳西下，古镇华灯初上，紫的、红的、青的、蓝的，各种灯光在古镇的建筑上亮起，尽显梦幻之美，而河水更是倒映出绚丽的楼阁夜景，犹如一幅色彩斑斓的画卷，仿佛前世与今生缠绵交错在一起，十分迷人。河岸两边，熙熙攘攘的人们都在悠闲散步，有的漫步桥上赏景，有的牵手漫步古道，有的乘船漫游河中，自然安逸，安静舒适。

大饱镇远古镇的美景后回到家，躺在床上，宿舍群里开始聊起考研的话题。到了大三，朋友们的标准问候都成了"你考研吗？"看见群里一条条的消息，突然开始深夜"网抑云"，思考自己的未来。我们班大部分同学都踏上了考研这条道路，虽说一直在了解各院校的考研信息，但一直却没有定下目标，确立目标那段时间处于无尽的纠结之中，怕目标过高会竹篮打水一场空，也怕目标太低自己会十分懈怠。心情焦虑的我和宿舍的李美毓同学交流后，她的话使我有了方向。她鼓励我不要想这么多，先冲就对了，就像黄修志老师当时开班会给我们说的话一样："考研不为学历，只为体验'生命的深'，换一个宇宙充沛自己的内心。"在她的激励下，我选择了一所离家近的大学作为目标。选择好学校之后，就开始在网上搜集资料，由于每个学校使用的教材和考的内容都不一样，导致专业课的考察内容很是让人头大。

皇天不负有心人，在通过各种社交软件苦苦寻觅后，我终于找到考研学校的一位直系学姐。做好择校选专业、搜集资料这一大波工作之后，立马进

川流八方

249

入高度紧张的复习。这个过程是痛苦的，也是迷茫的。我们需要克服大学三年较为懒散的生活习惯，需要抵制手机和娱乐活动的诱惑，身心需要承受高强度的压力……单词背了忘，忘了又背，最后遇到文章还是看不懂；作为高中理科生的我，政治课里的各种知识网络也让人头大；再加上文学专业课的大量背诵，让我时常怀疑人生……之前听闫晓涵学姐在分享考研经验时，她提到过一段关于备战考研的感觉："考研就像是在黑房子里洗衣服，不知道到底洗没洗干净，只有一遍一遍地洗。"对每个考研人说，这都是一场艰难的战争，是自己与自己的战争，不论成与败，坚持到最后，你就是胜利者。

复习考研之余，我班秘若琳同学入选山东大学东北亚学院优秀大学生暑期夏令营学员。这个假期，黄老师常在班群里和我们进行交流，告诉我们有任何问题都可以随时找他。他还推荐了一些书目，包括夏季书目和中国思想史的书目，他选择的书都是一些有趣、鲜活、奇异而又具有批判力的，他希望我们在学习之余能换一换脑子。他有啥好东西都第一时间想着我们，那天晚上，他在班级群里转发了他以前一位优秀的学生在北京下班后写的日记，说是这位学长想让我们也看看他的困惑，了解下学校之外有许多无助的人们和一个无奈的社会。黄老师的话让我颇有感触："读书人心里是有痛苦的，是因为所读所思的东西跟这个社会是有距离的，是跟别人、媒体和教科书告诉我们的不一样的，不过因为这种痛苦，我们的挣扎和努力才有意义。"也许在学校的我们还不能切身感受这种无能为力，因为在我们所经历的前21年，都告诉我们只要努力就一定能改变点什么。看了这位学长的日记和黄老师的话，我意识到努力本身就是有意义的，至少能力所能及地没让自己停顿下来。

7月下旬传来了一些不好的消息，一场暴雨，让人揪心。7月20日，受台风"烟花"的影响，河南遭遇特大洪灾，网上的洪灾视频让人心酸。辜鸿铭曾说："在我们中国人身上，有其他任何民族都没有的、难以言喻的东西，那就是温良。"温良不是温顺，更不是懦弱，而是一种力量，无数的消防官兵、武警战士在第一线承担着拯救人民的责任，大雨冲刷了整个城市，但没有冲刷掉中国人的团结、坚强与善良。

就在同一天，从南京禄口机场工作人员当中检测出 9 名新冠疫情阳性人员，每日公布的确诊病例数字，时刻牵动着每个人的心。感觉又回到了2020年年初，每天醒来第一件事就是打开微博，查看全国各地有无新增病例。来势汹涌的"德尔塔"病毒让我们更加恐慌，大街上的人群和车辆少了好多……真希望疫情能早点结束。

7月23日，本该去年举行的东京奥运会也在这几天开幕了，我们每天都在关注当天是否有金牌冲击点，年轻的奥运健儿再一次向世界证明了中国的实力。00后"神枪手"杨倩射下中国首金，17岁的张家齐、16岁的陈芋汐携手夺得跳水冠军，14岁的全红婵完美一跳震惊世界，苏炳添、王春雨、刘诗颖、汪顺等在田径、游泳赛场取得突破，乒乓球依旧锐不可当……奥运赛场也有令人动容的眼泪，乌兹别克斯坦体操名将丘索维金娜在泪光中结束了八届奥运之旅，郎平与未能出线的中国女排队员紧紧相拥在一起，乒乓球女单金牌得主陈梦主动邀请伊藤美诚一起登上最高领奖台合影，美国体操名将拜尔斯、苏妮莎·李笑容灿烂地祝贺冠亚军管晨辰、唐茜靖……奥运赛场不仅有为了国家荣誉的你追我赶，也有超越国界和成败的人性光辉，正是这些充满大格局的人性光亮，才汇聚成奥运之光。令我们惊叹的是，年纪相仿的00后成了为祖国争光的主力军，他们如初升之朝阳光芒四射，似勇进之激流奔腾不息，携一身狂气披荆斩棘，向世界证明了少年强则国强。从比赛首日，中国一直领跑金牌榜，直到最后一天才被美国以一枚金牌优势追上，8月8日，中国最终斩获包括38枚金牌在内的88枚奖牌。

暑假在家，有对国家荣誉的关注，也有对家人病情的担忧。爷爷的腰痛又发作了，这次似乎比以往更严重，他本就有些佝偻的腰更弯曲了。作为家里唯一不用上班的"闲人"，我接下了带爷爷去医院看病的重任。起了个大早去医院，在各种检查科室来回折腾后，医生说："你这个已经很压迫神经了，需要马上住院手术。"一听到手术，我心里沉了一下，但为了不让爷爷担心，故作轻松地对爷爷说："应该没啥大问题，我们马上住院吧。"本就路痴的我穿梭在医院各个角落，一连几天都在医院陪爷爷，手术通知下来后，医生让家属去商量手术事宜，他试着用最通俗的语言让我听懂爷爷的病情，说爷爷需要手术的部位有些特殊，而且可能会有后遗症，让我们考虑是否手术。

第一次经历这样的场面，我感到有些惶恐，甚至害怕忘记医生说过的每一句话。处于混乱的我只好坐在医院的走廊上，医生的每一句话都不停在我脑海里回荡。脑子渐渐清醒后，我开始给爸爸打电话说了手术事宜，与爸爸和爷爷商量后，我们决定还是做这个手术。医生让我去签手术单，接着就把爷爷推进手术室。一个小时、两个小时、三个小时……我开始有些慌了，一个人坐在手术室门口，生怕会发生什么不测。终于，经过8个小时，手术室的门开了，医生说手术很成功，那一刻，我心里的一大块石头终于落下来。虽然那段时间很累，每天都在家和医院间不停地来回跑，所幸，爷爷恢复得很好，住了半个月就回家了。

虽然假期大家都忙着考研，但是我们班的孙玥璠同学还是抽出了自己宝贵的时间，在七月底与汉语本1802宋开乐、汉文师1801宋扬、汉文本1901郑嘉琳同学，在黄老师带领下，作为"石榴花阅读推广服务基地"志愿者，负责文学院举办的首届乡村教师暑期研修班的会务工作，据说有142位滨州市阳信县的中小学、幼儿园教师来到鲁大参加培训。

又是一个炎热的下午，宿舍群里都说"天气好热，感觉在家学没啥效率"，看着留校的路棣同学发的自习室学习的朋友圈，就向她了解班上留校同学的情况。她说在学校学习，人多比较有氛围，大家都早出晚归，把自习室当成了家，在那儿吃，在那儿睡。听了她的话，再看看在家懈怠的自己，感到十分羞愧。

疫情还在不断扩散，因为南京禄口机场疫情的传播，8月1日，烟台莱山也发现了疫情，紧接着，开发区被列为中风险区。鲁东大学封闭管理了，班上留校备战考研的同学连夜接受核酸检测。我在朋友圈看到她们都在发着半夜做核酸的照片。班上的马鸿岩告诉我，虽然大家因为考研都起得很早，但对于做核酸的安排没有一丝抱怨，留校同学都保持手机畅通，无论深夜临时通知，还是特殊时期班级群里有各种需要填的表格，大家都积极配合。听了留校同学的经历后，想为他们点个赞。我们学院的万春梅同学正在校复习，得知学校开展全员核酸检测需要志愿者后，义无反顾地报了名。她说："复习时间虽然宝贵，但新时代的青年人不能总做被保护的人，也应该有责任、有担当，向国家和社会奉献自己的青春力量，能为坚决打赢疫情防控的人民战争贡献自己的一点力量，我感到很荣幸。"幸好，烟台经历第一和第二轮全员核酸检测后，并未发现更多感染人员。

临近开学，班级群里却没有开学的通知。黄老师让我们先不要提前买票，一切以学校通知为准。大家在宿舍群里哀嚎，希望早点开学，因为在家完全没有学习的氛围。幸好，原定23号开学，我们只延迟了一个周。省外同学26号返校，省内同学28号返校。返校之前，按照学校规定，我们要去做48小时核酸。临近开学，班群的消息开始多了起来，每天都有各种各样的表格需要填写，这让我真正感受到要开学了。

虽然如此，但石榴花大讲堂仍像旗帜一样飞扬不落。8月25日，浙江外国语学院郭筠老师应邀在线上做客第34讲，她以"探寻神秘的阿拉伯世界及其对古代中国的认识"为主题作了精彩报告，吸引了我班一些同学和校内外同学积极参与。郭老师先给大家上了一堂生动的阿拉伯语言文化课，对比了阿拉伯语和汉语在同一颜色词汇上的不同文化内涵，重点介绍了自己的研究方向：中世纪阿拉伯地理古籍对中国的认识。她详细讲述了阿拉伯地理学的起源、发展、概念、分类、特点以及阿拉伯人民对中国君主、手工艺、生活、习俗、城市、港口的评价，还生动讲述了自己在摩洛哥等国的访学见闻，分享了在埃及、英国等著名图书馆查阅资料、翻印古籍的经历。整场讲座令我们眼界大开，姜娜老师和黄老师作为与谈嘉宾也从跨学科、跨文化的角度进行了评析和引申。

睁开双眼，收拾好行李箱，吃完妈妈的爱心早餐，听完爸妈的唠叨后，我又要回学校了。虽然还是那些话，我却总是听不厌，他们也总是说不倦。看着爸妈在机场离去的背影，心里还是有点不舍，没想到大四了，我还是不那么适应离别。妈妈在机场帮我搬行李的时候，可能因为行李太重的缘故，不小心跟跄了一下，当时心里有些五味杂陈，突然觉得爸妈变老了，爸妈也不过四十刚出头的年纪，可是头发已经有些花白，脸上也爬上了皱纹，好久没有这么近距离看到妈妈了，自己身上好像有着千斤重担，思绪万千。开始焦虑自己的未来，开始思考能否让父母安享晚年，能否成为父母心中的骄傲……

不得不说这是一次艰难的返校，虽说疫情的新闻每天都在网上报道，也能看到各种各样的隔离措施，但是自己还是第一次有这种经历。到达机场后，学校有专门接送学生的大巴在门口等候我们，到达学校门口，学院老师也来接我们。因为到达学校已经有点晚了，做不了核酸，所以我们被学院老师领到了北区招待所休息，真是疲惫的一天。第二天早上6:30，我们就开始下楼排队接受核酸检测，同学们虽都没睡醒，却没有一丝抱怨，高度配合管理老师的安排，自觉戴好口罩，每位同学之间间隔一米。做完核酸后，我们又返回房间，等待结果。直到下午两点出结果没问题后，我们才回到宿舍。

回到阔别已久的校园，感觉神清气爽，一切都还是那么熟悉，但还是想多看看，毕竟这是我呆在鲁东的最后一年了。校园好像变得更漂亮了。烟台的天空还是那么蓝，云朵的形状还是那么奇特。拖着行李来到宿舍大厅，阿姨用地道的烟台话说到："回来啦！"我也微笑着对阿姨示意。一打开宿舍门，就听到了熟悉的声音。还是那个417宿舍，还是那群可爱的人。不像大一见面时那样小心翼翼，大四的我们一进来就唠起了嗑，说说自己假期干了些什么，遇到了哪些有意思的人和事……好像假期堆了两个月的话，都要说完才甘心。

收拾完宿舍后，我拿着书走向了南四101自习室，走向了即将陪伴我余下考研生活的座位，这里是汉文本与编导本的考研自习室，亮堂的教室里，没有嬉笑，只听见指尖与书页、笔尖与纸面的丝丝摩擦，和那秒针走过钟面的滴答声。同学们在自己的座位上埋头苦读，认真地看着自己手中的教材和复习资料。东方的晨光透过窗户悄悄洒在了同学们的身上，不偏不倚，那是我们想要的未来。

鲜花盛开四季，河川流向八方。青春不朽，奋斗不息。

（谢婉滢）

梦在日落山海时

昨夜校园里流浪狗厮杀了半夜，被吵醒后，我猛然发现前几日那令人烦躁的蝉鸣早就消失了，这才晃过神来，这个夏天和蝉鸣已经与我作别了。我抓住了蝉，却没有留住蝉声，我们可能都太忙了吧，忙得与生活擦肩而过都不知不觉。庆幸可以用文字描绘我的回忆，听过蝉声，看过夕阳，却捉不住夏天。

我是到了山东上大学才拥有充满蝉声的夏天的。蝉声就像八月烟台的一阵阵热浪，打破了眼镜湖平静的内心。与蝉鸣的第一次邂逅，是2018年开学，在眼镜湖边，我一个来自西北青海祁连山下的骑马少年，沉醉在海滨城市夏日的天籁之中。忽然，绿水湖畔，风停、树静、蝉噤，阳光被树叶撕碎了洒在身上，我在镜心湖边踏着小碎步，享受着明快的心情。

三年的大学生活逝去，虽然谈不上读了多少书，但庆幸有足球和朋友相伴，庆幸遇到才思渊博、对我们照顾有加的黄老师，庆幸每年夏天有蝉鸣盈耳，庆幸生活甘美、天空湛蓝。世上没有永恒的夏天，也没有恒常的冬天。只要我们在这个季节里痛痛快快地成长过，书写过，那些美好都会化作秋光照耀下的黄叶，这就够了。我于凉风渐起的秋日回望刚刚盘旋而去的夏天，所有的叶子都已回归大地，所有的蝉声都消逝于孩童的心湖，湖心泛起圈圈涟漪。离去的夏天就是一首诗，但再好的诗人也写不出我遇见的惊喜和故事。

八月的那几天，疯狂迷上了梁博的《日落大道》。每天不管干什么，耳机里循环着的永远是："我们寻找在这条路的中间，我们迷失在这条路的两端，每当黄昏把所有都渲染，你看那金黄多耀眼。"刚听这首歌时，只是觉得好听，赞叹于梁博的作词谱曲，能把黄昏渲染得如此令人感同身受，直至后来真切地行走在黄昏大道上，竟被歌中的苏格兰风笛感动至落泪。我们这个年龄段有相当一部分人，总把自己推入一种压力与无助中，悲泣于前路茫茫。生命，有时候就会走到万籁俱寂的地步，怎么呼喊都无人应答，更甚，连回声都被孤独吞没，不知道自己是什么，在哪儿，未来悄然无声。继续走，会走到哪里？黑夜暗淡的星空照不清前方的路。生命艰难，人生孤独，没有人会知道你，没有人想了解你。但是纵然你已声嘶力竭，倒在灰蒙的尘土里，请你也要继续走，就算是匍匐也要慢慢向前。在路的尽头，如果碰到坑洼的水塘，照一照枯瘦的身影，疲惫的灵魂，可能在下一个路口，就会遇到一束光。那或许是一个个坚定、温馨、赞许的目光，或许是与我们生命紧密印合的人，他们目送着我们，追逐诗和远方，寻找充满鲜花的世界。可能回头去看，黑暗里走过的路正是通向幸福的路，那一刻，你与未来撞了个满怀。

望着汉文本1801班中的彼此，我在想，大家正经历人生路上一个极其重要且相当艰难的关头，或许你正经历挣扎与无助，但路上会有老师、同学、家人的陪伴，因为他们，每一条路都有可能创造完美。人生路漫漫，不止是现在，多年以后，或许你会与生活搏斗，伤痕累累，支撑你的只有路边昏暗的黄色灯光，快要坚持不下去时，记得找一个微风和煦的午后同自己好好聊聊，与自己和解。追求未来的路上，必须亲尝苦难，淬炼灵魂，那么我们就要坦然接受刀风剑雨。所以，带着家人朋友的期待，勇敢地去经历，去追寻。

"我们奔跑着在这条路的中间，我们哭泣着在这条路的两端，每当黄昏阳光把所有都渲染，我看到夜的黑暗"。

疫情封校的前几周，我每周都去海里游泳，海滨城市的好处就是可以随时与海水亲密接触。烟台的夏天是属于海洋的，海水把人泡清凉了，把整个城市都泡软了，每一缕的肌理纤维都充满了海水的咸涩味。那天傍晚，我和舍友在水里翻腾，头抬出水面，正好看到金黄的太阳就停在海平线上，那一刻，仿佛时间静止了，我们都痴痴地看着，两个中文系学生在此刻竟然没有任何词语来形容，只顾无言。那是我见到过最美的夕阳落日，我忽然明白了"落霞与孤鹜齐飞，秋水共长天一色"的意味。恍然间，明白自己喜欢《日落大道》的原因，不是因为旋律，不是因为歌词，只是因为日落、夕阳这个意境。

这么柔和的夕阳只有水才能与之相配，"天连秋水碧，霞借夕阳红"；这么壮观的夕阳只有山才能与之相伴，"夕阳度西岭，群壑倏已暝"。以前喜欢正午的太阳，炽热强烈，但现在只爱这夕阳，落日熔金，晚霞合璧，人在何处？——归途。小王子说："你知道吗，人在难过的时候就会爱上日落。"难过的时候，日落预示着这一天的结束，收拾好心情，洗个热水澡，睡一觉，所有的难过都随日落而去，明天又是崭新的一天。"夕阳无限好"，你若爱上夕阳，就会明白日落是上天给你一天努力的褒奖。夕阳落下，卸下一身疲惫，明天太阳升起，又是美好的一天。努力吧，我们的努力会收到五彩斑斓的晚霞奖励。

日落归山海，山海藏深意。日落还是要属于山海，我们这些凡夫俗子只可远观。落日潜海，晚风轻踩云朵，远处海浪翻涌，不断浮升白色的泡沫，被阳光的碎步一个个踏破。落日藏山，远处云雾轻抚山顶，柔光四溢，这些美好的事物通通向我奔来。我曾给山海写信，让你们善待落日的温柔，你们借橘黄色的风为我回信，嘱咐我要热爱这个世界。

现在有机会看到日落，我都会驻足，感受独属于我的温柔。渐渐爱上了烟台这座城市，虽然夏天闷热，冬天雪窝，前几天还下了冰雹。但烟台有海，也有小山，日落就是要配山海，一座城市也要有山水。平原少险，容易把人养得干烈，需要海来润一润，让人临海观照，看一看辽阔的大海，看一看自己的渺小。我庆幸，在大学这段生命中最美好的年华里，有山海作伴，有师友相陪，仿佛我们已经融入一片瓦蓝瓦蓝的大海。日落归山海，日落跌进星河里，留给山川湖海的是长夜繁星的欢喜。我也想将落日的余晖和银河的浪漫打包寄给远方的亲友，也让他们尝尝这欢喜。

八月底刚获知我班赵婉婷、路棣、秘若琳和学妹郑嘉琳组队的课题获批为山东省大学生创新创业训练计划项目，九月开头就传来陈奉泽被评为山东省高等学校优秀学生的好消息。我时常寻找着自己的方向，以那些书本里的学士、记忆里的志士、新闻里的斗士为榜样，终日读着"为天地立心，为生民立命"

云云，把诸子之言奉为圭臬和至道，殊不知在一次次的好高骛远中忽略了身边的佼佼者。

同好消息一起传来的还有令三万万球迷心碎的悲伤。2022年卡塔尔世界杯亚洲区预选赛在九月如期而至，中国队在九月有两场比赛，在迪拜阿联酋的沙迦球场分别对阵澳大利亚队、日本队这两个强队。中国队要想进军世界杯，至少得要赢一场，且抛开越南、沙特、阿曼等同在一个小组的其他劲旅不提。背着万千期待的男足秣兵厉马，踏上征途，但始终没能创造奇迹，两场皆负的战绩浇灭了三万万球迷炙热的心，赛后的泪水再也无法掩盖失败的悲痛，中国男足又一次成了众人的痰盂，各种谩骂和侮辱、各种质疑和不屑，又一次把这些战士们剁得血肉模糊。为何这个拥有十四亿人口的大国却在足球领域如此疲弱？甚至不如仅有34万人口的冰岛。我们究竟缺了什么？不仅仅是足球，2021年东京奥运会中国男子三大球皆未入围，可谓"三大皆空"，这背后有着太多的痛点。痛定思痛，希望中国之青年能"文明其精神，野蛮其体魄"，更希望社会能给他们这样的机会，让他们肆意奔跑，追逐微风和夕阳，我也希望多年后或许为人父母的我们，能给孩子们足够的成长空间，就像足球解说员贺炜说的，中国足球的现状，责任在于我们每一个人，"希望我们不要放弃对中国足球的希望，明天如果您有机会，您去踢球，您带着孩子去踢球"。

我自诩理想主义者，我相信奇迹，我相信未来，一代人等了二十年的今日这一刻，我在最惬意的大学时光遇上了。人生有几个二十年？人生又有几个大学时光？或许就在明年，或许就在下一个四年，亦或又是二十年，但我始终相信五星红旗终将飘扬在世界杯赛场的天空。

和男足败绩不同的是刚刚过去的东京奥运会三人篮球比赛，我们记住了王丽丽、杨舒予、张芷婷、万济圆。她们给"哀鸿遍野"的大球项目带来了一丝慰藉和振奋，她们抱在一起大喊："中国！"姚明主席在后面微笑着鼓掌，这一幕真的让人动容，虽然只是一块铜牌，但对中国篮球的意义比金牌还宝贵。被压抑的中国篮球终于可以在东京怒吼，在世界赛场上发光。我想到了2019年三人篮球女队拿到世界杯冠军，想到了因伤无缘奥运会的MVP

姜佳音，她在赛后说："也许这就是三人篮球精神，女排有女排的精神，我们也有我们的精神。"虽然没有去到东京，但她们是中国三人篮球的先行者，是中国篮球的第一个世界冠军。

我想到奥运会火爆全网的杨舒予，这个 19 岁孩子的男性打法的变向突破和大场面的表现对得起暴涨的微博粉丝。我想到被淘汰的中国三人篮球男队，想到了拼满每一场比赛的胡金秋，想到了以垫底成绩结束奥运会旅程时大秋不甘的泪水，对阵比利时罚球绝杀，对阵荷兰，全队 18 分，大秋一个人得了 17 分，像极了 2019 年世界杯上的阿联，他们尽了自己最大的努力。我想到同样是先行者的郑毅、刘恒驿、李浩楠，最后只有李浩楠去到了东京。郑毅帮助中国三人篮球拿到奥运会资格，国内运动员积分排名第一，结果却落选了奥运会大名单。我想到雅加达亚运会拿到三人篮球冠军的黄文威、肖海亮、曾冰强，我想到决赛黄文威大心脏的罚球拖进加时，最后金球制胜单打绝杀韩国队。我们看到中国篮球向好的希望。但因为种种原因，中国篮球还在迷雾里，找不到方向。

抱歉聊了太多体育，也幸好国泰民安，我们才能有这样的机会去关注自己热爱的东西，彼时彼刻世界上还有一些地区的人民仍受生存之苦，新冠疫情如同恶魔侵袭着一个又一个生命，同龄人或许正在中东某个城市中抱着有自己一半高的步枪睡觉。东京奥运会上合唱列侬的《Imagine》让我潸然泪下，试想世界上若真无国界，无战火，无歧视，人们紧紧凝聚在一起，过着祥和平静的生活，这该是怎样的一种美好？正如迄今最后一位登月者塞尔南所说："在月球上遥望地球，我看不到任何国界，我觉得地球就是一个整体。"与之相对应的是，8 月 30 日晚，随着夜幕降临，美军匆忙撤离阿富汗，为期 20 年的阿富汗战争拉下帷幕，塔利班掌权，美军从喀布尔机场撤离时发生骚乱，导致大量的阿富汗平民死伤。当初美国打着"反恐"的旗号进军阿富汗，而今仓皇撤军，上演了如同撤军越南"西贡时刻"的"喀布尔时刻"。

又是一年新生到，又是一年军训期。今年新生报到比往年晚了几日，也是受到疫情影响。但好在军训没有受到影响，一如既往的绿迷彩，一如既往的骄阳似火，一如既往地抢不到饭。不知诸位是否和我一样开始怀念和感慨，怀念大家初遇时的青涩，感慨时光流逝的飞快。总觉如梦一般，校园和自己早已不是四年前那样。回忆起昔日晚自习下课后，和舍友同去桃李居旁边的小卖部买烤地瓜吃，天空有时会飘雪，热气从手指溢出，飘向天空。地瓜总是被烤得皮肉分离，左右手换着剥开"噗呲噗呲"冒油的地瓜。最好吃的是同瓜肉分离粘在瓜皮上那一层，啃食甚是酥软美味，有时竟吃得鼻头上都是地瓜。瓜油从瓜皮渗出浸润手指，每次吃完总要吮指才肯罢休。疫情返校后那个小铺消失了，像从未存在一般，近几日也是天气转凉想吃地瓜，才想起那边矮矮的墙前还有这样让人留念的时光，竟有那样好吃到让人怀念的烤地瓜，此生怕是再难吃到了。

看着路上一群群穿着迷彩服的新生，总希望那同朋友说笑着走在前面的是大一的自己，这样就可以走上前拍拍他的肩，告诫他这四年要多读书，告诫他 2019 年离校时好好同球队 2016 级队员道别，告诫他少踢球多学习……可终究是痴人做梦。就像黄老师在这个月文学院新生入学典礼上讲的那样："'靡不有初，鲜克有终'，要是真的回到大一，勤奋的人依旧勤奋，堕落过的人大多依旧堕落。难道大三和大四不够幸福吗？没有任何一段人生是可以随便辜负的，只要用心用功地体认，一切都是最好的时光。"即使重新开始，也可能是老样子，所以不如把握眼前，不辜负当下。或许迷茫，亦或许彷徨，但我相信青年人看不到自己的未来是正确的，许多事情正是因为未知才变得迷人，若能一眼望到自己生命的尽头，那样的人生会丢失多少乐趣啊。

在鲁东大学的第四个中秋节与往年有些不同，天呐，从现在开始的每个节日都是大学中最后一个节日了。往年是"十五的月亮十六圆"，今年却是在中秋当天达到最圆最亮。古往今来，多少游子因那满月，情到断肠处，泪洒古道西风。可能是因为长大了，看到金黄的月亮也感伤，想到了远方柔和月光下的家人。中秋节的晚上，和舍友在操场坐了一晚，在月下，三五好友，这也是幸福。千年前的李白，月下独酌，"手舞石上月，膝横花间琴。过此一壶外，悠悠非我心"，他东风吹愁来，一人与孤影对酌。我比李白幸福，身边总有亲切的人相伴，世界待我还是很好的。舍友不喝酒，此情此景，一杯敬友情，一杯敬月亮，感谢她今晚圆得如此可爱。总有人说月无情，月若无情，怎会照了李白，又照了我？

今年中秋节，黄老师依旧是给每位同学准备了香甜的月饼，对我来说中秋节不回家早已习惯，可于省内的一些同学来说，这或许是她们首个在外的中秋节，并非不思乡，而是有了更大的、更急切想去实现的愿望在眼前。面对这样的月亮，何人不思乡，何人不起故园情？可追逐梦想的赤子之心毅然选择留在学校复习。

九月的生活其实没有多少起伏，各位班委按时在班级 QQ 群里发着各种通知，婉婷发布各种学院通知，甄鑫发布医保、门禁和疫情防控通知，路棣提醒各种考试和选课，奉泽和云飞提醒"青年大学习"和"学习强国"积分，筱薇说着宿舍内务和请假通知，班级群里都是密集的通知，每位班委各有分工却都配合默契，毕竟我们已是三年多的老友了。《石榴花》杂志夏季卷出来后，黄老师让我和婉婷去办公室里搬了一百多本，分发给在学院 101 考研教室里的每位同学，因为这一期特别设置了"涉江芙蓉"的栏目，收录了五位学姐分享考研经验的文章。大家基本上已把 101 教室当成了另一个家，在这个空间里，大家都在赶着自己的复习进度。有人喜欢独自默默背诵知识点，有人喜欢在交流中理解问题脉络。我相信大家有坚定和勇敢，但也有焦虑和困惑。仿佛这里是一个高三的教室，但心境不一样了，我们在这个一无所有的年龄里也会遭遇内心风暴和情愫降临，这是青春的必然。事实上，这个九月，我见证了这些必然，但我更想在未来回首这些身边的往事，或许在离开我的大学时，也或许是多年以后同学聚会的醉酒之后。

九月发生最值得关注和喜悦的事情，莫过于"晚舟回航"。走下飞机后，孟晚舟女士说："没有强大的祖国，就没有我今天的自由。正是那一抹绚丽的中国红，燃气我心中的信念之火，照亮我人生的至暗时刻，引领我回家的漫长路途。有五星红旗的地方就有信念的灯塔。如果信念有颜色，那一定是中国红！"祖国是我们自信的源泉，赋予我们无穷的力量，但也需要我辈去捍卫这盛况。我时常以鲁迅先生"愿中国青年都摆脱冷气"的那段话自勉，希望无论以后身处何方，都不要忘记身上流淌的中华血脉，都不要忘记上学期在莱州路旺中学实习时所见到的那一双双眼睛。有一分热，若能随之发一分光，便足矣。

9 月下旬，是考研预报名的日子，预示着我们的抉择时刻到了。9 月 28 日下午，黄老师在 107 教室开了一次班会，在大学生涯最后一个国庆假期来临之际，他叮嘱大家假期尽量减少不必要的出行，因为疫情仍有波动。他又聊了聊考研："考研难道只是自己的事吗？若将眼光放长远，说点功利性的话，考研能让你来到更广阔的平台，得到更宝贵的资源，遇见更优秀的朋友，磨砺更勇敢的自己，当你将来面临人生的难题时，你至少不会显得那么无助。尤其是想想将来，你的父母正在衰老，你的孩子也在成长，读研并不一定会比本科毕业更好地尽孝和陪伴孩子，但至少会为你将来更从容地做子女和父母而增加一些砝码和养分。"

他提醒大家在复习时学会理解性地背诵，逐步建立对知识体系的把握，确立自己的理论格局，而不是机械性地记忆，把复习当成一个沉重的记忆负担。"你把英文单词和各种知识背得很熟练，如同你只熟知每一个零件的名字和用途，但让你阅读理解、翻译和写作、阐释和评论时，也就是让你把这些零件组装成一个机器时，你能做得来吗？由此我们需要多看下别人是如何组装机器和庖丁解牛的，多把握肉中的骨头和筋络、机器中的轴承和线路，这也是我从一开始就鼓励大家写书评的原因。练得多了，自然就会形成语感，让这些零部件服务于自己的自由创作。"他又打了一个比方："大家总会觉得要背的东西很多，愁于如何把这些东西梳理完毕，显然还是机械性的认知。如果你是一棵树，读一本书是让你长出一片叶子的话，你觉得叶子越来越多，会把树干压弯压断；但真正的读书应该是：叶子越来越多，吸收的阳光和雨露也越来越多，树干也会越来越粗壮，根系也越来越发达。我们的思想越发清明，信念越发坚定，认知体系也越发完善，贯穿和观照的事物也会越发广袤，这样我们的脑海就像一个巨大的图书馆或处理器，只要触及到任何新书或知识，它们就会被我们强大的磁场所吸引，'嗖'地一声被我们纳入到自己为它们准备好的抽屉或文件夹里。"

一片片飘落的黄叶承载着我们夏天的回忆，平静地归于尘土。叶脉连接着我们的思绪，也连通了大地的灵魂。今年的回忆化成明年的春泥，也希望今年的努力会让我们成为更好的自己。可能明年花朵绽放，草木生长，我们会再见面，秋叶再落时，我们不知远在何方，但各自应该在努力前行的途中。希望明年所追寻的已经寻得，希望每年蝉声依旧，依旧像一首绝句，平平仄仄平。

梦里大道上的黄昏，是另一番陶醉，像一首适合大声唱的歌，像一杯加了冰块的冒泡啤酒。愿诸君能有足够的从容与自信走向未来，能够阔步行走在梦里的黄昏大道上。幸有这篇纸短情长的班志，承载着一个骑马少年对同窗们走向山长水阔的祝福。

（冶成鑫）

梦在日落山海时

263

叶落如海，年轻人升起来

十月的校园，叶落如海，落叶如雪。十月一日早晨，我们在学校安排下参加升旗仪式。晨间一股股冷空气刺激着鼻腔，冷色调的环境无法驱走困倦，恍惚间仿佛又听到层层叠叠叶碎如冰的"咔嚓"声，回神却只是踩在依旧柔软的草地上罢了。五星红旗飘扬在半空、日旁、眼底，鲜红的颜色数十年如一日地美丽。假日早起的迷蒙很快被冲散，仪式结束得很快，我们几个舍友挽着手走过天桥，看着桥下呼啸而过的车辆好像船下的淙淙流水，听着城市在山麓林间醒来的声音，愉快地讨论是否该补个回笼觉。

"十一"又到了全班计算综合测评分数的时候，班群里发着密集又详尽的通知，班委们不厌其烦地强调着重点，因为后续的国家奖学金、省政府奖学金评选皆与此有关。变更的通知、增减的规则，他们总是先一步接收与处理后才耐心传达给同学们，如此辛劳的差事，不知不觉竟已是第四年了。四年了，评奖评优对我们班来说是一件稀松平常之事，没有一位同学因为此事有争议，因为我们一直严格按照学校学院文件执行，把规则摆在桌面上，按成绩区间确定候选人，然后全班集体投票，谁得什么奖，谁评什么优，大家心里都有数，每个人要做的只是见贤思齐，默默努力。每次评奖评优，都是班委在组织，班主任放手不参与。十一期间，黄老师为我们发布了大学最后一份秋季课外阅读推荐书目，总共 12 本书。我看了看书名，有《大学是一种生活方式》《思想是生活的一种方式》《魔山》《孤筏重洋》，也有《从封闭世界到无限宇宙》《学术与政治》《极端的年代》《小窗幽记》，大概是帮助我们在考研时放松下心灵，活跃下脑筋，思考下眼前的努力与未来的无限可能性吧。对即将毕业，淹没在考研资料中艰难前行，要走上人生又一个岔路口的我们来说，正需要这么一场沉淀心灵的修行。

尽管今年的国庆假期允许同学们回家，但真正选择离校的同学并不多，大部分同学还是选择留在学校，或是因为疫情而做出的谨慎选择，或是因为考试而做出的无奈选择。随着国庆假期结束，繁琐的入校检查、隔离等一系列工作完成后校园重新封闭管理，疫情防控再次严格起来，西安及甘肃、宁夏、内蒙古的疫情又开始扩散到全国多省，集体活动相继取消，教资考试也被临时通知在校内举行，且考生、监考教师一律接受核酸检测……我们现在能做的，就是老老实实服从疫情防控的安排。

国庆假期后，重新坐在宿舍里，听到窗外的鸟鸣与振翅声，仰望晴空大朵大朵如梦变幻的白云，我突然想起一些关于疫情封闭隔离后某些地区的生态环境变好的新闻。按说世界上所有事情都应是好坏参半，但我不知道，人类在面对新冠时得到的"利"能抵消掉多少痛苦？可能至少会让更多动植物和大自然不被打搅了吧？我没有计算得失的眼界和才能，这样的问题就交给人类学家和社会学家苦恼吧，作为微小个体的我们，过好自己的生活就已经费尽心思了。

不久，石榴花的活动在秋高气爽中又开始了。10月10日，黄老师带领石榴花读书堂社团成员、文史哲融通创新基地班成员、部分研究生与大一新生，乘坐大巴来到蓬莱访修和秋游，参观了戚继光纪念馆和蓬莱阁景区，他说这是"秋高气爽观沧海，石榴果红听潮声"。我们班的赵婉婷、张佳怡、王述巍、陈家轶、冶成鑫、陈然、李龙飞、李孟凡也跟着痛快地玩了一上午，算是备考期间放松心情吧。这是第三期"石榴花访修营"，第一期是我们全班与研究生学长学姐们去牟平昆嵛山，第二期是我们实习期间学弟学妹们去栖霞。为什么叫"访修营"呢？新闻稿里说得好，"石榴花访修营"通过组织同学们走进山川名胜和著名高校，既访且修，既读且行，既思且写，走进历史，畅发思古之幽情，启迪现实，笃定人文之传承。

当然，与轻松休闲的秋游一同到来的还有各式各样的其他活动，中国建

叶落如海，年轻人升起来

设银行烟台分行等各种招聘单位的宣讲会令人头大，"互联网+"国赛项目的全校公开答辩又使人心潮澎湃，求职创业补贴的通知出现在脑海中一闪而过，青少年安全护航调查问卷让我们有些手忙脚乱。10月中旬寒潮来袭，鲁大进入"速冻"模式，昨天还穿着轻快的秋装，今天赶紧换上了羽绒服，约上舍友去二餐吃个热气腾腾的小锅吧。又到了快考教资的时候，10月16日晚上，我班高凌翯与汉文本、汉文师其他三个班的罗慧敏、杨子怡、王新月，一起在演播厅参加了"教师资格证考试经验分享交流会"，为2019级同学分享了备考经验和考试技巧。舍友宋姝颖获得助学金，材料准备过程的复杂与变动也让我们感叹，而励志奖学金申请的繁琐程序更是令人咂舌……但最让我们紧张又期待的，还是10月20日的毕业生信息采集活动。

自提前一周下发通知起，这件事就一直萦绕在我脑海，一想到它所代表的意义——毕业，就坐立难安，谁能不为毕业这件事而焦虑呢？彻底地脱离象牙塔，朋友间的分离，想象中生活的压力，种种原因压在心头，而这段时间以来的各种活动也一直向我们传递着一个明白无误的信息：你即将毕业，大学行将结束。

毕业，毕业在一张张从随手拍就转变为正式证件照的妆容与服装中，在一个个就业与职业规划公众号的推送里，在一次次热火朝天的宣讲会和招聘信息的字里行间，在一行行就业推荐表的字迹下。我们眼前没有"毕业"这两个闪亮亮的大字，它化作细碎的光屑融进日常生活的每一个缝隙，无声无息，又时刻提醒着我们它的存在。每每与舍友们同行，来也匆匆去也匆匆地走在校园中，偶然一个转头，看着熟悉的景色，楼下路旁是不变的人流涌动与嬉笑打闹，又恍然若失地想到我们即将离开这个校园。

出门后抬头看了看天，热度减退的阳光让人更清晰地感受秋的温柔，不再如夏日般刺眼。而在我们肉眼不可见的天空深处，乘坐神舟十三号载人飞船上的翟志刚、王亚平、叶光富3名航天员正在空间站执行6个月的飞行任务。从2003年的神舟五号到2021年的神州十三号，十八年进步，十八年逐梦，这一路走来，怎能不让人自豪，怎能不让人骄傲！

我们的大学怎能缺少石榴花大讲堂呢？"拓拓"老师要做客石榴花大讲

堂的消息不胫而走，大家奔走相告，满怀期待。10 月 16 日晚上，徐润拓老师做客石榴花大讲堂第 35 讲，104 教室座无虚席，吸引了从大一到研三的同学们，我班好几位同学也去听了。徐老师讲的主题是"学习文学的经历与体会"，袁向彤、黄修志老师分别介绍了徐老师，李士彪老师拿着三脚架和单反相机进行了全程录像。

徐老师朴实温和，主要讲了读书、读研、文学与哲学的关系三个层面的问题。他结合阅读经历，建议同学们在读书选择上"务必专精，适度博杂"，做好趣味性阅读与专业性阅读的过渡与融合。他强调阅读原著的重要性，建议同学们多读重要作家的重要作品与作品选，多做读书笔记，因为做读书笔记是一个整理、消化、加深对书籍理解的过程。他向同学们推荐了《读书》《中华读书报》等阅读类报刊。关于读研，他鼓励同学们树立考研、读研的信心及终身学习的信念。关于文学与哲学，他认为人文学科的归宿点是哲学，人文学科的核心问题是成为什么样的人，他从教育与构建理想社会两方面探讨了这一核心问题。

袁向彤老师高度评价这次讲座是一场心灵的对话，认为徐老师是一位纯粹丰富、博而能一的学者，并从文献、文学、文论、史观等方面强调阅读文论的重要性。黄老师赞叹他"妙悟连篇"，认为此次讲座启发了同学们在个人成长和内心需求上的思考，建议同学们应更关注今我与昨我相比是否实现了从崖底到天空的"向上攀援"，从而对抗"百年孤寂""独自强大""吞噬一切"等狭隘认识。

除了徐老师的这次讲座，石榴花读书堂还在学院主办的"品读中华经典，书写两岸人生"对台教育交流项目中安排了两次石榴花大讲堂，都在 10 月 17 日，引起不少台湾师生的强烈兴趣，两位主讲人进行了深入互动。

第 36 讲是周燊老师讲"以文学之眼探寻精神空间"，这次讲座虽然与我们大一时听过的相似，但信息量比原先扩充了很多。周老师融通了中外文学艺术作品，讲到了《伊卡洛斯的坠落》《红楼梦》《桃花源记》《西游记》《水浒传》，匈牙利作家马洛伊·山多尔的作品，卡夫卡的《判决》、《变形记》，鲁迅对《穷人》的评价，沈从文笔下的湘西，莫言《丰乳肥臀》，

267

王安忆对精神世界的表达，塞尚描绘圣维克多山的四幅画等等。

第37讲是詹今慧老师讲"从台北到烟台：甲骨文的学习与传承"，她展示了由她带领指导的"甲骨文创新传承服务团队"在烟台各小学开展的"甲骨进校园"活动照片，分享了她在台北政治大学、台北"中央研究院"历史语言研究所的求学与研学经历，介绍了诸多台湾著名学者如蔡哲茂、王汎森等先生的研究成果。她着重介绍了她与甲骨文传承事业结缘的奇妙经历：为响应习近平总书记"要确保甲骨文等古文字研究有人做、有传承"的号召，在山东省创立第一批"甲骨文特色学校"时，詹老师受任指导培训甲骨文小组团队，参与出版小学教材《趣味学甲骨》，指导团队成员走进课堂帮助小学生学习甲骨文。最后，詹老师介绍了甲骨文的发现、形制、数量及释读，展示了三片具有代表性的龟腹甲骨，识别甲骨文字，阐释了商朝的占卜传统及部分汉字的演变。

虽然我们没有参与到这次对台教育交流项目中，但我们听说黄老师一直在忙这个事儿。十几位老师，2020级文史哲融通基地班以及石榴花读书堂、贝壳文学社、吟诵队、电视台的许多同学都深度参与进来。因为疫情，台湾清华大学、台中科技大学、南华大学等多所高校的师生无法来烟台与我们面对面交流，学院只好创新交流形式，采用"实境直播"的模式，分成5个师生直播小组，从前期踩点到彩排再到正式直播，对鲁东大学校园及文学博物馆、烟台市芝罘区、烟台市福山区王懿荣纪念馆、烟台市蓬莱区戚继光纪念馆及蓬莱阁、曲阜市孔庙及孔府、威海市刘公岛、中国甲午战争博物馆、民俗村落进行了"实境直播"。同时，项目又邀请鲁东大学和台湾多所高校教师开设七场关于品读中华经典的学术讲座，发布三十六种人文社科经典书目及电子资源，展示了《贝壳》文学杂志和《石榴花》读书杂志，按照"石榴花观书会"的模式举办了两岸学生交流论坛。整个交流活动持续了半个多月，可以说是圆满成功，为疫情形势下的两岸交流树立了榜样示范。

西北疫情一扩散，学院和学校严控出校审批，石榴花读书堂原本选拔了包括我班陈家轶在内的十几个同学前往西安访学交流，也与陕西师大的《唐潮》杂志对接上了，但疫情一扩散，只好延期调整了。那么多的机会与远方的人们和风景产生交集，很遗憾在疫情的笼罩下都错过了。

本月，校团委联合了学校宣传部和学生工作处，面向全校青年学生开展了党史学习教育测验。学校又开展了全校学生心理健康普查测试以及"一生一档"心理建档工作。我们从前就做过那两份心理测试题，轻车熟路地按实选择，填完心理档案，分别发送到班主任黄老师的邮箱。

平时的自习室内，同学们都沉浸在学习，偶尔有人抬起头来松口气，或环顾四周鼓舞自己再度投入，或有人相视而笑互相加油鼓劲，教室内一片肃静，教室隔壁的大厅里同样摆满了桌椅与资料，低沉嗡鸣的背诵声不绝于耳。近日来我则略有浮躁，优秀的同学在就业推荐表上潇洒填充，相对没有那么优秀的同学则为此烦恼，且近期还到了 2022 年研究生考试报名网上信息确认并首次上传材料的时间。考研的压力无时无刻不压在同学们心上，而这次的信息确认无疑又给我们增加了几分紧迫感。

不管怎么说，这一阶段已经过去，我们要做的只有继续赶路。同班同学中总是不缺榜样，如获国家奖学金的秘若琳、获二等奖学金的路棣、获省级高校优秀大学生及学校实践之星的陈奉泽、获校级优秀班干部的实践之星马鸿岩、获学习之星的杜志敏等。最后一学年，我们与这些优秀同学朝夕相处的时间所剩无几，剩下的日子里我们需要提升对毕业论文的关注度了。本月末，终于迎来了选毕业论文指导教师的日子，经过一天多跟各位老师的紧张联系，我们全班都算比较顺利地选到了毕业论文指导教师。

十月的最后一个晚上，我和孙雨亭在宿舍里看《泰坦尼克号》，影片中闪耀的人性光辉无处不在。三等舱中年轻的母亲知道生存的希望渺茫，便讲着美丽的童话使孩子安然入睡；年老的夫妇流着泪相拥于床上等待死神降临；船上的演奏家们拉着一曲曲哀伤的乐曲，在生命的尾声最后一次合作；年迈的船长走进船长室，选择将生命的最后一刻结束在这里；Rose 不愿留下 Jack 一个人，在救生船往下放时，再次跳上泰坦尼克号的窗口……结尾时 Rose 承载着 Jack 的意志奋力求救的那一幕，让我们不约而同地拭泪；Rose 在援救船上怅望时，月光清凌凌地照着一色的海天，我却有些不合时宜地想起简娟先生的句子。

叶落如海，年轻人升起来

"山中若有眠，枕的是月"，她既无心赏海上明月，我们却有意举杯弄影；"夜中若有渴，饮的是银瓶泻浆"，喃喃声中，幽黯的海景与深林在我想象中各自隐现，屏幕内的女主角由恋人点燃她求生的意志，而我们本身即拥有难以弯折的求学渴望。

我望向夜中云后的月，日复一日，月亮升起来，太阳升起来。在没有暂停键的生活中，在叶落如海的时光里，年轻人升起来。

那样的悬崖年少，毕竟也一步一步攀越了，这些都是生命的恩泽。许多个将夜未夜的晚上，自己散步着，升起了淡淡的、蓦然回首的暖意，心里是感恩的，不只是对人、对知识、对季节，更多的时候，是对那磅礴丰沛的生命之泉。

"佳欣，再见了。"仿佛对着水中自己的倒影，我挥别大学时光中的最后一个十月。

（于佳欣）

决定灿烂时，山海无遮拦

秋天突然按下加速键，或许是霜降和立冬的催促，叶子纷纷扬扬坠落地面，仿佛隆冬鹅毛般的雪花，敲打着树下的行人，发出"啪嗒啪嗒"的声音。教学楼外的剑麻花一串一串的，在月初还像是鲜亮的白炽灯，渐渐就在冷空气一次一次的威吓下慢慢干枯、焦黄，变得像黄土一样，留着突兀的绿叶子依旧像剑一样一层一层地重叠着。同样的寒冷则带给树叶一年当中最斑斓的色彩——"五颜六色的红"。

十一月没有像往常一样定时向大雪送去请柬，它失约了，不过如约而至的是逃不掉的体测。大学里的最后一次体测没有为寒潮让路，期待的初雪却一直畏畏缩缩。济南的朋友发来那座城市的大雪，惊喜的他们就像当初在烟台初遇大雪的我们，虽然现在早已司空见惯，却依旧念念不忘。他们有大雪，而我们有金黄的落叶。一整个下午的体测原本还是风和日丽，就在我们最后一个小组踏上跑道的时候，太阳背后蛰伏已久的黑云突然冒头，刺骨的浪漫顺着西北风和压抑的黑云狂奔而来，催促着我们在如雪一般纷纷扬扬的落叶中奔腾了一圈又一圈。塑胶操场特有的味道混合着鼻腔和喉咙里的血腥味，永远都是体测独特的产物。尽管是几百米的距离，但对大多数人来说都是他们不想去面对的。还是拼命跑完了，大家都在感慨年龄越大体质不如从前，不过只是二十岁出头而已。最后半圈沉重的步子就像腿上绑着两个重重的沙袋，尽力向前拖动，身边不时还会传来加油声，跨过计时秒表的一刻恨不得立刻瘫坐在地上再一口气喝下整一瓶水，却又被朋友一下子拽住，警告你跑完之后不能立即坐在地上休息，于是只能无奈来回走走，放松肌肉试图赶走乳酸，同时克服喉咙里的黏腻，不停咽口水。不过还好，大家心知肚明地开心——这是最后一次了，终于是最后一次了。

依旧是各种紧张的备考，五十天、四十天、三十天的考研倒计时出现，各种各样的招聘信息源源不断地催促着大家。11月4日，考研报名审核结束，大家紧赶慢赶精心准备的证件照终于第一次派上用场。有惊无险地，我们在各种可能会出现的意外情况上暂时画上一个逗号。步履匆匆地，所有人都在某一条被选择的道路上左摇右晃，像戴着一副模糊的眼镜。当我试图给这篇文字定一个主题时，我在这一个月中的许多事里挑了好久，最终决定把它定义成一个边记录边激励的"月记"。原因是很偶然地想起四年前的高考100天冲刺，在双休之前班主任交给了我一项当时十分想拒绝的事情：在周末回来的家长会上代表同学们发言。当众发言这种事就算是放在语文课中每节固定的小演讲上都会令我"两股战战，几欲先走"，准备了两天的的发言稿根本撑不过三分钟，这个发言任务我连来参加家长会的妈妈都没告诉，零星的记忆里现在就只剩下走上讲台时我妈脸上的震惊和开心，当场掏出手机要给我录视频，以及当时"词穷稿尽"时义正严辞而又随意发挥的一句话："请大家相信我们！"重复了几遍之后看着台下的叔叔阿姨面无表情、没有丝毫波动，于是只能尴尬收场，匆匆退下讲台。几年之后，仿佛往日重现，我好像又收到了相似的任务，用期待已久的、即将收尾的班志在大家奔赴前方的时候，记录下距离考研60—30天这一个月值得记下的点滴。谁能想到呢，以前有高考倒计时，现在有考研倒计时，仿佛考试就是青春中命中注定被不断念起的紧箍咒。

说是考研在一天天倒计时，但也是班志的撰写在一篇篇倒数，大学的时光一月月倒数。在班志收尾之时和收尾之后，希望每一个人，不论选择了怎样的道路，在这条路上的你可以闪烁熠熠的光辉。不管这是一条默默无闻、平凡安稳的路，还是万众瞩目的路，都能山海无遮拦，尽为珍宝与铺垫。甚至于当你觉得曾经选择的这条路你走不下去了，也希望你的心态不是后悔、懊恼。从来都不要为自己深思熟虑并且付出努力的选择后悔、懊恼，即便这条路对后来的你来说不尽如人意。如果想明白了就去改正，人生道路千万，哪一条还能不是自己踏出来的？有修正的思考和勇气，这样的你也不是一个赤手空拳的鲁莽的、冒险的、过度的理想主义者。

在被疫情偷走的两年里，这个不速之客时不时总是要来叨扰，全国各地零零散散的分布总还是让人提心吊胆。从 11 月 8 日开始，学校决定每周都要进行核酸检测抽检，班里的高龙菲、韩鑫月、李美毓、李龙飞、马云飞、宋姝颖六位同学成了十一月的"核检人"，两人一组依次去做了核酸检测。这一种顽强病毒的存在，让口罩和核酸检测成为了家常便饭；疫苗的接种工作紧锣密鼓地从上半年一直持续到现在，人们在疫情出现之后好像一直都有一些憋屈。这边人们与它斗智斗勇，那边病毒也在不停负隅顽抗，变异又扩散，扩散又变异，"德尔塔"还在肆虐，更厉害的"奥密克戎"又悄然抬头。在月初上海迪士尼的疫情里，被烟花照亮的不仅是井然有序的核酸检测队伍，也是人们在疾病前面的从容淡定和决心。

备考期间，大家似乎"两耳不闻窗外事"，但各种各样的活动依旧不停地在举办，在学校组织的"党史知识测试"中，路棣同学被抽到参加文学院的测试。一个又一个的表格也纷至沓来，扫码、看视频、截图，重复一遍又一遍，安全学习、青年大学习这样的任务其实不止大学生有，就连上个学期我所在的实习学校里的老师、学生、家长也有，可见同样的烦恼从小学一直延续到大学。延续上个月的综测和评奖事宜，这个月又开始了奖学金的终审。此外是每学期与综测、评优一样少不了的优秀团员评选，依旧是线上投票，婉婷、陈艺、路棣、奉泽、玥璠等 12 位同学脱颖而出，成为本学期的优秀团员。

十一月的天空好像没有记忆中冬天的那种持久的阴暗与沉闷，偶尔的雨天给天空塑造出了更多的形象，灰云严严实实铺满天空的同时又在表面浅浅地挂上许多棉花团一样的灰色云朵，在西北风的催促下来去匆匆。吹散后的云彩又变成白色的原色，悬浮在天边，给正在落叶的树木和凛冽的高楼搭配了一个清新的背景板。但太阳慢慢西斜的时候，云朵开始变身，太阳给了它们一天当中最后的一些染料，于它们而言照样多得用不完，红扑扑得活像喝多了酒的大红脸，又像靓丽的山茶花。有时密密麻麻一块挨着一块，强风吹

决定灿烂时，山海无遮拦

也吹不散，有时又各走各的，独自美丽。太阳光是慢慢地变换位置，给云朵、万物补满颜色，又给它们填满投影的，一点一点把光亮填充进事物原本的固定框架里。接纳不下的多余光照透过云把教学楼映得粉红，也就几分钟，粉红的教学楼就恢复了原色。一天又一天的，不知道太阳多少次毫不吝啬，在西山与东边的天空上泼墨。冬天的云和太阳似乎与其他季节没有什么不同，或许是极地的冷高压拖不动步子南下，也或许是温润的海风不舍得把秋天轻易放走，悄悄牵着它的衣角不愿让它南下。

待太阳落下，冬月东升，月亮总是能带给人清冽、淡然的氛围，让冬天的夜晚平添几分视觉上的寒意。十九号的圆月在天宇又一次上演了它的个人秀。月食伴着月升，月亮不紧不慢，溜达着从地平线以下往上跳跃，直到漏出全食之后复原的月光，才能够让人在阴沉的天空和薄雾中找到它的身影。最初的光辉就像天边最亮的一颗星，然后是标准的微笑弧度，再扩大、扩大，突破最后的地球的影子，恢复如初。在不懂月全食原理的时候，我还幻想过月食是不是也会发生在弯弯的月牙身上，后来说服自己，只有当月球、地球、太阳都各自走到自己适宜的位置上时，所有的残缺和美好才会恰当地在短短几小时内上演；而且还要天朗气清，才能被更多的人们看见。

每年的"双十一"都是固定节目，今年又玩出了不一样的玩法——"喵糖"，变成了一种更加讲究时机、合作、策略甚至是运气的竞争，不断被拉长的购物战线消磨购物人的耐心，却也挡不住他们向前冲的步伐。冬天最适合打开的纪录片就是《舌尖上的中国》，从各地的美食里寻找慰藉，慰藉一个被冬季的寒冷催促着找寻餍足的胃。不管是否情愿，生活总在催促我们迈步向前，人们整装、启程、跋涉、落脚，但是美食永远不会辜负人们的脚步和饥饿，冬天总是要去靠近让人温暖的人和事。这个月的重头戏还是优秀毕业生的评选，马鸿岩、路棣、秘若琳三位同学申请省级优秀毕业生，杜志敏、陈艺、赵玉倩三位同学则申请了校级。班长一遍一遍焦急催促大家投票，最后票选出了省级优秀毕业生秘若琳、路棣，校级优秀毕业生陈艺、杜志敏、马鸿岩、赵玉倩。

收获在由秋入冬的十一月陆陆续续开始，也在大学即将结束的几个月前开始。"毕业"这个词不可避免地要在未来一段时间一直存在，直至它真真正正在某一刻就实现了。人生一趟，要毕业多少回啊，几年又几年，小学毕业告别六年的朋友，初、高中毕业告别各自三年的朋友，不久后就会告别四年的朋友。总有一些美好值得期待，从很久之前到此时此刻，时间最有耐心，它用分分秒秒规划四季，用四季构建年度。朋友闲聊的时候偶尔规划起未来几年的计划，我们好像是在安稳中沉浸的时间太久了，面对未来只是忧愁、纠结和抗拒，工作、家庭、婚姻，能想到的未来话题和可能性都想了一遍，想来想去还是没有说服自己要去选择一个固定的答案，然后反过来安慰自己也安慰彼此：只能走一步看一步，先把眼下最重要的事情优先解决掉。人总要慢慢地去学会处理事情，学会思考，学会去想通一件又一件事。有些事情由不得自己，有些事情一辈子也想不通，有些发生在别人身上的问题和烦忧根本不需要你去思考，同样，一些从来不会发生在别人身上的事情却令自己烦恼。世界上没有真正的感同深受，做好了自己，适当发发牢骚，每一刻都是自己的。

为使人生幸福，必须要热爱生活日常琐事。我们每天度过的称之为"日常"的生活，其实也是一团团暖意的延续。宽敞的 101 和旁边的大厅变成大家最常碰面的地方，大家的脚步仿佛都被禁锢在了南四这座大楼上，偶尔拿拿快递，买点水果，就好像天山的牧民和牛羊随着草场的换季迁徙一样，路线固定，有近有远。这座教学楼能容纳太多人，也容纳太多进出的步伐，我们有多久没有在一个固定的教室、固定的座位上每天进行着固定的任务了？自从三年前的一次毕业之后，就再没有了。这几个月是一个很难再复制的过程，难以复制从前的，也不易被未来再复制一次了。每一天从太阳升到月亮落，专属于冬天的寒冷和万物沉寂的气味弥漫在鼻腔里，一天比一天浓郁、厚重。偶尔飘落的雪花也提不起劲，甚至有时候还伴着反季节的轰隆雷鸣和闪烁的青色闪电，让这个冬天终于和以往的冬天有所区别。

101 教室和旁边的大厅每天人来人往，传单一张张地堆在凳子和桌子上，就像高中请假一天回来之后的桌面。大厅的两扇门开开合合，尽管门修了一次没用两天接着坏了；总能在那里看见熟悉的面孔和拥挤的板凳，没错，好多班里的同学都在那儿，看见也很正常。今天谁过去没有把门关好？谁会乖乖地、重重地把两扇门紧紧闭上？谁早上、中午、晚上总要把手贴在暖气上面试试暖不暖、热不热、凉不凉？谁背的是英语，谁说的是汉语，谁读的又是日语？谁还在突兀地冒出一个两个化学元素？谁今天在这里坐了多久、站了多久、声音多大？谁几点去吃饭、接了几趟水？坐在旁边背书的伙伴和你今天又叹气了几次？崩溃挣扎、低头抬头、翘起二郎腿又是几次？……虽然没有仔细数过，但是渐渐地，大家都习惯了。门边的朋友们承受不住寒风在背上挠痒痒，也受不了厕所里时不时飘来的烟味和臭气，一遍一遍每天把门关了又关。这就是有趣且无趣的每一天，重复的日夜谁不厌烦？谁又不在享受？谁会去"啪"一下丢掉手中的绳子？绳子的另一端正是你在忍受且享受着想要去伸手使劲去够的目的。"我们走过的每一个平凡的日常，也许就是连续发生的奇迹。"也许就是经历了许多的低谷和不如意，才使得每一个平淡和触手可及的日常弥足珍贵，更加甜蜜。"甜"，从自然界中获得的一种滋味，在口舌处生津，滑落到心头，千回百转，所有的勇气、冲劲，以及漫长的悲喜、起起落落、酸楚终成日常的万千滋味。

我把大厅里落地的玻璃门窗当成一个电影大屏，这边的声音和那边的情节格格不入。清晨的阳光撒在西边的山上，树叶在晨曦之下红似朱砂，春天的时候还是一片开满槐花的米黄色。黄昏的落日洒在东边的丛林里，丰腴的喜鹊在枝条之间叽叽喳喳、蹦蹦跳跳，两三个聚在地面上啄着地上的食物碎屑。篮球一直在篮筐边徘徊，要么几下跃动，成功进筐，要么就蹦蹦跳跳，没了身影。墙边突然出现一只黑白的奶牛猫，胖乎乎，蹑手蹑脚地停在车头一边，这里常常都会有一两辆车停驻，它抬起头仔细嗅嗅，然后突然停下，两边探头，不知道捕捉到什么声音；刚抬腿准备离开了，猛地发现后面的透明大玻璃屋子里摆满了板凳，坐着好多人，许是没有人动的缘故吧，它才放心地往这边看了好久，然后悠哉悠哉转头绕过车位，钻进草丛里，不见了。这才看清了这只猫的长相——四条雪白的腿，躯干和粗壮的尾巴都是黑毛，脑袋比身体小了很多，带着面具一样，和家里的两只狸花猫相差好多。它刚走，一阵小雨就过来了，洒满地面后又匆匆离开。雨雪走之后的天空开始变换，乌云、蓝天、白云三者各据一方，把玻璃窗外一片小小的天空清楚地分割开。这样的小雨在这个十一月太常见，以至于我对雪的思念越来越深。直到十一月结束了我依旧在期待，期待十二月的烟台一定会把雪迎接回来的吧！

11 月 24 日，陈奉泽、王述巍、秘若琳三位同学参加"文学院汉语言文学本科生一支部第 82 期预备党员转正大会"，从"预备党员"转向一名正式的年轻的共产党员。曾经的目标已经越来越近，一年多的准备，最终在这个 11 月落地生根，踏实完成。11 月 28 日，国家公务员考试开始，一些人暂时结束了日复一日的题海和压力的打压，留下一些人还在继续等待结束的一天。青年时期是时间对一个人的偏爱，也是给每一个人的偏爱，大家陌路相逢，却又殊途同归，无不经历过数不清的江湖夜雨，也还期待旖旎的桃李春风，愿每个人都能遵循自己的时钟，做不后悔的选择。有时觉得好像突然就长大了，经历的许多事情积累沉淀，"吃一堑，长一智"，在某个时刻你就发现原来自己已经学会了好多。

11 月 17 日，是一年一度的"国际大学生日"。成为一个大学生已经三个年头多了，也就再有 8 个月就要"痛失"这个身份。以大学生的视角去看高中生的生活，模糊的记忆和时间给那段时光蒙上了一层美好的滤镜。未来离开这座闲适的象牙塔，进入职业生活后免不了追忆现在，这可能是最没有负担的一段日子了，从此之后身体和思想只为生计、琐事、工作、人际、家庭疲累，或许不痛不痒就度过一生了，偶尔的欢愉和轻松再也比不上现在听到一首欢快而充满青春气息歌曲时般豁然开朗。可是我们还处在当下哎，当下就是还拥有，还未失去，还有力气尽力帮助减轻未来的疲累。"我们是休眠中的火山，是冬眠的眼镜蛇，或者说，是一颗定时炸弹，等待自己的最好时机。也许这个最好时机还没有到来，所以只好继续等待着。在此之前，万万不可把自己看轻了。"生活这段路途，有人习惯行走，有人习惯奔跑，有人习惯躺平，这都是自己的选择，而且我们还有的选择。以上文字自己将来再看，或者让其他年长一些的人来看就是"少年不识愁滋味，爱上层楼，爱上层楼，为赋新词强说愁。而今识尽愁滋味，欲说还休。欲说还休，却道天凉好个秋"。

决定灿烂时，山海无遮拦

　　小时候家中院子里矮小的石榴树每年都开花，褶皱的花瓣挤在一起，层层叠叠，整个夏天听凭雨打风吹，树下砌起来的一圈砖块上总是落着花瓣，到秋天还总能摘下几颗酸溜溜的果子，不像初夏的桑葚一样甜，染得嘴上、舌头、手上、衣服上都黑黑的。后来再见石榴树就是邻居家在水沟旁栽的两棵，高度和家里的大差不离，没有一点亲近感，终究不是曾经抬头才能看见的以及年年期待果实的那一棵了。小小庭院的规划总是在变，之后的天井里有一棵挺拔的杨树，秋天叶子全落在院子里，扫一扫堆起来，我和妹妹抱着大个的狗狗往树叶堆里跳，旁边的爸妈打趣着"恐吓"；再后来院子里没有一棵树，最后又栽了一棵无花果树，一年四季树上都有果子，春夏是鲜嫩的，冬天没有来得及落下的枯黄干瘪；再慢慢添了许多盆兰花，桂花、夜来香。这些到底是脑海深处关于童年记忆还是后来的梦都已经分不清了，不过我更愿意都是模糊的梦，梦里的内容都是真实的记忆的映射，那就是真实的曾经。冷冽的冬，万木萧条，石榴花还像天边的云，红彤彤、娇艳欲滴地亮。十几年过去了，后来再碰见石榴花，它就变成一个新概念了，与我的、我们的大学紧紧抱在一起了。

　　11月21日，石榴花观书会第三期"书中的远方"在线上举行，迫不及待地，以文字跨越空间，以情感跨越深邃，以深邃探讨思想，以思想去探讨天地、宇宙、人文。11月27日，石榴花读书堂与贝壳文学社联袂举行的以"源头活水清如许——兼谈民间意识"为主题的石榴花大讲第38讲堂暨"贝壳说"第1期在南四104教室开讲。我对主讲人兰玲老师的第一印象很特别，老师声音清亮，气质柔和，身上散发的气场就像春天山野间混合青草、嫩叶味道的极富生命力的春风，以及夏天傍晚，炎热散去，清凉逐渐弥漫的舒适，混杂着玉米的花叶独特而喷鼻的香气——只在没有炽热太阳照耀的时候出现的味道。这也许就是她的专业研究给她带来的独一无二。围绕"民间意识"，兰玲老师给大家介绍民俗学在众多领域里穿针引线般的作用，列举了莫言、张炜、赵树理、老舍等众多现当代作家的作品，讲述自己探索民俗学时与民间的交往，在热情的民间生活中收获到的智慧和热情，鼓励大家走进民间生活，发现它独特的情趣，融合民间意识，将民间关怀与文学创作、学术研究相结合，去传承深邃、优秀的民间传统文化。与此同时，27 日到 28 日，"石榴花访修营"登陆青岛市，在姜娜老师带领下开展对青岛市文化类博物馆的调研，走访了包括青岛市德国监狱旧址、青岛民俗博物馆、青岛邮电博物馆、崂山矿泉博物馆、青岛市博物馆在内的六所博物馆。11 月终了了，下一天就是 12 月，下一年就是 2022 年，我们又要长大一岁了。

想要再去一次海边，在春暖花开的时候，面朝大海，黄昏、夕阳和幻想，在余晖消逝之前都没有终点，或许会有这样的对话：

　　"你以后想成为什么样的人呢？"

　　"什么意思，我难道不能成为我自己么？"

　　"人要往前走，就得先忘掉过去。"

　　脚，会带你到世界上世界任何地方。

　　为什么会有沙漠？为了寻找沙砾的心中深藏的一口井。

　　为什么要去丛林？为了热浪一般的暴雨，为了寻找久违的大地。

　　世界上有多少荒原？人们有多少不理解？听说，悲伤的人喜欢看日落，但，日出总会像刀一样升起。世界上最奢侈的是人与人的关系。希望有一天，不用大笑，也一样快乐。能走多远，就走多远。

严寒中前行总有温暖相伴，夜空下的生活也会灯火灿然，大地的巨浪还在汹涌，虽然是云天之外，但其实远方已在身边。月末，树顶的叶子终于全部落完，心心相印，常来常往，我们在悲喜相加的人间万象之间，互诉衷肠。

（于洁）

决定灿烂时，山海无遮拦

沿着暖流，走向海

十二月，该算一个什么样的日子呢？

如今的十二月大概与古时相差得有些远，不然就会见到古诗里写得那种"南州十二月，地暖冰雪少。青翠满寒山，藤萝覆冬沼"的景致了，不像现在怎么看也是严冬。不知是季节使然还是心境原因，总觉得这一年到头来，最后一个月的时间如停滞了一般，不似往日那么连贯着，每日都能看着万物生长衰败逐渐变换。倒是像老式放映机里投映的画面，一帧一帧地前行。万事万物变化总有个明确的时间节点，一霎间就改天换地。十二月中旬下了场雪，次日一早银白覆盖，青竹变了琼枝。冬季是个足够包容的季节，只要有雪落下了，无论市井还是林间，都是无差别的美。落在校园里也一样，反而衬得那楼那树，不同风格更为鲜明。以往每到这时，我总会约朋友到后山闲逛，现在去邀约却被痛心疾首地批评了一通："都什么时候了？"最后我也不得不耐着性子窝在自习室里看书。

但整个12月都裹在这种气氛里可太让人发愁了，忍不住期盼生活的湖面能激起一些涟漪。好巧不巧，12月11日，石榴花读书堂在演播厅举办了成立两周年大会，作为第一任会长的赵婉婷和我这个曾经的宣传部长，"挟持"了我们可爱的舍友陈家轶溜去演播厅偷闲。走到演播厅门口，漂亮的礼仪学妹犹豫地走过来，问我是来参加仪式还是领奖，我低头看看自己这副被生活折磨得灰头土脸的模样，赶快摆摆手说我只是来凑热闹的。学妹恍然大悟："学姐好，坐靠门那一边吧。"于是我火速溜进去，见小陈向我招手，冲到她们身边还没坐稳，婉婷就兴奋地说："快看屏幕，今年这个视频剪得很好耶！"开场前自然照例播放了一段石榴花读书堂成立以来的小纪录片，回顾了两年来社团的发展历程，虽然于我而言只有差不多一半的内容是熟悉的，但这不妨碍我们仨边看边发出惊呼。坐在演播厅后排，看如今的小石榴们忙碌着，一边回想起那时我们筹备成立一周年大会的画面，一边又不由自主地给眼前的场景扣上些舞台剧的奇异模板。当下的我只是个欣赏这热闹又华丽剧目的观众，整个大厅便是剧场，一个个角色在剧场中的台前幕后游走，也不管是否真的有被注意到。另一方面，过去的记忆就像变成画满铅笔素描的牛皮纸卷一样漂浮在脸前，那些画卷中的我们也曾为别人演出过类似的剧目，享受过类似的繁忙与热闹。这让我陡生了许多感慨，于是凑过去问婉婷："还记得一周年大会时候的样子嘛？"她则一脸严肃地回答："景慧真是越来越好看了哈。"果然，是我不配煽情了。但我总会觉得，像这样剧目的热闹里总会带着一种虔诚，一种因不同的自我理念团聚在一起却产生了相同信仰而带来的虔诚。无论你怀抱着什么样的想法来到这里，这是同一个归属。

话说回来，整个仪式除了参与的人员中添了些生疏的脸外，其他倒也没大有变化。熟悉的换届流程，熟悉的成果展示，熟悉的颁奖典礼和熟悉的新生交流活动……哦，还有熟悉的国学社舞蹈《礼仪之邦》。

"怎么能这样说，跳舞的妹妹们可不一样了。"作为前任国学社宣传部长，小陈一本正经地强调着。国学社作为文学院的长青社团，向来不缺人，这点我们在石榴花时就非常羡慕。不过在我打听今年石榴花成员的人数，得到一个让人咋舌的答案后，感觉也就好些了。忽然有些理解了所谓"万物生长"的意义了，开枝散叶，花繁实多，倒像是明白了三毛为什么说"如果有来生，要做一棵树"了。

"如果有来生，要做一棵树，站成永恒。没有悲欢的姿势。一半在尘土里安详，一半在风里飞扬；一半洒落荫凉，一半沐浴阳光。"这是我从初中开始就很喜欢的一首诗，也是一直憧憬的一种生活方式，我不知道这样的想法会不会有些奇怪，但我莫名认为这也会是一种适合石榴花的状态：足够温

沿着暖流，走向海

暖地去包容每一种想法，也足够公正地去做出回应。不过这也只是种胡思乱想而已，毕竟我们当初也没有想到社团的发展能这么迅速。想起当初成立宣传部时，我兴致勃勃地开展"每日打卡"的活动，想出了"想读更多的书，用更温柔的词揉一揉你的心"这样温暖的口号，搭配王述巍同学倾情奉献的"定昏时记"名称，最后因为一次稿件引发的冲突，变成了对经手的内容都能保持"文学没有高低贵贱之分"和"我可能不同意你说的话，但我捍卫你说话的权利"这样有些中二的原则，不过现在看来她们也确实做得很好。婉婷作为首任会长上台发言说，石榴花与她的大学时光是紧紧环绕在一起的。其实，这是我们班共同的骄傲。

石榴花不但有志同道合、好学深思的小伙伴，还有可敬可爱的老师们。诸位老师又推心置腹地分享着读书带给每个人的成长，他们眼中的光照耀着我们每一个人。戴宗杰老师说："如果我们能把自己写的文章传播到不同角落，让一些人读到，这何尝不是一种相逢呢？"他深情演唱的《小幸运》堪称这场青春聚会的主题曲。而让我们最乐不可支、掌声雷动的是秦彬老师，他在致辞中说："《石榴花》杂志关注人文前沿，有爱又有温度，这份爱是它扬帆远航的动力，要问《石榴花》杂志和读书堂有多少爱可以重来？我想是爱的汪洋大海，是爱的川流不息。"接着，他倾情献唱一首《有多少爱可以重来》，把偌大演播厅当成了KTV，又即兴在舞台中央劈了个叉！引起在场不少人的尖叫，把整个大会的气氛推向高潮。

黄修志老师在致辞中提起，石榴花的同学们真心在石榴花大讲堂感受到激励内心的目光和泪光，他说起2019年冬天，王述巍、路棣流着眼泪追出刚做客完石榴花大讲堂的罗红光、蒋岩夫妇，深情拥抱了下二人，说是"想握住下时间，想拥抱下岁月"。每次我回忆起述巍向我叙述这件事时有些害羞又很难过的表情，总是有些难受。一个孤单的人要去握住时间总是太难了些，不过作为一个集合体去留住一些时间的痕迹，总还是可以做到的。无论如何，人总是想在这世间留下一点痕迹的，无论是自己的还是仅仅是自己在乎的，也无论范围是自己至亲的几个人或者有更大的"野心"。

如果按这样算起来，人走过的每一步路都会留下自己的痕迹，那么这个十二月大概也会留下一条足够清晰的痕迹，若起一个标题的话，可以叫《毕业前的最后一个十二月》或者《决定命运的十二月》。十二月向来是个考试月，只不过这次对我们而言重大了些，考公的、考编的、考研的、直接找工作的……大家都在忙碌于不让明天的自己"杯子碰到一起，都是梦破碎的声音"。学院里似乎又热闹又冷清，热闹在于每日通往教学楼路上遇到的人变多了，中午在食堂也多见了些熟悉的面孔，密集得让我都有些"社恐"了。但与此同时，走在同一条路上的这些人又只是朝着自己的目标前去。

　　某天无意了解到安徒生第一部小说《即兴诗人》发表于 1835 年 12 月，正处十二月的我一时兴起就去图书馆借了这本书回来。闲余里翻翻，倒成了这段时间的慰藉。小说采用的是十九世纪欧洲小说中屡见不鲜的一种题材——资本主义兴起后普通百姓改变自我命运的不同可能性。主人公安东尼奥走过的道路都有迹可循，就像是成长系小说里那种典型又老式的形象，但因添加了安徒生早期那种独特的绮丽幻想和浪漫主义风格而显得不落俗套。或许，与其说这是一部自传，倒不如说主人公安东尼奥的生活是一位现实存在的作家所做的一个虚无缥缈的梦，一个可能对现实生活毫无帮助却能让人精神得到极大满足的梦。

　　谁没做过这样的梦呢？一个人想改写自己的人生自然是情有可原的。很多事，不仅你的生活，甚至可能现实生活都无法达成的，但在幻想里总是无所不能。而对于一帮文学专业的学生而言，写进文字里也许是最贴切、便捷的方式，尽管有人会觉得这种行为是非常以自我为中心的，但在我看来这仍是浪漫而又可爱的事。像我这种不着边际也不切实际的闲人，热衷于去描述虚无与梦幻的人，把真实的自己放入重构的世界中，不厌其烦地刻画每一个出场角色，交待每一幕的场景直到各种细枝末节，让文字具体得像一幕幕电影，将千奇百怪的故事编写到自认为合理。这是一项完全服务于自我、取悦于自我的活动，再平凡的事物似乎也隐藏着新的国度，再细小的事物也包括无限的内容，我不用管其真假，你不用纠我荒谬。幻想即为幻想，自然是随我所想，没必要寻个对错。正经来说，其实换进现实里，大家不也是这样做的吗？那些努力奋斗过的日子不也是为了去追寻那些自我虔诚的梦想，改写不知喜忧的命运吗？

12月19日，石榴花大讲堂第39讲"考古学是什么"在线上开讲，本次讲堂特别邀请到广东省文物考古研究院刘长老师作为主讲人，四川省文物考古研究院刘睿老师、中国社会科学院张少春老师及黄修志、姜娜老师担任与谈人，山东大学历史文化学院硕士研究生韩雪担任主持人。

讲堂刚一开始，刘长老师纠正了大众对考古学的一些误解，分析了考古学的起源，介绍了田野考古工作前的各项准备。同时，刘老师还阐释了很多专业名词概念，其中最让我记忆深刻的是刘老师说的"考古工作者以不破坏考古遗址为前提而进行研究"。想起之前看过一部纪录片里的一段话："考古的意义，并不只是为获得惊世文物，而是要理清这些遗址和文物背后整个中华民族文明的发展脉络。这是对中华文化最大程度的解读、还原和传承。因此，考古学最大的意义，是重塑中华民族近代以来的民族自豪感和自信心。"我似乎对追根溯源有一种莫名的执念，所以一直对实习时收上来的学生笔记本里填满了网络小说摘抄这件事有些耿耿于怀。每次听完讲座我们总是要聊很多，但聊着聊着总会扯回自己的专业：

"你有没有觉得像古代文学、古典文献学之类与考古学还是有些相似的？"

"什么呀？"

"就好像……都是着眼于过去，为消逝之事重返人间而努力，为仍存之遗产常留人间而努力。"

"那句话怎么说来着？哦，为了让'遥远的过去和无尽的未来血肉相连'。"

随着考研日子一天天逼近，有些焦躁的我实在忍受不了101自习室压抑的气氛，逃避般地躲回宿舍背书，整日足不出户，不愿见人，也不想见光。某天下午，另一只躲在宿舍逃避的"鸵鸟"王述巍推开110宿舍的门，于是我在月底的这个日子终于还是被拽着去了一餐吃饭。我们装作无事在一餐吃了一个半小时小火锅之后，干脆自我放弃般地决定：去后山溜达一会儿吧。

其实也没聊什么有用的东西，插科打诨，晒晒太阳，几个小时也就过去了。到了宿舍分手的时候，俩人认真分析了这个浪费掉的下午：

"还烦吗？"

"烦。"

"去学习吗？"

"学不进去……"

"那怎么办？"

"……要不回去再睡会儿？"。

于是俩人回到宿舍，互道晚安后，心安理得地陷入睡眠。冲锋就留给明日吧，今日就让我混过一次，再去迎接新的太阳。

12月22日，班主任黄老师为我们举行了考前动员班会，我们中午到达教室后惊喜地发现每个座位上都放着《石榴花》杂志2021年第3、4期，杂志上还有两个圆滚滚的橙子。黄老师说，这是赣南脐橙，寓意着大家可以干掉困难、一起成功。紧接着黄老师一脸神秘地笑着说："大家做好准备，打开咱班微信群。"紧接着，群里出现一个红包，点开一看，哇，六六大顺！一脸震惊的我扭头和一脸震惊的小陈对上视线："这总共得好多钱吧？"虽然不知道我们试图去算总计多少钱这件事情有什么意义，但我们还是算得很认真，算好了还要认真地去感叹真的是好大一笔钱。可能是想为自己的感动找一个具象化的数字来体现吧。群里到处飘满了感叹，再配一个哭泣猫猫头的表情包。黄老师很重视这次班会，专门手写了篇演讲稿，逐字念给我们听，嘱咐我们平心静气，落子无悔。我们几个家伙一直认为大学生活中的一大幸事就是遇到了班主任。从一见面时我就觉得他带着股"仙气"，原本以为会是不食人间烟火只顾做学问的学者，现在看来倒更有种"结庐在人境，而无车马喧"的感觉。从大一约每位同学聊天，大二请每个宿舍的同学吃饭，订阅六种报刊发到宿舍，督促我们一年不落地写学年总结和书评，组织出游，中秋节分发月饼，每学期开多次班会，到邀请各位老师为我们班做讲座，把讲座发展成惠及全校学生的石榴花大讲堂，再到后来把大家组织起来创立一个社团，发行属于我们的读书杂志，举办属于我们的小讲坛，再到现在开展

沿着暖流，走向海

各种令人眼花缭乱的特色活动，一桩桩、一件件，有时负的责任都超过了一个班主任的范畴了。我们一起聊天时也会说，真的很庆幸自己分到了这个班级。

12月24日，考点离得远的同学基本上已经启程了，我这个分到了蓬莱考区的人也在这一批里。只不过车经过蓬莱阁景区的时候不免有些感叹，与上次和石榴花的小伙伴们来蓬莱阁才相隔不到一月，心境未免差得有些多，再也无意体会黄老师说的"秋高气爽观沧海，石榴果红听潮声"了。入住了酒店也还是有点静不下心，拉开窗帘，看到呼啸的风卷起雪幕，洋洋洒洒扑过来，倒渐渐平静了些。宿舍群里大家在分享自己的酒店环境，兴奋雀跃地像是出去游玩一样，默契地规避了明天就要考研这件事情。

次日，在疾风大雪中，考研正式开始，我班共37位同学在芝罘、福山、蓬莱、牟平、开发区等区参加考试。早上从酒店出来，是该紧张一些，还是若无其事一些呢？太过于慌张了，反倒不知道该怀揣着一种什么样的心情了。公交车载着我们这群不同学校、不同专业的人赶往考场，坐在身旁的姑娘身上有好闻的荔枝香，而我早上也颇有仪式感地喷了桃子味的香氛，混出了一片水果茶的香味扩散进寒气里，不知道是不是太冷了，深吸一口竟产生了种回到夏天的幻觉。大家踏着漫天纷飞的雪花进校门，躲在物品存放处在最后一刻也要翻看下最后一页资料。上午考完，拿了手机才发现黄老师还给我们发了祝福考试顺利的微信。中午来不及回酒店，就窝在巴士上背书，越背越混乱，可也只能硬着头皮去记，"多记一点，也许会考到呢"这样的想法通常都会存在的，也能鼓励着自己多支撑一下。那两天下午考试结束后，走出考场看到的天空，真的很好看。那个时间点正好差不多是高中时下午放学的时间，那时每天都会记得放学出教室门抬头看看今天的天空是什么颜色的。黄昏时就该到路边随便走走，该去看看那些晚霞，看看那些染上落日昏黄的云，那些仿佛摇曳着的烛红色，提早见了春分时节的桃粉色……天空真是一个神奇的事物，那些调和渐变的色彩，铺天盖地地渲染开，却从未失手过。记得第二日从考场出来，天空应景地飘了些雪花，薄薄一层盖上了地面，映在还没落完全的日光里，倒像是作了天空的影子，晃悠悠散落下来。

考研结束，回学校时天已经黑了，拎着行李走在校园里，雪花在路灯折射中四散开来，笼出一个柔和的罩衣轻悠悠附上去，心情也渐渐舒缓了些。打开宿舍门，热闹的气息就扑了上来，大家只是天南海北聊着天，把那两天的紧绷情绪慢慢掩埋起来，慢慢消化掉。晚上熄灯后窝在床上把剩下的几页书看完，安徒生描写安东尼奥去见他的旧情人："门内一片漆黑。圣母像面前的灯火已经熄灭了，只剩下蜡烛芯朦胧的微光，好似一滴血……我们头上的一扇门打开了，一线光明落到我们身上。"如今的我们似乎也处于这个状态中，虽然还无法得知下一步她是起身迎接还是闭门送客，但至少已经见过了那一线光明，寻觅的过程也就有了意义。就像黄老师形容考研时说得那样："考研其实是在赶路，耐心走完这段路，到达终点时能不能得到馈赠，已经不重要了，只要让自己在到达终点时坚持下完那四盘棋后不后悔就可以了。"所有努力的目的总是为了自己，只要让自我得到满足，就已经有了足够的意义了。

这个被诗人旧梦支撑起的十二月也快要结束了，语言保存下来的力量，仍在于深深唤起一种情绪与气氛，混合着想象慰藉着我们。一位两百多年前的作家奉献出浮华的旧日之梦，仍然能用热情辐射着我，这也是使我时常庆幸选择了这个专业的原因之一，能终日沉浸于其中。说来可能有些幼稚，我曾中二地认为：如果当我毕业时仍认为文学在我的世界里占有一席之地，那么我的大学生活就已经圆满了。现在回过头来看，似乎也没觉得有什么错。

文学教会我的，是做个闭着眼睛的愚者，一无所知，只是流浪。用我觉得合适、习惯的方式去写去描述，那些捏造的语句的意义在我，理解在我。我盲目、无知地去追寻语词背后的梦境，可能就是芳华岁月中的全部意义与理想。

十二月的尾声，放假前我和述巍决定再出去走走。她在一个有些隐秘的小巷里找到一家非常好吃的西餐厅，聊些现实的未来或是不切实际的幻想，度过一个漫长的中午。我们从餐厅出来，正对着的平台上趴着一个巨大的圣

沿着暖流，走向海

287

诞老人，旁边写了句毫不相关的话："你天生适合我的灵魂。"但这很适合用来肉麻，我向着述巍说出这句话，毫不意外地收获了一记白眼："我心中早已一片荒芜，冰封万里。"

"没关系，"我指向远方，"如果大地早已冰封，就让我们沿着暖流，走向海。"

（张佳怡）

无　题

我想写一本诗集，每一首的名字都叫做无题。

一月的风如期而至，照常带着专属于烟台的湿冷和凛冽。我曾无数次对比烟台和吉林的风，一次又一次对比着它们之间的不同。时至今日，这份不同依旧存在，但我却已经不再刻意去分辨了。在这漫长而又短暂的四年里，家乡更像是暂居地，而烟台似乎成为了暂时的家乡。

一、未及天明的凌晨，我们在街上流浪

这是 2022 年的第一天，也是一月的第一天。和朋友们不知计划了多少次夜不归宿，不想在这偶然的一次机会里梦想成真。在 2021 年的尾巴上，我和小陈风尘仆仆地打开从青岛回往烟台的门，迎接了一片狼藉而已然空空荡荡的宿舍。一切似乎都发生于意外，又似乎是命中注定。一个有仪式感的跨年也是我们计划了一年又一年的事情，同样也只有今年彻底落实在了只有我们两个人的这个晚上。在 2021 年的最后一个 31 号，小陈骑着共享单车一如既往地违反着交通规则载着过红绿灯要推车而行的我，去吃一顿心心念念的仪式感跨年晚饭。

她在努力吃饭，我在漫不经心地一次又一次瞥自己的指甲。在她终于吃饱喝足打算打道回府的时候，我轻飘飘地跟她说，我想做美甲。她愣了愣，跟我说好。不过我一向的心血来潮后的迟疑如期而至，在她的怂恿下我们终于走进了美甲店。那时还是晚上九点，等美甲师终于松了一口气后，我腕上

289

的手表时针已快行至十一。

我们低着头合计着从哪堵墙翻身而入，又绞尽脑汁琢磨着如何转开那扇等回去后定然已经锁死的大厅玻璃门。她踟蹰而又带着跃跃欲试，被围墙无数次隔在校内的她显然不想进行这冒险而又艰难的尝试。她看着自己比不过兔子长的指甲，期待而又试探地问："姐姐，或许你还想加一会儿班吗？"

2021 到 2022 的节点，我们是在美甲店度过的。小陈短短的指甲给美甲师姐姐带来了巨大的难题，大功告成之时我们都如释重负地松了一口气。这究竟为什么我不清楚她们的想法，而对于我来说，是终于不需要纠结如何劝说我这位朋友翻墙入室了。

推开门时街上已然空无一人，跨年时的狂欢和灯火通明都是勾引我们扔掉迟疑的引线，而当我们终于受引诱而投入它的怀抱之时，它的繁华虚假得像电影院的宣传一样，经不起一丝推敲。

旅店自然是住不起的，在黑夜的侵蚀下自诩分得清东西南北的小陈也成了一个和我一样的路痴。推开网吧大门的那一刻，没带身份证的我们和一脸疲倦似睡似醒的网管小哥面面相觑。

"包宿十六。"我想，这个客我还是请得起的。

身份证果然是个重要的东西，我为草率的自己对它的忽视而道歉。在填写了数不清多少次验证码和身份证号码后，我们终于如愿以偿坐在了显示器前。我想那位美甲师姐姐一定是和这家网吧有什么合作，不然怎么会推荐我们来这个跨年夜依旧有人抽着烟骂骂咧咧敲键盘的地方。

我和小陈都是游戏菜狗，这是我有生之年第二次进入网吧。这个奇妙的地方无论何时都萦绕着驱不尽散不开的烟味儿，用来防止新冠病毒传播的医用口罩根本挡不住尼古丁的四处逡巡。我打麻将打得点头犯困，旁边的小陈手脚并用地操纵着她的游戏角色一次次在轻功里摔死。我强打精神教了她一次又一次，这么看，我还是两只菜狗里稍微强一点儿的那只。

通宵的夜晚已经数不清有多少次。但和许多事情一样，刻意的追求往往无法达到效果。记得在宿舍里的一些晚上，四周安静到毫无人声，我睁着眼发呆，看着床帘在夜里分辨不出颜色的篷顶，隐隐约约地感觉到自己似乎躺在密封的棺材里。我偶尔会按亮手机屏幕，记下几句不知所云前不搭后的句子，继续发呆，或是翻个身睡去。

夜晚永远是安全的，躺在夜里的人永远是自由的。床帐的束缚反而给了天马行空的想象以自由驰骋的空间，上帝已死，万物沉寂之时，我将永生，我为主宰。

如今我在无数光源映照的房间里，人声，键盘声，游戏背景音，无处不在。我可以去任何地方，可以选择离开或者留下，可以选择任意一个时间作为黎明开始的起点，而我此时无所事事，迟钝，犯困，偶尔打趣两句再一次把角色摔死的小陈，一次再一次错过胡牌，被烟味儿熏得头昏脑涨。

自由永远是相对的，他们说身体和灵魂至少有一个要在路上，或许，身体和灵魂只有一个能在路上。感官和思想总是要占脑子的，可很可惜，我只有一个脑子。

终于几近到了学校开门的时候。冬季清晨五点的风有驱散一切的魔力，清冽而随心所欲，驱散了所有困意。我再一次坐上小陈的小黄车，躲在她略显臃肿的羽绒服后面，哼着不知道哪里来的曲调，莫名其妙地想唱歌。

小陈是个可怜孩子，当天十点的动车催着她不得不去收拾自己丝毫未动的行李。我依稀记得陪她一起去帮舍友们寄一些快递，爬上床很快进入了梦乡。我想，她一定拿不了那么多东西，一定会叫我起来的吧。

当我再一次睁开眼已经到了下午两点，刚睡醒的脑子还需要一些开机时间，我迷迷糊糊划开手机，小陈一句又一句几近冲破手机屏幕的、语气感情极其强烈的谴责让我的大脑顿时清醒，她说，我应了一声，翻个身蒙住头再也没出过声。

愧疚和自责顿时将我淹没。我极其真诚地一次又一次向她为我高质量的睡眠而道歉，在试图抚慰她受伤的心灵之时默默想着，既然还跟我生气，那应该问题还是不大的。

朋友嘛，就是用来偶尔坑的。

二、相拥之时你的体温仍交融着我的气息

那个差点导致我和小陈友谊破裂的大型快递是小张的。小陈在电话里恶

狠狠地告诉我说，她已经告诉小张叫她不要谢我了，因为我根本没起。和小张友谊的奇妙缘起还是在刚刚走进 110 宿舍之时。或许是金牛座和处女座之间诡异的吸引力，开学第一学期我们几近形影不离。直到现在，我还时常怀念我们刚刚认识的时候，彼此都带着一点拘谨和真诚。

我发消息给小张，她一如既往地未在第一时间做出回答。在这些已经过去的和正在经历的假期当中，她时不时地消失在茫茫无尽的人海，消失在网线的另一边，让我时常怀疑她曾认真地说不希望毕业后失去联系的真实性。为着她的不回消息，我不知道充了几个超级会员来恢复我们的聊天火花，这对于一个金牛座来说是多么巨大的牺牲啊。不过或许就像她了解我一样，我无比清楚她的拖延和懈怠，在看到她的头像跳到屏幕上方时冷哼一声点开了消灭星星。

对于小张，和她怎么熟悉起来的我早已经记不清楚了。那还是十八岁时候的一腔热忱和坦率，我固执地认为我们是一条小胡同里面的小黑猫和小黑狗，将一切该说的不该说的全盘托出。某种程度上我们两个或许很像，或许不会有另一个人能像我们了解对方一样了解彼此。十八岁已经过去，那些心灵中的某些角落我们早已经学着忽视或者藏起，我依然坦率，但再也不会像十八岁那年的九月那样坦率。

我想起前不久她告诉我的一个梦。她说她梦见我们十分激烈地争执，最后我一把掀翻了桌子狠狠甩门而去。我笑得前仰后合，在心里默默复盘着这件事情的可能性。不得不说我是一个极少会和人发生正面冲突的人，大多数情况下是没必要，我会因为离谱的事对我造成影响而火冒三丈，但对我造成影响的只是事情而已。而对于朋友，尤其是小张，我似乎可以无限度包容。

她跟我说，我们或许都在有意无意去规避，如果真的发生了争执，就会一发不可收拾。好像确实如此。我不知道这是默契还是什么别的，我们都曾有一段时间看着彼此不顺眼，在某个临界点下意识退让。我永远记得 20 岁那年，她送给我的云朵和热气球，它们融着我曾写下的诗句，在她手中逡巡后落在我的身边。

不过同样是在不久之前，我对小陈发了一些脾气。事情的起因已经在我的一句"来吃肯德基鸡"中淡忘，我只记得当时气到语无伦次，却无厘头地想起小张的那个梦。略微思索了一下外面的气温，我还是打消了摔门而去的念头。小陈是个可爱崽崽，似乎是到了大三我们的关系才亲近起来。我的妈妈亲切地称小陈为"那个洗床单的小胖姑娘"，小陈也无数次为我在妈妈面前给她留下不学习天天干饭这样的坏孩子印象而义愤填膺。直到有一次在我和妈妈打视频电话的时候，小陈因为一句"阿姨从来没觉得你是坏孩子"而沾沾自喜。

不过，我一直没忍心告诉她，她阿姨一直没记住她就是那个"洗床单的小胖姑娘"。

说到争执，或许和述巍之间发生争执的次数是最多的。我们碰面就会拌嘴，我不受控制地想扒拉她两句，在把人骂生气后又为她的不满而感到不快。最终小张在陶白白的视频中给出了解释：金牛座表达喜爱的方式就是要打他两下骂他两句，这是无法自控的表达喜爱的方式。对此我恍然大悟，但却不知道述巍对此信了几分。

我们之间或许是忽远忽近、南辕北辙的性格不可避免地让交流沟通多了几分困难。我至今都记得她在日语课上挨着我坐并面无表情地摸我大腿，在我一次又一次表达不满后认为是我在傲娇。对于述巍的回忆确实没有什么十分正面的形象，如果一定要说的话，也同样发生在 2020 年，新上任的两个社团会长在一拍脑袋的情况下进行了合作，连着麦为一些奇怪的细节绞尽脑汁。依稀记得是在凌晨两点，我们终于最后一次按下了文档的保存键。我时常怀念那时合作文案的青涩，也时常怀念那个在朋友们面前难得一见的、正经严肃的王述巍。

不过有趣的是，述巍一直执着地认为自己是一个可靠而又正经的人。对此我和小张一直不能苟同。她的确是一个善变的家伙！在去年的时候，述巍强烈地表达出对于小蓝的热爱，我在她的生日为她斥巨资准备了一个长达一米六的小蓝玩偶。前不久她还在斥责，说它睿智的眼神和庞大的身躯对她还要上晚自习的弟弟造成了巨大的伤害，为此她的家人不得不把小蓝塞进纸箱。如今，述巍的生日再一次临近，她一次又一次请求我不要让她和家人之间紧张的关系再次雪上加霜。因此我不得不放弃了送她一个睿智海鸥抱枕的想法，准备了一只有着菜狗脑袋帽子的绿色外套。述巍很喜欢，我也很高兴，皆大欢喜。

直到小张发来了那个罪恶的视频。视频中的女生展示了她收到的礼物，一个平平无奇的透明水杯在倒入清水后光芒四射堪比 KTV 灯球，我似乎能看见网线另一侧小张微妙的笑容，我们不约而同地想到：送述巍这个吧。

于是我们合资买了一对水杯。

朋友之间或许真的有某种感应吧，约在两三天后，她发给我们同样的视频，打出的文字中的压抑情绪仿佛要冲破屏幕："你俩不至于这么不干人事吧我的宝们！"我缓缓扣出一个问号问道："这啥？"小张一如既往地装死。在我装疯卖傻的演技下述巍终于打消了疑虑，直到那个杯子终于被她拿到手中。

那是 2022 年的 1 月 22 号，贴心的述巍为我们录了一个平平无奇的视频，一个面无表情的短发女孩拿着一个五颜六色星光闪烁的杯子眼神冷漠欲言又止，我们在群里敲下一串"哈哈哈哈哈哈哈哈哈"。

坑王述巍堪称是世界上最有趣的事情之一了。

还记得考研刚刚结束的那天晚上，路棣和述巍在宿舍门口迎面撞到坐了一个来小时公交风尘仆仆的我，愉快地进行了一次旋转小火锅。那天晚上的操场上几乎没人，前两天的积雪将化未化，踩上去还有咯吱咯吱的响声。六个多月以来我从未感觉到如此自由过，雪在月光下有些发灰，陆陆续续露着深绿色的人造草坪。我感觉到似乎有什么要破蛹而出，想笑，想大叫。于是我在操场上大喊："我叫王述巍！"

述巍表示很无语，路棣在一边笑，那天晚上月亮剩了一半，很亮，没有星星。

路棣是我刚开学就注意到的女孩儿。她漂亮，清澈，气质干净，纯粹中带着沉稳，且有着若有若无的距离感，对我的示好视而不见。真正开始熟悉大概是在大一结束的那个暑假。我不得不承认我整个人看起来比我的文字轻浮混沌许多，那个假期我开始写诗，她读我写在朋友圈的诗，或许是因为对这些文字感兴趣，才有了进一步的相识。用君子之交来形容我们的关系兴许更为合适一些，我们的接触说不上多，更像是一个一个节点的相遇。就像正弦公式和余弦公式一样，时远时近又时而交汇，追溯之时又起于同源。

我见到文字里的她多于现实里的她，或许她也是如此。依稀记得是在大二的时候，疫情所带来的生活上的改变无可避免地把惶惑的气息散布开来，我们在晚上聊意识，聊文学和意义，以及永恒。在某个凌晨，我写下一封语无伦次的信，关于我们的努力，可能的未来以及存在的价值。历史永远在循环，又永远在前进，我们作为尘埃，作为车轮，融入到无可避免的前进旅程中。我们从无意义，我们不可能毫无意义。

不知道我们之间是否可以算是互相鼓舞的关系。似乎我们在为相近的问题而困惑，时常豁然开朗而又再度陷入迷茫。在实习的时候，规章制度为作为省外同学的我平添了两个周的在校假期，而省内同学早已走上实习岗位。

那是在超市里，我站在装着冻肉的冰柜和摆着各种调味品的货架之中回她的消息，她说，她找不到这次旅行的意义。那次旅行的意义我也并未找到，但我记得我当时和她说，我们只是过客和路人，什么都无法改变，我们也无法被改变。把自己当成一个观察者就好了。

后来，我们实习结束，我坐在她的床沿上拿她的橘子吃，她跟我说，都过去了。我也笑，我说，都过去了。

她像是一只小刺猬，刺里面软软的，在秋天的树林里跑来跑去，找熟了的果子，流出来的果汁把小刺猬的刺也染上了果子的味道。

跨年的那天晚上，她发给我的文案里星星作为分割线排了一行又一行，在我的陈年旧照上 p 了兔耳朵和小耗子，用夸张的中二时期语气配上红配绿大号字体在上面写："祝我爱的婉堡堡永不坠落！！！！"

路棣是小星星，是缪斯，是背苹果的小刺猬。我写过一首又一首关于她又与她无关的诗行，在文字上无比贴近，在现实中相交如水。我曾说，你是我的故事，我是你的注解。

1月4号是嘉琳的生日，又或者是5号，这是一个她自己也搞不清楚的日期。嘉琳是个很可爱的小朋友，第一次见她是在社团见面会上。她是小我一届的学妹，皮肤黑黑的，眼睛很大，亮亮的，在那里笑。她看着我偷偷和她身边的同学小声说面的："好可爱啊！"我看着她笑了一下，觉得这个小姑娘很像《罗小黑战记》里那只小黑猫。

记得是去年的圣诞节，也是依稀记得她的生日快到了。我和朋友们在外面逛街，在一家又一家杂货店寻找，最终也没找到大眼睛的玩偶，只好带回去了一只软乎乎的抱枕。在蛋糕店还买了一个很漂亮的草莓小蛋糕，但是回去的时候早在出租车上斜得不成样子。

嘉琳很爱笑又很爱哭，不知道那天是为什么，或许是临近放假，又或者是我们要离开学校去实习，小姑娘哭得稀里哗啦，我的肩膀都感觉到了温热的湿。我拍她后背，听她语无伦次地告诉我别受欺负。她终于眼泪汪汪地抬起头，看看我又看看我的衣服，撇撇嘴说了一句："都给你哭湿了。"接着又要流眼泪。我笑，揉她头发捏她脸，嘉琳一直像一个小朋友，可爱而又纯粹。那天，教学楼外面的灯很远，星星很近。

在备考的时候，每一天都是混沌而麻木的。我坐在教学楼大厅里，透过蒙着一层薄薄灰尘的玻璃门看阴沉沉的天空下光秃秃的树枝和冷硬的水泥地。似乎是一个上午，她蹦蹦跳跳地跑到蹲在小马扎上一页一页翻古代文学的我身边，探过身子来确定这个蓬头垢面的家伙是不是我。她塞给我一个小盒子，眼睛亮亮地笑着，语速极快地说了句不知道什么，接着像一阵风一样离开了。我只听见她说："我要去给黄老师印东西！"

盒子里是一只大眼睛小黑猫，包装上显示它是大英博物馆的联名。它好像她，但又不那么像。这好像是一只和法老有关系的猫，多少少了一点灵动和活泼。后来她告诉我，她和我说的是："我把我送给你了啊。"

嘉琳曾和我说，不要给她准备生日礼物，为此我为难了有一段时间。元旦方过，雪刚停了几天，两个放弃了提前回家的机会的人在这样平淡的日子里不能不需要一些小调剂。嘉琳喜欢历史，我终于把落灰的书架腾空了一大块。那是一套我在大一时买的书——卜正民主编的《哈佛中国史》，当时只是翻了翻便束之高阁。我清楚地记得她在黄老师的办公室翻阅过，我想，这或许是最为合适的礼物。

我庆幸在前两天打扫了 110 宿舍。约定好的时间上，在宿舍外的走廊里我碰见边走边张望的却彻底没看见我的嘉琳。我拦住她，她就笑，每次见嘉琳的时候她都在笑。曾被我冷落的书找到了更合适它的归属，或许拂开历史的尘埃，它们都将迎来璀璨的新生。

三、抉择的路口我踟蹰且奔跑

独自留在学校对我来说是不得已的选择。说来惭愧，把教资面试一直拖到大四上学期的家伙应该也没有几个。大学四年经历了大大小小不知道多少考试，我不知道它们是为了检验什么，还是说是作为一个阶段的节点，只为了告诉你将永远告别那些过去。至少，期末考是这样的。

很惭愧我从未拿出应有的态度对待我的期末考试，对于大部分的课程学习也同样如此。我曾在语言学的课上读现当代文学的选本，也曾在体育课上坐在有阳光的台阶上堂而皇之地写小说。那时的阳光无比刺眼也无比自由，伸出手就能抓住风和树叶的影子。我曾对自己的随意和恣肆而愧疚过，但如果有时光倒流，重新选择的机会，我依然会在计算机课上玩黄金矿工，在现代汉语课上写诗。

唯一态度端正的一次考试是 2021 年 12 月 25 号开始的硕士研究生招生考试，简称考研，我选择考现当代文学。曾无可想象的是，现在说起那段兵荒马乱、惴惴不安的日子竟然已经成为了笔下口中轻描淡写的故事。我只记得夏天开了空调的演播厅，书上五颜六色的荧光笔，和拿着书发呆的无数个瞬间。

当时间拥挤的时候，灵感往往会如期而至。我在教学楼的大厅里拾起过无数一闪而过的思想碎片，在手中逡巡片刻再由它流回这个冬季，静静地看它在空中打了个无形无影的旋儿。我已经很久没再说过热爱，说起目标和理想，也只是轻描淡写的一句喜欢，或是顺着谁说一句，是的，好考一些。

那些在现当代里零碎的线索和流派如同这些不请而来的灵感一样琐碎，它们彼此交织而又四散而逃。文学史啊，中华上下五千年，而现当代文学只有百年的故事。似乎无根无源，新文学缘起，力斥古典文学，外国文学数个国家数千年文化流派互相夹杂、冲击而至。它来源于何处？它将往何处而去？

现当代文学史是一部寻根史，可真的能追根溯源吗？它起于如此复杂的年代，如此庞杂的背景，年代在找寻，他们在找寻，我也同样在找寻。

所以我选择它，就像我无比坚定地相信它选择了我一样。那些丢失的灵感，我想它们一定化成了星光，在我头顶黑漆漆的天空上，在未知的前路上。

很多故事我已经淡忘了，我只记得那段仓促而又混乱的日子里，总有一个地方依旧岁月静好。黄老师的办公室里一直有着新纸的味道，虽然对此他坚持认为是装修未散尽的油漆味儿。上午和中午的时候放满书的桌子上会有阳光照进来，一张未被书挤满的桌子上放着嘉琳的笔盒，上面用黑色签字笔写着"作案工具"四个大字。每次去的时候都不想走，不知道是想偷懒还是在贪恋这份岁月静好。

或许我的情绪还算稳定，几乎所有眼泪都流在老师面前了。我说着说着边笑边哭，当时的心情现在已经无从追溯，在夜里的迷茫和惶恐永远是戳破防线的最终利器。我曾无数次想过真正坐到考场上会是怎样的情景，但真正那一天到来时似乎同样平平无奇。

普普通通的桌子，普普通通的草稿纸和试卷，一切似乎都没什么不一样。交上第一份试卷的时候我只感觉到一片轻松，开始了，也结束了。

激起情绪波澜还是在考专业课一的时候。那个同样平平无奇的信封落到我手上，我的手抑制不住地抖，或许是害怕又或许是激动，我一次又一次深呼吸再闭眼，一切终于在拆开信封后归于平静。

考研的那两天纷纷扬扬下了两天大雪，这是烟台 2021 年最大的一场雪。离开考点的那个晚上雪已经停了，化了的雪留下一片泥泞。结束了，也开始了。

让我在学校多留了十天的考试是教资面试，不过说句实在的我也不清楚为什么一定要参加这次考试。或许是家人的催促，又或者是从众心理，我为它而做的准备向来草率而仓促，又带着几分迫不得已。不得不说，对于教师这份职业我多少有了些心理阴影。

起因是在 2021 年上学期的实习。我在刚到实习学校的第三天便作为初一两个班的语文老师走马上任。第一天到的时候，校长操着一口我半懂不懂的方言跟我聊天，我记得他问我："家是哪儿的？"我说吉林。他恍然大悟地跟身边的副校长说，吉林挺穷的是不是？作为村里长大的孩子，我看了看那些早已被家乡淘汰的小板凳，笑了笑没说话。

或许与我的心态有一定关系。在这段实习的日子里，我的确如同和路棣说的一样，是抱着路人和过客的心理走入这个学校的。可以说我对一切都有所准备，包括咯吱作响的床，伸手不见五指的夜晚以及这个偏僻的山村中学所拥有的一切。作为一个只能路过半年的实习教师我从未奢望能带去什么改变，有的话，我只希望这里的孩子能看到更远一点儿的天空和未来。

他们的作文写得一塌糊涂。我给他们上作文课，一个小朋友把最开始的语句重复的流水账写成了一篇颇有模样的记叙文，这对我而言是巨大的鼓舞，我想，一切都会好起来的。

然而我终究是失望了，在课堂上积累的点滴让我身心俱疲，我曾努力想告诉孩子们窗外有无比宽广的世界，他们笑，告诉我说，"老师，我们都知道，你不渴吗？"一切热情在看到月考试卷的时候都归于死寂。正巧，我帮忙代课的那位老师产假结束，接回了她的班级。事情永远一波三折，这位老师两天后受伤请假，假期结束后又起意外。反复更换教师让我的课堂更加混乱，在最后一节课的时候，我想，我再也不想上他们的课了。

作为一个过客来，我终于又作为一个过客走。这段时光给我留下了无法磨灭的记忆，同样留下了无法抹去的刻痕。当挣脱那个环境的时候，我终于能完全站在路人的角度去看这所学校和这些孩子。他们很多人从最开始，就失去了探索这个世界模样的权利。

对于这次教资面试，或许我的朋友们甚至比我更为重视。小陈每天的催促让我没来由地心虚，在临考的前两天我拨通了她的语音电话，我说，你听我讲讲课吧。

一切许是冥冥之中自有定数，她说，你随便找一篇课文讲吧。我随手一翻，选择了《祝福》。小陈的鼓励和建议让我信心倍增，直到进入抽题室依旧内心毫无波澜，直到我看到我的题纸上赫然写着"祝福"两个大字。

面试过程还算顺利，不过十分钟的限时无形之中为我徒增不少压力。过快的语速让我自己都有几分心虚，当我写板书有意放慢语速回头环视考官之

无题

299

时，那位昏昏欲睡百无聊赖的中年男老师一惊，稍微坐直了一些。

在等待考点开门时，黄老师曾给我打了一个电话，说为我留了一本书。当我说人在开发区，刚下公交车后，老师明显一愣，随后想起了还有教资面试这回事。老师在电话里特意叮嘱我说，一定要注意语速不要太快，要有眼神交流。

在考试时我依旧牢记老师的叮嘱，语速时快时慢，至于眼神交流，那位恍然一惊的男老师或许可以作为最好的佐证。希望这次考试能如同曾经历过的每一个期末考一样，能作为一个阶段的节点宣告一个段落的结束。

四、四处游荡，将家乡视作暂歇的地方

黄老师留给我的那本书，名字叫《回归故里》。黄老师在扉页上写道："回归故里，并非回到原来的地方，而是重新认识自己，深刻反思自己与这些人、那些事之间意味不尽的关联。"他说，是回到新生的未来。

那天是 1 月 10 号，拿到它后，我也要踏上回家的归途了。对于家乡，我的情感一直很复杂。或许说我并没有什么故土情节，我想走，想飞，想离开，想去更远更远的地方。但我终究不知道我将要去哪里，我想要回到哪里。就像鲁迅先生在《在酒楼上》写的一样，"北方固不是我的旧乡，但南来又只能算一个客子，无论那边的干雪怎样纷飞，这里的柔雪又怎样的依恋，于我都没有什么干系了。"

我向来是不恋家的。最开始走进大学校门的时候，我迟疑，瑟缩，我害怕新的人际关系，对这座城市的霓虹灯表示畏惧。在第一次走进这里的商场的时候，我迟疑而惶恐，远远观望。用自嘲的话来说，就是村里孩子进城了。一切都是陌生而有距离感的，但我从未想过要回家。我在烟台度过了四个国庆和一个暑假，2021 年留在烟台快整一年。不过每当临近假期的时候，总会格外想回家。

是想回家，而不是想家。"我不喜欢我的家乡，可是怀念那广大的原野。"

离开烟台往往是在白天，和抵达时满地星光般的灯火不同，这时窗外往往是雪堆一样厚厚的云，洁白而柔软。在不晕车的时候，我最喜欢看窗外，无论是火车、客车或是飞机。清晨和黄昏的车窗往往像油画的画框框出一片

景色，而飞窗更像展柜的玻璃，隔开那些无法触及的岁月。

　　落地时已经到了下午一点。我在大厅里百无聊赖地等着网约车的到来，在司机一而再再而三的拖延之下无所事事地抠自己的指甲。前几天为了避免过于鲜艳的红色的新年美甲刺激到教资面试考官的眼睛，我花费近一个小时在上面涂了一层又一层飞飞承诺可撕拉的肉粉色甲油。在考完试回宿舍的公交车上，我与它奋战良久，未果，遂放任自流。

　　当我把那层粉色甲油全部清理完毕后，司机依旧未见踪影。亲爹的暴脾气总是突如其来，在我一再表示已经联系过司机后仍前往平台质问催促。约车终于在四点之后姗姗来迟，我走出机场，长春的风轻拂耳畔，细微而轻柔。

　　很快我便感受到裸露的皮肤针扎一般地疼，反手扣上我的小熊帽子，接着电话寻找司机的位置。终于落座后我们都长舒一口气，车上的暖风立刻为我的眼镜镀上一层白霜。家乡的风永远是干而冷的，顺着鼻腔一直冷到肺里，干脆而凛冽。

　　我喜欢家乡冬天的风。

　　司机操着一口熟稔的东北话向我道歉，并在称呼到我时用了一句让我心情大好的"娃儿"。这顿时打消了我的年龄焦虑和容貌焦虑，看，我还是个孩子嘛。

　　这个司机可以说是十分健谈，非常能说，和副驾驶的阿姨相谈甚欢。我坐在后座安静如鸡地大口吃瓜，对二人的日常生活和亲友关系都有了一定了解。当听到两人只是这次搭车的一面之缘后，我不由得为他们的社交能力而感到赞叹。

　　这里我不想用东北人这个概称，因为我不喜欢地域所带来的固有印象。但是家乡方言的确是有一些特色的，在他们的滔滔不绝之中我明显发现自己的一年未归对语言能力造成了多大损失。他们的东北话国语标准导致我张口说话之时未免感觉有些格格不入，我一如既往地靠在车窗上看黄昏时油画一般的风景，听他们聊东家长西家短，三个蛤蟆两只眼。

　　这位司机有点自以为是的冷幽默，在一次加油过后指着地上不知从何而来的塑料泡沫质问我们一排它的来处。一直动都没怎么动的我一脸茫然，旁

无
题

301

边的大哥为此同样表示冤枉和不满。司机怪他："你这怎么整漏了呢，一点儿幽默细胞都没有。"在其他乘客都到家之后，车上只剩我一人，他无比认真又漫不经心地表示要把我扔在大道上自己打车回家，不过这一路的吃瓜也让我对之性格了解一二，我笑，说不行。

妈妈在小区门口接我，穿着白色的短款羽绒服外套，不听劝阻去新烫好的头发离泡面更近一步。早在十二月末我便坚持回家一定要吃一顿火锅，但由于约车司机的鸽子行为而不得不将这一计划取消。俺娘极其自信地保证，她做的火锅肯定比火锅店的好吃！

这个晚上八点的小城和夜里两点一样安静，只有路灯和一扇扇窗户兀自亮着。每一次回家，都同未曾离去一样熟悉。小区的花坛里仍旧堆着积雪，二楼的邻居依旧喜欢在门口放垃圾，家里的地暖还像以前一样半热不热。我妈还是像去年一样有趣漂亮。

到家时候爸爸还在上他的晚自习，不得不说高中放假确实挺晚，又过了半个多小时才迎来了这位优秀的人民教师。我爸不帅，自然也不丑，一定要形容的话就是他真的很抗老，他的亲朋好友和学生们都这么说。我确实也这么觉得，毕竟这是一个看照片和二十几岁时除了头发多少没什么其他区别的男人。

这顿火锅总体来说真的很棒，我能看出肉片的厚度已经是妈妈力所能及的最薄了。她无师自通调出的一叠一叠酱料也让我大开眼界，的确是闻所未闻见所未见。我爸指着那碟虾一次一次反复提醒一斤六十五块，火锅上方的蒸汽咕嘟咕嘟往外冒，我想，有必要开个吸油烟机。

五、背上行囊，我将远方视为故乡

我的房间和一年前离开时似乎没有什么两样，如果一定要说的话那就是整洁了不少，又堆上了不少不属于我的东西。书桌上小张送给我的棉花云朵依然安安静静地挂着，去年斥三十元巨资购买的拼接书架上虽未落灰，但一本太薄的本子歪歪斜斜地独占一格，怎么也扳不回原来平整的样子。求学是一场旅行，回家亦是如此。

我并不是一个热衷于旅行的人，但却总是渴望着去更远的地方。烟台或许是路途中的一站，或许我终将回去更远的地方。早在考研时那些失眠的夜晚，我和小陈便一次又一次计划着青岛之行。小陈总是有所顾忌，生怕这次旅行会让她无心学习，那曾和她讨论过这些的我便是罪魁祸首。考试前她还踟蹰着和我说，怕是考完压根没有出去玩的心思了。

不过，小陈的嘴自然是骗人的鬼，在考试结束的那天晚上，她无比兴奋地跟我说："去玩！为什么不去！虽然我什么都不会但我越考越高兴！"

那是我第二次去青岛。第一次离开它，我只记得那里的天很蓝，棉花糖有彩虹的颜色，以至于再次抵达如同初见一般陌生。我是一个很难产生归属感的人，对于青岛汉庭酒店柔软干净的大床和会自动加热的抽水马桶也同样如此。在旅途过程中我努力让自己融入这个城市和它的历史，但如同青岛博物馆的玻璃展柜一样，我和它面面相觑，却伸手又无可触及。

完全与之不同的一个城市是南京。在与它相遇的时候还是19岁的国庆节。那是一个掺杂着火车汽笛的无比安静的凌晨，我踏上属于它的土地，和舍友们在未有寒霜和晨露的夜晚寻找归属之地。

那天晚上我们都没睡，不过可惜的是并不是因为什么难以言表的情怀。每一个人类在火车上硬躺近20小时后都会饿，更何况我们还是不满20岁的人类幼崽。于是我们吃了整个下半夜的小龙虾，也就是从那个夜晚起我和小龙虾结下了不解之缘，至今也没人能够解释我们为什么不在烟台吃。

南京或许是一个新旧交织的城市。那段裸露的秦淮河围满了游玩的旅客，它载着挂着大红灯笼的游船静静流淌，在一个拐角处归于沉寂。专属于它和本属于它的河静默着流淌，在挣脱了无数游人的视线之后。

国庆期间的南京承载了太多慕名而来的游客，我不愿将自己归于其中之一，我更愿认为是它的游子。历史的古旧感冲破那些新铺的青石板路，在夫子庙正街外的安静的胡同里同我素面相觑。拂过河面的柳树穿过石头栏杆，在伸手时同我相触。我想，我一定是它的游子。毕竟，南京的灌汤包和桂花糕真的很好吃。

曾有人说，身体和灵魂，至少有一个要在路上。我想，或许身体和灵魂只有一个能在路上。

我向来不认为自己是一个脑子灵光到能够一心两用的人，在旅游时早已眼花缭乱，任何动人的景色在我眼中终究只能化为一句带有感叹气息的国骂。只有当肢体安静之时，才有空隙从黑夜之中抽出属于我的我，去理清那些缭乱的思绪。

或许我一直在路上，从未停歇。高中同学曾调侃我说，"当时我真的很不爱和你玩，你老在问活着的意义。"我笑笑，没说话。

这兴许会成为与我余生缠绵相伴的一个世界难题，又或者可以说是世界未解之谜。长大了一点儿的我不再将它时刻挂在嘴上，或者说它安静褪去，又或者说它从未离去。这是我的归宿，也是我的旅途。

我并不是未曾找到意义。在无数个阶段和夜晚，在每一本书每一个故事之后，我都曾找到过片刻的答案。《活着》曾告诉我说，活着，就是意义。而《第七天》又告诉我说，一切将映丽，将虚无，将从有到无从无到有。我将它们合上，放到书架的一角，一天天看它们落灰。余华写了一本又一本书，每一本书后都有一个答案。无数的作家写了无数本书，每一本书后仍有一个答案。它们都是骗子，又都是智者。

追问意义又有什么意义吗？我不知道。或许是没有的，但我不愿接受这个事实。我在每一处停留，为每一个答案欢欣鼓舞，又将其推翻再次重塑，在路上我不断逡巡，于是那些将床帘实为棺材的无数个夜晚，我在片刻获得永恒的自由。吉林不是我的家乡，烟台不是，南京也不是。这一本书里没有我要找的答案，古代文学史中没有，外国文学史中没有，民族认同感中没有，现当代文学史中也没有。我喜欢现当代文学，或许因为从中我看到了自己的影子。我看见无数前人在追逐之中孜孜不倦地探寻答案，他们于黑夜之中醒来，想冲破黑夜。但在黑夜之外，黎明依旧未知，依旧无尽。

我读现当代文学史，仿佛在看专属于历史的循环。马原中说道，历史在螺旋上升，而我却在想，历史或许在原地转圈。

旅行亦是寻根。故乡并不是根之来源。我一次又一次回到生长的土地又一次又一次离开，万物生长，我夹杂其间，方言土语将我淹没，我属于它，又不属于它。我漂泊，我终将漂泊。我们依旧是零余者。

但我又是一个回到家只知道睡大觉天天挨骂死不悔改的坏小孩，爸爸妈妈眼里那个该长大却死活不长大的小崽子。永远在想着挣脱，去更远的地方看更多的风景，永远在希冀且不知满足。翻开黄老师送的书，他和它都告诉我说，"回到新生的未来。"

六、我掩下脸颊以灵魂和声音做饵

在这个假期我做出了一个独属于我的重大决定，这对我而言自然当得起"重大"两字。那是在 1 月 14 号，在做完核酸并完全证明了我是一个健康而快乐的人类之后，社区解除了我的隔离，允许我再次奔跑在东北没有黑土地的水泥路上。

当然，我并没有出去撒欢。在数不清多少次临时起意和退缩后，我和妈妈再次无比郑重地说，我要做埋线手术。

我想家长肯定是都希望自己的小孩能更好看一点儿。妈妈经常打趣我的长相，嫌我不够漂亮，看起来总是傻了吧唧。我同样予以反击："还不是你生的。"在不知道多少次哑口无言后，妈妈找到了让我同样哑口无言的回击："还不是你自己长的。"

在高中毕业的时候，爸爸妈妈就建议我去切个双眼皮。但我害怕，怕疼，怕别人问我的眼睛，怕许许多多有的没的。在考完研后我一次又一次照着镜子，做出了这个决定。

1 月 17 号的凌晨 3 点，我和妈妈坐上了去长春的车。我在车上睡来睡去，睁开眼睛的时候黎明早已铺叠成清晨。我谢绝了医生提出的开内眼角的建议，我只是希望眼睛能大一点儿，大一点儿就好，不至于遮住我的半个瞳孔。

打麻醉的时候很疼，又或者说害怕远远大于疼。护士的手伸过来的时候我的身体早已僵直，她翻开我的上眼睑往里扎针，我两只手紧扣在一起，睫毛不停地抖着让视线时而模糊时而清楚。她要我配合，不要眨眼，往另一侧看。她还说，你要配合，针现在在眼睛这里，你这样很危险。

笑话，这怎么可能不紧张。这一句针在眼睛里完全起不到任何有助于我身体调节的作用，不知道是针头渗药还是眼睛溢水，我的视线模糊一片。

但是我不后悔。我只是想眼睛大一点儿，大一点儿就好。我并不是一个

无题

305

足够自信的人，在任何方面都是如此。某些层面上我确实十分符合INTP的特性，我不接受他人的贬低，但对自己毫无信心。

所以我想眼睛大一点儿，想好看一点儿，一点儿就好。我喜欢漂亮裙子，染过粉色头发，穿过汉服Lolita去逛街，喜欢戴蓝色美瞳，但是我知道我不漂亮，这次手术后同样平平无奇。可我想改变一点儿，就一点儿。无论改变是大是小，我会更愿意抬起头来。

无关他人，我愿意告诉每一个发问的人我做过埋线重睑手术，我不会在意一切评论或眼光，我只是想漂亮一点儿，自信一点儿。一切只与我有关。

医生很干练，是个精神矍铄的小老头儿。我并没有提出什么要求，或者说当时已经不允许我提出什么要求。整张脸被碘伏抹过，我迫不得已尝到了它略苦发涩的味道，或许是湿毛巾又或者是湿纸巾把我的嘴一捂，恍惚间我以为自己或许要成为肉票。

整张脸只剩下眼睛还露在外面，许是因为见识了刚刚打麻药时我抖来抖去的不配合，他告诉我说，配合的话十几分钟就能结束，要不然半个小时也没法完事儿。他问我要选哪个，我没答复。或者他忘记了我的嘴已经被护士给捂上了。

这场手术快得出乎意料，进行的时间不及等待的十分之一。头顶黄色的手术灯从刺眼到沉寂，我感受到线从我的眼皮上穿过却毫无疼痛的感觉。我坐起身，恍如隔世。

带我进去的姐姐问我疼不疼，我肿着眼睛，视线只够得到地板。我说，还好。我又听见她跟我妈妈说，麻醉一定很疼，因为出来的人好像都不太开心的样子。

我摸出手机拍了一张术后照给我的朋友，双眼皮的褶皱明显得像是用车轮压过，肿着的眼皮导致我依旧只能露出半个瞳孔。那张照片或许还可以配上一个最近传播甚广的三字词语，"大冤种"。

这个故事就结束了。后面的恢复过程没什么好说，我的眼睛逐渐能露出更多的眼仁。我并不觉得选择去做这个手术是多么正确的决定，但我并不后悔。外在形象或许的确是可有可无的东西，但对我而言，我不喜欢我的眼睛，我想它再大一点儿。

或许很少有人能够对自己满意，至少我是如此。在不经意间想起自己的一些下饭操作时，我常常会恨不得能穿越时空掐死当时的自己。我能记起在幼儿园时被逼急眼脱口而出的一句国骂，能想起初中时每一次考试失利后的嚎啕大哭，我曾经是那么小的孩子干过那么多的傻事，但在我眼中那不是孩子，只是我而已。

我从未后悔过自己的选择。高中时在家人的一再劝说下我违背本心选择了理科，在高考志愿上我一意孤行选择了来烟台读汉语言文学。这些都是我的选择，我从未后悔，无论是成为一名理科生，还是成为一名二本学生。

我依旧找不到应有的自信，在经历了一次又一次醒来后更宽广的世界将我裹挟，甚至于我无法判断那是不是一个世界。在它们面前我无比渺小，渺小到不如一粒沙尘或是一只蚂蚁。未知和无知构成我的未来和现在，我止步于此，但又终脱离此处。这不是我的错，在永恒面前，我们每一个人都一无所知。

就像手术过后，我无法得知最后眼睛会恢复到什么程度一样。我真诚地希望它能自然一点儿，好看一点儿。

七、四散的梦境飘荡在遥远的山岗

这场手术算得上是我平淡生活中一味苦中作乐的调剂。但肿着的眼睛并不能阻止这个假期必经的那些催促，毕竟，正在康复中的并不是我的耳朵。家啊，永远是安宁和嘈杂相交织的地方。

和父母之间的代沟是一直存在的东西。曾经的并未察觉并不是它不存在，而是曾经的我们并未拥有独立的自我。当世界观一次次坍塌并重建后，心平气和的交流往往变得越来越少。他们说，你天真，幼稚，未经风霜，不知天高地厚。他们生活了一辈子的小城安静又祥和，有并不复杂的人际关系和以家为名的护盾和照看，平静得激不起一丝波澜的生活和平淡得一望如一的日子。我沉默，想辩解，想说关于我的未来和以后，想聊文学，说那些现当代文学史中摸索的灵魂，想告诉他们我的热爱，追求，年轻，和不安分的探寻的心。但我终究缄默，说我想去南方，不会回来。

无题

父亲顿了顿，说，你不要好高骛远。

我会对任何一个质疑我的人报以哂笑，敢在我的朋友们面前大言不惭地聊追求和梦想，辅以恰到好处的自卑和自傲。但是现在不一样，他们是我的父母，最在乎和最爱我的人。从我降生开始，我的生命便与他们紧紧缠绕，是鱼和水的关系，是菟丝子和植物的关系。我必须开口，必须解释。但我无从开口，无话可说。

我不敢说我年轻的梦。抉择之中，我不能在至亲面前有一点闪失。我无从确认考研的结果，也不能表现得太过于一意孤行。像野地里生长的苍耳一样，我自傲且自卑，我无法做出任何保证，我无法确定我选择的那只长毛动物会将我带到何处。

我只能听，顺从，妥协，留有余地。不想争吵也没有争吵的必要，我试图和母亲心平气和地交流。我知道她希望我安稳，不必奔波流浪，不必远在他乡无依无靠，我说，我知道，你们是为我好。

这或许是世界上最无力的事情了。我们都有自己的道理，互相冲突然而又不得不做出选择。在饱经风霜的父母面前陈述二十岁的热情和理想是最可笑的事情了，他们经历过二十岁，自然认为那是孩子的一腔孤勇和自以为是。所以我不说，我不说。

留下，考公，考教师编，考事业编，这些稳定且一眼到头的生活是父母眼中的最佳选择。某种程度上我相信他们说的都是对的，也相信这样的生活将和谐安宁。对日后的未来我支吾其词，无话可说，更显得理亏和心虚。于是我妥协。

冲突点来得猝不及防。有亲戚来我家做客，我不可避免地前去作陪，又不可避免地聊到毕业后的抉择。他说，听说你爸说……剩下的话我已记不清，我笑了笑，起身说困，回屋，关门。

是的，这很没礼貌，我知道，但这已经是我所能维持的最好的姿态。我不怪那位亲戚，我只怪我的父亲。我不想被指点和指指点点，我现在22岁，一无所有，眼前一团糟，理想和现实互相冲突。这份迟疑退让和妥协我只表露给了最亲近的生我养我的父母，我尽量消化我们之间的冲突和分歧，我不再需要任何不了解我的人来参与其中。他们是谁呢，又对我了解多少呢。

所以我怪我的父亲，怪他把我推到更多人面前，让我不得不听更多的游说和分支，哪怕他们从未认识或了解过我，甚至从未走出过这个毫无波澜的小县城。

我在卧室里发呆，平复心情，准备迎接之后来自于父母的斥责。我不得不说这样确实很累，十几分钟便能感受到身体被抽空般的筋疲力竭。书桌上小张送我的棉花云彩上粘着黄色的月亮和蓝色的星星，挂钩上挂着小陈送给我的金色璎珞，书和笔记本电脑把桌子混得乱七八糟。白天拉起的窗帘让房间看起来仿若黄昏，没有光线，只有光影。我喜欢这样。

在耳中涌入代表着离去的寒暄时我回到客厅，笑着客套，在一片狼藉和关门声后我准备迎接该属于我的一切。我不认错，我没有错。

谁都没有错啊。我也不该怪我的父亲，我只希望他们不要再和其他人谈论我了，我不需要也不希望。就像青春期的暗恋一样，你怀着忐忑和细微的希冀将这份无法宣之于口的波澜告诉给了最信任的小伙伴，而她转身在闲聊之中将其公之于众。你并没有跟她说不要告诉别人，你也以为这是你们之间约定俗成的秘密。

人类大都是不愿意承认自己在无意中对他人做出的伤害的。我说，爸，你能不能别跟别人说我的事情了。他为我对客人的无礼而有着情绪的余韵，他说，不说你还能说什么，不都在问你？我试图说明这些客套大都并非出于关心，而是例行的客套和接下来几分钟的谈资，但又只能苦笑，说，说我死了吧。

我妈被我气笑了。

我的父母并非固执己见毫不开明的父母。父亲说，你如果一定要考研那就考，母亲让我试试考公，两手准备。可我实在是个一意孤行的人，向来如此，对于认为无意义的事情，我甚至敷衍都不愿意交付。可我已经22岁，即将面临毕业，不再是小孩子。我该顺理成章地或是读研或是走进社会，不再给家里增添负担。或许父母从未认为我是负担，但他们为我担忧，希望我能尽快稳定。我无法不感受到压力，我必须做出抉择。

无题

多希望我能考上。或上学或上班，而不是一事无成且让父母惦念。曾经无比坚定我一定要考研，二战三战都一定要考研。但现在我不能，不敢。

多希望能考上。

和父母之间的偏差或许不仅是代沟，而更像是理想与现实之间的冲突。我是年轻的悸动和一往无前的执拗，是不可捉摸的未来；而他们是岁月如钩，是风霜后安稳下的故事，是脚踏实地的现在。

我的梦和梦想都在南京，它曾让我魂牵梦萦，也曾让我夜不能寐。我曾和朋友说，若是考不上，我就去南京卖煎饼；也曾说，不成硕士，就成烈士。那些备考时的玩笑现在已蒙上昨夜的暗影和薄雾。但我一定要去南京，或迟或早。

八、流水涓涓细长而有阳光的味道

一次又一次交流和摩擦之后，终于快到小年。1 月 24 号，我们一家蹭上小叔回松原的车，去往松原的二舅家过年。小叔读初中时在我家寄宿，那时的我还很小，像个小尾巴一样跟在他身后，去扒拉每个周六周天都睡不醒的他，在他染了一头黄毛之后眼睛亮晶晶地说小叔好帅。确实，对于童年时期的我来说小叔确实是个大帅哥，可惜再后来，我的记忆中再也找不到他当年的帅气。当然，他那一头黄毛当天就被我爸勒令染回。

已经一年半没有见到他们了。去年春节因为疫情，今年暑假我备考未归，在几千里外的烟台我遥遥思念年事已高的姥姥姥爷，在每一个猝不及防的片刻接到姥爷的电话后哽住咽喉，不知从何说起。

二舅来楼下接我们。姥姥一家人似乎都不见老，除了姥姥。对于以前的我们来说，五棵树镇到松原的距离真的太远了，远到每年只能去上一次。我出生以前姥姥就患上了半身不遂，神志清醒但口齿不清。我小时听不太懂，大了以后刚能辨识，现在姥姥却更说不清楚话了。她瘦了很多，坐在床上很开心地摸我的手，对我笑。

刚进屋的时候，姥爷就跟我说有本书要给我。我大概已能猜测到书目的范围，最后果然拿到了那本打着"精华版"标签的硬壳的《元曲三百首》。姥爷爱读书，爱写日记，他曾给我看过记了几十年的一摞厚厚的笔记本。还记得在小时，每晚姥爷都按着我和二姐背一首新的古诗，至今我都记得那句"赤橙黄绿青蓝紫，谁持彩练当空舞"。我随意翻了翻那本选集，想起小时从姥爷这里拿走的一本又一本盗版书。不过姥爷一直坚持认为，他买到的书都是正版。

我抱着书坐在有地暖的地板上和他聊天。姥爷身体一直很好，在高中毕业那年二姐带着我和姥爷去旅游，我们两个小年轻根本跟不上他老人家的步子。他依旧很健谈，从元曲跟我说到宋词，说苏轼辛弃疾柳永陈师道，说《西厢记》《琵琶记》《汉宫秋》。若不是有这备考大半年的苦背古代文学史，怕是我根本接不上姥爷的话。兴起之时，姥爷还背了一段《西厢记》。聊到古代文学史，他跟我说起数年前在书摊上淘到的旧书，当它们摆在我面前时，我看见主编处赫然写着"游国恩"三个楷体黑字。翻开书尽是熟悉的内容，我沉默片刻，说，这是我的考研教材。

我将这件事分享给小陈，她大为震惊，问道："咱姥爷也考研吗？"

大舅一家也在这里过年。打麻将是过年期间必不可少的娱乐活动。三个孩子只有我最早到位，二姐还未放假，大姐远在南宁，国庆就要结婚，今年不回家过年。我听着麻将声有些百无聊赖，扒拉着沙发一旁摆着的很有民国时期风味的座机问，"这是真的还是假的？"二舅瞥我一眼，让我拿起来看看，听到了电话的嘟嘟声后我大为惊奇，拍照分享给我的朋友们。小陈回复我说，咱舅是有一些富贵在身上的。

到了舅舅家我依旧睡不醒，二舅看着瘫在沙发上的我说我像癞狗。左等右等二姐终于放假回家，二十几岁的她领着二十几岁的我，依旧出去淘气撒欢。

亲情着实是最为简单也最为复杂的东西。曾有段时间我对此困惑不已，以至于母亲说我淡漠和没人味儿。确实如此，除了血缘的羁绊，我与他们再无干系。但也正是这层血缘羁绊，使得这本该同游丝般纤弱的关系拓宽到如藤蔓般柔韧而坚固。姥姥一家我每年往往只能见上一到两面，所以我曾惶恐，小心翼翼，黏在妈妈身边不肯多动一步。每年只见一次而年年都见，这份关系中传达出的情感像光源直射到镜子上一般相互往来。在烟台时，我会想回

无题

311

家，想见到他们，因为是亲人。

这是一份无法言明的羁绊。我的爷爷奶奶在 2018 年和 2020 年先后去世，爷爷死于急病，当我知道之时已安葬入土。奶奶在被病魔纠缠数十年后灯尽油枯，我曾以为，她走时我是不会哭的。

记得她临走的前两天，我梦见去爷爷奶奶家玩，爷爷在想办法复活死去的奶奶。第二天，那间屋子里围满了人，她在睡觉，屋子里的窗帘一层一层地遮着外面的太阳，唯一露出的是厨房未拉好的窗帘间透过的光线。我清楚地记得，那个早上，一位父亲领着还不大的小女儿从楼上走下来，小姑娘用童稚的声音问，爸爸，是不是到春天了呀。

屋子里的人时不时交头接耳低谈几句，间杂着姑姑的嚎哭。长辈们不让我前去，最终我一个人回了家。当晚，奶奶去世了，依旧没人告诉我。

我得知消息已经是第二天早上，那是一个有毛概课的周五，那一天正适合出殡。

我再也没能见到奶奶一面。长长的车队安安静静地走，我无比清醒，麻木且毫无所想，只安静地流泪。到了火葬场，长辈们让我跟着一位出马的姨奶，进门之前，她问我，怕不怕，我摇头。当姑姑和父亲带着红手套收敛炼化后的尸骨时，姑姑问我，怕不怕，我摇头。走出火葬场的角门后，她摸摸我的头，问我，害怕了吗。

我依旧摇头，说没有。那是我的奶奶啊。

爷爷奶奶对我说不上不好，也说不上好。妈妈嫁过来时家里穷得叮当烂响，他们忙于奔波生活，后来爷爷奶奶过来找日子过得稍有起色的爸爸，在隔壁定居。我小时是跟着奶奶长大的。

虽然奶奶会把过年的零食藏起来留给姑姑家的孩子，爷爷会因为我想要买划炮没带钱而大发脾气，但那些记忆中的日子里，奶奶会每天早上给我扎头发，爷爷会带着我给毛驴割草。

虽然奶奶曾经无比惋惜地和邻居老太太说如果再要一个一定是男孩，虽然爷爷临走前在爸爸问要不要我回去时说他谁也不想见。

可是他们是我的爷爷奶奶啊。

年前的麻将打了一轮又一轮，妈妈抱怨着坐得腿都肿了还是会在第二天出现在麻将桌上。我蹲在厨房看大舅卸肘子，赞叹他的刀工。他为此略有骄傲，晚上抓着我尝他用空气炸锅烤的鸭肉。在后来的一个下午，二姐带着我偷偷点了肯德基炸鸡，不想过了一小时就要开饭。二姐玩着手机跟我说，一会儿可一定得吃饭啊，要不大舅该伤心了。我点点头。

她又说，大舅该觉得做的没有炸鸡好吃了。片刻后小声嘀咕，怎么就不能认清现实呢。

那天晚饭有我前一天晚上嘀咕的烤羊排，还有鸭子和焖子。我尽我所能未让炸鸡影响我的饭量，后来上称，做埋线手术后掉的两斤肉以平方的方式再次回归。

九、故事将写在有刻痕的石榴树上

假期总是容易让人变得健忘。早在放假之前，黄老师便叮嘱我们几个班委记得整理本学期的学记。在教资面试前我还记得这项工作，登上回家的飞机后便把一切忘到脑后。某天猛然想起向同学们征集了学记内容，又因为条目太少再一次忘个干净。起起落落到了 1 月 28 号中午 12：07，在经营公众号的小群里，黄老师说道："各位啊，咱们的学记该出来了。"看到此条消息的我一阵心虚，火速联系奉泽开始了本次整理。

就像黄老师说的一样，很多事情都是一瞬间的事。不知不觉已经和汉文本 1801 班共同走过了三年半的时光。还记得最开始踏入这个班级时，我对一切好奇，跃跃欲试，充满新鲜感，也和这里结下了不解之缘。我曾一直为黄老师为何选中我做班长而困惑不已，或许是命中注定，故事开始后便大片铺叠开来，成为我大学四年最主要的色调。

还是在大一的时候，黄老师在班会上提出大家共同做一个公众号，按花名册排序，一人写一个月，学期末整理本学期发生的事件作为大事记，后改名为"学记"。黄老师说，要带我们写一部无人写过的班史。每一次提出要做什么的黄老师总显得那么年轻和有活力，仿佛他就是我们的一员，依旧生活在他的学生时代。我无法不受到他的号召和影响，我时常坚信，我处在历史之中，他将带着我们创造属于我们的历史。

无题

忘了是在什么时候养成的习惯，我在和朋友们提起黄老师的时候叫"老黄"。曾有两位老黄的忠实粉丝闫晓涵、刘英琪，纠正我说应是"小黄老师"，在时间的推移下，这两位学姐也接受了我的称呼并受到影响。我们是因创办社团相识，黄老师、姜娜老师和学院其他几位老师带着我们共同创办了石榴花读书堂。

姜娜老师总是很可爱。和我的舍友们不同，我对日语并无兴趣，完全是因为姜娜老师我才选修了日语课。无论是在课堂还是在课下，她总是显得那么有活力且对一切充满热忱。这些老师带着处在爱做梦年纪的我们去追梦。

我时常怀念社团创办初期的时候。那时学生中的主要劳动力是我和奉泽，我们两人从南区跑到北区一张张张贴我们的海报。那或许是我最为全能的一段时间，也是最为忙碌的一段时间。每天都有新的会议和表格，这些不得不走的形式将我打回现实。那时的我珍惜每一个空闲的下午，想读更多的书，做更多的事，石榴花是我的，我也是石榴花的。

我始终坚信我所做的一切都是有意义的。老黄带着我们办石榴花大讲堂，举行书评影评大赛，社团组织逐渐完备，更多的小伙伴加入到其中。围绕在石榴花周围的永远是满怀热情的小孩，或者在这个时候，已经可以说是年轻人。

直到大二上半学期结束。社团工作让我有几分筋疲力竭，作为活动组织者和参与者永远有着不同视角。我希望我们可以永远纯粹、独特、葆有热情，但就像晓涵和英琪说的一样，办社团就像烧开水，最开始是滚的，慢慢就凉下来了。她们说，希望我们能一直保持温开水的状态。

那个寒假，由于学院过于热情的支持，我们收到了一千余篇的稿件。那时已临近开学，这个数字对于仅有不到十人的审核组来说无疑是天文数字。得知要两周内完成三次审稿和打分的我在深夜看着卧室的天花板，嚎啕大哭。

我曾以为那时无法完成的任务。在一觉睡到中午后心情已然平复，在甄别稿件后进行了比往期更有条理的工作分组。审核工作并没有想象得那么难以完成，甚至有所空闲。我和大家开玩笑说，以后我们可以拿出去吹了，我们几个人两周审了一千来篇稿子。

疫情结束后我也已经大三，换届如期而至，我也将告别我的社团工作生涯。换届的时候有些不舍，同样又有些释然。我曾无比担心我的学弟学妹们是否能够葆有初心，又担心他们无法处理社团工作所带来的压力。我说，我们一直在你们身后。我看着黄老师带着他们往更深更远的方向发展，看他们在公众号上去中学活动宣传的照片，他们做得很好，比我做得还要好。

渐渐退出社团工作的我似乎在他们身上看见了自己的影子。在逐渐成为一个旁观者后我甚至感觉到了这份工作的悲壮。老黄和我们说新文科教育，说跨学科，说乡村振兴，他真的在做了，我们也跟着在做了。在这个过程中慢慢发现自己的渺小，发现自己所能起到的力量的微不足道。刚进入社团的我们有着莽撞的热情，但在一次又一次活动后看到寥寥的反响，熊熊炉火在雪地里终难持久，最后变成零星的火花和炉灰。

一届又一届的我从满怀热情到由于怀疑，一届又一届的我来了又走了，只剩下老黄，一次又一次说着我们的故事和他们的任务，做到了什么和还能做什么。他留在那里，石榴花在，他也在。

我们在当天就整理好了本学期的学记，其实很多事情并没有多么难做，只是一次又一次的拖延给了故事以事故的借口。老黄对于我们的包容快到了纵容的程度，他跟我们说，辛苦了。我在松了一口气后又隐隐升出几分惭愧。

已是临近过年，老黄一直有着欢迎别人麻烦他而不愿让别人感觉麻烦的精神。在修改学记的那天已经是 1 月 31 号，也正是大年那天。老黄包揽了学记的修改工作，终于这项整理没被我们拖到第二年。过年的那天，一大家子做了十六个菜，我绕了一圈除了跟着二姐剥大虾以外毫无用处，听着舅妈对食材的打趣和大舅颠勺时热油的刺啦声，向老黄说除夕快乐。

十、我想写一本诗集，每一首的名字都叫做无题

1 月 31 号是一月的结尾，也是 2021 年的尽头。它作为一段时间而非时光的节点不容拒绝地画上一个句号。飞飞在群里发了第一个红包，我和波波紧跟而至，小陈为如何获得一个红包封皮苦恼不已，贝贝一如既往地迟钝。直至跨年钟声快要敲响，小张才在我的提醒下姗姗来迟。我和 110 宿舍又一次隔着网线走过了一个春节，等到明年，我们不再是 110 宿舍。

无
题

春节是一个有趣的节日，有趣在大家对它的重视上。似乎没有人能逃脱它的影响，总要在这一天做一些符合它节日气氛的事情。我想着给身边的朋友问好，问着问着又由于其他事情放到一边。我想着，在心里我已经祝过身边每一个人除夕快乐了。

班里有位挺有意思的同学。不得不说在考研前期他的喋喋不休和对交流的过于苛求为大家带来了不小的影响。在脱开情绪和偏见之后，我不得不承认他确实很有意思。我想若是没忘的话问个好吧，他肯定会说，"老班长，新年快乐。"

不过我到底还是将这件事情彻底忘在脑后。等想起之时，意料之外又意料之中地已经收到了这位兄弟的祝福，除了句尾加了个语气词其余部分丝毫未变。我为自己的未卜先知而沾沾自喜，在新年的钟声敲响后，2021 年已经成为过去，而过去都将成为故事。

这一天是一个节点，同样也是一个结点。我向来不愿意在这一天过后承认自己已又涨一岁，却不得不在面对亲友的询问时道上一句 23 的虚岁。我在漂泊，整日如此，整年如此。我从未因漂泊而自傲，也并未因此而自卑，只是在陈述事实，我愿选择漂泊。

而这一结点宣告着漂泊的暂时结束。是在漂泊也是在做梦，我被钟声从梦中敲醒，回到这无比祥和且安静的地方。我在此暂做修整，以永久停留于此的姿态感受这次暂歇。世界似乎在此时停摆，我不再呓语，也没人再要求我回到现实。一切混融一体，处处欢声笑语。这是人们所希望的生活的样子，而它却只是除夕夜的样子。

大家都喝了一点酒，我的眼皮已接近痊愈，乱七八糟不知道喝了一些什么。或者是葡萄酒，又或者是干红，在一杯结束后感觉到似乎一切即将升腾。我意识清醒，手脚和谐，二舅险些又给我满上。在头昏脑涨中我终于沉沉睡去，朦胧之中我看见萤光般的结点，也是起点。

一切都会好起来的。

一月就这样结束，2021 年也宣告结尾。如同在启始一样，结尾之处我仍在够着够不着的花儿。除夕的爆竹声已然散去，人间温暖的烟火气仍将你我包围。烟火气没什么不好，雪花也没什么不好。它们平等存在于这个冬季，彼此交合且等待着春季的融化。而我仍半梦半醒，我选择继续做梦，也选择保持清醒。我以十个部分来写我的故事，出于对我的仪式感，也出于对你的仪式感。

再见；你好。

无题

在未及天明的凌晨我们在街上流浪

相拥之时你的体温仍交融着我的气息

抉择的路口我踟蹰且奔跑

四处游荡，将家乡视作暂歇的地方

背上行囊，我将远方视为故乡

我掩下脸颊以灵魂和声音做饵

四散的梦境飘荡在遥远的山岗

流水涓涓细长而有阳光的味道

故事将写在有刻痕的石榴树上

我想写一本诗集，每一首的名字都叫做无题

（赵婉婷）

无题

春晖渐，这个世界会好吗？

春雨惊春，希望蹿上枝头，融化了积攒的寒冰。春风吹拂湖面，涟漪阵阵，唤醒心中的梦境。昨日还在想穿着羽绒服的日子太过枯燥，今早便是柔暖的新春阳光，兴许，我们真的又要迎来万物生长的季节，但愿不要辜负春天，继续保持鲜活、热爱，默默努力，好好生长。

"壬寅虎年，我们要以虎虎生威的雄风、生龙活虎的干劲、气吞万里如虎的精神，继续书写中国特色社会主义伟大事业的历史新篇章。"习总书记的新春贺词犹在耳畔。在今年的央视春晚上，由邓超、李宇春、易烊千玺演唱的《时代感》深入人心。那么，时代感究竟是什么？是潮流，是怀旧，是对未来的期待？在我看来，似乎都不是答案。时代，伴随着一部分人的记忆，可能会定格于某个过去，也可能会被畅想于某个未来，但每个人都有独一无二的时代感。如今的时代感，如同歌词提到的："时代感是抬头一片蔚蓝的天，时代感是眼前一片绿水青山，时代感是心中一团梦的火焰，时代感是幸福晒在朋友圈。"快速发展的祖国需要高铁引领时代速度，而同窗的温情也需要慢火车彰显青春时代的温度。2022年，汉文本1801班的慢火车也即将驶入最后一驿，在大学最后一个寒假，同学们回到家乡，与亲朋好友共同留下今年的"时代感"，将"幸福晒在朋友圈"。

"画罗织扇总如云，细草如泥簇蝶裙"，广西的王璐璐同学身着民族服饰，与家人共同包米粽、同玩耍，描绘了一幅"山美、水美、情美"的民族画卷。

寒潮"速冻"广东，但凛冽寒风并未冲淡"家的温暖"，手捧"爸爸牌暖心汤"的王海同学将被"冻"变为主动，在每天的跑步锻炼中记录点滴温暖。新疆的李玉、杨聿艳同学展示了属于新疆人的年货清单——炒米粉、烤包子、馕包肉、维族凉皮子……山西的常佳珍同学相机下的踩高跷等表演正是民众过年的风俗活动，而青海冶成鑫同学朋友圈中卓尔山的美丽夜景也是他对家乡灯火的独家记忆。

　　看着照片中充满年味的各地美食和风景，春节的味道再次触动了我们潜藏的思念。童年的记忆里，我总是期待着春节的味道，不仅是期待那顿可口的饭菜，更是盼望着和许久不见的朋友们再次相聚。每逢大年三十，我都会早早换上新衣去奶奶家帮着贴春联、挂灯笼，和村子里的小伙伴聚在一起打扑克、放鞭炮，等着丰盛美味的年夜饭。饭后，我们还会和家人坐在一起聊聊一年中的趣事，看着手机上的短信提醒，为亲朋好友送去节日的祝福。把饺子馅提前拌好，一家人围坐一起，边看春晚边包饺子，你擀皮，他包馅，有条不紊，配合得十分默契。成型的饺子依次摆放，窗外的爆竹声噼里啪啦，烟花绚烂夺目，欢声笑语洋溢在房间，每个人都对新年满怀期待。虽然今年山东禁止城乡燃放烟花，但不能阻挡过年的气息，我们依旧眷恋着家的温暖和家的味道。在追赶速度的同时，不要忘却心中的温度，不要忘却身后的家乡。

　　二月四日，正是大年初四，G9984 次冬奥列车在立春时节带着"瑞雪兆丰年"的美好祝愿从太子城站驶向首个"双奥之城"，万众瞩目的第二十四届冬季奥林匹克运动会开幕式在北京鸟巢举行。"随着三亿人参与冰雪运动，世界冰雪运动的历史将以北京冬奥会作为分界线。"在体验中国速度，感受冰雪激情的同时，时光如电影般回转。从五个福娃到冰墩墩、雪容融，从《北京欢迎你》到《一起向未来》，从 2008 到 2022。回想起 2008 年的北京夏季奥运会，那首旋律至今仍然萦绕耳畔："我家大门常打开，开放怀抱等你，拥抱过就有了默契，你会爱上这里。不管远近都是客人，请不用客气，相约好了在一起，我们欢迎你……"2008 年北京奥运会，我们 8 岁；2022 年，北京冬奥会，我们 22 岁。从童年到青年，奥运陪伴我们成长。"拥抱过有了默契"，也许正是这冥冥之中注定的默契和缘分使我们相约在 2022 年 2

春晖渐，这个世界会好吗？

月 4 日 19 点 30 分的晚上，准时坐到电视机前观看这场期待已久的北京冬奥开幕式，"一起向未来"。

处处洋溢着行云流水式中国元素的开幕式和闭幕式，哪一幕戳中了你？在开幕式上，二十四节气循环往复，万象更新，"过年好"的中国字向全球送去新春问候，绿色的"立春"烟火飞向夜空，春天的种子洒满大地，引导员戴着虎头帽，我们用最简约的方式将华夏浪漫呈现给世界。在歌声长河中，五星红旗在众多普通中国人中手手相传，受益于脱贫攻坚的山区孩子用希腊语唱着奥运会歌，冰雪上的萌娃唱着简约悦耳的《雪花》："千万雪花，竞相开放，万千你我，汇聚成一个家。雪花，雪花，开在阳光下，在故乡，在远方，都一样闪亮。"滴水成冰，冰蓝色的水墨从天而降，幻化成为黄河之水，滚滚而来。冬奥会的"冰雪五环"在意象、唯美、梦幻的视听盛宴中破冰而出，如期而至。一大朵镶嵌着各国名称的雪花缓缓升起，小小火炬以空前的点火方式，照亮了所有国度。

冬奥会陪我们欢度佳节，2 月 20 日的闭幕式再续开幕时的精彩。开幕式绽放了迎客松形状的烟花，闭幕式则上演了折柳送行的场面，红蓝两色相互碰撞，灯笼、中国结等传统元素挑起大梁，总导演张艺谋通过一朵雪花的故事，将科技与艺术缀玉，将华夏美学与奥运精神联珠。在奥运圣火熄灭之际，2008 年开幕式上的梦幻五环与 2022 年的雪花共同升起，将十五年的光阴化为一瞬。

冬奥会中，我们"00 后"正式出圈，在雪沫和冰屑中书写青春精彩。在本届冬奥会中，中国摘得 9 枚金牌、4 枚银牌、2 枚铜牌，共 15 枚奖牌，创造了历届冬奥会最好成绩。中国短道速滑队反超多金，扣人心弦；花滑双人滑隋文静、韩聪一气呵成，唯美演绎；2003 年出生的"青蛙公主"谷爱凌夺得 2 金 1 银，成为"奖牌收割机"；17 岁的吉林小将苏翊鸣打破世界纪录，创造历史，夺得银牌；当然还有李文龙、赵丹、韩雨、张添翼……一大批 00后逐一亮相，共同在奥运赛场上创造辉煌。

春节期间，牵动人心的不只有新春佳节和冬奥热赛，还有"丰县生育八孩女子"事件。希望随着我们法治建设的持续推进，天下最终无拐。

本以为开学后一切事情会平静下来，却万万没想到，就在江苏省通报丰县事件后的第二天，2月24日，俄乌战争爆发，令全球震惊。"我们又将要见证历史了吗？"身边小伙伴这样发问道，就像不相信当今社会还有人用铁链锁住母亲一样，我们也不相信21世纪的欧洲国家之间还爆发热战，令无数百姓流离失所，是孰之过与？世界局势千变万化，近年来世界各地发生的战争冲突也打破了我对和平年代的认知，我深刻意识到，所谓的和平年代，不过只是我们的祖国处于和平时期而已，不少国家的人民还在饱受战乱之苦。

"这个世界会好吗？"梁漱溟先生在晚年时曾这样问道。我希望小花梅们不会被"柴扉"久扣，终究会迎来自己的满园春色。我希望俄乌战争早日结束，祈愿人类远离战争、疫病。

每天看着新闻中更新的疫情实况，某地日增、确诊人数、无症状、密接……我也在不断想象这个疫情什么时候可以结束。从大二寒假爆发，到现在大四依旧没有结束，或许身为18级的我们还算幸运，享受过一年多梦想中的大学时光。如今，感冒时的小心翼翼、一次次的核酸、网络授课变为日常，疫情给我们的生活按下了暂停键，却并未为我们挽留住青春的岁月。回想起那些被疫情偷走的大学时光，怎么能没有遗憾？新一轮更易传播的疫情突然爆发，对于即将大四毕业的我们来说，毕业旅行的计划又变成了幻想。可是回想起来，也正是这突如其来的疫情，使我的大学生活有了更加难忘的记忆。我时常感恩在大学中遇到班主任黄老师，老师的细心、温暖、仪式感不断地感动着汉文本1801班的每一位同学，使全班同学都成了亲爱的家人；我时常感恩大二暑假留校和李海英老师以及齐晓雨、梁颖等朋友围坐在一起，为创新创业大赛备战的炽热时光，让我拥有了除成绩和名誉之外的心灵财富；我也时常感恩在大三实习时遇到的每一位实习伙伴、每一位老师，以及在我和马鸿岩同学准备师范生技能大赛时袁向彤、周燊老师的热诚指导……

在这大四的最后一年里，毕业、考研、找工作似乎成为了每天都绕不开的话题。从幼儿园、小学、中学到大学，每到毕业之际，我们都有一种被人从背后硬推上台的感觉，带着一种迷茫和彷徨站在人生的十字路口。但是，任何时候我们似乎都无法说已经做好了充足的准备，参加考试时是这样，面

春晖渐，这个世界会好吗？

临离别时亦是这样。可是啊，无论准备得是否充足，我们都要迎接未来，都要历经现在，现实和理想总会有所差距，就像有人忙碌一生终要追寻月亮，而有人则选择安逸地躺在舒适圈中平平淡淡度过一生。我们从哪里来？又要到哪里去？《月亮与六便士》说："人生漫长的转瞬即逝，有人见尘埃，有人见星辰。"当我们枕着六便士时，也不要忘记抬头看看自己的月亮，不断追寻心中的月亮。

有人说这个世界很糟糕，但它却一直不语，就像韩红在春晚里唱的那样，"世界那么多人，可是它不声不响"。太阳升起降落，海水奔流不息，生活也在流年中留下碎影，好的坏的都是风景，对的错的都是经历，即便是褪了色的旧照片也能拼凑出我们完整的人生。前几天看到一则微博热搜，询问"考研的意义是什么"，回想起来，备考的几个月，似乎是我掉头发最多的一段时间。每天准时准点复习，像极了打工人上班打卡的模样，微信步数的每日更新，时刻记录着我的生活轨迹，三点一线的生活，每日坐在暖气旁边背书的同学们成为我最宝贵的回忆。在这大半年的时间里，披星戴月，为了心中的梦想而勇往直前，渐渐地不再害怕冷嘲热讽，渐渐地不再纠结各种鸡毛蒜皮，每天同我的研友约饭谈心，互相鼓励，彼此安慰。马上就到出成绩的时刻了，不知道像梦一般的几个月结果会是如何，但我相信，考研不止让我学到了书本上的知识，更学会了在准备的过程中不断突破自己；明白了不是有意义才要坚持，而是坚持了才有意义；学会了相信日升日落，总有黎明。正如考研徐涛老师所讲："万物之法告诉我们，坚持下去，事物总是在变得更好，所有的曲折都是成功路上的必经过程，但是你熬过去了，前途就会是光明的。"

2月21日和22日是我最难忘的两天。在这两天，大部分考研人都在经历痛苦漫长等待成绩的过程，怕它不来，又怕它乱来。虽然我报考的学校要比大多数学校晚一些出成绩，但当21日中午12点时，我的心还是跟着大多数同学一样扑通扑通地狂跳起来。390分以上的同学一个又一个，看着一个个聊天框中朋友们发来的好消息，我又激动又羡慕，感叹着身边卧虎藏龙。钟表上的指针"滴答滴答"地转动着，盯着电脑屏幕上的论文，我不由地愣出了神，多么想赶紧到达出成绩的那一刻啊。手机里循环播放着《好运来》，视频弹幕中大家都在发送着"上岸"，微博上也都是各种锦鲤表情包，我与好友在心中默默祈祷着"靓照 cp（couple）"的约定能够真正实现。

还剩 4 小时、3 小时、2 小时、1 小时、半个小时、十分钟……"到了！到了！终于到 18 点了！"怀着紧张又激动的心情，我点开查分界面，可就在马上要弹出分数界面时，网卡住了。我又着急又紧张，当我打算换一个设备的时候，389 这个数字突然出现在我的眼前，这一刻又惊又喜。面对心中那个考研期间因为种种琐事而无法全身心投入学习以及还没有准备好就上战场的自己，我在出成绩之前并没有十足的勇气和信心去预判最后的结果，比如，在考完之后我没有再看过试卷，没有在网上对照过答案，也没有估算过自己的分数……因此，当我看到这个不算太好但也不算差的成绩时，脑袋里那根紧绷的弦才松了下来。考研查分时固然激动，但随着各专业的成绩陆续公布，我们不免又陷入了新一轮的焦虑，似乎大家的分数都很高，似乎每个专业的竞争都很激烈，有些高分也不得不面临着调剂的风险。

查完分后，经黄老师介绍，我认识了热心且十分优秀的英琪学姐，在与学姐长达一个小时的通话中，学姐向我介绍了许多有关于学校复试方面的内容以及学习建议，在学姐的帮助下，我也开启了复试的准备。新的学期，我们都期待着好消息的到来，都可以在登科之后享受"春风得意马蹄疾"的快乐。但如今局势未定，结果尚未揭晓，革命尚未成功，朋友们仍需努力啊！壬寅虎年的到来，寓意着农作物的大丰收，祝愿汉文本 1801 班的同学们，都能在新的一年中逐梦成功，一路采撷，收获美好，静待三月莺时，云岫成诗，花开满枝，晕染故事。

2 月 27 日那天，春光灿烂，风里夹着温柔，将春日的浪漫洒向人间。我千挑万选了一个好日子，收拾好行囊，出发朝向烟台驶去。到达烟台时已过正午，此时的我早已经饥肠辘辘，下了车便和同日抵达烟台的舍友就近选择了大悦城吃饭。或许是在车内待的时间太长，我的体力即将告急，吃完饭后，我们两人就匆匆打车赶回了学校。第二天，一阵急促的铃声将我在梦中唤醒，眯着眼睛打开手机，看到朋友发给我的微信："你昨天是不是去大悦城了？！"我突然意识到情况并不是她单纯地问候我这么简单，果然，在微博的推送中我看到了"山东烟台发现 1 例无症状感染者"的字样，瞬间惊醒的我急忙叫醒了还在熟睡中的舍友，赶快点开新闻查看该例无症状感染者的活动轨迹。

"大悦城！"我同舍友异口同声地说道。这一刻，我的恐惧和紧张瞬间涌上心头，恋家的情绪也在此刻到达了顶峰，心中不免产生了后悔前往大悦城的情绪，也后悔自己选择了这个所谓的"好日子"返回学校。不过一切都还好，很快我们便镇定了下来，听从学校的疫情防控安排，按时测量体温，及时将信息上报给学校。面对此次突如其来的疫情，学校所有的措施都精准有力，在领导和老师们的辛苦工作下，仅用了一天的时间，就已完成了对所有重点人员的排查，使得疫情得到了有效的控制。不知今后疫情又将如何演变，是否会影响我们后面的毕业准备，但经过此番疫情的"偷袭"，我们更加意识到疫情防控的重要性，特殊期间尽量减少外出，做好个人卫生。

"律回春晖渐，万象始更新"，所有的阴霾终会散去，烟台的春天也即将到来。在接下来的几个月里，烟台版的春日盛宴如期而至，愿那时的我们能够远离疫情的烦恼，所得皆所期，所失皆无碍，同朋友一起坐在虞美人盛开的广场上听波涛追逐日落，在海岸边的樱花大道上共赏一城春光，希望可以怀抱勇敢和梦想，带着二月份的激动，三月份的喜悦，再会漫山遍野的绯红岛屿，共寻三生三世十里桃花的芬芳。

（赵玉倩）

闲潭花开花落，少年云卷云舒

"今夜偏知春气暖，虫声新透绿窗纱。"三月，天气渐渐回暖，就连春夜也不再冰凉如水，飞虫在暖风中鼓动羽翅招摇撒欢儿，草木也按捺不住春心即将伸展花叶。一切似乎万物萌生、宇宙创生的样子，但一群人的故事却接近尾声了，我们的大学时光即将画上句号。接过第40号接力棒的我，在准备撰写第40篇班志时，担心贫瘠的笔头无法描绘三月的精彩，但当坐在电脑前一点点敲下这个月的桩桩件件时，又想到黄老师所说，即便是贫瘠，也是一段历史，就算是琐碎，也正是生活的常态。重要的不是我写得多精彩，而是我写这些背后的意味，以及它是如何折射一种群体、一些观念、一个时代。

就像《流浪地球》中所说："起初，没有人在意这一场灾难，这不过是一场山火、一次旱灾、一个物种的灭绝、一座城市的消失，直到这场灾难和每个人息息相关。"回想起来，新冠疫情已持续两年多了，我们从没想到大学时光的一多半都在疫情中浸泡翻腾。二月末三月初，奥密克戎迅猛传播，山东各地相继出现病例，烟台大悦城也出现无症状感染者，青岛莱西疫情加重。

前一天还在家里享受自由，后一天醒来便被告知不能出宿舍，原本是回来享受最后一段大学时光，现在却被困在这一隅之地。妙语连珠的玉倩无聊无奈，在宿舍作诗，"零丁洋里叹零丁，只留宿舍把门听"。疫情虽限制了出行，却没有限制住我们追寻美好的心。独留宿舍的于洁同学，找到自己生活的乐趣，春日明媚，她就出去散散步，逛逛校园，去角角落落寻找春天。

平时嫌远的后山，这时竟成了饭后遛弯的好去处，那里好多同学在趁着东风放风筝，寓意"筝筝日上"。平时零零散散，见不到几个人的操场，这时却成了欢乐的海洋，健身、跑步、广场舞、校园小摊、操场音乐节等等，可谓应有尽有。吃不到校外美食，校内美食可不能再轻易放过了，107宿舍和111宿舍为了美食而迅速"结盟"，向一餐的小火锅进军。

学院老师们和学生会学弟学妹们不辞辛苦地工作到深夜，一遍遍筛查从外地返校的同学，通知班委请本班同学填表做核酸。特殊时期，需要我们保持电话通畅，及时更新疫情信息，不给防疫人员添麻烦，配合学校工作。防疫基本进入战时状态，每人每天都在填表，"一日三检两报告"、全员检测、每天抽检成为家常便饭。作为生活委员，我每天都在班级群里投放各种核酸检测、表格填写的通知，"请通知本班在校同学立即在系楼东边楼梯下篮球场集合，请大家佩戴好口罩，带好身份证和手机，全程保持一米间距"，这成了我几乎每天都在班级QQ群里发的消息。但因二月末我就回家了，所以有时不能及时联系到班内同学。有次，马鸿岩同学热情地向我伸出援手，帮我挨个宿舍找人。在我向她表示感谢时，她却说，"你能为班级服务，为啥我就不能帮你找人呢？这点小事无需感谢。"听到她爽朗的声音，我都能想到手机那头她那"咱俩谁跟谁"的表情。半夜，一阵突兀的铃声打破了梦乡的宁静，电话那头学弟一边抱歉这么晚打扰到我，一边催促我赶紧看看群里通知，及时通知同学们填写表格。我摇了摇脑袋，试图唤醒睡眼惺忪的自己，当拿起手机准备开始工作时，惊喜地发现班长婉婷早就发了通知。四年间，我们班果真像石榴树一般，既能像石榴花一样陪伴绽放，又能像石榴籽一样紧紧抱在一起，班委相互补台，班级好戏连台，"你不在，我还在，你倒下去，我顶上来"。

"岂曰无衣，与子同袍。"我们的辅导员、老师们、管理人员、后勤人员等都已入住学校，守护在我们身边，为我们做好后勤保障。后勤人员在教学楼、食堂打地铺，加入到这场近百人日夜轮转的后勤"保卫战"中，保证我们在校能吃上安全卫生又健康的饭菜。忍不住又想唱起这个月的"神曲"，"听我说谢谢你，因为有你……"

没有哪一代是垮掉的一代，一代人有一代人的长征，一代人有一代人的使命，时代的接力棒传到我们手里，我们能做的就是在配合国家的防疫措施，听从社区和学校安排。陈奉泽同学报名参加了家乡防疫志愿者活动，她和爸爸一起，"上阵父女兵"，助力家乡防疫。发小菲菲同学在我们某天聊天时，很严肃告诉我们，她报名核酸检测志愿者了，成为一名"大白"，随时准备奔赴战场！我们为她骄傲的同时，又不免担忧她的安全。她却很坚定地说，她其实也很害怕，但想一想，有很多和我们一样大的"孩子"，早已在一线奋战很久了，她要向他们学习，尽微薄之力，不负青春浪漫，不留任何遗憾。

"浪漫"，一个自带意境的词语，不仅有玫瑰里的爱意与深情，更有千古诗词里的风骨与气魄，还有民族复兴的壮志与豪情，中国人骨子里向来都不缺乏浪漫气息。3月4日，北京冬残奥会开幕式上，中国式浪漫继续延续。视障运动员李端摸索着点燃主火炬，因为视觉原因一直没能把火炬放进主火炬台，观众席上传来一声响亮的"加油"，在不断的掌声中，主火炬终于被点亮。他看不到光，却为我们点亮了夜空！北京冬残奥会运动员领奖式中，手中的颁奖花束跟冬奥会的花束不太一样，不仅丝带颜色有变化，花的种类也多了一朵象征坚强的蓝色波斯菊。波斯菊在任何逆境下都能顽强生长，这与残疾运动员自强不息的精神相契合。在张家口颁奖广场，奥地利越野滑雪视障运动员卡丽娜·埃德林格，带着一只可爱的拉布拉多导盲犬莱利登上领奖台，小狗狗也被北京冬残奥组委赠与一枚奖牌，如此温情与浪漫令人动容。

如果说，奥运会选出的是人类最巅峰的身体，那么残奥会选出的是人类最不屈的灵魂。北京冬残奥会不止是场精彩的体育盛会，也是展现残疾人敢于向命运挑战、勇于向巅峰拼搏的强大意志的舞台。他们突破自我的过程，传递出奋斗不息的精神和积极乐观的品格，已超越体育运动本身。刘子旭，由射箭跨界到越野滑雪，一举斩获首金；杨洪琼，不骄不躁，不言放弃，勇夺金牌；姚娟，六次参加残奥会，获得五枚金牌，一路夺冠，终成王者。北京冬残奥会闭幕，赛场内外的许多瞬间令人难忘，触发了全球共情，"生命以痛吻我，我却报之以歌"，尽管命运不公，但残奥健儿们从不服输，他们用拼搏告诉世界"人生不设限，没什么不可能"，证明了"有梦想谁都了不起"。

闲潭花开花落，少年云卷云舒

又是一年三八到，依然十里桃花红。现如今，"妇女节"更多地被替换成"女王节"或"女神节"。无论是 14 岁的全红婵一跳封神，18 岁的谷爱凌冬奥会怒斩两金一银，41 岁的王亚萍至今还在太空"出差"，现年 92 岁的屠呦呦仍在发光发热，还是上个月牵动全国的小花梅，我们都不要忘记，她们本质上都是一个个真实的女性，都生活在同一时空，有些在高处，有些就在我们身边。她们就是我们，既需要赞美，也需要关心。

三八节那天，我和妈妈趁着暖洋洋的天气出门闲逛，走到鲜花店，不禁被满店的春色吸引住，挑了几支粉色康乃馨，正好送给妈妈当节日礼物。妈妈嘴上嫌弃着"买那些个花干啥？过两天就败了，别浪费那个钱"，可脸上含羞的表情早已出卖了她那颗尘封已久的少女心。一回到家，她就忍不住喊我帮她拍几张照。那天的阳光，把妈妈送回到十几岁的少女，她捧着一束花拍个不停。就是这样普通再普通不过的事情，也值得妈妈开心很久。生活的柴米油盐早把她那颗少女心磨平了，岁月留给她的，只剩头上银发和脸上皱纹。以前她也爱漂亮，充满浪漫细胞，但不知从哪天起，我已比妈妈高出一头，妈妈也不知早已替我挡了多久的风雨。是啊，妈妈也曾是花季少女，却甘愿为我成为无所不能的超人。我的妈妈，愿你永远少女，不止今天。

3 月 11 日，在 450 多万考生的焦急等待中，2022 年考研国家线发布了，令全国考生哗然的是，今年各学科都涨幅很大，教育学、文学等专业猛涨十多分，文学 A 区线 367，B 区国家线 357！虽然大家早已做好国家线会上涨的准备，却没有料到会一下子提高十几分，"太卷了""卷死了""李白杜甫莎士比亚来考也得挂"……初试第一道坎就已撕碎 300 多万考生的梦。事实上，考研"内卷"不仅因为报名人数逐年猛涨，也源于重点大学越来越倾向于招收推免生，统招生比例越来越小。但时间并没留给我们发泄情绪的余地，短暂休整过后，生活还要继续往前走，我们要做的事情还有很多。

紧张又忙碌的备考期间，石榴花大讲堂仍继续散发它的花香，在本月举办两次，持续为我们带来新知识和新风景。

3 月 5 日，石榴花大讲堂第 40 讲在历史文化学院国学馆举行，这是大讲堂第一次在别的学院举办，我班路棣、陈艺、马鸿岩、孙玥璠、杜志敏、陈然等去听了中国社科院宋燕鹏老师讲"在马来西亚发现中国历史"。宋燕鹏老师引用苏尼尔·阿姆瑞斯《横渡孟加拉湾》的一段话："每一位到了新地方的移民，都会试着重塑一些家乡的痕迹。所以，'到达'也成了一种回归。"他讲了"华人宗族的再建构""方言与地缘会馆的关系""汉传佛教寺院的历史演变""华人神庙与籍贯的关系"四个方面的内容。

在与谈讨论环节中，历史文化学院高贤栋老师简述了自己和宋老师的相识过程，分享了自己对本次讲堂的心得；姜娜老师结合自己的人类学、民俗学田野调查经历分享了自己对华人研究的切身感触，概括强调了宋老师所言时空定位和田野调查的重要性；黄老师表示"在马来西亚发现中国历史"这一主题提供了联结中国史与全球史的新视角，鼓励同学们不要蜷缩一隅，应在阅读写作和田野调查中主动遇见神奇事物。

3月26日，石榴花大讲堂第41讲又邀请到知名作家、复旦大学中文系张怡微老师主讲"谈谈方法：从文学经验到知识生产"，周燊老师主持，亢世勇校长和黄老师参与讨论，吸引了校内外200多名师生在线聆听，可谓盛大。张怡微老师主要围绕"知识生产与学术表达""个人知识、对话点与有效的学术生产""文学经验的多元实现方式"三个部分展开分享。在第一部分，张老师引导大家重视"问题意识"，认为学术论文的本质是知识生产。她以学界对王安忆《长恨歌》的研究为例，分析了知识生产的种种始源及文本互涉，阐释了"海派文学"的语义变迁。在第二部分，她以现代散文研究的例子阐释了学科交叉互通的研究趋势，指出我们要加强问题导向，通过改变过去的默识惯性，反思现有学术知识，确立研究的对话点，并进行多方研讨。在第三部分，张老师阐述了虚构小说与非虚构小说的区别，说明了文学创作形式的不同，详细分析了散文、小说、非虚构写作和民族志写作的特点，并在散文创作方面提出诸多宝贵建议。

在与谈讨论环节中，亢校长高度评价了张怡微老师融合文学创作和文学研究的报告，介绍了我校传承久远的红色文脉和"鲁大作家群"，简述了鲁东大学与复旦大学在人才培养和师资交流方面的渊源，诚挚邀请王安忆、张怡微老师莅临我校交流指导。周燊老师引用哲学家海德格尔的话，高度赞扬

闲潭花开花落，少年云卷云舒

了张老师对待学问的严谨态度，她表示张老师的讲座将作家思维和学术研究融为一体，启发了文学研究的创新意识和发问意识，激励我们在文学之路上，不仅只是飞向太阳，也要学会避开风雨。黄老师结合自身文史研究经验及张怡微老师的几部作品，补充阐释了"问题意识"、学科交叉融通和多元视角审视的重要性，鼓励大家以文学创作和文学研究为契机，追寻更高质量的心灵生活。

依稀记得石榴花大讲堂从大一入学开始就与我们如影随形，那么多的老师带着我们观赏了星球各地的文化风景及各学科的研究魅力，已经在我们心里扎下根，成为恒久的记忆，谁也不会夺去。虽然再过三个月，我们就走了，但它的故事未完待续，会一直绵延燃烧下去。

本月下旬，各高校考研复试工作纷纷拉开帷幕，因为疫情，基本仍是线上复试。学院未雨绸缪，考虑到学生宿舍狭小嘈杂、设备受限、网络不稳定等因素，提前统筹复试场地等亟需解决的问题，基本把领导、老师的办公室及教研室都征用给我们复试。我班的复试同学很幸运，基本都使用黄老师提前为我们准备好的两间办公室。3月23日，学院又组织各专业开展考研线上复试辅导会，分别就本专业复试关键环节、重点问题及面试技巧进行了解析。语言班的李婉宁同学和我班姜锦琳同学参加了模拟复试，董希文、夏令伟、李建华、车红梅、冯海霞、李海英、徐艳华、戴宗杰等老师进行了点评并提出各种复试建议，胡晓清院长也嘱咐和提醒我们稳住心态，踏实复习。同时，黄老师请路棣组建了"一起上岸"微信群，便于我班考研上线的小伙伴一起分享复试经验及调剂信息。赵玉倩、陈艺同学率先完成复试，为我们细心分享了复试经验；秘若琳同学则建议我们把考试当成一次聊天，不要总想着背诵，而是多谈谈自己的理解思考。

何其有幸，我能在这场百万级的战争中成功上岸。经历无数个黑夜里的挣扎与崩溃，终于在见到"拟录取"的字样时，感到一道光亮照进生命。虽然作为所谓的"成功者"，我说自己对没有上岸的同学感同身受似乎没什么可信度，但还是想用拙劣的文字安慰不太幸运的大多数。事实上，今年形势太"卷"了，可谓惨烈，按照以往，只要能上线，基本都能通过调剂而读研，但今年并非如此，我身边有不少过线的同学参与了两轮调剂仍未得到面试机会。但我们对于"成功者"的定义，就一定是考研上岸吗？记得李孟凡同学在《我的二本学生》读书交流会上说过一句让全班同学印象深刻的话，"你可以说我不勇敢，但不能说我不幸福"。黄老师也多次说起，所谓读书成长，其实就是要形成一种自己可以定义自己幸福的能力，他说："考研与否不重要，考研结果如何不重要，重要的是在这个过程中，我们在面临困顿之时，夜晚中那些内心翻涌、辗转反侧的思绪都会刻在成长的界碑上。毕竟，二十岁出头还很年轻，还有无穷的可能性，即使人生的常态是困顿与寡淡，安顿好内心，也自然能在常态中迎风舒展。"马云飞同学也说："从考研到出成绩再到现在，我的心态和对未来的设想变了又变，有时候特别难过，有时候也很庆幸，感觉这也是一种进步吧。"是啊，其实考研这一路走来没有放弃就已经很棒了，考研并非唯一出路，我们在其他领域照样可以闪闪发光。这次没有做好，并不意味下一次也是如此。可是，摔倒过后，躺平也躺得够久了，要抬头了，看看过去，再看看未来，该继续赶路了。慢也好，步子小也好，只要是往前就好。

3月18日，正是阳春三月，却悄悄下起了雪，"忽如一夜春风来，千树万树梨花开"，春天花还未开的遗憾，由雪花弥补上了。在烟台四年，我们见证了"雪窝"称号的名副其实，从一开始满怀期待，到后来祈祷不要被分去扫雪，再到最后习以为常。即便经历那么多次大雪，但还是第一次见到阳春的大雪，否则真是一种遗憾呢。不过我遗憾的也不是雪，而是最后的大学时光，未能像往常一样和舍友打打闹闹地惊叹这夜晚的雪景，而且四年的雪也没看够就要告别了。回忆就像在大学的大雪中狂奔不止，生命中又有多少个雪天可以与同窗共醉共乐呢？

"昨夜闲潭梦落花，可怜春半不还家。"都梦到鲁大的花开花落了，但等到三月末，我们仍未等到学校复课的消息，据说有的同学在鲁大佳苑租房子，虽与宿舍楼仅一墙之隔，但还是被挡在校外。再回到学校就该是六月打包行李、一起拍毕业照了吧？我怀念大家晚上一起排队洗漱，睡觉前简直就是107宿舍的狂欢舞台，一起分享白天的趣事，吐槽生活中的大无语事件，不用靠近我们宿舍门口，隔着老远就能听到吵闹声与欢笑声。没课的日子，大家一起睡懒觉睡到中午；那次昆嵛山冬游，几个傻妞模仿猴子搞怪拍照；上学期，一起喊着号子跑完最后一次体测……明明是静态的照片，却在脑海中自动转化为小电影播放。多幸运呐，能遇见这群有趣的人，让我的大学和今后的回忆缠绵着滋味。

时间好像一直在催促着我们前进，在我还为考试焦头烂额时，毕业的钟声又敲响了。准备考试的同时，也不敢忘记毕业论文这项大工程。我像挤牙膏一般删删改改，终于在 20 号按时交上毕业论文初稿。夏令伟老师认真负责，细致体贴，我打开他返回的稿件，密密麻麻全是批注，大到行文思路，小到标点符号。唉，一篇论文被我写成这样，难为老师耐着性子改完了。

本来这一天再普通不过，中国民航持续安全运行 4150 天的纪录在 2022 年 3 月 21 日再次归零。东方航空公司 MU5735 航班执行昆明—广州任务时，在广西梧州市上空失联坠毁。经过六天的全力搜救，我们没有等来奇迹，MU5735 航班 132 人全部遇难，虽然早知道这个结果，但听到最后确认时还是令人心头一颤。这个黯淡的数字背后是 132 条鲜活的生命：准备和在国外读书的女儿见面的妈妈；为给男朋友一个惊喜，把机票改签提前的女孩；第一次坐飞机去打工的男孩；带孩子去广州看病的一家三口……一条飞行过上千次的航线，本来只是个普通的日子啊。机场封闭了三条跑道，救护车都准备好，地面人员却没能等到它的到来。短短的两分钟从 8000 米高空骤降，即使最后一刻，机长也是不断拉升转向，远离城市。坠机事故现场空地上的鲜花和悼词令人心碎："我甚至无法亲吻你的骨灰，只能在废墟中悲鸣。愿平行时空里，能与爱的人相逢。"多少时候，当我们平平常常地转过身，却没想到，自此便是今生不相见。俄乌战火还在继续，两国有多少家庭在泪水弥漫的夜晚中度过？

3 月 28 日，由于奥密克戎的超级传播，上海这座拥有 2500 万居民的中国第一大城市按下了暂停键，面临着比 2020 年武汉还严峻的形势,何其艰也！生活在同一时空，有人在大学校园里安享从容，有人在勉强养家糊口，有人在俄乌战火中泪眼朦胧，有人在飞机失事中告别今生。你永远不知道明天和意外哪个先到，相较于生死大事，考试延期、学业障碍、工作不顺、考研失利，真的不值一提。"真正的别离没有桃花潭水，没有长亭古道，只不过在同样的撒满阳光的早上，有人留在了昨天"，你可以一天浪费十几个小时，有人却因为意外而提前预支了几十年。比起不知道怎么就到来了的意外，我们还能在宿舍抱怨着网课，已经万分幸运。

　　总觉得三月都被复试霸占了，可回过头在电脑前一个字一个字敲下这些文字时，才发觉原来短短的三十天也可以这么质感。我们可能老想考完就好了，熬过去就好了，只顾一味地向前跑，总吝啬把目光分给路边的风景。清晨六点半，小区老头儿老太太喊着晨练号，广播流淌着音乐，自行车铃铛声、各色鸟鸣声掺杂其中，买早餐的大叔缓缓步行，孩童在树荫下学骑单车。起床后头发散落下来的我，像毛发浓密的泰迪，临窗俯看着这静静的一切，慢悠悠闯进这片春色皴染、侵袭的绿意中。窗外是疏疏密密的树叶，阳光泻在小木桌与小马扎上。我抱着课本望着阳光傻愣愣地发着呆，沐浴在和煦的阳光下，阵阵困意袭来，心想着要是不用考试，去楼下闻一闻花香该有多好啊！

　　春风从窗外灌进来，清新又不掺杂寒意。嗅觉最能勾起人的回忆，记得上一次还是高中的夜晚，考完试，和朋友携手漫步回家，空气清甜中，充满了春天的味道，也写满了我们对未来的憧憬，那时我还总憧憬大学生活该会是什么样子，没想到此时很快就要与它告别。此时楼下的樱花树，稀稀落落地凋零了两朵花，我把飘落的它们带回家，夹在我的资料里。我总想，努力留住这个春天。野心大一点儿，留住二十四节气；再大一点，留住生活。有时觉着，这世道山长水阔的，不成气候又如何，若是能做一个吃着草莓写教案的教书匠，待在这小小的县城中，倒也不错。

　　至若春和景明，惠风和畅，闲潭花开花落，少年的你，也要云卷云舒。

（甄鑫）

闲潭花开花落，少年云卷云舒

寻找一颗星，人生海海有浮沉

我曾无数次地期待着四月，不仅仅因为春日的阳光和繁花。2021年4月，听到闫晓涵学姐被山东大学录取的消息时，不知怎的，我非常激动和开心，就像自己也成功上岸了一样。那是一种很奇妙的感觉，我当时把它理解为一种神奇的预兆。从那之后，我经常幻想，幻想着2022年那个属于我的四月。

几经波折后，2022年4月2日，我参加了山东大学语言学及应用语言学专业的复试，复杂的心情，而今只过了半月有余，却已不知怎样形容。本以为没有机会进入复试，备考也是匆匆忙忙，只看了三天的书就硬着头皮参加线上复试。老师们的提问都比较有趣，有趣到我看的三本参考书几乎没有一点涉及到，却让人发现生活中处处都是语言学现象。像一个人突然被告知要即刻上台做演讲，连腹稿都没有，只能即兴。果然人生没有彩排，每一秒都是现场直播。幸运的是，虽然过程煎熬，但结果很好，我梦想中的四月，真的如约而至了。

成长小说的苦难主题

我的毕业论文题目是二月才定下的，本来要写鲁迅和曹文轩儿童文学作品中的成长主题，写着写着，发现自己根本驾驭不了这个题目，临时改成了《曹文轩成长小说的苦难主题》。本以为改了题目，困难便会迎刃而解，不曾想又陷入新的困境，第一次正儿八经地写论文，才发现之前选修课写的那些课程论文全是发昏。本来是无意中定下的题目，但随着时间推移和一些事情的发生，慢慢觉得选择这个题目有种冥冥注定的宿命感。论文写作的时间跨度很大，2月、3月、4月。与所有参加考研的同学们一样，这几个月我们经历了等初试成绩、等复试线、等复试名单、参加复试、等待复试结果等诸多事情，在此期间，我经历了很多波折，心情也像坐上过山车，有满怀希望的时候，也有焦虑难过的时候，正如鲁迅在《野草》中说，"绝望之于虚妄，正与希望相同"。

再回到毕业论文写作上，和许多同学一样，初稿交上后，被指导老师各种"嫌弃"，论文写得不像论文，像一篇读后感；选题没什么新意，观点更是肤浅没啥内涵……我之前一直在忙考研复试的事情，等到专心写论文已经是四月初，4月15日要求定稿查重，时间已经非常紧张，可我的论文写得还是一塌糊涂，周燊老师说我的论文问题很大，要好好修改，我也感到压力山大，本以为经过考研的磨砺，心性成熟了不少，没想到要达到真正的淡泊宁静，尚是道阻且长。那几天我每天从早上八点开始改论文，一直到晚上十点半，大约改了六七天。从一开始大篇幅复述原文，到后来慢慢地也能写出自己的观点，这其中的转变和欣喜是没有经历过的人难以体会的。其实想想，这也可以算是成长过程中的苦难，虽是程度尚浅的苦难，却也催化了我的成长。

关于苦难的意义，现今许多人都在给大众宣讲苦难的好处，我写论文的过程中也遇到诸如此类的名家名言。但值得一提的是，这个月，在"十三邀"节目上，当主持人许知远问葛兆光老师关于苦难的看法时，他说苦难既有正面影响也有负面影响："有些人曾经在苦水里泡过，但是他会反过来想，你们都应该受一受那样的苦难，那怎么办？"在一个把苦难看作胸前勋章的时代，葛老师没有去随大流地发表"苦难有益论"，相反，他的观点在我看来特别真实。

激动人心的论文答辩从4月27日起陆续展开，因为疫情，今年采取的是线上答辩的形式，由于同学们都是第一次参加答辩，心里难免有些紧张，我也不例外。我的答辩顺序排在倒数第二位，有幸聆听了本组所有同学的答辩。答辩组的兰玲、陈英英、杨帆三位老师认真评阅了我们的论文，直言不讳地指出其中的不足，提出诸多完善建议。经过本次答辩，同学们的毕业论

335

文写作才算是真的告一段落了，而我们的大学生活也接近了尾声。此情此景，令人不禁想起海子的一首小诗《小站》："我年纪很轻，不用向谁告别。有点感伤，我让自己静静地坐了一会儿，然后我出发，背上黄挎包，装有一本本薄薄的诗集，书名是一个僻静的小站名。小站到了，一盏灯淡得亲切，大家在熟睡。这样，我是唯一的人，拥有这声车鸣，它在深山散开，唤醒一两位敏感的山民，得到隐约的回声。不用问，我们已相识，对话中成为真挚的朋友……"

等一阵风，放飞风筝

春日美景总不可辜负，我叫上丹丹去踏青。丹丹是我转专业前在资环学院的好友，她表示非常想去放风筝，可是我俩没有，便花了3元钱在互助群里租了一个。我们一路北上，来到学校的后山，放风筝的人很多，看着天上各式各样的风筝，我们也跃跃欲试。然而，过程并不顺利。丹丹拿着风筝在前面跑，我拿着线圈在后面跟着，可风筝总也飞不起来。丹丹表示大约是这里的风太小，我俩就陆陆续续地换了好几个地方，最后我们选定了张炜文学研究院前的小广场，因为不少人的风筝在这里高高飞扬。于是场景重现，丹丹在前面跑，我在后面等着风筝飞起来时好抻一抻风筝线，可是直到丹丹跑出了汗，我俩的风筝也飞不起来。期间我们还曾有过观众，几个保安大叔坐在研究院的台阶上，看着我们跑来跑去，还不时给与指导和建议，后来大约是觉得孺子实在不可教，就取消了关注。"好风凭借力，送我上青云"，风筝能否飞起来不仅仅靠我们的放风筝的技巧如何，客观条件也很重要，所以我们在等一阵风。其实很多时候，我们都在等一阵风，这阵风或许可以叫做天时地利，亦或是叫做运气。

写到这里，我想起三月的一个上午，我们返校后第一次集合做核酸检测，我排在路棣的前面，那时候刚查完初试成绩不久，我心情比较低落。那天阳光很好，晒在身上暖洋洋的很舒服，路棣穿着一件粉色的羽绒服，让我想起了草莓奶油蛋糕，我跟她聊起考研的事情。或许是因为心境的原因，我说：考研跟高考很不一样，高考在六月，一群人从凛冽的寒冬走来，气温越来越高，草木也愈发葱郁，有种越来越好的感觉；而考研在十二月，常常是一个人，从夏天开始，看树叶落了满地，万物萧肃后走入严冬，心情也越来越阴郁。那时候看到操场上的横幅"雄关漫道真如铁，而今迈步从头越"，就觉得，嗐，真不吉利，谁想"从头越"呢？而今想起这件小事，大约是因为心境已不复从前，忽然感发出与之前不同的体悟。时间并不会因为是否考研成功而改变什么，依然是四季更替，春夏秋冬、繁花骄阳、落叶飞雪一如从前，只不过再来一年的人，他们多经历了这样一个四季，一个年复一年的平平常常的四季。

我和丹丹在多次风筝落地后，终于等来了那一阵风，那一阵风让我们的风筝飞得很高很高，租我俩风筝的人说，他的风筝线有一百多米，也就是说我们的风筝飞在至少有一百米高的天空上，这真的是我从小到大放风筝的高光时刻，也是我之前没有预想到的。但不幸的是，我们的风筝线卡在了张炜文学研究院的房檐上，我们费了很大的气力也没有让它落地，那个风筝最后留在了研究院的楼顶，可见3块钱不足以买来我和丹丹一下午的快乐，最后我们赔了风筝钱给那位同学。

追光者，寻找一颗星

因为疫情的缘故，在校同学们都不能出校门去踏春，学校的后山成了大家的不二选择。大家都不约而同地褪去了外套，小姐姐们早早地穿上了好看的裙子，花美人亦美，"你站在桥上看风景，看风景的人在楼上看你"，卞之琳的《断章》是极应景的。

可能是因为怀旧，在四月的一个平平常常的下午，黄老师在班群里发了二十多张大家军训时的照片，还附加了三个小视频。照片里的同学们，刚刚经过军训的暴晒，都获得了小麦色的皮肤，在阳光灿烂的日子里，大家纯真的笑容非常有感染力。或许是看到了原相机下大家穿着迷彩的军训服憨态可掬的样子，奉泽首先表示"笑出了眼泪"，紧接着志敏奉献出她压箱底的表情包——黄老师的"别走，听我讲完"，表情包小天才婷婷也不甘示弱，放出了她的杰作"你抗揍吗"，几张照片一出瞬间嗨翻全场，云飞和奉泽表示"笑死"，黄老师也果断点赞。回忆杀就此引起，冶成鑫看着自己大一时的照片发出了"大学四年除了胖了没有其他什么变化"的感慨。

寻找一颗星，人生海海有浮沉

记得去年此时，跟班里的一位同学闲聊，她说她的理想是当大学老师。因为我爸妈也希望我以后到大学里工作，理由是工作稳定，压力也小一点。所以当听到她说出自己的理想时，我也随即表示赞同，并附和着说了几句家长们老生常谈的话，没想到她听后很认真地跟我说，其实她想当大学老师不是因为这些，而是因为黄老师。"你不觉得，黄老师给我们开班会的时候，每每说到动情处，他的眼里都有光吗？我也想成为一个像他那样的人。"是呀，黄老师的眼里有光，甚至可以说，他是我们汉文本1801班的一束光，我们追着光，慢慢地靠近光，然后成为光，最后散成光，照亮更多的人。

最近看了一部网剧，《一闪一闪亮星星》，虽然很多人说它讲述的是一个男孩十年暗恋的故事，我却从中看到了一个追光的故事。林北星童年时的见义勇为温暖了张万森，他把她视为生命里的一束光，努力地去靠近她、守护她，林北星的存在让张万森成为更好的人，而张万森的爱也像太阳一样照亮了林北星灰暗的生活，给了她好好生活的勇气和信心。"我本来很冷的，但是那束光打在我身上，我瞬间觉得，我是被爱的。"原本她是他的光，在努力靠近她的过程中，他又成为一道光，照亮了她。想来我们也是众多追光者中的一个，可能在追光的过程中也已经不知不觉地成为了别人的那束光。

诗人有言，"走了那么远，我们去寻找一盏灯"，如今，我也装作诗人模样，想去寻找一颗星。

异乡的你，也在想家吗

婉琳是个很独特的女孩子，我们从幼儿园就认识，彼此兴味相投，常在一起谈天说地。小时候我俩常常蹲在某个角落，对着一堆小石头、小树叶、小蚂蚁就开始编故事，一下午光景，往往都可以用来扯闲篇，那时的想象力真是天马行空，可这种无拘无束的日子，也忘了是何时结束的，只是现在想起来仍觉得记忆犹新。

婉琳喜欢写作，诗歌短文，林林总总琐琐碎碎。虽然她学的专业是金融类，但文学总是无边界的，不然文学考研的国家线怎么会被卷到367呢？读她的文字，或许会觉得她是个热爱生活的人，但跟她聊天，又会觉得她似乎有些厌世。可见，文学总是带着理想主义的色彩，我们笔下的文字，不是生活的写实，而是一些加工过的或美好或阴郁的幻想。

婉琳在美国留学，常常一年也见不到一面，我们通过微信联系，奇思妙想的故事还在继续。前几天，我把妈妈炸的香椿拍了照片发给她，她看后颇有些感触，还扬言若是换了她亲手烹饪，色泽定会更佳。鸡蛋勾香椿，是从小就吃的一道菜，因为我们这边，香椿只在四五月份有，所以这是一道只属于春天的菜；因为在每个人的记忆里，鸡蛋勾香椿的味道都是不同的，所以这又是一道思乡的菜。

她在文章中写道："我记得我二姑奶奶好像喜欢吃香椿，因为我记得，曾经每年春夏，爷爷都会特意买一批好的香椿，卤好了寄给外省的她。我还挺小的时候，有一年姑奶奶回来，爷爷奶奶领我去接姑奶奶，当时烟台机场还没有搬，我们走院各庄那边那条路，中午回家顺路在那边温泉边小饭店吃了饭。不知道为什么，我很清楚地记得有一盘香椿勾鸡蛋，而且我只能记得这一件事，且印象极深，脑子里甚至还有那盘菜的样子。香椿黄绿，切得短短的，很是丰腴，鸡蛋软软嫩嫩的裹在香椿段上，盘底还有浅浅的汤汁。一定不是使油爆炒的。如果哪天我来炒香椿，我一定会按这个来。"只是身在异国的婉琳，今春吃到香椿已是奢望，更何况亲自料理呢。"此夜曲中闻折柳，何人不起故园情"，想来对于异乡的游子来说，图中香椿与曲中折柳，在引发思乡之情方面，有异曲同工之妙吧。

去年刚刚上岸上海交通大学的小李，发微信诉苦，因为他的宿舍楼下有一个同学被检查出新冠阳性，整栋宿舍楼都被关闭了，现在他每天只能呆在宿舍里，吃着学校统一分配的隔离餐。那段日子里，春日的阳光、繁花和蓝天，都与他无关。当他得知我已经请假回家，并且刚陪着我奶奶看了段儿吕剧后，更是一连串说了好多个"真羡慕你啊，我也想回家"，我不知他是惯来会想家，还是因为疫情被隔离的缘故才很想回家。班里的 42 位同学，目前在校的有 21 人，四月份的烟台，疫情反反复复，班群里十条消息有九条是通知大家排队做核酸，因为疫情，大家都无法出校，请假也是非必须不得外出，算算日子，在学校的这 21 位同学离开家到学校已两月有余，应该也想家了吧。

四月中旬，伴随着各高校考研复试工作结束，我们班的考研结果水落石

寻找一颗星，人生海海有浮沉

出。秘若琳考上南开大学社会工作与社会政策专业，路棣考上上海师范大学中国现当代文学专业，陈艺考上北京语言大学语言学及应用语言学专业，赵玉倩考上中央民族大学学科语文专业，吴岐雯考上西南大学现当代文学专业，陈然考上中国海洋大学大学现当代文学专业，甄鑫考上鲁东大学学科语文专业，滕子涵考上鲁东大学汉语言文字学专业，我考上山东大学语言学及应用语言学专业。

其实，我们都知道，我班这份答卷并不理想，许多优秀的同学并没有发挥好，有几位上线的同学甚至没得到复试机会。其实不论是选择考研还是考公、考编，不论是考上了还是没考上，只要大家努力地去尝试了，便没有什么可遗憾的了。记得有次跟黄老师聊天，他说：我看好班里的每一位同学，大学对每个人的意义，一方面需要毕业之际的收获来鉴证，但另一方面也需要长远的人生来检验，我们更应该将四年大学青春和石榴花的陪伴在心中酝酿成酒，才能在未来人生旅途中仍能嗅到醇香。

纪念那段全力以赴的日子

马尔克斯说：活着为了讲述。可讲述的意义，于每个人不同，人们为何而讲述？我想，我是为了纪念，纪念那段全力以赴的日子。

在备考的时候，我曾无数次预想，等我拟录取后，我要用怎样的语言去记录这段日子，我要在社交平台上发怎么样的文案、配怎样的图去庆祝去纪念。可是当我真正地收到拟录取通知的时候，所有预想的情绪，或狂喜或淡然，好像都不是。我甚至有点想淡忘，实际上我已开始淡忘，我已经有点想不起来那些日子的细节，想不起那时情绪的浓烈。

2022 年 2 月 21 日，我独自一人在宿舍，当手机的时钟由 11:59 跳到 12:00 时，我没有跟大多数人一样马上去查成绩，也没有做其他任何事情，我不知道我在等什么，直到我的朋友开始问我考得怎么样，我才给她回复："怎么查呀？我不会。"自己捣鼓了十几分钟，终于，在点了一个已经忘记是什么的按钮后，我的成绩弹了出来。看到成绩的那一刻，我就觉得我应该考不上了。当时非常不能接受这个结果，因为这与我的期待相差太远。我们为什么会痛苦？大概就是因为现实无法满足我们的期待，我们期待一个能看得清的未来，期待前程似锦，期待繁花相送，可殊不知，诗和远方可能原本就是一个谎言。

在我以为自己成为炮灰的那几天，我总是否定自己，虽然我知道已经尽全力去备考了，虽然在去年初试结束后的很多个日子里，想起自己曾为考研而付出的眼泪和汗水依然能感动自己，可是，在我以为考不上了的时候，我把这一切的努力及其背后的意义全部否定了。但，这是正确的吗？我所有的付出仅仅因为结果不理想就失去了意义吗？不对不对不对，不应该是这样的。那些热血沸腾的日子，那些全力以赴的日子，它们都真实地存在过，它们早已是我生命的一部分。

生活不是我们活过的日子，而是我们记住的日子。我为何而讲述，这次是为了纪念。我记得有一次睡前关手机，看着手机提示将在 7 小时后闹钟响铃，我的第一反应是睡七小时太多而产生的罪恶感，可是紧接着，我又因为自己下意识的反应而心疼自己。究竟是怎样强大的惯性让我步履不停地向前，直到现在考研结束了，我都不能安心地坐在沙发上看一下午的电视，我总觉得时间不能浪费，我得做一些有意义的事情。我记得去年暑假时，连续十几天都在清晨四五点钟反复做着同一个梦，梦见那本《文艺学通论》我怎么也背不下来，那种焦虑的感觉我至今都不知道该怎么跟别人倾诉，所以当我成功上岸后，有学妹问我她现在很焦虑怎么办，我想了想，只是回了一句：坚持下来就好了，大家都是这么过来的。我不知她是否觉得我在敷衍她，但我能给她的建议就是这样，好比天空下着雨我却没有伞，那么我想到达目的地就只能在雨里行走，虽然淋雨很难受，但雨总会停，我也总会到达，既想不受罪又想成功的可能性微乎其微。我记得那时每天最快乐的时光就是吃饭，吃饭时看一集《搞笑一家人》就觉得非常满足，明明是一部笑死人的搞笑剧，可看到尤美离开时我还是哭了很久，不知是哭别人还是哭自己。我总是觉得我们之所以能够共情，不是因为心思细腻，而是因为在别人身上看到自己的影子，哪有那么多感同身受，不过是因为大家都经历过，所以我懂你。

我记得在 11 月底的时候出门去买早饭，看到几个小姑娘在各种找角度拍天边紫粉色的朝霞，我很羡慕她们可以有这样一份闲情逸致，抬头看了看

341

天空，想起苏轼的"惟江上之清风，与山间之明月……是造物者之无尽藏也，而吾与子之所共适"，才聊感一丝安慰。我记得生日那天，我没有请假回家，刚查完成绩一周的我还没有走出低落的心绪，一个人对着一堆没有点燃的蜡烛许愿，努力了这一年，我真的非常非常非常想有一个好结局。那天，我一遍又一遍地读着婉琳即兴写给我的诗，"愿你的脸庞明亮，身边一直有脸庞明亮的我"。我还记得很多，我也忘了很多……记忆会随着时间而变得模糊，在这段记忆消逝之前，我应该把它记录下来，或许很多年后再看，会觉得很稚嫩甚至有些矫情，或许在我写完的一瞬间我便会有这种感觉，但我还是想记录点什么，我必须记录点什么。

在我摆脱了阴郁的情绪后，我再回过头来看走过的这一段路，那些全力以赴的日子，并没有因为结果不尽人意而黯淡，它们依然闪着光，记录了我的成长。可以说，我大学前三年学到的东西，都没有我考研一年学到的多。我第一次知道梁启超称杜甫为"情圣"，不是因为他花心，而是因为他对亲友、对妻子、对儿女乃至家国天下都奉献出自己最真挚的情感，在他的诗里，甚至可以看到他对小动物们也充满感情，"帘户每宜通乳燕，儿童莫信打慈鸦"。从此，杜甫在我心里不再是一个整日吟诵着"感时花溅泪，恨别鸟惊心"的愁容满面的小老头，他是一个真正的英雄。我知道了刘禹锡不是装模作样地写出了"沉舟侧畔千帆过，病树前头万木春"，他骨子里就是一个乐天派，甚至比苏轼还想得开，第一次被贬时他路过一所道观，写下了"玄都观里桃千树，尽是刘郎去后栽"的诗句，第二次被贬时又路过这所道观，他大笔一挥又写道"种桃道士归何处？前度刘郎今又来"，这哪里是贬谪该有的心情，完全像是二次打卡网红胜地的心态。我也知道了鲁迅之所以悲观、犀利、多疑，并不是因为他性格使然，而是他超越了时代的轰鸣，他看到五四时期众声喧哗下的淡红色的血痕和死寂。我知道了张爱玲在中国现当代文学史上是一个无处安放的作家，当同时代的作家们在或呐喊或彷徨时，她还在孜孜不倦地写着小市民的生活，写着男女爱情战争，"生在这世上，没有一段感情不是千疮百孔的"，虽然那时她还不曾经历情殇，却命运般地写出了自己的结局。我还学到了很多很多，这些我学过的知识，它们真真实实地刻印在我的脑海里。"每个优秀的人，都有一段沉默的时光，那段时光，是付出了很多努力，却得不到结果的日子，我们把它叫做扎根。"我想说，这世上没有白走的路，每一步都算数。

婉琳说，她很难过的一件事就是，她觉得她从没有为一件事全力以赴过，她说很多事情配不上"全力以赴"这个词，它多少带着点理想主义的色彩，哪怕盲目。其实大多时候，我们都是先选择全力以赴，而不是先选择想做的事情后再全力以赴。虽然对未来的憧憬总是动力之一，但是，有时候你会发现，我们活在这种憧憬的假象里，等过了一段时间，就会觉得，似乎没有那么值得憧憬，反而是我们经历过的，为了实现自己的憧憬而做的那些努力，比憧憬本身更美好。

有次我们全班一起去郭永怀纪念馆进行写作实习，我听到馆内播放着郭永怀先生和他团队工作人员的事迹，有一个瞬间至今记忆犹新。当听到几位先辈为了进行爆炸实验而被炸得粉身碎骨，其他人不得不用脸盆装着他们的尸体碎块往外搬时，我的第一反应不是震惊惋惜哀悼，而是羡慕。我觉得他们是幸运的，因为他们找到并从事着他们愿意为之奉献生命的事业，可是我不知道我这一辈子能否找到这样一份事业。"热爱可抵岁月漫长"，这也是为什么我思来想去，还是报考了山大卷得不能再卷的现当代文学专业，大约是因为，我想给自己一次机会。过去，我总是因为预想中的困难而放弃自己喜欢的东西，讲真的，我瞧不起这样的自己，虽然在得知只要不是现当代文学和文艺学，我的成绩可以进其他任何专业的复试时我也曾有过后悔的念头，后悔自己当时为什么非要坚持选择一条难走的路。但后来我也释然了，如果再选一次，我大概率还是会选现当代文学，我们总是急功近利，计算各种可能的结果然后权衡利弊再做出选择，但生活需要有超脱的时候，不要因为害怕失败而不敢出发，这是我许给自己的一份浪漫。

故事说到这里，也快结束了，我的考研故事，我那段全力以赴奔跑的日子，或许是我们班很多同学努力的缩影，或许在以后的很多时候，我会再跟别人提起，也可能不会再提起。我写下这段文字，不是为了让别人看到我曾经有多么努力、多么执着、多么感动自己，每个人都有自己的故事，我们活

寻找一颗星，人生海海有浮沉

着为了讲述，讲述那个属于我们自己的故事。我感谢那段熠熠生辉的日子，不是因为我最终考研成功，而是因为备考的每一个当下，虽然有痛苦有焦虑，但我得到的远比失去的多得多，这或许就是努力本身的意义。

　　我希望，我祝愿，每一个曾经努力、正在努力或是即将努力的人，人生海海，总有浮沉，如果暂时没有一帆风顺的运气，希望你有乘风破浪的勇气。愿诸君收拾好精神，重新出发，每个人都值得拥有更好的明天。

（姜锦琳）

芳菲未尽

公历五月，农历四月。乐天诗云"人间四月芳菲尽"，这句话，放在我的家乡滨州阳信，真是一点儿也不错。

五月五日早上，我心血来潮，到小区旁的公园晨跑。虽然是在早上，但气温已经毫不客气地逼近 30℃，阳光把人行道照得亮堂堂，一点儿也不留情面。我朝绿化带看去，企图向花花草草借一点清凉，这才发现，几日不见，记忆里一树树盛如大雪的梨花早已让位于翠绿的叶片，往日纷繁艳丽的海棠也只剩几片打蔫的残瓣倔强地支撑着。我掏出手机，想要记录眼前这幅生机与凋敝并存的图画，屏幕上的日历提醒我，今日正是立夏，我就这样错过了烟台的春天。

今年三月初，我因姥姥病危急匆匆赶回家，谁知一回到家，烟台的疫情形势就立马严峻起来。而没过几天，家乡也出现了病例，昔日平静的小城一时间人心惶惶。虽然努力跨越了一道道障碍，还是没能见到姥姥最后一面。

逃进了家里。在当了近一个月的闺中小姐后，实在耐不住性子，开始借测核酸之名，行在小区里暴走之实。终于，在四月底，在我已经与小区里的每一只流浪猫成为朋友后，小县城终于恢复了忙碌。餐馆里，脚踩马扎的食客们又开始大快朵颐，马路上，来来往往的行人重新占领了野鸡、野兔的地盘。好巧不巧，我也忙碌了起来。

五月的头一天，我便大言不惭地在"石榴花小讲坛"组织的线上考研经验分享会上做了汇报，又接连写了四篇课程论文和学习心得。写课程论文原是不难，写学习心得也本应容易，然而在几乎没有上过课的情况下写论文，在内心毫无波澜的状态下写心得，却使得难度直线上升。于是我一面绞尽脑汁地敲击键盘，一面巴望着电脑屏幕左下角的字数统计，如同一只不新鲜却敬业的橙子，奋力挤榨自己的身体，誓死也要让杯中的汁水够到那条无情的刻度线。

与完成课程论文和学习心得时的状态不同，一提起"考研经验分享"，便有无数念头和感想乘着纸飞机冲进我的脑海。我抓住这些闪现的灵感，将它们一一记录下来，不一会儿便洋洋洒洒写满了几页纸，既有关于时间规划的建议，也有自己总结出的答题框架。写完这些，我又无比自恋地参照去年韩雪学姐的分享方式，取了个"营销号味"十足的标题——《双非三跨985一战上岸经验分享及心路历程》。这是我很久之前就想做的事。在去年某个埋头书海的午后，我忽然意识到自己正挑战着无数营销号里宣传的"难上加难"的任务，不由一阵惊慌。为了安抚那颗怦怦直跳的心脏，我对自己许诺，如果有一天，我能有幸完成这件事，那我一定也要取一个营销号般博人眼球的标题送给自己。然而当我真正如约将这个标题敲入文档时，却忽然感到一阵心虚——我意识到，那些被记录下来的"经验"，更多地来源于我自大的幻想，而这一年来真实的备考历程，似乎在被我有意无意地避而不谈。可当我强迫自己回想那段刚结束不久的征程时，却讶异地发现，这一年间的种种，已然模糊、流动，在我的脑海里汇聚成一副好似出自印象派画家之笔的水彩画，似梦似幻地漂浮在远处，让我忘却了自己曾无数次破碎又黏连，只淡淡重复一句许多学长学姐也曾说过的"考研其实很简单的"。我不禁质询自己，如果我将这些被理想化了的"经验"讲给同学们，是不是不负责？如果我按照原定的稿子，讲述自己是如何在连英语真题都没刷完的情况下考出了一个还算不错的分数，会不会产生误导？如果我在一个绝大多数听众都准备报考文学类专业的分享会上，大谈特谈社会学的答题思路，我又将听众置于何处？更何况，学习是与知识交谈的过程，更是自我观照的过程。既然人人都是独特的个体，挣扎在自己双臂的纠缠间，那吸收知识的过程，也必然是"私人订制"的——任何人的指点，都无法取代自身鲁莽的探索。更何况，坦白来讲，我也不过是一头弓着背、憋足气的牛犊，亮出并不锐利的牛角四处乱撞，在将要精疲力竭时靠着上天的怜悯才得以逃出生天罢了，又哪里敢侈谈什么经验呢？

一筹莫展之时，小王同学出现了。小王是妈妈朋友家的孩子，因对社交的巨大热情以及令人琢磨不透的聊天话题而远近闻名，目前正在计划着2023年考研。那天他坐在我家客厅里，对我为何跨考产生了刨根问底的热情。他一边试图诱导我招供出他理想中的答案，一边不时流露出内心的迷茫、焦虑与恐惧。在他双手上下翻飞留下的残影间，我看着他紧锁的眉头，竟很不礼貌地出神了。从高中时的懵懂与空虚，到大学时的努力与焦虑，再到考研时的决绝与坚持，从园艺到中文到人类学再到社会政策，十几年的校园时光一帧帧浮现。

我忽然意识到，在我即将告别本科生活时，我对自己与世界的态度已悄然发生变化。我从一个乖巧可爱的布娃娃，变成了一匹倔强又勇敢的马，也不再任由胆怯和焦虑扼住我的咽喉，而是学会享受压力之下的沉静。一段与自己独处的时光，一个更加平和稳定的自我，这是考研带给我的最大收获，也是大学四年送给我的珍贵礼物。我知道，自己仍与真正宁静的内心状态相距甚远，不安依旧时常造访，但在一次次自我拷问后，我学会了于人声鼎沸中与自我交谈，于逼仄的夹缝中安抚内心。一句话浮现脑海——"我与我周旋久，宁做我"。我嘴角微微上扬，找到了更合适的分享主题。于是，隔着屏幕，面对自己，面对师友，我讲起了一段从高一到大四长达七年的心路跋涉：

四月三十日午后，沉睡醒来，手机上一句"恭喜恭喜"跃入眼帘，就这样，我被拟录取了。

没有想象中的热泪与狂欢，也并未体会到亲友口中"彻彻底底放松"的滋味，拟录取名单上陌生的专业名称，"社会工作与社会政策"，使得压力像爬藤植物般悄然在我心头蔓延滋生——这是一个怎样的学科？它适合我吗？它将为我带来什么？我不想过未经思考，不加选择的生活，不想任由命运的波涛将我的一介小舟带向未知的远方。于是我问自己：这些年来，我究

芳菲未尽

347

竟在寻找什么？

关于这个问题，要从高中讲起。

高一时，我成绩还算不错，正面临着文理科的"艰难抉择"。那时的我，对未来懵懵懂懂，只是隐约感觉到，文科中暗含了我更多的激情与振奋。然而十六岁的年纪，总是充斥着迷茫与胆怯，我最终还是听从父母老师的建议选择了理科。在沉闷艰涩的理科学习中，阅读成了我最留恋的臂弯。我读的不少，但整本的著作却寥寥无几，繁重的课业负担和教室里二十四小时运行的高清摄像头已然不允许我透过长篇的文字，在另一个世界里投注真挚的喜怒哀乐。于是《中国青年》杂志成为我的新宠，其中包含的对中国社会问题的洞察与忧思令年少的我赞叹不已。而后，我又在爸爸的汽车后座上偷偷读完了《看见》《白说》，还用手机翻阅过《第二性》，虽说最终还是因为我空荡荡的大脑读不懂波伏娃庞杂深奥的论证而放弃，但那种在四下无人时猫着腰读书，末了还不忘删掉搜索记录的刺激带给我一份异样的享受。这些使我对未来的学习领域和职业有了一个初步的设想——我想深入学习女性主义，我想当调查记者。一种思潮与一份职业，竟然在我这里奇妙地联系在一起。我没有想太多，只是觉得它们都能带给我心潮澎湃的感觉。就这样，学习理科的压抑感与对女性主义和调查记者的向往相互交织，使我愈发想要转到文科班。我数次提出转班的请求，但都被老师和家长劝了回来，十六七岁孩子口中的理想，在升学率、就业率面前，根本不值一提。

我能够理解老师和父母替我做出的这个选择，实际上，是我自己将选择权拱手相让。十几年来，我一向如此，扮演着父母身边的乖乖女，老师眼里的好学生，把内心的思考、愿望深深埋起，变成一个可爱的挂件，接受无用的赞美。在升学率等数据面前，我是惶恐的，在老师面前，我是失语的。尽管我已经模糊地意识到，文科更符合我的思考习惯，但老师家长一开口，我便只会点头。直到那惨不忍睹的高考成绩赤裸裸摆在面前，我才发觉，原来成长终究是孤独的旅程——父母的关心，老师的指导，都无法替我承受自己一方天地间的雷霆雨露。只见数字不见内容是荒谬的，只听得到他人的指点，忽略自己的心声，则是自我折磨的开始。

当收到来自鲁大农学院的录取通知书时，我忽然发觉自己似乎正在离调查记者的梦想渐行渐远。我不甘心在最有活力的年纪早早放弃梦想，便开始准备转专业。但这一次，我的目标很简单——逃离数理化。在得知只有在期末考试中排名靠前才有机会转专业后，我几乎整日埋头书海，跟讨厌的数学和化学较劲。对于理科的学习，我没什么好方法，只能咬紧牙关耗下去，用手指着课本，一个字一个字地读。有时候会因为烦躁把双腿拧成麻花，却不敢合上书，唯恐失去了再次打开它们的勇气。

就这样，我考了专业第一，获得了转专业的资格。在选择要转入的专业时，我一眼看中了传播学，想要继续我调查记者的梦想，但爸爸却建议我选汉语言文学。我没想太多，习惯性地同意了，只是觉得不学数理化就足够了。

来到文学院后，我仍想为调查记者的梦想努力，于是便开始尝试接触传播学、新闻学。但令我失望的是，这些专业所学的内容并不符合我头脑中调查记者的肖像画。梦想了许久的专业就这样祛魅，我为此重新陷入迷茫。那个令我心动的学科究竟是什么？我能感受到她的存在，却看不清她的脸。

这时，黄老师组织的石榴花大讲堂请姜娜老师来为同学们做了一场有关人类学的讲座。在那场讲座上，我被人类学立足现实、不断发问、探寻真相的力量触动了。我心中豁然开朗，忽然想到那个能带给我力量东西，或许不是一个学科、一种职业，而是这种关怀现实的精神，是一种名叫田野调查的研究方法。但这时的我，却选择将这份心动藏进心底——跨专业的疲惫，我不想再经历一次。

于是我开始全身心投入对汉语言文学的学习。文学带给我纯洁的美感与幻想，如同妆奁里洁白的脂膏，姿润而芬芳。我不想辜负认真负责的老师们一片心血，更不想浪费苦苦挣得的学习机会。我的时间几乎被学习、读书填满，可于此同时，空虚和焦虑始终包围着我——尽管终日忙碌，却不知道未来要去哪里，更找不到自己存在的价值。

在大二下学期，我选修了李海英老师的社会语言学。在这门课上，我

芳菲未尽

了解到一些调查方法，还在老师的带领下进行了语言景观研究。透过语言现象洞察社会心态与社会问题的研究思路令我怦然心动，激起了我久违的热情。这一次，我决定抓住这份心动，暗暗将考研目标定为语言学及应用语言学专业下的社会语言学方向。这个念头如同一根红彤彤的胡萝卜，尽管还未吃到，却能让我定下心来，奋蹄拉动沉重的磨盘，直到去年春天。

去年初春，料峭春风吹得人心烦意乱。原以为自己早已确定了专业，只需安心学习即可，但当我开始认真考虑考研事宜时，却发现事情并不顺意——开设社会语言学方向的学校并不多，左挑右挑也找不出心仪的，最后终于选定一个，却总感觉像是把别人的衣服穿在自己身上似的别扭。于是我开始思考，为了社会语言学这个方向而去选择语言学及应用语言学整个专业，是最优解吗？我是否应该换个思路呢？我不想不加思考地麻木前行，人生也不一定要始终按照既定轨道行驶，尽管时间已然略显紧张，但我依然拥有选择的机会和权利。我明白，我喜欢社会语言学，无非是喜欢他"社会"的那一部分，而不是"语言学"，所以，我为什么不能索性去考虑社会学大类的专业呢？这时，那场人类学讲座带给我的欣喜感跃入脑海，我产生了跨考人类学的想法。说实话，当这个念头第一次出现时，我十分惊慌，拼命想要压制住它，因为零基础跨考无疑意味着难度更大、风险更高。但这股冲动却越来越强烈，仿佛是一株向往天空的小芽要撞破泥土。

我只好去打扰黄老师，希望他能给我一些建议。黄老师耐心地听完了我的想法，给了我一些鼓励，还帮我联系了姜老师。我为此既惊讶又感动，从小到大，黄老师是第一个支持我做出如此冒险决定的长辈，他的认可使我不再惶恐不安。另一位让我感激不已的则是姜老师。我与姜老师之前仅在那场人类学讲座上有过一面之缘，但在得知我有跨考意向后，她给了我许多择校建议，还不厌其烦地解答我略显幼稚的问题，发给我不少线上讲座链接和文章，帮我尽快找到人类学的"感觉"。这两位老师给予我的，不仅仅是鼓励和答疑解惑，更重要的是，他们让我感觉到跨考的想法并非是"不着边际的"，更不是"注定要失败的"。就这样，在去年4月下旬，我决定报考南开社会学专业下的人类学方向。

　　到这里，我心中明朗起来。从女性主义、调查记者，到社会语言学，再到人类学，似乎它们吸引我的因素是共通的——对人与人，人与社会，人与文化关系的思考；对权力运作的反思；对现实的关切。它们不过是站在不同的侧切面上洞察社会。而我了解到，社会政策专业也是这样的一门学科，并且这个专业导师的研究方向，似乎比人类学更符合我的兴趣。因此，我不再迟疑和怯懦，尽管我知道，我又要开始学习一门新的学科，前面会有高山险川，但这些年我经历过的坎坷与挣扎，使我有足够的勇气迎接即将到来的一切。

还是要回到最初的问题：我究竟在寻找什么？说实话，我那浅薄的人生经验难以支撑我洞悉自己的内心，但我仍然能隐约感觉到，这几年来，我不断探索，不断自我拷问，不断与自己较劲，拧成一个死结，大概是在寻找一种状态：一种自我认可的、宁静自在的状态。这种自在不是躺在床上百无聊赖地滑动手机，而是纵使忙碌，纵使身边人声鼎沸，我也能坚定地知道，自己喜欢什么，要去哪里的那份沉静。这大概便是"我与我周旋久，宁做我"吧。忽然想起黄老师曾在班会上说："越是在心灵受挤压的状态下，就越是内心最充沛的时刻，也就越接近自由。"现在，我开始渐渐理解这句话。

　　在备考的这段时间，我并没有探索出什么"神奇"的学习方法，能使我从一块连涂尔干都不了解的"白板"，迅速跃迁到能在答题纸上写下近千字论述的状态，不过是凭着热情与毅力，本着对自己负责的态度，一头扎进书海里罢了。我也不是一往无前的勇士，自我怀疑与胆怯总是缠绕着我。我终究没能驯服它们，只是学会了与它们共处，学会了一面心里打鼓，一面弓起背、梗着头，装出一副勇猛的样子。当回首这一切时我才发现，原来努力也是技巧，坚持便是捷径。

　　我想，考研并不只是答完几张试卷这样简单，更多地，它意味着认识自我，规划未来的过程，意味着一次次将自己打碎又重新拼接的历练，意味着对沉稳踏实状态的探寻。或许，从下定决心投入考研的那一刻，我们就注定上岸，因为无论如何，我们都会收获一个更勇敢、更坚定的自己。

在考研经验分享会上，除我之外，还有我们汉文本 1801 班的路棣、陈艺、赵玉倩以及来自汉语本 1802 班的王书含、传播本 1802 班的周鑫进行了分享。听着同学们的发言，我为大家语句间流露出的坚定的意志、合理的规划以及灵活的方法感到由衷钦佩，同时也惊喜地发现，几位同学与我有着相似的心境。路棣的分享《且听风吟》，提到了寂静沉着的自由与落子无悔的坚定。陈艺在《行稳致远》中也建议道："把简单做到极致，脚踏实地。"而赵玉倩则在《不被定义的自己》中，以纪伯伦《啊！风》中的一段作为结语——"你逢山而升，遇谷而降，在原野上则伸展开去，浩浩荡荡。升时，可看出你的刚毅、坚忍；降时，可看出你的谦恭，礼让；伸展时，则显示出你的轻盈、灵敏。"这些对笃实、宁静、坚定的自我的追寻，都与我的分享内容不谋而合。

路棣在分享中提到伯格森对时间的理解，我听后感慨万千。我在学习社会学理论的过程中接触到伯格森的生命哲学，又在连续经历了与姥爷、姥姥的生死之别后躲进他艰深的文字中思考生命的流淌与煎熬，寻求朦胧的慰藉。而就在经验分享会召开的前一天，我还似懂非懂地读着他的《创造进化论》，并在他深奥睿智的文字旁，记下自己矫情幼稚的感想。因而在听完她的分享后，我激动地想要立即将我关于伯格森时间绵延理论的笔记发给她看，却又担心这样做会有些唐突，可谁知她竟抢先一步发来消息，告诉我，我的分享中"我与我周旋久，宁做我"这一句，是她曾经的 QQ 签名。我又惊又喜，恨不得冲到她的面前同她长谈，怎奈何冰冷的屏幕无法传导内心的热情，而我又一向是个拧巴且羞怯的人，手指在巴掌大的屏幕上写写删删，最终只憋出一句"美女所见略同"。

我原以为，我与同学们皆是孤独地埋头赶路，行色匆匆，怀揣着各异的梦想抵达了不同的终点；直到那天我才发现，我们走过同样的路，经历了同样的雷霆雨露，我们并非孑然一人，而是以一种静默玄妙的方式在各自的书桌前彼此陪伴。

完成了分享，又上交了数篇课程论文后，我的生活归于平静。每天晨跑、核酸、读书、散步，还会瘫在沙发上陪爸妈喝茶。日子像被风吹动的书页，在刷啦啦的响动声中迅速翻过，页页一个样，又页页都不同。每一天早晨，花瓣都会凋谢成不同的姿态；每一个夜晚，月亮都会弯成不同的弧度；每一天读书，不同的内容会带来不同的悸动；就连每一次核酸，也会遇见不同态度的检测员，不同性格的邻里，还有不同脾气的流浪猫。我本以为，在这座生养我的小县城的臂弯里，我会心甘情愿逗留再久一点，可脑海中不时闪现的有关烟台的剪影却害我成了叛徒。当灰蒙蒙的天笼罩大地，我会想起烟台的蓝天与流云；当炎炎烈日炙烤着我的肌肤，我会怀念烟台清凉舒爽的海风；当樱桃小贩的吆喝声阵阵传来，我会想到烟台的樱桃才是又大又甜；甚至在排队做核酸的空档，我也会想：留在校园里的同学们，此刻大概也正排着长队，这也算是"天涯共此酸"吧。

不只是我，几乎在校外的每一位同学，都期待着能够返校。班级群里时不时会有人问："什么时候才能返校？总有机会回去吧！"然而得到的，却总是令人失望的回答。问得最勤的是小冶同学，来自青海的他热情、开朗，总会让人联想到高原地区灿烂的太阳。四年来，我一直期待跟他成为朋友，可临到离别，我们的 QQ 聊天记录依旧简短客气，仿佛两位初次相识的大一新生。每当黄老师在班级群里发出有关毕业的通知，或者我们春游、军训的照片时，他总是积极发言。我隔着屏幕感受到他的急切与期盼，这不免使我对烟台的思念又增一分。"再见一面"是一种执念，它驱使着我兵荒马乱奔波回家，现在又怂恿着我返回烟台。我和同学们一样，都想与烟台的蓝天、海风再见一面，还想与承载了我们人生中最动人的时光的大学校园再见一面，更想与陪伴我们跋山涉水、历尽艰险的老师、同学再见一面。五月十日晚上，婉婷组织全班在校同学在北招吃了散伙饭，看着照片中只有一半的人，没有一个完整的宿舍，也没有黄老师，让人感到狼狈又伤感。

就这样，我身处故乡却满腹乡愁，在这热闹的小城里孤独行走，在质朴亲切的乡音间静默无声，直到五月十六日。那天夜里十一点半，黄老师在班级群里发来一条音乐链接，是王菲《当时的月亮》。黄老师说今晚月亮很好看，他送我们这首歌，希望月光和歌声伴我们入眠。看到这条消息，我一骨碌从被窝里爬起来，凑到窗前，望向夜空。果然，一轮光洁饱满的月亮正悬于天空，散发出温柔又坚定的光芒。估计此时不知有多少各地的同窗都打开窗共望这轮明月，黄老师竟然拍到一架飞机拖着长长的银色尾巴划过月空。自古以来，满月的引力便格外能牵动游子的心，思念与潮汐一同在这一天达到顶点。我发消息给发小："回烟台吧。"她说："好！"

发小在山东工商读书，同我一样身在阳信，心在烟台。事实上，在小学毕业后，我们便几乎不再联系，谁料这次疫情竟让隔离在同一小区的我们重新熟络起来。我们因疫情防控而无法进入校园，不过好在我在鲁大佳苑租的小屋还未到期，于是我们决定先回出租屋住一段时间，以解相思之苦。一到烟台，同在鲁大佳苑租房的王书含便发来共进晚餐的邀请。书含是汉语言专业的同学，健谈、机灵、充满活力，像一朵正痛痛快快绽放的太阳花。提到我们俩的友谊，连我自己也觉得玄妙。我与她之前仅在课堂上有一面之缘——那时我去她们班蹭课，她坐在我的斜后方，热情地同我打招呼。奈何我是个心思愚钝之人，不太擅长记忆他人的名字，又缺乏广交朋友的激情与勇气，因此之后便与她断了联系。而如今，我们"同是天涯沦落人"——因为一墙之隔，我们只能眼巴巴看着夜晚操场上沉浸于欢歌笑语的同学们而无法参与其中，看着朋友圈中106、111宿舍的姐妹们在操场上开演唱会，这是真正的"远在天边，近在眼前"。于是我们彼此陪伴，一同吃饭、散步，在夜里去海边拥抱清爽的风。这样想来真是有趣，疫情让故人重逢成为奢望，却又为我们带来意想不到的情谊。

书含和发小一见如故。在我看来，她们简直一模一样——一样热情开朗，一样风风火火，一样在社交场合表现出强大气场，一样用我跟不上的语速调侃我。我同她们像是两种生存于不同纬度的植物，她们在夏威夷少女的草裙旁随风摇曳，而我则在北冰洋沿岸的苔原上与千年冻土相拥而眠。她们俩很快熟络起来，挽着手走在街上，仿佛相识多年的姐妹。而我夹在她们的缝隙里，跟在她们的屁股后，为她们的友谊开心，又隐隐觉得失落，像一只没熟好的大美早——又厚又硬的皮，酸甜口。我在她们俩身旁，有时觉得孤独，有时却又觉得舒爽痛快，仿佛阳光正敲打着我的窗棂。看到书含总是与各位老师相谈甚欢，我忽然意识到，有些话今日不说，之后便没有机会再说，在临别之际，我应该抓紧时间鼓起勇气，向我爱戴、敬佩的老师们表达心中炽热的感激。

于是，我便和书含一起同李海英老师吃了晚饭，吹了海风，还约了黄老师吃饭、聊天。李老师曾教过我《现代汉语》和《社会语言学》两门课。她对待教学极为严谨负责，在言传身教中让我感受到了认真、专注的力量。因为语言学与社会学两门学科之间强烈的对话性，在备考的日子里，她的声音和目光常常浮现在我脑海中，静默而坚定地陪伴我走完这一程山水。

而我的班主任黄老师，则是我遇见过最负责、最和善的班主任。四年来，他将大量的心血倾注于我们班，总是在我们最需要的时候，给予我们及时的关怀与陪伴。正是在他的引导下，我才得以逐渐摆脱焦虑、胆怯的蜷缩姿态，向着一个更加坚定的自我勇敢迈进。五月二十五日那天，黄昏来临时，黄老师午酒微醺，说中午刚与一群从大二到大四的同学喝了五个多小时的啤酒，他带着我和书含坐上一辆出租车，奔驰到开发区万达广场的一家日料店，吃了刺身、寿司、火锅，喝了清酒，聊起过往的人们和将来的事情。

其实令我感激不已的老师还有很多，例如仅与我有过一面之缘，却无私地鼓励我、指导我、给予我最温柔的陪伴和最真挚的祝福的姜娜老师，她在黄老师请我们吃日料那天已飞往日本访学；还有引导我勇敢质疑、独立思考，并带领同学们爱上博物馆的詹今慧老师。我也鼓起勇气联系了她们，但遗憾的是，因为种种原因，我最终没能有机会在离开烟台之前向几位老师亲口表达我的无尽感谢，只好暗暗许下心愿，期盼得以来日再见。

五月二十一日，同学们终于盼来了可申请返校的通知，过了几天，学院又下达了举行毕业典礼的通知。我们原以为毫无希望的毕业典礼，竟就这样翩跹而来。

五月二十七日毕业典礼这一天，我起了个大早进入校园，特意换上文学院送给毕业生的文化衫，跟同学们一起来到南操旁合影。夏日的阳光兴高采烈地洒向大地，为每个人的发丝、睫毛染上一层金黄。我们不顾双眼的刺痛，努力睁开眼睛，咧出大大的笑容，希望能在毕业照上留下最快乐的神情。拍完照，我们便来到文学院系楼，毕业典礼正式开始。坐在系楼前，我忽然感

芳菲未尽

到太阳不再像刚刚那样毒辣，抬头一看才发现，原来是高大宽厚的系楼为我们遮挡了阳光，留下一片阴凉。就这样，我们又一次在文学院系楼的庇护下，舒舒服服坐着，聆听老师的教诲。胡晓清院长用"勇气"二字嘱咐我们后，黄老师作为教师代表演讲。在《满月弓弦，相约万年》演讲中，他回顾了四年来文学院对我们的悉心培养，回顾了自己与我们两代人的青春，还向我们表达了纯洁质朴的期盼与祝福。讲到动情处，黄老师的声音有些哽咽，周围不少同学也低下头用手背悄悄拭泪。最后，他说："根据宋代理学家邵雍的计算，世界上的事物在十二万九千六百年后，会一一完全重现重演，所以现在我也拾人牙慧，与你们约定，十二万九千六百年后，我们在鲁东大学文学院重逢吧。"这个浪漫又真挚的约定，引得现场掌声雷动，也将我的思绪引向了远方，关于鲁大日日夜夜的回忆如同涨潮的海浪，一层高过一层涌进脑海。

我想到了我在鲁大学习的第一个专业——园艺，虽然我只与它相处半年便转入文学院，但这个专业带给我的对土地和生命的深情至今仍在暗中指引着我。我在这个专业遇见的第一位老师，是教我有机化学的崔玉明老师。他用耐心的讲解和一本本逐一批改的作业，改变了我从网络上得来的对于大学老师的印象，也让我对在鲁大四年的学习生活燃起了希望。很幸运，我在大学遇见的第一位老师就如此尽职尽责，更幸运的是，我之后遇见的每一位老师都是如此尽职尽责。

我还想到了陪我度过三年半青春的汉语言文学。在没有学习汉语言文学之前，我一直将她幻想作芬芳的茉莉、缠绵的情诗、青春文学里的女主角。而当我真正走近她，才发觉原来她是一位严慈相济的母亲——她哺育我，抚慰我，也随时鞭策着我，引导我看见爱，看见美，看见远方的人们。正如长大的孩子终要离开母亲的怀抱，这种"看见"也驱使我走向另一个专业。但无论我今后走得多远，身在何方，既然在她臂弯里，我获得新的灵魂，便注定与她血脉相连。

虽然班里有一半同学未能参加毕业典礼，但大家也在抖音上观看了直播。典礼结束后，甄鑫将剩余的班费以手气红包的形式发下来，大家纷纷说着"毕业快乐！"婉婷在班级 QQ 群里发了一段长长的祝福：

四年时光确实很快，回望之时只剩些许琐碎记忆。直至今日我依旧没有毕业的实感，只是偶尔会想起，下个开学季我不会再回到烟台了。很高兴能够遇见大家，和大家共同度过四年的大学时光。虽然和很多同学并没有太多深入的交流，但是和大家联系得却丝毫不少。从大一时打电话喊大家来上早自习、跑早操，到后来填表、交材料、参加活动，再到现在排队、核酸。我的手机里有每一位同学的 QQ、微信和手机号，我记得每一位同学的样子和所在宿舍。四年以来和大家朝夕相伴，我不知道我做的是否称职。现在想来，作为班长，我还是有很多地方做得不够好。不过时间早已流逝而去，过去也已经过去，我现在所能做的，就是在和大家相距千里的地方，祝大家一路平安。大学四年我改变了很多，也成长了很多，在汉文本 1801 班和黄老师的教导下度过了最有意义也最为难忘的大学四年；大家都改变了很多，也成长了许多，我在成长，也同样见证和参与了大家的成长。现在我们都已经毕业，面临着不同的选择。已有归属去处的同学，愿大家不忘初心，祝大家学业顺利、工作顺利、终有所成；还在选择或者是目标仍未达成的同学，愿大家永葆初心，得偿所愿，终有回报。希望数年以后再见，我们都能成为更好的自己，在回望青春的时候，能和黄老师一样，说出"我还是那时的我，初心未变，理想愈发坚定"。此去一别，山高水长，祝大家一路平安，万事顺意。我们永远是汉文本 1801 班黄老师的学生，如果愿意，我也会一直是大家的班长。祝大家一路平安！

学院毕业典礼结束后，许多人都穿上学位服在系楼门前的"斯文在兹"石刻和林荫大道上合影。111 宿舍的姐妹打来电话说，她们正用学校发的毕业餐券在二餐一楼买好了饭，和黄老师一起等着我来共进午餐。赶到二餐后，大家果然都在等着我，黄老师也为每个人买好了柠檬水和双皮奶。由于早已退宿，回到鲁大校园后的我"无家可归"，好在 111 宿舍善良的姐妹们收留

芳菲未尽

了我。她们递给我一个大信封，我疑惑地打开一看，里面竟是黄老师为全班每个人准备的毕业礼物：他让我们在大一入学时写的《初心与理想》表格、每年的年终总结、大学16个季度推荐的180本课外阅读书目、手写祝福的石榴花明信片。简直是个值得一辈子珍藏的"时间囊"，装满了我们在人生最美年华中的成长记忆和他对我们未来之旅的期许。他在课外阅读书目最后写了一段话："愿这180部书籍，成为大家在人生旅途上的守护神和守夜者。愿大家永远阅读，永远创作，永远深情，永远审视，永远朴实。愿石榴花永远和我们在一起，'五月榴花照眼明，枝间时见子初成'。"

我因身体原因在大二时便搬出了宿舍，温馨美好的集体生活于我始终是奢望。可没想到，在鲁大的最后一天，我竟有机会做她们的"一日舍友"，在那个温馨可爱的小小房间里，感受与朋友们促膝而坐的温暖。那天的111宿舍，还剩鸿岩、心慧、陈艺、路棣四位同学在校，我坐在她们之间，大家有一搭没一搭地聊着天。鸿岩还是像我初次见她时那样开朗，活脱脱一个小太阳。我最佩服她永远能保持恰如其分的热情，让人既觉得亲切，又不会因过分亲密而感到尴尬。心慧是一个文静的女孩子，我与她接触的机会并不算多。那天我坐在她身旁，恍惚间觉得身边坐了一位温柔尽责的语文老师，一问才知道，她竟真的有做老师的打算。我听后开心不已，仿佛看到了她站在讲台上对着小朋友们莞尔一笑的样子。我对陈艺的印象，始于刚刚转到文学院时我向她借的那份《现代汉语》笔记，一翻开那份字迹工整、排列有序的笔记，我便断定她是个爱学习又会学习的学霸。每每见到她，我总会感到莫名亲切，却又想不通个中缘由。直到那天，我坐在她对面悄悄观察了许久，才猛然想到她与我幼年时在姥姥家结识的玩伴有几分相像。我与这位玩伴已有近十五年未曾相见，可如今我竟能在一位来自他乡的朋友身上觅见童年的影子，这不得不说是一种缘分。这四人中，我与路棣交往最密。说是交往，其实也不过是身为学委的她不厌其烦地提醒我交表格、交作业，解答我的种种问题。这四年来，丢三落四的我给她和其他班委添了不少麻烦，可她们却始终给予我家人般的耐心。记得刚转到我们班时，便有邻班的好友无不羡慕地说："你知道吗？你超幸运，这个班的班委都可好了！"现在看来，这话千真万确。那天在与路棣聊天的过程中，我惊喜地发现我们之间有着诸多相似。我们喜欢的老师相似，待人接物的态度相似，常用的社交平台相似，甚至连衣着也有几分相似。如若我们能早一点坐下来聊聊天，或许有机会成为关系更加亲密的好友。

从111宿舍离开时，夜已经深了，复杂的情感在我内心升腾交织——我一面感叹时光匆匆不忍离别，一面又觉得自己像是大一新生，刚刚结识了一群可爱可亲的舍友。起点和终点在宿舍楼窄窄的长廊中撞个满怀，为我的鲁大生活画上了句点。

随着毕业典礼的结束，各项毕业手续的办理也告一段落，我便开始着手整理姥爷的自传。这份自传被写在一打泛黄脆弱的信纸上，被姥爷整齐地摆放在橱柜里，同他手写的笔记、论文以及记录了特殊历史时期的报刊一起静静躺了五十余年。每当我看到这份尚未完成的自传，看到那颗永远等不来下文的逗号落寞地躺在方格的一角，心中便五味杂陈。有时我会突然亢奋，坐在电脑前整理几个小时而不觉疲惫，有时却又感到焦躁不适，两股间仿佛有蚂蚁在爬，逼得我站起身来在屋子里来回踱步，最后索性"啪"地合上电脑，跑到户外透气。在户外清新空气的安抚下，我的脉搏逐渐平稳，轻轻转身，恰巧迎上蔷薇的小小笑脸。这时我才发现，出租屋附近的栅栏，早已被似火似锦的红色蔷薇团团簇拥。我不禁四处张望，原来家属院里各处盛开着鲜花。英姿挺立的蜀葵花，明艳大气的粉芍药，娇小清纯的白玉堂……她们才不理会春天是否已过去，就这样大大方方地奉献自己的美丽。"阳信四月芳菲尽"，原来是"转入此中来"了。我追随着斑斓的色彩一路走下去，同每一朵花问好，脑海中不合时宜地蹦出了萨特关于存在的有限与无限的观点——生存者的生命在时间中发展，于他之前和之后创造了无限的过去和未来，因而物种的不朽同他的个体有限性息息相关。我们就这样在矛盾中不断追求，不断缺乏，又不断超越。四月不是花季的终结，在烈日之下依然有花朵延续着烂漫与芬芳；死亡不是生命的终结，在姥爷的每个子孙后代身上，都能发现他的影子，我们正在以自己的人生，续写他未完成的传记；毕业不是故事的终结，同学们曾相逢过、陪伴过，便会有一种琐碎的牵绊跨越千山万水，永恒存在下去。

芳菲未尽

359

在分别后的岁月里，在世界各个角落的我们，将用一言一行继续书写属于汉文本1801班的班志。

在五月的最后一天，我来到了养马岛。这是书含的主意，她说能看一次海上日出真是浪漫至极。只可惜夏季的日出太早，当我在养马岛的民宿里醒来时，东边的海平面上就已透出微微光亮。我连忙贴到窗边沿着微光望去，只见海天交界处，一抹乌青色、一抹烟粉色、一抹亮橘色依次铺开，在那青与粉相逢之处，一颗蓄满能量的赤橘色球体正以一种惊人的速度升腾起来——我眼睁睁看着它从只露出一点点额头到展现出大半个身子，只是低头找手机的功夫，它便整个挣脱，将金色光芒泼洒向大海，刹那间，天地各处一片明媚。

就这样，太阳升起来了，六月来了。

（秘若琳）

密涅瓦的猫头鹰

> 在漫长的西藏之旅即将结束的前夕，荣赫鹏上校独自一人骑马来到了纳木错湖边，在念青唐古拉山的雪峰之下，荣赫鹏上校一度忘了自己置身于何处。他仿佛感觉到自己的许多根深蒂固的观念，甚至包括时间本身在进入西藏以后都发生了不可思议的变化。

听完弋舟老师的线上报告，作为主持人，黄老师隔着屏幕，忍不住向大家朗诵起作家格非短篇小说《相遇》中这段时空交融、高远神秘的句子，他似乎也在真实的时间山川中感受到一种寒冷的静寂与莫名的眩晕。比如，眼前是持续了四年的石榴花大讲堂第 42 讲，而明晃晃的窗外，则是因为小区改造而被挖掘机连根拔除的几株石榴树，含苞绛英与翠绿枝条如"花钿委地无人收"。想当年，它们曾是石榴花大讲堂的重要源头，陪伴他生活了多年，就像他陪伴他们一样。

四年前，在风裁柳叶的春日，他结束在北京一年的借调工作，回到烟台后，觉察到内心发生了重大变化，很想把这番在读书、做事、成长中冶炼的体悟，像点灯一样逐个点燃其他烛火，于是主动请求学院让他再担任一届班主任，用四年的时间彼此陪伴、相互照亮。九月报到那天，他去迎接汉文本1801 班的新生，青空如恒星般照亮人头攒动的北区操场，空气中杂糅着草木香气和苦战高考后归来的快乐气息，一群青春脸庞陆续出现在眼前。他提前打扫布置好教室，甚至有些神经质地坐在前排椅子上，考虑了下灯照和课件明暗的问题，就像一幕没有彩排的大戏要在灯火楼台开演，而他认为自己要负主要责任。

当夜，夏风吹进窗棂，拂动少年们的眉睫，在第一次班会上，播放一首《再见，昨天》后，他说："同学们，今天是汉文本1801初相逢，就像一本书翻开了第一页，蝴蝶开始扇动翅膀，不知会刮起什么样的风。这也许是我们命中注定的相逢，也许是博尔赫斯所说的小径分叉的花园，就让我们平心静气做好自己，等待时间的谋篇布局。从2018到2022，我们一起成长，现实就是实现。"军训结束后，他在第二次班会上提出几项计划：与全班每位同学聊天，举行两场讲座帮助大家认识专业和阅读，要求每位同学撰写四年的年终总结、建立班级微信公众号、每位同学轮流撰写"班志"。那么，班级公众号要取个什么名字呢？面对同学们提出的"一班最帅""一班最美"等名称后，他哭笑不得，下午在家中来回踱步，无意间瞥向窗外几株硕果满枝的石榴树，随即继续思来想去。蓦地，他想起一首古诗，"五月榴花照眼明，枝间时见子初成"，思绪也随之眼明心亮起来；又想起"春阴垂野草青青，时有幽花一树明"，于是班级公众号的名字产生了："一树榴花照眼明"。

紧接着，蝴蝶效应一发不可收拾，"石榴花"似乎成为一个图腾符号，衍生出一系列活动，如一条激流，席卷着这艘装满43颗心灵的方舟漂向令人不知所向却兴奋颤栗的汪洋。直到他们毕业前夕，他不无骄傲地在班内宣布，经过大家的互相陪伴，以班级为基础，石榴花读书堂绽放了"十朵金花"，包括石榴花大讲堂、《石榴花》杂志、石榴花观书会、石榴花小讲坛、石榴花访修营、石榴花书评影评随笔大赛、石榴花阅读推广服务基地、石榴花学术调研课题、岭云讲堂以及正酝酿成立的中学报刊研究中心。这段时间，他对石榴花读书堂2020级的吕致远、王佳楠谈及一个"双向奔赴"的计划：一方面鼓励社团成员、中学师生、实习生、毕业生将全省中学的刊物定期汇总到鲁大，便于我们研究分析中学生的阅读写作需求，有的放矢地服务"全民阅读"和乡村教育振兴；另一方面也将《石榴花》杂志赠阅给全省16市各两所乡村中学，用石榴花的理念、方法和模式来激励高中育人方式改革。

后来几年中，他时常想起那个灵光乍现的下午，总会有种错觉，不知是每天习以为常的石榴树还是日常读诗的习惯刺激启发了石榴花班级和社团的出现。若从索绪尔的观点来看，人类思想受制于自己发明的语言符号，可在黄老师看来，语言符号也为思想提供了新疆界和新载体，从这个角度言之，石榴花只是一种精神的寄托物而已，重要的不是形式和外壳，而是其背后的信念。

无论如何，自从 2018 年起，无论是在校园还是在小区或是外地，他和班里同学只要看到石榴树就会心生雀跃，感觉异常亲切，两个孩子也常拉着他说："爸爸，看，石榴花！"就连远在云南蒙自的朋友叶少飞也多次邀请他前去观赏四月盛开的石榴花，仿佛他和全班同学已与石榴花融为一体，不分你我。

然而，石榴花大讲堂第 42 讲的结束和窗外石榴树的倒地，也让他"一度忘了自己置身于何处"，电脑桌面右下方的"5 月 28 日"在敲打提醒着他：时光已逝，到分手的时候了。

一

5 月 30 日正式进入榴月，榴花在校园几处角落半开微翕，红如明火，在万绿丛中点缀着。黄老师从开发区驱车半个小时来到学院办公室，先从肩包里取出电脑，再冲上一杯花茶，在本子上列出今天要完成的几项事情，然后逐一解决。这构成了他在单位每天晨钟暮鼓的生活常态，琐碎、寡淡、沉闷，同时也明快、专注、从容。工作九年来，虽然面临各种压力，但他感到幸福与平静随时在日常之中。比如再忙碌或烦恼的一天，只要抽出一本书来读一读，哪怕只有十分钟，周遭一切都可以瞬间忘却；学生来访咨询问题，哪怕花上两个小时即兴解答，看到学生身心变得轻松，他也觉得心灵像杯中茶叶舒展安详。

平心而论，他感觉自己并非一个勤奋之人，许多时候有些疏懒，做事也比较拖沓，他更喜欢散淡地读书、散步、旅行，冷观宏大之物，细察微小点滴，闲暇时分，写点好玩儿的文章，读些古奥之书，与好学深思、真实有趣的师友一起聊天，便是他最惬意的时刻了。从清贫的农家走出来，苦读二十年之

密涅瓦的猫头鹰

后，他所追求的理想生活，难道不正是可以自由无拘地阅读写作、修习心灵的日常吗？这似乎是他在书中与无数伟大心灵对话后得到的启示。虽然高校并非世外桃源，在安定从容中同样充斥各种紧张、无奈、诡谲、争斗，但除了生存和毁灭外，还能有什么事值得动心或忧惧呢？管他呢。对于学术研究，他既没有觉得至高无上，也没有功利性地汲汲于此，他视之为一种锤炼阅读和眼光的重要途径。无论在工作还是假期中，一旦可以自主安排时间，他就迫不及待地阅读各种"闲书"，心中荡漾湖光山色，脑海响起诸神交战。他眼中的"闲书"，是跟当前关注的研究问题无关的书，大多是各学科的论著，以史学、哲学、社会学、人类学居多，其他则是古书、小说等。他有种强烈的体验，内心枯涩或写作枯竭是因为灵气被消磨、想象力被掏空了，思想的穿透力也成了强弩之末，所以必须要跳出来，多读点"闲书"好好休息下。也许正是因为这些"闲书"，才会在研究过程中不断涌现一些顿悟的时刻。时至今日，他不太关注研究某一个问题的意义，而更加关注研究本身对生命体验的意义。

他认为比起那些现实关怀或宏大意义，自己从事学术研究，更关注对探寻本身的探寻，读的一流作品越多，就越有种跃跃欲试，想看看自己的思想穿透力能到达怎样的疆界和极限，就像一个从未醉酒的人，总想探测下自己到底有多大量。同时，他认为多读学术论著，形成研究性思维，有利于认识自己、主宰生活。工作以来，他观察到不少学生所谓的爱读书只是爱读小说而已，不少热爱文学的学生反而内心过得并不快乐，是什么原因呢？他认为还是缺少人文社科经典而非文学经典的阅读，缺少学术写作而非文学写作的训练，以至于总是忙于内心的搏斗而忘记了走向世界的观察和探索。"要有人文气，莫有文人气"，这是他在博士毕业时的一番深刻体会，在四年前第一次见到汉文本1801班的新生时，他也分享给了他们。

这一天，他主要忙了三件事：接受两位传播学专业同学的采访，受商务印书馆朋友之邀写推荐意见，发布2021级文史哲融通创新基地班招生简章。两位同学问了他求学时期的苦乐、当年创立石榴花的原因等，当问及偶像是谁时，他不假思索地说梁启超，若再加上一个，应该是钱穆。其实，从十八年前军训期间当他在聊大四月天书店买到那本钱穆的《晚学盲言》时，他从未想到今后他的作品将一直陪伴激励着他，最终引领他进入史学研究之路。而梁启超成为偶像是在 2017 年，那一年，他去了新会和天津，分别是梁氏的故乡和归宿，猛然发现了其作为近代圣贤和模范父亲的角色，"无负今日"也成为他的座右铭。

晚上，班里的冶成鑫同学从青海用微信发给黄老师一封信，他失落地叹息未能前来参加 5 月 27 日的毕业典礼，"大一军训结束教官没有同我们告别就离开了，他消失在十四亿人海中，我惋惜于他的不辞而别，不成想四年之后自己也以这样的方式离开，不知有几人会惋惜，也不知有几人念我。我从未想过会以这样的方式告别，毕业！"他回顾了大学后的心路历程，说"大一初到烟台这座大城市，我像是刚长羽毛的雏鸟，雏鸟虚张声势只为应对它没见过的危险情况，而我虚张声势只为掩盖从大山来的自卑"，而班委和文学院足球队队长的经历让他变得很自信。他说在看着毕业典礼直播，在手机屏幕前哭得稀里哗啦，说"老师，您知道吗？您曾说你有两个你，一个是班主任黄老师，一个是修志同学，我忽地明白了您为什么总能在关键时刻说出关键的话语，因为你是和我们一同前进的，是真正带着我们成长的"。读了几遍这封信，黄老师望向窗外的高楼灯光，眼前浮现出那个在祁连山上跃马驰骋的少年，想起在李士彪老师主讲的那期石榴花大讲堂上，成鑫野马不羁地拍着桌子狂笑不已，想起那个深夜与之商讨如何解决班内一位同学面临的棘手问题时，他主动提出帮忙去解决："我在所不辞。"

次日一早，黄老师做完核酸出门，给研究生上完《中国古代哲学与智慧》《中国思想史》后，中午汉文本 1901 的张奕璇同学前来求教考研问题，她浓浓的口音不时让他以为在跟东北学生聊天，以前车红梅老师常对她说"咱东北啊……"她第一次会纠正下"老师，我是河北的"，后来车老师再说，她就笑着默默地听。奕璇原是《贝壳》学生主编，黄老师还记得有个冬天夜晚，开车带着她、唐叶婷等几位同学到开发区高级中学做阅读推广活动，赠阅给师生不少《贝壳》《石榴花》杂志。

下午，韩鑫月来访，说打算明天就离校，过来再跟班主任聊聊。招呼他

密涅瓦的猫头鹰

坐下后，黄老师冲上一杯茶递给他："鑫月啊，近来感觉怎么样？"鑫月沉吟半响，像时光的榨汁机一样说着近来的感受。在黄老师看来，鑫月爱阅读爱冥想，他曾发给自己两封均超过一万字的长信，有时常会思考一些不被注意的日常，在考研时曾说起："老师，人类真的很卑微，我常仰望星辰，它们都存在亿万年了，咱却连一棵树都比不上，一棵树都能活个上百年，人早就没了。我常常观察小鸟从这棵树跳到另一棵树上，它有这样的跳跃轨迹，人应该也有类似的生活轨迹吧？"

"四年来，有没有印象特别深刻的任课老师呢？"

"印象最深刻的还是徐润拓老师的课，他互动不多，基本都是自己在讲，但那才是真正的课堂，每次我都坐在最前排。还有就是张传东老师的课，他不疾不徐，那次他吟诵古诗，还深情地唱了出来，真让我很受打动。"鑫月仿佛仍置身于当时的课堂中。

"那四年来，有没有读书时的美好体验呢？"

"很多。有次是在演播厅读马克思的《1844年经济学哲学手稿》，当时感觉天地寂静洁白，感觉我和马克思在湖心亭看雪喝茶谈心。读着读着，我就哭了，哭着哭着，我又笑了。没想到这本书竟然激发了我强烈的生命情感……"他滔滔不绝地说着，令黄老师顿时心头一热。

"鑫月，对咱班的同学和班委感觉怎样呢？"

"他们都很好……现在我感觉赵婉婷，就像军营里的一个老班长，老班长一走，我们这群老兵好像心里没着落似的。"

黄老师想，鑫月在大学时光尽头的这番体悟意味着什么呢？这意味着青春的洪流过后，尽管漂浮着各种难言的遗憾、隐忧，但都会随着成长而渐渐落潮和消褪。他更加确信这是一个思想的轻骑兵，想到这里，他把王述巍从这里借阅了四年的木心《文学回忆录》赠给他，希望他能在今后与一个更好的谈话者交流。

汉文本1801班有三个男生：冶成鑫动如野马，笑声爽朗；韩鑫月思想深沉，神情凝滞；马子梁严肃少言，目光坚定。对一些思想深沉的男生来说，二十岁出头是一无所有的灰暗年代，卑怯、幻想、不甘、振奋混杂成少年们的底色。

黄老师记得马子梁真挚地说："老师，当警察是我一直以来的理想，我只想成为一个高尚的人，真的，我就是这么想的。"

除了这三位男生，还有位男生自称是这个班的编外人员，被闫晓涵同学称赞为"赤诚"的宋开乐。鑫月刚走不久，这位汉语本1802班的小伙子就捧着一盏灯来了，进门的场景让黄老师似乎看到了长信宫灯的画面。

"老师，你看，我插上电。"宋开乐笑眯眯地演示着。瞬间，方方的灯盏发出黄澄澄的光，开乐一手清俊的瘦金体字"打开一扇窗，照进一道光""满月弓弦，相约万年""石榴花"也亮了起来。黄老师转了转，好像一个走马灯，播放着四年师友与榴花在一起的画面，古色古香宛若穿越唐宋元明。

"哎呀，真好看！"文史哲基地班的杜丛裕在一旁惊叹不已。

二

路棣看了看手机，上面显示2022年6月1日，今天是儿童节，是上海恢复生产生活的日子，九月赴沪可期，也是与黄老师预约聊天的日子。毕业典礼前后，班里同学陆续来找黄老师告别和聊天，李玉啊，宿舍里的马鸿岩、陈艺、王心慧啊，早已聊完，前两天路棣来办公室请他填写表格时，适逢秘若琳刚刚聊完，她忍不住问什么时候可以聊聊，黄老师笑答：你走得晚，我会专门留出时间来。

正好九点，她敲门得到回应后，走进229-1办公室。黄老师正在电脑旁忙碌，示意她先坐下，然后打了一个电话。她环顾周围叠放整齐的书册，注视着前方北窗之外的松树、杨树在盛夏光年的毕业时节微微摇曳，仿佛在向时光致意。回想那些如风似水、榴花相伴的往昔，她与黄老师有许多聊天。最开始是在北区东北亚研究院的办公室，她聊起刚进大学时的困惑，在324现代语文学教研室聊起阅读宇文所安《追忆》时的感受，在历史文化学院咖啡馆彼此谈起同窗们未来应会在心灵高远明湛时相逢，后来在203古代文学教研室又多次和其他班委一起与他聊天，324、203见证了她作为石榴花读书堂编辑部部长与诸多同窗共同商讨、劳作的时光。2020年秋季大三开学后，黄老师常驻229-1办公室，但因石榴花换届、教育实习、考研等诸多因素，他很少打扰大家，聊天次数明显减少。四年来，时间流动不居，空间反复转换，师友间欣然会意的畅谈心情却一直朗润如初。然而，过几天即将告别这些熟悉的时间和空间，这次聊天注定是一次铭刻记忆的长谈。

挂完电话后，他抬起头，像看到一位老友似的笑了，他感觉此时的心绪是不是过于正式了？一直以来，他有种隐隐约约的感觉，这位静水流深、沉静如海的学习委员，是乘着时光之舟从未来暂时跳跃到现在的人，全班同学对她的印象会最终停留在她埋头读写的侧颜和疾走如风的背影中。她对文学与成长的思考，蜿蜒成活水江河，在流入大学后澎湃激荡不已，在渴饮书中的雨露后更如竹林一样凌空生长，酿入内心甘苦掺杂的酒窖。有同学说她高冷，就像《石榴花》中的文章艰奥，但她又是如此体察内心和日常，视许多无用的消遣为珍贵的事情，她曾将眼睛比为天然摄像头，将诗歌视为诗人的生命器官，用来发现世界隐蔽的一切。她喜欢拍云，无论是站在系楼六楼拍云还是在开发区实习学校拍海边的云都令她乐在其中。她善于捕捉平凡至极的空气、日光、雨水中的灵韵，深信即便我们看不到星星，但它们也在星空的褶皱里精彩着。无论上一级的闫晓涵、刘英琪，还是同级的宋开乐，都认为她是鲁大"余周周"，但黄老师在看了两集《你好，旧时光》后颇为自得：我们班的路棣比余周周更有沉思的青春该有的样子。这不仅来源于各种观察，也来源于各种心领神会的交流，从42篇班志的修改校对到《石榴花》杂志的编排，无一不渗透着两人为了全班同学及更多志同道合同学的闪耀成长而进行的合谋。

四年来，他看到这位"表里俱澄澈"的友生有着类似自己又比自己更明澈专注的影子，这让同样追求每年都应有思想更新和心境成长的他，面临一种欣慰的压力。于是，在那么多聊天中，除了作为班主任和学习委员之间、指导教师和杂志副主编之间的交流外，他与她之间的许多聊天都很郑重其事、客客气气，虽然多数时候都是他在说，不像是与闫晓涵、刘英琪、赵婉婷、郑嘉琳之间有那么多的嬉笑与互动。然而，他很明白，今天这次聊天其实是最后一次在鲁大的谈心，是平行宇宙之间的两个少年关于理想主义和学术人生的回眸与对话，他们都在河流之中，只不过一个暂时在前，一个暂时在后。她在四年的跋涉中坚守朴实平淡，同时又能从创作走向研究，那一首首清澈睿思的诗歌和一篇篇清雅老道的书评便是明证。对教师来说，学生是最好的作品，黄老师有时很庆幸于参与了这部作品的创作，虽然他知道，这应该主要得益于原生家庭给了她足够的安全感与想象力。

记得初夏之时，因为疫情，他被隔绝在校外，与路棣在传递书本时隔栏对话，彼此都在担忧这是否是毕业前的最后一次交谈，就像赵婉婷未能等到学校宣布解封就倏然北飞。等到教学区解封后，他不仅在北区操场听了一夜106 宿舍和 111 宿舍的演唱会，《杀破狼》《我们的爱》《遇见》《再见，昨天》《后会无期》《稻香》《小幸运》都流淌成大学四年的主题曲；在郑嘉琳邀请下，还与几位同学在南招小酌倾谈五个小时，当服务员几次催促离开时，他只想能多待一秒是一秒。这场疫情多么残忍，阻隔了那么多青春的成长和心灵的交融，还能有多少时间可以虚掷和疏离呢？

快九点二十了，他看了看时间，虽然有一整天的从容，但仍觉得时间短促，他现在就是要把所知的紧要事情倾囊相授，从研究方法、学术规范、论文发表、期刊生态、读研建议到未来设想，似乎在"面授机宜"。他谈起好的作品应该有着"清雅之气息，疏朗之格局"，谈起了好学深思的黄睿对石榴花诸生的榜样作用，她此刻在江南读博，是一颗深造自得、勇猛精进的读书种子。追忆往事，他又说起在武汉和上海遇到的一些师友。对了，上海，她即将踏上他读书求学的大本营和原力觉醒之处。她考入上海师大，黄老师深信她也会创造属于自己的黄金时代。他说起自己与上海师大的缘分，考博复旦前曾在文锦路旁的宿舍楼里居住几天，那天日暮时分东区琴房的那片钢琴声还在他脑海里萦绕，读博时曾有一学期每周乘坐 3 号线来上海师大旁的教辅机构做兼职。聊着聊着，又谈起以前读研读博时看过的一些电影，比如杜琪峰《树大招风》更像一场精致的史学叙事，而张国荣《异度空间》更似一部温馨的心理电影。时间宛若一个巨大的容器，装载着不舍昼夜冲积而成的记忆、情感、感觉、意识、观念洲屿，最终沉睡或漂浮在脑海中，供人们在平静或焦虑时提取或检索。当黄老师肆意从这个容器中肆意提取材料时，深感"运思的人越稀少，写诗的人越寂寞"，时而思维跳跃，时而久久凝思，他几乎忘记了时间本身的存在，以至于这次长谈直到下午四点才曲终人散。此时正是下课

369

密涅瓦的猫头鹰

时分，黄老师在门口挥挥手，目送这位穿着白色衬衫、扎着简洁头发的学生没入人群。

在路棣看来，大学不仅是她生命的断代史，也是她的心灵通史。这次长谈不仅是师生之间对四年不凡岁月的致敬，关乎汉文本 1801，关乎石榴花，关乎少年成长，关乎理想主义，同时也似乎是一种对未来之路的印证或确认，她感觉过去成形与不成形的所思所想都从黄老师的聊天中缓缓流出，心中充满了无法言说的惊喜。她曾说，班主任总是带给自己一种美好氛围：少年情怀的笑意妙思、略带倦容的心海潜流以及与书擦出的智慧花火。

在黄老师看来，他感觉路棣比当年的自己做得更好，更坚定更平淡，有理由在未来遇到更辽阔的世界，更从容的心灵，更美好的师友，更恬淡的风景。他常评价路棣是一个"静默如谜"的人，这句话出自辛波斯卡的《万物静默如谜》，但他所谓的"静默如谜"并非令人捉摸不透，而是一种在坚守沉静渊默的本色中追寻辽阔深邃的无限性。她有着丰富而敏锐的自我觉察，说四年来确实问心有愧，因为以机械的勤奋干了不少为履历增色的事情，自己却无法获得深刻满足，便钦羡读"无用书"、做"无用事"的状态。这段表述反而更加印证了黄老师对她"静默如谜"的判断，因为辛波斯卡的《履历表》曾有类似意涵，对此，诗人杨照曾评价道："我们人生这么长，为什么履历表那么简短？我们身处、看过的丰富风景，为什么要由无趣的地址来取代？对我们一生影响最大的记忆，包括爱情、朋友、梦，还有狗、猫、鸟，为什么在履历表里都没有位置没有意义？我们参加了怎样的团体、用什么手段获得了怎样的光荣头衔，为什么过程、动机统统不重要呢？"

三

将芝罘区与福山区分割开的夹河，载着满河光亮与两岸草香，静静流向北边的大海，这是烟台的独特风景，因为中国的海滨城市大都东面或南面靠海，很少有北面靠海，这也使他站在金沙滩上观海时不会看到逆光。那年五月，当他与晁老师从上海来到烟台开发区，向前轻轻一走，整个大海仿佛湛蓝星空一般映现在眼前，太阳在背后为这幅油画打着光。从那一刻起，他们就决定住在烟台开发区，没想到一住就是九年，多少次临风望海，总感觉宛若初见。

九年来，他太熟悉这条夹河了，每个工作日都会越过夹河，穿过黄金顶隧道来到鲁大，可谓跋山涉水，下班后只要过了夹河就快到家了。

将车停在学院楼下的梧桐树下，他刚得知111宿舍的马鸿岩、陈艺已经离校，感觉有些突然。打电话时，马鸿岩刚坐上长途汽车，陈艺正在火车站检票，两人原是朝夕相处亲密无间的舍友，如今已各自奔赴不同旅途。马鸿岩总饱含一股淳朴的古道热肠和乡土人情味儿，人称"马总"或"岩岩"，脸上总是挂着笑眯眯、暖融融的神情。陈艺则始终保持安静的专注，人称"艺姐"，与"棣哥"并列，他认为两人是全班心智最稳定、内心最专注的"双子星座"。111宿舍堪称模范宿舍，作息齐整似军营，气质沉静如一人。毕业典礼结束后师生七八人在二餐吃堂食，他问马鸿岩：你们如何称呼孙玥璠、杜志敏、王心慧呢？马总说"璠璠""老杜""老王"，他笑得差点喷饭：你们真有意思，给自己起个这么高大上、小清新的名字，给人家起什么老杜、老王？

回到办公室，他收到几位同学的赠言和赠礼，潸潸不已，很是骄傲地把它们布置为办公室的风景。大家闺秀的王心慧捏了一瓶子小星星，不知花了多长时间，她说"是您同我们一起度过了这独一无二的大学生活，再也遇不到像您这样的老师了"。孙玥璠很神秘地说会在后面赠送一幅自己写的字。马鸿岩赠送了一瓶永不凋零的石榴树，有花有果，耀眼夺目，瓶中之沙是她和陈艺在北区操场挖的，她改了一句歌词说"又到石榴花开放的时候，想起某个好久不见老朋友……"杜志敏虽早已离校，但绘制了一幅硕果累累的石榴枝，深红浅黄的石榴果似乎是在无人知晓的寂静秋夜默默长成的。志敏在大一时就画过一幅如霞胜火的石榴花，后来成为《石榴花》杂志创刊号封四的配图，昔时"枝间时见子初成"已然变为"枝间满是果繁成"，与马总的石榴树相得益彰。从蓓蕾初绽到花开荼靡再到榴果累累，他们一起走过了四年。志敏说荣幸于"在广袤的空间和无垠的时间中能够与您共享同一颗星星和同一段时光"，她还留下一个山水氤氲的茶盘，正好与从前黄睿赠送的五盏茶杯和朋友赠送的茶壶搭配在一起。时间的风何其多情，越过山岚，将几种缘分吹在一起，凑成了如此合璧为一的茶香。后来他得知，这背后有着刘英琪的贴心参谋。马总说送一盆石榴花吧，英琪说："算了吧，黄老师养不活的，不如来个不枯不落的。"老杜问：除了画还能送什么呢？英琪想到一个冬夜与二三子来办公室喝茶，说："以前他给我们倒茶时，壶嘴常常滴水，他几次用纸巾擦，不妨送个茶盘吧。"

英琪虽是 2017 级学生，却可以用她的感悟抚慰激励所有人，甚至包括黄老师。有次她在新年贺卡上写道："您不要担心，美好事物是殊途同归的，您肯定既是一个好老师，又是一个好父亲的。别忧愁聚散，又何惧放胆，让幽邃夜晚，静躺入空山。"她就像一个超级联系人，尽管已在北京读研，却仍与汉文本 1801 及石榴花的小友保持着紧密联系，无怪乎老杜在毕业论文后记里对她深情致意。

下学期即将入学中央民大、成为英琪学妹的赵玉倩留下一套《典籍里的中国》纪念藏书票，黄老师拆开一看，有点类似《西游记》中经折装的"通关文牒"，展示着《尚书》《论语》《史记》《天工开物》《本草纲目》中的善本图文。毕业前与马总等人成为一日舍友的秘若琳留下一封信，述说着四年来的心境变化，黄老师想起她经历的挣扎，兜兜转转，上下求索，回头想来，那些慌乱却从未放弃的岁月，都熔铸成青春中扎实的成长。

默默读完同学们的信后，他擦擦眼泪，整理了下还有几个宿舍没来领取的毕业证和学位证。过了一会儿，宋开乐来告别，黄老师知道他立志在古典文献方面有更大追求，考虑到他可能读论著较少，就赠给他一本姚念慈的《康熙盛世与帝王心术》和一张石榴花明信片，明信片上写着"愿榴花与你同在"，化用于《星球大战》著名台词"愿原力与你同在"。

"开乐，知道吗？我手写了 42 石榴花明信片，写完之后，感觉还少一张，就给你写了一张。"

"谢谢老师，我与汉文本 1801 班同学相见恨晚，他们很多人都很优秀，都值得我学习。"宋开乐回忆起在翰墨缘书法协会认识王述巍和吴岐雯，在"人在鲁大"公众号上第一次读路棣散文《再一次》，在语言学课上认识旁听的陈艺，在 2021 年负责乡村教师暑期研修班会务时结识孙玥璠、马鸿岩、郑嘉琳的场景。

"你们班同学也都很优秀，徐艳华老师也是费了很多心血，听说你们班17位同学考上了研究生，令人佩服。"黄老师安静柔和地望着开乐同学，他想起两人曾在烟台山上雨幕蔓延的咖啡馆里对谈两个多小时的画面，不知为何想起了《琅琊榜》中梅长苏送别萧景睿的祝福："我真心希望，你可以保持这份赤诚之心，可以得到更多的平静和幸福，因为那都是你值得拥有的……"

"听说你和王述巍、路棣、王书含都在淄博市区，感觉好多同学都来自淄博啊。昨天路棣曾告诉我，那天106宿舍走的时候，她和述巍并没有分别的感觉，因为回到淄博后随时都可以见。其实你们也并未离开彼此。"

"嗯，是的老师，我们离得都很近。不过……怎么说呢，女生之间确实想见就可以随时约出来见，逛街啊，聊天啊，很容易，但男生和女生之间如果想见面，就有很多顾虑了。"宋开乐轻叹道。

"哇哦，是吗？"黄老师笑而不语。

挥别宋开乐后，马云飞、徐波月、孙雨亭、李美毓前后脚来访，他端出茶盘，沏上四杯青海花茶，铺开一盘五颜六色的豆糕点心，围坐一起聊天。

大一入学第一次跟马云飞聊天时，黄老师夸她的名字有意境，即兴改造了岳飞的诗，"好山好水看不足，马蹄催趁彩云飞"。她作为组织委员，和团支书陈奉泽、宣传委员孙雨亭以及生活委员甄鑫一起在大二大三用班费为全班各宿舍订阅分发了六种报刊。四月左右，云飞在考研调剂上与黄老师多次交流，她说："从考研到出成绩再到现在，我的心态和未来的设想变了又变，有时候特别难过，有时候也很庆幸，感觉这也是一种进步吧。我也是想了很久很久，尤其是面临毕业，更是悲喜交加。"黄老师欣慰于她能有此坦然体悟，回应道："考研并不意味着高尚，但若能体味到考研带来的内心翻涌，必是一种心灵财富。"是的，人生的紧要处就在于当陷入困顿时，"身处艰难气若虹"，夜晚中那些内心翻涌、辗转反侧的思绪都会刻在成长的界碑上。

黄老师看着马云飞和徐波月紧挨在一起，开起了玩笑："记得你俩一起在帝舞军团吧。咱班好像有好几位出双入对的姐妹，比如你俩，还有王晓晴、于洁、宋姝颖、于佳欣等等。"两人不好意思地笑了，马云飞补充道："还有赵婉婷、路棣！"这倒令黄老师有些吃惊："难道不是王述巍、路棣吗？"

徐波月已在家乡云南入职为语文教师，黄老师想起大一第一次班会上，她用糯糯软软的声音说起烟台的白云与云南的云彩有很多不同，在后山军训拉练时，黄老师聊天得知她来自云南昭通，说起了昭通学者姜亮夫先生，她随即眼前一亮："老师，我们中学就有一个姜亮夫教学楼。"其实她和姜亮夫先生是校友。大一上学期跟她聊天时，问及理想，她说想当一个编辑，过一种平平淡淡的生活，可以常到山坡上看云。黄老师赞赏不已，没话找话说，又开始即兴卖弄，品评起她的名字来："人如其名啊，清风徐来，波心荡，冷月无声。"可能正是应了"冷月无声"，虽然黄老师比较期待波月同学能多来聊聊，这样他才知道如何尽力引导走向自己想要的状态，但班内不少同学或许是由于从中小学以来就形成了对教师或班主任的一种充满惯性的距离感，四年来始终对黄老师一厢情愿的关切若即若离。疫情后的一次线上班会上，有感于此，黄老师特意请三位同学朗诵了《趁生命气息停留》中的诗句："快告诉我你的心声，就是现在，说出来，让我回应，该如何帮助你。在十二重高天的风起处，我将踏上漫漫长途。"

如果说同学们因为性格原因而不愿跟老师们交流，这是可以理解的，但他最担心的是，在从小学到高中漫长的以高考为目标的教育体制的侵蚀下，学生们早已沦为古往今来追求标准答案的应声虫，失去了省察自我、反思成见和追寻命运的能力，以至于在步入大学后仍在读书方法和观察世界上还保留着高考之前的强烈印记：非此即彼的思维定势、茫然四顾甚至感觉良好的自我判断。十八年前，当黄老师走入大学时，2004级许多"80后"朋友在高考的重压下已然对阅读失去了兴趣，想不出有什么热爱之物。如今，2018级这首批"00后"仍然没有多少改变，反而因为手机的便捷，碎片化的知识获取越来越多，通过阅读经典而去反思知识生成机制的能力越来越弱。有人说，谁的青春不迷惘？其实，这种迷惘应该是两方面的，一是安顿心灵时面对的迷惘，二是认识世界时产生的迷惘。很多同学只能试图以破除"空虚""迷茫"来满足低层次的心灵需求，遑论如何在阅读和实践中提出深层次的问题。

好久不见孙雨亭，黄老师说："雨亭真是辛苦了！大家每个月能在公众号上阅读咱班每一篇图文并茂的班志，都是雨亭精心编辑排版的结果。你们可能不太清楚，四年来，咱们撰写班志形成了一个成熟的流程：每位同学写完班志初稿后，会先发给我提修改建议，二稿完成后再发给我；我修改后发给学习委员路棣，路棣补充、校对后再发给我审定；我再发给雨亭，雨亭会通读一遍，结合相关照片进行编辑排版，也会纠正个别字词错误，最后推送；推送完毕后发到咱们班级 QQ 群，同时提醒下一位同学写班志。雨亭执掌运营咱班的公众号，不仅推送班志，还有学记、书目等等，做了不少工作，作为宣传委员，极为称职！"

孙雨亭脸上一红，笑道："老师过奖了，哪有？老师和路棣最辛苦，我只不过是最后一个环节做下包装而已。"

看到孙雨亭、李美毓穿着学位服,他到洗手间刮了下胡子,回来后说:"来,咱们挨个照张相吧！"气氛一下子变得温热起来。他已没有了毕业典礼结束后的兴奋、伤感和疲倦，好像窗外和屋内都像雨后丛林从喧闹走向静谧，一条明亮的小溪从山间流向瞳孔，大家都浅笑着看着手机镜头。

该和李美毓拍照了，她走过来，一把挽住黄老师的胳膊，这让他有些诧异，见她如此自然而然，瞬间被感动得眼角湿润：这个他一直担心的学生，几次被他安排在班会上分享感悟，看似柔弱、懵懂、被动，其实一直都懂。

四

6 月 3 日是端午，白昼越来越长，晚上七点半才暮色四合，烟台又因在胶东半岛东端而天明很早。早上五点左右，黄老师就被纱帘外的天光照醒了。

他来到学院 322 阶梯教室，团总支张哲老师正让各班抽调还未离校的两位同学整理填装每位同学的档案材料。路棣、杨聿艳忙活了一上午，全班 42 位同学从高中到大学共七年的学业数据就这样汇集完毕。在南招和两位同学吃着午饭和粽子，黄老师有些出神，话少了很多。三人步出餐厅，即将走到学院对面林荫道上的岔路口时，日光强烈起来，照得眼睛睁不开，黄老师说："路棣，咱们就此作别吧，一路顺风。"

下午在教务办碰巧遇到汉文本 1802 班的杨睿，说想与黄老师合影。黄老师说要不来办公室聊聊吧，他记得杨睿曾联系自己当学业导师，可惜那时

密涅瓦的猫头鹰

名额已满。杨睿是四川南充人，说话却没有口音，一脸敦厚有点小调皮的笑。杨睿也在翰墨缘，与王述巍、宋开乐很要好，他古文功底很是深厚，曾在詹今慧老师的古代汉语课堂上写出一篇《虎符赋》，艳惊四座，发表在了《中华辞赋》上。黄老师还记得王述巍曾请他为石榴花读书堂刻了两方印，第一次把人名和脸对起来是在天桥振华超市旁，当时他正与韩鑫月散步。

办公室里没有其他同学，黄老师到走廊里寻摸一会儿，到处都是考研背书的学生，可惜人已换了面孔，多数不认识，正好看到文史哲基地班的胡臣，就请她来为两人拍照。

"记得你是大一下学期从农学院转专业来咱学院的，那你认识我们班的秘若琳吗？"

"认识呀！她考了全级第一，我考了全级第二，所以我俩都来文学院了。不过人家比我厉害多了！"

"这么谦虚？我记得年前你期末考试结束时，当时我在监考，你偷偷向我展示了下写的一篇新赋，叫《求佳人赋》，刚看了个开头，又被你盖住了。不知道最后你送出去了没有？"

"哈哈，老师，我送出去了。"

"最近还有新作吗？"

"有的，我还有篇《蚕马》和《鼓腹赋》，回去后我发给您。"

"好呀，我好好拜读下，杨睿，比较遗憾大学四年没跟你好好聊天，还好能在你临走之前能正式交流下，真是'自怜湖海三年隔，又作尘沙万里行'。"

6月4日周六这天，他带着家里的两个小朋友四处逛逛，小伙子在儿童节入队了，转眼间已成大孩子了，小姑娘也马上三岁，暑假后就去幼儿园了。下午来到金沙滩海滨公园，一丛丛石榴花开得热烈炽热，他想起梁咏琪的《花火》。黄昏时分，一家人来到开发区亚东七号，墙上写着"我们如此热爱烟台"，舞台上的乐队唱着《后来》《晴天》以及零点乐队、黑豹乐队的老歌，他在狂欢的萤火棒中又陷入到离愁别绪中，他想起了汉文本1801班，从前总觉得应该还有时间，其实是自己不明白：他们都是求学的客人，只是短短四年路过烟台而已，就像一阵风，拂过青翠山岗后，注定要四处飘散，只有自己尚可随着心情久居一些。

6月5日上午，宋开乐发来微信告知已经离校，他发给黄老师和石榴花读书堂的朋友们一首自己撰写的《寄石榴花诸友》：

> 春风苦短牢骚盛，且喜榴花满甸芳。
> 映破绿云凌赤雨，一腔珠玉胜红妆。

他还翻译了下："苦于春风短暂，良辰须臾，满目皆是余恨牢骚，好在榴花正盛，暗自称赞。你看，它剥开如绿云般的枝叶，又恰似红雨，倾洒其间，如此盛景自然可爱，但相比它满腔珠玉般的果籽，似乎又略逊一筹了。"比起"红妆"榴花，我们也要看重"珠玉"果实，在黄老师看来，这首诗很有叶芝的味道，"奈何一个人随着年龄增长，梦想便不复轻盈，他开始用双手掂量生活，更看重果实而非花朵"。

下午，陈艺发来微信说留下一个靠背枕，希望能帮助我们黄老师缓解久坐疲劳，她说："今天路棣棣也离校了，南一111的2018级住户全方位撤退啦。会有下一个111，但应该再也不会有下一个像我们这样的111了。黄老师，我们后会有期！"

关于陈艺，黄老师对她的认识经历了一个慢热的过程。她乍看并不耀眼，也从不显山露水，却在日常中保持着罕见的专注和定力，笑容中也洋溢出难得的质朴与热诚。等黄老师渐渐觉察到她这一品格时，忍不住好奇她的中小学经历，她的回答很是纯粹："老师，其实也没啥，我从小到大只是觉得既然学习，那就专心学好呗，啥也别想。您说我内心安静，我觉得跟路棣不一样，她是那种思考深沉之后的安静，我是那种没心没肺的安静吧。"虽然如此，黄老师总会听到詹今慧等老师夸赞，"陈艺超稳"。北京语言大学王莉宁教授受邀做客石榴花大讲堂后，陈艺流露出对莉宁教授的崇拜之情，黄老师灵机一动，将那次大讲堂的整理工作交给了她，怂恿她报考北语。当陈艺以417分的高分考入北语后，黄老师又一次体会到一种创作的喜悦，他对莉宁老师说：看吧，咱们成为"亲家"了！读书的人生何其温暖巧妙，他把2017

密涅瓦的猫头鹰

年结成的学术友情，偶然间在2020年的暑期转化为一场雨水，落至学生心田，最终又在2022年延伸出另一段师生情。生活好像是一种相遇的缘分或命运，其实恰如林耀华先生在《金翼》中所说，上苍和命运都是人类社会和我们自己而已，正是同样好学深思的性情，人们虽然在天涯各处跋涉，但共望一轮素洁明月，迟早会在同一条路上相逢。

还记得5月下旬北区操场上的那场演唱会，夏风吹拂着青春奔跑的身影，在灯光闪烁的毕业生跳蚤市场前，黄老师、宋开乐及文史哲基地班的郑嘉琳、杜丛裕、吕思玥、吕致远听着106、111宿舍的同学们唱歌。陈艺穿了一袭浅色长裙，拿起话筒说："这首歌献给我们黄老师，他在我们大一入学第一天为我们放了这首歌。"伴随着牛奶咖啡组合的旋律，她唱起了《再见，昨天》："再见昨天，无论走了有多远，毕业的那一天，是思念的起点。和昨天说再见，挥一挥手说再见，谢谢你的出现，是似水流年最美最好的遇见。再见昨天，虽然已渐行渐远，我常常会想念，有你在的夏天。和昨天说再见，去更辽阔的世界，我期待着明天，在青空下等你再一次的出现……"

往事不可追忆，追忆必然伤感。黄老师第一次听到这首歌是在2018年夏天，那时他正与姜娜老师带着学院十三位同学在日本关西地区访学交流，他每晚都单曲循环这首歌，好像它成了那些天穿梭于日本大阪、京都、神户的画面的主题曲，师生在天守阁、清水寺、岚山、鸭川、中华街、异人馆、神户湾、祇园祭、伏见稻荷大社、天满神社、兵库美术馆、朋友书店、京都大学、京都外国语大学、神户外国语大学的笑声和身影都被融入到这首歌中。告别了昨天，明天又迎来什么呢？归国后，姜娜老师告诉黄老师："学院让我当传播班的班主任，怎么办？"黄老师说，我当汉文班的班主任，咱们一起共进退吧。四年来，黄老师与姜娜、袁向彤两位班主任交流最多，石榴花大讲堂和石榴花读书堂基本上就是在三人不断的交流与合作中逐渐成形的。对此，詹今慧老师曾问黄老师："为什么你们仨当班主任这么拼命？"黄老师笑着回应："自愿的，就像你上古代汉语课拼命一样。"可如今呢，四年前的那十三位同学已经走向欧洲、北京等地，四年来的姜娜老师，也已飞赴神奈川访学，只留下绵长的记忆给留在原地的黄老师，就像此时四年来42

位同学也要奔赴各地一样。

当陈艺唱完《再见，昨天》后，黄老师还沉浸于那年夏天的告别和秋天的相遇中。陈艺在明信片中写道："您所提倡的'打开一扇窗，照进一道光'，真的为我照进了那一道光。我不能确定，这道光能引领我在语言学这条路上走多远。但我能确定，这道光曾照亮我，也将一直温暖我。"

艺者，树也，种也。黄老师觉得繁体字"陳藝"很像一幅郁郁葱葱的花树写意画。

五

晨雨初晴，夏木滴翠，校园里少了一些身影，却多了几声翁郁之间清脆的啼鸣。他来到203教研室给四位研究生上本学期最后一次课，两位同学分享了《秦汉魏晋史探微》《叫魂》两本书，大家一直讨论到中午。课后回到办公室，他看到迎面一摞书，有些熟悉，拿起几本翻阅了下，才想起这些都是四年中学习委员借阅的书，《送行》封面是青麦渐黄蔓延至晚霞的感觉，《澄明之境》似一泓幽蓝的湖水，《顿悟的时刻》每章后还写满了当时自己写上的感悟，现在看这些字迹却觉得有些陌生了。他边读着上面的字迹边走向办公桌，刚一坐下，桌上一束五彩的光团着实让他一惊。洁白秀顺的瓷瓶中绽放着五彩的折纸花，散发出淡淡的清香，很像是石榴花读书堂徽标的具象化。折纸花下静静躺着一本诗集《我将宇宙随身携带》，作者佩索阿忧郁深邃的双眼正望着自己，黄老师翻到其中一页，"我的目光清澈……"这是谁送的？旁边还有一个淡黄色的信封，右下角写着"一期一会"，他瞬间明白这是来自于哪位友生。拆开一看，映入眼帘的是佩索阿的《当虚空留给了我们》，贴着黄老师2013、2017年读书和工作时的照片。霎时，一股强烈的暖流侵袭到他的双眸，既神奇，且恍惚，又感动，还落寞。这位友生难道还没走吗？此刻就在门外？在楼下？他看了看窗外，除了岑寂的林木，什么都没有。"当虚空留给了我们，此时，那哑默的太阳，是愉快的。林中的寂静，是大片无声的声音……"

下午，汉文师1801班的宋扬、庄琦各捧着一盆茉莉花、幸福树走进办公室。黄老师记得第一次讲授古代文学课，就是给汉文师1801班上，所以他对这个班的熟悉程度仅次于自己班，可以叫出任何一位同学的名字。在他的授意下，两个班联合举办过石榴花读书交流会，成为后来石榴花观书会的前身。2019年夏天，他把创立《石榴花》杂志的想法在课堂上宣布时，同学们惊奇的眼睛异常明亮，好像一盏盏灯在教室里燃烧起来。因此，在石榴花读书堂第一届学生中，汉文本1801和汉文师1801的同学占了近一半。当时宋扬在课堂中发言提问最活跃，撰写的《隋唐帝国形成史论》书评也令人印象深刻，去年此月，黄老师赴临沂检查教学实习时，在兰陵二中见到了她。宋扬滔滔不绝地把想说的话赶紧说完，因为她一早从临沂赶来参加演播室的毕业典礼，下午四点多就要走了。

他注意到庄琦在旁边微笑不语，说："庄琦，我以为你跟多数同学一样，一直没能回校。"

"啊，老师，我前些天回来的，很想来看您，但又不敢一个人，宋扬说要来，我就跟着来了。"

"是啊，黄老师真可怕。那好，先让宋扬多说，后面咱再找时间聊。"

6月7日是高考第一天，时光飞逝，转眼间，黄老师的高考已过去了十八年。下午，黄老师邀请詹今慧、王飞燕、夏令伟三位老师参加2021级文史哲融通创新基地班面试，大一学生发来信息说："老师，今天有些紧张，因为去年今日也考语文。"文史哲基地班从2020年开始招生，目前已选拔了两届，现在开始选拔第三届。它的产生在一定程度上受到了石榴花读书堂的影响，比如"跨学科、跨文化、跨层次"和"新文科师生阅读研究共同体"等理念对其也是适用的。不同的是，石榴花读书堂是一个社团，而文史哲基地班是学院写进培养方案中的非实体班级，2019级基地班成员只有七个人，2020级基地班开始扩增到十二个，将贝壳、石榴花、朔风等社团的骨干都吸引了过来，成为去年10月文学院组织的两岸师生交流活动中的主力军。这次面试共有近20位同学参加，一直持续到晚上结束，面试委员会根据打分高低选出了13位同学。黄老师感叹与去年相比，大多数同学好像少了些个性或深度，担任面试秘书的杜丛裕说："老师，您别担心，去年我们是大二上学期面试，他们是大一下学期，可能就是差了一个暑假的修炼。"

翌日上午，杨聿艳来访，黄老师问何时离校，她说过几天考完六级后再等教师资格证确认。汉文本 1801 是一个容纳五湖四海的班级，共有来自 14 个省、自治区的学生，山东学生占了三分之二，杨聿艳和李玉是两位新疆学生。2018 年 9 月 1 日，来自烟台招远的杜志敏第一个报到，来自新疆喀什巴楚县的杨聿艳最后一个报到，当时班会刚刚开始，大家正准备作自我介绍，杨聿艳急匆匆走了进来，坐在第一排靠墙角的座位上，黄老师走上前去询问，她紧张惊慌不已。

"哈哈，当时太害怕了！因为从喀什到烟台，一路马不停蹄，但还是迟到了。印象中老师们都是很严厉的，我特别担心您批评我一顿，但没想到您先问我吃饭了没有。"听到黄老师说起初逢的场景，杨聿艳朗声笑了起来。

"聿艳，你看咱俩在鲁大第一次见面和这最后一次见面的反差，真是令我感慨，你成长了很多。"黄老师开心地说着。大家都希望大学能让自己有所成长，但真正的成长应该是通过努力做事而收拾精神，自做主宰，身心舒泰，换言之，"学有所成"其实是"学以成人"，成为人，成为一个独立的人。有人通过大学释然了自己，既努力割舍过去，告别自己，又能将过去的磨难化为内心的滋养。有人却仍徘徊在 18 岁以前的内心状态，大学之于他们，只是多了一些谈资，多了一些习气，多了一些自鸣得意的生存技巧和顾虑有用无用的患得患失，目光和声音仍被锁在旧日的躯壳里，无趣、可怜。当时学生们选学业导师，黄老师只答应了杨聿艳、秘若琳、姜锦琳这三位各自住在混合宿舍的同学，认为她们应该更需要引导和帮助。四年中，他比较欣慰地看到她们仨从旧日的一个僻静角落里春风拂面地走向田野和阳光，越来越洒然于得失，也能自由无拘地开心大笑。

杨聿艳说自己从小到大一直在追赶同窗，"老师你知道吗？就拿四级来说吧，宿舍同学一次就过，我是考了三次才过，前两次心情可郁闷了，都想放弃了，不过还好第三次过了，过了后就感到自己还是可以坚持下去的。老师啊，刚进大学时我真的不知道该做什么，还好你每个季度都给我们推荐书，每个假期都让我们写书评。如果别人问我大学做了些什么，我很自信除了教

381

材，还是认真地多读了几本书的。"

听着聿艳推心置腹、朴实无华而非装腔作势、遮遮掩掩的喜悦述说，看着她眼中涌动着一团温热的火，黄老师想到了她在班会上的几次主动演讲，受到触动，他说："你的心路历程让我想起大学时期喜欢的一句话，'坚韧前行不息，疑问与欠缺，在你的独行路上凝聚，晨光在群峰之巅静静升起'。那时我觉得《西游记》是一部心灵成长之书，师徒几个人其实是一个人的独行，经历千难万险和陷阱诱惑后，他最终洗净了心魔，解放了内心，'心无挂碍，无挂碍故，无有恐怖，远离颠倒梦想'，归来便身轻如燕，在云端疾驰，俯瞰从前山川一闪而过，正所谓'打破顽空须悟空'。聿艳，你们都还很年轻，二十岁出头，多好的年纪啊，迷人的远方和无穷的可能性令人向往。《西游记》中也说'一叶浮萍归大海，人生何处不相逢'，我相信，人生的相逢不仅是人与人之间，也是人与自己之间，很开心听到你说这些。"

下午，他在北区交通学院礼堂参加完四六级考务会后，意识到最近由于忙着毕业诸事和告别学生，差点忘了有几件事快到截止日期了。次日一早，他先填好北大漆永祥老师邀请参会的回执，期待八月再赴京华，受疫情限制，距离上次赴京已过去三年多。他又花了一上午完成省里邀写的一份报告，提出一系列改善和推进全省古籍整理和研究方面的建议。其中，他提出一条，"鼓励或要求省属高校中文学科将中国古典文献学设为必修课"。他觉得很奇怪，同样都是中国语言文学一级学科下面的二级学科，中国古代文学、中国现当代文学、文艺学、外国文学（比较文学）、语言学及应用语言学、语言文字学都有相应的必修课，而唯独中国古典文献学在大多数省属高校里沦为可有可无的选修课，岂不奇哉怪也？这也导致多数学生在考研方向选择上对古典文献学敬而远之，学生们认为其古板、古奥的原因只是不了解而已，而非真的不感兴趣。以本校为例，近两年的古典文献学研究生，多数是从现当代文学等其他专业调剂而来，鲜有真正沉潜其中体味文本、历史、生命之意味者。所幸的是，几天后，这条建议被省里采纳，被郑重写到征求意见稿中了，令他着实开心了一阵子。

其实，比起社会科学，文史哲等人文学科皆以文献为中心，如果说历史学一定程度上是史料学的话，那人文学科也可以说是广义的文献学。黄老师依稀记得读博时，听葛兆光老师在复旦光华楼应邓正来老师之邀介绍他的新书《宅兹中国》，葛老师声音洪亮地说："古典文献学是我后来打天下的根本！"因此，为了让同学们了解古典文献学，黄老师曾专门制定了一个古典文献学的入门书目发到班级群和学院考研群中。从2007年在武汉大学古籍整理研究所读研以来，古典文献学、国学与汉学、历史文献学、域外汉籍、东亚史这几个名词一直伴随着他的求学岁月，他告诉同学们，以文献为根基，以问题为导向，以理论为辅弼，可以自由穿梭于古今中外，研究任何想研究的问题。任何一部文献都是知识与信念的历史体现和物质外化，"书于竹帛，镂于金石，琢于盘盂，传遗后世子孙者知之"，无论什么载体，本质上都是书，都是知识与信念在历史时空中的留存。

一位学生曾问黄老师："老师，古典文献学到底研究什么呢？"

"研究人与书的相遇。"

六

列车从鲁南枣庄出发，向北疾驰，在淄博停留后，似大河突然拐弯，朝东面大海的方向奔去。庄琦坐在车窗前，望着川流不息的田野和树木出神，兴奋的心情如同这暑气未消的秋空。今天是大学开学第一天，2018年9月1日将成为中国第一批"00后"永远铭记的日子。

身旁的母亲说："看，前面过来一个姑娘，看样子应该跟你一样刚考上大学，今天去报到。"

庄琦循着母亲目光的方向望去，果然看到车厢里有一位年龄相仿的女生，落座后也如同自己望着窗外出神。她沉静、柔和，眉宇间闪耀着两潭幽亮秋水，仿佛月光洒落其上。庄琦忍不住多看了几眼这个与自己只隔着几排座位的女生，暗自忖思：不知她是不是大一新生，要去哪个大学呢？

走进山林般的鲁东大学，庄琦发现海边的云朵跟故乡滕州迥异，就像洁白的孩子们从四方汇到一起，显得如此巨大而亲近，而云朵就是天空的孩子。在北区操场提交报到材料排队时，庄琦觉得前方有个身影有些熟悉，仔细辨

密涅瓦的猫头鹰

认后，发现是今天同在一个车厢里的那个女生。之前是隔着几排座位，此刻却只隔着一个人！庄琦的心有点要蹦出来了，啊，不仅是一个大学，还是一个学院！难道还是一个班级？要不要打个招呼呢？庄琦犹豫不定：该怎么说？嗨，同学，咱俩好像在哪儿见过？太俗套了吧？人家会不会觉得我这人很奇怪耶？唉，算了吧。

大一的生活似雨穿竹林般紧凑密实，庄琦与大多数同学一样被动参加着学院安排的各种课程和活动，她似乎过了很久才知道那位女生的名字，知道了就记住了，因为她的名字也是一个字，很特别，也很好听，庄琦还特意查了这个字以免叫错。大一下学期伊始，一位叫黄修志的老师开始教他们《中国古代文学 2》，他先后发布了魏晋南北朝和隋唐的文史研究书目，布置了两篇书评和一篇习作，还让庄琦所在的汉文师 1801 和他当班主任的汉文本 1801 联合举办了一次读书交流会，在那次读书交流会上，庄琦又见到了她。后来黄老师说计划创办《石榴花》杂志，特意将汉文师 1801 的四篇唐代研究论著的书评纳入创刊号中的"长安时辰"栏目中，庄琦写的《长安之春》书评被收录其中，还列在封面目录中。经过一个暑假的紧密筹备，一个前所未闻的社团——石榴花读书堂横空出世，并在大二开学后第一次纳新。庄琦还记得那天走到 322 教室应聘这个社团的编辑部，没想到她竟然坐在面试评委中，一年前在高铁上的画面再次浮现。面试结束后，庄琦被她选定为编辑部副部长，从此在《石榴花》杂志编辑部共事了一年多，许多默契少言的合作就在修改、编辑、校对、排版的昼夜中进行着。

"真没想到，你和路棣竟有这样的缘分。"听完庄琦徐徐讲述的这段往事，黄老师听得有些入迷，感叹石榴花促成了多少美好的人之间的相遇。"你跟她说过这些事吗？比如在高铁上、在报到当天发生的事。"

"没有，一直没说过呢，我可能会记一辈子吧。其实我很喜欢她，很想跟她多聊聊的，但我可能是太腼腆了，不敢跟人交流。老师，我猜当时按照班级排队报到时，很可能我俩有一人站错了班级，汉文师 1801 和汉文本 1801 只差一个字，导致我俩排队时只隔一个人。"庄琦浅笑回忆，就像要不是黄老师看她上次跟着宋扬来却一直微笑不语，专门另约时间聊天，她也不会说起这段经历。

黄老师那颗柔软的心又被触动了，他在给庄琦的石榴花明信片上写告别祝福时，用一句"幽映每白日，清辉照衣裳"概括了他对庄琦的印象，静明清亮，就像明信片上王兆祺画的那幅读书图一样，她总是坐在教室右后方的角落里专注地听着自己讲课。他想起黎明与张曼玉主演的《甜蜜蜜》的最后场景，重新对庄琦与路棣相遇的画面进行了想象。

那天在高铁上，路棣可能正满怀憧憬地望着窗外风景，想象着未来在海边的四年大学会遇到怎样的师友。她不知道另一位纯净朴实的姑娘在大学起锚时曾在人海中与她目光交错过，甚至将自己作为风景来看，而她与自己是同路人，高铁载着她们驰往同一个学院和宿舍楼。不到一天，她俩从隔着几个城市，到隔着几排座位，再到隔着一个人，又经过一年的沉淀，最终一起走进石榴花编辑部，用亲手编织、精心编排的杂志影响更多好学深思之人。四年之后，他们彼此在内心深处与榴花靫染的大学青春匆匆告别，向这些人、那些事默默致敬，各自乘坐与大学报到时反方向的车归乡，然而却不再是同一列。路棣可能从不知道，四年中，两个人其实身心都近在咫尺。

如果重回报到那天，庄琦主动给站在前方那个姑娘搭个讪："同学，你也是汉文师的吗？我在高铁上见过你。"如果重回石榴花纳新后，庄琦主动说起那两次邂逅："Hey，路棣，你可能不知道吧？你是我在大学里认识的第一个人，我也是第一个认识你的人，比你班主任黄老师和你宿舍同学还早。"如果她说了这些，很可能他们会比现在还要好还知心。但是，没有如果，如果有了如果，庄琦和路棣也不再是如此平淡朴实的两个人了，与其说了这些，不如就让这份遥远的惦念一直在遗憾的夜空中熠熠发光吧。其实，想想四年中，有多少人何尝不是这样，有多少埋在心底的忧愁或情谊都没有说。那些不说的，沉默的回答、相望的眼神、微笑的挥手、写好后准备发送却又删掉的微信，反而是最迷人的。正如秘若琳在五月班志里所说："直到那天我才发现，我们走过同样的路，经历了同样的雷霆雨露，我们并非孑然一人，而是以一种静默玄妙的方式在各自的书桌前彼此陪伴。"苏霍姆林斯基说："教师的真正本领在于能使自己所培养的学生获得自尊，珍惜自己的品格。"黄

密涅瓦的猫头鹰

老师突然体悟到，为什么愿意与石榴花的诸多同学在一起聊天，因为他们都拥有跟自己同样的品格，朴实认真，爱读乐写。

"嗯，老师，我喜欢阅读，感觉读东西、写东西的时候，心里很安静。"

"很好，这是我之前说的'自由三层楼'的第一层楼，在阅读写作中安静、专注和忘我。走上第二层楼，就会产生跨学科的阅读写作意识，发现万事一理、万物一体。走上第三层楼，就会创作作品传播这种自由与快乐，从而改变世界，照亮他人。但第一层楼是根本，很可能我们从三楼再往上走，会发现又回到第一层楼。"

"很奇妙啊。老师，虽然我是免费师范生，但之前挺排斥教师这个职业的，不过现在感觉好多了，对即将到来的选岗也充满了期待。"

"当教师还是挺有幸福感的，既能提升自己各方面的素养能力，又能留出足够的时间发展自己的课余爱好，陪伴家人。教师可以时刻保持凝视和审视，只要保持阅读写作的热情，用心用功地研究生活、教材、学生、问题，每年的教学都是鲜活的，内心也不断成长，自然不会产生职业倦怠。但很可悲的是，我发现不少读学科教学的同学，很少有阅读写作的动力，不少中小学语文老师也没有阅读写作的热情，是没有时间吗？不是，是没有兴趣，或者丧失了动力。"

"啊，难道语文老师不该多读书吗？要不然在课堂上面对学生会感到没底气。"庄琦露出吃惊的表情。

"对呀，现实就是那么荒诞，九年来我的观察和调研就是这样。以前我问过华东师范大学的王意如老师：为什么很多中小学语文老师不爱读书？她也承认确实有这个情况，但她也说，也要看人吧，她有个学生虽然教学很繁忙，又当着中层领导，但阅读写作从未间断，隔一两年就会出一本书。对，你说的'底气'很重要。底气来自两个层面，一是在读书量上压倒学生，成为学生读书的榜样，二是读书所得随时转化为'教学机智'，学生从低阶到高阶的知识迁移需要教师通过广泛阅读来在课堂上架桥铺路。读写所得就像火箭燃料，燃料越充足，飞得就越高。教学技巧的问题只要多花些时间揣摩就可以，但阅读写作研究的习惯一旦养成，才是体味职业幸福感、人生变得快乐的东西。庄琦，我很相信，你一定是位特别优秀的语文老师！我现在觉得培养一个优秀的语文教师，比培养一个学术研究者更有意义，能让更多孩子受益。"

望着庄琦远去的背影，黄老师想起她在《石榴花》杂志发表的三浦紫苑《强风吹拂》书评，最后一句是："为什么能感受到疾风？因为我们正奔驰向前。青春，就是无所畏惧的奔跑。"

七

读着《故园风雨后》，他听到一片雨云似过路者匆匆行脚，飒飒飘洒，他望向窗外，看到学院楼旁几棵巨大的松树上露出不少白绿硕大的松果，像弥勒佛小的时候，笑眯眯坐在松针上。快一点了，他走进南招吃午饭，此时人已寥寥，阒然安静，打完饭菜后，看到戴宗杰、李海英两位老师正坐在一起吃饭，他便买了三盒不同口味的酸奶，凑上前去。

他问戴宗杰老师怎么这么晚吃饭，戴说给班里开了个班会。李海英老师说："黄老师终于把这一届学生送走了，暑假后又要带下一届了吧？"

"太累了……'曾经沧海难为水'啊。"

"确实，当班主任可是个细活，不容易，我都带了六届了，现在终于不用带了，可以交给你们年轻人了。"

海英老师的话让他肃然起敬，他追问起她之前当班主任的一些经历。海英老师谈起当时带2006级时，周末都会组织全班学生在教室里默写英语单词，第一次四级考试全班只有一个同学没有过（后来他成为了作家），三分之二的同学都考上了研究生。她说那时候贫困是学生的一大问题：听说学生没钱去东北参加复试，她买好船票卧铺，让学生休息好才有更好的复试状态；听说学生反映家里没钱供他读研，她不假思索借给学生几千块钱。

"咱上课或当班主任就是这样，肯定要尽心尽力，因为你不知道哪朵云彩会下雨，就像你班的秘若琳，没想到她竟然可以一路从农学转到中文，再考研到南开社会学。"海英老师感叹道。

下午，他来到董希文老师办公室邀请他加入文史哲基地班导师群，董老师表示乐意参加，他谈起文学院学生很少喜欢读理论，一起聊了聊卡西尔及其门徒苏珊·朗格的相关作品。回到办公室后，他看到学院微信群里正庆祝

密涅瓦的猫头鹰

传播学继汉语言、汉语言文学成为文学院第三个国家一流本科专业。

6月11日监考四六级，自工作以来，除了2017年在京外，他好像从来没错过。连续站立八个小时的考场布置和监考，就像被关了一天禁闭。上午监考四级时，他从北四楼上向外望去，对面是十年前初冬飘雪时节前来面试工作的宾馆。下午监考六级时，他站在门口检查同学们的考试证件，一位穿着靛蓝色国风版长裙的女生走过来，说："黄老师，没想到在这里遇见了您。之前有位学长送给我一本您的书，我要是知道您在这里，就该把书带过来让您签名了。"

他飞快想了下：一位男生送我的书给一位女生？看来这位男生应该跟自己很熟。"你那位学长叫什么名字？"

"宋开乐。"

"哦，那你是翰墨缘的？"

"对！我在翰墨缘里负责教国画，我是艺术学院的。"

"那王述巍，你也肯定认识喽？"

"是我们会长，她很有领导力！"

"你叫什么名字呢？"

"范乐琪。老师，我先进去了。"

六级考试开始了，他回味着刚才与这位同学的对话，感觉这个名字好像在哪里见过，但记忆的雾海茫茫荡荡，又想不起来。但她一脸钦佩地提起了王述巍，倒是让他想起那夜在北操和那天在南招午餐时的两次歌声。

那天下午他和几位同学刚刚参加完李孟凡的公务员政审，听闻晚上王述巍要在北操唱歌，他忍不住和几位同学前去观赏。夏夜的风温柔地吹拂着即将离别的人们，王述巍唱了一曲又一曲，从陈奕迅到周杰伦，短发肆意甩，很有尚雯婕的范儿，很快就吸引了一群人三三两两地围观聆听，以至于一位路人甲男生也技痒，客串演唱了一把。那天中午在南招吃饭时，"白日放歌须纵酒，青春作伴好还乡"，王述巍说到动情处，当场清唱了一首《白鸟过河滩》："白鸟白鸟不要回头望，你要替我飞去那地方，一去那地方，那是你我共同故乡。别回来，我将终究顺流入大海，顺流入大海，海不问我从何处来，长风长风飘在山海间，白鸟白鸟展翅入苍天……"大家安静听着，他感到坐在自己右边的学习委员默默拭泪，想起上一次见到这两人有此番心意相通的场景，还是那年冬天，当罗红光、蒋岩夫妇在石榴花大讲堂上对谈完后，这两个姑娘冲进夜色，泪流满面地与罗蒋夫妇握手拥抱，说："想拥抱一下岁月。"

在学院毕业典礼前夕，106宿舍全员离开当天，王述巍拿着一幅字来到办公室，黄老师展开一看，竟是这位翰墨缘书法协会会长花了三个小时用硬笔书写的一幅《千字文》长卷，笔力遒劲，浩荡如长风，庄严似宝相。她有些着急地说："老师，我没带印泥，您这里有吗？我盖上印。"黄老师马上跑到316学院办公室借了盖上。她说："《千字文》篇幅有限，字意却深远浩博，恰如我观吾师修志，会面时有限，相行路有终，而映照温光永驻，载我之海永存。"黄老师欢喜不已："我最喜欢《千字文》中'川流不息，渊澄取映'八字。谢谢述巍！过几天我一定把它裱成卷轴，这样就抬头见字、见字如面了。"她的精神世界如此独特，文字中流淌着不羁与凌厉，她可以在市井街头撸串痛饮酒，也可以坐在火山顶峰吹风唱狠歌，眼里有风景，心中有风暴，笔下有风月，真是风一般的少年。

六级考试结束后，他路过红顶楼，看到一排石榴树，才发现榴花不仅有火红色，还有粉白色、玫红色……突然想到，今天六级考试结束了，明天，班里仅剩的几位同学也将全部离开了。晚上，他在整理书架时偶然发现今天监考时遇到的范乐琪竟然为《石榴花》杂志的封四画过两幅画，是模仿任伯年的小写意花鸟，一篇叫《孤秋》，一篇是他改的题目《望春》。他不禁慨叹：虽然有些人毕业了，却通过另一些人把翰墨缘和石榴花的精神延续了下来。

几天后，范乐琪应邀敲响办公室的门。她先送给黄老师一本高居翰的《中国绘画史》，他说家里有一本，但很开心地接受了，聊起高居翰的其他论著如《江岸送别》《气势撼人》等及白谦慎、乔迅、巫鸿、石守谦等人的作品。这位来自江苏南通的同学读书不少，又有绘画功底，对生活和世界有着别样兴味，让他想起了历史文化学院的张舒妍。乐琪同学拿出《京华望北斗》请他签名，他想除了签名外还应写点别的，但要写点什么呢？哦，艺术学院，刹那间，一段记忆又涌上心头，他在扉页上写道："彩袖殷勤捧玉钟，当年拼却醉颜红。舞低杨柳楼心月，歌尽桃花扇底风……"

"哇，老师，我也很喜欢晏几道的这首词呢。"

"我写这首词其实有缘故，大约是六七年前吧，我给你们艺术学院上《汉字与书写艺术》，认识了一位 2014 级的学姐，叫董建婷。"

当时董建婷完成毕业设计，但不知道要起个什么名字，于是请黄老师帮忙起名。他起初并未在意，但收到董建婷发来的毕业设计时，他被画册里中国不同民族颜色各异的服饰图案吸引住了，多么浓烈、醉人、繁富的色彩！于是，在那一瞬间，他想起了晏几道的这首《鹧鸪天》，起了个名字，"醉颜红"，令这位同学欢畅不已。

时光的风本是无心，却吹开了另一丛花树。2019 年暑假，他和姜娜老师召集十二位同学讨论创办《石榴花》杂志，谈到杂志的排版设计时陷入困局。他与闫晓涵同学顶着烈日到校外寻找合作方，经过调研沟通后发现：还是应该独立更生，学会编辑排版技术，掌握主动权。那要用什么设计软件呢？他想到了之前设计《醉颜红》的董建婷，在京工作的她很慷慨地把自己的整套软件和教程全部发了过来，并建议印刷杂志最好去印厂，于是，他和闫晓涵又去印厂敲定了合作关系。很快，石榴花的小伙伴在学完教程后就对排版设计杂志得心应手了，一期期《石榴花》杂志也被印出来，而他也通过兰玲老师将这套软件和教程赠给了《贝壳》编辑部。

果然，六级考试结束后的 6 月 12 日，班内仅剩的几位同学也离校了，一代人的大学青春在炎夏时节徐徐落幕。陈家轶未能在离校前见到黄老师最后一面，当黄老师与她通话时，她正与 110 宿舍马云飞、徐波月乘高铁前往泰安找徐贝贝爬泰山，黄老师很欣慰，觉得大学青春并没有给学生们留下一个各奔东西的画面，而是以继续一起旅行的温馨时光来告别致敬，就像 106宿舍、111 宿舍那样。次夜，陈家轶发来一封长信，"我永远庆幸自己能够成为命运的天选之子，成为汉文本 1801 的一员，成为 110 宿舍的一员"，"老师给我的第一印象是一株兰花，谦谦君子，不染烟火。但相处久了发现老师更像是一株棉花。老师并非远离世间烟火，而是从来都长于土地之中，扎扎实实，高洁真诚，默默守护着寒冬里的每一个人。"她说定制了一把石榴花扇子，做了一把满天星，寓意榴花之火永不凋谢，全班同学散作满天耀眼星辰，请最后离校的张佳怡转交。

"赤日炎炎似火烧"，避暑胜地烟台尚是接连几天被扣在蒸笼中，内陆更是酷热难耐，想必南极的冰架和北极的冰川又倒塌许多。然而比起天气，疫情反复和俄乌激战让星球各地都处于或浓或淡的惊惶不安中，潜流暗涌、早已分岔的人生史与人类史如地火般奔突不止，或许十年之后，人们才会听见 2022 年看似平稳实则诡谲的隆隆作响，黄金岁月一去不复返了。但愿这些都是杞人忧天吧，他开着车即将进入黄金顶隧道，在滚滚车流中看见前方一位白发老太太骑着脚蹬三轮车载着两米高的废品，摇摇晃晃，颤颤巍巍，不知她一个人是怎么捆扎上去的。

"佳怡，我记得你们四个人常在一起轮流写诗的，有点像凹晶馆联诗，哦，不对，应该像海棠诗社，真是雅集！婉婷跟你互动最多，她好像天天写一首诗，坚持了一年。"

"对，老师，我们那个叫'鱼塘和鸽子养殖场'，我们有个题库，随意从里面抽出一个题目来，大家就各自写诗。其实经常放鸽子，中断接龙，也只有婉婷写得比较多吧。"这位内蒙古的学生说道，"婉婷就是这样一个人，她做任何让人意外的决定，我是一点都不感到意外的。"

黄老师记得张佳怡刚入学时的头发好像是全班女生最短的，现在好像变成全班最长的了。与班内赵婉婷、陈奉泽、路棣、王述巍一样，她是当年创立石榴花的"十二金刚"之一，后来成为石榴花读书堂首任宣传部部长，运营社团公众号一年多，有筚路蓝缕之功。过去四年中，她的几次聊天让黄老师印象深刻，不是因为她的见解，而是因为她对自身和世界的困惑。如今，有的困惑已经随着大学落幕而逐渐消亡了，有的困惑要扎根到心灵深处继续陪伴人生旅途，这未尝不是一件好事。面对全班最后一位离校的学生，黄老师似乎想与张佳怡对全班的四年轨迹进行反思。

在聊天中，他们突然发现汉文本 1801 班竟有至少一半左右的同学出身于教师家庭或医生家庭，这足以透露出几项重要信息：全班多数同学的性情

密涅瓦的猫头鹰

总体稳定，来源于原生家庭有相对充足的时间、心思、资源进行陪伴，他们无疑是幸运的；中国的二本学生还是具备多样性的，黄灯老师《我的二本学生》中"80后""90后"的惨淡景况是其中一个侧面，但这个侧面也很庞大；"80后"生活的乡村虽不如现在光鲜，却充满内生动力和精神活力，而"00后"面对的乡村在经历城镇化后，却在光鲜外表下早已空心和衰败，且受严峻的招生比例及教育资源集中于县城或市区的影响，乡镇初中的大多数学生无缘升入高中，"寒门难出贵子"的传言确实让人忧心。

"老师，咱班同学都很好，都那么宽容，真的就是一家人。"佳怡回忆起来，笑了一阵，"比如我们110宿舍和王述巍所在的106一直都很吵，有时到半夜还不睡，宿舍之间隔音效果很差，夹在其中的108宿舍很受罪，但她们从来没跟我们抱怨过，基本上是默默忍受了我们四年。"

"这差不多是真爱了吧。"

八

随着张佳怡的离校，汉文本1801班的同学全部离开，只剩下他留在原地，仍如往常一样往返于学院和开发区。聚散是生活的常态，离开是人生的意义，没有离开，没有告别，心灵何以成长？四年来，黄老师每次开车从鲁大佳苑上坡下坡进入教学区，都会看到南1宿舍楼一楼的一排宿舍，这构成了晨钟暮鼓的日常风景，如今，这排宿舍仍在，却已人去楼空，漆黑一片。他有好几天一直没缓过劲儿来，仿佛徒步南美洲的雨林，总是被长长的记忆藤条缠住，想起一件往事，就忍不住与在办公室学习的郑嘉琳分享。

他突然想到那次与友生谈起了"双向奔赴"，现在他察觉到，四年来的相互陪伴及与同事一起为石榴花所做的一切，使他逐渐生成了一种在实践中冶炼出来的信条，即"万事一理，万物一体，用心用功，天道酬诚"，可谓自己的"十六字心法"。用心用功即是诚，只要诚，不仅勤于做事，还精神明澈，心存敬意与灵气。那么如何诚？即体认和践行万事一理、万物一体，自然眼光独到，做事周全，水到渠成。

有次聊天，他把这种体悟贯穿到人生的方方面面，其中谈到不同学生在阅读写作方面的不同表现：路棣入乎其内，更趋向万事一理，偏纵深穿透式，善于把捉文本内部的灵韵和精气神儿，就像一支箭射穿木桩，深度凝视；嘉琳出乎其外，更趋向万物一体，偏横向扩散式，比较注重文本周边之间的关联，就像一座桥牵连彼此，全景观察。这么说可能有些牵强附会，也许是两人各自在文学与史学研习中形成的差异。

大雨终于倾盆而下，连绵好几天，花树渴饮，雨锁重楼，丰草绿缛，嘉木葱茏，这才是夏天该有的气象。期末监考时，黄老师在北四教学楼望见后山岚气弥漫，流云飘荡，"云来山更佳，云去山如画，山因云晦明，云共山高下"。记得四年前曾在秋日陪同学们拉练，登上山巅后俯瞰开发区及芝罘湾的海景，后来竟再也没去。鲁东大学坐落于山麓和山坡，其实九年来的工作，无非是山海之间的往返。他有时会有些恍惚，每次穿越黄金顶隧道时，看到远处尽头的亮光，好像《千与千寻》中千寻穿越隧道后的情景，似乎每次穿过隧道后便进入另一个时空。

他们并未离开，彼此都融入到各自的生活和命运中了。起先，这种离愁别绪弥漫开来时，他不时出神，觉得自己太过矫情了，但经过连续几日的沉浸式阅读和论文修改后，这种落寞的心情逐渐伴随几场大雨而被冲淡了。虽然他在六月下旬与同事间的聊天中还不时回忆起那些往事，但似乎像在讲述一个别人的故事，视之为一段历史。

6月21日夏至那天，北区国际教育学院的刘昕老师来访，交流课程思政方面的想法。刘老师是"小学堂"团队的指导老师，多年来带领学生们致力于古籍保护和推广，她在石榴花读书堂成立一周年大会上曾说"北有小学堂，南有读书堂"。在三四个小时的聊天中，黄老师提到自己在今年似乎实现了"教育理想主义"的转变：原来是希望所有学生独立思考，勇于发声，现在是希望他们即使自己做不到，也要尊重拥有这种信念的人；原来是努力使所有学生都爱上阅读，现在觉得不符合自然规律，更加注重培养那些好学深思却不知如何入门的读书种子；原来高兴于学生考研走上学术研究道路，现在觉得多培养一位朴实认真、爱读乐写的优秀语文老师也很有成就感；原来觉得教学就是传授与激励，现在觉得教师要当好摆渡人，尽力让学生与美好的人与书相遇，即通过"成人之美"，使之"学以成人"。

　　夏至那晚，在与傅宁老师同回开发区的路上，他得知傅老师过两天要飞往洛杉矶了，感到这段时间以来，不仅学生离开，一些老师也在暂时告别。次日，他见到好久不见的朴银姬老师，两人在办公室喝着茶聊起最近的忙碌，他忽然发现这四年也是与东北亚研究院诸位同事相伴而行的岁月。从2018年春天他从北京回来后加入这个团队开始。他们精诚团结，相互砥砺，充满着内生动力，连续举办了几次国际学术会议，被学校一些老师称为"一股清流"；如今受疫情影响，往日的热闹消失了不少。那天，带领张琳童、陈美好、杜丛裕三位同学整理完研究院资料室的图书后，他在孙老师组织的一次聚谈中对朴老师说："您不仅是我的前辈，给予我很多指导和帮助，也是我的韩语老师。虽然这个学生学艺不精，但就像六年前您说的'我自认为黄老师是知己'，我也自认为如此，我们心怀共同的信念。"身旁的亢老师笑容满面，说起当年他做班主任的诸多经历和第一次遇见朴、黄二人的场景。人生的轨迹真是奇妙，生活本身就已经够激动人心的了，黄老师还记得十年前的夜晚，在复旦北区宿舍向鲁东大学文学院发送第一封求职邮件，不到十分钟就收到亢老师回复："你QQ号多少？"

　　六月的最后一个周一，在送别周燊老师北上读博的午餐时间，他向几位同事谈起周老师在石榴花发展中的重要角色。大一上学期，他为同学们做了两次讲座后，班内学习委员表达了对提升写作的诉求和困惑，他感到这个问题应该是普遍性的，看是否能邀请到学院的一位作家解答这个问题。于是，当周燊老师出现在108教室时，他对同学们说，这是石榴花讲堂第3讲，然后，就有了接连不断的然后，接着就有了詹今慧、李士彪、丁晨楠、姜娜、傅宁、戴宗杰、李连伟、魏凤莲、李景华、李炳泉等各位老师在108教室和演播厅的报告。大二一开学，石榴花讲堂与姜娜老师的传播大讲堂合并为"石榴花大讲堂"，一直持续至今。

　　"所以，借着感谢和祝福周燊老师，也感谢在座各位老师对石榴花的支持。"黄老师向各位举杯，向右手边的李士彪老师碰杯，想起那个冬夜，他面试后与他认为堪称"鲁大之光"的老师初识的场景，突然意识到，他与这个博涉、有趣、峥嵘的灵魂已经相识十年了。

饭后，大家前往学院 206 会议室开例会，适逢学校换届，空气中氤氲着众人对今后谁主沉浮的猜测。几天后，出乎大家意料的是，院长胡老师没有在大家的期待中到学校层面工作，而是被省里调往济南高校去分管工作，这也令后知后觉、住在校外的黄老师感觉很突然，也有些伤感。四年前，他与姜娜老师率学生即将赴日游学，与刚刚上任文学院院长的胡老师第一次见面，从日本归来后，他又与胡老师去济南出差，在高铁上，她说"没想到你挺云淡风轻"，他说："我是一个平平淡淡的人，也只想做一个平平淡淡的人。"后来无论是石榴花大讲堂的举办、《石榴花》杂志的印刷还是社团的成立发展，胡老师都给予坚定支持，也提出了诸多建议。他还记得石榴花读书堂成立大会上，胡老师满怀深情与厚望地对同学们说："石榴花读书堂和《石榴花》杂志创立以后，鲁东大学会因为它们而变得更加书香，我们文学院会因为它们变得更有底蕴，而同学们的人生因为有了它们会变得更加芳华。"他担任汉文本 1801 班主任的四年，也是与胡老师共事的四年，学生们四年的成长，也得益于胡老师等学院班子成员努力营造的向上学风和温馨氛围，他与这些同事们有着共通的教育情怀。

九

"老师，您觉得，人去世了，真的会去另一个世界吗？"当在办公室里听到泪水朦胧的提问时，黄老师从未想到，这是毕业前他与班长赵婉婷之间的最后一次会面。五月下旬，婉婷因事提前离校飞回东北，她说："老师，我们改天见吧！"对一个注重仪式感的人来说，随时分别也意味着今后随时会面，就像团支书陈奉泽所说："老师，没能好好告别，肯定就是暗示以后终会相见。"他嗟呀良久，写诗隔空寄语给这位心疼的学生："榴花草木照海深，赵客策马出齐门……"

赵客，出自"赵客缦胡缨，吴钩霜雪明，银鞍照白马，飒沓如流星"。在文学上心高气傲、风火雷电般的赵婉婷，出身于吉林白城的教师世家，从军训时开始，就被班主任认定可以当班长，她与奉泽、路棣、成鑫等班委配合如此默契，让全体班委同心如一人，全班同学亲爱如一家，她像一团火，暖得全班同学内心滚烫。后来她曾问："老师，您为什么一开始就选我当班长？"他笑了笑，说："凭感觉吧。"这种感觉来自于古语，"观人察质，必先察其平淡，而后求其聪明"。婉婷的平淡，表现为她对所爱所憎之事，丝毫不会掩盖自己的热忱与冷观，同时又始终在追问和探寻人生的意义，以致于没有什么身外得失可以让其动心烦恼。意义，是婉婷从军训到毕业一直孜孜以求的问题，黄老师很欣慰于这位友生始终没有放弃对这个人类最本质问题的求索。关于意义的质疑，其实就是关于存在的追问，在他看来，当一个人致力于思考存在问题时，不止是让思绪从现实的泥淖和枷锁中摆脱出来，更是飞升至群星及诸神中间俯瞰众生和自我的时刻。

该如何回答婉婷呢？黄老师每次给出的参考答案似乎都是一样的：人生本来没有什么意义，如果说真有意义或目标的话，那就是"劳作"，劳且作，劳中作，最终创作出理想的自己。西西弗斯推着巨石，就是为了劳作，那么，他劳作的对象是什么？他推动的那块巨石既是沉重的现实世界，又是坚韧的心灵世界，说到底，巨石就是他要做的事和养的心。他推着巨石向上走，快到山巅时是"飞龙在天，利见大人"的状态，他明白，巨石跃过山顶，无疑就会滚向不可知的彼岸世界，所以他可能是主动退到山脚再次向上攀登，这就是生活的本质，起起伏伏，在此岸的生活中不断享受着不同阶段的劳作和不同层次的生命体验。一边推着巨石，一边观赏着风景，汗如雨下，可他从未感觉心疲。直到有天他推不动了，生命也就回到了原点。

毕业前，婉婷离别时说"改天见"，毕业不久的 6 月 28 日，婉婷就和佳怡像重归故里般回到烟台，回到她担任石榴花读书堂创会会长的文学院，黄老师好像在迎接归宁之客。雨落滴翠的校园好似一片清幽的森林，沁人心脾，心旷神怡。午饭时，他说起大学挚友即将做客的石榴花大讲堂，又聊起那些年他们一起臧否孔子和马克思的狂放岁月，发现婉婷凝望自己笑而不语，他问："是不是之前给你讲过？"她说："老师，我听了好几遍了。"黄老师说起毕业前的几个遗憾："一是作为班主任，竟然没有给你们上过一学期的课；二是没有在你们写毕业论文前给全班做个讲座，从题目、摘要到结语，聊下基本的学术规范；三是没有在你们离校前开最后一次班会，我要当场对每个人说一分钟，告诉大家我对每位同学的观察、忠告和祝福；四是没有带着晁老师和两个孩子一起与穿着学位服的你们合影，一直以来，家人认为我对你们比对孩子还用心，我很愧疚……"他动情地憧憬着、叹息着，明明是在说遗憾，但听起来又像是在回忆几件已然发生过的事情，看着婉婷眼眶湿润，他瞬间觉得这些仪式好像已经举行了。

午餐结束后，车子开向山腰上的弥生咖啡，他送给咖啡店几本刚印的《石榴花》杂志。快一年没来了，这里承载着一些人和一些事，关于相遇，关于告别。

第一次来弥生咖啡，是应教科院赵同友老师之邀而来，午后的聊天流淌着普鲁斯特式的悠长美好，心中纷纷扰扰顿时万籁俱寂，听着悠悠扬扬的歌声，看着远处山巅的白云换了好几拨，不觉咖啡早已喝完。第二次来弥生咖啡，赵老师告诉他，自己指导的习明读书会到此为止了，他惊问何故，赵老师说已递交辞呈，准备前往温州大学执教，临别时送给自己一本题为"越过山丘"的日记本，他瞬间想起前几天和姜娜老师、郑嘉琳、生佳琦一起欢送闫晓涵、刘英琪、韩雪毕业读研的KTV里唱起了杨宗纬的同名歌曲。其实那两年，他们相识很晚，交流不多，淡淡如水，却彼此感受到对方真实、特别、饱满。第三次来弥生咖啡，是去年六月毕业季，习明读书会部分同学即将毕业，赵老师要在弥生咖啡为诸生举办一个告别仪式，邀请黄老师前来观礼，当时他带着《石榴花》三届学生主编闫晓涵、路棣、郭晓慧赴约。闫晓涵在信中曾说起那天上午的场景："甘甜的茶水，面对他人的送别，我同样眼泪潸然。追风赶月，前路遥远，其实我也不想推开咖啡馆的那扇门，也想按下暂停键，多停留一分，多驻足一秒。"

"山中何事？松花酿酒，春水煎茶。"弥生咖啡的音乐仍如往常般静美，四人饮着山茶花拿铁，吃着一款叫"宇治青岚"的点心，畅谈起旧日时光和最近心情，咖啡馆老板许老师又送上玫瑰花茶和冰茶。听着班长眉飞色舞地说起对学习委员的喜爱之情，"如果我是个男生，她肯定会愿意跟我在一起的"，佳怡无语耸肩的表情似乎在吐槽"哎，又来了"，嘉琳则默默无言地陷入思考中。

已近酉时，三位学生意兴尚未阑珊，黄老师走到柜台前准备结账。他觉得弥生咖啡的掌柜许老师有点像梁咏琪，但多了些英气，格外明朗直爽。

"这里真好，是一个相遇空间和心灵驿站，如果很多年以后，我想起烟台，肯定会想起这里的，就像赵老师若回到烟台，他也一定会重访这里的。"他感叹道。

"哦，看来您已经做好打算了？"

"这个倒暂时没有，不过聚散是人生常事，今后发生什么，谁能说定呢？"

"您和赵老师都是有文学情怀的人，我时常觉得学生遇到你们真是幸运。"

"谢谢，怎么说呢，他更偏社会学，我更偏历史学。其实，与学生在一起是一个互相疗愈的过程，我也收获很多。这个咖啡馆很有氛围，音乐好，咖啡好，满足着一群自由而无用的灵魂互诉衷肠。我觉得能花一个下午与好学深思的师友一起畅快聊天，本身就是一直渴望的生活日常。"不知为什么，当"自由而无用的灵魂"这句复旦地下校训从嘴角滑出时，黄老师又向许老师追忆起复旦光华楼十五楼整层的咖啡厅。

"真好，黄老师，过好当下已足够。期待您下次来，咱们可以再多聊会儿。"

六月下旬的雨一直下个不停，濛濛雨声伴着虺虺雷声，雨后，蝉鸣间歇性地响起，如风似瀑。在办公室读着《相遇》《存在与时间》《记忆与材料》《青年黑格尔派与马克思》，他对嘉琳说：格非短篇小说集《相遇》中的人们最终被困在时间的迷宫之中，被命运愚弄，归根到底还是因为他们在信念和欲望之间犹豫不定，以至于被欲望的大蛇紧紧缠绕，最终丧失了"观自在"的体察省思，成为蜘蛛尘网中微不足道、无力挣扎却激不起任何怜悯的飞虫，怪谁呢？奥古斯丁强调人生就是一场试探。他聊起读博时曾读过一篇李猛老师的论文《除魔的世界与禁欲者的守护神》，后面的一段话让他深受震动：

"这种隐秘的内在声音，总是暗含了一种来自外面的感召，一种超越的方向，或许是一种含糊的低语：在此身中学习做一个陌生的人。如果这就是我们要寻找的自由，那么这种自由将不可能是一种稳定的、令人确知、可以把握甚至占有的东西，也许需要我们耗竭一生的力量，找到并坚守我们每个人自己的命运，然后在冰冷的火焰中，燃成灰烬。"

流年终相遇，风雨故人来。在六月的最后一夜，黄老师冒着倾盆大雨回到家中主持石榴花大讲堂第43讲。作为主持人，他介绍起今天的主讲人和与谈人，大学挚友杨家刚、读博挚友成富磊、鲁大同事詹今慧，因为出土文献的共同研究旨趣而被他邀到一起来，他开心于想到了哪些人，就能促成这些人的相遇。这么多年过去了，他发现在读书求学岁月中形成的一些理想和信念并未褪色，反而令二三子更加珍视和骄傲。"今朝郡斋冷，忽念山中客"，他想起那些同窗，那些好友，那些远去的人们，以及无数雨夜中平静读书和切己体察的自己，幸福于实现了之前想把"80后"的大学青春与"00后"大学青春重叠交融一起的梦想。有学生说他是一个魔法师或炼金术士，然而，在这个海边雨夜，听着楼下刚中考完的男孩的悠扬钢琴声，他更倾向于自己是一个在闲步于山水中采集草药的人，似乎嗅闻到一股草药混杂在一起的气息。这里面充斥着各种相遇：有180本书的相遇，他不断在药方上勾勾画画，企图让这些书中的灵气都组合成更神奇的药剂；有43场石榴花大讲堂的相遇，他把这些报告人、与谈人、学生、陌生人都混杂交融在一起，让他们在时光的江河中翻腾滚涌，又相互裹挟缠绕着奔流到未知的远方。

这是幻觉吧？不，这也许是幻觉，但这也是记忆，是存在，是历史，是时间。

在正式结束这四年岁月的时刻，他想起了黑格尔，这位隐于现代西方和当代中国背后的精神导师曾说，"密涅瓦的猫头鹰，总在黄昏时刻起飞"。他认为这句充满历史精神的话似乎是一种启示或暗示，他想起自己的名，修志。志者，心也，史也，所谓修志，就是修心与修史，这可能就是一种安宁的宿命：此生的意义就是在劳作中修习心灵史。带着这样的慰藉，他沉沉睡去。

他梦见，在山间草木和乡间田野中，自己成为一条河流。

（黄修志）

密涅瓦的猫头鹰

师
说

　　师说者，班主任之演讲也，倡导史学精神，体悟"人生文学史"，班志为体，师说为翼，凡七篇。

史学之光，梦想之路

尊敬的各位老师，亲爱的各位同学：

　　大家下午好！我是来自历史系 2009 级的博士生黄修志，非常荣幸能作为毕业生代表站在这里向大家汇报一些毕业心得和体会。此时此刻，我心中感慨万千，许多求学的往事一幕幕浮现在脑海里。在我看来，我所站的位置就像是一座送别友人的十里长亭，"何处是归程？长亭更短亭"，毕业，不仅送走了亲爱的同窗好友，也送走了一段珍贵的时光，送走原来的自己。人生何其巧妙，记得在 15 年前小学毕业时，我作为毕业生代表送走了我的童年；9 年前高考前夕，我作为毕业生代表送走了我的少年；而今我站在整整二十年求学岁月的尾巴上，又作为毕业生代表送走我们终将逝去的青春。所以，毕业带给我们的不仅是学业的完成，更应是心灵的成长。

　　我是一个鲁西南最普通的农家子弟，在我小的时候，上学不容易，不少小学伙伴因为家庭困难中途辍学，至于在可怕的山东高考中突出重围进入大学读书，现在仍是我们村庄很多孩子的梦想。感谢我的父亲母亲和两个妹妹不辞辛苦，咬着牙支持我走到今天，所以，我一直很珍惜每一段来之不易的求学岁月，我相信走好每一段路程都会不断创造新的自己。当初仅凭一腔读书热情跨专业考入复旦历史系，因为我相信历史和人生是互相观照的。但进来后才发现自己在史学研究上还是一个懵懂的小孩，也曾长期焦虑彷徨过，茫茫然不知何所归，然而既已踏上征途，就要走完这条光荣的荆棘路。以往的人生经验告诉我，挣扎总会有希望的，为此我曾剃发明志，闭关一年半，远离电脑，专心研读文献和论著，熬出大片白发。坐冷板凳时间越长，研究思路越发明朗。为了检验闭关苦读效果，我又专门花费半年多精心撰写一篇论文，文章不长，但写得异常艰难，只因这是我第一篇史学论文，期间曾几次想偷懒或放弃，但"文章千古事"，只能逼着自己耐着性子翻阅各种史料，研读各种论著。后来我拿这篇论文在师门读书会和学术会议上接受批评，又获益良多。似乎就是从写完这篇论文开始，我渐觉前方的路有了光亮。2012年，我进入了狂热的博士论文写作时期，收缩战线，集中兵力，虽然这场硬仗打得很艰苦，但心中却浸透着酸酸甜甜的喜悦。我逐渐发现，有效的研究不应以史料为导向，也不应以学科专业为导向，而应以问题意识为导向，史料的扩充和研究的提升取决于视野的拓展和思路的突破。

历史乃人文之母，人类所有的光荣与伟大皆是从历史这棵大树上发芽、开花、结果。我一直告诫自己，要有人文气，莫有文人气，只有了解方知同情，只有超越方知关怀。那么我们应该同情什么？关怀什么呢？记得钱穆先生曾说过："研究历史，应该从现时代中找问题，应该在过去时代中找答案。"黄仁宇先生也提醒我们，历史学家应该更关心"为何以这种方式出现"而不是无视于时空背景就贸然问"为何不依照我认为合理的方式出现"。在读书过程中，我也非常佩服托克维尔和拉铁摩尔，托克维尔说："当过去不再照亮未来，人心将在黑暗中徘徊。"有一次听哈佛的欧立德教授说起，他说孔飞力教授常常在听完一个学者的演讲后问一个问题："So what？"是啊，我听你讲完了，你下的工夫也很大，但那又怎么样呢？葛兆光老师也讲，历史学者，心中除了有古代世界，还要有现代世界。归根到底，史学是一种具有经世意识和通变精神的关怀，张载曾说："为天地立心，为生民立命，为往圣继绝学，为万世开太平。"这四句话大家耳熟能详，然而在我看来，这四句话不是一个简单的并列递进关系，"绝学"不是死学，"绝学"的内容就是前面的"往圣"一直追求的"为天地立心，为生民立命"，即顾炎武所言"明道"与"救世"，"绝学"的总目标便是"为万世开太平"。所以，在今天这样的时代，史学更应当拥有大格局、大担当、大境界。

当然，读书不是目的，目的是，我们要有一种怎样的生活理想和心灵状态？历史是明亮的光，不仅能照亮文明，照亮未来，还能照亮灵魂，使我们拥有海阔天空、勇猛精进的心境。我们应当学会用检视历史的角度来反省自己人生，只有将"道问学"与"尊德性"融合起来方显充实而有光辉。人生是一条梦想之路，只有脚踏实地，才能走得长远；人生又是一棵梦想之树，只有扎根大地，方可长得崇高。相信一切怀有梦想的朋友，都应珍惜每一段生命历程，它不是一枝独秀，而应是花团锦簇，同样，我坚信读博是一种修行，是一个多方面成长的过程，"静处体悟，事上磨练"，应使自己在人生路上更加勇猛精进。

如今站在毕业的门槛上，望着草木葱茏的复旦，我百感交集，难舍这片成长之地，心中充盈着对复旦的感激。在这个告别时刻，我要感谢我的导师邹振环教授，他常说做学问的态度体现出一个人为人处世的品格，他的严格要求促使我不断努力。感谢复旦的师长同窗，正是你们激励我用强烈的问题意识和丰厚的人文关怀去对待历史和人生。想起即将与各位离别，我不知该说些什么。我只想道一声珍重，无论何时何地，坚持啊，战斗啊，进取啊，永远不要忘记最初的梦想。

最后，祝愿各位老师健康如意，再写辉煌；祝愿各位同学雄飞高举，鸿图在望；祝福我们的复旦，我们相信，她一定会飞扬到更高远的天空之上！

谢谢大家！

（本文系 2013 年 6 月 25 日作为博士班毕业生代表在复旦大学历史学系、文物与博物馆学系、旅游学系 2013 届毕业典礼上的演讲）

历史精神，春秋担当

尊敬的各位前辈、各位同道，亲爱的各位老师、各位同学：

大家上午好！非常高兴、非常荣幸也非常感动，今天能作为首届山东青年史学家论坛的代表发言。大家可能发现自己怎么一下子"被代表"了，但其实我也比较懵，因为几天前临时接到主办方的通知，命我在这里致辞。对此，我诚惶诚恐，推辞不过，只好恭敬不如从命，在这里献丑。所以，代表谈不上，致辞谈不上，今天只是作为后生小辈，借这个机会向各位老师汇报一些粗浅的心得体会，说得不对，恳请批评指正。

参加这个盛会，突然有种错觉，像是走进一座森林。这里有许多前辈，是为我们遮风挡雨的参天大树；也有许多同辈，是陪我们栉风沐雨的岁寒松柏。无论怎样，我们都是风雨同舟、风雨兼程的。我们正在做一件大事，那就是组建一个青年史学共同体。所以，我们要感谢山东师范大学、山东省社科联、山东省历史学会给我们大家一个相聚的机会，见证一个充满青春朝气的史学共同体在我们手中诞生和成长。

我们确实需要这样一个共同体。在约翰·杜威看来，个体若想实现自由成长，需要过一种联合生活的方式，共同交流经验；在托马斯·库恩看来，科学家"抱团"组成一个科学共同体，成员会不断"督察"其同行，识破那些以牺牲真理而追逐名誉的人；古人也很早告诉我们，"嘤其鸣矣，求其友声""君子以文会友，以友辅仁""如切如磋，如琢如磨""独学而无友，则孤陋而寡闻"。所以，在这个瞬息万变的世界里，作为史学工作者，我们更应当珍惜这个共同体。哈佛大学教授 David Armitage 认为当前人类被短期主义的幽灵困扰着，他在《历史学宣言》中模仿《共产党宣言》说："全世界历史学家，联合起来！"

我非常欣赏我们这次青年史学家论坛的主题"历史学的过去与当下"。在我看来，这个题目意味深长，令人回味，因为：第一，它是一个谜语，谜底是"未来"；第二，它是一个歇后语，后面的那个词就是"未来"；第三，它还是一个省略语，省略了一个宾语，也是"未来"。我一直认为，过去、现在、未来是一个主谓宾的关系，令人着迷的是，三者都可以自由组合，充当主谓宾的任何一个成分。过去不是永远过去了，它就像一个老家故乡，我们会时刻从现在和未来回到故乡重温记忆，在重温记忆的时候，不仅我们会发生变化，我们的现在和未来也在发生变化。同样，未来也并非不可触摸，它就像一个异国他乡，我们常会在过去和现在偶尔到异国他乡旅行一下，在旅行之时，各种憧憬、困惑、振奋促使我们的过去和现在也在发生着变化。有一首歌是这样唱的："你离开我，就是旅行的意义。"是的，我们时刻都在离开，准备前往故乡和异乡寻找确定性和陌生性。

所以，常有学生问我：老师，历史是什么？我说：历史不仅仅包括过去，也包括现在和未来。因为过去已经成为历史，现在马上成为历史，未来终将成为历史。我一直觉得真正的历史精神，不仅要把过去作为历史写成《资治通鉴》指导现在，更要把现在和未来也作为历史更好地督促现在，正如这么一句话，"你所熬不过去的现在，终将变成再也回不去的从前"。那么，学生又问了：老师，那现在是什么？现在还有意义吗？我说：现在只是过去和未来的一个连接点，时刻在消失，现在就是一个"双面胶"，过去就是一面墙，未来就是一幅画，你若想把未来这幅画挂起来供人欣赏，就必须用现在这个双面胶把它牢牢粘到历史这面墙上。

从这个意义上来说，历史学家就是这个"双面胶"，就像希腊神话里的雅努斯一样，他有两张脸，一张脸看着过去，一张脸看着未来。说到底，我认为历史学家是我们这个世界和人类心灵的守护神。时间、宇宙、人生，在本质上是混沌一片的，是历史学家定义了时间，肯定了人生，凝聚了群体，即司马迁所说的"究天人之际，通古今之变"。尤其是今天历史学逐渐盛行的长时段和全球史，更应该使历史学家增强指导人类世界的责任和勇气。

英国历史学家卡尔认为，要想研究历史，就必须先研究历史学家，因为历史就是历史学家和历史事实不断互动对话的过程。确实，在一定程度上，我们所知的历史，就是历史学家写出的历史。这也就意味着我们史学工作者需要先做好自己，才能写好历史。那么如何做好自己？我认为，最起码的就是要认识到过去、现在和未来是"三重梦境"，历史学家应当善于理清这"三重梦境"的纠缠关系，不仅要善于解梦、释梦，还要时刻让自己从梦中醒来。近代史学家王国维提醒我们："诗人对宇宙人生，须入乎其内，又须出乎其外。入乎其内，故能写之。出乎其外，故能观之。入乎其内，故有生气。出乎其外，故有高致。"我们应勇敢认识自己，要认识到自己的研究是否受到一些先入为主的文化偏见的影响？是否受到一些日用而不知的世俗氛围的诱导？是否受到前辈学者的理论范式的遮蔽？是否受到长期深刻的个人经验的限制？如果我们能"观自在"，不断拔着自己的头发从这些梦中醒来，主动祛魅，我们就可以更好地凝视历史，更好地凝视过去、现在和未来，也才能更好地接近"那个高贵的梦想"，更好地达到古人的期望："人心惟危，道心惟微；惟精惟一，允执厥中。"

我们不能忘记历史学的初心和使命。我们都在忙于修改自己的文章和著作，忙于申请更有分量的课题和项目，忙于等待自己的文章被引用、转载、批示和评奖，但我们是否忘了：自己是否还有品味历史、品味经典的能力？是否还有让历史照亮灵魂、滋润心灵、启蒙大众、引领时代的能力？是否还能让史学令大众着迷，让它充满想象力、穿透力和感染力？章学诚说："言性命者，必究于史。"培根说："读史使人明智。"东海西海，古往今来，心同理同。所以，史学更重要的价值在于它对人生智慧的感召，对亿万心灵的感召。我们应该明白，历史和人生在本质上是一致的，都是由各种记忆材料组成，如果说，人生是一个人不断与记忆谈判的过程，那么，历史则是亿万人不断与集体记忆谈判的过程。

那么，在新时代的山东，我们这些青年史学工作者应当有什么新使命吗？

"温故而知新。"我们知道，齐鲁是姜太公和周公后人的封国，周代的文武之道，就在山东。"周虽旧邦，其命维新。"山东，不仅是五岳独尊、孔孟成圣、黄河入海的地方，对我们史学工作者来说，山东还是《春秋》诞生的地方。《春秋》是中国史学的"教父"，伟大的司马迁和司马光都是追慕《春秋》的"信徒"。《春秋》对中国和东亚的从古到今的政治、文化、史学的塑造都起到了关键作用。所以，在新时代，我们应当有一种"春秋"担当，努力写好几本《春秋》即写好人生的春秋、山东的春秋、中华民族共同体的春秋、人类命运共同体的春秋。我从烟台赶来，想起山东烟台牟平的英雄杨子荣，他在《智取威虎山》中有一句经典唱词："来日方长显身手，甘洒热血写春秋！"

怀着真正的历史精神，让我们衷心祝福这个青年史学论坛圆满成功，绿水长流！今天很快就会变成历史，若我们三十年后再回忆此时此刻，定会有一句宋词般的感慨："忆昔午桥桥上饮，坐中多是豪英，长沟流月去无声。杏花疏影里，吹笛到天明。"

各位老师，各位同学，三十年后，也就是新中国成立 100 周年，就让我们为祖国的史学大业健康奋斗三十年！再过三十年，我们来相会，那时的祖国，那时的我们，该有多么美！

谢谢大家！

（本文系 2019 年 10 月 12 日作为青年史学工作者代表在首届山东青年史学家论坛开幕式上的演讲）

奔腾似海，璀璨如光

尊敬的老师，亲爱的同学：

大家好！我是来自文学院的教师黄修志，非常荣幸、非常开心能作为教师代表与大家在金秋的丰收时刻相逢。感谢鲁东大学对我的信任，感谢我们注定遇见的缘分。

"临春风兮思浩荡，望秋云兮神飞扬"，不知不觉，我们从初春走进深秋，九个月中，谁都知道我们共同经历了什么。在伟大祖国的羽翼下，我们见证了万众一心和一枝独秀，见证了伟大的抗疫精神。我们也见证了你们未曾放弃梦想，始终坚持战斗，从五湖四海来到烟台，从万水千山飞到海边，历尽千帆，只为了遇见更美好的自己，只为了能让我们在一起。

在此，我谨代表全体教师，祝贺你们，欢迎你们！你们在艰难困苦中修炼成玉，开启了人生最美好的时光。所以，今天既是开学礼，也是成人礼。我要恭喜你们：你们长大了！

看到你们，我想起十六年前刚刚步入大学的自己。那时我和你们一样，心潮澎湃，跃跃欲试，就像刚会走路急于探索世界的孩子一样。回首过去的求学岁月，正是无数的好书和可敬的老师塑造了今天的我，使我坚定了教书育人的理想，继续为孩子们塑造灵魂、照亮梦想。

回首在鲁大执教七年的时光，我坚信最大的骄傲和幸福永远来自于学生，你们是我们最美的期待。我骄傲于为同学们打开一扇窗，照进一道光，让好学深思的读书种子生根发芽。我幸福于此生要和一代一代的青春读书成长，仿佛我永远也不会老去。这就是一棵树绿遍天涯树，一盏灯点燃万家灯。

亲爱的同学们，作为一个过来人和大朋友，我知道你们心中有困惑，往日时光或原生家庭带来的困扰可能还在。我劝大家先思考两个问题：今天你走进大学，几年之后，你又要怎样离开大学？经过大学几年，你能否体悟到真正的快乐是什么？

无论你在哪个学院，都要学好四门功课：养成阅读习惯、形成研究思维、学会做人本分、树立生活信念。如果你做到了，那么，你就会在几年之后最终无怨无悔地笑着流着眼泪离开大学，最终体悟到真正的快乐。

真正的快乐是什么？在我看来，真正的快乐是平淡如水的心境和主宰内心的自由，可以使你从此不经别人的督促就能进行自我教育。真正重要的，不是想清楚了再去做，而是做着做着就想清楚了。希望大家能用成长的眼光、未来的视野、历史的精神去看待当前的自己。

愿你们学会感恩。感恩父母，感恩师友，感恩祖国。最好的感恩是做好自己。身为子女，坚强自立，不让父母牵挂；身为学生，勤学好问，与师友教学相长、切磋琢磨；身为公民，以国为家，胸怀天下，为民族复兴、世界大同贡献力量。

愿你们坚守初心。初心的初，不是最初、当初，而是本初，初心就是本心。"天下之道，贵在顺其自然；为人之道，贵在无愧本心。"坚守住初心，便能不忘来处，心中有光，不会患得患失，瞻前顾后，让自己坦坦荡荡、长长远远。

愿你们保持朴实。大家都是负笈千里的书生，本色是朴实，本分是读书。古人说"观人察质，必先察其平淡，而后求其聪明"，平淡才能纯粹，纯粹才能专注。大家不要做"精致的利己主义者"，而要做"朴实的为他主义者"。

愿你们追寻自由。自由并不在高处，而在当下和日常。自由是追寻梦想途中的忘我状态和求索心境，是让自己可以定义自己幸福的能力。追寻自由，愿你们拥有一颗勇敢的心，保持好奇，独立思考，既能扎根大地，又能飞上云端。

愿你们求索真理。我们既要建立多元化的理解，倾听多种声音，互学互鉴，多一些同情和宽容，又要超脱世俗，远离偏见，敢于质疑，勇于担当，直面隐秘的角落，发掘沉默的真相。求索真理是一条艰辛漫长的路，但夜空中最亮的星会照亮携手同行的身影。让我们为祖国健康工作五十年，把论文写在大地上。

愿你们爱上阅读。在新文科、新理科、新工科、新农科的时代，跨学科、跨文化、跨层次的阅读是必然趋势。我们应该构建"鲁大师生阅读研究共同体"，不断挑战阅读层次，滋润心灵，启蒙自我，让阅读写作成为生活方式和终生乐趣。

愿你们体悟困惑。人生是一场不断的修行，没有焦虑，何来成长？没有痛苦，哪有新生？西西弗斯不断推着巨石上山，但内心是喜悦的，因为他在劳作中不断创作自己。如果你焦虑痛苦，那么恭喜你，这就是你要实现突围和超越的临界点。我们应在困顿中飞升，在忧患中自强，最终走出寂寞，享受孤独。

亲爱的同学们，中国向何处去，世界往哪里走？这取决于你们的勇气和力量。国家之气象在于青年之气象，个人之光芒在于内心之光芒。希望你们能拥有健康的体魄，珍惜同窗友情和纯真爱情，虚心涵泳，体悟磨练，让最优秀的朋友和作品环绕左右，走好大学路，写好人生史。

"爱在烟台，难以离开"。在这里，你可以拥抱人间最美的仙境，触摸中华最古的海岸，像鸟飞过你的山。因为刻骨，所以铭心，希望多年以后，你我都能追慕此刻心中的澎湃与平静。

亲爱的同学们，今年是鲁东大学建校 90 周年。她还正值青春芳华，犹如今天的你们。所以，在她 90 芳诞来临之际，祝福我青年之鲁大，奔腾似海，祝愿我鲁大之青年，璀璨如光！谢谢大家！

（本文系 2020 年 9 月 23 日作为教师代表在鲁东大学 2020 级新生开学典礼上的演讲）

策马扬鞭，仗剑天涯

尊敬的老师，亲爱的同学：

大家好！我是文学院教师黄修志，非常开心也非常荣幸能在草木盛夏的告别时刻再跟大家谈谈心。感谢学院的厚爱，感谢各位的期待。事实上，从小学到现在，这是我第四次在毕业典礼上演讲，但作为教师代表还是第一次，所以面对在座可爱的诸君，除了开心和荣幸外，我也格外激动、幸福。我觉得，过去、现在、未来以及这颗星球，都在静静地凝视着我们。

毫无疑问，今天是你们人生中的重要时刻，将镌刻和定格在记忆深处。相信大家现在感慨良多。你可能会想，终于还是等到了这一天，不知是该哭还是该笑？多么重要的仪式，为什么他（她）最终没有陪在我的身旁？马上就要毕业了，我却不知路在何方？四年的同窗说散就散，为什么还没等到最后一天，宿舍里就已空空荡荡？马上就要到新地方工作或读研了，为什么我却突然怀念这个以前整天嫌弃的地方？是啊，这里埋藏着我们的青春芳华和再也回不去的时光，"青春是段跌跌撞撞的旅行，拥有着后知后觉的美丽"。我们舍不得师友，舍不得校园，其实是舍不得告别过去的自己。所以，毕业就像一艘摆渡船，载着我们穿越河川，脱胎换骨，奔流到海不复回。"走了那么远，我们去寻找一盏灯"，我们终其一生，都在四海漂流中寻找自己。所以，不论你是谁，你不用成为谁，只需要成为那个更好的自己。

亲爱的同学们，我一直很羡慕你们，羡慕你们有大把的自由时光，羡慕你们有无限的可能性。与我们 80 后相比，你们是在平视世界的态度中长大的，理应成为不可抵挡的一代。那么，作为文学院的毕业生，你们又有哪些不同呢？

我始终觉得，文学院的"文"指的不是"文学"，而应是"人文"或"文科"。从构词上来说，我们在念的时候，应该是"文／学院"，而不是"文学／院"。从师生专业背景上来说，我们学院包含了语言学、计算机学、文学、新闻传播学、艺术学、教育学、哲学、历史学、人类学等诸多专业。可以说，文学院是鲁东大学最具跨学科魅力和新文科优势的学院，值得各位自豪和夸耀。

是的，工作八年来，我常在外面夸耀文学院，说她重点培养了四类人才：一是一代代的教师，几乎撑起胶东半岛语文教育界的半个天空；二是一代代的作家，从张炜先生到周燊老师再到在座诸君，弦歌相继；三是一代代的学者，大量同学通过考研走上学术研究道路；四是一代代的媒体人，广播电视编导、传播学等专业的毕业生已初露锋芒。在我看来，这四类人才，无论是教师、作家、学者还是媒体人，本质上都是一样的，那就是：通过发声和讲述来传递信念。从某种意义上来说，我们是人类灵魂的工程师，因为文科是时代这列火车的司机。这就意味着，我们不能忘了本分，那就是：直面现实，勇于发声，不断创作，照亮心灵。如果有一天，你不够勇敢，不能发光、发声，那么请尊重那些独立的人格和脱俗的心灵，请包容那些真诚的诤言和不同的声音，这样你也就无愧于自己是文学院的人，因为文科没有标准答案，注重的是多元的理解方式和独特的内心体验。

亲爱的同学们，今天你们毕业了，获得了学士、硕士学位，有几位同学还要到国内外高校攻读博士，都不容易，我要祝贺你们！其实，"学士"在古代非常尊贵，在座的李学士、张学士、王学士，可以与宋代的苏学士并称了。无论是学士、硕士还是博士，既然都是"士"，应该算是知识分子了，作为"士之师"，我常忧惧忐忑，作为一个乡村书生，读书、教书、写书是我的本分，我常自问有没有做好这个本分。前几天我问一位同学，大学生属于知识分子吗？她说："老师，知识分子应该属于那种有理想的人吧？"这句话说得好像在座诸君似乎不少已经丧失了理想似的。说句实话，不少人觉得焦躁不安，很可能是混淆了理想和欲望。如果说，欲望会让人觉得"内卷"厉害，不如

策马扬鞭，仗剑天涯

"躺平"，那么，理想则会让人时刻保持修行和担当。也许大家会觉得："老师您跟我谈理想？对不起，戒了。"就像赵雷的一首歌："理想今年你几岁？你总是诱惑着年轻的朋友。"我很理解处于青春迷惘、一无所有的伙伴们，曾经的我也是这样，但是随着读书体悟和做事磨练，我慢慢明白：万事一理，万物一体，劳作本身就是理想和意义，孟子讲"必有事焉"，每一段经历都是一场修行，真正的理想是在劳作中收获真正的快乐，理想是生命的主引擎，得失只是努力的副产品。

大家能想象吗？在一百年前，一群跟大家年龄差不多的读书人和知识分子，良师益友和同窗好友在一起，胸怀建设少年中国和青春民族的理想，率领工农大众掀起一场改天换地的力量。鲁迅先生说："什么是路？就是从没路的地方践踏出来的，从只有荆棘的地方开辟出来的。以前早有路了，以后也该永远有路。"希望大家能在"黄色的树林"里选择那条让自己无悔的路，像赫拉克勒斯那样在十字路口选择美德女神，像一百年前的学长学姐们那样选择人间正道。

不可否认，我们处在人类史的关键节点，新冠疫情改变了全球交流格局，民族主义已成为世界上最大的意识形态，尤其是在这样一个"解构崇高"的时代，经典价值被重估，文化叙事被翻新。我们身为文学院的毕业生，往大了说，需要承担起再造中华文明、重建人类心灵的使命，往小了说，就是平心静气做好自己。作为教师，我还是想为远行的诸君提一些建议。

愿大家心系中华，心怀天下。曾经看到一句话，"祖国终将选择那些选择了祖国的人"，无论你走到哪里，在落日楼头，断鸿声里，都不要忘了自己是一位中华游子。选择祖国，并非一定要选择做多么伟大的事情，只需要选择做一个怎样的自己，不求尽善尽美，但求尽心尽力。"无穷的远方，无数的人们，都和我有关"，我们既要将个人成长融入民族复兴的脉搏中，又要把自己的人生史写入人类史的篇章中，为中华民族命运共同体和人类命运共同体贡献个人力量。

愿大家关注乡村，关心弱势群体。古往今来，谁解决了乡村问题，谁就是英雄和脊梁，因为乡村既是我们的来处，也是我们的归处。给绝望者一点希望，给无光者一束微光，就是一种功德。《布鲁克林有棵树》中说："一个通过艰苦奋斗走出了社会底层的人，通常有两个选择。脱离当初环境之后，他可以忘本；他也可以在超出这个环境之后，永不忘记自己的出身，对残酷拼搏中不幸落下来的人充满同情，充满理解。"

愿大家成为一个好人，平淡质朴，勤奋努力，又能明辨是非，懂得保护自己。成为一个好人，需要用心用功，自然天道酬诚。工作时不要怨天尤人，不要汲汲于功利得失，应该懂得克制自我，忍辱负重，不是自己的东西，永远别伸手，依靠自己的努力，坦荡过一生。记得八年前我刚来文学院工作，我的博导写邮件说："现在你应该忘记自己是复旦大学的博士，内心不要经常记着在复旦大学研究生期间的辉煌，暂时忘记这些对于你踏踏实实地从最基础的工作做起会有好处。"

愿大家保持阅读、写作、调研的热情，主宰自己的内心。阅读和写作不是学者和作家的专利，而是所有人的日常需要和基本素养，保持阅读、写作和调研的习惯，不仅能让人脑子清醒、步子坚定、样子沉静，也能帮助你形成持续学习和解决问题的能力，最终越过山丘，创作自我，自己可以定义自己的幸福。

亲爱的同学们，爱在烟台，难以离开，爱在文院，勿忘心安。此时的烟台和你们正是最美的时刻，贝壳晶莹，榴花绚烂，可你们却要离开了。无论大家在人间的流年中走多远，心累的时候，多想想那些年在文学院真诚努力的自己，多想想在青春时光中共同奋斗的彼此，怀抱初心与理想，坚定心灵与目光，莫失莫忘，不离不弃。理想不灭，我们永生不死。

亲爱的同学们，我想起唐代诗人王维送别朋友的诗，"下马饮君酒，问君何所之。君言不得意，归卧南山陲。但去莫复问，白云无尽时"。一千多年以后，我们在长亭外挽住缰绳，多说了几句知心话，扶你们上马，送最后一程。愿你们策马扬鞭，翻山过河，勇敢地追寻自己，无论在哪一场山海，我们的目光与你们同在！今天，"神舟十二号"飞船已载着梦想飞向群星，你们也即将踏上征途，希望三十年后，我们也能在月球上刻下太白的月亮，在火星上吟咏莎翁的诗章。

　　亲爱的同学们，"桃李春风一杯酒，江湖夜雨十年灯"，我衷心地祝愿你们在仗剑天涯的路上平安、如意，祝福你们在享受平淡的幸福中开心、快乐！加油，珍重！万水千山总是情，期待我们再相逢！谢谢大家！

　　（本文系 2021 年 6 月 17 日作为教师代表在鲁东大学文学院 2021 届毕业典礼上的演讲）

青春如歌，梦想即我

尊敬的老师，亲爱的同学：

大家下午好！我是文学院教师黄修志，非常高兴能作为教师代表与大家谈心，感谢文学院将这份荣耀赠予我，希望我不会辜负这份期待。今天是农历八月初八，是传说中各路神仙齐聚瑶池大会的日子，我感到目眩神迷，因为眼前的各位都是闪亮的星辰和妩媚的青山，每一双明亮的眼睛都流淌着一颗明朗的心灵。

我要祝贺大家，祝贺大家在高考或考研的冶炼中跨越山海和人海，来到鲁东大学文学院，成为可敬可畏的年轻力量。青春如歌，时光如此无情，我却依然满怀深情。我想起那个炽热、焦虑却无畏的夏天，已经成为永垂不朽的记忆和梦境。那是 2004 年，正值华语乐坛的巅峰时期，我听着《遇见》《十年》《江南》《宁夏》《将爱》《七里香》《栀子花开》等歌曲走进大一。一代人有一代人的歌声，却唱出了同样的青春，那是年轻的心灵在等待起飞，那是焦灼的自我正期待雨淋。所以，今天我和你们同样激动，也做好了告别旧时光、迎接新起点的准备，就像你们的歌声，"这是我对旧时光最温暖的回忆，哭着笑着痛着疯着跟过去别离"。

是的，在座的许多人已经摩拳擦掌准备大干一场。前几天大家刚入学时，我在路上听到两位学姐感叹："要是让我回到大一，该有多幸福啊！"但残酷的真相是，"靡不有初，鲜克有终"，要是真的回到大一，勤奋的人依旧勤奋，堕落过的人大多依旧堕落。难道大三和大四不够幸福吗？没有任何一段人生是可以随便辜负的，只要用心用功地体认，一切都是最好的时光。是啊，我常常回忆那些最好的时光，比如我在聊城大学读本科时，并非因为那时多么惬意轻松，相反，既有热血澎湃，也有焦虑痛苦，堪称人生的凛冬时刻，但庆幸的是，正是因为在痛苦的求索中才发现了自己，体悟到应该以怎样的心灵状态和生活方式来度过一生。谁的青春不迷茫呢？鲁迅先生在为中国寻路时"荷戟独彷徨"，一百年前的青年们也是在各种试错和探索中才走上人间正道。许多事情，不是你不感兴趣，而是因为你不了解。许多时候，不是你没想明白，而是因为你还没做起来。

亲爱的同学们，你们很快就会发现：大学跟想象得有点不一样。那是当然，大学是一次心灵之旅，旅行的意义在于离开自己，告别旧日习气，感受惊奇与困惑，寻找自己的陌生性。如果说高中是吸收知识，那么大学就是研究知识，理解逻辑演进的链条，审视知识生产的环节，这意味着你今后的阅读、写作、学习要与过去一刀两断，应培养跨学科阅读、研究性写作、多元化理解、交锋性对话的能力。"君子以文会友，以友辅仁。""君子深造之以道，欲其自得之也。"今天大家相聚在一起，我们应该在大学校园里活成一条条与众不同的溪流，而不是整齐划一的水沟。我们应该在大学课堂中保持理解和尊重，在众声喧哗中发出自己的声音，而不是异口同声或沉默无声。同样，我们也应该多读经典，从源头上研究问题、养气正心。读书之道在于读常见书，为人之道在于求真性情。正如《琅琊榜》里，梅长苏对萧庭生说："庭生，要先看这几本书，这些是基础，句读文风都是最简洁明快的，为人的道理也一样。就像盖房子，根基要正，上面才不会歪斜，如果一味地杂读，不能领会真意，只会移了性情。"

亲爱的同学们，今天我不会以过来人的身份给大家提要求，我想分享几位你们学长学姐说的话，供你们体味。

我不会忘记，2013年我刚开始在文学院工作时，担任广播电视编导专业的班主任，遇到一位令我引以为豪的学生。她朴实坚定，热爱阅读，多才多艺，毕业聚餐时，有同学举杯对她说："我真是太佩服你了，大学四年，你几乎没什么变化，还是那么朴实。"离开鲁大前，她把积攒的5000元无偿捐赠给文学院，虽然她漂泊不定，但仍坚守着理想主义。世界是这么残忍，而她又是如此骄傲。有次我对她说："我相信，多年以后，当你在舞台上讲述自己的经历，许多人都哭了，而你自己却笑得如此云淡风轻。"

我不会忘记，一位本科基础不好的研究生，每天都在鲁大看书，宿舍同学醒来后总说："唉，你又在看书啊？"在毕业离校的最后一天，她突然找到我，在教研室里泪流满面说起她那些不亚于《你当像鸟飞往你的山》中的遭遇。我问：你是我的学生，为什么到最后一天才告诉我这些？她说：老师，那是因为当初我还没从读书中认识自己，还没有与自己握手言和。等再见到她时，她为我推荐了一本又一本的好书。我欣慰于学生竟然可以给老师布置书单，可以敏锐观察内心的成长和世界的无穷，最终成为一个鲜活快乐的人。

我不会忘记，一位在外地工作多年的学生告诉我一件他亲历的事，他身为公仆，见证了底层群众和弱势群体需要各种帮助，那一夜，他百感交集，彻夜难眠，对我说："老师，我信共产主义，信为人民服务的初心，我也信世界复杂，生活多磨。但我不会陷入那种虚无，我读过一些书，知道人应该怎么做。"是的，无论是青年司马迁还是青年毛泽东都在启发我们，青年人在读书之余应多去乡村和基层去走走看看，只有在了解一个真实的中国后才能指点江山，挥斥方遒。

我想起，你们一位如今在德国哥廷根大学读研究生的学姐。她是一位灵气十足、勤奋快乐的人，在文学院就读期间，平均学分绩点4.2，全院排名第一，全校名列前茅，喜欢足球、阅读、写作、吉他、绘画，精通英语、德语。她说自己在鲁东大学读书期间的每一天都过得无怨无悔、充实开心，她常用陶渊明的"勤靡余劳，心有常闲"激励自己，她曾建议学弟学妹不断跳出舒适圈，探索未知世界，从关注"What"到追问"Why"。

我想起，你们一位在贝壳文学社和石榴花读书堂获得成长的学姐。她是四年前开学典礼的新生代表，在毕业典礼后写信告诉我："孤独是人生的常态，我有幸在大学得到了成长，完成了自我突围，在平淡和安静的环境中真诚地寻找自己。时间如白驹过隙，转瞬即逝，而这种质朴的力量却如高山大川，绵延不绝。"

青春如歌，梦想即我

　　我想起，你们一位跨专业考上山东大学研究生的学姐，在微信中写信告诉我："备考期间我暗下决心，考上后一定发一条长长的朋友圈感慨一下（配图录取通知），可当我得知被录取的那刻以及至今，我什么都不想发了，因为我知道自己需要的东西，不是别人对我努力的一个肯定，而是我自己从心底对自己自然生发的一种认可，重新相信努力，也终于和自己达成和解。"

　　亲爱的同学们，一位同事告诉我，教师的不朽在于他的生命可以在一代代学生身上延续下去。有位大四的同学问我："老师，您当初为什么要和其他老师推着我们创建这个社团和杂志？等明年我们都走了，只留下您在这里，想想就伤感。"

　　我说：第一，我也曾是个大学生，毕业时一位好友说"你确实爱读书，但就是没有老师引导你"，如今我是老师了，有责任不想让你们也有这种遗憾。第二，每次和你们一起读书写作研究，我就感觉好像穿越时空，重回大学和你们一起成为同窗，可谓"爷青回"，真心感到幸福。难道不是这样吗？从开始到现在，读书、写书、教书就是我的梦想。

　　说到梦想，常常看到电视上有人问：你的梦想是什么？也常常听到许多人在追逐一个梦想。仿佛梦想是一个外在事物。但在我看来，我们本身就是梦想，而现实就是实现梦想，这便是"梦想照进现实""梦想成真"的真正含义。我们真正的梦想，是要拥有一颗怎样的心，成为一个怎样的人，而这一切是要通过做事来实现的。作为读书人，我们创作的最好作品应该是自己，"学问之道无他，求其放心而已矣"。我们坚韧前进，直到我们成为更好的我们，成为梦想本身，就像山巅上的晨光，温暖自己，更照亮他人。

　　古龙曾在《天涯明月刀》中这样问答："天涯远吗？""不远，人就在天涯，天涯怎么会远呢？"我们可以这样问答："梦想远吗？""不远，人就是梦想，梦想怎么会远呢？"西方文学中有这么一段对话，命运对勇士低语："你无法抵御风暴。"勇士低语回应："不，我就是风暴。"我们也可以这样对话，人生对青年低语："你无法接近梦想。"青年大声回应："不，我就是梦想。"

　　亲爱的同学们，不是你需要我们，而是我们需要你：需要你涉猎各种人文社科经典，深造自得，质疑我们的观点；需要你创作清雅深邃的作品，洞察万物，涤荡我们的心扉；需要你用语言文字、镜头画板讲述真相、鼓舞人心，传递我们的信念。愿你在大学里遇见一些人，一些像光一样向你走来的优秀朋友，爱她如生命，敬他如灵魂。愿你在大学里关注乡村和社会，心怀国之大者，放眼全球，不要背过身去，无视人类的苦难。愿你成为时间的神灵，爱上沉思和省察，自由穿梭于古今中外的心灵中，享受现在战斗的自己，治愈过去，哺育未来。

最后，请允许我引用小说《金色梦乡》中的一段话，与大家相约四年之后或十年之后："现在所走的这条路，留给将来的某个时候怀念就好，将来的某个时候，或许我会怀念现在所走的这条路。那个时候你一定要在，那个时候我一定要在，这样我会很开心。拜托了，我很开心，请多关照。"

祝福大家，谢谢大家！

（本文系 2021 年 9 月 14 日作为教师代表在鲁东大学文学院 2021 级新生开学典礼上的演讲）

青春如歌，梦想即我

飞雪试刃，落子无悔

各位同学：

今明两天大家都即将奔赴各个考点了，遍布芝罘、福山、牟平、蓬莱。大家临行前，我没有什么要特别说的，只能送三样东西略表祝福。

一是我从江西订购了赣南脐橙，每人两个，好事成双。这个水果是个好兆头，"赣南"就是干掉困难，"脐橙"就是一齐成功。这些橙子都是从赣州果树上新鲜采摘下来的，在路上走了五天，从江西走到廊坊，再从廊坊走到烟台，穿越长江、黄河，可谓聚集了半个中国的鲜果元气，愿鲜活香甜的元气与你们同在！

二是我们刚印刷出来的《石榴花》杂志秋冬两期，不要忘了，石榴花读书堂和《石榴花》杂志是从我们班生长、开花、结果并延伸到院内外、校内外的。相信三年来石榴花的熏陶已走进大家的心里，你们注定是与众不同的，愿石榴花的灵气与你们同在！

三是请大家现在打开咱们的班级微信群，准备接红包，好，1、2、3，点红包！每人66元。"六六大顺"是《左传》里就有的吉祥话，希望大家在考研两天吃好，不要委屈了自己。愿牛年"66"的好彩头与你们同在！

根据天气预报，今明两天就要开始大雪纷扬了，这是老天送给大家的又一份礼物。因此，结合我的三份祝福，我凑成一个顺口溜："六六大顺，榴花眼明，飞雪试刃，马到齐成！"

昨天团总支给班主任群里发了2018级各班考研信息统计，咱们是最多的，共有 37 位同学报名了考研。其实我还是挺开心的，并不是因为我希望每个人都必须去考研，我也并不觉得只有考研做学问是最好的选择。我不是一个学术至上者，这个世界是丰富多彩的，生活自然有千种万类。事实上，人生有无数的选择，有无限的可能性，无论我们身处哪一个小径分叉的花园，无论考研成败怎样，无论当下状态怎样，这都是人生这个不确定连续体的一个驿站或可能的偶然事件而已。人生走到哪里都没有一个结果、结局、定局、定数，每时每刻都处于一个通向无穷变数的可能性中。以前我看过一个电视剧《我们无处安放的青春》，里面说，按照量子力学的观点，人和人相遇的概率约等于零。那么，在 2018 年 9 月，也就是三年前，我们彼此相遇的概率约等于零。

这意味着什么呢？第一，我们不要把希望和理想寄托于未来的某时某刻，最好的时光恰是此时此刻，所以大家要珍惜此时的自己，尽管当下充满困惑、紧张、焦灼。曾经我也这样想过，"待我忙过这阵狼狈，我一定要重新振奋"，其实只是自欺欺人而已。第二，生活本身就已经够激动人心的了，比电影、小说、音乐都要意味深长，生活在此处而非别处，自由在日常而非远方，就看你如何用心体味。

面对马上到来的考研，我劝大家：这是一场奔跑、赶路，我们不是在去考试，而是大家跑了这么久，已经爬到了山上，山上有四盘围棋等着我们去"手谈"。是的，我特别喜欢"手谈"这个术语，"手谈"意味着握手对谈、创作，围棋本质上没有杀伐、胜负。我们不是去做题，而是与自己去对话，是去创作的，只是给自己一个交待，换种形式让自己验证下之前的努力。因此，希望大家能平心静气地全力以赴，坚持把围棋手谈到底。

同样，无论你考研、考公还是考编、自主择业，在我看来，本质上都是一样的。我期待大家在毕业前能尝试各种可能性，一种更扎实的可能性，免得以后后悔，我不想看到大家今后因为悔恨当初的犹豫或纠结而蹉跎岁月和生命。

事实上，黄老师是一个理想主义者，相信你们能看出来我是一个比较"另类"的人，有时不在乎别人在乎的事情，有时在乎别人不在乎的事情。我最

飞雪试刃，落子无悔

看重的是，一个人能纯粹而坚定地相信他的生活方式能给自己带来平静与幸福就行了。作为班主任，我真心愿意你们也能拥有这种或此类品质、观念或心灵状态。无论你选择了怎样的职业，只要你能选择喜欢的生活方式和心灵状态，那就是开心快乐的。你们开心快乐，我也觉得欣慰和满足，一切都值了。

三年多来，我相信我们彼此是心心相印的。前几天有人问我："老师，你为什么和你们班学生关系那么好？"我一时不知道该如何回答，想了一下，找到了原因，连我自己也恍然大悟了：那就是我把你们都当成了从前的自己了。是的，我发自内心地把你们当成了以前上大学的黄修志。我常想：现在你们大一了，大二了，大三了，大四了，当时我在大学里是什么状态来着？跌跌撞撞，浑浑噩噩，困惑什么？敏感什么？在意什么？需要什么？那时没有老师去了解我们，我既然知道你们可能会遇到什么，又身为班主任，本分使然，就没有理由不做好你们的引路人。也就是说，我可能有一个大家看不见的分身，和你们一起同窗了四年，或者说，我穿越时光，把大家当成了十几年前的大学同学。过去，我有很多困惑、蹉跎、遗憾，回想起来，对人对事似乎错了很多，我不愿意看到能你们也有太多类似的情况，尤其是在你们白衣飘飘的年代里。

有时，在办公室望向窗外的沉默午后，有时，在开车上下班的路上，我常常突然想到一些点子：应该如何陪伴你们，应该如何"折腾"着你们读书、写作，应该如何再请一些人、做一些事给你们的大学火锅添些料，激励着、刺激着你们反省和沸腾自己的大学生活，即使呛得你们咳嗽流泪，即使惹得你们叫苦连天。

为此，我给大家的陪伴有什么呢？其实大家都知道，但其中最让我引以为豪的是，我与其他老师带着2017、2018级的部分同学一起创立了石榴花读书堂，它开出了"八朵金花"，逐渐蔓延到校内外，比如石榴花大讲堂、《石榴花》杂志、石榴花观书会、石榴花小讲坛、石榴花访修营、石榴花书评随笔大赛、石榴花阅读推广服务基地、石榴花学术调研课题。如果说起初创立石榴花有私心的话，那就是为了陪伴咱班同学。为此，我借助几个班的力量去陪伴你们，借助校内很多优秀同学和校内外诸多老师的光芒去照亮你们，发动古今中外的时光和世界各地的风景去冲击你们。就像我在网上看过的一句话，原文记不清了，大意是：毕业之时，为了拥抱她，我笑着哭着把全班每位同学都拥抱了一遍说再见。

事实上，同学们，你们中的很多人让我羡慕和敬佩。你们优秀而认真，有些同学纯粹而明净。我享受与你们的聊天，感受到你们赤诚的心灵。有人告诉我：老师，我要做一个高尚的人。有人告诉我：老师，我觉得中华文化的复兴缺了我们是不可能的。有人说：老师，我想走到山坡看云，去做一个平淡的人。三年多来，有好几位同学来到我办公室，泪流满面说起自己的心路或遭遇。我很开心且感动于我的学生——你们，能告诉我，我真心觉得你们说的都是心里话，你们就像新生的叶子，叶脉清澈，柔光四溢，理应倍加呵护。

其实，与你们相比，我的大学生活实际上过得有些稀里糊涂。我比你们差远了，估计你们有些人小的时候去的地方都比我多，而我从一个小村庄一路走到现在，高考时才第一次去县城，考研复试时才第一次出山东，导致硕博毕业时，老师们都会回忆感慨于招考时不知道我是从哪里冒出来的，既非科班出身，也无老师推荐。不过我庆幸的是，虽然出身偏僻，一路颠簸，从未舍弃对阅读、写作、思考的热爱，是那些不灭的好书，那些永恒的心灵，诱导着我走向广阔。所以我相信，无论考研结果如何，只要你们不放弃读写和观察，我都毫不怀疑你们都会踏上奇妙的人生旅行，追寻到让自己安宁的命运。

同学们，想想十年后，你们有些人在祖国各地甚至星球的其他角落热情劳作，如何看待现在我们聚在这里的时刻？想想十年后，你们都成长为一个心平气和的成年人，跟我现在年龄差不多。你们很多人会有一个风雨同舟的伴侣和与你一起成长的孩子，你会为了家人的平安幸福而努力奋斗。有人也会成为一个自由无拘的人，安然于自己的脱俗生活，不在乎世俗的眼光，坚守平淡的灵魂。想想十年后的风景和内心，就能了然我们当下应该怎么做。当下就是一个平静的时刻，当下就是通向激动人心、不可捉摸的未来的一艘船，是一场光荣的战役，想想都让人觉得兴奋！所以，希望大家坚持把这四盘棋下到最后，平心静气，落子无悔。

马上就要下雪了，同学们，人世间最温暖的班级就要出征了，飞雪都为之动容和壮行，天地都为之银白，山海都为之目送，我们还等什么呢?

（本文系 2021 年 12 月 23 日在汉文本 1801 考研班会上的演讲）

满月弓弦，相约万年

尊敬的老师，亲爱的同学们：

大家上午好！我是来自文学院古代文学教研室的黄修志，去年我站在这里，是迎接大一新生，今天站在这里，是送别在座的诸生，此时此刻，百味杂陈，百感交集。事实上，我是昨天才被告知要作为教师代表参加这次毕业典礼，如此猝不及防，只好写了篇急就章，就像大家突然被告知提前毕业，马上退场。青春充满跌跌撞撞、踉踉跄跄，人生也总是猝不及防、防不胜防。就像我们从未想到会遭遇这场持续近三年的全球疫情，使我们的大学青春有一多半的时光都在其中浸泡，也导致今天这么重要的人生典礼，竟有那么多陪伴我们成长的伙伴并不在场。是的，看一看前方的条幅，环顾下身边的同窗，你没有看错，今天就是我们分手的时刻。

记得 2013 年的夏天，我作为毕业生代表在上海市杨浦区邯郸路 220 号的礼堂中说道："人生是一条梦想之路，只有脚踏实地，才能走得长远；人生又是一棵梦想之树，只有扎根大地，方可长得崇高。"随后，我便乘坐一列绿皮车来到烟台市芝罘区红旗中路 186 号的教学楼，转眼间，我已在这里工作整整九年了。在这九年中，我常扪心自问，我还是当年的我吗？初心灭了吗，理想还在吗？今天我可以问心无愧地说：我还是那时的我，初心未灭，理想愈发坚定。常常有同学问我：老师，如果你在另一个学校，是不是内心的风景会大不一样？我毫不犹豫地说：不会的，即便城市变了，环境变了，但我向往平淡如水的本心并没有变，自然我喜欢的师友和学生还是同一类型的人，读书、教书、写书的理想也会一直持续下去。

今天面对大家，我尤为激动，因为就我个人而言，工作九年来，我对2018级的同学们倾注了最多的心血，多年师生成家人；就大家而言，大学四年来，你我相互陪伴，多年同窗成知己，我们一起走过各种风雨，见证了许多人生史和人类史上的重要时刻。还记得吗？当大家刚刚走进大一时，鲁大文学博物馆、新华书店刚刚落成，贝壳儿童文学周一下子邀请到张炜、曹文轩、张之路、朱自强、汤素兰等名家云集鲁大，石榴花大讲堂用四年时间邀请海内外学者为大家举办了42场跨学科、跨文化、跨层次的讲座，取灯沙龙、名师工作坊、写作工作坊等各种系列活动也分别绽放精彩。仿佛一切都是为你们准备的，仿佛文学院的老师们叠成罗汉，挽成一张如同满月的弓，努力把你们拉在弦上，帮助你们飞向云端和远方。还记得吗？四年中，我们经历了国庆70周年、校庆90周年、建党100周年，见证了乡村振兴和新文科建设走向新阶段，见证了同为"00后"的中国健儿在东京奥运会、北京冬奥会上的飒爽英姿，见证了烟台姑娘和鲁东大学在中国航天腾飞中都与有荣焉，也见证了在21世纪的同一片蓝天下，与我们一样的物种为争夺生存空间在欧洲等地的战火中较量厮杀。

作为班主任，我很清楚，期望所有人都很优秀是不可能的，我更在乎的是你们生活在文学院怎样的人文氛围中。昨天我们班一位同学跟我聊天，她说起一件事情，昨天中午班里同学都在关门睡午觉，但是没有一个人睡得着，当106宿舍的五位同学提着行李推开门，门声一响，班里其他所有的宿舍门都同时打开了，每个人都走出来跟她们挨个拥抱告别。我听后瞬间泪崩，非常欣慰。我相信，这段四年的友情岁月会成为你们一辈子的心灵财富，因为你们会在未来或他乡时常想起这样的氛围，并促使你也会在家庭、工作中复制这种氛围，给他人和自己带来永远的温情。同为班主任，我与在座的各位班主任老师交流甚多，与大家一样，我对他们满怀敬意。昨天我和袁老师一起回忆我们陪大家走过的四年，她说"心痛且心疼"，我也有同样的感觉。四年来，我们从未倚老卖老，从未偏听偏信，尽力帮助每位同学成长，不想让任何一位同学掉队，踏实认真的同学可能没让我们操过心，但一些令人着急或止步不前的同学却让我们费了最多的心神，试问，我们何曾厚此薄彼？我们也曾是大学生，也曾经历幽暗的岁月和迷惘的青春，了解你们的困惑和忧虑，理解大家的挣扎和诉求，于是把自己视为一个陪伴各位的大朋友，只不过大家是否能理解我们给予的友善的压力和善意的批评，能否得之于心、行之于身，而不是我们经常在大家脸上看到的神情："老师您说得很对，但我是不会这样做的。"

前几天，我在北操看着夏夜中大家肆意奔跑和唱歌的身影，有同学问我："老师，你觉得你们那一代人的大学青春跟我们有什么不同吗？"我想了想，感觉没什么本质的不同，因为青春的理想和烦恼还是那些，周杰伦和陈奕迅的歌仍在单曲循环，我们都在追忆那些年我们一起追的女孩的往事中致敬我们终将逝去的青春。但是在形式上，两代人的大学青春仍有不同，一是因为手机而快慢不同，你们在表达心情和获取资源上更快，我们则生活在"从前慢"的时代；二是因为疫情而动静有别，我们肆意聚会，任意行走，你们被困在校内和网上，少了很多聚会、郊游、访学、旅行。我着实心疼大家，听到不止有一位同学感叹："大学四年，最大的遗憾就是没有谈过恋爱。"清华大学彭凯平教授说"疫情三年受伤害最大的是年轻人""生命的意义感下降比较多"。谁也无法预测这场疫情会如何改变人类社会，但至少大家的青春成长确实受到了影响，或许如一位同学在《石榴花》杂志卷首语中所说，我们正在"以陌生的方式成长"，如果真是这样，那么大家的青春正在绽放前所未有的陌生性，而这种陌生性所激发的特质和能量，无疑会成为我们在"后疫情时代"浪遏飞舟的动力。

亲爱的同学们，每一代人在回忆大学时光时大多都饱含深情与慨叹。昨天我在一位同学的大一班志里读到一句话，"想想毕业那天的到来，我们应是一种什么状态"，既然大家都走到这里了，我们更加期待大家能将大学时光这坛酒在心中永远珍藏，在今后行走江湖中仍然能嗅到醇香，也能将师友的忠告、经典的启示作为一盏灯，在未来的风雨之夜，仍然能够找到一丝光亮，正如谢冕先生所言，"青春是永远的聚会，思想是百年的荣光"。我和大家一样，都曾是一个二本学生，面对人潮汹涌，不可避免有些惊慌失措，毕业之际总会衡量自己价值几何。然而，英雄不问出处，莫欺少年穷，真正的角力才刚刚开始，大学青春为你提供了今后奋斗的底色，它会激励着你在未来彼时彼刻的泥泞途中永不言弃地寻找夜空中最亮的星，这是一场漫长的人生约定。同样，大学青春也为你提供了今后奋斗的信念，让你在为乡村、为学生、为祖国、为理想奋斗的征途中永远可以回望自己的初心。既然人生的路会越走越宽，就不要让我们的心越走越窄，因为我们做得还是太少了，有时走着走着就好了，云也淡了，风也轻了。

亲爱的同学们，这个世界简单又复杂，简单是因为世间万事万物，道理都是一样的，即万事一理，需要我们探寻本质；复杂是因为世间万事万物，紧紧纠缠又彼此交融，即万物一体，需要我们看到联系。因此，面对不同书籍、不同个体、不同群体，我们为何必须要一定做出非此即彼的割裂化取舍呢？世界如此广阔，我们不要蜷缩在某一角落，应该主动拥抱神奇事物。有时我会想，教师的角色就是要成人之美，充当美好事物之间的摆渡人，让人与书相遇，人与人相遇，人与理想相遇，人与古往今来的伟大心灵相遇，人与过去、现在、未来的自己相遇，最终使同学们追寻到自己的命运，自己可以定义自己的幸福，与理想之间实现"双向奔赴"。我们佩服一位师友，倒不是因为他的能力和成绩，本质上是因为他有一种强大而独特的信念体系和人文宇宙。同样，我们喜欢一位师友，也不是因为他的容貌和行为，本质上是因为他有一个追求有趣而非有用的灵魂。

亲爱的同学们，今天大家即将踏出校门，追逐另外一番生活，须知人生时时在修行，处处在劳作，因此所谓的专业、职业本质上都是一个符号而已，重要的是你要选择一种怎样的生活方式和心灵状态，尤其是在沉默寡淡、琐碎平凡的人生常态中如何实现"确定性的寻求"，体悟真正的快乐，在坚硬的世界中构建自己柔韧的意义之网。文学院教会我们的是，要明辨是非，而不是装腔作势。记得那天，在学科教学（语文）硕士论文答辩结束之际，董希文老师请每位老师表达对同学们的祝福，我说，希望大家保持阅读和写作的热情，不要以毕业为分水岭，从此丧失阅读和写作的活力，让你的学生和孩子失望。无论你身在何处，也不要忘记阅读和写作，它们应该是一种日常生活。只有写作才能训练阅读，只有写作才能检验阅读。在阅读写作过程中，我们会升腾起一种追求永生的圣洁的欲念，因为他感到心灵是一方沃土，值得花费天长地久的时光去耕耘种植，就算天荒地老也不会厌倦。就像我们真正深爱一个高尚纯净的灵魂，只会随着时间的推移，越爱越深沉。可能有同学会说，老师，您说得都是心灵层面的，咱能不能现实点？好，那我这样说：希望你们保持阅读写作，这样你们才能在为人父母时更好地陪伴孩子，让他们有一个更快乐且充实的童年；希望你们保持阅读写作，这样才能保持脑子清楚和思维清晰，有自己的想法，主导自己的生活，而不至于被他人所奴役。

亲爱的同学们，就像两首诗所说，"人生自是有情痴，此恨不关风与月""淮南皓月冷千山，冥冥归去无人管"；就像一首歌所唱，"当一辆车消失天际，当一个人成了谜，你不知道他们为何离去，就像你不知道这竟是结局"。未来正在发生，梦想正在生长。希望大家在"人来人往"的每个"明年今日"都能想起今年此时。"临别亦听得到你讲再见，在有生的瞬间能遇到你""感激车站里，尚有月台曾让我们满足到落泪，拥不拥有也会记住谁，快不快乐有天总过去"。

佛家讲"缘起性空""合会有别离"，我们之间的相遇是各种条件促成的产物，从相聚的那一刻起就决定了此刻的别离。林耀华先生在《金翼》中说，"我们今天可以将'上苍'理解为人类本身，把'命运'看成是人类社会"，其实我们之间的相逢都是我们每个人的性情所决定的。借用萧公权先生在他最后一课中的话与大家做一个约定：根据宋代理学家邵雍的计算，世界上的事物在十二万九千六百年后，会一一完全重现重演，所以现在我也拾人牙慧，与你们约定，十二万九千六百年后，我们在鲁东大学文学院重逢吧。

最后，真诚地祝愿各位少年，一路顺风，前程似锦！谢谢大家！

（本文系 2022 年 5 月 27 日作为教师代表在鲁东大学文学院 2022 届学生毕业典礼上的演讲）

满月弓弦，相约万年

学记

学记者，班级四年之大事记也，按学期编次，注明某年某月某日，简约概括，班志为经,学记为纬,凡八篇。

大一上学期

2018.09.01 汉文本 1801 班 40 名新生在北区操场全部报到，当晚班主任黄修志老师在文学院 105 教室召开第一次班会，每位同学上台作自我介绍，陈奉泽、冶成鑫成为班级临时负责人。

2018.09.04 军训开始，我班编入一营一连。

2018.09.06 班主任组织我班同学填写《初心与理想》表格。

2018.09.09 文学院 2018 级新生在学校后山拉练，各班主任陪同。

2018.09.14 军训会操表演在北操举行，军训结束。

2018.09.15 陈奉泽、赵婉婷、路棣、谢婉滢、甄鑫、李孟凡、杨聿艳作为会务志愿者参加"第一届东亚日本学研究国际研讨会"。

2018.09.17 班主任在文学院 105 教室召开第二次班会，临时班委成立。

2018.09.19 班主任与第 1 位同学滕子涵谈话，此后与全班每位同学逐一谈话。

2018.09.20 石榴花讲堂第一讲在 108 教室开讲，黄修志老师主讲《语文是什么》，汉文本 1801、1802 班参加。

2018.09.23 班主任发布大一之秋课外阅读书目。

2018.09.24 班级微信公众号"一树榴花照眼明"正式开通；班内在线上举行中秋节活动，在班级 QQ 群举行成语接龙比赛，前六名获赠月饼等小礼品。

2018.09.29 于洁获鲁东大学新生奖学金。

2018.10.09　王璐璐参加文学院新生才艺大赛并获二等奖。

2018.10.10　班级公众号推送第一篇班志《你的九月如此缤纷》。

2018.10.13　鲁东大学社团纳新活动——"百团大战"在北操举行。

2018.10.19　"纪念改革开放四十周年暨新生开学典礼"在北操举行。

2018.10.20　李龙飞参加"周末善行100"志愿者活动，持续至12月，获一星级证书。

2018.10.23　文学院宿舍内务比武，111、107宿舍分获一、二等奖。

2018.10.31　班内万圣节活动，班委为全班同学分发万圣节糖果，部分同学获赠小礼品。

2018.11.01　李龙飞作为志愿者参加"大冰的小屋"百城百校音乐会。

2018.11.03　我班部分同学参加郦波教授在学校学术中心的讲座《诗词的国度与诗词的精神》。李孟凡、陈艺、路棣、马鸿岩、王心慧、于洁、王述巍、李龙飞、徐贝贝、常佳珍、辛奇参加由中国扶贫基金会主办、春雨志愿者协会组织的"善行100"募捐活动。

2018.11.10　路棣文章《再一次》获"人在鲁大"杯征文一等奖，刊于《贝壳》2018年第4期。

2018.11.11　石榴花讲堂第二讲在108教室举行，黄修志老师主讲《怎样读经典》，袁向彤老师主持，汉文本1801、1802、1803班和汉文师1801班参加。

2018.11.12　我班与汉文本1802班参加文学院新老生交流会。

2018.11.15　马鸿岩、陈艺、孙玥璠参加第三届全国书法、硬笔书法网络大赛，马鸿岩、陈艺获青年组优秀奖，孙玥璠获三等奖。

2018.11.16　陈奉泽、李玉、于洁、滕子涵、冶成鑫参加文学院越野赛初赛。

2018.11.18　石榴花讲堂第三讲在108教室举行，周燊老师主讲《文学创作的精神空间》，袁向彤、黄修志老师与谈，汉文本1801、1802、1803班参加；陈艺、于洁、马鸿岩参加文学院第五届汉字听写大赛，于洁、马鸿岩获三等奖，我班获团体二等奖。

2018.11.24　"贝壳文学奖"颁奖典礼暨作家周朝军文学创作讲座在文

435

学院 113 演播厅举行，王筱溦、王晓晴获优秀奖；王璐璐参加信电学院迎新晚会。

2018.11.25　李孟凡参加朔风剧社敬老院义演；陈家轶参加文学院国学知识竞赛并获优秀奖。

2018.11.29　石榴花讲堂第四讲在 108 教室举行，詹今慧老师主讲《我在"中研院"的那些年》，黄修志老师主持，汉文本 1801、1802、1803 班和汉文师 1801 班参加。

2018.12.01　李孟凡、吴岐雯、陈然、王璐璐参加春雨志愿者协会三协联谊演出，路棣担任主持人。王述巍、吴岐雯、陈然参加中国扶贫基金会主办、翰墨缘组织的"善行 100"募捐活动。

2018.12.02　马鸿岩、王述巍、孙玥璠参加第一届"方寸之地展风华"板书大赛，分获一等奖、二等奖、优秀奖。

2018.12.04　汉文本 1801、1802、1803 班在贾小瑞老师带领下参观鲁东大学文学博物馆。冶成鑫在文学院越野赛复赛中获奖。

2018.12.08　班级公众号改版，"腹有诗书"版块推送第一篇文章。

2018.12.09　吴岐雯获文学院书法比赛二等奖。

2018.12.10　我班元旦晚会在 113 演播厅举行，各宿舍同学表演才艺。

2018.12.19　文学院迎新晚会在大学生艺术中心举行，陈奉泽、赵婉婷、王晓晴、辛奇、李龙飞、王璐璐、陈然参加表演。

2018.12.20　石榴花讲堂第五讲在 108 教室举行，李士彪老师主讲《校园小品创作方法漫谈》，袁向彤、黄修志老师与谈，汉文本 1801、1802、1803 班和汉文师 1801 班参加。

2018.12.21　我班在学校第二餐厅二楼举行冬至包水饺活动。

2018.12.24　全班互赠平安夜礼物。

2018.12.27　班主任与第 40 位同学于佳欣谈话。班主任在文学院 324 室召开班委会，成立编委会。

2018.12.28　班主任在 107 教室召开第三次班会。

2019.01.02　大学第一次期末考试，正式进入为期两周的考试周。

2019.01.04　班主任在 324 教室为我班签售新书《京华望北斗》，书费捐入班费。

2019.01.10　班主任发布大一之冬课外阅读书目。

2019.01.11　大一上学期结束，寒假开始。

大一下学期

2019.01.15　寒假期间，王晓晴散文《笃前行，向光明》、张佳怡诗歌《换》、王筱溦小说《彗星来临之时》刊于《贝壳》杂志 2019 年第 1 期。

2019.02.23　开学，大一下学期正式开始。

2019.03.02　班主任黄修志老师在南区招待餐厅宴请班委全体成员。

2019.03.05　辛奇、常佳珍获中国扶贫基金会"善行 100"一星级证书。

2019.03.10　石榴花讲堂第六讲在文学院演播厅举行，韩国延世大学丁晨楠博士主讲《穿越韩国的读书和旅行》，黄修志老师主持，袁向彤、姜娜老师出席，汉文本 1801、1802、1803 和汉文师 1801、传播本 1802 全体同学及其他学院同学参加。

2019.03.13　秘若琳、姜锦琳分别从农学院、资源与环境工程学院转专业进入我班，班内同学增至 42 名，男生 3 名，女生 39 名。

2019.03.15　班主任在 107 教室召开本学期第一次班会，全班对临时班委进行评议。

2019.03.16　我班在校外太贵砂锅举行班内聚餐。

2019.03.26　学院在演播厅举行第四期名师作工坊，莱山一中正高级教师牛麦燕主讲《如何设计和实施一堂好的语文课》，我班部分同学参加。

2019.03.31　陈家轶参加鲁东大学文学院诗词大会，获优秀奖。

2017.04.07　班主任黄修志老师受邀在鲁大新华书店参加鲁东大学第二十九期"镜心苑"读书沙龙，围绕《人间词话》作了题为"了却人间是与非"

的报告，我班部分同学参加。

2019.04.15 石榴花讲堂第七讲在 108 教室举行，姜娜老师主讲《人类学的邀请：在日本做田野调查》，黄修志老师主持，汉文本 1801、1802、1803 和汉文师 1801 参加。讲座结束后，班主任来各宿舍看望全班同学，检查用电安全。

2019.04.18 王筱溦参加交通学院启探文学社情书大赛，获二等奖。

2019.04.20—2019.06.15 路棣、李孟凡参加"爱满港城"义教活动，分别被评为"特级义教教师""优秀义教教师"。

2019.04.21 陈家轶作为工作人员参加鲁东大学户外知识趣味竞技赛。

2019.04.23 马鸿岩、陈艺、杜志敏获 2019 年大学生英语竞赛全国二等奖，王述巍、吴岐雯获全国三等奖，赵玉倩、赵婉婷获校级二等奖。学校读书节开幕式在图书馆报告厅举行，赵婉婷被评为"年度沙龙之星"。学院在演播厅举行第四届"文林嘤鸣"读书季活动启动仪式。院长胡晓清在演播厅举办"习近平倡导的五大思维方式与大学生涯规划"讲座。班主任受邀在鲁大新华书店举行《京华望北斗》新书分享会和签售会，李士彪、翟江月、兰玲、周燊、戴宗杰、秦彬、闫晓涵等师生参与分享谈话。

2019.04.25 孙玥璠参加驻烟高校书画展。班主任发布大一之春课外阅读书目。

2019.04.26 李龙飞在春季校园摄影大赛中获二等奖。

2019.04.27 孙玥璠参加泰和书法社举办的汉字书写大赛，获三等奖。学校女生节在文化广场举办，我班同学积极参加。

2019.04.28 复旦大学梁永安教授在演播厅举办讲座《多元时代的爱情选择》，我班部分同学参加。

2019.04.29 石榴花讲堂第八讲在 108 教室举行，傅宁老师主讲《熟视无睹的经验：我在哈佛大学的见闻与研究》，汉文本 1801、1802、1803 和汉文师 1801 参加。

2019.04.30 路棣诗歌《约春》刊于《鲁东大学报》和《贝壳》杂志 2019 年第 2 期。

2019.05.01 王述巍、路棣、杜志敏、陈艺、马鸿岩、孙玥璠、吴岐雯参加"希望颂"全国青少年书画展。

2019.05.04 在"五四"评优中，我班经民主投票，赵婉婷被评为"优秀学生干部"，陈奉泽被评为"优秀团干部"，陈家轶、马鸿岩、路棣、甄鑫被评为"优秀共青团员"。甄鑫在全国百万同题英语写作大赛中获入围奖。

2019.05.06 石榴花讲堂第九讲在演播厅举行，戴宗杰老师主讲《从语保工程到岳麓宣言：中国语言资源保护事业的理念与发展》，李连伟老师主讲《英国语言生活见闻录》，黄修志老师主持，汉文本1801、1802、1803和汉文师1801参加。

2019.05.11 路棣散文《小城随想》获山东工商学院《漂》杂志征文三等奖。学院于南四演播厅举行第五期名师工作坊，海阳市实验中学高级教师曲新美主讲《议论文教学的个性设计与有效实施》，我班全体同学参加。

2019.05.12 陈家轶参加鲁东大学第六届"国学达人"挑战赛，进入复赛。

2019.05.13 石榴花讲堂第十讲在演播厅举行，魏凤莲教授主讲《遥想雅典：漫谈雅典的过去与现在》，黄修志老师主持，袁向彤老师出席，汉文本1801、1802、1803和汉文师1801参加。

2019.05.16 学校举办为期两天的运动会，全班同学前往观看。

2019.05.17 班主任在107教室召开实习班会。

2019.05.19 全班乘大巴前往威海荣成圣水观风景区和郭永怀纪念馆进行写作实习。

2019.05.20—05.21 全班分两批进行一天的教育见习，各前往烟台开发区高级中学和烟台三中。

2019.05.21 王述巍参加鲁东大学第三届"厚德杯"思想政治理论课主题演讲比赛，获二等奖。

2019.05.25 陈然、杨聿艳参加文学院"我的青春我的团——闪耀青春，红色华章"演讲比赛，陈然获优秀奖，杨聿艳获二等奖。

2019.05.26 汉文本1801班在心理DV剧大赛中获得三等奖，李龙飞、冶成鑫、陈然、滕子涵、宋姝颖、王海、孙雨亭、冶成鑫、赵婉婷、陈奉泽

440

参加。

2019.05.27 石榴花讲堂第十一讲在演播厅举行，李景华老师主讲《职业·梦想：忆俄罗斯》，黄修志老师主持，袁向彤老师出席，汉文本 1801、1802、1803 和汉文师 1801 参加。

2019.05.31 路棣、赵婉婷、王述巍、张佳怡代表我班在第二届"唇舌烽火，才辩无双"辩论赛总决赛中对战传播本 1802 班，荣获亚军，张佳怡获"最佳辩手"称号。

2019.06.03 石榴花讲堂第十二讲在演播厅举行，袁向彤老师主持，我班获评石榴花讲堂最佳班级称号，李炳泉老师主讲《漫谈读书与治学》，汉文本 1801、1802、1803 班和汉文师 1801 班参加。

2019.06.08 王述巍参加 2019 首届中国·烟台海洋放鱼节公益活动，为活动提供志愿者服务。

2019.06.10 班主任在 324 教室召开班委会，讨论未来班级规划，李孟凡代王璐璐接任文艺委员，吴岐雯代冶成鑫接任纪律委员，正式班委形成。

2019.06.11 鲁东大学首届"贝壳儿童文学周"开幕，我班全体同学赴学术中心参加开幕式，聆听中国作家协会副主席张炜、国际儿童读物联盟主席张明舟等人演讲。

2019.06.12 张之路教授在图书馆报告厅举行《想象的力量——文学思维、影视思维与科学思维漫谈》讲座，我班全体同学参加。

2019.06.13 朱自强教授在图书馆报告厅举行《儿童文学的思想和教育智慧》讲座，我班全体同学参加。我班与汉文师 1801 班在 108 教室联合举办石榴花读书堂阅读分享会，秘若琳、陈奉泽、陈然、陈艺、吴岐雯、王述巍、路棣、杨聿艳、滕子涵、于洁十位同学分享人文经典，在线投票推选路棣、王述巍、于洁，三人各获赠 50 元读书奖金。

2019.06.14 李龙飞作为工作人员参加烟台高校联合摄影大赛决赛暨颁奖典礼。

2019.06.15 曹文轩教授在图书馆报告厅举行《我所理解的"真文学"》讲座，我班全体同学参加。

2019.06.22　陈家轶获国学社国学知识答题第一名。

2019.06.23　王晓晴获贝壳文学社 break 新锐文学选拔赛一等奖。

2019.06.27　鲁东大学 2019 届毕业典礼在北操举行，我班部分同学前往观看。

2019.06.28　班主任在 108 教室召开"新变革、新平台、新超越"主题班会。

2019.06.29　学院在演播厅举行第六期名师工作坊，青岛市实验高级中学语文教师马冬勤老师主讲《核心素养下的语文阅读教学与思考》，我班全体同学参加。

2019.07.01　吴岐雯参加中国青少年书画征集比赛。

2019.07.02　为期两周的期末考试开始。

2019.07.10　班主任在 108 教室召开假期安全班会。

2019.07.12　《石榴花》杂志第一次筹备会在文学院 324 室召开，黄修志老师出席，我班相关同学和其他班级部分同学代表参加。

2019.07.13　考试全部结束，暑假正式开始，大一结束。班主任发布大一之夏课外阅读书目。

2019.07.17　我班团支部用班费订阅大二学年《南方周末》《读书》《文史知识》《中华读书报》《博览群书》《演讲与口才》。

大二上学期

2019.07.15 《贝壳》杂志 2019 年第 3 期刊出，我班秘若琳《芳草萋萋，英魂永存》、杜志敏《记一场触及心灵的对话》、吴岐雯《君心永萦江山，佩玉亦永萦君》、甄鑫《怀瑾佩瑜，爱在天际》、陈然《择一热爱，圆家园梦》、王筱溦《昔日》、王晓晴《晏华春色满》等七篇散文、诗歌、小说作品刊登。

2019.07.16 李士彪教授应邀为《石榴花》杂志题写刊名。

2019.08.08 石榴花读书堂及《石榴花》杂志微信公众号、投稿邮箱、QQ 号创立。

2019.08.09 《石榴花》杂志编辑部发布《起风了，等你来》约稿函。

2019.08.26 大二上学期开始。

2019.08.27 石榴花读书堂和《石榴花》杂志第二次筹备会在 324 室召开，黄修志、姜娜老师出席，我班赵婉婷、陈奉泽、路棣、张佳怡、王述巍和其他班级代表闫晓涵、刘英琪、颜纯、姜晓婷、孟昱君、周鑫、唐晓平参加。

2019.08.28 《石榴花读书堂社团章程（草案）》完成，我班赵婉婷同学向学校提交石榴花读书堂注册成立材料和《石榴花》杂志备案材料。

2019.08.29 艺术学院李文杰博士应邀设计徽标"绽放的石榴花"。

2019.08.30 石榴花读书堂发布纳新公告。

2019.09.04 我班同学完成学业导师师生互选。

2019.09.05 石榴花读书堂和《石榴花》杂志徽标正式发布。班主任黄修志老师在 107 教室召开新学期第一次班会。全体班委述职，全班同学填写班委述职评议表。

2019.09.06　我班全体同学在演播厅参加英语四级考试交流会。

2019.09.08　我班组织第一次英语四级模拟考试。

2019.09.09　石榴花大讲堂第十八讲在演播厅举行，日本国立民俗博物馆河合洋尚博士主讲《环太平洋的"旅行者"》，姜娜老师担任主持兼即席翻译，黄修志老师点评。

2019.09.17　陈家轶参加文学院第二届诗词大会，获得优秀奖。

2019.09.19　石榴花读书堂申报的第一届"石榴花"读书评论系列活动被校团委批准为鲁东大学科技文化艺术节活动项目。路棣、杜志敏、唐晓平正式开始《石榴花》杂志创刊号的排版工作。

2019.09.20　黄修志老师受学院团总支邀请为学院 2019 级全体新生作了《阅读经典，照亮心灵》讲座。

2019.09.21　我班报名同学参加全国计算机二级考试。

2019.09.22　我班组织第二次四级模拟考试。

2019.09.23　石榴花读书堂对大一新生举行走班宣传活动。

2019.09.26　班主任发布大二之秋课外阅读书目。

2019.09.27　班主任在 107 教室召开"我和祖国共成长"主题班会，发布"国庆书单"。陈奉泽介绍我班同学在校园各社团组织的留任情况，不少同学已成为《贝壳》文学社、翰墨缘书法社、国学社、《人在鲁大》团刊、石榴花读书堂、啦啦队、辩论队、春雨志愿者协会、朔风剧社、摄影协会、帝舞军团等许多社团的总负责人或部门负责人。赵婉婷、路棣介绍石榴花读书堂和《石榴花》杂志情况。冶成鑫、王述巍、秘若琳、于洁、杨聿艳和老师针对"我记忆中的国庆节"进行即兴演讲，全体同学和班主任在学院楼前合影留念，庆祝中华人民共和国成立七十周年。

2019.09.29　我班部分同学跟随学院老师赴烟台大剧院观看《红色胶东》大型组歌演出。《石榴花》杂志创刊号封面、目录、发刊词在公众号发布。

2019.10.01　中华人民共和国成立七十周年，《石榴花》杂志正式创刊。

2019.10.07　石榴花读书堂举办第一届石榴花"品味经典，理解中国"

书评大赛。

2019.10.08　吴岐雯、杨聿艳在古代汉语课堂分别发表《陕西历史博物馆》《从古代汉语看红楼梦》PPT 报告。汉文本 1801、1802、1803 在 108 教室参加汉语言文学专业应知应会考试。

2019.10.11　石榴花读书堂申请成立材料被校团委正式批准。

2019.10.13　我班部分同学赴北区操场观看文学院与生科院足球赛。

2019.10.15　我班同学参加学院在演播厅举行的"名师工作坊"第七期，莱阳市第九中学姚红梅老师主讲《如何做一名智慧、从容、幸福的班主任》。

2019.10.16　我班同学参与为期两天的劳动课。

2019.10.17　《石榴花》杂志创刊号在校内正式发行。我班路棣《娱乐盛世，文化危言》、王述巍《伞下的空白》、赵婉婷《为什么〈哪吒〉能迎来成功》发表在《石榴花》杂志创刊号。贝壳文学社举行 2018 级换届大会，我班王晓晴担任编辑部部长及《贝壳》杂志 2018 级主编。

2019.10.19　在北区操场举办的"百团大战"全校纳新活动中，我班赵婉婷、陈奉泽、李孟凡、路棣、马鸿岩、陈艺、杜志敏、王心慧、张佳怡、孙玥璠参与石榴花读书堂纳新，王述巍、吴岐雯参与翰墨缘书法协会纳新，陈然参与春雨志愿者协会纳新，于佳欣参与朔风剧社纳新，陈家轶参与国学社纳新，王筱潵、王海参与《人在鲁大》团刊编辑部纳新，吴岐雯、徐波月、马云飞参与帝舞军团纳新，于洁参与校园广播电台纳新。

2019.10.20　陈然、李孟凡、李龙飞担任马拉松志愿者。石榴花小讲坛第一讲《九州琳琅：穿越时空的凝视》在文学院演播厅举行，詹今慧、袁向彤、姜娜、黄修志老师参加，我班路棣、陈然、李孟凡、赵婉婷分享 PPT 报告，路棣、李孟凡获奖。

2019.10.22　石榴花大讲堂第十九讲在演播厅举行，艺术学院王淼博士主讲《漫谈西欧音乐与文化》，姜娜、黄修志老师与谈。

2019.10.23　我班班委受邀在 321 教室与汉文本 1901 班委举行班委工作交流会。黄修志老师受周燊老师邀请为汉文本 1704 和汉文师 1901 班作《作为日常生活的写作》讲座。

2019.10.24　班主任在 107 教室召开班会，提醒大家认真对待汉语言文学二级师范认证工作。

2019.10.26　我班组织第三次英语四级模拟考试。

2019.10.28　教育部评估专家进校考察，汉语言文学二级师范认证工作正式开始。

2019.10.29　班委组织全班同学在 107 教室开展奖学金评定工作。陈奉泽、路棣获一等奖学金，马鸿岩获二等奖学金，陈艺、杜志敏获三等奖学金，赵玉倩、秘若琳获四等奖学金。

2019.10.30　陈然、李龙飞、王璐璐参加学院吟诵队在烟台电视台的演出。

2019.10.31　汉语言文学二级师范认证工作圆满结束。

2019.11.03　我班组织第四次四级模拟考试。

2019.11.07　石榴花读书堂公布第一届石榴花"品味经典，理解中国"书评大赛获奖名单，赵婉婷同学获二等奖。

2019.11.15　石榴花大讲堂第二十讲在 106 教室举行，山东大学历史文化学院孙成旭博士主讲《走向中国的"愉快先生"》，黄修志、姜娜老师与谈。

2019.11.17　石榴花大讲堂第二十一讲在鲁东大学新华书店举行，加拿大不列颠哥伦比亚大学许南麟教授主讲《在日本的高丽茶碗》，孙成旭老师担任即席翻译，黄修志老师主持，姜娜老师点评。

2019.11.20　班主任在 107 教室召开班会，强调要"对标对表"，提醒大家尽力准备英语四级考试。

2019.11.22　我班组织第五次英语四级模拟考试。

2019.11.23　东北亚研究院举办第二届东北亚学术合作国际研讨会，我班全体同学聆听，部分同学担任会务志愿者。陈奉泽、于洁、滕子涵参加学校组织的烟台民航"体验飞"活动，飞至哈尔滨机场。王晓晴作为《贝壳》杂志 2018 级主编在贝壳文学社第五届"梦笔生花、贝壳蕴珠"征文比赛颁奖典礼上致辞。

2019.11.30　石榴花读书堂社团成立大会在文学院 206 会议室举行。文学院领导、各文科学院相关老师、校内各文学类及读书类社团代表、书店和出版社代表、石榴花读书堂会员共计 50 余人参加会议。路棣主持，陈奉泽作筹备工作报告，社团首任会长赵婉婷发言。文学院团总支书记褚少尉、社团及杂志发起创立人黄修志、文学院院长胡晓清、山东友谊出版社副编审周伟光、《贝壳》杂志主编兰玲、《石榴花》杂志执行主编姜娜、杂志编委李士彪、教育科学学院赵同友、艺术学院李文杰、教师作者代表袁向彤、杂志副主编闫晓涵、编辑代表刘英琪、学生作者代表宋先哲、读者代表王雅雯、第一届书评大赛一等奖获得者周鑫先后致辞发言。李士彪、姜娜等为第一届书评大赛获奖同学颁奖。全体与会人员于文学院大楼前合影留念。

2019.12.01　我班组织第六次四级模拟考试。王述巍、吴岐雯组织翰墨缘书法协会举行"善行 100"慈善募捐活动。

2019.12.02　文学院国学社在演播厅举行五周年庆，陈家轶参加表演。

2019.12.03　陈奉泽在古代汉语课堂发表《甲骨文中形形色色的人》PPT报告。文学院迎新晚会在交院礼堂进行，我班学生会成员参加表演。

2019.12.07　黄修志老师受图书馆邀请在新华书店参加"镜心苑读书沙龙"第 36 期并作《与拿破仑一起度过漫长岁月》的报告。

2019.12.08　罗红光教授捐书仪式暨石榴花大讲堂第二十二讲在文学院206 会议室举行，中国社会科学院罗红光教授、中国疾控中心蒋岩研究员对谈《快乐地做学问》。姜娜老师主持，崔新广书记、朴银姬教授致辞，黄修志老师点评，东北亚研究院全体人员、石榴花读书堂全体会员、学校其他学院师生等参加。

2019.12.10　李玉、孙玥璠在古代汉语课堂发表《中国古代官员的官服图饰》《走近乾隆帝》PPT 报告。

2019.12.11　班主任在 107 教室召开班会，提醒四级考试相关注意事项。

2019.12.12　《鲁东大学报》2019 年 12 月 12 日第二版刊登《打开一扇窗，照进一道光：文学院举办石榴花读书堂社团成立大会》。

2019.12.14　我班参加大学英语四级考试。

2019.12.15　王述巍、吴岐雯组织翰墨缘书法协会在鲁东大学博物馆举行书法展览。

2019.12.16　赵婉婷、陈奉泽、路棣在新华书店接受访谈，参与易胜强同学制作的纪录片"一树榴花照眼明"拍摄活动。

2019.12.17　马鸿岩、杜志敏在古代汉语课堂发表《与中国古代乐器相关的甲骨文和文物》《古人的过冬方式》PPT 报告。

2019.12.24　陈奉泽、马云飞、孙雨亭作为学生代表在学术中心参加鲁东大学 2019 年学生代表大会，陈然担任会务志愿者。陈家轶在古代汉语课堂发表《青州博物馆》报告。黄修志老师联合汉文师 1901 班创办《涵尘》报，初步纳入石榴花读书堂旗下。

2019.12.27　班主任发布大二之冬课外阅读书目。

2019.12.30　期末考试开始。

2019.01.10　期末考试结束，寒假开始，大二上学期结束。

2020.01.15　石榴花读书堂举办第二届"品味经典，理解世界"书评大赛。

2020.01.23　《石榴花》杂志 2020 年第 1 期封面、目录、卷首语在公众号发布。我班陈然《隐秘而伟大的武梁祠》、张佳怡《〈布鲁克林有棵树〉：女性的矛盾》、路棣《〈十二公民〉：不畏乱花迷人眼》、陈奉泽《2019 年中国电影的"烟火气"》刊登。

大二下学期

2020.01.29　受新冠肺炎疫情影响，我班每位同学每天提交个人健康状况报告。

2020.02.03　石榴花读书堂举行"疫病尽头，榴花初绽"第一届影评大赛。

2020.02.14　我班团支部带领班级同学举行"隔离病毒，不隔离爱"主题活动，制作了为武汉加油的抗"疫"视频。

2020.02.18　王心慧参加 2020 大学生创新课题立项申报，课题为"俗语应用在语文教学中的推广"。

2020.02.21　2019 年 12 月大学生英语四级考试成绩公布，我班共 40 人报名，32 人通过。

2020.02.22　秘若琳参加国创计划，课题为"疫情下山东高校大学生阅读状况调查"。我班全体同学开始学习"青年大学习"网上主题团课。

2020.02.24　寒假结束，大二下学期正式开始。受疫情影响，全体同学均未返校，通过网络远程学习本学期所有课程。

2020.02.28　滕子涵参加国创计划，课题为"大学生隐喻能力与普通话的相关性研究"。

2020.02.29　班主任黄修志主持召开以"近在咫尺的生存与毁灭"为主题的线上班会。

2020.03.04　2020 年鲁东大学"石榴花"学术调研课题立项公布，我班路棣、赵婉婷《"新文科"教育与高校"阅读共同体"研究》，滕子涵《烟台中学生课外语文辅导机构情况调查》，马鸿岩、陈艺、孙玥璠《山东高校阅读类社团发展状况调查》，秘若琳《烟台留守儿童学校及家庭教育调查》获得立项资助。

2020.03.07　石榴花读书堂免费向学校和社会开放《石榴花》杂志 2020 年第 1 期电子文本。

2020.03.09　教育部社科司与人民网联合组织"全国大学生同上一堂疫情防控思政大课"，我班徐波月、杨聿艳、冶成鑫三位同学提交观后感。

2020.03.10　鲁东大学官网"鲁大要闻"刊登通讯稿《战"疫"榴花分外香：鲁东大学文学院积极构建"新文科阅读共同体"》。

2020.03.15　陈奉泽参加"争做最美巾帼奋斗者　助力疫情防控阻击战"艺术作品征集评选活动。《贝壳》杂志发布 2020 年第 2 期目录和电子文本，班主任黄修志文章《立春的阳光》刊登。

2020.03.20　石榴花第二届"品读经典，理解世界"书评大赛获奖名单揭晓，路棣《弥留之际的重生——〈我弥留之际〉书评》、马鸿岩《挖掘冰封下的温情世界——〈母与子〉书评》获一等奖，赵婉婷《本真的人性——〈红高粱家族〉书评》获二等奖。

2020.03.21　石榴花第一届影评大赛获奖名单揭晓，路棣《半世青衣梦：探秘〈霸王别姬〉》获一等奖，杨聿艳《〈一个都不能少〉影片评析》获三等奖。

2020.03.29　陈奉泽、杜志敏参加"共抗疫情，爱国力行"爱国主义教育系列活动。班主任发布大二之春课外阅读书目。

2020.04.03　杜志敏、于洁、于佳欣、王晓晴共同策划"心相望，爱相守"线上心理健康主题教育活动。

2020.04.08　《中国教育报》报道石榴花读书堂和《石榴花》杂志在疫情期间举办的一系列特色活动。

2020.04.20　石榴花读书堂与翰墨缘书法协会联袂举办"阳和启蛰，纸落云烟"书签设计大赛。我班张佳怡获二等奖，吴岐雯获三等奖，王述巍、杜志敏获优秀奖。石榴花读书堂官方 QQ 开启每日打"定昏时记"活动。

2020.04.21　孙玥璠获第四届全国书法、硬笔书法网络大赛软笔组二等奖，陈艺、陈奉泽、路棣、滕子涵获三等奖，马鸿岩获优秀奖。班委组织全班同学在线上开展"五四"评优匿名投票活动。

2020.04.23　我班微信公众号开启"书卷多情"栏目，每位同学进行线上荐书。

2020.04.25　我班汉文本 1801 班团支部成为全院 6 个先进集体之一，荣获"先进团支部"称号。路棣被评为"优秀学生干部"，马鸿岩、王述巍、陈艺、吴岐雯被评为"优秀共青团员"，陈奉泽被评为"优秀团干部"。

2020.04.28　我班微信公众号发布班级管理经验总结《共同成长：我班荣获"先进团支部"称号》。

2020.05.04　石榴花大讲堂第 23 讲第一次在线上举行，黄修志老师主讲《作为日常生活的写作》，姜娜老师点评。

2020.05.17　我班举行"朋友，我在"心理健康教育线上交流会，杜志敏、吴岐雯、李孟凡主持，马鸿岩参与策划，邀请到文学院 2017 届毕业生牛贺萱，山东大学历史文化学院在读博士生、烟台二中教师李笑笑，北京信息科技大学心理健康教育中心主任郭芳芳博士答疑解惑，黄修志老师点评。

2020.05.18　路棣、马鸿岩被选入文学院第 81 期党员发展对象，开始接受线上培训。

2020.05.21　王述巍获文学院第六届汉字书写艺术大赛之"飞云扬墨，致今俊杰"书法创作大赛二等奖，陈奉泽、孙玥璠获三等奖，路棣获优秀奖。

2020.05.30　班主任黄修志老师应图书馆之邀，做客第 40 期"镜心苑读书沙龙"，在线上主讲"《琅琊榜》里的风景、历史与心灵"。

2020.05.31　石榴花大讲堂第 24 讲在线上举行，教育科学学院赵同友老师主讲《阶层的旅行者：惯习与经验的改造之旅》，黄修志、姜娜老师点评。

2020.06.01　石榴花读书堂推送儿童节特别礼物，发送石榴花读书堂衍生的卡通人物（编辑部成员王兆祺绘制）。

2020.06.02　文学院在钉钉直播平台举行"相聚今日，博取未来"线上考研交流分享会，我班全体同学参加。

大
二
下
学
期

451

2020.06.05   鲁东大学开展第二届"悦读之星"读书演讲风采展示活动，我班秘若琳、姜锦琳参加该活动。我班全体收看《齐鲁大讲坛——开学第一讲》特别节目。

2020.06.09   班主任就返校相关事宜召开线上班会，转发学校关于期末考试、英语四六级考试推迟至下学期初和自愿返校的通知，本班无人返校。

2020.06.13   文学院征集学院吉祥物形象设计，我班赵婉婷、甄鑫、赵玉倩参加该活动。

2020.06.14   石榴花大讲堂第 24 讲在线上举行，北京外国语大学亚非学院地区中心博士后苏世天老师主讲《社会主义老挝的田野反思》，姜娜老师、中央民族大学区缵老师、云南大学何海狮老师点评。

2020.06.15   赵婉婷在家乡镇赉县第三中学开始教学实习。

2020.06.16   文学院在钉钉直播平台召开"继往开来，不负期待"线上考研交流分享会，我班全体同学参加。

2020.06.18   《石榴花》杂志 2020 年第 2 期封面、目录、卷首语发布。我班马鸿岩《挖掘温情下的冰封世界》、路棣《弥留之际的重生》、高凌骞《词境的哲学慰藉》、王晓晴《诗韵东方，境守人间》、孙雨亭《胸纳幽兰，神容自若》刊登。

2020.06.21   石榴花小讲坛第二讲在线上举行，由文学院 2017 级本科生丁睿同学主讲《乘风破浪，创梦青春——大学生创新创业大赛经验分享》，李海英、于佳楠老师点评。

2020.06.23   文学院在钉钉直播平台举行"青春作伴，不说再见"致 2020 届鲁东大学文学院毕业生云毕业典礼，我班全体同学参加。路棣、陈奉泽、杜志敏等共同为毕业典礼录制寄语音频。

2020.06.24   秘若琳报名参加"校县结对"帮扶工作。

2020.06.25   第六届"互联网+"创新创业大赛开启，我班陈奉泽、陈然、陈艺、高凌骞、马云飞、孙雨亭作为项目负责人报名参赛。我班全体收看《同心防溺水特别节目》。

2020.06.26   我班陈奉泽、李孟凡、路棣、马鸿岩、马云飞、孙雨亭、吴岐雯、徐波月、赵婉婷报名参加第十二届大学生广告大赛。

2020.06.27　班主任发布大二之夏课外阅读书目。

2020.06.30　我班团支部利用班费续订大三学年报刊，包括《读书》《文史知识》《博览群书》《演讲与口才》《中华读书报》《南方周末》。

2020.07.03　石榴花读书堂免费向学校和社会开放《石榴花》杂志 2020 年第 2 期电子文本。

2020.07.10　赵玉倩返校参加李海英老师指导的"互联网＋"创新创业大赛团队，成为我班在疫情期间返校第一人。

2020.07.13　大二下学期结束，暑假开始。

2020.07.16　石榴花读书堂开展第一届"犹言随手下笔，点墨溢彩流光"随笔大赛。

2020.07.17　石榴花读书堂发布第二批学术调研课题申报公告，以"空间与日常"为主题号召同学们展开暑期家乡调研。

2020.07.18　石榴花读书堂开展第三届"品读经典，理解世界"书评大赛。

2020.07.26　石榴花读书堂公布第二批学术调研立项课题，我班常佳珍、王海、冶成鑫、杨聿艳、陈艺、杜志敏、于洁、辛奇通过申报，获得资助。

2020.07.28　石榴花读书堂学术部发布成立纳新公告。班主任主持召开线上暑期主题班会。

2020.07.29　石榴花学术调研课题在线培训会举行，姜娜、黄修志老师讲授答疑，我班十余位同学参加。

大三上学期

2020.08.07　我班恢复疫情期间晨、午、晚打卡，报告身体状况；石榴花大讲堂第26讲在腾讯会议平台举行，东华大学马欣老师主讲《莱比锡纪事》，黄修志、姜娜老师与谈。

2020.08.18　秘若琳主持课题《"后疫情时代"山东高校大学生阅读状况研究》获批2020年山东省大学生创新创业训练计划项目。

2020.08.19　石榴花大讲堂第27讲在腾讯会议平台举行，北京语言大学王莉宁教授主讲《编舟记——语言资源保护的理念和实践》，鲁东大学副校长亢世勇及文学院戴宗杰、姜娜老师与谈，黄修志老师担任主持人。

2020.08.25　石榴花大讲堂第28讲在腾讯会议平台举行，华南师范大学博士后谢林轩老师主讲《人类学田野经验之越来越"南"》，鲁东大学姜娜、杨帆、黄修志，红河学院叶少飞，广西民族大学韩周敬，暨南大学平兆龙等六位老师与谈。

2020.08.27—08.28　省外同学返校。

2020.08.29—08.30　省内同学返校。

2020.08.29　赵玉倩作为"兰桂枝"智慧语言康复服务项目成员，在日照参加第六届山东省"互联网＋"大学生创新创业大赛，获得金奖。

2020.09.01—09.10　大二下学期期末考试于返校后延期进行。

2020.09.02我班在南区四号教学楼106教室举行"归来少年，好久不见"主题班会，班主任黄修志老师主持。班长赵婉婷展示大一、大二两年"学记"，团支书陈奉泽介绍团支部订阅两年的六种报刊，七个宿舍全体成员上台演唱歌曲，辛奇、王心慧、李美毓、马子梁、李玉、李龙飞、徐贝贝、姜锦琳、秘若琳等分享假期生活，班主任念读每人大一开学所填《初心与理想》相关内容，并作了题为"后疫情时代的自由与人生"的演讲。

2020.09.03　秘若琳主持课题《"后疫情时代"山东高校大学生阅读状况研究》获批 2020 年国家级大学生创新创业训练计划项目。

2020.09.08　我班同学观看全国抗击新冠肺炎疫情表彰大会直播。

2020.09.18　全班同学在线上观看中山大学彭玉平教授两场讲座：《梅兰芳与况周颐：民国沪上艺文风雅》《青年教师的科研积累与科研道路》。

2020.09.19　我班参加六月延期至九月的英语四六级考试。

2020.09.21　我班在宿舍发放反网络诈骗宣传单。

2020.09.23　鲁东大学 2020 级新生开学典礼在北区操场举行，班主任黄修志老师作为全校教师代表发表演讲《奔腾似海，璀璨如光》，并将演讲稿复印 42 份发至我班全体同学。

2020.09.23　文学院举行 81 期预备党员接收大会，我班路棣、马鸿岩成为预备党员。

2020.09.25　石榴花读书堂 2020 年秋季换届圆满结束。

2020.09.29　石榴花读书堂学术部在南区四号教学楼 109 教室召开石榴花学术调研课题见面交流会，来自全校六个学院共 27 个课题组聚在一起，我班部分同学参加。

2020.09.30　"薪传九秩，筑梦鲁大"90 周年校庆演出在北区文化广场举行，我班部分同学前往观看。

2020.10.07　班主任黄修志与《石榴花》副主编闫晓涵同学在《光明日报》2020 年 10 月 7 日第 12 版发表文章《齐鲁方言青未了》。

2020.10.10　班主任发布大三之秋课外阅读书目。

2020.10.11　文学院 2019 级文史哲融通创新基地班选拔面试在学院 229-1 办公室举行，黄修志、姜娜、詹今慧老师担任面试老师，路棣同学担任面试秘书。

2020.10.12　石榴花读书堂公布第三届石榴花"品读经典，理解世界"书评大赛获奖名单，我班陈艺《到底是谁的孤独——〈百年孤独〉书评》获二等奖、马鸿岩《生命之声——〈低吟的荒野〉书评》获三等奖。

2020.10.13　石榴花读书堂公布第一届石榴花"犹言随手下笔，点墨溢彩流光"随笔大赛获奖名单，我班杜志敏《在一个叫做自由的地方》获一等奖。

2020.10.18　石榴花大讲堂第 29 讲在腾讯会议平台上举行，华东师范大学法学院任海涛老师主讲《法学与教育学跨学科研究心得——以校园欺凌与教育法治研究为例》，鲁东大学法学院李景华、东北亚研究院姜娜、上海儿童医学中心王广海、聊城大学教育科学学院陈国华等四位学者点评与谈，文学院黄修志老师担任主持人。

2020.10.18　陈奉泽被选为文学院学生会第一副主席。

2020.10.22　鲁东大学于北区操场举办"校庆杯"师生大合唱比赛庆祝建校 90 周年，我班部分同学前往观看。

2020.10.25　石榴花大讲堂第 30 讲在腾讯会议平台举行，陕西师范大学历史文化学院胡耀飞老师主讲《历史文献的辑佚与研究》，复旦大学历史学系张雯、复旦大学文史研究院丁晨楠、鲁东大学法学院朱娜、鲁东大学东北亚研究院姜娜等四位老师作为与谈人，分别从文献学、历史学、民族学、人类学等学科进行点评、讨论，文学院黄修志老师担任主持人。

2020.10.20　学院邀请北京大学陆俭明教授在线上主讲《话说现代汉语本体研究》，我班同学参加。

2020.10.22　《石榴花》杂志 2020 年第 3 期封面、目录、卷首语发布。路棣《于细微处见真章》、赵婉婷《〈红高粱家族〉中的惨烈战争》、王述巍《〈人间失格〉读后》、杜志敏《在一个叫做自由的地方》、班主任黄修志《奔腾似海，璀璨如光》、路棣和赵婉婷《抗疫淬炼新文科，育人独辟新蹊径》等多篇文章刊登。

2020.10.24　班主任黄修志老师受邀做客鲁东大学第四十三期"镜心苑"读书沙龙，分享《你当像鸟飞往你的山》的阅读感悟，发表演讲《教育与历史：越过山丘的自由》。

2020.10.25 班主任黄修志老师受邀参加鲁东大学第十九届研究生学术创新成果展示月开幕式，作为文科教师代表作报告《后疫情时代的阅读研究共同体》。

2020.10.31 全班同学乘大巴赴牟平参加教师资格证考试笔试。

2020.11.03 大学英语四六级考试成绩公布，全班 42 位同学中，共 35 人通过四级考试，6 人通过六级考试。

2020.11.04 我班班委会举行助学金分配会议，经过班委讨论评议及投票，我班王海获国家励志奖学金；辛奇、常佳珍、李玉获三等助学金；杨聿艳、王筱溦获二等助学金。

2020.11.08 我班班委会举行奖学金评议会，秘若琳获一等奖学金，马鸿岩、路棣、陈艺获二等奖学金，赵玉倩、杜志敏获三等奖学金（学习之星），陈奉泽、王晓晴获四等奖学金（实践之星）。

2020.11.11 石榴花读书堂向全校师生发行《石榴花》杂志 2020 年春之卷、夏之卷、秋之卷纸质版。

2020.11.14 我班 40 位同学与 2019 级文史哲融通创新基地班 7 位同学及研究生新生 53 位同学乘坐两辆大巴赴昆嵛山进行创作实习，姜娜、周海宁老师带队。

2020.11.15 石榴花读书堂完成 2020 年秋季纳新。

2020.11.21 学校开展"共建文明公寓，共创健康家园"学生公寓卫生健康活动月活动，我班 110、111 宿舍参加。

2020.11.23 文学院举行 82 期预备党员接收大会，我班陈奉泽、王述巍、秘若琳同学成为预备党员。

2020.11.26 生活委员甄鑫统计本班学生证充磁情况。

2020.12.02 学习委员路棣应学院要求统计本班同学考研意向。

2020.12.04 校内试讲指导教师分配完毕，我班同学跟随各自导师在 12 月 31 日之前完成两次校内试讲。

2020.12.05 石榴花读书堂成立一周年大会在文学院演播厅举行。文学院领导、各文科学院相关老师、校内外各人文类社团代表、社会相关机构负責人、文史哲融通创新基地班成员、石榴花读书堂历届大赛获奖者、石榴花读书堂全体成员及校学生会、文学院学生会、文学院研究生会相关负责人共计150余人参加大会，教育科学学院2019级生佳琦主持。文学院院长、《石榴花》杂志总编胡晓清致辞。社团全体成员表决通过《石榴花读书堂社团修订章程》，选举社团新一届理事会。社团前任会长赵婉婷述职，新任会长张琳童、杂志副主编路棣和郭晓慧、学术部郑嘉琳、外联部唐叶婷、宣传部于景慧、编辑部王兆祺、交流部侯宝露、烟台大学文经学院《晨曦》杂志社代表、山东工商学院《沐风》文学社代表依次发言。社团指导教师黄修志、《石榴花》杂志执行主编姜娜、艺术学院李文杰、鲁东大学新华书店经理杨登辉、国际教育学院刘昕、文学院李海英、《贝壳》杂志副主编贾小瑞、《石榴花》杂志编委袁向彤、文史哲融通基地班导师詹今慧等老师致辞。曼丁非洲鼓民谣社陈基宇和窦浩亮、吟诵队王新磊和许家瑞表演节目。石榴花读书堂举行2020年书评、影评、随笔、书签设计大赛颁奖典礼，李士彪、周海宁、贾小瑞、顾林、李文杰等老师为全校获奖同学颁奖。读书堂全体成员合唱《小幸运》。

2020.12.09　教师资格证考试笔试成绩公布，我班共有18人通过三科。

2020.12.12　我班同学参加英语四六级考试。

2020.12.13　石榴花大讲堂第31讲于鲁东大学新华书店举行，鲁东大学张炜研究院顾林老师主讲《遇见史铁生》，举行《救赎的可能》新书分享会，李士彪、路翠江、姜娜、周海宁等四位老师与谈，袁向彤老师担任主持人。

2020.12.16　我班同学进行线上投票，评选王述巍、赵玉倩、吴岐雯、陈奉泽、马鸿岩、路棣、李孟凡、甄鑫、陈艺、杜志敏、陈然、王海、滕子涵为优秀团员。

2020.12.18　文学院"石榴花阅读推广服务基地"组织石榴花读书堂、贝壳文学社骨干成员赴烟台开发区高级中学开展阅读推广公益实践，黄修志老师应邀举行讲座，该校全体语文教师及30个班学生共1600余人参加。鲁东大学大学生社会实践及哲学社会科学类成果大赛结果公布，赵婉婷、路棣获鲁东大学大学生社会实践及哲学社会科学类成果二等奖。

2020.12.22　文学院下发2020—2021学年第二学期选课通知。

2020.12.23 我班就 2021 春季实习支教岗位在班级 QQ 群按综合测评成绩进行接力填报,下学期全班同学将赴烟台、威海等地区的中小学进行顶岗实习。

2020.12.24 文学院开放选课系统,我班同学进行下学期选课。

2020.12.26—2021.01.06 我班进入为期两周的期末考试周。

2020.12.28 学校开展"学宪法,讲宪法"活动,我班同学积极参加。我班于南区四号教学楼 106 教室举行年终主题班会暨《我的二本学生》读书分享会,共 7 位同学发言,班主任发表考研实习动员演讲,发布大三之冬课外阅读书目。师生共同观看全班同学共同制作的新年祝福视频。

2020.12.30 文学院"立行"党员志愿服务队义务开展扫雪除冰活动,我班路棣、马鸿岩、陈奉泽、秘若琳、王述巍同学参加。

2021.01.03 烟台公交鲁大专线正式开通。

2021.01.05 学院召开 2018 级春季实习动员大会,我班与汉文本 1802、汉文本 1903、汉文师 1801 在南区四号教学楼 101 教室参加,袁向彤、贾小瑞、刘海润、张成良、黄修志等老师发言,林春田老师出席。

2021.01.07 大三上学期结束,寒假开始,我班同学陆续离校返乡。

2021.01.08—01.09 路棣、赵婉婷参加由学校组织的创新创业大赛冬令营。

2021.01.09—01.10 教师资格证考试面试开始,我班共 10 位同学参加。

2021.01.11 班主任发布各考研方向探索书目。

2021.01.15 石榴花读书堂举行第四届"品读经典,理解世界"书评大赛。

2021.01.22 石榴花读书堂发布第 3 批学术调研课题申报公告。

大三下学期

2021.01.28　我班恢复疫情期间晨、午、晚打卡，报告身体健康状况。

2021.01.31　石榴花读书堂第 3 批学术调研课题立项公布，滕子涵《外祖父与"东方红一号"发射》立项。

2021.02.06　石榴花小讲坛第 3 讲在腾讯会议举行，鲁东大学文学院 2016 级毕业生、德国阿根廷大学东亚系硕士生赵梦飞主讲《勤靡余劳，心有常闲：学在哥廷根》，姜娜、黄修志老师点评。

2021.02.08　《石榴花》杂志 2020 年第 4 期封面、目录、卷首语公布，陈艺《到底是谁的孤独》、赵婉婷《窥见的另一个世界》、马鸿岩《〈低吟的荒野〉与生命之声》、路棣《触摸昆嵛之脉》等文章入选。

2021.02.10　石榴花读书堂发布《石榴花》2020 年总目录，共 100 篇。

2021.02.23　石榴花读书堂在腾讯会议举办第一期石榴花观书会，主题为"历史、记忆、人生"。

2021.02.28　我班全体同学返校，领取教育实习手册。

2021.03.01　汉文本 1801、1802、1803 班在学院演播厅参加实习考研动员大会，崔新广、林春田、黄修志老师出席。班主任在学院 106 教室召开实习动员班会，发放给每位同学 2020 年全套《石榴花》杂志和苏霍姆林斯基《给教师的建议》。

2021.03.02　省内同学乘大巴奔赴各自实习学校，开始在烟台、威海两市的各区、县中小学进行顶岗教育实习。

2021.03.04　鲁东大学开展 2021 年山东省"网上重走长征路"暨推动"四史"学习教育竞答活动，我班全体同学参加。

2021.03.05　秘若琳在烟台大学附中对学困生进行辅导，最终该生取得596 分的中考成绩。

2021.03.12　我班省外同学进行核酸检测。马子梁在龙口市新民中学带领学生一起参与校内植树活动。

2021.03.16　我班省外同学各自奔赴实习学校。

2021.03.19　冶成鑫携莱州市路旺中学学生参加莱州市中学生校园足球联赛，获得第三名。

2021.03.20　第四届"品读经典，理解世界"石榴花书评大赛获奖名单公布，我班路棣、杜志敏获三等奖。

2021.03.23　王心慧组织并参与威海市环翠区羊亭学校五年级朗读者比赛。

2021.04.01　滕子涵在烟台六中参与"区长杯"校园足球联赛。

2021.04.02　马子梁在龙口市新民学校与师生参加"庆祝建党 100 周年"诗歌朗诵比赛。

2021.04.03　冶成鑫参加莱州市路旺学校春季运动会，并担任发号员一职。

2021.04.04　冶成鑫参与组织莱州市路旺中学学生清明扫墓祭英烈。

2021.04.07　陈家轶参与龙口市实验小学第 23 届古诗词暨毛泽东诗词朗诵比赛。

2021.04.13　赵婉婷参加莱州市三元中学春季运动会。

2021.04.13—04.18　王心慧作为代写员参与威海市环翠区羊亭镇党支部选举活动。

2021.04.14　孙玥璠参加威海七中"怀报国壮志，创健康大美"第七届合唱艺术节暨庆祝建党一百周年活动。

2021.04.15　孙玥璠参加环翠区语文中考复习研讨活动。

2021.04.16　谢婉滢在遵义市第一中学参加第一次月考监考。甄鑫参与

461

珠玑小学社区疫苗接种志愿者服务活动。

2021.04.17　石榴花读书堂组织本科生、研究生赴栖霞开展党史学习和创作实习。

2021.04.18　石榴花小讲坛第 4 讲在腾讯会议举行，闫晓涵、刘英琪、韩雪主讲《涉江采芙蓉——我的考研上岸心路》，三位同学作为石榴花读书堂第一届会员分别考入山东大学儒学高等研究院、中央民族大学教育学院、山东大学历史文化学院，我班路棣担任主持人。

2021.04.21　谢婉滢在遵义市第一中学参加运动会。王海在龙口经济开发区龙口学校小学部担任"童声咏经典——诗歌唱诵比赛"计分员。徐贝贝参加乳山市光明街小学春季运动会。

2021.04.25　石榴花读书堂举办第五届石榴花"品读经典，理解世界"书评大赛。

2021.04.28　王心慧参与威海市环翠区羊亭学校小学部期中考试监考。赵婉婷参加莱州市三元中学第一次月考监考。

2021.04.29　杜志敏参加"百年风华正茂，奋进永立潮头"开发区中小学田径运动会。

2021.04.30　班主任发布大三之春课外阅读书目。王海参加上坊小学运动会。冶成鑫参与组织莱州市路旺中学学生参加莱州市中小学运动会。陈家轶参与龙口市小学古诗文吟诵大赛。

2021.05.04　滕子涵在烟台六中担任初一（1）班实习班主任。

202.05.05　张成良、姜峰、袁向彤、黄修志、周桑老师率领鲁大电视台、贝壳文学社、吟诵队和"石榴花阅读服务推广基地"的骨干同学赴威海市荣成三中参加该校诗歌节活动，签订合作协议，并开展阅读推广公益实践。

2021.05.05—05.23　王心慧作为代写员参与威海市环翠区羊亭镇村民委员会选举。

2021.05.06　《石榴花》杂志公布 2021 年第 1 期封面、目录、卷首语，路棣文章《〈"新诗集"与中国新诗的发生〉读后》及我班围绕《我的二本学生》展开的读书交流会中的诸多文章入选。

2021.05.07　石榴花大讲堂第 32 讲在文学院 206 会议室举行，华东师范大学历史学院李海峰教授主讲《古代两河流域的文字与文学》，历史文化学院院长魏凤莲教授、陈艳丽博士和文学院詹今慧老师与谈，黄修志老师担任主持人。

2021.05.08　杜志敏参加开发区第六小学"童心向党，健康成长"运动会。

2021.05.10　谢婉滢参加遵义市第一中学辩论赛。马鸿岩、赵玉倩参加山东省师范生教师技能大赛。

2021.05.12　我班在线上开展 2020 年度共青团工作先进集体和先进个人评选工作，陈奉泽被评为"优秀团干部"，路棣、马鸿岩被评为"优秀学生干部"，秘若琳、陈然、王述巍、甄鑫被评为"优秀共青团员"。于洁同烟台开发区第十一小学的学生参加烟台开发区高级中学儿童节节目录制。班主任在班级 QQ 群发布《如何写书评》。

2021.05.15　张佳怡参加招远市中学合唱比赛。黄修志老师受邀参加鲁东大学图书馆第四十九期"镜心苑"读书沙龙，围绕《长征：前所未闻的故事》一书作了题为《长征精神与长征叙事》的讲座。

2021.05.16　徐波月参与龙口市石良中学为期两天的会考准备组织工作。文学院在线上举行考研交流会，我班同学参加。

2021.05.17　高龙菲在招远市中小学艺术月中获得教师节目一等奖。

2021.05.20　赵玉倩获第十七届"挑战杯"山东省大学生课外学术科技作品竞赛一等奖。马鸿岩在鲁东大学文学院微信公众号发表《精研教学设计，打造趣味语文》一文。

2021.05.21—05.22　黄修志老师率领"石榴花阅读服务推广基地"的四位成员唐叶婷、孔紫薇、吕致远、王佳楠赴滨州市阳信县第二高中开展阅读调研和阅读推广公益实践。

2021.05.21　陈奉泽在莱山区实验小学"叠被子、包书皮——好习惯养成大赛"中担任评委。

2021.05.24—05.28　马云飞参加威海市乳山西苑学校实践基地研学活动。

2021.05.27　马鸿岩、赵玉倩在烟台御龙山学校策划"致敬星火，传承经典"国学知识大赛，赵玉倩任主持人，马鸿岩任评委。陈奉泽参加莱山区实验小学"红歌传唱寻初心，童心向党庆百年"活动。杜志敏参加烟台市开发区第六小学"重温红色经典，共抒百年情怀"二年级经典诵读活动。

2021.05.29　"石榴花杂志"公众号推送路棣文章《悼念何兆武先生：写在水上的名字》。

2021.06.01—06.05　黄修志老师奔赴临沂市5个县看望我校2018级正实习的各专业公费师范生，每晚在朋友圈推送《观沂手记》。马子梁参与龙口市新民学校"儿童节趣味运动会"。

2021.06.03　石榴花大讲堂第33讲在文学院106教室举行，文学院王飞燕老师主讲《中韩古代文学的"和而不同"》，袁向彤、黄修志老师与谈。

2021.06.04　马子梁带领学生们前往龙口市综合实践学校进行综合实践学习。

2021.06.10　王心慧作为教师代表参加威海市环翠区羊亭学校一年级少先队员仪式。

2021.06.12　我班同学返校参加英语四六级英语考试。

2021.06.17　我院在演播厅举行2021届学生毕业典礼，郭连军、胡晓清、崔新广、董希文、张成良、冯海霞、黄修志等老师出席，黄修志老师作为教师代表作了题为《策马扬鞭，仗剑天涯》的演讲。

2021.06.18　李玉参加海阳亚沙小学艺术展览活动，荣获一等奖。

2021.06.21　陈家轶带领学生参观"龙口市新中国成立前老党员肖像展"。我校举行第二届贝壳儿童文学周系列学术活动，为期5天。

2021.06.25　冶成鑫参加莱州市路旺学校举办的"庆祝建党100周年红歌大会"，演唱曲目《保卫黄河》并担任指挥一职。

2021.07.01　我班同学在各实习学校观看庆祝中国共产党成立100周年大会现场直播。

2021.07.02—07.03　我班全体同学圆满完成实习任务，返回学校。

2021.07.04　上午，我班于南四教学楼104教室举办实习归来主题班会，班主任黄修志老师主持，王筱溦、王述巍、赵婉婷、马鸿岩、李玉、李美毓、冶成鑫、杨聿艳分享实习感悟，黄老师进行考研动员，全班观看《Air医生》《从过去开始的日记》两个短片。下午，文学院2018级全体学生在演播厅参加实习总结大会，我班同学马鸿岩作为代表之一发言。秘若琳、陈艺、杜志敏、马鸿岩、滕子涵、路棣、王筱微、孙玥璠被评为校级优秀实习生；路棣《烟台经济技术开发区第一初级中学微课评课》、王筱溦《关于怡园中学特色办学的调查报告》、滕子涵《莫轻时光，奋楫扬帆——期末复习试卷讲评课》获得优秀实习报告征文。

2021.07.05　暑假开始，我班同学陆续放假回家，班内16人留校在文学院演播厅备战考研。

2021.07.08　班主任发布大三之夏课外阅读书目。

2021.07.09　秘若琳入选山东大学东北亚学院优秀大学生暑期夏令营学员名单。

2021.07.09—07.11　我班进行2021-2022学年第一学期选课。

2021.07.21　文学院胡晓清院长、冯海霞教授等走访各自习室，看望慰问暑期留校复习考研同学。

2021.07.26—07.29　文学院与阳信县教育局合作举行首届乡村教师暑期研修班，阳信县142位中学、小学、幼儿园教师来我校接受培训，黄修志老师带领我班孙玥璠与汉语本1802宋开乐、汉文师1801宋扬、汉文本1901郑嘉琳作为"石榴花阅读推广服务基地"志愿者负责会务工作。班主任在班级群发布中国思想史推荐阅读书目。

2021.08.02　烟台市莱山区出现首例南京禄口机场关联病例后，我校开始实行校园相对封闭管理。

2021.08.03　烟台市开发区升级为中风险区，我校所在芝罘区发布关于开展全员核酸检测的通知。我班留校同学连夜接受第一次核酸检测。

2021.08.06　我班留校同学进行第二次核酸检测。石榴花读书堂举办第二届"万物有心，人间有味"随笔大赛、第二届"光影世界，浮生之窗"影评大赛。

2021.08.09 我班开始每天摸排上报全国高中风险区关联情况统计表。

2021.08.11 我校发布关于调整秋季学期学生返校安排的通知。

2021.08.16 我校发布关于秋季学期学生返校安排的补充通知。

2021.08.20 石榴花观书会第二期在腾讯会议举行，主题为"觉醒年代，再次出发"。

2021.08.24 石榴花大讲堂第 34 讲在腾讯会议举行，浙江外国语学院郭筠老师主讲《探寻神秘的阿拉伯世界及其对古代中国的认识》，姜娜、黄修志老师与谈。

2021.08.25 我班同学被分配到文学院 101 教室备战考研。

2021.08.26 我班省内同学返校。大学生英语四六级考试成绩公布，我班同学四级通过率为 88%，六级考试通过率为 43%。

2021.08.27 石榴花读书堂面向全校招募副部长。

2021.08.28 我班省外同学返校。暑假结束，大四开始。

大四上学期

2021.08.28　我班省外同学返校。暑假结束，大四开始。

2021.08.29　由我班赵婉婷担任负责人，我班路棣、秘若琳和汉文本1901班郑嘉琳担任成员的"'新文科'背景下大学生社团与'阅读服务共同体'调查研究"项目获批山东省大学生创新创业计划训练课题。

2021.08.30　陈奉泽被评为"山东省高等学校优秀学生"。

2021.09.03　《石榴花》杂志发布2021年第2期目录，陈艺《一种隐喻，一个世界》、黄修志《〈清代中朝边界史探研〉书评》入选。该期特设"涉江芙蓉"栏目，刊登闫晓涵、刘英琪、韩雪、赵健伊、匡见蓉5位2017级同学考研经验文章。

2021.09.11　文学院2020级文史哲融通创新基地班选拔面试在学院318办公室举行，黄修志、姜娜、詹今慧、李建华老师担任面试老师，郑嘉琳同学担任面试秘书。

2021.09.14　文学院2021级新生开学典礼在学院排球场举行，班主任黄修志老师作为教师代表发表演讲《青春如歌，梦想即我》。

2021.09.15　我班将《石榴花》2021年第2期分发给在学院101考研教室的每位同学。

2021.09.23　我班路棣、马鸿岩转为中共正式党员。

2021.09.24　2022年全国硕士研究生招生考试预报名工作开始。

2021.09.28　班主任在学院107教室召开班会，叮嘱大家在国庆假期安心读书备考，尽量减少不必要的出行。

2021.10.01　国庆假期留校同学在学校安排下在北区操场参加升国旗仪式。

2021.10.02　班主任发布大四之秋课外阅读书目。

2021.10.10　黄修志老师带领石榴花读书堂、文史哲融通创新基地班、部分研究生与大一新生，乘坐大巴赴蓬莱访修和秋游，举行第 3 期"石榴花访修营"，参观了戚继光纪念馆和蓬莱阁景区，我班赵婉婷、张佳怡、王述巍、陈家轶、冶成鑫、陈然、李龙飞、李孟凡参加。

2021.10.16　徐润拓老师在 104 教室做客石榴花大讲堂第 35 讲，主题是"学习文学的经历与体会"，袁向彤、黄修志老师主持，李士彪老师出席。我班高凌翯与汉文本 1802、汉文本 1803、汉文师 1801 的罗慧敏、杨子怡、王新月，在演播厅参加"教师资格证考试经验分享交流会"，为 2019 级同学分享备考经验和考试技巧。石榴花读书堂与陕西师范大学历史文化学院《唐潮》杂志建立合作交流关系。

2021.10.16　教育部对台教育交流重点项目"品读中华经典　书写两岸人生"开幕式在学院 206 会议室举行。鲁东大学党委副书记郑明珍、台湾清华大学副校长信世昌出席活动并致辞，校党委常委、台湾工作办公室主任向平主持开幕式。来自台湾清华大学、中兴大学、台中科技大学、南华大学、中正大学、中山医药大学及我校师生代表 60 余人在线上线下同步参加开幕式。台湾清华大学华文文学研究所所长丁威仁、台中科技大学应用中文系系主任何宝篮分别发言，文学院院长胡晓清教授介绍项目筹备情况，黄修志教授介绍项目具体执行方案，2020 级文史哲融通创新基地班成员吕思玥作为学生代表发言。文学院文史哲融通创新基地班、石榴花读书堂、贝壳文学社、吟诵队等成员在 10 月的三个周末与台湾师生展开深度交流。该交流项目采用"实境直播"模式展示烟台、威海、曲阜等地独特的地域文化资源以及鲁东大学深厚的文学和文化积淀。期间，两岸高校作家、学者将进行多场讲座，学生分组开展创作，最后将文学经典研读报告、文化体验报告、诗歌散文作品等结集成册。该项目最终被评为"山东省优秀对台交流项目""山东省语言文字优秀案例"。

2021.10.17 石榴花大讲堂第 36、37 讲在线上开展，周燊、詹今慧老师分别主讲《以文学之眼探寻精神空间》《从台北到烟台：甲骨文的学习与传承》，文学院中国语言文学专业硕士生李佳璠主持，台湾南华大学曾玉芬老师、台中科技大学张致苾老师与谈。

2021.10.15 校团委联合学校宣传部、学生工作处，面向全校青年学生开展党史学习教育测验。学校开展全校学生心理健康普查测试及"一生一档"心理建档工作。

2021.10.20 我班同学参加 2022 届毕业生信息采集活动。石榴花第二届影评大赛获奖名单公布。

2021.10.23 石榴花第四批学术调研课题立项公布，我班陈家轶同学获批。

2021.10.25 秘若琳获得国家奖学金，路棣获得鲁东大学二等奖学金，陈奉泽、马鸿岩获得鲁东大学"实践之星"奖学金，杜志敏获得鲁东大学"学习之星"奖学金；我班同学完成本科毕业论文导师互选工作。

2021.10.26 石榴花读书堂学术部研究生分部成立，在学院 318 办公室举行纳新面试。

2021.10.28 2022 年全国硕士研究生招生考试网上报名确认工作开始。

2021.11.01 学校开展 2022 届、2023 届师范类毕业生生源信息审核工作。

2021.11.07 我班同学在南区操场参加 2021 秋季体测。

2021.11.09 自该周起，学校对全体学生进行核酸抽检。

2021.11.19 我班举行优秀毕业生评选，路棣、秘若琳被评为省级优秀毕业生；陈艺、杜志敏、马鸿岩、赵玉倩被评为校级优秀毕业生。

2021.11.21 石榴花读书堂举行石榴花观书会第三期，主题为"书中的远方"，13 位来自不同学院、不同专业的研究生、本科生参加分享讨论，山东大学儒学高等研究院硕士生闫晓涵担任总评人。

2021.11.25 我班在线上开展优秀团员评选，赵婉婷、路棣、陈奉泽、陈艺、甄鑫、赵玉倩、孙玥璠、杜志敏、马鸿岩、秘若琳、滕子涵、姜锦琳等 12 人入选。

2021.11.26 第五届石榴花"品读经典，理解世界"书评大赛获奖名单公布。

2021.11.27　石榴花读书堂与贝壳文学社在学院 104 教室共同举办石榴花大讲堂第 38 讲暨"贝壳说"第 1 讲，兰玲老师主讲《源头活水清如许——兼谈民间意识》，黄修志老师与谈。

2021.11.27—11.28　姜娜老师带领石榴花读书堂部分成员赴青岛举行石榴花访修营第 4 期，开展博物馆调研与创作实习。

2021.12.01　陈奉泽、秘若琳、王述巍转为中共正式党员。

2021.12.07　《石榴花》杂志 2021 年第 3、4 期封面、目录公布。我班杜志敏《无处不在的失重感》、路棣《写在水上的名字》、赵婉婷《评判"评判体系"》、王述巍《何寻沉默之破声》、王心慧《树上的生活是什么样的》、姜锦琳《〈题写名声：从黄鹤楼到凤凰台〉书评》、吴岐雯《读〈房思琪的初恋乐园〉》、孙玥璠《〈文心〉：教育家写的成长小说》及班主任黄修志《策马扬鞭，仗剑天涯》《青春如歌，梦想即我》等文章入选。文学院文史哲融通创新基地班在南四教学楼 203 教研室举行以师生交流、共话成长为主题的"午餐会"，袁向彤、姜娜、黄修志三位老师与 2019 级、2020 级文史哲融通创新基地班全体同学参加。

2021.12.11　石榴花读书堂成立两周年大会暨颁奖典礼在南四教学楼一楼演播厅举行，相关文科学院教师、校内诸多社团代表、文史哲融通创新基地班成员、石榴花读书堂全体成员等共 200 余人参加，文学院 2020 级中国语言文学专业硕士研究生李佳璠担任主持人。全体与会人员共同观看石榴花读书堂两周年记录视频，石榴花读书堂上届会长张琳童述职，新任会长吕致远、编辑部王佳楠、学术部本科生分部程文蕾、外联部梁佳伟、宣传部张凤娇、交流部周玟彤、学术部研究生分部李佳璠依次发言。社团指导教师黄修志、《石榴花》执行主编姜娜、张炜文学研究院李士彪、《贝壳》主编兰玲、甲骨文创新传承服务团队指导教师詹今慧、《石榴花》编委王飞燕、张炜文学研究院秦彬、《石榴花》编委戴宗杰等老师致辞。鲁东大学非物质文化遗产研究社代表、攀登读书会代表致辞，石榴花读书堂首任会长赵婉婷致辞，石榴花读书堂创会成员代表、山东大学硕士研究生闫晓涵、韩雪及中央民族大学硕士研究生刘英琪通过视频致辞祝福。文学院国学社、朔风剧社及胡月、韩悦、黄道宁同学表演节目。李文杰、兰玲、姜娜、魏华老师分别为第二届影评大赛、第二届随笔大赛、第四届书评大赛、第五届书评大赛等大赛获奖者颁奖。石榴花读书堂全体成员合唱《明天，你好》。

2021.12.16 石榴花读书堂在425教室举办石榴花观书会第4期，主题为"秦汉中华的光与影"，黄修志老师主持。12位同学分享交流不同种类的学术著作，18位同学展示各自编辑设计的《宜想》读书报，2021级汉文本专业三个班共100余位同学参加。

2021.12.18 全国大学生英语四六级考试开始，我班部分同学参加。

2021.12.19 考试周即将开始，我班同学搬离学院101考研自习室。石榴花读书堂举办石榴花大讲堂第39讲，由广东省文物考古研究所刘长老师主讲《什么是考古学》，姜娜老师与山东大学历史文化学院硕士生韩学担任师生主持，四川省文物考古研究院刘睿老师、中国社会科学院张少春老师、鲁东大学黄修志老师与谈。

2021.12.22 我班同学在南四教学楼109教室举行考前动员班会，班主任黄修志发表演讲《飞雪试刃，落子无悔》，为每人发放《石榴花》2021年第3、4期及赣南脐橙、考研幸运红包。

2021.12.25—12.26 2022年全国硕士研究生招生考试开始，我班共37位同学各赴芝罘、福山、蓬莱、牟平、开发区等区参加考试。

2022.01.01 石榴花读书堂发布《石榴花》2021年总目录，共98篇文章。

2022.01.04 寒假开始，大四上学期结束。班主任发布大四之冬课外阅读书目。

2022.01.20 山东省教育厅发布通知，根据教育部《关于推进师范生免试认定中小学教师资格改革的通知》，确定我校相关专业纳入免试认定改革范围。我班在免试认定范围内。

2022.01.22 石榴花读书堂开展第六届石榴花"品读经典，理解世界"书评征集大赛。

大四下学期

2022.02.20 我班同学陆续返校，寒假结束，大四下学期开始。

2022.02.21 各省陆续公布 2022 考研初试成绩。

2022.02.28 烟台大悦城发现新冠疫情阳性确诊人员，我校紧急实行隔离措施。省内青岛、淄博、威海等多地确诊病例，我校开始实行常态化核酸检测及校园封闭管理。

2022.03.05 上午，石榴花大讲堂第 40 讲在历史文化学院国学馆举行，中国社会科学院宋燕鹏老师主讲《在马来西亚发现中国历史》，高贤栋老师担任主持，黄修志、姜娜老师与谈，我班路楝、陈艺、马鸿岩、孙玥璠、杜志敏等同学参加。下午，岭云讲堂第 1 讲在文学院 206 会议室举行，宋燕鹏老师主讲"国家社科基金后期资助的特点与申报"，董希文、黄修志老师主持，校内各文科学院及校外相关老师参加。

2022.03.10 《贝壳》2022 年第 1 期刊载马鸿岩《从核心素养出发，打造教学设计》、黄修志《燕京逢书八记》。

2022.03.11 2022 年考研国家线（全国硕士研究生考试考生进入复试基本分数要求）正式公布。

2022.03.14 受疫情影响，学校全部改为线上教学。

2022.03.15 我班建立"一起上岸"微信群，考研上线同学加入此群交流。

2022.03.19 学院举行线上考研复试辅导会，文学院领导班子、学科负责人、教研室主任、专业骨干教师及部分考研学子等百余人参加，我班姜锦琳参与模拟复试。学院为参加复试的同学安排场地。

2022.03.21 陈艺成为文学院第 86 期预备党员。

2022.03.26 石榴花大讲堂第 41 讲暨"贝壳说"第 2 期在线上举行，知名作家、复旦大学张怡微老师主讲《谈谈方法：从文学经验到知识生产》，周燊老师主持，亢世勇、黄修志老师与谈。

2022.04.08 我班部分同学聆听中国人民大学温铁军教授线上报告"生态文明与乡村振兴"。

2022.04.15 我班同学在毕业系统完成 6 次指导记录提交，进行毕业论文初次查重工作。

2022.04.18 学校恢复线下教学。

2022.04.21 班主任发布大四之春课外阅读书目。

2022.04.25 学校中断线下教学，重新关闭教学区。

2022.04.26 岭云讲堂第 2 讲在线上举行，王飞燕、黄修志老师主讲《中韩日古典资源网站及数据库的使用》，石榴花读书堂学术部研究生分部李佳璠同学主持，国内外各高校师生共 300 多人在线参与。

2022.04.26—2022.05.01 文学院各教研室组织 2018 级本科生在线上举行毕业论文答辩。

2022.05.01 石榴花小讲坛第 5 讲"行舟绿水前：我的考研上岸之路"在线上举办，路棣、周鑫、陈艺、王书含、秘若琳、赵玉倩等六位同学分享考研经验。我班今年共上岸硕士研究生 9 人：秘若琳考取南开大学社会工作与社会政策专业，路棣考取上海师范大学中国现当代文学专业，陈艺考取北京语言大学语言学及应用语言学专业，姜锦琳考取山东大学语言学及应用语言学专业，赵玉倩考取中央民族大学学科语文专业，吴岐雯考取西南大学中国现当代文学专业，陈然考取中国海洋大学现当代文学专业，甄鑫考取鲁东大学学科语文专业，滕子涵考取鲁东大学汉语言文字学专业。考上公务员 2 人：李孟凡入职东营市自然资源和规划局，马子梁入职临沂市公安局。截止到 9 月 1 日，考上教师编 4 人：杜志敏入职烟台市芝罘区幸合里小学，于洁入职烟台市高新区第二实验小学，王晓晴入职东营经济技术开发区东凯实验学校，陈奉泽入职淄博经开区实验学校。

2022.05.04　赵婉婷、陈奉泽、马鸿岩在"五四评优"中分别获评"优秀班干部""优秀团干部""优秀共青团员"。

2022.05.07　石榴花读书堂在线上举行石榴花观书会第6期。

2022.05.10　班长赵婉婷组织我班在校的20位同学在学校北招餐厅举行毕业聚餐。

2022.05.11　我班同学聆听中山大学彭玉平老师线上报告《论文选题与治学经验》。

2022.05.16　我班在校同学赴校医院参加毕业体检。

2022.05.18　我班在校同学在图书馆门前拍摄毕业合影。

2022.05.21　省市外同学陆续返校，三天三检后返回宿舍。

2022.05.23　我班领取毕业证书与学士学位证书。黄修志、路棣、王述巍、陈艺、马鸿岩、陈然、吴岐雯、李孟凡、王璐璐、宋开乐及2019、2020级郑嘉琳、吕致远、杜丛裕、吕思玥等石榴花读书堂成员在北区操场举行小型歌会。

2022.05.24　班主任黄修志为全班准备毕业礼物大信封，赠送每人180部课外阅读推荐书目打印版、石榴花明信片寄语、每人各学年年终总结及《初心与理想》表格，陈艺、马鸿岩帮忙装袋。班主任发布大四之夏课外阅读推荐书目。

2022.05.25　《石榴花》杂志2022年第1期刊载马云飞《语言和政治的激荡：评〈乔姆斯基：思想与理想〉》、陈家轶《〈雪国〉里的物哀之美》、韩鑫月《生命的共感：厨川白村〈苦闷的象征〉书评》、于洁《听听，热火朝天的雨》。

2022.05.26　路棣组织同学们提交电子版与纸质版毕业论文并在毕业论文系统中查重。学院为毕业生赠送文化衫、帆布包、毕业徽章、书签等毕业礼品。

2022.05.27　文学院于南区排球场举办2022届学生毕业典礼。文学院领导班子、毕业班班主任、辅导员以及2022届全体在校毕业生参与并合照留念。

奏国歌后，胡晓清院长致辞，黄修志教授作为教师代表发表演讲《满月弓弦，相约万年》，本科生代表门星辰、研究生代表张连浩先后发言。文学院党委副书记崔新广讲话，全体毕业生合唱《鲁东大学校歌》。典礼结束后，学院在南四教学楼演播厅举办学位授予仪式，胡晓清、董希文老师为毕业生拨穗。石榴花读书堂开展第七届石榴花"品读经典，理解世界"书评征集大赛。

2022.05.28　贝壳说第4期暨石榴花大讲堂第42讲在线上开展，著名作家弋舟主讲《与当代经典相遇》，周燊、黄修志老师主持。

2022.05.31　我班党员、团员组织关系转出，同学们在毕业生就业系统中填写毕业去向。

2022.06.03　路棣、杨聿艳在文学院322教室为全班同学整理毕业生派遣档案。

2022.06.05　我班毕业生陆续离校。

2022.06.07　文学院2021级文史哲融通创新基地班选拔面试在学院318办公室举行，黄修志、詹今慧、王飞燕、夏令伟老师担任面试老师，杜丛裕担任面试秘书。

2022.06.10　《贝壳》2022年第2期刊载路棣《教育研习报告》、黄修志《俄罗斯的眼泪》、姜锦琳《寻找一颗星，人生海海有浮沉》。

2022.06.11　我班七位同学留校参加2022上半年全国大学生英语六级考试。

2022.06.14　张佳怡离校，至此汉文本1801同学全部离开鲁大。

2022.06.30　石榴花大讲堂第43讲在线上举办，清华大学杨家刚老师主讲《中西交流中的出土文献与〈尚书〉学研究》，东华大学成富磊老师与鲁东大学詹今慧、黄修志老师担任与谈人，石榴花读书堂刘晓莹同学担任主持人。

2022.07.14　班级公众号推送最后一篇班志《密涅瓦的猫头鹰》。

2022.07.19　文学院正式派遣2022届毕业生档案。

2022.08.27　石榴花读书堂在文学院104教室举行换届大会。

2022.09.01　《石榴花》杂志2022年第2期刊载路棣撰写卷首语《时间荒野中的私人宇宙》、赵婉婷《〈中国新文学史〉之"新"于何处》、杜志敏《评

〈把自己作为方法——与项飚谈话〉》、陈艺《循着光照的方向》、路棣《且听风吟：我的考研之思》、赵玉倩《回忆不念过往，愿你我逐风飞翔》、秘若琳《我与我周旋》、于洁《〈青春变形记〉影评》、黄修志《〈古文观止〉与经典阅读之道》。

2022.09.06　班主任黄修志老师与石榴花读书堂 2019 级成员郑嘉琳同学合撰书评《明代中国的方志统治与知识世界》，刊于《读书》2022 年第 9 期。

2022.09.13　《班史：一个大学班级的日常生活（2018—2022）》脱稿，准备付梓。

杂志

　　杂志者，班级肇建《石榴花》之目录也，以书评、随笔为特色，构建"新文科师生阅读研究共同体"，自大二上学期创立迄毕业，凡十一期。

《石榴花》2019 年秋之卷

《石榴花》2020 年春之卷

《石榴花》2020 年夏之卷

月亮依旧，人如故（张琳童）
画船听雨眠（周鑫）
李奶奶的草编（陈美好）
【东亚季风】
卢芹斋：一个中国古玩商人的奥德赛（张猷猷）
【影海探珍】
《末代皇帝》：过去我也住在这儿（郝思齐）
吃鸡蛋：《玛丽与马克思》观后（朱心仪）
《小丑》的社会关切和人文情怀（韩东霖）
【人间笔谈】
词境的哲学慰藉（高凌翥）
“神秀”与真性情（武晓琳）
诗韵东方，境守人间（王晓晴）
阑珊处的余响（张风彩）
胸纳幽兰，神容自若（孙雨亭）
【讲堂菁华】
走向中国的“快乐先生”（孙成旭）

《石榴花》2020 年秋之卷

《石榴花》2020 年冬之卷

《石榴花》2021 年春之卷

《石榴花》2021 年夏之卷

【东亚季风】

《清代中朝边界史探研》书评（黄修志）

【影海探珍】

《隐私大盗》：被数据引导下的选择（王芳华）

《指匠情挑》影评（周玟彤）

《猫鼠游戏》影评（张铭琪）

【涉江芙蓉】

新历史主义视域下考研 424 分经验谈（赵健伊）

所思在远道（闫晓涵）

亲爱的旅人（刘英琪）

考研是一场与自我对话的心灵奇旅（韩雪）

硬核知识、可爱朋友与考研历程（匡见蓉）

【讲堂菁华】

编舟记：语言资源保护的理念和实践（王莉宁）

《石榴花》2021 年秋之卷

492

《石榴花》2021 年冬之卷

【卷首语】

遇见花与雪（王佳楠）

【书山有路】

欲说还休：汪晖《反抗绝望》中的"历史中间物"（吴孟修）

《江村经济》：人类学的穿透力（吕致远）

《烽火与流星》：不可避免的历史宿命（陈美好）

《鼠疫》：我们都是荒谬世界中无助的求生者（王丛玉）

愿普天下有情的都成了眷属（宋开乐）

《刺杀小说家》文本解读与创作风格初探（赵阳）

法国大革命的终结与延续：读《旧制度与大革命》（王芳华）

《风的女儿》书评（王佳）

《题写名胜：从黄鹤楼到凤凰台》书评（姜锦琳）

《两京十五日》读后（王兆祺）

读《房思琪的初恋乐园》（吴岐雯）

【人文风景】

策马扬鞭，仗剑天涯（黄修志）

梦之印·青州（宋国翠）

"热闹"之中与"冷清"之外（唐叶婷）

一个雨夜（刘森烨）

【东亚季风】

《韩国外交政策的困境》书评（周竞竞）

【教育哲思】

用教育的情调，种教育的诗（司紫薇）

《语文课程教学问题史论》读后（王鑫磊）

《学习的快乐：走向对话》读后（高宇）

张志公《传统语文教育教材论》读后（安慧慧）

《文心》：教育家写的成长小说（孙玥璠）

【影海探珍】

《调音师》：调琴音，调人性（徐滢）

《长津湖》：伟大的战争，温暖的人性（左敏）

【讲堂菁华】

教育法与法治教育研究心得（任海涛）

《石榴花》2022年春之卷

【东亚季风】

东亚史研究的视域、话语与趋势（郑嘉琳）

《雪国》里的物哀之美（陈家轶）

【青春凝视】

破碎（刘春旭）

生命的共感：厨川白村《苦闷的象征》书评（韩鑫月）

如果你看到我曾看到的：读《她来自马里乌波尔》（王佳楠）

听听，热火朝天的雨（于洁）

【影海探珍】

《心灵奇旅》：在生活中生活（刘森烨）

《教授与疯子》里的爱与救赎（石岩芳）

【讲堂菁华】

中韩古代文学之"和而不同"（王飞燕）

《石榴花》2022 年夏之卷

书目

　　书目者，班主任每季度推荐课外
阅读之书目也，以提振跨学科阅读、
研究性写作为鹄的，凡一百八十种。

大一之秋

1.〔日〕新渡户稻造著，王成等译：《修养》，中央编译出版社，2009年。

2. 王力主编：《中国古代文化常识（插图修订第4版）》，北京联合出版公司，2014年。

3.〔美〕贝蒂·史密斯著，方柏林译：《布鲁克林有棵树》，译林出版社，2009年。

4.〔奥〕茨威格著，舒昌善译：《人类的群星闪耀时》，生活·读书·新知三联书店，2009年。

5. 黄仁宇：《中国大历史》，生活·读书·新知三联书店，2007年。

6.〔美〕宇文所安著，郑学勤译：《追忆：中国古典文学中的往事再现》，生活·读书·新知三联书店，2014年。

7.〔以〕尤瓦尔·赫拉利著，林俊宏译：《人类简史：从动物到上帝》，中信出版社，2014年。

8.〔日〕伊坂幸太郎著，代珂译：《金色梦乡》，南海出版公司，2016年。

9.〔美〕理查德·格里格等著，王垒等译：《心理学与生活（第19版）》，人民邮电出版社，2014年。

10. 唐诺：《阅读的故事》，上海人民出版社，2013年。

大一之冬

1. 吴念真：《这些人，那些事》，译林出版社，2011 年。

2.〔美〕戴维·伽特森著，熊裕译：《雪落香杉树》，作家出版社，2017 年。

3. 林耀华著，庄孔韶等译：《金翼》，生活·读书·新知三联书店，2015 年。

4. 阎云翔著，龚小夏译：《私人生活的变革》，上海人民出版社，2017 年。

5. 葛晓音：《八代诗史》，中华书局，2012 年。

6. 田晓菲：《尘几录：陶渊明与手抄本文化研究》，中华书局，2007 年。

7. 周振鹤：《体国经野之道》，上海书店出版社，2009 年。

8.〔美〕艾伦·布卢姆著，战旭英等译：《美国精神的封闭》，译林出版社，2007 年。

9.〔日〕三浦紫苑著，林佩瑾等译：《强风吹拂》，广西师范大学出版社，2015 年。

10. 龙应台：《目送》，生活·读书·新知三联书店，2009 年。

大一之春

1.〔美〕琳赛·吉布森著，魏宁、况辉译：《不成熟的父母》，机械工业出版社，2017 年。

2.〔英〕德斯蒙德·莫利斯著，何道宽译：《亲密行为》，复旦大学出版社，2010 年。

3.〔日〕东野圭吾著，李盈春译：《解忧杂货店》，南海出版公司，2014 年。

4.〔意〕彼特拉克著，方匡国译：《秘密》，广西师范大学出版社，2008 年。

5.朱熹：《四书章句集注》，中华书局，2011 年。

6.宗白华：《美学散步》，上海人民出版社，2015 年。

7.费孝通：《乡土中国》，人民出版社，2008 年。

8.林达：《历史深处的忧虑》，生活·读书·新知三联书店，2013 年。

大一之夏

1.钱穆:《新亚遗铎》,生活·读书·新知三联书店,2005年。

2.陈寅恪:《金明馆丛稿初编》,生活·读书·新知三联书店,2001年。

3.〔英〕以赛亚·伯林著,李寅译:《卡尔·马克思:生平与环境》,译林出版社,2018年。

4.〔美〕巴巴拉·塔奇曼著,张孝铎译:《历史的技艺》,中信出版社,2016年。

5.〔美〕弗朗斯·德瓦尔著,赵芊里译:《黑猩猩的政治:猿类社会中的权力与性》,上海译文出版社,2014年。

6.〔美〕贾雷德·戴蒙德著,谢延光译:《枪炮、病菌与钢铁:人类社会的命运》,上海译文出版社,2016年。

7.〔美〕亨利·基辛格著,胡利平等译:《论中国》,中信出版社,2015年。

8.〔美〕尼尔·波兹曼著,章艳、吴燕莛译:《娱乐至死　童年的消逝》,广西师范大学出版社,2009年。

9.〔意〕卡洛·罗韦利著,杨光译:《时间的秩序》,湖南科学技术出版社,2019年。

10.〔英〕伊恩·麦克尤恩著,孙仲旭译:《梦想家彼得》,上海译文出版社,2017年。

大二之秋

1.〔英〕怀特海著，赵晓晴等译：《教育的目的》，上海人民出版社，2018 年。

2.〔日〕佐藤学著，钟启泉译：《学习的快乐》，教育科学出版社，2004 年。

3.〔美〕兰德尔·柯林斯、迈克尔·马科夫斯基著，李霞译：《发现社会（第8 版）》，商务印书馆，2014 年。

4.〔加〕马歇尔·麦克卢汉著，何道宽译：《理解媒介：论人的延伸》，译林出版社，2011 年。

5.〔美〕约翰·威廉斯著，杨向荣译：《斯通纳》，上海人民出版社，2016 年。

6.赵园：《独语》，北京师范大学出版社，2013 年。

7.钱锺书：《围城》，人民文学出版社，2017 年。

8.金庸：《笑傲江湖》，广州出版社，2013 年。

9.古龙：《欢乐英雄》，珠海出版社，2005 年。

大二之冬

1.〔英〕托·斯·艾略特著，汤永宽、裘小龙译：《荒原》，上海译文出版社，2012年。

2.〔德〕埃米尔·路德维希著，梁锡江等译：《拿破仑传》，译林出版社，2012年。

3.〔美〕威廉·福克纳著，李文俊译：《我弥留之际》，北京燕山出版社，2016年。

4.〔日〕三浦紫苑著，蒋葳译：《编舟记》，人民文学出版社，2018年。

5.〔英〕安吉拉·卡特著，严韵译：《焚舟纪》，南京大学出版社，2019年。

6. 田晓菲：《秋水堂论金瓶梅》，广西师范大学出版社，2019年。

7. 何兆武口述，文靖执笔：《上学记（增订版）》，人民文学出版社，2016年。

8. 高尔泰：《寻找家园》，北京十月文艺出版社，2014年。

9. 王鼎钧：《昨天的云》，生活·读书·新知三联书店，2013年。

10. 宋念申：《发现东亚》，新星出版社，2018年。

大二之春

1.〔美〕凯尔·哈珀著，李一帆译：《罗马的命运：气候、疾病和帝国的终结》，北京联合出版公司，2019 年。

2.〔哥〕马尔克斯著，杨玲译：《霍乱时期的爱情》，南海出版公司，2012 年。

3.〔美〕塔拉·韦斯特弗著，任爱红译：《你当像鸟飞往你的山》，南海出版公司，2019 年。

4. 林奕含：《房思琪的初恋乐园》，北京联合出版公司，2018 年。

5.〔意〕埃莱娜·费兰特著，陈英译：《我的天才女友》，人民文学出版社，2017 年。

6.〔英〕毛姆著，傅惟慈译：《月亮和六便士》，上海译文出版社，2006 年。

7.〔捷〕米兰·昆德拉著，许钧译：《不能承受的生命之轻》，上海译文出版社，2003 年。

8.〔美〕赖特·米尔斯著，李康、李钧鹏译：《社会学的想象力》，北京师范大学出版社，2017 年。

9.〔奥〕斯蒂芬·茨威格著，舒昌善译：《昨日的世界：一个欧洲人的回忆》，生活·读书·新知三联书店，2010 年。

10.〔瑞〕雅各布·布克哈特著，金寿福译：《世界历史沉思录》，北京大学出版社，2007 年。

11. 张岱：《夜航船》，中华书局，2012 年。

12. 袁凌：《寂静的孩子》，中信出版集团，2019 年。

大二之夏

1.〔奥〕阿尔弗雷德·阿德勒著，汪小玲译：《自卑与超越》，华东师范大学出版社，2017年。

2.〔美〕阿图·葛文德著，彭小华译：《最好的告别》，浙江人民出版社，2015年。

3.李弘祺：《学以为己：传统中国的教育》，华东师范大学出版社，2017年。

4.张新颖：《沈从文的后半生：1948—1988》，广西师范大学出版社，2014年。

5.〔英〕林德尔·戈登著，许小凡译：《T.S.艾略特传：不完美的一生》，上海文艺出版社，2019年。

6.海宴：《琅琊榜》，四川文艺出版社，2014年。

7.紫金陈：《长夜难明》，云南人民出版社，2017年。

8.〔美〕史景迁著，温洽溢、吴家恒译：《雍正王朝之大义觉迷》，广西师范大学出版社，2011年。

9.〔英〕罗素著，吴友三译：《权力论：新社会分析》，商务印书馆，1991年。

10.〔荷〕伊恩·布鲁玛著，倪韬译：《创造日本：1853—1964》，四川人民出版社，2018年。

11.〔日〕松本清张著，曹逸冰译：《球形的荒野》，文汇出版社，2019年。

12.〔英〕约翰·亚历克·贝克著，李斯本译：《游隼》，浙江教育出版社，2017年。

大三之秋

1. 黄灯：《我的二本学生》，人民文学出版社，2020 年。

2. 许宏：《何以中国》，生活·读书·新知三联书店，2016 年。

3. 黄永年：《古文献学讲义》，中西书局，2014 年。

4.〔美〕乔治·斯坦纳著，李小均译：《语言与沉默：论语言、文学与非人道》，上海人民出版社，2013 年。

5.〔苏〕康·帕乌斯托夫斯基著，戴骢译：《金蔷薇》，上海文化出版社，2019 年。

6. 吴以义：《什么是科学史》，生活·读书·新知三联书店，2020 年。

7.〔意〕伊塔洛·卡尔维诺著，吴正仪译：《树上的男爵》，译林出版社，2012 年。

8.〔英〕理查德·道金斯著，卢允中等译：《自私的基因》，中信出版集团，2018 年。

9. 王笛：《显微镜下的成都》，上海人民出版社，2020 年。

10. 马伯庸：《两京十五日》，湖南文艺出版社，2020 年。

11.〔美〕玛丽·路易斯·普拉特著，方杰、方宸译：《帝国之眼：旅行书写与文化互化》，译林出版社，2017 年。

12.〔日〕加藤周一著，翁家慧译：《羊之歌》，北京出版社，2019 年。

大三之冬

1. 钱穆：《八十忆双亲　师友杂忆》，生活·读书·新知三联书店，2005年。

2. 陈尚君：《行走大唐》，广西师范大学出版社，2018年。

3. 郭建龙：《中央帝国的军事密码》，鹭江出版社，2019年。

4.〔美〕乔治·莱考夫、马克·约翰逊著，何文忠译：《我们赖以生存的隐喻》，浙江大学出版社，2015年。

5.〔加〕卜正民著，方骏等译：《纵乐的困惑：明代的商业与文化》，广西师范大学出版社，2016年。

6.〔英〕贡布里希著，范景中、杨成凯译：《艺术的故事（袖珍本）》，广西美术出版社，2014年。

7.〔美〕兰迪·希尔茨著，傅洁莹译：《世纪的哭泣：艾滋病的故事》，上海译文出版社，2020年。

8.〔英〕简·莫里斯著，方军、吕静莲译：《世界：半个世纪的行走与书写》，东方出版中心，2018年。

9.〔智〕巴勃罗·聂鲁达著，林光、林叶青译：《我坦言我曾历尽沧桑》，南海出版公司，2020年。

10. 张大春：《小说稗类》，广西师范大学出版社，2010年。

11. 甘耀明：《邦查女孩》，文化发展出版社，2018年。

12.〔英〕石黑一雄著，周小进译：《被掩埋的巨人》，上海译文出版社，2016年。

13.〔美〕雷蒙德·卡佛著，肖铁译：《大教堂》，译林出版社，2009年。

大三之春

1. 魏书生：《教学工作漫谈》，漓江出版社。2020 年。

2.〔美〕哈里森·索尔兹伯里著，朱晓宇译：《长征：前所未闻的故事》，北京联合出版公司，2015 年。

3. 杨奎松：《"边缘人"纪事：几个"问题"小人物的悲剧故事》，广西师大出版社，2016 年。

4. 景跃进、陈明明、肖滨：《当代中国政府与政治》，中国人民大学出版社，2016 年。

5.〔日〕德富芦花著，陈德文译：《春时樱，秋时叶》，北京联合出版公司，2018 年。

6.〔韩〕李沧东著，金冉译：《烧纸》，武汉大学出版社，2020 年。

7.〔美〕欧文·戈夫曼著，冯钢译：《日常生活中的自我呈现》，北京大学出版社，2016 年。

8.〔美〕戈登·奥尔波特著，凌晨译：《偏见的本质》，九州出版社，2020 年。

9.〔美〕乔治·帕克著，刘冉译：《下沉年代》，文汇出版社，2021 年。

10. 王子今：《权力的黑光：中国传统政治迷信批判》，四川人民出版社，2020 年。

11. 丁晨楠：《海东五百年：朝鲜王朝（1392—1910）兴衰史》，漓江出版社，2021 年。

12.〔美〕欧内斯特·海明威著，刘子超译：《流动的盛宴》，中信出版集团，2016年。

大三之夏

1.赵鼎新：《什么是社会学》，生活·读书·新知三联书店，2021 年。

2.许渊冲：《许渊冲：永远的西南联大》，江苏凤凰文艺出版社，2021 年。

3.〔美〕尼古拉斯·巴斯贝恩著，陈焱译：《文雅的疯狂：藏书家、书痴以及对书的永恒之爱》，上海人民出版社，2014 年。

4.〔美〕刘易斯·布兹比著，陈体仁译：《书店的灯光》，上海三联书店，2008 年。

5.〔美〕卡尔·贝克尔著，何兆武译：《18 世纪哲学家的天城》，北京大学出版社，2013 年。

6.〔英〕玛丽亚·露西娅·帕拉蕾丝－伯克著，彭刚译：《新史学：自白与对话》，北京大学出版社，2006 年。

7.〔法〕米歇尔·福柯著，董树宝译：《知识考古学》，生活·读书·新知三联书店，2021 年。

8.〔意〕卡洛·金茨堡著，鲁伊译：《奶酪与蛆虫：一个 16 世纪磨坊主的宇宙》，广西师范大学出版社，2021 年。

9.〔日〕村上春树著，林少华译：《旋转木马鏖战记》，上海译文出版社，2009 年。

10.〔德〕温弗里德·塞巴尔德著，徐迟译：《眩晕》，广西师范大学出版社，2021 年。

11.〔俄〕伊·伊·巴纳耶夫著，刘敦健译：《群星灿烂的年代》，江苏凤凰文艺出版社，2021 年。

12. 双雪涛：《平原上的摩西》，百花文艺出版社，2016 年。

大四之秋

1. 王东杰：《大学是一种生活方式》，北京师范大学出版社，2018 年。

2. 王汎森：《思想是生活的一种方式》，北京大学出版社，2018 年。

3.〔德〕托马斯·曼著，钱鸿嘉译：《魔山》，上海译文出版社，2019 年。

4.〔南非〕库切著，邹海仑译：《迈克尔·K 的生活和时代》，浙江文艺出版社，2013 年。

5.〔挪〕托尔·海尔达尔著，吴丽玫译：《孤筏重洋》，四川文艺出版社，2020 年。

6.〔法〕亚历山大·柯瓦雷著，张卜天译：《从封闭世界到无限宇宙》，商务印书馆，2016 年。

7.〔德〕马克斯·韦伯著，钱永祥等译：《学术与政治》，上海三联书店，2019 年。

8.〔瑞〕安德斯·莱德尔著，朱慧颖译：《纳粹与书：追寻被掠夺的历史记忆》，商务印书馆，2021 年。

9.〔英〕艾瑞克·霍布斯鲍姆著，郑明萱译：《极端的年代：1914-1991》，中信出版集团，2017 年。

10.〔美〕高彦颐著，李志生译：《闺塾师：明末清初江南的才女文化》，江苏人民出版社，2005 年。

11. 蒋寅：《中国诗学之路：在历史、文化与美学之间》，商务印书馆，2021 年。

12. 陈继儒：《小窗幽记》，中华书局，2008 年。

大四之冬

1. 项飙、吴琦：《把自己作为方法》，上海文艺出版社，2020年。

2. 周振鹤、游汝杰：《方言与中国文化》，上海人民出版社，2019年。

3. 陈平原：《作为学科的文学史》，北京大学出版社，2012年。

4. 〔美〕哈罗德·布鲁姆著，金雯译：《影响的剖析：文学作为生活方式》，译林出版社，2016年。

5. 吴晓东：《从卡夫卡到昆德拉：20世纪的小说和小说家》，生活·读书·新知三联书店，2017年。

6. 〔德〕尼采著，孙周兴译：《瞧，这个人——人如何成其所是》，商务印书馆，2016年。

7. 〔加〕玛格丽特·麦克米伦著，孙唯瀚译：《历史的运用与滥用》，广西师范大学出版社，2021年。

8. 〔西〕安德烈斯·巴尔瓦著，蔡学娣译：《光明共和国》，广西师范大学出版社，2020年。

9. 兰小欢：《置身事内：中国政府与经济发展》，上海人民出版社，2021年。

10. 赵冬梅：《法度与人心：帝制时代人与制度的互动》，中信出版集团，2021年。

11. 刘勃：《司马迁的记忆之野》，百花文艺出版社，2020年。

12. 许知远：《十三邀3："我们都在给大问题做注脚"》，广西师范大学出版社，2020年。

大四之春

1.〔韩〕金爱烂著，薛舟译:《你的夏天还好吗？》，人民文学出版社，2017年。

2.温铁军等:《八次危机：中国的真实经验》，东方出版社，2013年。

3.郑小悠:《清代的案与刑》，山西人民出版社，2019年。

4.张怡微:《我自己的陌生人》，华东师范大学出版社，2014年。

5.〔俄〕尼古拉·别尔嘉耶夫著，耿海英译:《陀思妥耶夫斯基的世界观》，广西师范大学出版社，2020年。

6.〔法〕罗曼·罗兰著，傅雷译:《约翰·克利斯朵夫》，人民文学出版社，2018年。

7.〔德〕娜塔莎·沃丁著，〔德〕祁沁雯译:《她来自马里乌波尔》，新星出版社，2021年。

8.〔美〕杰克·凯鲁亚克著，王永年译:《在路上》，上海译文出版社，2006年。

9.〔挪〕乔斯坦·贾德著，萧宝森译:《苏菲的世界》，作家出版社，2017年。

10.金观涛:《消失的真实：现代社会的思想困境》，中信出版集团，2022年。

11.侯旭东:《什么是日常统治史》，生活·读书·新知三联书店，2020年。

12.〔德〕阿莱达·阿斯曼著，袁斯乔译:《记忆中的历史：从个人经历到公共演示》，南京大学出版社，2017年。

13.〔法〕迪迪埃·埃里蓬著，王献译:《回归故里》，上海文化出版社，2020年。

大四之夏

1. 余英时：《朱熹的历史世界：宋代士大夫政治文化的研究》，生活·读书·新知三联书店，2011 年。

2. 葛兆光：《中国思想史》，复旦大学出版社，2013 年。

3. 张灏著，崔志海、葛夫平译：《梁启超与中国思想的过渡：1890–1907》，中央编译出版社，2016 年。

4.〔美〕孔飞力著，陈兼、刘昶译：《叫魂：1768 年中国妖术大恐慌》，生活·读书·新知三联书店、上海三联书店，2014 年。

5.〔美〕本尼迪克特·安德森著，吴叡人译：《想象的共同体：民族主义的起源与散布》，上海人民出版社，2016 年。

6.〔古希腊〕柏拉图著，吴飞译：《苏格拉底的申辩（修订版）》，华夏出版社，2017 年。

7.〔德〕恩斯特·卡西尔著，甘阳译：《人论：人类文化哲学导引》，上海译文出版社，2013 年。

8.〔法〕皮埃尔·布尔迪厄著，张祖建译：《世界的苦难：布尔迪厄的社会调查》，中国人民大学出版社，2017 年。

9. 罗翔：《法治的细节》，云南人民出版社，2021 年。

10.〔英〕阿兰·德波顿著，资中筠译：《哲学的慰藉》，上海译文出版社，2020 年。

11. 路内：《少年巴比伦》，北京十月文艺出版社，2014 年。

12. 司马光编著，胡三省音注：《资治通鉴》，中华书局，2013 年。

13. 黄修志、石榴花：《班史：一个大学班级的日常生活（2018—2022）》，崇文书局，2023 年。

跋

跋　一

　　对于部分群体而言，2018 年 9 月是"小径分岔"的开始。来自不同地域、民族、家庭的孩子，共同走入一个崭新的大学班级，成为当代第一批"00"后大学生。如何留住可能烙印在他们思考上的，有关"潜在自我"的身份确认与深层意义的觉醒，而不止于短暂的精神巡礼，或许将悄无声息地决定他们日后的生存状态，同时也将在变动的时代中减少身份混沌的焦虑，迎接觉察后的自由时刻。

　　与"从一个年代看一个时代"相类似，《班史：一个大学班级的日常生活（2018—2022）》正通过一个普通大学中的普通班级，关注大时代中一类群体的日常生活。书中五大部分"班志""师说""学记""杂志""书目"皆以四季为序，构成一个互补、互释、互证的史传系统。"班志"作为主体部分，由班主任黄修志老师发起。他与全班 42 名同学在 2018 年 9 月至 2022 年 6 月执笔完成一场文字的马拉松接力赛，记录四年间每月的日常生活、阅读思考、学习与成长之路，可谓我手写我史、众手写班史。如果说"学记"类似《春秋》般的编年记，那么"班志"就是丰腴注解的《左传》，既详细记述班级经历的重要事件，又因其非虚构性而更加贴近每位个体的真实心声。"师说"由黄老师的诸多演讲构成，回眸自己与学生的成长之路，以同理心纾解诸生之困惑与疑虑，印证"班志"中一以贯之的历史精神与教育信念。"书目"则是黄老师以四年四时为序，风雨不辍地向班级推荐的课外阅读书目，重在引导学生形成跨学科阅读与研究性写作语感，折射出师者的精神世界及班级的阅读理想。"杂志"指《石榴花》(季刊)目录,该杂志由黄修志、姜娜等老师共同发起,在我班破土而出,依托院内外诸多志同道合之士创建的新型学生社团"石榴花读书堂",是以书评、影评、随笔为特色的大学生杂志,提倡跨学科、跨文化、跨层次的理念,构建"新文科师生阅读研究共同体"。"石榴花"作为重要的图腾与象征符号,其精神奥义实为各大部分所贯通,深深嵌入每位执笔者的记录与讲述中。

本书虽由普通日常切入,但透视到现象下的本质,探索出青年阶段适宜于个人与集体发展的隐形动因与实践方式。笔者作为本书的参与者、校对者,从头到尾见证了本书的萌生、抽芽、开花、结果,试图梳理出本书的隐在线索,或许能为诸位读者提供个人视角下的借鉴意义。

"班史"亦为"心灵史"。无法忽视的是在"班志"规划之初,每位执笔者各异的心理样貌或与原本"史"的统一讲述大相径庭。放弃连贯的叙述声音、迁就写作水准差异性的同时,也将影响最后的成书效果,但与之相比,我们却更加渴望掌握书写的主动权,摆脱长久以来被凝视的习惯。因此,在桩桩件件琐碎之事里,时常穿插着钟情于四季景物的刻写、青涩又隐蔽的成长心事、引用或原创的诗句;各篇成文风格更是内心气质的不同投射:活泼逗趣型、温馨动人型、智性思考型……一方面为拒绝被"他者化"而成为在场的叙述者,在迎接自己负责的一个月时,每位执笔者都将正视这一问题:如何担起"史官"的角色,展开观察、把握细节到最后落笔成章,真正由混沌实现自我主宰?另一方面也需要"他者"以关照自身,如何面对品性、学习、体能上的强者与弱者,建立起自身与世界的关联?

这便让"对话"的意义无所遁形,触手可及。

首先,与当下的自己对话。身在底蕴深厚的中文系,文字是自我对话与对外发声的重要载体,自我对话能力又是检验是否真正具备"个性"的方式。"班志"中的四十三位"我"不乏"个性"之音,无论处于何种情景与当下,都在坚持深掘内心的微末变化。有人面对新一季的书目推荐"在亮白的底色与分明详尽的字节里,深觉一种对时光的辜负与惊醒";有向往凯鲁亚克笔下热爱生活的疯癫之人"从不疲倦,从不讲些平凡的东西,会像奇妙的黄色

跋
一

罗马烟花筒那样不停地喷发火球、火花"；有人"于人声鼎沸中与自我交谈，于逼仄的夹缝中安抚内心"；也有人用诗句告诉自己"抉择的路口我踟蹰且奔跑，四处游荡，将家乡视作暂歇的地方"。而"师说"中的"我"遥望那段来之不易的求学岁月，致力把史学精神熔铸一生，在个人修行中内生出"真正的快乐"，这又将影响千万个"我"的当下与未来，从而陪伴与安放一代代的青春。

其次，与过去的自己对话。"班史"以时间为经、以事件为纬，作者们以点串线、以月串年演绎四载春秋，却未能呈现较为完整的单人成长叙述。而每个人既为作者又同为读者，能在阅读的"此时"自觉透过时间跨度重审书写的"彼时"，重返这段个人历史的起始端，与过去隔空对话，进而揭开时间赋予的每种变化。从"打开一扇窗，照进一道光"到"流年终相遇，风雨故人来"，这不仅是人与书的相遇、人与人的相遇，也是自己与自己的相遇，从过去的时光中一直走向终究也会成为过去的未来。"班史"分明在昭示：人在历史之中，历史精神无处不在。

再次，与个体和群体对话，对话因交流互动也兼具私人与公共的双重属性。各篇均从个人视角出发，同时也需要敞开视野的关怀，突破自身重围书写由"己"到"群"的现实问题。因此，在本书当中，正面临着如何协调这两种不同性质的讲述方式，以及在何种程度上体悟到二者融合的意义，对于每位书写者都具有相当的要求。经由教育实习窥见乡村学生与中国教育底色、"后疫情时代"的社会田野调查、对于诸多社会热点事件的反应态度都融入当中。或许这种探寻的努力并未足够深刻、成熟与完备，但在"群"与"己"的互动下，已尝试抵达了丰富而鲜活的真实境况，也呈现出一幅当下中文系师生的群像。

我们通过"对话"找到共识，寻找有限但创造无穷。书中各部分的内在结构与过渡衔接都有条不紊，正源自师生共同创造的一种内生理念，也是成书的最大动因与意义所在：撰写"班史"不只是记录日常，更是扎实而细密地寻找自我、修炼生活。它诞生于"师说""书目"的倡导，发迹于班会交流、师生谈话、阅读思考之间，"班志""学记"吸引了又一批好学深思的同行者形成某种约定俗成的默契，在无数场跨学科讲堂中埋下种子，结出了石榴花读书堂和《石榴花》杂志的果实。在四年的相互陪伴和读写思行中，师者不断体认和践行自出机杼的"用心用功，天道酬诚""万事一理，万物一体"等信念，继续勇敢而平静地在创作中劳作，而学生又以此信念为参考，逐渐领悟晦庵、阳明阐发的"居敬持志，切己体察""静处体悟，事上磨练"，使自我与成长、现实与理想的对话深深嵌入到日常生活中，而非镜花水雾、隔帘望月。它使得"班史"成为真切的心灵变迁史，最后连接个人与双方对话的深层。

2019年6月，曹文轩教授曾在鲁东大学"贝壳儿童文学周"开幕式上发言："未经凝视的世界是毫无意义的。"本书众多师生作者作为凝视主体，在一定程度上回答了为何凝视、凝视何物以及如何凝视等问题。它或许琐碎稚嫩，却通过展示普通书写者的求学历程与心路笔迹，为当代大学生提供了"对话"的样本范式。更重要的是，它作为师生集体记忆的一部分，将延续进今后的生命中，在美满或困顿时刻，继续保持对世界的追问。

路棣

2022 年 9 月 25 日于淄博家中

跋

一

跋 二

2013 年 5 月博士毕业之际，我在复旦大学叶耀珍楼就业指导中心填写就业协议，一位上了年纪的老师在一旁看着我填写的工作单位名称，问："鲁东大学？鲁东大学在哪儿？"

我一时语塞，缓缓说道："在山东烟台。"对方看了我一眼，略带同情地说："哦，烟台。"当时另一个画面在脑海中浮现，在此之前的求职季，也是在这栋楼举行的高校人才招聘会上，我向江南某省属高校递上简历，工作人员浏览后说："对不起，根据我们的要求，本科毕业学校必须是 211 或 985，聊城大学应该不是 211 吧？而且您本硕博三个专业都不一致，缺乏连续性，感觉希望不大。"

这可能是中国最广大的大学生群体——二本学生经常面临的局面。黄灯《我的二本学生》和艾苓《我教过的苦孩子》两本书，曾以案例式、追踪式的方法深描了出身乡村和二本院校的大学生在求学和工作之后的困局，读到这两本书时，我深有共鸣，因为我也是这两位老师关注的"80 后"二本学生群体中的一员。无疑，一本学生和二本学生在被录取后的起跑线上就横亘着巨大的鸿沟，广大的二本学生享受不到一本学生拥有的诸多资源、平台、经费、师资、人脉，很少有推免读研、出国交流、斩获高额奖金的机会。更重要的是，由于二本院校缺乏足够的社会声望和品牌效应，多数大学生要终生携带着世俗眼光中的二本标签，在求职、升学时或多或少面临着心理压力。不少人即使考到更高学府，毕业工作后往往隐讳自己的二本出身。然而，与世俗眼光和公众期待不同，比起不少保研或出国的一本学生，二本学生恰恰构成了这个时代顽强奋斗和建设社会的主力军，他们虽常常苦闷却不甘放弃，虽一路泥泞却双眸含光，默默服务和塑造着中国大陆660多个城市和1300多个县。

同样作为一个二本学生，我常常思考，二本学生面临的枷锁、束缚是一个客观事实，很难被轻易改变，因此，与其关注这些客观限制，不如更加关注：身在其中的教师和学生应该如何主动做点什么，才能尽力释放成长的活力？就像我们班一位同学从入学到工作，始终坚持不懈地问我："老师，人为什么活着？人生的意义何在？"或许这是我们需要穷尽一生去求索、解答的问题。现在我觉得可能换一种问法更让我们有前行的动力：人应该怎样活？人生如何度过才有意义？

工作十年来，经过各种观察、调研和访谈，我察觉到，无论是专科生还是一本生、二本生、三本生，都面临着一系列问题，而这很大部分程度上与以高考为中心的基础教育体制相关。在高考的巨大阴影下，对绝大多数孩子来说，追求标准答案和你追我赶的观念从幼儿园就已开始渗透了。长达十二年的中小学教育为高等院校输送了这样的大学生：普遍近视的身体状况、唯唯诺诺的性格特点、二元对立的思维逻辑、记诵答案的学习方式、精致利己的学业规划、沉迷视频或游戏的课余生活。许多学生在高考之前就已丧失了遨游书海和探索世界的好奇心、想象力，缺乏独立判断和省察审视的能力，遑论康德所谓的"启蒙"："人从他自己造成的不成熟状态中挣脱出来。"学习对大部分人来说，只是一种循规蹈矩的惯性任务。

曾有研究者将大学毕业生、青年教师比喻为"蚁族""工蜂"，这说明大学中师生的困境是一体的。在全球性轻视文科的时代，昔日象牙塔中那些鄙弃世俗的古老风骨、惦念苍生的士人襟怀、直言发声的学者品格、立心立命的人文理想及教书育人的职业操守，都被科研压倒教学的考核评价体系、行政主导学术的资源分配体系冲散、稀释了，加之生存焦虑，导致不少大学教师疲于填表、申报、发表、评奖、出版。于是，查找资料代替了读书体察，照本宣科代替了滋润心灵，点赞代替了质疑，速成代替了磨剑，津津于钻营之道，汲汲于长袖之术。

当然，不能说二本院校的师生面对的压力最大，只能说他们遇到的困境更令人无奈。虽然地方院校提供给师生的资源、经费、名额很稀少，但其校园政治和权力运作并不比重点大学简单，每天密密麻麻的排课表也令师生根本无暇陪伴自己。在重重困境之下，二本院校的师生如何一起努力，冲破平台藩篱，超越世俗观念，启蒙内心和成长，自己定义自己的幸福，追寻自己的命运呢？或许本书能为读者提供一些微薄的启发。

坦率言之，当我在2018年9月执教汉文本1801班时，并未预料到这本书的诞生。许多事情都是一瞬间的念头，每当一个个念头迸发时，我多少有点猝不及防。今天回想，四年岁月类似一场时间的剧本和相遇的电影，只是，所有的人、所有的事都是真的，心灵和时间是导演和编剧，我和学生们都只是局中人而已。关于本书的结构特点，路棣同学在《跋一》中已有解读，我不再赘述，仅在此重点阐释下"班史"的意义。

首先，人是生活在班级之中的，班级的天光云影始终在人的一生中徘徊。绝大多数人，在工作之前，从上幼儿园开始，除了周末和假期，都在学校度过，更具体来说，是在班级中度过的。我们不可否认家庭和父母对一个人成长的根基意义，但班级和教师、同学却对一个人的自我认同、社交关系、心智成长、学习方法、抗挫能力、公私意识、他我关系、恋爱观念、职业规划等产生不可代替的影响。因为孩子在家庭中形成的心智，最终要到集体生活中接受检验和冲击，教师引导和同伴评价是孩子自信心形成的最坚堡垒。班级看似只是几十个学生和若干任课老师组成的联合体，却包含了人类生活具体而微的基本形态：有师生之间、班委与普通同学之间或显或隐的权力关系，有同学之间围绕排名、威信、名额、情感之间的博弈关系，有同心协力、互帮互助、团结奋斗的集体认同，有冰释前嫌、督促砥砺、共同成长的真诚友情。可以说，人在走入社会前，班级已提前对其进行了排练，一个人在班级生活中体验到的一切，都会成为一种"执拗的低音"潜入到未来人生的旋律中，要么沿用，要么克服。但可惜的是，我们过多强调了原生家庭对一个人的塑造，好像一个学生的成败都是父母造成的，却忽略了学校、班级和教师呵护学生心灵成长的角色。学校主导、教师主持的班级，本可以通过良好的班级生态、温馨

班史·一个大学班级的日常生活（2018—2022）

528

的班级氛围来疗愈原生家庭对孩子的伤害，却时常在片面追求赶超的过程中给孩子造成了二次伤害。

其次，人是生活在历史之中的，无时无刻不在与记忆、传统、时代对话。大概是受章学诚、钱穆、梁启超作品影响之深，我在攻读教育学、文学之后，最终选择了历史学作为学术志业，从此学会用史学精神来观察自我、生活与世界，即使后来喜欢上社会学、人类学，也发现所谓的"写文化""民族志"与史学精神是异曲同工的。在"温故而知新""温情与敬意""六经皆史"的启发下，我深信天下之中，目光所及之物，皆为史料、史迹。《红楼梦》为闺阁立传，是一部女性史；《西游记》以修心的取经之旅为线索，是一部心史；就连蒲松龄在《聊斋志异》为狐妖鬼怪立传时，也模仿"太史公曰"来一句"异史氏曰"。每个人早晨醒来，不会感到惊慌失措，是因为脑海中储存着记忆材料，使其能顺畅衔接昨天与今日，这也就意味着，每个人都深藏着一部记忆史，当所有的记忆在某个节点被融合、重构、简化，这就形成了他（她）对人生的阶段性理解。但值得注意的是，每个人的记忆又都被人类史、时代史中的重要记忆所塑造，无论思想是否高明，学养是否深厚，他（她）的记忆都无法摆脱千年文化传统和当下时代观念的影响，也就是说，每个人的人生史都镌刻或隐藏着传统和时代的基因和印记。历史不止是过去，还包括现在和未来，因为所有的时光都将成为历史，因此，当一个人回首往事、反思现在、憧憬未来时，其实都在践行史学精神。

由此，本书中的全班师生一边读书成长，一边共同编写"班史"，便具备一种与后来者修史截然迥异的意味。它将人生中最珍贵的人格塑造和集体生活的记忆汇聚、疏通，保留了当时的观察和心情，避免了未来追忆时的失真或变形，不仅供书写者检视和激励当下的成长，体味自己与他人、周遭、传统、时代的关联，也供其在未来时时回望心路，让班级记忆和青春时光成为触手可及的成长伴侣。不宁唯是，班史更大的意义不在于其质量和内容，而在于班级每人参与撰写班史的这种实践形式和成长过程，促成自我管理和思想蜕变的契机。班志接力赛不在于争文笔之长短，而在于在温暖的共同体中体悟磨练，在自己的书写中观察他者，在他人的记录中觉察自己。比起"社会学的想象力"，班史则寄托着对青春成长的"历史学的想象力"，尝试将史学作为一种观察世界和激励内心的生活方式。

本书主体"班志"就叙事特点来说，或许有些琐碎、沉闷，但这正是大学生活的本质和常态，而"师说"也较肤浅，卑之无甚高论，却发自肺腑，多是深夜写成。就叙事结构来说，本书有两次峰回路转的"宕笔"，就像一条小溪流出峡谷后，逐渐水流平阔，两岸烂漫。一是由于大一暑假《石榴花》杂志和石榴花读书堂的创立，班级成长逐渐与学校、社会关联起来。二是由于大二寒假新冠肺炎疫情的爆发，班级成长逐渐与时代、世界关联起来。因此，本书不仅是一部心灵史、青春志，还是一部时代史、疫情记。受微观史、日常生活史的启发，师生共写本书，记录了一个普通大学班级的日常生活及其在疫情三年中的挣扎求索，无形之中与当下发生的全球史有所交叠。作为中国第一批"00后"二本学生的代表，他们与《我的二本学生》《我教过的苦孩子》重点刻画的"80后""90后"不同，有着独特的时代印记和成长环境。可知本书不仅是一部特别的史书，也是一部特殊的史料，真实呈现了新冠肺炎前后当代普通大学生的日常生活实景和学校的日常运作实态。

虽然与那些充满宏大叙事的史书相比，本书呈现的大学班级史可能太过平凡，但正如艾儒略说"地既圆形，则无处非中"，卡尔·贝克尔说"人人都是他自己的历史学家"，相信每个鲜活的生命都能折射出时代的光影，更何况全班 42 位同学来自全国 14 个省份，他们常在"班志"中时时回望故乡风土，其多彩的书写在某种程度上也覆盖了近半个中国。日本史家上田信在描述明清中国与世界的大历史时也不无关怀地说道："每个人都处在自己生活的世界的中心，以这个世界为对象不断积累各种行为。所谓的历史不是 the world 的历史，而是无数个人的 worlds 互相共鸣、互相较量，这是历史所必须写出的内容。"

出于尊重个体隐私的考虑，本书"班志"不可能写出同学们所有的内心冲突与个别事件，虽然我多次在深夜接到电话，应急解决同学们的人身安全、财产安全、恋爱受挫、家庭危机、疫情防控等问题，但这些事情只能被隐去。我们反复激励大家忠实记录，在修改每篇班志时尽最大可能保留每位同学的原生态语言和真实心情。读者若深入"班志"和"师说"的语境进行解读，必能涵泳其关怀，玩味其深意。

近年来，我经常被不少学生问起：为什么要发起创立石榴花大讲堂、《石榴花》杂志和石榴花读书堂？其实原因很多，但归结到三个字，就是"不忍心"。作为一个从清贫农家考上二本院校，继而走向武汉、上海、北京并游历境外高校的人，我清楚地知道"别人家"的大学生坐拥怎样的资源、平台和氛围，又是如何勤奋读书的，实在不忍心看着当年和我一样的年轻朋友要么在苦闷求索中茫然四顾，要么在感觉良好中自鸣得意。他们就是我，我就是他们。

回顾过去的四年，我由衷地感到幸运，正如朴树在《那些花儿》唱的，"幸运的是我，曾陪她们开放"。我幸运于能遇到 42 位无限信任我的学生们，他们是二本学生中的普通一员，可能不够优秀和聪明，却足够朴实、善良、努力，经过四年的相互陪伴，我们发自内心地发现彼此已成为家人。虽然毕业之时，全班并没有比其他班更亮眼的斩获，三分之一的人实现了考研、考编、考公上岸，其他很多人选择了就业和继续二战，但无论他们去做了什么，我们相信，大学四年的"石榴花时刻"将会融入到更长远的未来旅途中，"无限掌中置，刹那成永恒"。

当本书脱稿时，看着 43 个人在 1500 个日夜中随着成长而打磨出的一块心石终于成形，我们全班都忍不住自夸式地惊叹："天呐，现实果然就是实现，竟然真的成了，比想象中的还要厚实与美好。"

本书出版受益于山东省泰山学者工程专项经费资助项目（tsqn 201812095）与山东省本科教学改革研究项目重点项目（Z2022033）。自 2018 年 9 月开始撰写以来，我们得到很多师友的关爱和帮助，纸短情长，恕不一一。感谢文学院领导班子成员和诸位可敬可亲的同事给予的指导、支持和激励。感谢姜娜、袁向彤老师，我们仨作为 2018 级的班主任，交流最多，心有戚戚，怀着共同的信念，合力创立了石榴花大讲堂，于是才有了后来的诸多故事。感谢李士彪、李文杰老师，他们为杂志题写刊名、设计徽标和封面，为四年青春缀上一抹典雅浪漫的亮色。感谢参与石榴花大讲堂、石榴花小讲坛、石榴花观书会以及赐稿《石榴花》杂志的校内外师生。感谢所有默默关注和鼓励我们

跋 二

的朋友们！感谢石榴花读书堂的历届同学们，从你们好学深思的目光中，我们感到所有的一切都是值得的。

感谢崇文书局的李艳丽老师，正是这位多年挚友的热情约稿与精心编辑，才使本书在人间世散发出有可能照亮更多心灵的微光。

感谢汉文本 1801 班的 42 位同学，在书稿付梓之际，全部同学欣然许可本书保留每位同学的真实姓名。汉文本 1801 班自成立班委会后，很快也具备了编委会的职能。在四年的成书过程中，学习委员路棣负责每篇班志的校对，出力尤多，班长赵婉婷、团支书陈奉泽负责每学期"学记"的整理，宣传委员孙雨亭负责班级公众号的日常维护和文章推送。诸君孜孜，谨当铭记。

"想想多年以后，十年、二十年，彼时彼刻，我们会怎样追忆此时此刻呢？"这是我经常跟同学们谈起的话。如今，面对这部承载着一代大学生心灵史、青春志、时代史、疫情记的人间未有之书，想想多年以后，十年、二十年甚至一百年后，世界又该如何看待它呢？

黄修志

2022 年 9 月 29 日于烟台到济南途中